군 심리학

임상적 치료와 작전에의 적용

Carrie H. Kennedy · Eric A. Zillmer 공저 | **김형래 · 양난미** 공역

Military Psychology
Clinical and Operational Applications(2nd ed.)

학지사

추천의 글(국내)

군 내 병영 사고 예방은 지휘관이 부하의 어려움이 무엇인지를 이해하고 그 어려움을 해결하고자 하는 노력으로부터 시작됩니다. 현역 지휘관 재직 당시 병영 내 문제를 인지하고도 이를 신속하게 대처하지 못하거나 해결 방법을 몰라 고민하는 간부들을 볼 수 있었습니다. 이 책은 군 조직이라는 특수 환경에서 장병들 개개인이 직면할 수 있는 정신적·심리적 어려움과 그러한 어려움이 개인, 가족 및 병영 생활에 미치는 영향 등을 분석하고, 이에 대한 해법을 구체적으로 제시하여 심리학에 대한 전문 지식이 없어도 쉽게 읽을 수 있도록 번역하였습니다. 군 내 악성 사고 예방과 건강한 병영 생활을 위해 고민하는 군 지휘관과 간부들에게 도움이 되길 기대합니다.

전 국방대학교 총장 예비역 육군 중장 심용식

심리학은 심리적 치료가 수반되어야 하는 영역부터 평범한 사람의 일상적 심리문제는 물론, 조직과 조직의 관계, 조직 내 인간관계뿐 아니라 스포츠 심리 분야까지 그 영역이 확대되고 있는 추세입니다. 군사 분야에서 심리학을 활용하는 것은 미국이 가장 활발한 편이나, 국내에는 아직 많이 알려져 있지 않습니다. 국내에서의 군 심리학 연구는 상담영역에 편중되어 있고, 다양한 분야의 연구나 전문서적도 많이 부족한 실정입니다. 이 책은 전투현장에서 발생하는 미군 장병의 심리 상태와 이에 대한 전문가들의 연구결과를 수록하고 있습니다. 특히 특수임무 수행 자원의 선발, 전투 스트레스 관리, 심리 치료, 자살 예방, 약물 및 도박 중독, 테러리스트의 심리 분석 자료들은 군사작전 현장에서 필요한 내용들로, 군 지휘관과 이 분야에 관심 있는 연구자들에게 훌륭한 나침반 역할을 할 것입니다.

대한리더십학회장 국방대학교 노명화 교수

군에서의 상담은 군대라는 특수한 환경 속에서 불안과 스트레스를 경험하는 장병을 돕고 조직 차원에서 그들의 만족도를 높이는 활동으로 알려져 있습니다. 인간은 생소한 환경에 적응을 요구받을 때 스트레스를 받을 수밖에 없습니다. 따라서 '상담'이라는 전문적 도움을 통해 이 시기를 유연하게 대처할 수 있는 적응력을 회복할 필요가 있습니다. 그러나 아직까지 국내에서 군 상담이나 심리학적 접근과 관련한 유용한 자료는 그리 많지 않습니다. 이 책은 군의 일상 및 작전 현장에서 발생할 수 있는 심리적 어려움을 연구한 결과를 토대로 기술하였으며, 상담과 군 문화에 경험과 이해를 지닌 전문가가 읽기 쉽게 번역하였습니다. 책의 후반부에는 약물과 도박 중독, 자살과 같은 고위험 위기상황에 대한 접근과 치료 등을 다루는 소중한 자료들을 함께 제시하여 상담, 개입 방향, 군 상담 분야에 관심을 가진 상담자뿐 아니라 관련 연구자, 군 지휘관들에게도 유용할 것이라 생각합니다.

제39대 한국상담심리학회장 명지대학교 이은경 교수

역자 서문

　이 책은 2006년에 『Military Psychology』가 발간된 이후 군 심리학의 실제 적용에서 변화된 내용을 포함하여 2012년에 새롭게 개정한 것으로, 국내에서는 처음으로 번역하여 소개하는 내용이다. 개정판에서는 군 심리학의 역사와 더불어 군 건강심리학, 군 신경심리학, 자살 예방, 약물 남용 및 치료 등과 함께 특수임무 장병들의 평가와 선발, 생존·도피·저항·탈출 심리학, 현역복무적합심사, 전투 스트레스 평가와 관리, 외상 후 스트레스 장애(PTSD) 그리고 인질 협상 등의 다양한 내용을 수록하고 있다. 이 책의 공동 저자는 그들의 전공 분야에서의 경험과 연구를 바탕으로 군 장병들의 정신심리적 문제를 해결하기 위한 전략과 절차 그리고 권고사항을 제시하고 있다. 이러한 정보는 독자들에게 장병의 선발 및 관리뿐 아니라 정신심리적 고통을 겪고 있는 장병에 대한 이해와 그들의 상담 및 치료적 접근에 많은 도움이 될 것이다.

　국외 추천의 글에서 Lynch 장군이 언급한 것처럼 이 책을 우리 군의 지휘관과 병영생활전문상담관들에게 꼭 읽어 보라고 추천하고 싶다. 일반 사회에서와 마찬가지로 군에서도 좋은 리더는 과거처럼 명령과 지시로 이끌어 가는 것이 아니라 부하와 잘 소통하고 상호 공감하는 가운데 임무를 수행하는 것에 달려 있다. 병영생활전문상담관들은 대체로, 대학에서 석사학위 과정을 마치고 병사를 대상으로 하는 상담을 처음 경험하는 사람이 대부분이다. 친구, 친지 또는 인터넷을 통해 전해 듣는 군 생활과 실제 군 생활은 차이가 있으며, 군 간부나 병사 등의 내담자들이 호소하는 낯선 환경에서의 문제에 대해 어찌 해결해야 할지 고민하거나 적지 않게 당황스러워했던 경험이 있었을 것으로 짐작된다. 이 책의 상당 부분은 미군 장병들에 대한 연구와 사례를 중심으로 전개되고 있다. 미군은 국내뿐만 아니라 아프가니스탄 등 세계 곳곳의 전장 지역에 투입되고 있다. 이로 인하여 일부 미군 장병들은 전투 스트레스와 함께 본국으로 귀향한 이후 발생하는 PTSD와 같은 정신건강 문제로 인해 어려움을 겪고 있으며, 전장 지역에서 받은 정신적·심리적 외상 등으로 인해 현역과 예비역의 자살이 과거에 비해 증가하고 있다. 미군은 이를 예방하고 치료하기 위하여 많은 노력과 투자를 하고 있으며, 이러한 과정에 다수의 심리학자가 기여하였다. 이러한 면에서 이 책은 지휘관, 병영생활전문상담관, 일반 장병뿐 아니라 특수임무 장병의 선발과 관리에 대한 정책적 결정과 실무를 책임지고 있는 간부 그리고 군 심리학과 군 병영생활전문상담관에 관심이 있는 독자들에게 도움이 될 것이다.

　군에서는 작전임무에 집중하는 까닭에 장병들의 정신적 · 심리적 문제에 대해 많은 관심을 갖지 못하는 것이 사실이다. 대부분의 병사는 고등학교를 졸업하거나 이제 막 대학 생활을 시작하는 단계에서 입대하며, 지금까지 접해 보지 못한 낯선 환경에서 복종, 집단행동, 획일성 등을 강요받는다. 역자는 군 생활을 하면서 병사들이 미숙한 대인 관계와 갈등으로 간부나 선후임 병사들과의 불편한 관계를 호소하는 경우를 많이 경험하였다. 병사들의 이러한 정신적 · 심리적 어려움은 신체적 외상처럼 크게 표면화되지 않을 뿐 아니라 발견하기도 어렵다. 하지만 숨어 있던 문제가 곪아 터지는 순간 병영 내 악성사고로 이어질 수 있기 때문에 사전에 이에 대한 치료와 관심이 매우 중요하다. 이 책은 심리학을 전공하는 학생들뿐 아니라 군 간부들도 편하게 읽을 수 있도록 전문용어에 대한 해석을 병행하여 심리학에 대한 지식이 없더라도 쉽게 읽을 수 있도록 하였다.

　지난 일 년간 이 책을 번역하면서 적당한 우리말 표현을 찾느라 고민을 거듭하고, 저자들의 뜻을 정확히 전달하기 위해 노력하였다. 기나긴 번역과 교정작업이 이제 마무리되어 한편으로는 무거운 짐을 벗는 홀가분한 마음이 들면서도, 다른 한편으로는 미진함에 대한 염려가 밀려 온다. 지난 여름 무더운 날씨에도 교정과 아낌없는 피드백을 해 준 이지수와 경상대학교 대학원 상담전공 석사과정 학생들에게 감사한 마음을 전한다. 기꺼이 번역을 허락해 주신 저자분들께 감사를 드리며 이 책의 출판을 맡아 주신 학지사의 김진환 사장님과 직원분들께도 깊이 감사한다. 부디 이 책이 군 심리학에 관심이 있는 분들에게 조금이나마 도움이 되기를 기대한다.

2016년 봄
역자 대표 김형래

추천의 글(국외)

17~24세 사이의 3천 5백만 미국인 중에서 군 복무를 위해 필요한 모든 요건을 갖춘 사람은 4분의 1도 되지 않습니다. 미군에 복무하고자 지원한 남녀는 군에서 요구하는 높은 수준의 기준을 충족하였을 뿐 아니라 세계 최고의 군으로 평가받는 미군을 건설하는 데 함께한 사람들이라고 생각합니다. 이들 중에는 냉전을 이겨 낸 우리 시대의 인물들과 함께 아쉽게도 이제는 서서히 잊혀지고 사라져 가는 제2차 세계대전의 승리자들도 포함되어 있습니다. 몇몇 예외적인 경우를 제외하고는 우리는 어떠한 기상과 전투 환경에서도 싸울 수 있도록 훈련을 받았습니다. 우리는 육체적으로 잘 준비되었고, 동기부여가 되어 있으며, 모든 우발적인 상황에 잘 대비하고 있었습니다. 우리는 순진하게도 1989년의 베를린 장벽과 그 이후 계속된 소련의 붕괴가 우리가 세계의 불침번 역할을 한 결과이며, 이로 인해 미국의 다음 세대들은 이러한 파국적인 전쟁을 겪는 일이 없을 줄로 믿었습니다. 하지만 현실은 그렇지 않았습니다.

오늘날 미군의 육·해·공군 및 해병대 장병들은 국내외의 모든 적에게서 미합중국을 보호하고 수호하겠다는 선서를 한 순간부터 현존하는 테러와의 전쟁과 같은 세계 곳곳의 최전선에서 국가의 방패로서 역할을 다하고 있으며, 잦은 파병과 더불어 매일매일 이어지는 폭력적이고 매 순간 목숨을 위협을 받는 상황에 직면하고 있습니다. 저는 그들의 용기와 결의 그리고 끈기에 경의를 표합니다.

매일같이 뉴스에서는 자살폭탄, 급조 폭발물 공격 그리고 또 다른 전투행위로 인한 전사자의 소식을 전하고 있지만, 시간이 지나면서 이러한 뉴스는 우리를 무감각하게 만들고 있습니다. 우리는 파병으로 인해 발생하는 장병들의 신체적 사상에 대해서는 알고 있지만, 사실은 이러한 것보다 눈에 보이지 않는 전투 장병들의 정신적 손상과 부대의 피해가 실로 엄청나며, 이러한 정신적 피해는 신체적 피해에 비해 발견하거나 치료하기가 더 어렵습니다.

이 책에서 저자들은 이러한 장병들의 정신적 피해와 그것의 영향에 대해 설명하고 있습니다. 저는 모든 작전 부대의 지휘관들에게 이 책을 읽어 보라고 권하고 싶습니다. 미식축구에 비유하자면, 운동장 옆에서 맴도는 미식축구의 감독처럼 군 지휘관들은 항상 최선을 다해서 소속 장병들의 신체적·

정신적 준비 상태를 알고 있어야 하기 때문입니다. 우리는 오늘날 NFL(National Football League)을 비롯한 단체 운동 경기에서 발생하는 신경 계통의 손상과 복합적인 뇌진탕이 선수들에게 얼마나 치명적인 영향을 주는지 알고 있습니다. 우리는 더 이상 장애를 유발하는 부상이나, 뇌에 손상을 줄 정도의 무모한 용기, 강인한 모습의 표출 같은 것을 가볍게 보지 않게 되었습니다. 이제 우리는 뇌에 가해지는 연속적인 충격이 뇌진탕을 유발할 수 있다는 것을 알고 있습니다. 지금은 비록 내과 전문의나 NFL의 감독은 아니지만 특수 훈련된 위생병, 의무병, 의무장교 그리고 심리학자들이 즉각적으로 현장에 투입되어 부상자를 평가하고, 그들이 계속해서 임무를 수행할 수 있는지 여부를 결정하고 있습니다. 따라서 작전 부대 지휘관들은 이러한 상황에 대해 잘 알고 있어야 하며, 지속적으로 개인과 부대원들의 정신적 준비 상태를 점검하여야 합니다.

우리의 선조들이 그랬던 것처럼 현재 군에 복무하고 있는 남녀 군인들은 우리 사회의 거울입니다. 그들은 우리의 삶을 보장해 주고 있는 반면 수적으로는 매우 적은 비율을 차지하며, 이전과는 비교할 수 없을 만큼 수많은 스트레스에 노출되어 있습니다. 이 책에서 저자들이 손쉬운 해결책을 제시하고 있지는 않지만, 군 지휘관을 포함하여 지휘관의 위치에 있는 사람들과 의료 및 정신건강 제공자들에게 전쟁 지역에서나 파병을 마치고 복귀한 뒤에 그리고 그 이후 전통적인 진료기관이나 병원에서 유용하게 활용할 수 있는 정보를 제공하고 있습니다. 모든 군인은 전장 지역에서 장병들이 경험하였던 스트레스의 요인들을 잘 이해해야 할 뿐만 아니라 이에 대해 깊은 관심을 가져야 할 것입니다. 이러한 측면에서 이 책을 편찬한 저자들에게 대단히 감사하다는 말씀을 전합니다.

Thomas C. Lynch
예비역 미 해군 소장
1963년 미 해군 미식축구팀 주장
1991~1994년 미 해군사관학교 교장
사막의 방패 작전 당시 아이젠하워 항모전단 사령관

저자 서문

군 심리학은 정신심리과학의 실질적인 적용을 보여 주고 있다. 어떤 분야에서든 학문은 세상의 현실적인 요구에 맞추어 발전하게 된다. 지금 테러와의 전쟁이 이미 10년을 넘기고 있는 상황에서 군 심리학자들은 군의 요구와 군 장병들의 변화에 보조를 맞추어야만 했으며, 군 시설과 작전 지역에서 연구원 그리고 의료 제공자로서 그들의 필요성과 함께 절대적인 수의 증가가 요구되고 있다. 심리학과 관련 의료 서비스의 필요성이 확대되면서 군 심리학자에 대한 공식적인 교육 프로그램, 전문가로서의 기회와 책임 그리고 활용성이 증가하게 되었다.

이와 같은 요구들은 최근의 전쟁에서 나타나는 테러리스트들의 전술로 인해 크게 증가하였다. 해외 파병 지역에서뿐 아니라 미국 내에서 발생하는 장병들의 신체적 · 심리적인 손상은 연합군에게 심각한 도전 과제로 떠오르고 있다. 군 심리학자들은 전투 스트레스, 폭발물에 의한 충격, 가상현실치료, 원격 건강 의료, 수감자의 정신건강 관리 등 다양한 분야에서 전쟁 시작 단계에서부터 중요한 역할을 담당하고 있다.

전쟁에 대처하기 위하여 심리학의 임상적 치료와 작전에 군 심리학을 활용하는 사례가 크게 증가하였다. 테러리즘에 맞서 싸우기 위해서는 창의적이고 비전통적인 전술이 요구되며, 이에 심리학자들은 대테러전 및 대정보전에서 강력한 힘을 발휘함으로써 그 능력을 증명하였다. 더 나아가 군 심리학자들은 지속적으로 위기 협상 전략, 확률적으로 적에게 포획되기 쉬운 상황에 대비한 훈련절차, 특수임무 장병들의 평가와 선발절차 등 다양한 분야에서 그들의 능력을 발전시키고 있다. 한편 군 심리학자들은 전시 상황에서 임무를 수행하는 것 외에 평화 유지 활동이나 아이티 지진과 같은 재난이 발생하였을 때에도 이를 지원하고 있다.

군 심리학자들의 수와 더불어 임무도 증가하였으며, 그들은 군과 작전사령부에 소속되어 정신건강 전문의 그리고 행동과학자로 활동하고 있다. 현재 심리학자들은 미 해병대 지상군, 미 해군 항공모함, 미 특수임무 부대 등에서 정규 직원으로 활동하고 있고, 군 외부의 심리학자와 정신건강 전문의들과의 교류는 매우 일상화되었으며, 문제 장병들의 낙인 효과를 줄이는 데 기여하고 있다.

『군 심리학-임상적 치료와 작전에의 적용-』은 2006년 처음으로 이 책이 발간된 이후 군 심리학의 실제 적용에 있어 변화된 내용을 포함하여 2012년에 새롭게 개정하였다. 군 심리학의 역사와 더불어 특수임무 장병의 평가와 선발에 관한 최신 내용을 수록하였으며, 군 건강심리학, 군 신경심리학, 약물 남용 추세 및 치료, 자살 예방, 생존·도피·저항·탈출 심리학(SERE psychology) 그리고 인질 협상 등의 내용을 수록하였다. 이에 더하여, 전장 지역에 발생하는 극심한 전투 스트레스의 평가와 관리, 파병 후 일반적으로 나타나는 정신건강의 문제점, 재해 발생 시 이에 대한 대처, 군 심리학의 윤리, 그리고 현역복무적합심사에 관한 내용을 새로이 추가하였다.

개정판에는 군 심리학 분야의 광범위한 내용을 다시 한 번 수록하였다. 우리는 이 책의 공동 저술자를 각자의 전공 분야에서 전문가로 인정받는 사람들 중에서 매우 신중하게 선별하였으며, 적시적인 정보를 얻기 위하여 전시 임무 중에 있는 현역 군인, 민간인 그리고 가족들로부터 시간을 할애받아 진행하였다. 우리는 군 장병들의 요구에 부응하고 심리학의 주요 원리를 활용하여 군의 잠재력을 최적화하는 데 필요한 로드맵으로 실질적인 안내 역할을 하는 지침을 제공하고자 하였다.

차 례

제1장

군 심리학의 역사 • 17

제2장

현역복무적합심사 • 41

제3장   고위험성 임무 요원의 평가 및 선발 · 67
─심리적 필수 특성 파악

제4장   전투 스트레스 평가 및 관리 · 91

제1장 | MILITARY PSYCHOLOGY

군 심리학의 역사

Carrie H. Kennedy
Jamie G. H. Hacker Hughes
Jeffrey A. McNeil

제 1장은 군 심리학의 역사에 대해서 자세히 알아보기 위해 마련하였다. 군대의 기원은 수천 년 전으로 거슬러 올라가지만, 군 심리학이 군대에 정식으로 도입된 것은 비교적 최근의 일이어서 그 역사는 아직 100년이 채 되지 않았다. 미국과 타 국가의 경우, 일반 심리학 분야와 군 심리학 분야가 비슷한 모습을 보이며 발전하고 있는 것을 알 수 있는데, 이를 통해 유추해 볼 때 일반 심리학 분야와 군 심리학 분야는 서로 떼려야 뗄 수 없는 관계에 있다고 할 수 있을 것이다. 그중 군 심리학은 여러 국가에서 발생하는 분쟁뿐 아니라 심리학적 혹은 군사적인 이유로 인해 급성장하게 되었다.

심리학이 군대에 정식으로 도입된 것은 비교적 최근의 일이지만 조직적·임상적·조작적 심리학 개념은 전쟁의 역사와 밀접한 연관이 있다. 군 심리학이 군대에 정식으로 도입된 기간이 길지 않음에도 현재 군 심리학은 모든 군 기관에 널리 전파되어 있다. 과거에는 군 심리학의 적용 분야가 매우 제한적이었으나 현대에 이르러서는 군사 준비태세 및 정책 발전에 필수적인 역할을 수행하고 있다. 제1장에서는 군 심리학의 발전사와 군 심리학자의 역할에 관해 소개하며, 제2장부터는 각각의 특정한 주제에 대해 차례차례 살펴보도록 하겠다.

미국의 초기 군 심리학: 독립전쟁

미국 독립전쟁 당시, 전쟁에 대한 군인의 '정서적 감정'은 중시되지 않았다. 오히려 전투에 대해 거부반응을 보이면, 성격상 문제가 있다거나 비겁하다는 질책을 받는 것이 현실이었다. 반면 미국 독립전쟁은 미국 역사상 처음으로 전쟁에 심리전이 활용되었는데, 이때 적용한 전략 중 하나는 식민지 주민들이 영국군의 탈영을 조장할 목적으로 광고 전단을 살포한 것이었다. 식민지 주민이 살포한 광고전단을 살펴보면, '프로스펙트 힐'에 오면 한 달에 7달러를 벌 수 있고, 식량이 충분하며, 농장에서 건강, 자유, 평안함과 함께 풍요를 누릴 수 있다고 광고하였다. 반면에 '벙커힐'에 있으면 하루에 3펜스밖에 벌지 못하고, 썩은 돼지고기를 먹으며, 괴혈병이 창궐한 곳에서 노예처럼 구걸하며 살게 될 것이라는 내용을 담고 있다(Walters, 1968, p. 23). 영국군은 이에 맞서 '식민지 주민은 겁쟁이고 규율 따위는 찾아볼 수 없으며, 위스키만 마셔대는 꾀죄죄한 배신자들'이라는 내용을 만화로 만든 유인물을 살포하였다(Johnson, 1997, p. 9). 이를 계기로 미군은 이른바 심리전을 조직적으로 발전시키게 되었고, 제2차 세계대전 이후 심리전은 전쟁의 승패를 좌우하는 주요 전략으로 자리매김하게 되었다(Joint Chiefs of Staff, 2003).

미국의 남북전쟁

미국 남북전쟁 기간에 군 의학은 아직 초기 수준에 머물러 있었지만 군의관들은 모병 단계에서 신체검사를 수행하였다. 만약 군의관이 잘못된 진단을 하여 모병자의 질병을 파악하지 못했거나 꾀병을 부리는 자를 구분하지 못한 경우 군의관에게 벌금을 부과하였다(Lande, 1997). 왜냐하면 그 당시에 병사들이 자원입대를 하는 경우 보너스를 지급하였는데, 군 입대 이후 때때로 병사들이 신체적 질병이 있는 것이 드러나거나 군 복무를 기피할 목적으로 심리적 건강상태에 이상이 있다고 하였기 때문이다. 한편 미국의 남북전쟁 시기에 최초로 전투와 전쟁이 군인에게 미치는 영향에 대한 연구가 진행되었다. 이를 통해 '향수병'에 대한 개념이 기술되었으며, 군의관들은 환상지통(Shorter, 1997; 신체 일부의 절단 후에도 아직 그곳에 손발이 있어서 아프고 불편한 것처럼 느끼는 현상), 급성 및 만성 조증, 알코올중독, 자살 행동, 일사병과 같은 심리적 현상들에 대해 보고하였다(Lande, 1997). 남북전쟁 중에 나타난 향수병 발병률에 대한 공식적인 문헌은 남아 있지 않지만 정신장애 규모에 대해 묘사한 일화가 있다.

북부군과 남부군은 부상자를 후송하기 위해 대서양 해안선 근처 지역에 위치한 병원선을 이용하였다. 그러나 수많은 환자가 오늘날 향수병으로 불리는 질병으로 인해 병원선에 승선하고자 하였으며, 이들이 육지와 병원선을 연결하는 통로를 점거하는 바람에 남·북부군 모두는 병원선을 이용한 환자 후송을 포기해야만 했다. 이러한 이유로, 그 당시 선박을 이용하여 신체적 질병이나 부상이 있는 환자들을 적절하게 후송할 수 없었다(Allerton, 1969, p. 2).

남북전쟁 이후 정신건강 치료를 호소하는 병사들은 보통 만성적인 조증 진단을 받았다. 그리고 퇴역 군인을 위한 치료 프로그램은 거의 찾아볼 수 없었다. 퇴역 군인들은 대부분 자가 치료를 하였으며, 어떤 경우에는 치료기관이 없다는 이유로 자신과 타인의 안전을 위해 감옥에 투옥되기도 하였고, 정신병원에서 치료받기도 하였다(Dean, 1997). 이에 따라 1800년대 중반에 '미 국립 정신병원(United States Govenment Hospital for the Insane: USGHI, 현 성 엘리자베스 병원)'이 군인 환자를 위해 새로이 건립되었고, 이후에는 Andrew Jackson 대통령과 Ronald Reagan 대통령 암살 시도자를 포함하여 치료대상을 정부 관계자로 확대하였다(McGuire, 1990).

남북전쟁은 알코올, 클로랄 수화물, 코카인, 모르핀, 아편 등의 남용 및 중독 그리고 금단현상과 같은 전쟁과 관련된 약물 문제에 대한 최초의 공식 문서를 남겼다(Dean, 1997; Watanabe, Harig, Rock, & Koshes, 1994). 문서 내용을 잠시 살펴보면, 남북전쟁 당시 참전 용사들이 겪었던 만성 약물 중독은 고통을 감소시키기 위해 시행하였던 의료행위와 관련이 있었던 것으로 기록되어 있다(Dean, 1997, 군인의 약물 남용에 관해서는 제10장 참조).

제1차 세계대전

미국에서 군 심리학 분야는 제1차 세계대전 시기에 공식적으로 나타난다. 좀 더 명확하게 말하자면, 1917년 4월 '미국 심리학회(American Psychological Association: APA)' 회장이었던 Robert Yerkes는 James McKeen Cattell, G. Stanley Hall, Edward L. Thorndike, John B. Watson 등의 심리학자로 구성된 위원회를 구성하였다. 위원회의 강령에는 심리학을 활용하여 전쟁을 지원하는 내용이 포함되어 있다. Robert Yerkes 회장을 중심으로 한 위원들은 본인이 자원하였든 혹은 이 분야에 종사하는 심리학자이든 간에 국가를 위해 최대한의 노력을 다해야 한다고 강조하였다(Yerkes, 1917). 위원회는 특수한 능력이 요구되는 직책에 적합한 인물을 선정하는 것에서부터 군 복무에 대한 동기부여 방안을 제시하는 등 다양한 영역에서 활약하였다. 1917년 8월 17일 미 당국은 Robert Yerkes를 육군 소령으로 임관시키고

[그림 1-1] 심리학자로 구성된 최초의 중대. 이 중대의 명칭은 '군 심리학 학교(School for Military Psychology)'였으며, 그린리프 캠프(Camp Greenleaf)에 위치해 있었다. 지금부터 ***는 심리학자가 아닌 일반 장교라는 표식임을 주지해 바란다. 맨 앞줄의 왼쪽부터 차례대로 Wood, Roberts, Brueckner, Stone, Foster(교관), Tyng(대대장), Hunter, Hayes, ***, ***, Edwards, Stech, LaRue. 두 번째 줄의 왼쪽부터 차례대로 ***, ***, Malmberg, Moore, Norton, Shumway, Arps, ***, ***, Stokes, Jones, Pedrick, Toll. 세 번째 줄 왼쪽부터 Manuel, Bates, Miller, Chamberlain, Basset, Estabrook, Poffenberger, Benson, Trabue, Doll, Rowe, Elliott. 윗줄 왼쪽부터 Paterson, Dallenbach, Pittenger, Boring, Wylie, Bare, English, Sylvester, Morgan, Anderson, Houser. 사진 우측 하단부는 Yerkes 소령의 모습이다. 이 사진은 Yerkes(1921)로부터 재인쇄하였다.

(Uhlaner, 1967; Zeidner & Drucker, 1988), 1918년 1월에 이르기까지 의무감실 소속 심리학 부서에 132명의 장교를 임관시킨다(Zeidner & Drucker, 1988; [그림 1-1]과 [그림 1-2] 참조). 이는 미군의 모병 검열을 위해 최초로 시행된 협력 추진 기구였다는 점과 E. L. Thorndike, Louis Thurstone, Arthur Otis와 같은 유명한 통계학자가 함께 연구를 진행했다는 점에 의의가 있다(Driskell & Olmstead, 1989). 제1차 세계대전은 심리학에 상당한 영향을 미쳤는데, 1918년 미국 심리학회에는 겨우 200명 정도의 회원이 가입해 있었고, 연차대회에서는 전쟁과는 무관한 한 편의 논문만이 발표되었지만(Grde & Drucker, 2000), 군에는 400명의 심리학자가 소속되어 전쟁에 기여하고 있었다.

[그림 1-2] 그랜트 캠프의 심리학 장교에게 부여한 보급 중대 막사의 모습으로, 일반적인 심리학 관련 부대의 모습을 보여 준다. 맨 앞에는 네 명의 장교가 서 있고 왼쪽의 대위는 정신과 의사이며, 나머지 세 명의 중위(순서대로 Sylvester, Benson, Terry)는 심리학자다. 이 사진은 Yerkes(1921)로부터 재인쇄하였다.

영어를 쓸 수 있는 장병을 위해서는 '육군 알파 테스트(Army Alpha Test, [그림 1-3] 참조)'를, 문맹이거나 영어 이외의 언어를 구사하거나 알파 테스트에 떨어진 장병을 위해서는 '육군 베타 테스트(Army Beta Test)'라는 지능검사를 개발하였고, 전쟁 기간 동안 175만 명의 장병을 대상으로 검사를 실시하였다(Kevles, 1968). 그들 중 7,800명은 정신지체로 인해 전역을 명령받았으며, 10,014명은 낮은 수준의 지능을 이유로 '노역 대대(Labor Battalion)'에 편성되었고, 9,487명은 유사시 가능한 범위 내에서 활용하기 위하여 세심한 관찰과 훈련을 실시하는 예비전력대대(Development Battalion)'에 배속되었다(Yerkes, 1921, p. 99).

'육군 알파 테스트'는 오늘날 가장 널리 사용되는 지능검사인 '웩슬러 성인용 지능검사(Wechsler Adult Intelligence Scale)'의 전신인 '웩슬러-벨르뷔지능검사(Wechsler-Bellevue Scale)'로 발전하였다(Boake, 2002). 제1차 세계대전 기간 동안 지능검사를 활용하여 수백 명을 동시에 진단할 수 있었고, 이를 통해 Lewis Terman(1918)은 표준화된 심리검사 시스템이 필요하다는 사실을 깨닫게 된다. 제1차 세계대전 기간에 지능검사 도구뿐만 아니라 인성검사의 모델이 되었던 '우드워스 인성검사(Woodworth Personality Data Sheet)'가 도입되었고(Page, 1996), Yerkes는 장교 선발 및 특수임무 수행 가능성을 진단하는 체계를 구축하였다(Zeidner & Drucker, 1988).

[그림 1-3] **검사지를 채점하는 모습.** 채점자는 공동 식탁에서 육군 알파 테스트지를 채점하고 있다. 이 사진은 Yerkes(1921)로부터 재인쇄하였다.

제1차 세계대전 기간 동안 수행된 일련의 심리검사가 성공을 거둔 것에 힘입어 심리학 분야는 상당한 호평을 받는다. 그리고 심리학자들이 창안한 일련의 집단 테스트는 초등학교, 대학, 각종 자격위원회 등에 영향을 미쳤다. 또한 민간 기업계에서는 직원의 결근, 이직률, 효율성 향상 등과 같은 문제해결에 심리학자의 자문을 구하려는 경향이 나타났다(Zeidner & Drucker, 1988).

제1차 세계대전을 통해 신경외과 분야가 생겼고, 머리를 부상당한 군인을 치료하기 위해 여러 수단이 강구되었다. 이를 통해 '인지적 재활(Cognitive Rehabilitation)' 분야가 태어나게 되었고, 미 국립정신병원(USGHI)의 심리학자였던 Shepherd I. Franz는 인지적 재활 분야에 큰 관심을 가져 재활연구기관을 설립하려 하였으나 성공하지는 못하였다. 그러나 Franz는 인지 평가와 재교육에 관한 책과 매뉴얼을 출판하였다(Boake, 1989; Franz, 1923). 제1차 세계대전 기간 동안 대부분의 군 병원은 초보적 수준의 재활치료를 실시하였지만, 종전 이후에는 이에 대한 요구가 없었기 때문에 중단하게 되었다.

제1차 세계대전 기간 동안 항공심리학 분야가 탄생하였는데, 항공심리학은 성공적으로 비행 훈련을 통과할 수 있는 조종사를 선발하고, 항공 사고를 방지하는 것에 역점을 두었다(Driskell & Olmstead, 1989). 항공심리학의 초창기 연구 결과에 따르면, 뛰어난 조종사 후보는 높은 지적 수준, 정서적 안정(예, 낮은 수준의 흥분성), 우수한 공간 지각 능력, 주의력을 보인다고 한다(Koonce, 1984). 또한 광범위한 지능검사, 심리적 선발과 두부외상 재활치료와 더불어 전쟁 신경증에 대한 임상 조건이 확립되었다(Young, 1999).

미국 정신의학자들이 임상분야에서 활발한 역할을 하는 동안, 영국의 육군 심리학자들은 임상 진료뿐만 아니라 미군 심리학자들이 한국전쟁 때까지 관여하지 않았던 군사 작전 지역에도 파견되어 활약하였다(한국전쟁, 13쪽 참조). 제1차 세계대전이 발발할 때, 영국 육군 소속 심리학자들은 1917년 프랑스에 배치되어 영국군을 지원하였다. 그들은 야전 병원, 전상자 처리소, 진단미정 신경병원(Not Yet Diagnosed Neurological Hospital: NYDN)에서 수많은 전쟁 신경증(Smith & Pear, 1917), 심활동 장애(DAH) 및 전쟁 관련 증후군에 시달리는 환자들을 치료하였다(Jones & Wessely, 2005). 또한 영국 심리학자들은 부상자와 현역 복무가 불가능하다고 생각되는 병력을 후방 지역 또는 영국 본토로 후송하는 역할을 담당했다.

영국은 Craiglockhart(소설가 Pat Barker의 3부작 소설인 『Regeneration』에 등장하여 유명세를 탔는데, 소설 속에서 작가인 Siegfried Sassoon과 Wilfred Owen은 이 병원에서 영국 군 심리학자인 W. H. Rivers의 진료를 받는다)를 포함하는 다수의 병원을 건립하였다(Shephard, 2000). 심리학자인 W. H. Rivers와 동료 C. S. Myers는 모두 새로운 심리학을 교육받은 개업 심리학자로 캠브리지 대학의 프레더릭 바틀릿 실험 심리학부(Sir Frederick Bartlett's Department of Experimental Psychology)에서 근무하였다. Myers는 영국 원정군의 심리 자문관으로 임명받았으며, 4개의 진단미정 신경병원(NYDN)을 설립하였고, 이후 영국이 프랑스에서 경영하는 다섯 곳의 심활동장애(DAH) 의료센터를 건립하였다(Greenberg, Hacker Hughes, & Earnshaw, 2011).

또한 이 시기에 전투 스트레스(예, 전쟁 신경증)에 대한 적절한 치료 개입이 처음으로 소개됐으며, 공식적인 인지 이론이 발달하기 이전에 최초의 인지적 재구성(Cognitive Restructuring) 기법이 등장하였다(Howorth, 2000). 이른바 PIE(직접성, 신속성, 회복 가능성; Proximity, Immediacy, Expectation of recovery)에 주안점을 둔 초기 정신의학 치료가 시행되었으며, 이를 통해 40~80%의 전쟁 신경증 환자를 치유하여 전선으로 복귀시켰다(Jones & Wessely, 2003). 이때 등장한 PIE와 같은 조기 치료개입 원칙은 오늘날에도 군의 전투 스트레스 치료의 기초로써 이후 모든 치료기관에서의 전투 스트레스 치료에 활용되고 있다.

제1차 세계대전은 겨자 가스 등을 활용한 조직화된 화학전의 시초로 여겨지고 있다(Harris, 2005). 이를 통해 '가스 히스테리(Gas Hysteria)'가 생겨났으며, 이러한 가스 위협에 대해 심리적 반응을 보인다는 점이 관찰되었다. 정신건강 전문가들은 공포심을 다루고, 현대 테러리스트 단체의 화학 및 생물학전 위협에 대처하기 위해 지금도 제1차 세계대전을 통해 얻은 교훈을 활용하고 있다.

요컨대, 제1차 세계대전은 심리학 분야의 비약적인 발전이 이루어진 시기였다. 이 시기의 주요 성과는 오늘날의 심리학계에도 지대한 영향력을 행사하고 있다. G. Stanley Hall(1919)은 제1차 세계대전 시기에 활약한 심리학자들의 업적에 대해 논평하며 다음과 같이 예언하였다. "후일 미국 심리학의 역사가 전체적으로 집필될 때야 비로소 우리가 지금까지 얼마나 큰 업적을 이루었는지를 가늠할 수 있을 것이다."

제2차 세계대전

1944년부터 1946년 사이에 미국 심리학회는 '미국 응용심리학회(American Association for Applied Psychology: AAAP)'와의 합병을 내용으로 하는 중대한 조직 개편을 단행하였다. 합병이 끝난 후 미국 응용심리학회의 5개 부서는 미국 심리학회로 편입되었으며, 이 중에는 '제19부'인 군 심리학 부서도 포함되어 있었다(Gade & Drucker, 2000). 이와 같은 조직 강화와 더불어 제2차 세계대전을 통해 저명한 독일 및 유대계 심리학자들이 미국으로 건너와 미국 심리학계의 부흥기가 찾아온다.

제2차 세계대전을 통해 심리학자에 대한 수요가 급증하였고, 심리학자들은 '미국 국립연구회의 (National Research Council)' '심리전 연구소(Psychological Warfare Service)' '재향군인관리국(Veterans Administration: VA)' '상무부(Department of Commerce)'와 같은 기관을 포함하여 전 군을 무대로 활약하게 된다(Gilgen, 1982). 심리학자들은 심리 측정에 대한 연구를 계속하여 진행하였으며, 제2차 세계대전기와 종전 이후 심리학 분야는 괄목할 만한 성장과 변화가 일어났다. Boring(1945)은 전투 적응, 인사 선발, 사기, 성 문제, 심리전과 같은 분야를 포괄한 군사 심리학 저서를 출판하였다. Boring은 육군과 해군의 심리 업무 분야를 7개 영역으로 구분하여 정리하였는데, 관찰(Observation), 임무 수행 (Performance), 선발(Selection), 훈련(Training), 인성 적응(Personal Adjustment), 사회적 관계(Social Relations), 의견 및 선전 전략(Opinion and Propaganda)이 그것이다. 또한 제2차 세계대전 기간 동안 군인의 임무 수행 능력을 제고(National Research Council, 1943; Shaffer, 1944)하고 리더십 능력을 향상시키는 데 심리학적 원칙을 적용하는 것에 대한 책들이 출간되었다(Kraines, 1946). '전략사무국(Office of Strategic Services: OSS; 현 CIA의 전신)'은 독일의 장교 및 지휘관의 선발절차(Ansbacher, 1949)에서 착안하여 전략사무국의 스파이요원, 방첩요원, 선전요원을 채용하기 위해 심리학에 기반을 둔 선발 프로그램을 시행하였다(Banks, 1995; OSS Assessment Staff, 1948). 또한 미군 당국은 심리학 발전을 도모한 민간 영역의 학자들을 다시 한 번 채용하였다. 이 중에는 전자 유도장치가 개발되기 이전 미사일 유도를 위해 비둘기를 훈련시킨 B. F. Skinner(Gilgen, 1982)와 박쥐를 활용하여 일본 본토에 소형 폭탄을 투하하려는 연구를 진행한 Griffin이 있다(Drumm & Ovre, 2011). Skinner는 비둘기를 이른바 자살 폭탄으로 사용하는 것은 도덕성에 반한다는 이유로 실제로는 비둘기를 활용하지 않았다(Roscoe, 1997). Griffin은 박쥐에 장착할 수 있는 폭탄의 양이 적다는 난관에 부딪히게 되고, 설상가상으로 당시 원자폭탄 개발에 뜨거운 관심이 쏠리면서 그의 연구는 문제에 봉착하게 된다(Drumm & Ovre, 2011).

군 장병 선발절차가 개선되어 1940년 '군대 일반 분류 검사(Army General Classification Test: AGCT)'가 소개되었다. 심리학자들이 개발한 이 검사는 지원자들의 자질을 측정하고 특수임무 요원(Zeidner & Drucker, 1988)과 장교 후보생을 선발할 때 활용하였다(Harrell, 1992). 또한 AGCT는 1200만 명 이상의 지원자를 분류하는 데 활용되었으며, 일종의 지능 측정 도구로 평가되었다. 왜냐하면 이 검사는 언어 구사 능력과 정규학교 교육에 관한 영향을 최소화하고, 공간 지각 능력과 양적 추론 능력 및 관리상의 효율성에 초점을 두었기 때문이다(Harrell, 1992). 제2차 세계대전 종전 후, 1948년에 징병법(Selective Service Act)은 군 장병 선발 시 단일화된 능력검사를 시행할 것을 규정하였으며, 이에 따라 1950년 '군 자격시험(Armed Forces Qualification Test: AFQT)'이 탄생하였다. 이러한 군 자격시험(AFQT)이 전 군을 대상으로 시행되었음에도 각 군은 1968년 자격시험이 통일되기 전까지 저마다의 고유 선발절차 및 도구를 각기 활용하였다(Defense Manpower Data Center, 1999).

군 심리학자들은 다양한 지역적·문화적 배경을 가진 장병을 대상으로 검사할 기회가 많았기 때문에 분류 및 선발체계의 발전을 이루어 낼 수 있었다. 심리검사 결과는 개인의 배경에 따라 다르게 해석되어야 한다는 인식에 의해 제2차 세계대전 기간 동안 이러한 내용이 명문화되었고, 공정한 심리검사 개발의 필요성이 처음으로 제시되었다. 또 하나는 간편 검사기법의 개발이었는데, 개발된 간편 검사기법은 민간 영역에도 쉽게 적용할 수 있었다(Hunt & Stevenson, 1946). 한편 제2차 세계대전 기간 동안 인성검사가 많이 사용되었고, 1943년 미 육군은 당시 새롭게 개발된 실험적 검사 도구인 '다면적 인성검사(Minnesota Multiphasic Personality Inventory: MMPI)'를 군 장병 선발 및 심사 도구로 활용하였다(Page, 1996; Uhlaner, 1967).

미군은 장병 선발만을 지나치게 강조하고 집중하다가, 전선에 나가 있는 장병들의 전투 피로증 내지 전투 탈진(전투 스트레스)이라는 문제점에 직면하게 된다. 그 당시 미군은 장병 선발절차를 통해 전투 스트레스에 취약한 장병을 선별할 수 있다고 생각했으나, 전투 스트레스에 대한 대처, 즉 전방에 배치된 장병들에게 시기 적절한 치료행위가 가해져야 한다는 제1차 세계대전의 교훈을 간과하는 우를 범하였다. 요컨대, 장병 선발절차의 개선에만 치중한 나머지 매우 적은 숫자의 정신건강 전문가들만을 전선에 배치하였다. 실제로, 1943년에 있었던 사례를 보면, 장병 선발절차의 강화로 제1차 세계대전에 비해 3배에서 4배에 해당하는 장병이 징병에서 제외되었으나, 정신질환의 발생건수는 제1차 세계대전에 비해 오히려 3배나 높게 나타났다(Glass, 1969). 1943년 George Marshall 장군은 군대에 입대한 장병의 숫자보다 정신질환을 이유로 전역하는 장병의 숫자가 더 많았다고 토로하였다(Allerton, 1969, p. 3). 1943년과 1945년 사이 409,887명에 달하는 미군 장병이 전쟁 피로증을 이유로 해외에 위치한 군병원에 입원하였고, 이들 중 127,660명은 미국 본토로 항공 의무 후송 명령을 받았다(Tischler, 1969).

선발 단계에만 집중한 결과 40% 가량의 병력이 전투 스트레스를 이유로 조기에 전역하는 부작용을 낳았기 때문에(Neill, 1993), 군 당국은 전투 지역에 심리치료 전문가를 배치하는 것이 얼마나 중요한지를 깨닫게 되었다(U.S. Department of the Army, 1948). 또한 제2차 세계대전에서 엄청난 숫자의 정신질환자가 발생하는 것을 보고, 전투 스트레스는 인성 결함에 기인하는 것이 아니라 전쟁으로 인한 정서적 트라우마이며, 스트레스에 대한 자연스러운 반응이라는 사실을 알게 되었다(Glass, 1969).

영국에서는 8명의 민간 심리학자를 초청하여 영국 해군(Royal Navy: RN) 장병 선발을 위한 검사를 개발하였다. 영국 심리학자들은 일반 지능, 수리 능력, 기술 적성으로 구성된 간단하면서도 쉽게 등급을 정하고 점수화할 수 있는 검사 도구를 개발하여 해군 장병 선발을 위한 2차 전형에 사용하였다. 1943년 말, 영국 해군은 10명의 산업심리학자와 대부분 '영국 해군 여군 부대(Women's Royal Naval Service: WRNS)'에서 차출한 약 300명의 조수를 소집하여 장병 선발 업무를 담당하게 하였다.

반면 영국 육군성은 1941년 부관 참모무의 직할 부서를 창설하여 검사자, 일반 장교[역자는 'Nontechnical Officer'를 '일반 장교'로 번역하였다. 이른바 'Technical Officer'는 주요 직능에 전문 기술적 요소를 포함하는 병과에 해당하는 장교를 말하며(예: 기상 장교, 정보통신 장교, 공병 장교 등), 'Nontechnical Officer'는 일반 전투를 수행하는 장교(예: 보병 장교, 포병 장교, 기갑 장교 등)를 뜻한다], 부사관을 소집한 후 육군 본부 인참부에서 근무하게 하였다. 이때 소집된 인원을 살펴보면, 우선 19명의 심리학자(14명은 남성, 5명은 여성이었으며 모두 장교로 구성), 31명의 장교 및 검사 담당 부사관(남성 26명, 여성 5명), 584명의 일반 장교(남성 531명, 여성 53명), 697명의 부사관(남성 494명, 여성 203명)으로 구성되었다. 검사는 일반 지능, 연산 능력, 언어 및 비언어적 능력, 이해력 등의 내용으로 구성된 표준화된 검사지를 활용하여 진행하였다. 또한 신호병 선발을 위한 육군의 도덕성 검사(Mores Aptitude Test), 여자 국방군(Auxiliary Territorial Service) 선발을 위한 철자 및 속기 타자 능력 검사, 운전병과 공병 선발을 위한 조립 능력 검사 등을 실시하였다. 장교를 선발할 때는 기성 장교와 심리학자가 공동으로 참여했으며, 전반적인 선발 검사 이외에 정형화된 심리검사도 병행하여 진행하는 등 보다 종합적인 검사를 진행하였다. 이를 위해 '육군성 선발 위원회(War Office Selection Board: WOSB)'의 간부, 심리학자, 정신의학자로 구성된 집단이 검사를 실시하였으며, 지능검사, 역사 시험, 투영검사법, 좀 더 복잡한 버전의 '레이븐의 발달 매트릭스 검사(Raven's Progressive Matrices Test)', 언어 지능과 추론 능력 검사도 더불어 실시하였다. 또한 영국 육군성은 부관 참모부 직할의 장병 선발 부서에서 소수의 심리학자를 채용하여, 육군성 의무부 소속의 과학 연구 부서 및 생물학 연구 부서에 배치하였다.

제2차 세계대전 기간 동안 병역을 기피할 목적의 꾀병에 관한 많은 논문이 발표되었다. 이른바 꾀병을 부리는 장병의 일반적인 행태에 관해 Hulett(1941)은 다음과 같이 말하였다. "비겁하고 남자답지 못한 병사가 우리 사이에 반드시 한 명쯤 끼어 있다는 사실은 정말로 참담한 일이 아닐 수 없다." 가장 일반적으로 관찰되는 꾀병은 알코올이나 에피네프린, 마약, 하제와 같은 약물 중독증이 있다는 사실을 시인하거나, 통증 및 실명과 같은 기타 감각장애 호소, 근육장애, 거짓 정신 이상, 자해, 자신이 앓고 있는 병을 과장하거나, 치료 가능한 상태인데 치료를 거부하는 행위 등이 있었다(Campbell, 1943). Campbell은 꾀병을 부리는 병사는 정신병적인 인격을 갖고 있기 때문에 노역을 전담하는 대대나 매우 엄격한 규율의 부대를 제외하고는 군인으로서 복무할 자격이 없다고 하였으며, 그러한 병사들은 연금과 국가 보상만을 노리는 자들이라고 비난했다. Bowers(1943)는 꾀병을 부리는 것이 의심되는 병사들은 네 가지의 특성을 보인다고 했다. 그것은 히스테리, 인성 불량, 꾀병 그리고 앞의 세 가지 요소가 혼합된 경우다. Ludwig(1944)는 나트륨 아미탈을 사용하여 꾀병을 부리는 병사를 가려내자고 주장했다. 제2차 세계대전 동안 발견된 상위 5개 정신병은 신경증, 인격장애, 알코올 의존증, 간질, 정신이상이었다(Stearns & Schwab, 1943). 특히 당시의 정신건강 진단 시스템(Standard Nomenclature of Diseases and Operations)을 그대로 군대에 적용하는 것은 문제가 있다고 판단하여 정신장애의 진단 및 통계편람(Diagnostic and Statistical Manual of Mental Disorders: DSM)'이 새로이 발간되는 계기를 마련하게 된다(American Psychiatric Association, 1952).

이 시기에는 두부외상 재활치료 분야가 다시 주목을 받아 대규모의 연구가 진행되었다(Doherty & Runes, 1943). 이러한 연구에는 차후 신경심리학 분야에서 저명한 학자 반열에 오른 심리학자들이 대거 참여하였다(Boake, 1989; Kennedy, Boake, & Moore, 2010). 그러나 제1차 세계대전 때와 마찬가지로 종전 이후 대부분의 재활치료센터가 폐쇄되었고, 교통사고 부상자가 급증한 1960년 말과 1970년 초에 이르기까지 두부외상 재활치료 분야는 주목을 끌지 못했다(Boake, 1989).

1941년 미 공군의 '항공심리학 프로그램(U.S. Army Air Forces Aviation Psychology Program)'에 힘입어 제2차 세계대전 기간 동안 항공심리학 분야는 발전을 거듭하였다. 당시 항공심리학의 주된 관심사는 비행단 근무자 선발에 관한 것이었다(Driskell & Olmstead, 1989). 조종사, 운항사, 폭격기 조종사 선발과 함께 특히 당시 새롭게 도입된 항공 장비와 관련하여 정비사 선발에 관한 연구가 진행되었다(Koonce, 1984). 1947년 미 공군은 육군에서 분리되어 독립적인 군 조직체를 이루게 되며, 특히 산업심리학과 관련된 연구를 활발하게 진행하였다(Hendrix, 2003). 한편 당시 '영국 항공성(British Air Ministry)'은 훈련법을 고안하기 위해 4명의 민간 심리학자로 구성된 고문단을 두었으며, 17명의 '공군 여성 예비 부대(Women's Auxiliary Air Force: WAAF)' 소속 항공기 승무 장교, 14명의 지상 근무 장교, 대략 100명의 항공 정비사를 부대원으로 두고 있었다. 비행단 근무자를 선발할 때 활용한 검사는 일반 지능검사(일반, 어휘, 공간지각 능력을 측정하는 영국 공군 GVK 테스트를 포함), 모든 영국 공군 및 공군 여성 예비 부대 지원자를 대상으로 실시한 수리능력 검사, 모스부호 적성검사, 조종 적성검사, 승무원 지원자를 대상으로 하는 라디오 관찰 적성검사, 능숙도, 기술 지식, 모스 부호 판독, 레이더 관찰 능력 등이 있었다. 이러한 임무 수행 능력과 더불어 영국 항공성 소속 심리학자들은 1937년부터 반응 시간, 손과 발의 조작 속도(센서가 장착된 장비를 활용하여 조종 적성을 측정했으며 각도 인지능력 검사를 통해 항공기 착륙 능력을 평가하였다) 등에 관한 수많은 연구를 진행하였다. 또한 영국 항공성은 제2차 세계대전 초기에 2개의 테스트를 활용하였다. 첫째는 위원단 평가에 앞서 실시한 집단 지능검사였으며, 다른 하나는 사전 선발 적성검사를 실시하여 지원자가 어떤 종류의 항공기체를 조종하는 것이 적합한지를 판단하였다.

영국군 소속의 심리학자들은 수많은 질문지와 면접을 기획하고 결과를 해석했으며, 배치도, 처리 방식, 조작 장비 위치(특히 공군 항공기 조작실 배치와 발사 조작 핸들의 위치와 조작 반경 등에 심혈을 기울임), 기체 조종과 항공기 사수 및 폭격 조준 훈련생을 위한 시뮬레이터 장비와 교관 운영 계획 등을 수립하였다. 또한 심리학자들은 고글 착용, 패널 조명 활용, 야간 비행 등 시계 확보와 관련된 연구를 실시하였다. 특수 적응 능력을 배양하고 다양한 무기 시스템에 대한 개선을 위해서도 노력하였다. 전시에 심리학자들에게 부여된 중요한 연구 분야는 직무 분석과 시간 동작 연구였다. 이에 관한 예를 들어 보면, 해군 본부와 육군성선발위원회(WOSB)에서 근무하는 영국 해군의 여군 부대(WRNS)의 통신장비 정비요원, 항공기 정비요원, 어뢰기능요원에 대한 직무 분석이 있었고, 포 조준과 포 조작에 대한 시간 동작 연구, 열대우림과 극 지방의 극한 기상에 관한 연구 등이 있다(Hacker Hughes, 2007).

제2차 세계대전 이후 항공심리학 분야는 비약적으로 성장하여 민간 항공사에도 영향을 미쳤으며, 항공심리학자들은 이 분야에서 새로운 역할을 하게 되었다. 현재 항공심리학자들은 테러 사례 연구 및 테러 행위 식별, 항공기 사고 조사(Koonce, 1984), 승무원 선발 및 평가, 항공 의학과 관련된 심리학적 평가, 인간 요인 연구 등 광범위한 분야에서 활동하고 있다.

제2차 세계대전은 핵무기가 실제로 사용된 처음이자 유일한 전쟁으로 기록되고 있다. 핵무기 생존자들은 기피, 극심한 불안장애, 정신 신체적 증상, 외상 후 스트레스 장애(Post Traumatic Stress Disorder: PTSD)와 같은 급성 혹은 만성적인 심리적 반응을 보였다(Salter, 2001). 1945년 히로시마와 나가사키에 투하된 핵무기의 잔상이 사회 전반에 스며들어 현재에도 지속적으로 공포심을 조장하고 있고, 테러 단체가 핵무기를 손에 넣고 사용하는 것에 대한 우려가 높아지고 있다(Knudson, 2001). 제2차 세계대전은 일본군의 자살폭탄부대 또는 카미카제 특공대로도 유명하다. 가미카제 특공대는 수많은 무기로 집중 공격을 하는 것과 같은 위력을 발휘해 수많은 해군 사상자가 속출하였으며(Blood, 1992), 당시 자살 폭격에 대한 긴장감은 극에 달하였다. 제2차 세계대전을 통해 얻은 이러한 교훈은 현대에도 적용할 가치가 있는 것으로 보인다(이에 관해서는 제13장 참조).

제2차 세계대전 기간 동안 미국에서는 군 임상심리학자들이 처음으로 군 병원에 배치되기 시작하였다(McGuire, 1990; Uhlaner, 1967). 제2차 세계대전이 끝나고 군 임상심리학자의 숫자는 지속적으로 증가하였는데, 이는 퇴역 군인의 정서적 문제를 지원할 수 있는 군의관과 정신의학자들의 수가 턱없이 부족했기 때문이다. 이에 군 심리학자들이 퇴역 군인 지원센터에서 집단 및 개인치료를 지원하게 된다(Cranston, 1986). 1946년에는 처음으로 심리학 인턴십 프로그램이 정립되어 퇴역 군인을 지원하기 위한 200명의 인턴을 채용하였다. 이러한 노력의 결과로 심리학자들의 채용이 늘어나게 되었으며, 이들은 연구와 평가 전문가로서 활동함과 동시에 정신건강 지원자로서의 역할도 수행하였다(Phares & Trull, 1997). 제1차 세계대전이 끝난 이후에는 군에서 심리학자들을 해산시켰으나, 제2차 세계대전 종료 후인 1947년에는 종신 현역요원으로 심리학자들을 채용하였다(McGuire, 1990; Uhlaner, 1967). 그로부터 2년 뒤인 1949년에는 최초의 군 임상심리 인턴십 프로그램들이 육군에서 탄생하였다. 이러한 인턴십 프로그램 중 하나는 워싱턴 DC에 소재한 '월터 리드 군 통합 병원(Walter Reed General Hospital)'에서 진행되었다.

한국전쟁(6 · 25 전쟁)

한국전쟁이 진행되는 동안 심리학자들은 해외 파견 근무, 전투 지역 근무, 병원선 근무 등 여러 가지 새로운 임무를 부여받았다(McGuire, 1990). 한국전쟁기에는 수많은 고문과 미군 전쟁포로의 처형, 세뇌 공작 등이 자행되었다(Ursano & Rundell, 1995). 미군 포로들은 강행군을 강요받았으며, 영양실조와 비인간적 대우, 끝없는 공산주의 사상 선전에 노출되었다(Ritchie, 2002). 한국전쟁으로 말미암아 전쟁 포로가 되었을 때 살아남을 수 있는 훈련 프로그램 및 생존 교육에 중대한 변화가 생겨났다. 한국전쟁에서 본국으로 송환된 전쟁 포로들은 살아남는 방법으로 이른바 SERE(Survival, Evasion, Resistance, Escape. 생존하고 회피하며 저항하고 도주하는 것을 말함) 모델을 제시하였고, 이는 오늘날에도 전쟁 포로가 될 가능성이 큰 특수부대 요원이나 공군요원의 교육에 활용되고 있다. 이러한 SERE 훈련 패러다임, 심리적 요소, 제2차 세계대전과 한국 및 베트남전쟁의 전쟁 포로에 관해서는 이 책 제12장에서 자세히 다루도록 한다(Moore, 2010).

불행하게도 한국전쟁은 너무나 급작스럽게 발발되어 준비할 시간이 부족했기 때문에 전방 지역에 위치한 장병에게 전투 스트레스 대처법을 제대로 적용하지 못하였다(McGuire, 1990). 그 결과 1000명당 250명 수준의 장병들이 정신질환을 갖게 되었다. 그러나 다행히 전투 지역에도 정신건강 전문가 지원이 필요하다는 제2차 세계대전의 교훈을 잊지 않고(Glass, 1969), 전쟁 개시 후에 정신건강 전문가를 전투 지역에 파견하여 전쟁 피로증을 호소하는 장병의 80%(Ritchie, 2003)에서 90%(Jones, 1995)가 정상적으로 현역 업무에 복귀할 수 있었다. 한국전쟁이 발발하고 난 1년 뒤에는 9개월 단위로 교대하여 전투 지역에 투입되는 정책이 시행되어 정신질환 발발 건수를 상당 부분 감소시킬 수 있었다(Glass, 1969).

한국전쟁기에도 각종 테스트에 대한 심리학 연구는 줄어들지 않았다. 미 육군과 공군은 합동으로 군 심리학자의 임무와 심리검사의 적절한 사용을 내용으로 하는 지침을 작성하였다(U.S. Departments of the Army and the Air Force, 1951). David Wechsler와 Paul Meehl은 이러한 분야의 발전에 지대한 공헌을 하였고(Uhlaner, 1967), 특정 임무에 적합한 장병을 선발하는 도구와 장교 임용 프로그램은 꾸준히 발전을 거듭하였다.

한국전쟁 이후, 미 육군은 동기부여, 리더십, 사기, 심리전(Uhlaner, 1967)의 필요성과 인구 증가에 따라 군의 인간 시스템과 관련한 개념 연구에 상당한 노력을 기울였다(Zeidner & Drucker, 1988). 또한 미 공군과 해군은 현재 인간공학으로 칭하는 분야에 대한 연구소를 설립하였다. 각기 다른 시설, 신체 상태 및 환경에서 복무하는 군 장병의 역량을 강화시키고자 하는 목표를 달성하기 위해 인간공학에 대한 연구가 크게 증가하였다(Roscoe, 1997; Uhlaner, 1967).

베트남전쟁

한국전쟁이 끝난 후, 1958년 미 공군은 '공군 자격 시험(Airman Qualifying Examination)'을 만들어 고등학생을 대상으로 검사를 실시하였다. 자격 시험 시행 직후, 미 육군과 해군도 그들만의 독자적인 능력 시험을 고안하였고, 결국 1968년에는 전 군이 통합적으로 사용할 수 있는 '군 복무 적성검사(Armed Services Vocational Aptitude Battery: ASVAB)'를 시행하게 되었다(Defense Manpower Data Center, 1999). 이 군 복무 적성검사는 매우 안정적으로 병전 지능을 측정하는 척도로서 기능을 하였기 때문에 모병 단계에서 활용하였으며, 군 신경심리학자들은 두부외상 장병에 대한 주기적인 평가 도구로 활용하였다(Kennedy, Kupke, & Smith, 2000; Welsh, Kucinkas, & Curran 1990).

한국전쟁에서 그러했던 것처럼 베트남전쟁기에도 전투 지역에 심리학자들을 파견하였다. 전쟁 개시 때부터 심리학자들이 파견되었으며, 이로 인해 전투 스트레스는 이전의 전쟁 때보다 낮은 수준을 보였다. 제2차 세계대전의 정신병 발생률은 연간 1000명당 28~101명 수준이었고, 한국전쟁에서는 연간 1000명당 37명 수준이었으나, 베트남전에서는 그보다 매우 낮은 수준인 연간 1000명당 10~12명의 비율을 나타냈다(Allerton, 1969). 그러나 베트남전에서는 전무후무한 수준의 약물 남용 사례가 발생했다(자세한 내용은 제10장 참조). 또한 성격장애 판정을 받은 장병의 숫자가 매우 많았는데, 이는 징병을 기피하지 않은 장병, 즉 학업상의 이유로 징병 유예를 하거나, 다른 면제 사유가 있었음에도 입대를 선택한 개인(McGuire, 1990)의 특성과 어느 정도 연관성이 있는 것으로 보인다. 나아가 당시 미국인의 정서는 약물 사용에 지극히 관대했으며, 이러한 풍토가 베트남전 참전자들에게도 그대로 이어진 것으로 생각된다. 군 당국은 매우 많은 병력이 약물중독으로 인해 의무 후송을 당했기에 약물 복용 검사를 의무화하였고 알코올 및 약물 재활치료 지원이 확대되었다.

베트남 군 역시 심리치료를 지원하였다. 이를 미군의 경우와 비교해 보도록 한다. 당시 베트남군은 정신건강 치료 수준이 매우 낙후된 상태였으며, 해당 지역 의료진들이 정신질환 치료를 함께 담당하였다. 전쟁이 지속되는 동안 베트남군은 '콩 호아 군사통합병원(Cong Hoa General Hospital)'을 활용하여 정신 치료를 행하였다. 이 병원은 정신과 의사 1명, 내과 전문의 1명, 보건사 1명, 간호사 1명, 위생병 2명, 보초 겸 잡역부인 민간인 2명으로 구성되어 있었다. 병원은 80개의 침대를 구비하고 있었으며, 보통 80명에서 100명의 입원 환자를 수용하였고, 매일 10명에서 15명의 환자가 통원 치료를 받았다. 정신 치료를 위해 클로르프로마진, 티오리다진, 다이아제팜 등의 정신 약리학적 처방, 전기 충격 그리고 몇몇 특정 환자에게만 아주 제한적으로 지지요법을 시행하였다(Nguyen, 1969). 베트남군 전체 병력(전쟁 초기 15만 명이었고 1967년 당시에는 70만 명으로 증가)에 비해서 병원 치료를 받는 숫자는 매우 적었는데, 그 이유는 치료 시설의 부재와 인력 부족, 후송상의 문제점, 오귀인(誤歸因) 증상, 자살 생각과 자살 행동과 같은 특정 사안에 대한 문화적 차이 등에 기인한 것으로 보인다. 이러한 심각한 장애 상황에도 불구하고, 1969년 Nguyen은 가족 구성원 간의 끈끈한 결속력과 충성심, 정신질환에 대한 무의식, 환자로 취급받는 것을 싫어하는 태도 등으로 말미암아 베트남인의 자기 보호적인 성격 특성이 강화되어 전쟁 신경증에 덜 민감하게 반응한 것으로 생각하였다.

베트남전은 매우 복잡하고 미묘한 전쟁이었다. 최신식 무기들은 엄청난 파괴력을 보여 주었고, 병사 개개인의 능력도 실로 대단한 것이었다(Zeidner & Drucker, 1988). 미군은 고도로 훈련받은 정예병과 맞서 정글전을 감행해야 했으며, 포로로 사로잡히면 혹독한 고초를 겪어야 했다(Moore, 2010). 당시 교대로 전투 지역에 투입되는 정책은 부대 단위가 아닌 병사 개인 단위로 행해진 탓에 전출 및 전입이 잦고 부대원의 결집력이 상당히 저하되는 결과를 초래하였다(Zeidner & Drucker, 1988). 이러한 문제들이 복합적으로 작용하여 미국 본토의 분위기도 전투원들에 대해 상당히 비협조적인 방향으로 흘러갔다. 이러한 이유들에 의한 심리적 충격으로 PTSD 발생률이 상당히 높았으며, 수많은 베트남전 참전자는 아직도 그 후유증에 시달리고 있다.

베트남전 종식 이후, 미군 당국은 훈련 중 사고로 인한 사망이나 자살과 같은 비전투적 중대 사안에 대해서도 공식적인 처리절차를 마련해야 할 필요성을 느끼게 되었다. 1978년 '포츠머스 해군 종합병원의 정신의학과(Portsmouth Naval Hospital Psychiatry department)'는 심리학자, 정신의학자, 군종 장교, 간호 장교, 위생병으로 구성된 '특수 정신질환 신속 대처 팀(Special Psychiatric Rapid Intervention Team)'을 조직하여(McCaughey, 1987) 훈련 중 사고, 자살, 천재지변, 폭발 사고와 같은 일련의 중대 사안에 대해 대응하게 하였다(이와 관련한 현대의 대처 방법에 대한 내용은 제7장 참조).

사막의 방패 작전과 사막의 폭풍 작전

사막의 방패(Desert Shield)와 사막의 폭풍(Desert Storm) 작전(이는 미군의 정식 작전 명칭이며 한국에서는 보통 '걸프전'으로 알려져 있다. 이하 '걸프전'으로 통일)에 참전했던 장병들은 적군의 수적 우위, 화학 및 생물학 무기 사용 가능성, 사막 또는 모래폭풍과 같은 가혹한 환경, 치명적인 동물들, 열악한 위생 상태, 미국인의 가치를 수용하지 않는 문화와 같은 다양한 스트레스 요인에 노출되었다(Martin, Sparacino, & Belenky, 1996). 이와 같이 수많은 스트레스 요인이 있었음에도 미군의 사상자 수는 극히 적었고, 전선에서는 정신 치료가 가능했기 때문에 이로 인한 전투 스트레스 관련 질병 발생자는 매우 적게 나타났다. 하지만 그들이 본국으로 귀향한 이후 PTSD 발생 건수가 지속적으로 증가하는 모습을 보였다. 걸프전 수행 기간 동안 심리학자들은 전선에서 정신 치료를 하였으며, 처음으로 심리학자들이 해군 항공모함에 배치되었다. 심리학자들이 배치된 이후, 미 해군 전함 존 에프 케네디 호에 승선한 장병들 중에서 정신질환을 이유로 의무 후송을 당하는 사례가 단 한 건도 발생하지 않았다(Wood, Koffman, & Arita, 2003).

이렇게 훌륭한 정신건강 지원을 하였음에도 신체적·정신적 질환이 애매모호하게 복합체를 이룬 이른바 '걸프전 증후군' 내지 '걸프전 질환'이 유행하였다. 이와 관련하여 수년간의 연구를 거듭하였으나 이러한 증상을 특정한 증후군으로 규정하는 것에 실패하였다(Bieliauskas & Turner, 2000; Everitt, Ismail, David, & Wessely, 2002). 추측건대, 걸프전 증후군은 백신 접종, 유전 화재 매연과 같은 유독 물질 노출, 심리적 외상이 원인이 되어 발생한 것으로 나타났다. 걸프전 참전자들을 수년간 연구한 결과, 예방 접종, 유독 화학물질 노출, 심리적 외상과 같은 위험 요인이 있기는 있었으나, 이러한 걸프전 증후군이 지속되는 이유는 전쟁 수행 이전에 겪었던 심리적 고통과 유독 물질에 노출되었다는 믿음과 같이 각 개인의 생각에 문제가 있는 것으로 보인다(Hotopf, David, Hull, Nikalaou, Unwin, & Wessely, 2004; Stuart, Ursano, Fullerton, Norwood, & Murray, 2003). 걸프전 증후군에 대해 명확한 진단을 할 수 없음에도 불구하고, 이러한 걸프전 증후군에 시달리는 참전자들에 대한 경제적인 보상과 의료 지원이 시행되었으며(Campion, 1996), 걸프전 증후군에 대한 연구는 지금도 계속되고 있다.

평화 유지 활동(전쟁 이외의 군사 작전)

미군이 수행하는 평화 유지 임무들은 저마다의 고유한 특색이 있었으며, 이러한 특징들은 임무에 참여하였던 장병들에게 영향을 주었다. 1992년의 소말리아 희망 회복 작전(Operation Restore Hope in Somalia)부터 각 임무를 수행할 때마다 스트레스 관리 부대가 파견되었다(Bacon & Staudenmeier, 2003). 평화 유지군은 주민들로부터 비우호적인 대우를 받았으며, 적의 포화 세례를 받고, 비위생적인 환경에 노출되었으며, 가족과 떨어져 작전을 수행하였다(Hall, Cipriano, & Bicknell, 1997). 더욱이 평화 유지 임무를 통해 정신질환 병력자, 알코올 남용, 대인관계에 문제가 있는 장병은 보다 큰 중압감을 경험하였다. 이러한 것들은 평화 유지군에 참여하였던 장병들의 명확한 자살 위험 요인으로 작용하였다(Wong et al., 2001).

아이티 민주정부 복원작전(Operation Uphold Democracy in Haiti)에 참여하였던 미군은 심각한 스트레스에 노출되어 작전 개시 후 30일 동안 3건의 자살 사건이 발생하였다(Hall, 1996). 이 사건을 통해 평화 유지 임무를 잘 수행하기 위해서는 작전 지역에 정신치료 지원을 함으로써 정신질환을 예방하고 조기에 치료 개입을 하는 것이 얼마나 중요한지를 다시 확인하는 계기가 되었다(Hall et al., 1997). 아이티 민주정부 복원 작전에서 정신질환이 발병된 장병에 대해 스트레스 경감을 위한 지원이 이루어졌으며, 이를 통해 발병자 중 94%가 정상적으로 복귀할 수 있게 되었다(Hall, 1996).

보스니아의 공동 노력 작전(Operation Joint Endeavor in Bosnia)에는 유례없는 규모의 군 정신건강 전문가들이 파견되어 자살 예방, 스트레스 관리, 중대 사건 보고 및 현지에서 임상 치료를 행하였다(Pincus & Benedek, 1998). 정신건강 전문가들은 이러한 기본적인 임무 수행뿐 아니라 포괄적인 원조 프로그램을 수행함으로써 정신건강지원기구에 대한 인식 제고와 도움 추구 행동에 따른 낙인 효과 제거에 기여하였다(Bacon & Staudenmeier, 2003).

최근의 동향

군 심리학자들은 지금도 계속하여 새로운 지평을 열어나가고 있다. 현대전을 치르기 위해서는 전투 스트레스에 대해 보다 높은 이해력을 구비해야 한다. 오늘날 적군이 공공연하게 사용하고 있는 급조 폭발물과 로켓 및 박격포 공격은 물리적 타격뿐만 아니라 심리적 외상을 가하기 위해 고안된 것이라고 보아도 무방하다. 빈번하게 일어나는 폭탄 공격은 제1차 세계대전에서 논의된 폭발 충격(Blast Concussion)에 대한 문제를 다시 수면 위로 끌어올리고 있다. 이에 전 군 장병을 대상으로 폭발 충격과 전투 스트레스에 대한 교육 프로그램과 관련 연구를 진행하고 있으며, 파병 후 본토로 복귀한 장병들을 대상으로 예방, 진단, 치료를 내용으로 하는 건강 프로그램을 실시하고 있다. 군 신경심리학자들은 폭발 충격으로 인한 악영향을 평가하고 치료하는 것에 대한 지침을 만드는 데 지대한 공헌을 하였다.

또한 심리학자들은 계속해서 그들의 영역을 확대시켜 나가고 있으며, 종래의 일상적인 치료와 더불어 특수한 상황과 관련된 다양한 분야의 치료도 지원하고 있다. 2001년 10월 초, 심리학자들은 아프가니스탄에서 항구적 자유 작전(OEF, Operation Enduring Freedom)을 수행하는 주요 전방 기지에 파견되었다. 심리학자들은 전방 격전지에서 복무하는 장병과 해병대원들에게 파견되어 지원을 제공하였으며, 아프가니스탄의 항구적 자유 작전(OEF)과 이라크 해방 작전(Operation Iraqi Freedom: OIF)에 참전한 지휘관을 대상으로 상담을 실시하였다. 심리학자들은 테러와의 전쟁(Global War on Terror)을 지원하여 작전 지역뿐만 아니라 관타나모 만(Guantanamo Bay)에 소재한 구금시설에 수감되어 있는 적군 전투원들과도 자문을 진행하였다(이에 관해서는 제14장 참조).

군 심리학자들은 본국 귀환 작전, 특수 작전요원의 선발과 평가, 인질 협상, 인간요인 연구, 방첩 활동, 테러 방지, 심문 등의 군사 작전에 적극적으로 동참하고 있다.

한편 군 심리학자들은 군 정신약리학자들이 배출된 1994년을 기점으로 처방전을 쓸 수 있는 특권을 갖게 되었으며(Sammons, Levant, & Paige, 2003), 2005년에 이르러서는 하와이 소재의 트리플러 육군 의료센터(Tripler Army Medical Center)에서 정신 약리학자 펠로우십이 창설되었다. 군대에서 성공적으로 정신약리학자를 양성한 사례는 기타 일반 심리학자들에게도 좋은 본보기가 되었다(Dittman, 2003). 뉴멕시코 주, 루이지애나 주, 괌 섬에서는 적절한 교육과정을 이수한 심리학자들에게 처방전을 쓸 권리를 부여하는 입법을 제정하였다.

1998년부터 항공모함 승무원에는 반드시 심리학자를 포함하도록 하고 있으며, 해상 심리 프로그램은 지금까지 매우 성공적으로 진행되었다(Wood et al., 2003). 항공모함 근무는 수병들에게 많은 정신적 스트레스를 수반하는데, 그들은 때때로 원자력 발전소 위나 공항 아래에서 일하는 것과 마찬가지라고 토로하기도 한다. 모든 함선에는 심리학자 1명이 배치되어 항공모함 승무원뿐만 아니라 함께 승선한 전투요원 등 대략 12,000명에 해당하는 장병들에게 심리치료를 진행한다. 또한 심리학자 1명을 보조하기 위해 신경 정신병 전문가 1명과 1명 내지 2명의 약물 관련 상담관을 지원하고 있다. 심리학자들은 종래의 치료기법에서 벗어나 군 지휘계통에 있는 사람들을 예방 및 치료 활동에 참여시키는 것에 주안점을 두고 있으며, 방대하고 독특한 구성원들을 지원하기 위하여 참신하고 독창적인 방법을 활용하고 있다. 이러한 매우 성공적인 원정 및 파견 심리 지원 모델을 참고하여 미 해병대는 임무 스트레스 관리 및 준비태세 지원 전문가를 각 부대로 배치하였다. 이처럼 새로운 형태의 전장 지역 치료 지원 모델을 통하여 낙인 효과를 방지하고 문제 예방과 조기 진단에 효과를 거둘 수 있었다.

요 약

군 심리학의 역사는 비록 짧지만 광범위한 분야에서 큰 업적을 이루었고, 지금 이 시간에도 계속해서 발전을 거듭하고 있다. 심리학 분야는 군대에 엄청난 영향을 미쳤고, 수많은 전쟁으로 인해 발생하는 장병의 심리적 문제를 해결하기 위한 군의 요구에 맞춰 많은 발전을 이룩하였다. 군 정신건강 전문가들은 아프가니스탄 전쟁 지원, 국가 안전보장 기여 그리고 현역 장병과 군 가족에 대한 지원을 향상시키려는 노력과 그것으로 인한 발전사항, 임상 전문가로서 군 심리학자의 역할 증대, 작전 수행을 위한 파견 근무에 관해 보다 자세히 알아보도록 한다. 오늘날 얻게 된 심리학적 교훈은 분명 군 심리학과 일반 심리학 역사의 새로운 지평을 열어갈 것이다.

참고문헌

Allerton, W. S. (1969). Army psychiatry in Viet Nam. In P. G. Bourne (Ed.), *The psychology and physiology of stress: With reference to special studies of the Viet Nam War* (pp. 1-17). New York: Academic Press.

American Psychiatric Association. (1952). *Diagnostic and statistical manual of mental disorders.* Washington, DC: Author.

Ansbacher, H. L. (1949). Lasting and passing aspects of German military psychology. *Sociometry, 12,* 301-312.

Bacon, B. L., & Staudenmeier, J. J. (2003). A historical overview of combat stress control units of the U.S. Army. *Military Medicine, 168,* 689-693.

Banks, L. M. (1995). *The Office of Strategic Services psychological selection program.* Unpublished master's thesis, U.S. Army Command and General Staff College.

Bieliauskas, L. A., & Turner, R. S. (2000). What Persian Gulf War syndrome?. *The Clinical Neuropsychologist, 14,* 341-343.

Blood, C. G. (1992). Analyses of battle casualties by weapon type aboard U.S. Navy warships. *Military Medicine, 157,* 124-130.

Boake, C. (1989). A history of cognitive rehabilitation of head-injured patients, 1915-1980. *Journal of Head Trauma Rehabilitation, 4,* 1-8.

Boake. C. (2002). From the Binet-Simon to the Wechsler-Bellevue: Tracing the his tory of intelligence testing. *Journal of Clinical and Experimental Neuro-psychology, 24,* 383-405.

Boring, E. G. (1945). *Psychology for the armed forces.* Washington, DC: National Research Council.

Bowers, W. F. (1943). Hysteria and malingering on the surgical service. *The Military Surgeon, 92,* 506-511.

Campbell, M. M. (1943). Malingery in relation to psychopathy in military psychiatry. *Northwest Medicine, 42*, 349-354 .

Campion, E. (1996). Disease and suspicion after the Persian Gulf War. *New England Journal of Medicine, 335*, 1525-1527.

Cranston, A. (1986). Psychology in the Veterans Administration: A storied history, a vital future. *American Psychologist, 41*, 990-995.

Dean, E. T., Jr. (1997). *Shook over hell: Post-traumatic stress, Vietnam, and the Civil War*. Cambridge, MA: Harvard University Press.

Defense Manpower Data Center. (1999). *Technical manual for the ASVAB 18/19 career exploration program* (rev. ed.). North Chicago: HQ USMEPCOM.

Dittman, M . (2003). Psychology's first prescribers. *Monitor on Psychology, 34*, 36.

Doherty, W. B., & Runes, D. D. (1943). *Rehabilitation of the war injured: A symposium*. New York: Philosophical Library.

Driskell, J. E., & Olmstead, B. (1989). Psychology and the military: Research applications and trends. *American Psychologist, 44*, 43-54.

Drumm, P., & Ovre, C. (2011). A batman to the rescue. *Monitor on Psychology, 42*, 24-26.

Everitt, B., Ismail, K., David, A. S., & Wessely, S. (2002). Searching for a Gulf War syndrome using cluster analysis. *Psychological Medicine, 32*, 1371-1378.

Franz, S. I. (1923). *Nervous and mental re-education*. New York: Macmillan.

Gade, P. A., & Drucker, A. J. (2000). A history of Division 19 (Military Psychology). In D. A. Dewsbury (Ed.), *Unification through division: Histories of the divisions of the American Psychological Association* (Vol. V, pp. 9-32). Washington, DC: American Psychological Association.

Gilgen, A. R. (1982). *American psychology since World War II*. Westport, CT: Greenwood Press.

Glass, A. J. (1969). Introduction. In P. G. Bourne (Ed.), *The psychology and physiology of stress: With reference to special studies of the Viet Nam War* (pp. xiii-xxx). New York : Academic Press.

Greenberg, N., Hacker Hughes, J. G. H. Earnshaw, N. M., & Wessely, S. (2011). Mental healthcare in the United Kingdom Armed Forces. In E. C. Ritchie (Ed.), *Textbook of military medicine* (pp. 657-665). Washington, DC: Department of the Army, Office of the Surgeon General, Borden Institute.

Hacker Hughes, J. G. H. (2007). *British naval psychology 1937-1947: Round pegs into square holes*. Unpublished master's thesis, University of London.

Hall, D. P. (1996). Stress, suicide. and military service during Operation Uphold Democracy. *Military Medicine, 161*, 159-162.

Hall, D. P., Cipriano, E. D., &. Bicknell. G. (1997). Preventive mental health interventions in peacekeeping missions to Somalia and Haiti. *Military Medicine, 162*, 41-43.

Hall, G. S. (1919). Some relations between the war and psychology. *American Journal of Psychology, 30*, 211-223.

Harrell, T. W. (1992). Some history of the Army General Classification Test. *Journal of Applied Psychology, 77*, 875-878.

Harris, J. C. (2005). Gassed. *Archives of General Psychiatry, 62*, 15-17.

Hendrix, W. H. (2003). Psychological fly-by: A brief history of industrial psychology in the US Air Force. *American Psychological Society Observer, 16*. Retrieved May 20, 2012, from *www.psychologicalscience. org/observer/ getArticle.cfm?id=1451*.

Hotopf, M., David, A., Hull, L., Nikalaou. V., Unwin, C., & Wessely, S. (2004). Risk factors for continued illness among Gulf War veterans: A cohort study. *Psychological Medicine, 34*, 747-754.

Howorth, P. (2000). The treatment of shell-shock: Cognitive theory before its time. *Psychiatric Bulletin, 24*, 225-227.

Hulett, A. G. (1941). Malingering-A study. *The Military Surgeon, 89*, 129-139.

Hunt, W. A., & Stevenson, I. (1946). Psychological testing in military clinical psychology: I. Intelligence testing. *Psychological Review, 53*, 25-35.

Johnson, R. D. (1997). *Seeds of victory: Psychological warfare and propaganda.* Atglen, PA: Schiffer.

Joint Chiefs of Staff. (2003). *Doctrine for joint psychological operations.* Washington, DC: Author.

Jones, E., & Wessely, S. (2003). "Forward psychiatry" in the military: Its origins and effectiveness. *Journal of Traumatic Stress, 16*, 411-419.

Jones, E., & Wessely, S. (2005). *Shell shock to PTSD: Military psychiatry from 1900 to the Gulf War.* New York: Psychology Press.

Jones, F. D. (1995). Psychiatric lessons of war. In R. Zattchuk & R. F. Bellamy (Eds.), *Textbook of military medicine: War psychiatry* (pp. 1-33). Washington, DC: Office of the Surgeon General, U.S. Department of the Army.

Kennedy, C. H., Boake, C., & Moore, J. L. (2010). A history and introduction to military neuropsychology. In C. H. Kennedy & J. L. Moore (Eds.), *Military neuropsychology* (pp. 1-28). New York: Springer.

Kennedy, C. H., Kupke, T., & Smith, R. (2000). A neuropsychological investigaion of the Armed Service Vocational Aptitude Battery (ASVAB). *Archives of Clinical Neuropsychology, 15*, 696-697.

Kevles, D. J. (1968). Testing the Army's intelligence: Psychologists and the military in World War I. *Journal of American History, 55*, 565-581.

Knudson, G. B. (2001). Nuclear, biological, and chemical training in the U.S. Army Reserves: Mitigating psychological consequences of weapons of mass destruction. *Military Medicine, 166*, 63-65.

Koonce, J. M. (1984). A brief history of aviation psychology. *Human Factors, 26*, 499-508.

Kraines, S. H. (1946). *Managing men: Preventive psychiatry.* Denver: Hirschfeld Press.

Lande, R. G. (1997). The history of forensic psychiatry in the U.S. military. In R. G. Lande & D. T. Armitage (Eds.), *Principles and practice of military forensic psychiatry* (pp. 3-27), Springfield, IL: Charles C Thomas.

Ludwig, A. O. (1944). Clinical features and diagnosis of malingering in military personnel: Use of barbiturate narcosis as an aid in detection. *War Medicine, 5*, 378-382.

Martin, J. A., Sparacino, L. R., & Belenky, G. (1996). *The Gulf War and mental health.* Westport, CT: Praeger.

McCaughey, B. G. (1987). U.S. Navy Special Psychiatric Rapid Intervention Team (SPRINT). *Military Medicine, 152,* 133-135.

McGuire, F. L. (1990). *Psychology aweigh! A history of clinical psychology in the United States Navy, 1900-1988.* Washington, DC : American Psychological Association.

Moore, J. L. (2010). The neuropsychological functioning of prisoners of war following repatriation. In C. H. Kennedy & J. L. Moore (Eds.), *Military neuropsychology* (pp. 267-295). New York; Springer.

National Research Council. (1943). *Psychology for the fighting man.* Washington, DC: Penguin.

Neill, J. R. (1993). How psychiatric symptoms varied in World War I and II. *Military Medicine, 158,* 149-151.

Nguyen, D. S. (1969). Psychiatry in the army of the republic of Viet Nam. In P. G. Bourne (Ed.), *The psychology and physiology of stress: With reference to special studies of the Viet Nam War* (pp. 45-73). New York: Academic Press.

OSS Assessment Staff. (1948). *Assessment of men.* New York: Rinehart.

Page, G. D. (1996). Clinical psychology in the military: Developments and issues. *Clinical Psychology Review, 16,* 383-396.

Phares, E. J., & Trull, T. J. (1997), C*linical psychology: Concepts, methods, and profession* (5th ed.). Pacific Grove, CA: Brooks/Cole.

Pincus, S. H., & Benedek, D. M. (1998). Operational stress control in the former Yugoslavia: A joint endeavor. *Military Medicine, 163,* 358-362.

Ritchie, E. C. (2002). Psychiatry in the Korean War: Perils, PIES, and prisoners of war. *Military Medicine, 167,* 898-903.

Ritchie, E. C. (2003). Psychiatric evaluation and treatment central to medicine in the US military. *Psychiatric Annals, 33,* 710- 715.

Roscoe, S. N. (1997). The adolescence of engineering psychology. *Human Factors History Monograph Series, 1.* Retrieved September 14, 2005, from *www.hfes.org/PublicationMaintenance/FeaturedDocuments/27/adole-scencehtml.html.*

Salter, C. A. (2001). Psychological effects of nuclear and radiological warfare. *Military Medicine, 166,* 17-18.

Sammons, M. T., Levant, R. F., & Paige, R. U. (2003). *Prescriptive authority for psychologists: A history and guide.* Washington, DC: American Psychological Association .

Shaffer, L. F. (1944). *The psychology of adjustment: An objective approach to mental hygiene.* Washington, DC: Houghton Mifflin, for the United States Armed Forces Institute.

Shephard, B. (2000). *A war of nerves: Soldiers and psychiatrists 1914-1994.* London: Jonathan Cape.

Shorter, E. (1997). *A history of psychiatry.* New York: Wiley.

Smith, G. E., & Pear, T. H. (1917). *Shell shock and its lessons.* Manchester, UK: Manchester at the University Press.

Stearns, A. W., & Schwab, R. S. (1943). Five hundred neuro-psychiatric casualties at a naval hospital. *Journal of the Maine Medical Association, 34,* 81-89.

Stuart, J. A., Ursano, R. J., Fullerton, C. S., Norwood, A. E., & Murray, K. (2003). Belief in exposure to terrorist agents: Reported exposure to nerve or mustard gas by Gulf War veterans. *Journal of Nervous and Mental Disease, 191,* 431-436.

Terman, L. M. (1918). The use of intelligence tests in the Army. *Psychological Bulletin, 15,* 177-187.

Tischler, G. L. (1969). Patterns of psychiatric attrition and of behavior in a combat zone, In P. G. Bourne (Ed.), *The psychology and physiology of stress: With reference to special studies of the Viet Nam War* (pp. 19-44). New York: Academic Press.

Uhlaner, J. E. (1967). *Chronology of military psychology in the Army.* Paper presented at the 75th annual convention of the American Psychological Association, Washington, DC.

Ursano, R. J., & Rundell, J. R. (1995). The prisoner of war. In R. Zajtchuk & R. F. Bellamy (Eds.), *Textbook of military medicine: War psychiatry* (pp. 431-455). Washington, DC: Office of the Surgeon General, U.S. Department of the Army.

U.S. Department of the Army. (1948). *Military leadership psychology and personnel management* (an extract from the *Senior ROTC Manual*, Vol. II). Washington, DC: Author.

U.S. Departments of the Army and the Air Force. (1951). *Military clinical psychology, technical manual, TM 8-242, Air Force manual, 1600-45.* Washington, DC: Author.

Walters, H. C. (1968). *Military psychology: Its use in modern war and indirect conflict.* Dubuque, IA: Wm. C. Brown.

Watanabe, H. K., Harig, P. T., Rock, N. L., & Koshes, R. J. (1994). Alcohol and drug abuse and dependence. In R. Zajtchuk & R. F. Bellamy (Eds.), *Textbook of military medicine: Military psychiatry: Preparing in peace for war* (pp. 61-90). Washington, DC: Office of the Surgeon General, U. S. Department of the Army.

Welsh, J. R., Kucinkas, S. K., & Curran, L. T. (1990). *Armed Services Vocational Aptitude Battery (ASVAB): Integrative review of reliability studies.* Brooks Air Force Base, TX: Air Force Systems Command.

Wong, A., Escobar, M., Lesage, A., Loyer, M., Vanier, C., & Sakinofsky, I. (2001). Are UN peacekeepers at risk for suicide?. *Suicide and Life-Threatening Behavior, 31,* 103-112

Wood, D. P., Koffman, R. L., & Arita, A. A. (2003). Psychiatric medevacs during a 6-month aircraft carrier battle group deployment to the Persian Gulf: A Navy force health protection preliminary report. *Military Medicine, 168,* 43-47.

Yerkes, R. M. (1917). Psychology and national service. *Journal of Applied Psychology, 1,* 301-304.

Yerkes, R. M. (Ed.). (1921). *Memoirs of the National Academy of Sciences: Psychological examining in the United States Army* (Vol. XV). Washington, DC: U.S. Government Printing Office.

Young, A. (1999). W. H. R. Rivers and the war neuroses. *Journal of the History of the Behavioral Sciences, 35,* 359-378.

Zeidner, J., & Drucker, A. J. (1988). *Behavioral science in the Army: A corporate history of the Army Research Institute.* Washington, DC: Army Research Institute for the Behavioral and Social Sciences.

제 2 장 | MILITARY PSYCHOLOGY

현역복무적합심사

Mark C. Monahan
James M. Keener

Mark C. Monahan
James M. Keener

군 임상심리학자들은 현역 복무 적합 여부를 심사하기 위해 심리평가를 실시하며, 개인의 부대 배치 상황에 따라 미 본토의 군 치료시설(Military Treatment Facility: MTF)에서 치료를 받게 할 것인지, 아니면 파병 지역에서 외래진료를 시행할 것인지를 결정한다. 미 국방성(Department of Defense: DoD)에서 규정한 '현역 복무 적합자'라 함은 장병의 소속부대, 직책 및 계급에 걸맞은 직무 수행 능력을 갖춘 경우를 말한다.

군 심리학자들은 장병의 현역 복무 적합 여부에 대한 1차 평가를 실시하며, 평가 이후 이들의 상태를 서면보고서로 작성한다. 군 심리학자의 보고서에 기초하여 군 당국은 문제 장병이 군 복무를 계속하는 것이 적합한 것인지 아니면, 현역 복무 적합 여부를 판단하기 위한 보다 세밀한 평가를 진행할 것인지를 결정한다. 군 당국은 '의무평가위원회(Medical Evaluation Board: MEB)'와 '신체평가위원회(Physical Evaluation Board: PEB)'의 공식적인 검토절차를 통해 장병의 현역 복무 적합 여부를 판단한다. 지휘부는 문제가 되는 장병의 정신 발달도와 인성을 고려하여 현역 복무를 계속해서 수행하게 할 것인지를 결정한다. 제2장에서는 현역 장병의 복무 적합성과 적응성 판단에 대해 심도 있게 다루도록 하겠다.

역자 Tip

이 책에서는 현역복무적합심사를 위해 두 가지 요소를 고려하고 있다. 원문으로 'Fitness'와 'Suitability'가 그것인데, 한국의 경우 이에 대응하는 용어가 정립되어 있지 않기 때문에 신중하게 옮겨야 한다. 'Fitness'는 DSM-IV에서 축 1에 해당되는 개념으로, 섭식장애나 정신분열증과 같이 임상적 장애를 가진 장병이 계속 군 복무를 하는 것이 '적합'한가의 문제이기 때문에 '적합성'으로 명명하고, 'Suitability'는 DSM-IV에서 축 2(성격장애나 정신지체와 같은 지속적 장애)에 해당하는 용어로 해당 장병이 과연 군 생활에 '적응'할 수 있느냐의 여부가 중요한 것이기 때문에 '적응성'으로 풀이하도록 한다. 관련 내용은 제9장을 참조하라.

현역복무적합심사 수행

현역복무적합심사는 본인, 의료기관 및 지휘부의 제청으로 착수된다. 우선 긴급한 사안은 아닌 것으로 분류되는 본인 및 의료기관의 자발적 위탁 요청에 대해 알아보고, 다음으로 지휘계통의 요청에 의한 평가(Command-Directed Evaluation: CDE)의 특수한 구성요건에 대해 알아보도록 한다. 미군의 각 군 기관별로 행정 처리절차와 용어가 상이하기는 하지만, 현역복무적합심사를 위한 기본적인 구성요소는 모두 동일하다.

개인의 심리적인 문제에 대처하기 위해 장병 스스로 정신건강 전문가를 찾아가는 경우는 매우 드문 일이라는 게 일반적인 생각이며, 흔히 친구, 가족 구성원, 때로는 군종 장교가 가장 중요한 감정적 지지자 역할을 한다. 전문 의료진의 도움 없이 본인 스스로 정신 치료를 할 경우 성공을 거둔 사례는 찾아보기 힘들다. 군 장병이 정신건강 진료소를 찾아올 때는 한결같이 삶의 질에 커다란 영향을 미친 문제점에 대해 토로한다고 한다. 그들이 토로하는 대부분의 문제점들은 인간관계, 자아상, 직무 수행과 관련되어 있다. 장병 본인이 스스로 도움을 요청하려고 마음먹었다고 할지라도 그러한 동기 형성에는 대개 친구, 가족, 동료, 상관의 조언이 큰 영향을 미치는 것으로 보인다. 왜냐하면 그들의 눈에는 문제가 있는 장병의 직무 수행 능력이라든지, 삶에 대한 태도가 달라진 것이 확연히 보이기 때문이다. 그러므로 군 심리학자들은 문제 장병의 직무 수행 능력 감소가 더는 현역 복무를 수행할 수 없는 단계에 이르렀는지를 검토하여야 한다.

문제가 식별된 장병이 계속해서 현역 복무를 수행할 수 있을지 판단하기 위하여 군 심리학자들은 반드시 문제 장병의 주요 직무 내용에 대하여 살펴보아야 한다. 상급자 내지 장교에게 필요한 직무 수행 요소와 통솔력이 그다지 필요하지 않은 하급자에게 필요한 직무 수행 요소는 분명히 다르기 때문이다. 이에 대한 예로 네이비 실[Navy SEAL, 미군 해군의 엘리트 특수부대를 말하며 여기서 SEAL은 바다·공중·지상(sea, air and land)을 의미하고 육·해·공 어디서든지 전투가 가능한 전천후 부대라는 의미에서 붙여졌다.] 특수부대원들의 직무 능력과 주로 행정업무를 담당하는 장병의 직무 수행 요소를 들 수 있다. 따라서 직무 특성, 군사 특기(Military Occupational Specialities: MOS), 특수임무 부여와 같은 요소들을 종합적으로 고려하여 현역 복무 적합성 내지 적응성을 판별해야 하며, 특수한 임무를 수행하는 장병의 경우에는 선발하는 방법도 특별하고 전문적이어야 한다. 특수임무 수행 장병의 선발에 관해서는 제2장 뒷부분에서 소개하도록 하며, 고위험 임무를 수행하는 장병의 자질을 평가하고 선발하는 방법에 대해서는 제3장에서 설명하겠다.

현역 복무 적합 여부를 판단하기 위해서는 문제 장병이 처해 있는 상황을 종합적으로 판단하여야 한다. 이를 위한 판별 도구로 사용되는 것은 임상 인터뷰와 장병 인사 기록 및 기타 부수적인 정보다. 따라서 군 심리학자는 문제 장병과 상담을 진행함과 더불어 군 장병의 복무 경력, 진료 기록, 기타 부수적인 정보를 열람하고 활용할 수 있다.

군 복무 기록부에는 장병의 교육기록, 업무 실적, 학력, 수상 내역, 군 직업적성시험(Armed Services Vocational Aptitude Battery: ASVAB) 점수, 입소 포기와 징계 여부가 기록되어 있다. 장병의 진료 기록부에는 장병의 입대일부터 정신건강 진료 내역을 포함하여 군 의료보험 기록이 기입되어 있다. 진료 기록부는 전투 지역에서 유래되었으며, 점차 그 쓰임이 증가하고 있는 추세다. 정신건강 감정의 일반적인 절차는 군 심리학자가 문제 장병의 지휘계통에 관련 정보의 열람 및 사용에 대한 허가를 받고 난 후 장병의 정신건강상의 문제가 임무 수행 능력에 어떠한 영향을 미쳤는지 알아보는 단계로 나아간다(군의 인사정보 관련 보안 규정에 관해서는 제14장 참조). 그리고 문제 장병 가족과의 면담이 추가로 허락되면, 군 심리학자는 문제 장병의 군 입대 전의 성격이라든가 혹은 정신질환으로 인해 변화된 사항, 일반적인 상태, 장병과의 면담 내용의 정확성을 확인할 수 있는 정보, 군 입대 전 장병의 정신건강에 영향을 미쳤을 만한 사건들과 행동에 관한 세부 정보를 취득할 수 있다. 그러나 이러한 귀중한 정보를 획득하는 과정에서 해당 장병은 이른바 낙인 효과를 경험하게 되기 때문에 다수의 군 장병은 아직도 군 정신건강 전문가가 본인의 가족, 친구, 지휘계통과 접촉하는 것을 꺼리고 있다.

군 장병에 대해 주기적인 평가를 실시하면 현역 복무 적합성이 향상되는 것을 지금까지의 경험에 비추어 알 수 있었다. 그러나 문제 장병이 부여받은 임무를 제대로 수행할 수 없을 것이라는 판단이 서면, 군 심리학자는 문제 장병이 적절한 기간 내에(대략 6~12개월 정도) 다시 현역으로 복귀할 수 있도록 어떠한 치료조치를 해야 할지를 결정해야 한다. 미 해군의 경우에는, 정상적인 임무 수행이 힘들다고 판단되지만 일련의 치료 과정을 통해 다시 현역 복무를 수행할 수 있겠다고 판단되는 장병에 대해서는 6개월의 '기한부 제한적 임무(Limited Duty: LIMDU)'를 부여하거나, '한시적 제한 임무(Temporary Limited Duty: TLD)'를 부여한다. 기한부 제한적 임무는 명시된 기간 동안 제한된 임무를 수행하면서 적절한 치료를 받는 것을 말하며, 이에 대한 부여 권한은 의무평가위원회에 있다(U.S. Department of the Navy, 2010). 미 육군과 공군은 신체검사를 연속적으로 실시한 결과를 기한부 임무평가위원회에 제출하도록 하고 있다. 문제 장병은 최대 2번의 기한부 임무를 부여받을 수 있으며, 부여 기간은 모두 합쳐 12개월을 초과해서는 안 된다. 이러한 제한사항 덕분에 군 심리학자는 문제 장병의 상태를 가까이에서 밀도 있게 관찰할 수 있고, 현역 복무가 가능하다고 판단되는 즉시 임무에 복귀하도록 조치하고 있다. 치료를 마친 장병이 현역으로 복귀하기 위해서는 책임자들을 소집하여 그들의 동의를 얻어야 하며, 이때마다 의무평가위원회가 소집될 필요는 없다. 만약 기한부 임무명령 기간이 초과하였는데도 현역 복귀가 불가능하다고 판정받은 경우이거나 혹은 정신분열증과 같이 정신질환이 심각하거나 만성적이라고 판단되면 문제 장병은 더 이상 기한부의 제한적 임무 명령을 받을 수 없게 되고 의무평가위원회로 회부된다.

　미 육군과 공군은 그들만의 특별한 절차를 통해 현역 복무 적합성을 판단한다. 이들의 규정은 미 해군 지침과 유사한 측면이 많지만 적합성을 판단하는 요건에서 미묘한 차이점을 보이고 있다. 이에 다음 절부터 각 군 기관별 특유의 의무평가위원회와 관련된 절차에 대해 살펴보도록 한다.

의무평가위원회

　미 국방부 규정(DoD Instruction: DoDI) 1332.38을 보면(DoD, 1996), 군 장병이 질병으로 인하여 12개월이 초과될 때까지 현역 업무로 복귀하지 못하면 의무평가위원회에 회부하도록 규정하고 있다. 이러한 절차는 권한을 부여받은 심리학자, 정신의학자, 박사학위를 취득한 사회복지사가 문제 상황에 대한 보고서를 위원회에 제출함으로써 시작된다(이에 대한 예는 부록 2-1 참조). 심리학자와 사회복지사의 보고서는 반드시 2명 이상의 정신의학자의 결재를 받아야 한다. 그러나 최근 미 국방부는 이러한 제도를 없애 버렸으며, 인사 정책에 대한 검토 권한을 각 군 장관에게 부여하고 있다. 의무평가위원회는 군 치료시설에서 소집되며, 소집권자는 군 치료시설의 지휘관이다. 그럼에도 치료에 대한 서명권 및 최종 결정 권한은 대부분 의무평가위원회에 부여하고 있다. 의무평가위원회는 2명의 군의관으로 구성되며 전공 분야에 대한 제약은 없다. 그런데 정신의학 전문 군의관으로만 의무평가위원회가 구성되는 것은 매우 드문 일이고, 경위 보고서는 다른 전공 군의관들도 알아볼 수 있게 작성되어야 하기 때문에 전문용어나 너무 특수한 용어로 기술되어서는 안 된다. 현역 복무 적합 여부의 최종 판단 결정은 신체평가위원회(PEB)에 있다. 의무평가위원회는 육군규정 40-400과 공군규정 36-3212에 의거하여 소집된다(Secretary of the Air Force, 2006e). 미국 헌법 제10편 제61장에는 각 군의 장관(역자 주-우리 군의 참모총장에 해당)들에게 현역 복무에 적합하지 않은 장병을 선별할 수 있는 권한을 부여하고 있다.

의무평가위원회는 의사결정을 위해 경위 요약서, 문제 장병이 소속된 부대 지휘관의 비의학적 평가, 신체검사, 직무 내용 확인 등 여러 제반사항을 종합적으로 검토한다. 만약 문제 장병이 부상이나 질병을 얻게 된 시점에 어떠한 사정이 있었는지 궁금하거나, 현재의 질병을 갖게 된 것에 대해 중과실 또는 고의 내지 미필적 고의가 있다고 의심되는 경우에는 당시에 문제 장병이 수행하고 있던 직무 내용을 확인할 필요가 있다(NAVMED P-117; U.S. Department of the Navy, 2005). 문제 장병에 대한 비의학적 평가를 통해 의무평가위원회는 문제 장병에게 부여된 임무 수행 내용이 어떤 것인지 알아볼 수 있고, 문제 장병이 그 당시에 보였던 행동에 대한 지휘관 내지 감독관의 진술을 들어볼 수 있으며, 문제 장병이 처해 있던 심리사회적 요인에 대한 정보를 얻을 수 있다. 의무평가위원회는 진단서, 현역 복귀 가능성에 대한 예후, 추가 치료 필요 여부, 의학적 소견 등에 근거하여 결정을 내려야 한다. 의무평가위원회에서 문제 장병이 더 이상 정상적인 복무가 불가능하다고 판단되면 해당 심의 사안을 신체평가위원회로 회부하여야 한다. 복무 불가능 판단을 받은 장병은 진정서를 제출하여 이의를 제기할 수 있다. 진정절차에 관해서는 다음 절에서 자세히 살펴보겠다.

신체평가위원회

관련 규정에 의하면 신체평가위원회(Physical Evaluation Board: PEB)를 소집할 수 있는 방법은 두 가지가 있는데, 첫째는 기한부 임무를 부여받은 장병이 소속된 군의 본부에서 제청하는 경우이고, 둘째는 군 치료시설의 의무평가위원회에서 제청하는 경우다. 신체평가위원회는 정신질환과 관련된 검토를 해야 할 경우, 문제 장병이 임상적인 정신질환이나 기타 임상적으로 주의가 필요한 정신질환 상태에 있다는 것을 내용으로 하는 진단서가 요구된다(SECNAVINST 1850.4E; Secretary of the Navy, 2002). 서술식 약식 보고서를 작성할 때는, 미국 정신의학회에서 기준한 '**정신장애의 진단 및 통계편람**(이하 DSM-IV)'의 어느 축에 해당하는 정신장애가 있는지를 반드시 기술해야 한다. 미 육군, 해군, 공군 및 해병대는 각 군의 특성에 맞는 차별화된 현역복무적합심사 지침을 구비하고 있다(Secretary of the Air Force, 2006a, 2006b, 2006c, 2006d; Secretary of the Army, 2006, 2007; Secretary of the Navy, 2002, 2005). 예를 들어, 미 해군은 신체평가위원회 소집 권한을 해군 장관에 부여하고 있으며, 신체평가위원회는 군사 법원 법무관, 중령 이상의 전투병과 장교, 중령 이상의 비전투병과 장교, 중령 이상의 군의관으로 구성하도록 하고 있다. 그리고 반드시 최소 1명 이상의 전투병과 장교를 예비 요원으로 임명해야 한다. 의무평가위원회의 경우를 되짚어보면, 의무평가위원회의 군의관은 전공을 불문하고 문제 장병의 정신건

정신장애의 진단 및 통계편람(이하 DSM-IV)의 원명은 'Diagnostic and Statistical Manual of Mental Disorders' 이며 보통 'DSM-IV'로 통용하고 있다. 미국 정신의학회는 1952년 DSM-I을 발표한 후 1994년 4번째로 개정한 DSM-IV를 발표한다. 본문에서 말하는 DSM-IV는 엄밀히 말해 DSM-IV-TR로서 DSM-IV의 진단 기준은 그대로 유지하고 최근 연구 자료를 일부 추가하여 설명 문안을 다소 바꾼 개정판을 의미한다. DSM-IV는 세계적으로 가장 많이 이용하는 정신장애 분류체계로서 특정한 이론적 입장에 치우치지 않고 심리적 증상과 증후군을 위주로 정신장애를 분류하고 있으며, 정신장애를 17개의 주요 범주로 나누고 그 하위 범주로 300여개 이상의 장애를 포함시킨다.

강 보고서를 검토할 수 있다.

　신체평가위원회는 비공식적으로 모든 사안을 사전 검토하며, 문제 장병과 관련된 문서를 검토하여 현역복무적합심사를 수행한다. 문제 장병이 자신은 현역 복무가 가능하다고 판단하여 위원회의 결정에 불복할 경우에는 신체평가위원회에 이전에 제출하지 않은 새로운 사실을 보고하고 이에 대한 검토를 공식적으로 요청할 수 있다. 신체평가위원회의 비공식적 검토를 통해 현역 복무가 부적합하다고 판명된 경우, 해당 장병은 15일 이내에 위원회의 결정에 승복하거나 혹은 공식적인 신체평가위원회의 심리를 요청할 수 있다. 공식적인 신체평가위원회의 소집이 받아들여질 경우 해당 사안은 재검토된다. 문제 장병은 신체평가위원회에 출석하여 현역 복무가 적합하다는 새로운 근거를 제시할 수 있으며, 이를 위해 변호사를 선임할 수 있다. 이를 위하여 법무감실(Judge Advocate General: JAG) 소속의 군법무관을 비용 없이 선임할 수 있으며, 필요한 경우 민간 변호사를 선임할 수 있는데 이때 발생하는 비용은 해당 장병이 부담한다. 문제 장병의 제청으로 위원회가 소집될 경우 문제 장병이 새롭게 제시한 증거에 기초하여 심사가 진행된다.

　신체평가위원회는 위원회 소집을 요청한 장병이 불법행위로 인하여 파면 심의가 진행될 경우에는 해당 기간 동안 심사를 진행하지 않으며, 징계 사유가 해결될 때까지 심사를 지연한다. 해당 장병이 불법행위로 파면을 당한 경우 신체평가위원회는 문제 장병에 대한 파면이 결정된 시점을 기준으로 하여 해당 장병의 의료 기록을 보관하고 신체평가위원회의 모든 검토절차는 종료된다.

　문제 장병이 특정한 정신 질병 진단을 받은 경우에는 신체평가위원회로 회부하는 것에 앞서 곧바로 전역 처분을 고려하게 된다. 이러한 정신 질병으로는 성격장애, 학습장애, 주의력결핍 과잉행동장애 (Attention Deficit/Hyperactivity Disorder: ADHD), 경계선 지능(Borderline Intelligence Functioning) 등을 들 수 있다. 이러한 정신 질병은 입대 전부터 문제 장병이 가지고 있었던 것으로 판단할 수 있다. 이러한 장애로 인하여 해당 장병이 본인의 임무를 수행할 수 없다고 판단되면, 복무 '부적합'이라고 판정하기보다는 복무 '부적응'이라고 판단하여 전역 처분을 고려한다. 국방부 규정 1332.14은 이러한 문제로 인한 전역 처분에 관해 규정하고 있다(DoD, 2008). 지금까지 경계선 지능을 판정받은 장병은 거의 찾아보기 힘들다. 현역 장병의 IQ가 85 미만인 경우는 거의 없기 때문이다. 경계선 지능을 판정받는 장병이 생기는 것을 방지하기 위해서는 군 직업적성시험(ASVAB)과 장병을 선발하는 여러 도구를 적절히 활용하는 것이 필요하다. 한편 학습 장애와 ADHD는 장병 선발 단계에서 심각한 수준의 지원자를 많이 발견하여 걸러내지만, 현역 장병에게서도 발견되는 경우가 흔하다(Hess, Kennedy, Hardin, & Kupke, 2010). 군 장병이 학습 장애나 ADHD 진단을 받는다고 해서 그 즉시 전역 처분을 받는 것은 아니며, 이러한 장애로 인하여 본인의 직무를 적절히 수행할 수 없다고 판단되는 경우에만 전역 처분을 받는다. 그러나 ADHD 치료를 위하여 흥분제와 같은 특정 약물을 처방할 경우에는 특수 부대, 비행 부대, 핵 추진 설비 운용 부대와 같은 특정 직군에서 복무할 자격은 박탈당한다. 성격 장애에 관해서는 이 장 후반부의 '현역복무적응심사(Suitability Evaluations)'에서 보다 자세히 알아보도록 한다.

역량 평가

모든 현역 장병은 본인이 맡은 임무에 최선을 다하고 자신의 행동에 책임을 질 수 있는 역량을 갖추고 있는 것으로 여겨지고 있다(SECNAVINST 1850.4E; Secretary of the Navy, 2002). 각 군의 규정에 의하면, 명확하고 설득력 있는 근거가 있어야만 현역 장병이 필요한 역량을 구비하고 있지 않다는 의견을 제시할 수 있다. 만약 특정 장병의 정신적 역량에 의심이 가는 경우에는 역량평가위원회를 소집하여 필요한 절차를 거치게 된다. 이 역량평가위원회는 3명의 의사로 구성되며, 그중 1명은 반드시 정신과 의사여야 한다. 이 위원회는 심의 대상 장병의 봉급과 수당을 관리할 수 있는 신탁 관리자의 선임 여부를 결정할 수 있다. 미 의무국 규정 제18장 (f)항과 미국 법전 제27장 제602조에 근거하여, 역량평가위원회의 의사는 반드시 해군, 육군, 공군 소속의 군의관이거나 각 군 기관, 미 보건사회복지부(U.S. Department of Health and Human Services), 미 국가보훈처(U.S. Department of Veterans Affairs)의 정식 직원이어야 한다.

지휘계통의 요청에 의한 평가

지휘계통의 요청에 의한 평가는 부대장 휘하의 병력이 정신적인 문제로 인해 현역 복무 수행에 어려움이 있다고 판단하는 경우 이루어진다. 지휘계통 이외의 군 의료시설에서 해당 장병이 정신 치료를 받아야 한다고 판단되나 문제 장병이 그것에 동의하지 않을 경우에도 이와 같은 평가가 이루어진다(DoD, 1997a, 1997b). 여기서 명심하여야 할 점은 가정폭력과 같은 가족사로 인한 문제라던가 음주 문제와 관련된 평가는 각기 다른 규정에 의한다는 것이다. 이와 같은 긴급 문제에 대한 내용은 다음 절에서 자세히 다루도록 한다.

지휘계통의 요청에 의한 평가는 다음과 같은 순서로 이루어진다.

- 1단계: 부대장은 반드시 정신건강 전문가와 자문을 진행해야 한다. 여기서 말하는 정신건강 전문가는 심리학자, 정신의학자, 박사학위를 취득한 사회복지사를 말하며, 이러한 정신건강 전문가와 함께 문제 장병의 행동에 대해 논의해야 한다. 이와 같은 정신건강 전문가의 지원이 어려운 경우에는 부대장은 일반의에게 자문을 구해야 하며, 일반의도 지원이 불가한 경우에는 다른 상급 관계자와 면담을 해야 한다. 정신건강 전문가는 어떠한 평가를 해야 하는지와 일반적인 평가를 할 것인지 아니면 응급 평가를 해야 할 것인지와 같은 구체적인 지침을 제시해 줄 것이다.
- 2단계: 부대장은 평가가 이루어지는 날의 2일 전(주말 및 공휴일은 제외)까지 관련된 문서를 제출해야 한다. 관련된 문서라 함은 지휘계통에서 평가한 문제 장병의 언행에 대한 사실관계 기술, 평가 이전에 자문을 진행한 담당 정신건강 전문가의 성명, 문제 장병의 권리에 관한 내용의 통보(DoD Directive 7050.06; DoD, 2000), 지휘계통 평가 일시 및 장소, 평가자의 성명 및 계급에 관한 것을 말한다. 필요한 경우 지원을 요청할 수 있는 법무실, 감찰실, 군종실과 같은 타 부서와 연락처를 문제 장병에게 제공해야 한다.
- 3단계: 이러한 평가가 이루어지는 이유와 장병이 보유하고 있는 권리에 대해서 반드시 고지해야 하며 서명에 의한 동의를 얻어야 한다. 문제 장병이 서명하는 것을 거부하면 부대장은 반드시 문제 장병이 동의를 거부한 사실을 문서 기록으로 남겨야 하며, 그 이유에 대해서도 기술해야 한다. 문제 장병이 서명을 거부한다고 해서 지휘계통의 요청에 의한 평가가 중단되는 것은 아니다.
- 4단계: 관련된 문서의 사본을 문제 장병과 평가를 진행할 정신건강 전문가에게 교부하여야 한다.
- 5단계: 정신건강 전문가는 평가와 관련된 모든 절차를 국방부 명령 6490.1(DoD, 1997b)에 의거하여 수행해야 한다. 관련된 문서를 검토하고 부적절한 점을 발견할 경우에는 지휘관에게 연락하여 문제가 되는 사안을 명확하게 해야 하며, 그렇게 했음에도 여전히 규정과 맞지 않는 경우에는 정신건강 전문가의 지휘계통에 보고하여 문제가 되는 사항을 검토해야 한다.
- 6단계: 평가를 담당하는 정신건강 전문가는 문제 장병을 소환하여 평가를 진행하고, 평가 이전에 앞으로 진행될 평가의 목적, 이유, 평가로 인해 야기될 수 있는 결과에 대해 설명해야 한다. 또한

문제 장병에 대해 이러한 평가를 위해 조사한 제반 사정에 대해서는 비밀이 보장되지 않는다는 점을 고지해야 한다. 문제 장병이 받을 치료행위로 인하여 직무 수행에 어려움이 생길 수도 있다는 점도 고지하고 그것에 관해 상의해야 한다(이에 관해서는 제14장에서 보다 자세히 다루도록 한다.). 평가가 이루어진 후 평가자는 평가 결과를 문제 장병의 부대장에게 알려 주어야 한다.

긴급 현역복무적합심사

현역 장병 및 주변인에게 급박한 위험 상황이 도래하여 심각한 문제를 야기할 수 있거나, 이성적인 판단이 불가능할 것이라고 판단되는 경우에는 '긴급 현역복무적합심사(Emergency Fitness-For-Duty Evaluation)'를 수행해야 한다(이에 관해서는 제9장 참조. 제9장에서는 특히 군 장병의 자살 문제에 관해 자세히 다루고 있다). 중증 정신질환으로 인해 문제 장병이 현실과 환상을 구분하지 못하거나 이성적인 판단을 할 수 없는 경우 심각한 위험에 처할 수 있다. 이때 가장 먼저 조치해야 할 사항은 문제 장병 및 주변인의 안전을 확보하는 것이다. 그러므로 만약 정신건강 전문가가 긴급 심사가 필요하다고 판단하는 경우에는 지휘계통의 요청에 의한 평가를 위해 요구되었던 모든 절차를 일단 뒤로 미룰 수 있다.

응급 상황이 발생할 것이라고 판단되는 경우에도 부대장은 그러한 긴급조치를 행하기 전에 최대한의 노력을 다하여 정신건강 전문가의 자문을 받아야 한다. 명심해야 할 사실은 부대장의 최우선 목표는 소속 부대의 병력을 보호하는 것이고, 그것을 위해 지체 없이 필요한 조치를 행해야 한다는 것이다. 정신건강 전문가와 자문이 불가능한 경우에는 부대장은 긴급 조치를 행해야 하는 근거와 우려되는 상황에 대한 서면 보고서를 가능한 빨리 정신건강 전문가에게 발송해야 한다. 문제 장병에게도 전술한 서면보고서의 사본과 보유하고 있는 권리의 내용과 관련된 문서를 가능한 빨리 제공하여야 한다.

정신건강 전문가는 문제 장병이 처한 위험을 산정하고, 문제 장병이 처해 있는 상황이 정말로 긴급한 사항인지를 결정해야 한다. 정신건강 전문가는 평가를 요청한 부대장에게 연락하여 보다 자세한 사실 관계를 알아보아야 한다. 만약 긴급한 상황이 아니라고 판단될 경우 정신건강 전문가는 본인의 지휘계통에 이를 보고할 것이다. 안전상의 문제가 없고 정신건강 전문가가 실제로 긴급한 상황이라고 판단하는 경우에는 절차에 구애받지 않고 필요한 평가를 즉각 진행할 수 있다. 평가가 종료되면 정신건강 전문가는 문제 장병의 부대장에게 평가의 결과 및 그에 따른 후속조치를 위해 필요한 사항을 알려 주어야 한다.

현역복무적응심사

현역복무적응심사는 대부분 인격장애를 보이는 장병을 대상으로 실시한다. 현역 복무 부적응 판정을 위해서는 인격장애로 인하여 문제 장병의 직무 능력 또는 다른 동료와 함께 임무를 수행하는 능력이 현저히 떨어져야 한다. 현역 장병이 인격장애가 있는 경우 부대 적응의 어려움, 징계 문제, 직무 수행 능력 부족 등의 문제를 야기할 수 있다. 인격장애가 심각할 경우에는 문제 장병 자신은 물론 타인의 안전까지 위협하는 존재가 될 수 있다. 지휘관은 복무 부적응을 이유로 문제 장병을 제대시키기 전에 문제 장병이 직무 수행상의 부족한 점에 대해 면담을 실시하고, 그것을 개선하기 위한 노력을 충분히 기울여야 한다. 만약 문제 장병이 '군인사법(Uniform Code of Military Justice: UCMJ)'을 위반하여 폭행 등 파면 사유가 되는 불법행위를 자행했을 경우에는 인격장애로 인한 전역조치를 하기보다는 불법행위로 인한 파면을 적극적으로 검토해야 한다. 현역 복무가 부적합하다고 판단하기 위해서는 군 심리학자들이 문제 장병에 대해 정신질환 치료를 하더라도 군 복무 적응력이 개선되지 아니할 것이라는 판단이 있어야한다. 다시 말해, 문제 장병의 군 복무에 대한 적응성 평가가 명확히 결정되었을 때, 장병을 군대에서 떠나보내는 것이 해당 장병과 군 기관을 위한 최선의 선택이다.

군 심리학자는 문제 장병이 인격장애로 인해 현역 복무 부적응으로 판단할 경우, 전역 명령을 내릴 것을 권고할 수는 있으나 이에 대한 권한은 없다. 대부분의 경우, 문제 장병의 부대장이 전역 명령권과 이에 대한 최종 판단권을 가지고 있다. 문제 장병이 교전 지역에서 복무하는 경우에는 '고등 군법회의 소집권한기구(General Court-Martial Convening Authority)'나 해군 인사사령부의 지휘관만이 인격장애를 이유로 전역 명령을 내릴 수 있다(MILPERSMAN 1910122; U.S. Department of the Navy, 2009). 문제 장병이 PTSD나 가벼운 외상성 뇌 손상(mTBI/뇌진탕) 진단을 받은 경우에는 인격장애를 이유로 전역 처분을 받지는 않는다. 이러한 규정은 전투 부대 퇴역 군인의 권익을 보장하기 위한 것으로써 그러한 전투 부대원들은 전투 스트레스나 뇌진탕으로 인한 행동 문제가 인격장애로 오진될 수 있는 가능성이 높기 때문이다.

해군 장관 규정 1850.4E(Secretary of the Navy, 2002)에는 전역 처분을 받을 수 있는 장병의 상태에 관해 규정하고 있다. 이를 살펴보면, 다음과 같은 정신질환이 있다고 진단받은 경우에 한하여 전역 처분을 받을 수 있다.

- 단순 알코올 의존증 및 기타 약물 관련 장애
- 성격장애. 여기서 PTSD와 외상성 뇌손상(TBI)은 제외함.

- 난독증 및 기타 학습장애
- 공중, 해상, 잠수함 등의 이동 공포증
- 경계선 지능 및 정신 지체
- 적응 장애(여기서 PTSD와 외상성 뇌손상은 제외함).
- 충동조절장애
- 성적 도착증
- 꾀병
- 몽유병
- 비행 공포증

비록 동성애는 정신질환이 아니지만 군 심리학자들은 동성애와 관련된 정신 상담 의뢰를 많이 받는다. 그러한 상담 요청자에게는 동성애는 정신장애의 문제가 아닌 군법과 관련된 문제라는 내용을 사전에 교육하는 것이 필요하다. 이른바 '묻지도 말고 말하지도 마라(Don't Ask, Don't Tell)'라는 정책은 2011년 9월 20일 공식적으로 폐지되었다. 동성애 문제는 이제 더 이상 선발, 진급, 전역 기타 인사 관련 정책 결정에 관여하는 요소가 아니다(U.S Department of Defense, 2011).

군 입대와 입대 적합성

모든 사병 입대 지원자와 장교 임관 희망자는 입대 적합성 평가를 받아야 한다. 미 국방부는 지원자가 기본적으로 구비해야 할 일반적인 신체 및 정신 수준을 정립하고, 지원자가 그러한 기준에 부합하는지 여부를 입대 이전에 평가한다. 지원자가 모병 담당관과 군 입대에 관해 상담한 결과 군에 입대하기로 결심하였다면, 지원자는 지역의 '군 입대 담당국(Military Entrance Processing Station: MEPS)'을 방문하여 엄격한 신체검사 등 다양한 평가를 받게 된다. 또한 지원자에 대해 여러 가지 의학적 검사를 실시하여 부적격자를 선별하고, 과거 기록을 종합적으로 검토한다. 정신질환 전력이 있는 입대 희망자는 군 입대 담당국 소속의 심리학자나 정신과 의사의 진료를 통해 현역 복무가 적합한지 여부를 판정받아야 한다. 미 국방부(DoD, 2010b)는 임관 및 입대를 위해 충족해야 하는 의학적 기준을 분명하게 제시하는 규정을 제정하였다. 이러한 기준에 해당하는 의학적 · 정신적 건강 기준은 매우 광범위하며, 기준에 부합하는 지원자만 임관 및 입대 적합성이 있다고 판단된다. 미 국방부 규정에 의해 부적격 사유에 해당한다고 하더라도, 경우에 따라 입대 희망자가 아주 미미한 사유로 부적격에 해당하는 경우에는 이러한 문제를 해결한 이후에 재입대할 수 있도록 하는 조건부 합격을 부여할 수 있다.

이러한 의학적 기준은 군 입대 담당국, 시카고 외곽에 소재한 해군 훈련사령부, 패리스 섬과 샌디에이고에 위치한 해병대 훈련소와 같은 신병 훈련사령부 소속의 정신건강 진료소에서 근무하는 정신건강 전문가들에게 중요한 판단 지침을 마련해 준다. 이러한 훈련사령부의 정신건강 전문가들은 정기적으로 현역복무적합심사를 한다. 신병을 훈련하는 과정에서 이전에는 감지되지 않았던 현역 복무 부적합 사유에 해당하는 정신질환 전력이 드러날 수 있기 때문이다. 종합적인 임상 인터뷰와 추적 가능한 과거 기록을 검토하여 신병의 정신질환이 입대 이전부터 존재하고 있었는지의 여부와 계속해서 훈련을 받을 수 있을지 여부를 판단한다. 신병이 계속해서 훈련을 받을 수 없다고 판단되는 경우에는 해당 신병의 지휘관에게 '입대 단계에서의 전역(Entry-Level Separation: ELS)' 명령을 내리도록 권고할 수 있다. 입대 단계에서의 전역 처분을 받을 수 있는 장병은 훈련 기간을 포함하여 군 복무 기간이 180일 미만인 자다.

조종사, 특수부대원, 잠수요원, 정보요원들과 같이 특수하고 매우 힘든 임무를 수행하는 군 장병에 대해서는 이러한 일반적인 기준을 그대로 적용하지 않는다. 군에는 무수히 많은 특수임무가 존재하는데 이러한 요원들에 대해서는 계속해서 심리평가를 실시해야 할 필요성이 있다. 장병을 정기적으로 검진하고 평가하며, 치료행위를 하는 정신건강 전문가들은 군 장병에게 영향을 미칠 수 있는 여러 규정에 대해 정확한 지식을 보유하고 있어야 한다.

해외 파견 근무 심사

2010년에 발표한 미 국방부 연간 보고서에 따르면 662개의 군사시설이 해외에 존재한다고 나와 있다(DoD, 2010a). 이 보고서에 따르면, 추가로 88개의 군사 기지가 미국 본토 이외에 존재하고 있으며, 경우에 따라 가족과 함께 머물며 군 복무를 하는 장병도 있는 것으로 나타났다. 이러한 군사 기지들의 규모, 시설, 임무는 기지별로 매우 상이하며, 의료 및 정신건강 지원 가능 시설도 기지마다 상당히 다르다. 규모가 작은 기지에서는 치료 지원에 제한이 있을 수도 있다. 해외 복무가 의학적 · 정신적으로 적합한지 판단하기 위해서는 군 장병과 가족들은 반드시 해외 파견 근무 심사(Overseas Screening: OSS)를 받아야 한다. 각 군 기관별로 해외 파견 근무 심사 기준이 조금씩 다르지만 일반적인 절차는 비슷하다. 미 해군은 해외 파견 근무 심사의 일부로써 '적응성 심사(Suitability Screening)'라고 하는 의학적 평가를 실시한다. 적응성 심사는 현역 장병의 해외 및 격오지 근무의 적응성을 판단하기 위해 고안되었다. 이러한 적응성 심사는 파견 대상 장병이 소속되어 있는 사령부의 의료 전문가에 의해 실시되며,

의학적·심리적·치과적 및 교육적 문제로 인하여 임무 수행에 지장을 받을 수 있는지 여부를 판단한다.

정신건강 전문가들은 적응성 심사의 일환으로 개별화 교육 프로그램과 같은 심리교육이 필요한지의 여부와 문제 장병에 대해 어떠한 처방을 해야 할지에 대한 추가 심사를 의뢰받을 수도 있다. 만약 계속적으로 정신건강 지원이 필요하다고 판단되면, 그러한 사실을 해외 파견 사령부에 보고하고 해당 장병을 위한 정신건강 지원이 가능한지를 알아보아야 한다. 그러한 치료적 지원이 불가능하다고 판단되는 경우에는 파견을 희망하는 장병이나 그 가족은 해외 파견 근무가 적합하지 않은 것으로 결정될 수 있으며, 해당 장병에 대해서는 새로운 지침이 내려질 수 있다.

잠수함 근무

잠수함에서의 근무 환경과 임무는 매우 독특하다. 잠수함에서 근무하는 것은 매우 어렵고 고된 임무이고, 아주 오랜 기간 동안 가족 및 지인과 연락이 두절된 상태로 임무를 수행하며, 작전의 진행 속도가 매우 빠를 뿐 아니라 극도의 집중력이 요구된다. 잠수함에는 '의무 부사관(Independent Duty Corpsman: IDC)'을 배치하여 승무원들의 신체적 질병에 대해 치료할 수 있도록 지원하고 있지만, 정신건강 치료를 위한 군의관이 배치되어 있지는 않다. 이와 같이 정신건강에 대한 지원이 불가능하고, 잠수함의 고된 근무 환경으로 인하여 미 해군은 매우 엄격한 심리 기준을 통과하는 장병에 한해서만 잠수함 근무를 할 수 있도록 하고 있다.

잠수함 근무는 신병 훈련을 무사히 마치고 본인이 지원할 경우에 한해 근무할 수 있도록 하고 있으며, 그들이 선택한 업무의 성격에 따라 각기 다른 직무를 수행하게 된다. 그들이 조리부사관(Culinary specialist: CS)이나 행정부사관(Yeoman: YN)과 같은 지원임무를 수행하게 될 경우에는 우선 해군 A-학교(Navy A-School; 신병 훈련소 이후에 교육을 받는 장소로써 한국의 경우 초급 특기학교로 생각하면 무방하다)에서 선택한 직무에 맞는 전문 교육을 받아야 한다. A-학교에서 전문적인 교육을 받은 이후에는 잠수함 기본 과정 학교(Basic Enlisted Submarine School: BESS)로 보내지며, 그곳에서 잠수함의 기본 운용법을 교육받는다. 한편 지원자가 선택한 직무가 기관병(Machinist's Mate: MM), 전자병(Electronics Technician: ET), 전기병(Electrician's Mate: EM)과 같이 보다 전문적이고 기술적인 측면이 요구될 경우에는 신병 훈련을 수료한 직후 잠수함 기본 과정 학교에서 단기간의 교육을 받게 된다. 잠수함 특기 초급 학교를 수료한 후에는 해군 A-학교로 보내지며, 그곳에서 그들이 선택한 직무에 맞는 기술적 지식을 교육받는다.

잠수함 근무 지원자들은 잠수함 기본 과정 학교에서 교육받는 동안 서브 스크린(Subscreen)을 통해 근무 적응성을 판단 받으며, 필요한 경우 심리학자 혹은 정신의학자가 추가 검사를 실시한다. 서브 스크린은 정신건강, 근무 동기, 적응성에 관하여 살펴볼 수 있는 240개 문항으로 구성되어 있으며, 매우 실용적이고 타당한 검사법으로 알려져 있다(Schliching, 1993). 이와 관련된 연구 결과를 살펴보면, 잠수함 특기 초급학교 입과자 중 약 3%가 서브스크린을 통해 잠수함 근무에 부적합한 것으로 판정받았다(Daniel, 2006). '잠수함 근무 적응력 검사(SubMarine Attrition Test: SMART)'는 '서브 스크린'의 하위 구성요소로써 부정적 임무 상황에서 높은 수준의 적응력을 판단하는 데 사용된다. '잠수함 근무 적응력 검사' 점수는 잠수함 근무의 성공적인 수행과 밀접한 관련성이 있다(Bing, Horn, Crisman, & Gudewicz, 2005).

잠수함 근무 지원자가 모든 훈련 과정을 수료하면 잠수함 근무에 대한 신체적 및 심리적인 적합성이 있다고 판단되며, 근무를 위해 필요한 비밀의 열람을 허가해 준다. 한편 미 해군은 계속적인 잠수함 근무에 대한 적합성 여부를 판단하기 위해 엄격한 규정을 두고 있다. 미 해군성 규정에 의하면, 잠수함 근무의 심리적 적합성 판단은 매우 신중히 이루어져야 하고, 모든 잠수함 근무요원에 대해 지속적인 평가를 실시해야 하며, 잠수함 근무요원들은 반드시 매우 높은 수준의 신뢰성, 민첩성, 판단력을 구비해야 한다고 규정하고 있다[U.S. Department of the Navy(2010), p. 15-93a]. 잠수함에서 계속 근무하는 것이 부적합한 사유로는 정신 이상, 불안장애, 기분장애, 신체형장애, 해리성장애, 섭식장애, 충동조절장애, 심각한 인격장애 등의 여러 가지 다양한 정신질환이 있다. 한편 적응장애 또는 가족의 사망과 같은 일부 정신질환이나 정서적 불안정 상태가 30일 이내에 완치될 수 있는 경우에는 잠수함 근무 부적합 사유에 해당되지 않는다. 하지만 30일이 지나도 이러한 증세가 완치되지 않을 경우에는 해당 장병의 '수중 전문 군의관(UMO, Underwater Medical Officer: UMO)'은 해당 장병을 치료하고 있는 군 심리학자나 정신의학자에게 자문을 한 후 해당 장병에게 근무 포기서를 작성할 것을 요구할 수 있다. 잠수함 근무자들을 돕는 정신건강 전문가들은 수중 전문 군의관 및 의무 부사관들로부터 장병의 잠수함 근무 적합 여부를 판단하는 데 필요한 많은 정보를 제공받을 수 있기 때문에 그들과 지속적으로 접촉하고 면담할 필요가 있다.

핵 시설 근무

핵 시설에서의 근무(Nuclear Field Duty)는 미 해군의 특별한 근무 유형으로 장교 및 일부 특정 사병만이 근무할 수 있으며, 그들은 해군 원자력 추진 프로그램(Naval Nuclear Propulsion Program)에 참여하여 임무를 수행한다. 이러한 임무를 수행하는 사병은 핵 시설에서 기관병(MM), 전자병(ET), 전기병(EM) 등의 매우 전문적인 임무를 수행한다. 일반적으로 사병들은 핵추진 설비(Nuclear Propulsion Plants)에서 근무하며, 원자로 제어 장치, 추진 장치, 발전 장치를 조작한다. 핵 시설의 근무는 경쟁력이 매우 높으며, 직무 수행을 위한 높은 수준의 동기, 우수한 복무 기록, 매우 높은 수준의 학력을 필요로 한다. 핵 시설의 근무자로 선발된 사병들은 사우스캐롤라이나 소재의 '해군 핵시설 훈련사령부(Naval Nuclear Power Training Command)'로 보내진다. 해군 핵시설 훈련사령부에서는 학문적으로 높은 수준의 교육 프로그램을 운영하며, 해당 훈련을 수료한 사병들은 '핵 기본과정교육 학교(Nuclear Prototype School)'로 보내져서 그들이 향후 복무할 시설과 유사한 환경에서 교육을 받게 된다. 이러한 교육을 모두 수료하면 11척의 핵 추진 항공모함, 수많은 핵 잠수함 등의 복무지로 배속 받는다.

항공모함에는 정신건강 군의관이 배치되며, 정신건강 군의관은 장병 스스로 평가를 신청한 경우, 지휘계통이 평가를 신청한 경우, 정기적으로 실시하는 의료검사 혹은 문제 장병의 담당 군의관이 평가를 신청한 모든 핵 시설 근무요원에 대한 정신 감정과 이에 따른 치료를 실시한다. 핵 시설 근무요원들은 정기적으로 건강 진단을 받아야 하며, 의료진들은 장병들의 정신 상태, 정신질환 및 신경학적 요소에 대해 각별히 주의를 기울여야 하고, 이전의 진료 기록을 면밀히 검토해야 한다고 미 해군성에서는 규정하고 있다[U.S, Department of the Navy(2010), pp. 15-79]. 핵 시설에 근무하는 장병들에게는 근무 특성상 수많은 심리적·신경학적 복무부적합적 요인이 동반되기 때문에, 정신건강 군의관들은 방사선보건장교(Radiation Health Officer: RHO), 군의관(UMO), 위생병(IDC)과 상호 긴밀한 협조 관계를 구축하여야 한다. 현역복무적합심사를 위해서는 여러 가지 제반사항을 종합적으로 평가하여야 하며, 평가자는 특히 현재의 정신질환 증상, 충동적 행동 전력, 판단력 저하, 대인관계 능력 저하, 불안장애 증상, 기분장애 증상 등 높은 스트레스를 받는 업무 환경에 영향을 줄 수 있는 요인들을 찾아내고 이를 분석하는 데 상당한 주의를 기울여야 한다.

전투 부대원의 정신건강 평가

전투 부대원들은 군 임무 특성상 가족, 친구들과 격리되어 있고, 전투 지역에서 일상적으로 진행되는 전투 등으로 인해 많은 고통을 호소하며, 정신건강 전문가들은 이러한 장병의 어려움을 지원하기 위해 전투 지역에 파견된다. 전투 부대원들은 전투 지역 이외의 바깥 상황에 대해서 정확하게 파악하기가 어렵다. 군 장병의 안전은 군대에 가장 중요한 요소이며, 특히 전투 지역에 파견된 심리학자를 포함하여 무기에 접근할 수 있는 모든 장병의 안전을 확보하는 것은 다른 무엇보다 가장 중요하게 생각해야 할 핵심 요소라고 할 수 있다.

전투요원들은 작전 임무를 수행하기 위해 여러 가지 어려운 상황에 노출되며, 그들에게도 예외 없이 필요시 현역복무적합심사가 적용된다. 지난 수십 년간 군 정신건강 전문가 그리고 육·해·공군의 장병들은 정기적으로 전투 지역에 파견되어 이라크 해방 작전(Operation Iraqi Freedom: OIF), 항구적 자유 작전(Operation Enduring Freedom: OEF) 등의 임무를 수행하였다. 전투 지역에서 현역복무적합심사를 시행할 때에는 반드시 그들에게 부여된 임무의 특수성을 고려하여야 한다. 거의 매일 전투 임무를 수행하는 부대도 있을 것이고, 철책 안에서 전투 지원 임무만을 수행하는 부대도 있을 것이다. 정신건강의 측면에서 바라보았을 때 작전 지역에 파견된 군 심리학자들은 이러한 특수 환경에서 고군분투하고 있는 전투요원이 제대로 임무를 수행할 수 있도록 최선의 노력을 다해 지원해야 한다. 군 심리학자들은 전투요원들에게 긴밀하고 적극적으로 정신건강 지원을 함으로써 전투요원들이 임무를 수행하는 동안 안정적인 정신상태를 유지할 수 있도록 해야 한다. 앞서 살펴본 바와 같이 전투 지역에서도 지휘계통의 요청에 의한 평가(CDE)를 위해 필요한 요건은 동일하다. 정신건강 전문가들은 문제 장병의 지휘관에게 문제 장병이 충분히 숙면을 취하고, 제대로 된 음식을 먹고, 정신 치료를 받을 수 있도록 기지 안에 일정 기간 머물도록 권고할 수 있다. 이는 정신건강 전문가들의 가장 중요한 목표가 문제 장병이 최대한 빨리 완쾌되어 다시 본인의 임무를 수행할 수 있도록 하는 것임을 의미한다. 문제가 식별된 장병은 소속 부대 지휘관의 재량에 따라 전투 작전 지역에서 벗어나 기지 안에 머물 수 있는 기간을 며칠 내지 몇 주 더 연장할 수 있다. 그러나 비교적 짧은 기간 동안의 정신건강 치료를 통해 호전을 보이지 않으면, 문제 장병은 전투 지역에서 미 본토로 후송되어 보다 정밀한 정신 감정과 높은 수준의 치료를 받게 된다. 만약 문제 장병이 자신이나 타인을 해칠 우려가 있다고 생각되는 경우에는 더 신속하게 이러한 후송절차를 실시한다.

요 약

군 심리학자들은 정기적으로 장병의 정신 상태를 감정하고 선발 과정, 신병 훈련 기간, 특수임무요원 선발, 부대장이 소속 장병에게 문제가 있다고 판단하여 감정을 의뢰할 때 등 다양한 상황에서 군 장병에 대한 현역 복무 적합 여부를 심사한다. 군 및 민간 심리학자들은 정기적으로 현역복무적합심사라는 중대한 과제를 수행한다. 군 심리학자들은 군의 다양한 업무 환경, 군 특유의 전문 분야, 전문 분야의 업무 수행을 위해 필요한 요건 그리고 이와 관련된 규정과 지침에 대한 전문 지식을 구비하여야 한다. 군 심리학자들은 다면적이고 때때로 복잡한 면모를 보이는 현역복무적합심사를 실시하여 해당 장병의 직무 수행 적합성 및 적응성 여부를 판단하고, 어떠한 심리치료를 실시해야 도움이 되는지 결정하며, 이러한 활동을 통하여 문제 장병이 정상적으로 직무에 복귀할 수 있도록 한다.

참고문헌

American Psychiatric Association. (2000). *Diagnostic and statistical manual of mental disorders* (4th ed., text rev.). Washington, DC: Author.

Bing, M., Horn, W., Crisman, K., & Gudewicz, T. (2005). *Test and evaluation of the Submarine Attrition Risk Test* (SMART, formerly known as the Submarine Attrition Risk Scale, or SARS) (Protocol Number NSMRL. 2004.005). Groton, CT: Naval Submarine Medical Research Laboratory.

Daniel, J. C. (2006). *Leveraging biomedical knowledge to enhance homeland defense, submarine medicine and warfighter performance at Naval Submarine Medical Research Laboratory.* Groton, CT: Naval Submarine Medical Research Laboratory.

Hess, D. W., Kennedy, C. H., Hardin, R. A., & Kupke, T. (2010). Attention deficit/hyperactivity disorder and learning disorders. In C. Kennedy & J. Moore (Eds.), *Military neuropsychology* (pp. 199-226). New York: Springer.

Schlichting, C. L. (1993). *Psychiatric screening for the submarine service: Enlisted personnel.* Groton, CT: Naval Submarine Medical Research Laboratory.

Secretary of the Air Force. (2006a). *Medical examinations and standards: Volume 1. General provisions* (Air Force Instruction 48-123). Washington, DC: Author.

Secretary of the Air Force. (2006b). *Medical examinations and standards: Volume 2. Accession, retention, and administration* (Air Force Instruction 48-123). Washington, DC: Author.

Secretary of the Air Force. (2006c). *Medical examinations and standards: Volume 3. Flying and special operational duty* (Air Force Instruction 48-123). Washington, DC: Author.

Secretary of the Air Force. (2006d). *Medical examinations and standards: Volume 4. Special standards and requirements* (Air Force Instruction 48-123 Vol. 4). Washington, DC: Author.

Secretary of the Air Force. (2006e). *Physical evaluation for retention, retirement and separation* (Air Force Instruction 36-3212). Washington, DC: Author.

Secretary of the Army. (2006). *Physical evaluation for retention, retirement, and separation* (Army Regulation 635-40). Washington, DC: Author.

Secretary of the Army. (2007). *Standards of medical fitness* (Army Regulation 40-501). Washington, DC: Author.

Secretary of the Navy. (1999). *Mental health evaluations of members of the armed forces* (SECNAVINST 6320.24A). Washinglon, DC: Author.

Secretary of the Navy. (2002). *Department of the Navy disability determination manual* (SENINST 1850.4E). Washington, DC: Author.

Secretary of the Navy. (2005). *Manual of the medical department U.S. Navy* (NAVMED P-117). Washington, DC: Author.

U.S. Department of Defense. (1984). *Test manual for the Armed Services Vocational Aptitude Battery.* North Chicago:

U.S. Military Entrance Processing Command.

U.S. Department of Defense. (1996) *Physical disability evaluation* (DoD Instruction 1332.32). Washington, DC: Author.

U.S. Department of Defense. (1997a). *Requirements for mental health evaluations of members of the armed forces* (DoD Instruction 6490.4). Washington, DC: Author.

U.S. Department of Defense (1997b) *Mental health evaluations of members of the armed forces* (DoD Instruction 6490.1). Washington DC: Author.

U.S. Department of Defense. (2000). *Military whistleblower protection* (Directive 7050.6). Washington, DC: Author.

U.S. Department of Defense. (2008). *Enlisted administrative separations* (DoD Instruction 1332.14). Washington, DC: Author.

U.S. Department of Defense (2010a) *Base structure report: Fiscal year 2010 baseline.* Retrieved March 6, 2011, from www.acq.osd.mil/ie/download/bsr/bsr2010baseline.pdf.

U.S. Department of Defense. (2010b). *Medical standards for appointment, enlistment, or induction in the military services* (DoD Instruction 6130.03). Washington, DC: Author.

U.S. Department of Defense. (2011). *Memorandum of the Under Secretary of Defense: Repeal of "Don't Ask, Don't Tell."* Washington, DC: Author.

U.S. Department of the Navy. (2005). *Manual of the medical department* (NAVMED P-117). Washington, DC: Author.

U.S. Department of the Navy. (2008). *Naval Military Personnel Manual.* Article 1910-122: *Separation by reason of convenience of the government personality disorder(s).* (CH 28). Washington, DC: Author

U.S. Department of the Navy. (2010). *Change 136: Manual of the medical department* (NAVMED P-117). Washington, DC: Author.

부록 2-1. 의무평가위원회에 상신하는 보고서(예)

여기 나오는 인명은 모두 지어낸 것이며 우연의 일치로 실존 인물과 유사하다고 생각할 수 있으나 전적으로 꾸며낸 문서임을 서두에 밝히는 바다.

일자: 2011년 9월 26일

성명: 중사 Joe Example

의무평가위원회 소집 이유(전문의의 제청, 지휘관의 제청)
Joe Example 중사는 PTSD와 감정부전장애 전력이 있어 Williams 박사가 의무평가위원회 소집을 제청함.

심사 종류(자발적 정신 평가, 지휘관의 요청에 의한 정신 평가)
Example 중사는 스스로 정신 감정을 의뢰하여 Williams 박사가 2010년 6월 14일 1차 감정을 실시함. 1차 감정 보고서에는 지휘관이 정신 감정을 받으라고 압력을 행사한 사실이 없음.

사실관계 출처(최초 평가, 후속 평가, 입원 및 외래 진료 기록부, 주변인과의 인터뷰, 지휘관과의 인터뷰, 심리 평가 등)
이 보고서에서 활용한 사실관계는 중사 Example의 진술과 그의 외래진료 기록부에 그 출처가 있음.

평가 대상자의 정보(나이, 혼인 여부, 인종 등)
Example 중사는 32세이며 기혼자이고 백인과 히스패닉 혼혈인임. 군 복무 기간은 대략 10년 2개월이며 미 육군에서 복무함. Example 중사는 헌병(MP, 31B) 특기이며, 현재 미국 Any 기지에서 복무 중. Example 중사는 매우 위험한 지역에 3번 파병됨.

군 경력 기록부(입대일 및 최근 전입일, 전역 예정일, 복무 상태: 현역 또는 예비역, 복무 기간, 군사 특기, 파병 일자 및 장소, 급조 폭발물 및 기타 폭발 노출 여부, 교통사고 전력, 차량 전복사고 전력, 박격포 간접 피격 여부, 로켓포 피격 여부, 소형화기 피격 여부, 전우의 사상 장면 목격 여부, 부상 치료 경험, 임무 중 사망한 시

신 수습 여부, 전투 중 부상 경험, 수상 경력, 계류 중인 징계 사건, 징계 전력)

Example 중사는 국가를 위해 봉사하고 유용한 기술을 배우기 위해 1999년 미 육군에 입대하여 지금까지 현역 복무 중임. 총 3번의 전투 파병 경험이 있고 모두 이라크 해방 작전에 투입됨(2004-2005, 2006-2007, 2009-2010). Example 중사는 수많은 소형화기 전투 경험이 있고, 전우의 사상 장면을 목격하고 부상자를 치료하였으며, 임무 중 사망자를 수습한 경험이 있음. 급조 폭발물 노출, 작전 지역에서의 교통사고, 험비 전복 사고, 박격포 및 로켓 피격, 전투 중 부상 경험은 없었다고 진술함. Example 중사는 지금까지 임무를 잘 수행해 왔고, 징계를 받거나 징계행위를 한 적이 없고, 최근까지 동료나 상관과 잘 지내왔다고 진술함. 지금까지 육군표창훈장 3개, 육군공로훈장 1개, 이라크전 훈장 1개, 테러와의 전쟁 공훈장 1개를 수상함. Example 중사는 2014년 의무 복무가 종료되며, 복무 종료 후 대학에서 국제 금융학을 전공하고 싶다고 진술함.

주요 호소 증상(최초 외래진료 및 입원진료를 통해 환자 스스로 진술한 주요 호소 증상)

'파병 근무로 인한 스트레스'

현 질환 병력(최초 증상 및 스트레스 요인에 관련된 제반 사실, 현재와 과거의 증상, 증상의 발현 빈도, 증상의 발현 기간)

Example 중사는 2010년 7월 14일에 스스로 행동 건강 진료소를 방문하여 최초 감정을 받음. Example 중사의 주요 호소 증상은 '파병 근무로 인한 스트레스'였으며, 수많은 불안장애와 우울증 증상을 호소함. 최초 감정 시 Example 중사는 이라크 해방 작전에 12개월간 파병 근무를 하고 돌아온 후 2010년 초부터 불안장애와 우울증이 계속해서 심해짐을 느꼈다고 진술함. Example 중사의 아내는 Example 중사가 조마조마해 하고 바짝 긴장해 있으며, 짜증을 잘 내서 불평했다고 하며, 다른 가족은 Example 중사의 기분과 행동이 눈에 띄게 달라졌다고 우려함. Example 중사는 자주 바짝 긴장하고 공격을 받을 수 있다는 두려움에 떨었다고 진술함. 또한 아내와 어린 두 아들로부터 멀어지고 떨어져 있는 느낌을 받았다고 함. 그리고 그는 가족과 어떤 문제가 있었는지 말하고는 가족으로부터 떨어져서 지내고 싶다고 자주 생각했고, 그런 생각에 대해 죄책감을 느꼈다고 함. 또 다른 증상은 밤에 잠을 이루지 못하였고, 1주일에 3~4번 악몽을 꾸었으며, 정신을 잃을 뻔한 경험이 있었고, 파병 전투의 기억이 떠오르면서 집중을 잘 하지 못하였으며, 사람이 많은 곳(북적한 음식점, 교실, 공원, 교회 등)을 피하게 되었고, 파병 경험에 대해 말하는 것을 꺼려했으며, 차가 많은 곳에서 운전하는 것을 피했음. 또한 그는 우울증이 2일을 초과하여 발현되지는 않았다고 진술함. 그는 최초 진술 시 기분장애, 조증, 정신병과 관련된 증상은 부인하였음.

증상 분석을 통한 현재 상태 진단(현재 정신 증상, 필요한 치료, 환자의 직무 수행 능력, 치료 동의 여부)
Example 중사는 외래진료를 통해 PTSD 증상에 대한 개인 심리치료를 받았고, 한 달 단위로 약물 처방을 받았으며, 집중적으로 PTSD 외래 진료 프로그램 치료를 받았음. 이를 통해 과민한 기분 변화 제어 능력이 높아졌고 가족과의 관계가 상당히 개선됨. 그러나 그는 계속해서 불면증, 악몽, 불안감 증대, 각성, 집중력 저하, 군중 회피, 공포심, 경계심, 파병 경험에 대해 생각하고 말하는 것을 회피하는 증상을 호소하였음. 이러한 증상으로 인해 그는 헌병 임무 수행 및 일반 행정 업무를 수행할 수 없어 직무 능력에 심각한 타격을 받았음. 이로 인해 사회적 기능에도 막대한 영향을 받았음. Example 중사는 대부분 공포심과 회피로 인해 친척 및 친구와의 인간관계 형성 능력이 저하되었다고 함. 그는 지금까지의 치료 방법에 문제가 있다고 불만을 나타냈지만, 앞으로도 계속해서 치료를 받고 싶다고 진술함. Example 중사에 대해 앞으로 계속해서 외래 심리치료와 약물 처방을 할 것을 권장하는 바임.

정신건강 관련 전력(정신질환 진단 이력, 정신 치료 전력, 병원 진료 기록, 자살 및 살인에 대한 관념화·의도·충동·계획 전력, 장애 등급 판정 여부, 기타 입증 자료)
Example 중사는 2010년 7월에 행동 건강 진료소를 방문하기 전까지는 정신질환 진단 및 정신 치료에 대해 주목할 만한 사실은 없었다고 말함. 기존에 장애 등급 판정을 받은 적은 없으며, 재향군인 관리국에 도움을 요청한 사실이 전무함을 관련 문서를 통해 확인함. Example 중사는 성인기에 개인 심리치료를 받은 사실이 없으나, 7살이 되던 해에 아동 심리학자로부터 3번의 진료를 받은 적이 있다고 진술함. Example 중사의 어머니는 남편과 이혼한 사실이 아이에게 좋지 않은 영향을 미칠 것이라 생각하여 아동 심리학자로 하여금 진료하게 했다고 함. 그 당시 아동 심리학자의 진단 결과는 현재 찾을 수 없음. Example 중사는 한 번도 정신병원에 입원한 사실이 없었다고 함. 또한 자살에 대한 관념화, 의도, 충동, 계획, 시도가 전혀 없었으며 이는 살인에 대해서도 마찬가지라고 진술함.

가족의 정신병력(정신질환 가족력, 정신 치료 가족력, 자살 행동의 가족력)
Example 중사는 친할머니가 성년기에 지나친 음주를 하였고, 가족 앞에서 취해 있는 모습을 많이 보았다고 회고함. Example 중사는 친할머니가 약물중독치료를 받았는지의 여부는 모른다고 진술함. 그 이외의 정신질환이나 정신 치료 가족력은 없다고 말함. 자살과 정신병원 입원 가족력 역시 없다고 진술함.

심리사회적 요소(출생과 유년기 시절에 대한 정보, 학대 등 유년기의 사건, 현재 부모와 형제자매와의 관계,

현재의 사회적 지지 요인, 현재 동거 형태, 현재의 인간관계 기능과 관련한 정보)

Example 중사는 유럽에서 출생하여 미국 북동부 지역에서 자람. 5형제 중 막내이며 7살에 부모님이 이혼하기 전까지 유년 시절은 아주 유복했다고 진술함. Example 중사는 유년기에 신체적 · 언어적 · 성적 학대를 받은 적이 없다고 함. 그러나 그는 부모님이 경제적인 문제로 인해 말다툼을 하는 것을 자주 목격하였다고 함. Example 중사의 아버지는 성공한 국제적 세일즈맨이었으며, 종종 매우 비싼 차를 구입하였고, 어머니는 중학교 스페인어 교사였다고 함. Example 중사의 부모님은 이혼 후 공동 양육권을 가졌으나, 아버지는 사업상 바빠서 대부분의 시간을 어머니와 함께 보냈음. 그는 초등학교를 잘 다녔으나 부모님이 이혼한 해에는 학교를 다니지 않음. 부모님의 이혼으로 인해 그는 성적이 떨어졌으며, 선생님은 그가 그 일에 너무 사로잡혀 있다고 우려하여 그의 어머니는 소아과 의사와 상담하였고, 그 이후 아동 심리학자의 진료를 받음. Example 중사는 졸업 평점 3.65를 받고 무사히 고등학교를 졸업하였고 재학 동안 밴드 활동, 연극 활동, 필드하키를 즐겼음. Example 중사는 고등학교를 다니는 도중 어떠한 행동 문제도 없었으며, 학우, 선생님, 코치와 잘 지냈었다고 진술함. 고등학교 졸업 후 그는 세 군데의 지방 대학교에 지원했고, 애니타운 대학교에서 금융학을 전공하고 필드하키 선수로 활약. 그는 대학교 1학년 때 아내를 만났고 사건 지 8개월 후에 결혼함. 그는 1년 반 동안 학점 3.0을 기록했고 필드하키 팀을 구성했으나 아버지가 비싼 학비를 충당할 여력이 없자 학교를 그만두었다고 함. 필드하키 코치의 조언에 따라 육군 모병관과 상담하였다고 함. 그는 현재도 결혼 생활을 유지하고 있으며 슬하에 6살 난 쌍둥이 아들을 두고 있음. 그의 사회적 지지자 역할을 하는 사람은 아내, 육군 동료, 형제자매, 어머니임. 그는 지난 1년 동안 오직 예고 없이 방문한 친구와 가족들과 대화를 할 뿐 다른 누구와도 대화를 하지 않음. 그는 16개가 넘는 음성 메시지를 받고도 응답을 하지 않았음. 또한 그의 아들은 더 이상 아버지가 놀아 주지 않는다고 불평하였고 아내는 친척들과 모임을 갖지 않는 점을 불평함.

전과 기록

Example 중사는 한 번도 체포를 당한 적이 없다고 진술함. 그는 두 달 전에 집으로 운전해서 돌아오는 길에 정지 신호를 위반하여 딱지를 받음. 그는 주의가 산만해져서 정지 신호를 위반하였다고 말함. Example 중사는 다른 범죄 기록은 없으며, 이는 그의 지휘관이 진술한 사실과 일치함.

약물 사용/남용 여부(알코올—처음으로 음주한 나이, 과음한 전력, 현재 음주 빈도와 음주 기간, 알코올 남용 및 의존 증상/마약—처음으로 복용한 나이, 남용 전력, 현재 마약 복용 빈도 및 기간, 마약 남용 및 마약 중독 증상/단백질 보충제 및 에너지 음료/카페인/니코틴/일반의약품 오용 여부)

- 알코올: Example 중사는 학교 파티에서 18세에 처음으로 음주했다고 진술함. 그는 1주일에 한 번 내지 두 번 두 가지 종류의 술을 음용한다고 함. 과음을 한 적은 없으며, 친할머니가 음주하는 모습에 영향을 받아 과음을 금했다고 함. 알코올 금단 현상은 경험한 적이 없으며, 알코올 남용이나 알코올 의존증과 관련한 증상 역시 경험한 적이 없다고 함.
- 마약: Example 중사는 고등학교 2학년 때 필드하키 팀원과 6번가량 마리화나를 흡연하였다고 진술함. 그 이외에 다른 마약류는 복용한 적이 없다고 함.
- 보충제: 현재 보충제 섭취는 하고 있지 않다고 진술함.
- 카페인: 하루에 커피 6~7잔을 마신다고 말함. 커피를 마시면 졸지 않고, 맑은 정신으로 하루를 보낼 수 있다는 믿음이 있어서 커피를 마신다고 함. 또한 하루 종일 깨어 있기 위해 다양한 종류의 에너지 음료를 섭취한다고 진술하였음.
- 니코틴: Example 중사는 현재 흡연을 하고 있지 않다고 함. 그러나 씹는 담배를 이용하며, 한 달에 한 캔의 씹는 담배를 소비한다고 진술함.

현재 약물 처방

Example 중사는 현재 하루에 40mg의 플루옥세틴 염산염(Fluoxetine Hydrochloride) 처방을 받고 있음. 시탈로프람(Citalopram)과 졸피뎀(Zolpidem) 처방을 받은 적이 있으나 현재는 해당 약물을 처방하고 있지 않음.

병력(현재 중대한 치료행위 수행 여부, 중대한 질병 및 치료행위 전력, 두부 손상 전력, 과거 장애 등급 판정 여부)

Example 중사는 현재 중대한 질병으로 인한 치료를 받지 않고 있음. 그는 13세에 편도선 절제술을 받은 적이 있으며, 4개월 전 슈퍼마켓에서 싸우다 주먹을 맞아 우측 안와 골절상을 입어 복원 수술을 행한 적이 있음. Example 중사는 이전 수술로 인한 통증이 남아 있지 않다고 하였으며, 그의 진료 기록부에도 완치가 되었다고 기록되어 있음. 두부 손상과 뇌진탕 경험은 없다고 진술함.

통증 정도(현재 통증)

Example 중사는 현재 통증이 없다고 함(0/10).

정신 상태 검사(현재 정신 상태)

Example 중사는 늦잠을 자서 최근 진료 약속에 15분 늦게 도착함. 그는 눈 밑에 다크 서클이 있었으며, 면도를 하지 않았고, 미 육군 군복을 입고 나타남. 그는 나이에 맞는 외모를 보였으며 우측 팔에 문신이 많이 그려져 있었음. 동행자 없이 혼자 진료 받으러 왔으며 다리를 떨면서 심적으로 불안해 하는 모습을 보임. 그는 깨어 있고 정신이 맑았으며 사람, 장소, 시간, 상황에 적응력이 있었음. 말투 는 보통의 속도, 리듬, 운율, 음량이었음. 그는 스스로 긴장하고 있다고 말하였고, 그가 보여 준 행동 에도 긴장한 모습이 역력했음. 그의 생각은 논리적이고 일관되었으며, 목표 지향적이었고, 현재 그 가 겪고 있는 증상에 우려하고 있었음. 정신병적 요소는 발견할 수 없었으며, 청각, 시각, 후각, 촉각 상 환각 증상은 보이지 않았음. 이해력도 정상 수준이었음. 판단력도 정상이었으며 충동 조절도 정 상인 것으로 보였음. 기억력도 정상 수준이었음. 집중력은 가끔씩 흐트러지는 모습을 보였으나 금 세 정상으로 돌아왔음. 자살 관념화, 자살 의도, 자살 충동, 자살 계획은 전혀 없다고 진술함. 살인 관념화, 살인 의도, 살인 충동, 살인 계획 역시 없다고 진술함.

자살/살인 관념화 행동 검토

Example 중사는 현재 자살 및 살인에 대한 관념화, 의도, 충동, 계획이 없다고 밝힘. 최초 평가를 실 시할 때도 역시 자살 및 살인에 대한 관념화, 의도, 충동, 계획이 없다고 하였으며, 아들이 자라는 것 을 보고 싶고, 자살에 대해 개인적인 신념과 종교상의 믿음이 있는 등 수많은 자살 억지 요소가 있는 것으로 관찰됨. 자살의 가족력이 없으며 집 안에 무기를 두고 있지 않다고 함. 자살 및 살인 관념화 가 차후에 발생하는 것을 방지하기 위한 안전 계획을 준수하는 것에 동의함.

심리 테스트 결과

Example 중사는 2010년 8월 23일 심리 테스트를 실시함. 당시 실시한 심리 테스트는 미네소타 다면 성격검사(MMPI-2-RF), 밀론 임상 다축 성격검사(MCMI), 성격 평가 질문지(PAI) 등의 다양한 검사를 실시하였음. 이러한 테스트 결과는 전자 의무 기록부를 열람하여 확인할 수 있음.

진단 결과

축 1: PTSD

- 군 복무에 미치는 영향(이러한 증상으로 인해 장병의 직무 및 임무 수행에 어떠한 영향을 미치는지 구체 적으로 진술, 장병이 앓고 있는 증상으로 인하여 부여된 군사 특기에 대한 직무 수행에 어떠한 영향을 미치 는지와 그로 인해 새로운 군사 특기를 부여받아야 하는지 여부에 관해 기술)

Example 중사는 현재 헌병 특기에 필요한 직무 수행을 할 수 없는 상황임. 그는 전투 지역에서 헌병으로서의 임무를 안전하게 수행할 수 없는 것으로 보이며, 주둔 지역에서도 헌병으로서의 임무 수행에 계속해서 어려움을 겪어 왔음. 그는 불면증에 시달리고 있고, 잠을 자도 잔 것 같지가 않다며, 쉽게 집중력이 흐트러져서 말을 하거나 보고서를 작성하는 것이 힘들다고 함. 매우 민감하며 불안감도 자주 느껴서 3명이 넘는 사람이 모이면 그 자리에서 도망친다고 함. 그는 행정 업무 처리직으로 이동하여 보다 책임감이 적고 쉬운 임무를 수행하였으나, 계속해서 인간관계와 보고서 작성에 어려움을 느낌. 이에 따라 다른 보직이나 군사 특기를 부여하여도 효과적이지는 않을 것이라 판단됨.

- **사회 관계에 미치는 영향**(이러한 증상으로 인해 장병의 가정 생활, 통학 가능 여부, 관계를 형성하고 지속하는 능력에 미치는 영향을 명확하게 기술)

Example 중사는 PTSD로 인해 가정 생활에 심각한 영향을 미침. Example 중사는 그로 인해 아내, 아들, 친척, 친구를 보는 것을 꺼리게 되었다고 함. 그는 가족을 너무나 사랑하며, 다른 사람과의 관계를 끊은 것에 대해 죄책감을 느낀다고 함. 그러나 그는 예전에 각별했던 사이였던 사람들과 더 이상 관계를 맺는 것이 힘들다고 믿음. 아내와 아들과의 관계는 집에서는 상당히 개선되었으나 집 밖에서 다른 사람들과 사회적 관계를 맺는 것은 아직도 기피하고 있으며, 아들의 축구 경기도 보러 가지 않고, 영화를 보거나 외식을 하러 나가지도 않는다고 함. Example 중사는 지역 전문대학에 등록하였으나 교실에 다른 사람들이 있다는 것에 불안감을 느껴 학교를 그만두었다고 함. 그는 온라인으로 수강하는 경영학 한 과목만을 수료할 수 있었음. 지난 1년 동안 그의 기피 증상을 개선하는 것을 목표로 하여 집중 치료를 실시했으나 그는 계속해서 어려움을 겪고 있음.

- **치료 계획**

Example 중사는 계속해서 1주일 단위로 심리학자가 집도하여 정신 치료를 실시하고 1달 단위로 약물 처방을 받을 것을 권장함. 그의 아내에게 그가 받을 치료요법과 기타 치료를 위한 지원에 대해 설명하였음.

- **치료 시 어려운 점**

Example 중사는 이전에 정신 치료를 받는 것을 피했고, 정신 치료를 받는 것에 반감을 가져 처음 한 달간 치료를 할 때 이러한 부분이 난점으로 작용함. 그의 지휘관은 진료를 받을 수 있게 시간을 조정하는 것에 관대하였으며, 지금까지 모든 진료를 받을 수 있게 허락해 줌. 차후에 재향군인 관리국에서 새로운 담당자에게 치료받는다면, 그의 정신 치료 기피 행위를 목표로 하여 치료에 임해야 할 것임.

축 2: 축 2 진단 결과는 없음.

축 3: 진단할 필요 없음.

축 4: 1차 지지 그룹과의 관계와 직무 수행에 어려움이 있음.

축 5: 현재 총괄기능평가(GAF) 점수: 60

　　　총괄기능평가 실시 횟수: 50

　　　지난 12개월간 최고 득점: 60

권고사항

신체평가위원회 소집

의무평가위원회에 권고하는 사항

1. 문제 장병의 신변 보호를 위해 전역을 명하는 것이 좋다고 확신하는가? 예

2. 과거에 무능력 내지 무자격 사유가 될 만한 사실이 있는가? 아니요

3. 현재 계류 중인 징계행위, 수사, 파면행위를 한 적이 있는가? 아니요

4. 문제 장병이 스스로 재정 및 법적인 문제를 관리할 수 있는 능력이 있다고 보이는가? 예

5. 본 의무평가위원회 소집 중에도 계속해서 정신 치료를 하는 것이 좋다고 생각하는가? 예 ('치료 계획' 참조)

　　작성자 서명　　　　　　공동 서명자의 서명

　　작성자의 전공　　　　　공동 서명자의 전공

　　근무 부서　　　　　　　근무 부서

제 3 장 | MILITARY PSYCHOLOGY

고위험성 임무 요원의 평가 및 선발
-심리적 필수 특성 파악

James J. Picano
Thomas J. Williams
Robert R. Roland

고 위험성 임무를 수행하는 요원은 중요하고 민감한 국가 안보와 관련된 임무를 수행하고, 일반적인 작전 임무와는 또 다른 형태의 비전형적인 임무를 수행하며, 파견 근무가 잦고, 오랜 기간 동안 문화적으로 생소하며, 적대적인 환경에 파견되고, 지원을 거의 받지 못하는 상황에서 독자적으로 임무를 전개한다. 그들은 물리적이거나 전략적인 지원이 거의 없고, 통제가 불가능한 상황에서도 부여받은 임무를 성공적으로 수행하기 위해 독창성, 전문 지식, 결단력, 고도의 상식을 두루 겸비한 특수요원이라고 할 수 있다. 따라서 이러한 요원에 대해서는 엄격한 평가가 이루어지며, 선발 과정에서 향후 그들이 수행할 위험이 높은 군사 작전에 대한 적응성을 충분히 갖추고 있는지를 검토하게 된다.

고위험성 임무 요원과 특수임무 요원의 평가와 선발은 작전 부서에 근무하는 군 심리학자의 주된 역할이다(Staal & Stephenson, 2006; Williams, Picano, Roland, & Banks, 2006). 작전 부서에 근무하는 군 심리학자들은 고위험성 임무와 관련된 요원의 평가와 선발절차에 직접 관여하는 경우가 많다. 그들은 평가와 선발절차의 검증, 기획, 개선과 관련된 업무를 담당하며, 실제 작전 수행 결과를 분석하여 평가와 선발 프로그램의 유용성을 검증한다.

고위험성 임무에 특히 적합하다고 판단되는 특수요원들은 그들이 수행해야 할 임무와는 별개로 공통적으로 핵심적인 심리적 특성을 보유하고 있다. 이러한 심리적 특성들이 성공적으로 임무에 적응하기 위해 필수적인 요소라고 해도, 특정 임무별로 추가 요구사항이 존재하기 때문에 그러한 심리적 특성을 구비한 것만으로 모든 특수임무에 적합한 요원이라고 단정하기는 어렵다. 그러나 이러한 심리적 특성은 고위험성 임무를 성공적으로 수행하는 데 필요한 핵심 가치로 여겨지기 때문에, 특정 요원이 부여받은 임무의 특성과는 무관하게 핵심적인 심리적 가치에 대한 평가가 반드시 필요하다. 제3장에서는 고위험성 임무 요원과 관련된 연구 내용, 각기 다른 임무 요원의 평가와 선발 프로그램을 담당하는 군 심리학자들의 경험담 그리고 특수요원의 평가와 선발을 담당하고 새로운 평가 및 선발 프로그램을 만드는 전문가들의 설문조사 결과 등 다양한 자료를 활용하여 고위험성 임무 수행요원이 구비해야 할 핵심적인 심리적 특성에 관해 알아보도록 한다.

고위험성 임무 요원에 대한 심리 평가

위험한 환경에서 고도의 능력을 발휘하여 특수한 임무를 수행하는 요원들은 엄격한 심리 평가 및 선발절차를 거쳐야 한다. 이러한 평가와 선발절차를 수행하는 목적은(Braun & Wiegand, 1991) 특수한 임무에 종사를 희망하는 지원자들이 그들이 수행할 임무에 적합한 심리적 특성을 가졌는지 판단하기 위해서다. 고위험성 임무를 수행하는 특수요원은 일반인보다 특수한 기술과 능력을 갖추고 있어야 하며, 그들은 극도로 어려운 임무 환경에서 절대로 실패하면 안 된다는 부담감을 안고 임무를 수행해야 한다. 일반적인 심리 평가 및 선발 프로그램은 조종사(Braun & Wiegand, 1991), 특수작전부대원(Braun & Wiegand, 1991)뿐만 아니라 우주 비행사(Santy, Holland, & Faulk, 1991)와 같은 일반 정부 조직 요원들을 대상으로도 실시하고 있다. 임무 환경은 전술한 요원들보다 괜찮지만 상당한 정확성이 요구되는 임무를 수행하는 요원(예를 들어, 핵 추진시설 근무요원이라든지 항공기 조종사, 항공관제사, 경찰특공대, 폭발물처리요원, 첩보원을 제외한 기타 응급요원)과 앞서 설명한 이른바 '특전사'(Mountz, 1993)요원은 상호 구별하여 고려하고 있다. 상당한 정확성이 요구되나 임무 환경은 보다 괜찮은 요원(Flin, 2001) 역시 본인의 임무 수행에 필요한 심리적 요건을 구비하고 있어야 한다. 기타 잠수함 근무자, 극지방과 같이 고립된 상황에서 근무하는 고위험성 임무 요원은 가혹한 근무 환경의 정도와 근무 기간에 따라 필요한 심리적 요건이 서로 조금씩 달라지는 모호한 경계선에 서 있는 것으로 보인다(Suedfeld & Steel, 2000). 이 장에서는 이러한 모호한 경계선에 서 있는 고위험 임무 요원들에 대해 포괄적으로 검토하고 있다.

미국은 고위험성 임무 요원의 평가와 선발을 위한 심사기관을 두고 있는데, 이는 제2차 세계대전이 남긴 막대한 유산이라고 할 수 있다(Fiske, Hanfmann, MacKinnon, Miller, & Murray, 1948/1997; OSS

Assessment Staff, 1948). 이러한 심사기관들은 표준화된 행동 평가를 시행하고 있으며, 해당 기관에서 근무하는 평가자들은 특수임무 요원 지원자들이 향후 수행할 임무에 대한 시뮬레이션 평가를 실시하는 등 특별히 고안된 다양한 측정 방법을 활용하고 있다. 심사기관들의 주된 임무는 고위험성 임무 요원에 대한 심리적 평가를 진행하는 것이다. 심리학자들은 다른 분야에서도 중요한 역할을 하고 있지만 이러한 심사기관에서 수행하는 심리 평가에 참여함으로써 직접적이고 특별한 기여를 하고 있다 (Christian, Picano, Roland, & Williams, 2010).

　　고위험성 임무 요원의 선발을 위한 심리 평가는 보통 2단계로 이루어진다. 1단계는 여러 지원자 중에서 부적격자를 추려내는 'Select Out'이고, 2단계는 그중에서 최고의 적임자를 선정하는 'Select In'이다(Suedfeld & Steel, 2000). 'Select Out' 단계에서의 주된 관심사는 지원자의 심리 및 정서적 안정 상태를 평가하여 정신질환자를 추려내고, 차후 정신 문제를 일으킬 수 있는 위험이 거의 없는 지원자만을 남기는 것이다. 이를 평가하기 위해서는 과거 기록을 조회하고, 심리검사를 실시하며, 인터뷰를 진행한다. 저격수와 같이 특수한 임무를 수행하는 요원을 선발할 때는 성격검사를 통해 정서적으로 매우 불안한 모습을 보이는 지원자를 추려내는 1단계 'Select Out'에만 의존하는 경우도 있다.

　　반면 2단계인 'Select In'은 앞으로 맡을 임무에 가장 적합한 지원자를 찾아내는 과정이라고 할 수 있다. 다시 말해, 복합적인 기술을 가지고 심리적으로 필요한 특성을 구비하여 매우 특수한 상황에서 성공적으로 임무를 수행할 수 있는 최적임자를 선발하는 단계다.

고위험성 임무 요원에게 필수적인 심리적 특성

　　이전의 체계적인 직무 분석을 통하여 고위험성 임무 요원이 구비해야 할 이상적인 심리적 특성은 확인되었다. 하지만 우리의 경험에 의하면, 이러한 특성은 좀 더 일반적인 특징이나 기질에 대한 경험적인 평가나 전문가들의 선택으로 나타난다.

　　고위험성 임무 요원이 구비해야 할 심리적 특성에 관한 연구는 많이 이루어지지 않았다. 왜냐하면 대부분의 특수기관은 그들이 적용하고 있는 평가 및 선발절차에 대해 자세히 공개하는 것을 꺼리기 때문이다. 특수임무 요원 선발 프로그램은 대부분 기밀사항으로 분류되어 있고(Flin, 2001), 보안을 이유로 선발 프로그램에 대한 자료를 공개하는 것을 금지하고 있는 경우가 많다. 또한 기밀사항으로 분류되지 않은 평가 및 선발 프로그램을 담당하는 심리학자들도 다양한 평가 및 선발 기술과 절차에 대해 보안상의 이유를 들어 공개하는 것을 꺼리고 있다. 관련된 정보를 공개하지 않는 풍조는 조직과 윤리 문제에 기인하는 것으로 보인다. 우선 특수요원의 평가와 선발을 담당하는 심리학자들이 검사 및 평가 방법의 공개를 꺼리는 것은 이에 대한 윤리적, 계약상 근거 및 조직의 이해 관계에 그 이유가 있다 (APA Ethics Code, 9.11, Maintaining Test Integrity; American Psychological Association, 2010). 대부분의 심리학자는 평가 및 선발절차에 막대한 예산을 쏟아 부은 기관에서 컨설팅을 하고 있으며, 자신이 개발한 자료를 가지고 있지는 않다. 지원자들이 평가절차를 통해 얻은 정보는 입에서 입으로 전해져서 다른 연구기관에 입수될 수도 있고, 어떤 경우에는 반복적으로 평가를 받음으로써 특수요원의 평가와 선발에 대한 예측력이 떨어지는 문제가 발생할 수 있다. 또한, 특별한 평가 및 선발 프로그램을 담당하는 심리학자들은 그러한 평가 및 선발절차 업무에만 치중함으로써 평가 도구를 분석하고, 학계에 이와 관련된 자료를 제시할 수 있는 시간이 부족한 것이 현실이다. 이유야 어떻든 현재 고위험성 임무 요원의 심리적 특성에 대한 실증적인 연구 자료는 많지 않다. 현재 참고할 수 있는 관련 연구 자료들은 직무 분석이나 전문가의 설문조사와 같은 연역적인 연구 결과를 제시하고 있지 않다. 심리학자들은 여러 특수부대에서 근무하는 특수임무 요원들을 하나의 집단으로 하고, 일반적인 직무를 수행하는 사람들을 또 하나의 집단으로 구분한 후에 두 집단을 상호 비교하여 다양한 인성 및 심리적 특징을 분석하고 일종의 심리적 '프로파일'을 정립하는 데 노력을 기울이고 있다.

제2차 세계대전 기간 중에 미군의 전략사무국(Office of Strategic Service: OSS, 현재 중앙정보국(CIA)의 전신은 특수요원들에 대한 평가 및 선발 프로그램을 시행하였는데, 이것이 바로 고위험성 임무 요원에 대한 심리적 특성을 공식적으로 연구한 최초의 사례다(Fiske et al., 1948/ 1997). 심리학자들은 전략사무국이 창설되기 이전, 제1·2차 세계대전 기간 동안 특히 군의 항공 임무와 관련된 특수요원의 선발을 담당하였지만, 그러한 선발 프로그램은 대부분 지능 및 기타 정신 운동과 관련된 수준을 평가하는 정도에 머물러 있었다(Resnick, 1997; Anastasi, 1988; Vane & Motta, 1984; Yoakum & Yerkes, 1920).

전략사무국의 이러한 시도는 고위험성 임무 수행 요원이 성공적으로 직무를 수행하는 데 필요한 자질을 평가하기 위하여 미국에서 처음으로 이루어지는 일관성 있고 구조적인 방법이었다. 이와 같은 전략사무국의 야심찬 프로젝트는 제2차 세계대전이 종료되는 시기에 시작되었으며, 적진 깊숙한 곳에서 이루어지는 은밀한 군사 작전의 성공을 위해 특수 작전 임무 지원자가 갖추어야 할 인성적 측면을 규명하기 위한 각종 절차와 방법을 반영하였다. 전략사무국은 지능검사와 같이 기존에 활용하고 있던 선발 도구들은 특수작전 임무 수행을 위한 평가 도구로 적절하지 않다고 판단하였기 때문에 특수한 분석 방법을 고안하였다(Handler, 2001; OSS Assessment Staff, 1948). 전략사무국에서 활약한 평가자들은 하버드 대학교 심리치료소장으로 근무하였던 Henry Murray 교수를 비롯하여 미국에서 가장 저명한 심리학자들과 정신의학자로 구성되었다. 그 당시에는 이름이 알려지지 않았던 사람들도 차후에는 저명한 학술적 업적을 남겼다(예를 들어, Donald Adams, Donald Fiske, Urie Bronfenbrenner, Kurt Lewin, O.H. Mowrer, Edward Tolman, Eugenia Hanfmann, Morris Stein 등의 학자가 있다). 전략사무국의 평가 및 선발 프로그램은 능력 있는 연구진들과 함께 비밀임무 수행의 경험이 풍부한 전문 교관들 간의 협력으로 구축되었다. 그럼에도 그들이 구축한 프로그램은 독일과 영국의 선발 프로그램에서 많은 영향을 받은 것으로 보인다(Handler, 2001).

전략사무국의 평가 부서(Fiske et al., 1948/1997; OSS Assessment Staff, 1948)와 Handler(2001)의 연구 활동에서 알 수 있듯이 그 당시에는 여러 이유로 평가에 필요한 특성들을 발견하는 데 어려움이 많았다. 당시에는 직무 분석이 불가능했고, 평가해야 할 직무가 너무나 다양했으며, 어떤 지원자는 평가를 받을 당시에 배속이 예정되어 있던 직무에서 전혀 다른 직무로 이동해 버리는 경우가 허다했기 때문이었다. 따라서 전략사무국의 평가 담당자들은 전략사무국의 해외 파견자들이 일반적으로 수행하는 임무의 성공을 위해 필요한 성격, 자질, 능력을 규정하고, 특수임무를 지원한 사람이 그러한 기준에 부합하는지 여부를 평가할 수 있도록 프로그램을 구성하였다. 이러한 기준은 비밀임무 요원들이 구비해야 할 핵심 자질로 인식되었고 전략사무국 평가체계의 근간이 되었다. 전략사무국에서 규정한 7개의 핵심 역량은 ① 임무에 대한 동기부여, ② 열정과 진취성, ③ 효율적 정보 활용, ④ 정서적 안정성, ⑤ 사회 관계, ⑥ 리더십, ⑦ 보안의식이었다. 또한 전략사무국 내의 하나 또는 두 개의 부서에서 근무를 하기 위해서는 추가적인 핵심 역량이 필요하다고 판단하였다. 이는 기본적으로 구비해야 할 7개의 핵심역량 외에 신체 능력, 관찰 및 보고 능력, 선전 활동 능력 등이었다(Fiske et al., 1948/1997; OSS Assessment Staff, 1948).

Killcullen, Mael, Goodwin과 Zazanis(1999)가 주도하여 특수부대(Special Forces: SF) 요원들의 효과적인 임무 수행을 위한 개인적 특성에 관해 연구한 바 있다. Killcullen를 중심으로 한 심리학자들은 특수부대 요원에게 요구되는 자질을 분석하기 위하여 Russell, Crafts, Tagliareni, McCloy와 Barkley(1994)가 진행한 특수부대 요원의 직무분석에 대한 연구 결과를 참고하였다. 심리학자들과 해당 분야에 전문성을 가진 선임 특수부대 요원들은 특수부대의 직무 수행에 필요한 서른 가지 특성을 도출하였다. 이러한 필수적이고 핵심적인 자질들을 ① 인지력, ② 의사소통 능력, ③ 대인관계, 동기부여, 성격, ④ 신체 능력이라는 4개의 범주로 분류하였다. 먼저 '인지력'과 관련한 자질에는 판단 및 의사결정 능력, 계획 수립, 적응성, 창의성, 특수인지 능력(청력, 기계구동 능력, 공간지각 능력, 수리 능력, 속도 인지력 및 정확성) 등이 있다. '의사소통 능력'과 관련된 자질은 읽기 및 쓰기 능력, 언어 능력(외국어 습득 속도), 언어 및 비언어적 의사소통 능력 등이 있다. '대인관계, 동기부여, 성격'과 관련된 자질은 외교 능력, 문화 적응력, 정서적 안정성, 자율성, 공동작업 능력, 신뢰성, 진취성, 인내력, 정신적 용기, 동기부여 능력, 관리 능력 등이 있다. 마지막으로 '신체 능력'과 관련된 자질은 수영 능력, 유연성, 조정력, 근력, 지구력이 있다.

Killcullen 등(1999)의 학자들은 특수부대 요원들의 성공적인 임무 수행에 필요한 자질을 평가하기 위해 합리적인 도구로 여겨지는 생체 자료 척도(bio-data scales)를 사용하였다. 이 조사에서 평가 대상은 매우 동질적인 집단이었음에도 동기부여와 관련된 항목(인지 유연성, 업무 동기, 성과 지향성)에서 많은 차이점을 보인다는 것을 발견하였다.

Hartmann, Sunde, Kristensen과 Martinussen(2003)으로 구성된 연구진은 노르웨이 해군 특수부대 지원자들을 대상으로 성공적으로 훈련을 수료하기 위해 요구되는 인성적 특성을 연구하였다. 연구진들은 직무 분석과 특수부대 전문가가 진술한 특수부대 요원에게 요구되는 개인적 특성 자료에 기초하여 역량을 측정하고 가설을 검증하였다. 우리가 관심을 갖는 부분은 해당 연구진이 발견한 특수부대 요원에게 필요한 자질이며, 이와 관련된 내용을 소개하면 다음과 같다.

이상적인 해군 특수부대 지원자에게서는 출중한 재능, 평균 이상의 감정 조절 능력, 뛰어난 현실 분별력 및 스트레스 관리 능력이 발견되었다. 그들은 원기왕성하며, 이론적인 지식과 실무적인 기술을 습득하는 능력이 뛰어났고, 사람들과 원만하게 지내며, 스트레스 관리 능력 및 모호한 개념에 대한 이해력이 돋보였다. 또한 그들은 정서적으로 안정되어 있었으며, 제반 근거에 입각하여 이성적으로 판단할 수 있는 능력을 구비하였고, 목표 지향적이었으며, 일관성 있는 인지 능력을 보였다(Hartmann et al., 2003, p. 88).

미 공군의 특수임무 평가 및 선발 프로그램의 연장선에서 Patterson, Brockway와 Greene(2004)은 고위험성 항공임무를 성공적으로 수행하기 위해 구비해야 할 필수 자질에 대해 연구하였다. 연구진들은 이전에 지휘관으로 재임했던 숙련된 공군 특수임무 요원들의 특성을 분석하여, 성공적인 임무 수행에 필요한 열한 가지의 필수 자질을 분석하였다. 이러한 필수 자질은 ① 정서적 안정 및 스트레스 저항력, ② 효과적인 정보 활용 능력과 문제해결 능력, ③ 동기부여와 헌신적인 태도, ④ 진실성 있는 태도, ⑤ 타인과의 관계 형성 능력 및 타인에 대한 태도, ⑥ 신체 능력, ⑦ 보안 의식, ⑧ 성숙함 및 자기 인식, ⑨ 근면하고 성실한 태도, ⑩ 융통성, ⑪ 가족의 긍정적인 영향이었다. 연구진은 비전형적인 인터뷰를 분석하여 아주 흥미로운 사실을 발견했는데, 심리학자들은 특수임무 요원이 수행할 임무에 대한 적응 능력을 평가할 때, 앞에서 열거한 열한 가지 필수 자질 중 7개 항목에서 필요한 자질을 갖추었다고 판단되는 경우에 높은 점수를 부여하였다. 한편 나머지 4개 항목에 해당되는 ⑤ 타인과의 관계형성 능력 및 태도, ⑥ 신체 능력, ⑨ 근면 성실한 태도, ⑩ 융통성은 오랜 기간 동안 관찰하고 평가해야만 타당성이 확보된다는 이유로 임무 적응 능력과 큰 관계가 없는 것으로 판단하였다.

Christian 등(2010)으로 구성된 연구진은 특수한 임무를 수행하는 지상전투요원에 대한 평가 및 선발에 관한 자료를 기초로 연구를 진행하였다. 그들은 인터뷰, **집중관찰집단**(Focus Group) 구성, Q 분류,

현역에 대한 설문조사, 직무수행의 성공 및 실패에 영향을 미친 중대한 사건 분석 등을 통해 광범위한 직무 분석을 실시하였으며, 필수적으로 구비해야 할 중요한 자질을 도출하였다. 그들이 밝혀낸 필수적인 특성이나 자질은 앞에서 소개한 Patterson 등(2004)으로 구성된 연구진이 밝혀낸 자질과 매우 유사하다. 그것은 바로 ① 적응력, ② 스트레스 저항력, ③ 신체 능력, ④ 팀워크, ⑤ 진실성 있는 태도, ⑥ 진취성, ⑦ 효과적인 정보활용 능력, ⑧ 결단력, ⑨ 신뢰성, ⑩ 대인관계 능력이다.

역자 Tip

　집중관찰집단(Focus Group)이란 실태를 파악하기 위해 각 계층을 대표하도록 뽑은 소수의 사람들로 구성된 그룹을 말한다.

　Q 기법 혹은 Q 방법은 Stephenson이 고안한 인성 측정 방법이며, 여러 가지 다원적 판단, 기호, 인상 등을 측정하고 기록하는 심리 측정 및 통계적 절차를 통틀어 지칭하는 말이다. 이 중 특히 다원적 자료를 분류하는 것에 강조점을 두고 말할 때 그것을 Q 분류(Q sort 혹은 Q sorting)라고 한다. Q 기법은 등위법의 변형이라고 할 수 있다.

　우주 비행사들은 고위험성 임무 요원 중에서도 아주 흥미로운 집단으로 군인, 민간인 그리고 준군사시설에서 근무하고 있는 조종사 및 비조종사들로 구성되어 있다. 우주 비행사는 조종사와 임무와 관련된 전문가라는 두 가지 유형으로 구분할 수 있다. 이들은 임무 수행을 위한 특별한 기술을 갖추어야 하며, 이들에게 임무를 부여하는 기관은 NASA(미국항공우주국, National Aeronautics and Space Administration)다. 우주 비행 지원자들은 당연히 특별한 배경과 기술을 갖춰야 하며, 그들이 수행할 임무는 매우 다양하고, 다면적인 행동을 요한다(Fogg & Rose, 1995). 그러므로 우주 비행 지원자들이 임무에 적응하기 위해서는 그들이 향후 근무할 부서나 수행할 임무와는 별개로 이미 규명된 일반적인 핵심 자질을 모두 갖추어야 한다.

　Santy 등(1991)으로 구성된 연구진은 머큐리 계획(Project Mercury; 미국항공우주국의 1인승 우주선 비행 계획으로 1962년 2월 20일에 John H. Glenn, Jr. 중령에 의해 최초의 궤도 비행이 실시되었다)에서부터 우주 왕복선 프로젝트에 이르기까지 우주 비행사 선발에 대한 선례를 분석하였다. 그들의 연구 결과에 따르면, 성공적인 우주 비행사는 지능, 운항 능력, 독립심, 적응성, 융통성, 동기부여, 정서적 안정, 비충동적 특성을 갖추어야 한다. Galarza와 Holland(1999)는 단기 및 장기 우주 비행 임무를 성공적으로 수행하기 위해 필요한 열 가지 자질을 다음과 같이 정리하였다. ① 가족 관련 문제(장기간 가족과 떨어져 있는 상황에 대처하는 능력), ② 상당한 스트레스가 가중되는 상황에서의 임무 수행 능력, ③ 집단생활 능력(다문화 적응성, 유머), ④ 팀워크 능력, ⑤ 자기조절 능력(정서적 안정성), ⑥ 동기 부여, ⑦ 판단 및 의사결정 능력, ⑧ 성실성(목표 수행, 질서 준수, 진실성), ⑨ 의사소통 능력(대인관계, 발표 능력, 외교 능력), ⑩ 리더십(결단성, 융통성, 타인에게 동기 부여할 수 있는 능력).

　한편 비군사적인 영역에서의 고위험성 임무를 수행하는 요원은 비밀리에 활동하는 군 법무장교다. 군 법무장교는 전략사무국의 외국 첩보요원과 비슷한 임무를 수행한다. 그들은 본인의 신분과 임무 수행 동기를 은폐하는 능력을 갖춰야 한다(Girodo, 1997). 그들의 신분이나 동기가 노출되면 곧바로 임무는 실패 위기를 맞게 되고, 첩보요원 본인도 죽음의 위기를 맞이할 수 있기 때문이다. Girodo(1997)는 첩보 임무를 수행하는 군 법무장교의 성공적인 임무 수행을 위해 필요한 자질을 분석하였다. 그는 다섯 가지 범주의 자질을 발견했으며, 그의 저서 247면에는 다음과 같이 언급하고 있다. '(내가 발견한 사실은) 대략 60년 전 전략사무국의 심리학자들이 밝힌 비밀요원에게 요구되는 자질과 크게 다르지 않다는 점에 놀라움을 금치 못하였다.' Girodo가 제시한 필수 자질은 다음과 같다. 첫째는 긴장감, 대담함, 투지, 상상력이고 둘째는 위장 능력과 스파이 활동에 필요한 지식, 셋째는 대인관계 및 팀워크 형성 능력, 넷째는 규정 준수와 자기 훈련을 게을리 하지 않는 것, 다섯째는 스트레스 저항력, 건강한 정신, 인내력이다.

고위험성 임무 요원을 위한 핵심 자질 분석

　테러단체가 미 본토를 직접 공격한 2001년 9·11 테러의 여파로 제3장을 저술한 James J. Piccano와 Robert R. Roland는 테러와의 전쟁(Global War on Terror: GWOT)을 위해 미 국방성에서 근무자들에게 요구하는 새로운 자질과 관련된 특별한 평가 및 선발 프로그램을 개발하기 위해 자문위원으로 임명된 적이 있었다. 당시 저자들은 높은 보안의식, 신뢰성, 다발적이고 장기적인 가족과의 이별, 극도로 위험한 환경에서 중요하고 민감한 임무를 수행할 수 있는 능력이 요구되는 직책에 대한 컨설팅 업무를 진행하였다.

　특수요원이 구비해야 할 핵심 자질을 규명하기 위해 각종 문헌을 참조하였고, 특수한 선발 프로그램을 진행한 경험을 토대로 80개 이상의 필요한 자질을 선별하여 9명의 관련 전문가에게 평가를 의뢰하였다. 우리가 평가를 의뢰한 9명의 전문가는 고위험성 임무를 수행한 경험이 풍부하였으며, 대부분 선발절차를 담당하였던 경험과 특수임무 요원의 훈련 교관 경험을 가지고 있었다. 그들은 우리 연구진이 의뢰한 자질에 대해 5점의 등간격 척도를 활용하여(임무의 성공을 위해 절대적으로 필요한 자질에 대해서는 5점을 부여하고, 임무 성공에 관련이 없는 자질에 대해서는 1점을 부여), 고위험성 군사 작전의 성공적인 수행을 위한 핵심 자질을 평가하였다. 여기서 9명 중 5명 이상이 5점을 부여하거나, 4점 이상의 평균 점수를 획득한 경우 고위험성 임무 요원이 구비해야 할 핵심 자질로 선정하였다. 이를 통해 40개 이상의 핵심 자질을 도출하였으며, 20개의 서로 다른 면을 포함하는 항목을 묶어 7개의 개념화된 범주로 분류하였다. 이는 이전의 타 연구진이 밝힌 핵심 자질과 다소 중첩되는 부분이 있으며, 분석 결과는 〈표 3-1〉과 같다.

제2차 세계대전부터 현재에 이르기까지 오랜 기간 동안 모든 문화적 배경을 망라한 결과, 고위험성 임무 요원이 성공적인 임무 수행을 위해 갖춰야 할 필수 자질은 크게 네 가지 영역으로 집중되는 점을 발견할 수 있었다. 그것은 바로 스트레스 회복력, 적응력, 협동력, 체력 및 지구력이었다.

고위험성 작전의 성공에 결정적인 역할을 하는 첫 번째 필수 자질은 '심리적 견고성' 혹은 '스트레스 감수 능력'이라 할 수 있다. 지금까지 검토한 모든 인터뷰 내용과 문헌을 살펴보면, 특히 정서적 안정성, 압박을 받는 상황에서의 평정심 유지, 스트레스에 노출된 상황에서 효과적인 임무 수행 능력, 감정 조절 능력을 강조하고 있다. 두 번째 필수 자질은 변화하는 요구와 환경에 적응하는 능력인 '적응력'이다. 세 번째 필수 자질은 '협동력'인데, 이는 팀워크 형성 능력이나 효과적인 집단 상호작용 능력이라는 용어를 사용하기도 한다. 협동력은 임무에 성공하기 위해 타인과 협력하고, 개인의 이익을 포기하고 이를 감수할 수 있는 자질이다. 네 번째 필수 자질은 '체력 및 지구력'이다. 고위험 임무들은 매우 특수하고 혹독한 환경에서 육체적 한계를 시험받기 때문에 고위험 임무 요원은 반드시 체력과 지구력을 겸비해야 한다.

이와 같은 네 가지 자질 이외에 세 가지 자질을 추가하였는데, 이러한 자질은 한 연구를 제외한 모든 연구에서 공통적으로 발견되었다. 그것은 바로 판단력, 동기부여 능력, 진취성이다. 의사결정 과정에서 올바른 판단과 추론을 할 수 있는 능력은 우리 연구진이 검토한 연구 대상에서 각기 다른 용어로 표현되어 있었지만, 분명한 것은 고위험성 임무를 효과적으로 수행하기 위해 반드시 필요한 자질이라는 점이다. 또한 대부분의 연구 자료에서 발견된 사항은 고위험성 임무 요원은 높은 동기부여 능력을 갖추어야 한나는 점이나. 이는 주어진 임무를 수행하고 싶은 욕구, 임무와 조직에의 헌신 혹은 애국심으로 정의할 수 있다. 특히 진실성, 정신적 용기, 신뢰성으로 설명할 수 있는 성격 내지 성실성에 관한 자질은 현재 미국에서 시행하고 있는 선발 프로그램에서 일관되게 특수임무 요원이 구비해야 할 자질로 평가되고 있다(Barrick & Mount, 1991).

우리 연구진이 분석한 자료 중 두 개의 문헌에 나타난 필수 자질 요소는 판단력과 타인에 대한 동기부여 능력을 포함하는 '안정적인 가정'과 '통솔력'이었다(Galarza & Holland, 1999; Kilcullen et al., 1999). 물론 이러한 자질은 해당 연구에 국한된 개념으로 생각할 수도 있겠지만 고위험성 임무 요원을 선발하는 업무를 담당하는 심리학자들은 임무 성공을 위한 중요한 요소로 꼽고 있다. 특히 반복적이고 장기

〈표 3-1〉 고위험 작전요원의 성공적인 임무 수행에 필요한 핵심 자질 정리

구 분	상위 개념	자 질	제2차 세계대전 비밀요원[1]	미 육군 특수 부대원[2]	미 공군 특수임무 요원[3]	노르웨이 해군 특수 부대원[4]	나사 우주 비행사[5]	비밀 임무 법무 장교[6]	고위험 군사 작전 요원[7]
보안	작전 보안	•작전 보안성 유지 •다른 사람의 관심을 끌지 않는 능력	×		×				
정보처리	관찰 및 보고	•중요 정보 보고의 정확성 및 간결성 •강요에 의해 중요 정보를 누설하지 않는 능력 •어려운 상황에서 중요 정보만을 추출하는 능력 •새로운 정보 획득의 신속성 •눈에 보이지 않는 본질을 파악하는 능력	×			×			×
효과적인 정보 활용 및 추론	계획성	•목적 달성을 위해 필요한 행동과 자원을 계획하고 조직하는 능력 •부여 임무의 우선순위를 신속히 결정하는 능력	×	×					×
	적응성	•요구사항의 변화에 지체 없이 반응하여 상황에 맞게 계획을 수정하는 능력	×	×	×	×	×	×	×
	문제해결 능력	•현재 가용할 수 있는 자원을 독창적으로 활용하여 문제를 해결하는 능력 •창조적인 사고력	×		×		×	×	
	판단력	•위험 판단, 결과 예측, 문제해결 및 파급 효과 예측 •행위의 경중을 파악하는 능력 •인내심을 갖고 올바른 판단을 할 수 있는 능력	×	×		×	×		
	결단력	•압박감을 느끼는 상황에서 기한 내에 임무를 완수하기 위해 실시간으로 의사결정을 할 수 있는 능력 •행동의 헌신성	×				×		
	의사소통 능력	•효과적으로 경청하는 능력 •타인과 효과적으로 소통할 수 있는 능력	×				×		×
정서적 안정성	평정심	•침착성을 유지하고 스트레스가 심한 환경에서 신속하게 생각하고 행동하는 능력 •고도로 압박을 받는 상황에서 평온함을 유지할 수 있는 능력 •공포, 고립감, 피로, 감금되어 있는 상황과 같이 스트레스가 심한 환경에서 차분하고 침착하게 감정을 조절할 수 있는 능력			×	×	×		

			1	2	3	4	5	6	7
	스트레스 회복 탄력성	• 감정적인 회복 탄력성 구비 • 어렵고 절망적인 상황을 감당할 수 있는 능력 • 스트레스가 심한 환경에서도 응급 상황에 효과적으로 대처할 수 있는 능력	×	×	×	×	×	×	×
	자신감	• 본인의 능력에 대한 자신감 구비				×			
진취성, 동기부여, 끈기	진취성	• 목표 달성을 위한 확실한 동기부여 • 진취성을 보이는 모습	×	×	×		×	×	×
	동기부여	• 스스로 동기부여할 수 있는 능력 • 혼자서도 편안하게 임무를 수행할 수 있는 능력 • 어려운 상황에서 오히려 동기부여를 받는 기질	×	×	×		×		×
	끈기	• 지루하고 산만하고 어려운 환경에서도 끝까지 임무를 완수할 수 있는 능력 • 어려운 여건에서도 장기간 높은 강도의 업무를 수행할 수 있는 능력		×	×		×		×
성격	자기 훈련	• 본인에게 엄격하고 자기통제 능력을 유지			×	×	×	×	
	신뢰성	• 임무를 끝까지 완수하는 모습 • 신뢰감이 드는 행동		×	×		×		×
	진실성	• 실수를 정직하게 인정하는 모습 • 본인의 행동에 책임을 지는 모습		×	×		×		×
	정신적 용기	• 어렵지만 정도를 지키는 행동		×	×				
	협력심	• 개인의 목표보다 단체의 목표를 우선시하는 모습 • 공을 세우면 서로 나누고 문제가 생기면 책임을 인정하는 모습	×	×	×	×	×	×	×
신체 능력	체력/지구력	• 항상 최상의 신체 상태를 유지하는 능력	추가자질 통솔력 선전 활동 능력	추가자질 독창성 청각·공간지각·기계조작·수리능력	추가자질 안정적인 가정 성숙성 자기인식 문화 적응력 외교능력 동기부여 능력 관리능력 수영		추가자질 통솔력 안정적인 가정 팀워크 형성능력	추가자질 긴장감 대담함 규정 준수	

[1]Fiske et al.(1948/1997); [2]Kilcullen et al.(1999); [3]Patterson et al.(2004); [4]Hartmann et al.(2003); [5]Galarza and Holland(1999); [6]Girodo(1997); [7]Christian et al.(2010).

간 파견 근무를 해야 하는 고위험성 직책을 수행하는 요원에게 '안정적인 가정'은 임무 준비 상태와 효과적인 임무 수행에 직접적으로 영향을 미치는 요인이다. 가족지원 프로그램 역시 고위험성 임무 수행기관이 관심을 갖고 시행해야 할 중요한 과제라고 할 수 있다. 한편 통솔력과 관련해서는 고위험성 임무 요원이 갖추어야 할 자질로 스트레스 저항력, 의사결정 능력, 통솔력을 주장한 Flin(2001)의 저서를 참고하도록 한다(Flin, 2001, p. 254).

고위험성 임무 요원의 성격 특성

고위험성 임무 요원의 성격 특성에 관한 실증적인 연구를 보면, 핵심 자질을 식별하기 위해 추가적인 방법론을 제시하고 있다. 그중에서 '5요인 모형(Five Factor Model: FFM, 또는 'Big Five'로도 알려져 있음)'은 특히 성공적인 임무 수행을 위한 성격 특성의 구조화 도구로 활용되고 있다(Barrick & Mount, 1991, 1993). 이렇게 다소 미흡하지만 광범위한 접근법은 서로 다른 이론적 접근과 평가, 문화 및 언어에 활용할 수 있다. 5요인 모형의 주요 요인은 다음과 같다. 첫째는 스트레스 인내성, 심리적 회복 탄력성, 부정적 감정을 떨쳐낼 수 있는 능력을 포괄하는 개념인 '정서적 안정성', 둘째는 사교성, 포부, 자신감, 긍정적 사고, 흥미로운 사실 탐구 등으로 구성되어 있는 '외향성', 셋째는 창의성, 독창성, 포용성, 감수성 등을 포괄하는 '열린 사고', 넷째는 협동, 신뢰, 약속 이행, 붙임성과 같은 '대인관계 능력' 내지 '유쾌함', 다섯째는 신뢰성, 성과 추구, 체계성, 계획성 등과 관련 있는 '성실성'이다.

Hogan과 Lesser(1996)는 위험 임무 지원자가 갖추어야 할 성격상의 특징을 구조화하는 도구로 5요인 모형을 활용하였다. 그들은 '정서적 안정성' '성실성' '열린 사고'를 위험임무의 주요한 성공 요인으로 꼽았다.

이전의 수많은 연구 내용을 살펴보면, 고위험성 임무 요원이 가지는 성격 특성을 파악하기 위해 표준이 되는 표본을 설정하고, 다른 많은 고위험성 임무집단과 상호 비교하여 그들이 지니는 동질적인 성격 특성을 밝히는 데 집중하고 있다. 가장 우수한 연구 문헌에서는 군 조종사를 비교 대상으로 포함하였다.

NEO 성격검사(Costa & McCrae, 1992)는 대표적인 5요인 모형 검사 도구다. Callister, King, Retzlaff와 Marsh(1999)의 연구 결과를 보면, 미 공군 조종훈련생의 경우 표준집단보다 높은 '외향성'을 보였으며, 표준집단보다 낮은 '대인관계 능력'을 보이는 것으로 나타났다. 미 공군 조종훈련생은 표준집단보다 높은 성과 지향, 충실함, 능숙함과 같은 주요 '성실성' 관련 점수를 획득하였다. Bartram(1995)의 연구 결과를 보면, 영국 조종훈련생의 경우 5요인 모형에서 '정서적 안정성'과 '외향성' 측면에서 표준집

역자 Tip

NEO 성격검사의 원문은 NEO Personality Inventory이다. 이는 NEO-PI-R이라고도 표기하며, 엄밀히 말해서는 개정된 NEO 성격검사, 즉 Revised NEO-PI-R을 일컫는다. NEO는 Neuroticism-Extroversion-Openness의 약자로써 신경과민-외향성-개방적 사고를 뜻한다. 초기에는 전술한 NEO, 즉 5요인 모형 중 세 가지 요인에 대해서만 분석했으나 본문에 나와 있는 Revised NEO-PI-R은 이른바 Big Five라고 불리는 다섯 가지 성격요인 전부에 대해 분석을 실시한다.

단보다 높은 점수를 획득한 것으로 나타났다.

일반 장병집단을 대조하여 분석한 결과, 성격 측정 도구 및 측정 시기와 상관없이 군 조종사들은 남녀를 불문하고 일관된 특성을 보이는 것으로 나타났다. 그 일관된 특성이라 함은 바로 성과 지향적이고, 사교적이며, 적극적이라는 점, 경쟁을 좋아하고 자존심이 있으며, 내성적이지 않다는 점, 감수성이 풍부하고 자기를 내세우지 않는다는 점이다(Ashman & Telfer, 1983; Callister et al., 1999, Fine & Hartmann, 1968; Picano, 1991; Retzlaff & Gibertini, 1987).

다음으로, 폭발물처리요원들의 성격 특성을 연구한 사례들을 검토해 보자. 초창기 연구에서는 16개 성격요인 분석(16PF)(Cattell, 1964; Russell & Karol, 1994)을 활용하여 성공적으로 폭발물처리 임무 수행에 필요한 성격 특성을 분석하였다. 분석 결과 경험이 풍부한 폭발물처리요원들은 경험이 적은 요원들에 비해 높은 수준의 감정조절 능력을 갖추었고, 낮은 수준의 소속감을 보이는 것으로 나타났으며, 매우 독창적인 성격을 보여 전형적인 사고방식에 얽매이지 않는다는 특성을 보였다(Cooper, 1982). Hogan과 Hogan(1989)은 미 해군 수중폭발물처리요원을 대상으로 호건성격검사(Hogan Personality Inventory: HPI)를 실시하여, 성공적인 요원들은 일반적인 비교집단에 비해 자신감이 넘치고, 적응력이 높았으며, 유쾌하고, 모험심이 가득한 특성을 보인다는 결론을 도출하였다.

Van Wijk와 Waters(2001)는 16개 성격요인 분석을 활용하여 남아프리카 해군 기뢰제거요원들의 성격 특성을 연구하였다. 연구 결과 기뢰제거요원들은 모험심이 가득하고, 적극적이었으며, 자신감이 가득하고, 정서적으로 안정되어 있었으며, 강인한 정신력으로 무장되어 있었다. Cooper(1982)는 기뢰제거요원들은 서로 간에 사회적 거리를 허용하지 않고, 매우 친근한 유대 관계를 형성하고 있다는 점을 발견하였다. Van Wijk와 Waters(2001)는 그들이 친밀하게 지내는 이유로 팀워크가 중시되는 임무 환경을 지목하였으며, 이는 일반 장병들과는 다른 특성이라고 할 수 있다.

이러한 연구 결과를 종합해 보면 폭발물 제거 임무를 수행하는 요원은 대체로 정서적 안정성, 창의적 사고, 자신감, 모험심과 같은 특성을 갖추고 있는 것을 알 수 있다. 사교성 측면은 연구 표본별로 각기 다르게 나타났다.

McDonald, Norton과 Hodgdon(1990)으로 구성된 연구진은 미 해군 특수부대 지원자들을 대상으로 연구를 진행하였다. 그들은 훈련 통과자와 낙오자를 대상으로 호건성격검사를 활용하여 4개의 성격 영역을 검사하였다(4개 HPI 영역은 5요인 모형의 모든 영역을 포함함). 검사 결과 훈련 통과자들은 낙오자들에 비해서 보다 사교적이었고(즉, '외향성' 측면 점수가 높았음), 정서적으로 안정되어 있었으며 유쾌한 성격을 보였다.

Hartmann 등(2003)으로 구성된 연구진은 노르웨이 해군 특수부대의 훈련 수료생과 낙오자들을 상호 비교하여, 5요인 성격 분석 모형의 '정서적 안정성'과 '외향성'에 대한 회귀분석을 실시하였다. 조사 결과 '외향성'과 훈련 수료 여부는 음의 상관관계가 있는 것으로 나타나는 의외의 결과를 보였으며, 이는 McDonald 등(1990)의 연구진이 발표한 내용과도 상치되는 결과였다.

물론 어느 정도의 차이점은 존재하지만 대체로 고위험성 임무 요원의 성격 특성은 일반적인 경향을 나타내는 것으로 보인다. 일반 장병 집단과 비교했을 때, 고위험성 임무 요원들은 일관적으로 높은 '정서적 안정성'과 '성실성'을 보이는 것으로 나타났다. '외향성'과 '대인관계 능력' 영역은 연구 대상 집단에 따라 서로 상이한 결과를 나타냈다. 일반적으로 고위험성 임무 요원은 비교 대상인 표준집단에 비해 '외향성' 측면 중 대담함, 자신감, 모험추구심이 대체로 높은 것으로 나타났다. '외향성' 측면 중 사교성 부분은 편차가 상당히 컸다. 고위험성 임무 요원은 대체로 관습적인 사고방식에 얽매이지 않는 특성을 보임에도 '열린 사고(openness to experience)' 영역에서 두드러진 모습을 보이지 않았다. 한편 Darr(2011)는 개인의 특성과 업무 성과에 관련된 이제까지의 연구에 실증적인 근거 자료를 발표하였다. Darr는 20개의 독립된 군 장병집단을 대상으로, 5요인 모형에 근거한 자기진술검사(Self Description Inventory: SDI)를 실시하고 이를 메타분석하였다. 그 결과 5요인 모형 중 '신경증적 성질 (정서적 안정성)'과 '성실성' 등 두 가지 특성은 군 장병집단의 성공적인 임무 수행을 예측하는 데 일관성을 보이는 것으로 나타났다. 한편, 두 가지 특성은 민간인도 동일한 결과를 보이는 것으로 나타났다.

5요인 모형을 통해 고위험성 임무 요원의 일반적인 유사성과 차이점을 효과적으로 분석할 수 있다. 그와 더불어 고위험성 임무 요원들의 핵심적인 성격 특성을 파악하기 위해 연구 대상을 확대하고, 두 집단을 대상으로 NEO 성격검사를 실시하였다. 첫 번째 표본은 미 공군 조종훈련생(Callister et al., 1999)이었고, 두 번째 표본은 특수임무 및 고도의 스트레스로 인해 복무 적응성(suitability) 심사가 진행 중인 특수임무 요원(평균 연령: 32세)이었다(Picano, Roland, Rollins, & Williams, 2006). 그들은 모두 매우 엄격한 선발절차를 통과하였고 의학적 · 신체적 · 직무 · 정신적 기준에 모두 부합하는 정예요원들이었다. 〈표 3-2〉에서와 같이 고위험성 임무 지원자들은 일반 장병집단과는 다른 성격적 특성을 보이고 있으며, 이를 통해 그들이 갖추어야 할 핵심 자질이나 특성을 살펴볼 수 있다. 이를 구체적으로 살펴보면,

그들은 심리적 회복 탄력성이 높고, 자신감이 있으며, 적극적이고 활동적이다. 또한 그들은 신뢰성이 높고, 책임감이 있으며, 경쟁을 좋아하고, 업무를 배우고 성과를 거두는 것에 집념이 강하며, 강인한 정신력으로 무장되어 있다. 한편 그들은 임무 성공에 대한 강한 집념으로 인해 타인을 냉정하게 대할 수 있고, 필요할 때는 사람을 속일 수도 있는 특성을 보였다. 이러한 특성들은 이전에 실시한 연구 결과와 일반적인 예측과 일치한다. 중요한 것은 연구 대상인 2개 집단은 항목별로 일반집단과 상당히 다른 모습을 보이는데, 이는 그들이 수행하는 업무의 고유한 특성과 관련이 있는 것으로 보인다. 예를 들어, 조종훈련생의 경우 일반 모집단에 비해 좀 더 외향적이고 활동적이며, 내적 정신세계와 전통적인 가치를 보다 잘 수용하는 특성을 나타냈다. 특수 전투임무 요원들은 일반 모집단과 비교했을 때 부정적인 영향을 덜 받고, 감정 기복이 적으며, 체계적이고 규율이 잘 잡혀 있었다. 주의해야 할 점은 이러한 결과는 특수 전투임무 지원자들의 고유한 특성일 뿐이고, 이를 현역들에게까지 똑같이 적용할 수는 없다는 것이다. 연구 표본집단에게 실시한 '자기 진술에 의한 5요인 모형 성격검사'는 조종훈련생(Martinussen, 1996)과 기타 고위험 군사 작전 요원들의 훈련 성공에 대한 강력한 예측 도구로써 기능하지 못했다(Hartmann & Gronnerod, 2009; Hartmann et al., 2003; Piccano et al., 2002).

5요인 모형은 전략사무국 평가요원들이 권고했던 것처럼 어지럽게 흩어진 성격 특성을 구조화하고, 통일된 성격 유형 체계를 구축하여, 보다 포괄적이고 종합적인 검증이 가능하도록 하였다. 그러나 5요인 모형에만 의지하면 다른 잠재적 성격 특성을 무시하게 되어 너무 단순화된 성격 특성을 분석하게 되는 우를 범할 수 있다(Block, 1995). 예를 들어, 심리적 회복 탄력성과 관계가 있는 성격 특성인 '인내력'은 5요인 모형에 의해서는 완전하게 분석할 수 없다(Bartone, Eid, Johnsen, Laberg, & Snook, 2009). 인내력은 미 육군 특수부대요원의 성공적인 임무 수행을 위한 필수 요소다(Bartone, Roland, Picano, & Williams, 2008). 또한 5요인 모형에 완전히 포함되지 않는 또 다른 성격 특성으로 '자기 효능감'을 꼽을 수 있다. 자기 효능감 이론(Bandura, 1997)에 따르면, 변화하는 상황적 요구에 대응하여 본인의 역량에 대해 지속적인 자신감 내지 확신을 갖는 경우 자기 효능감이 높다고 정의한다. 자기 효능감은 성공적으로 훈련을 수료한 미 육군 특수부대 지원자들의 성격 특성으로 나타났다(Gruber, Kilcullen, & Iso-Ahola, 2009).

이른바 투영법에 의한 성격검사 도구들은 전략사무국 선발업무 담당자들이 사용한 이래 오랫동안 선발 업무를 담당하는 심리학자들에게 경시되었던 방법이었으나, 최근 고위험성 임무 요원의 선발을 위한 도구로 다시 부각되고 있다. Hartmann 등(2003)으로 구성된 연구진은 로르샤흐검사를 해군 특수부대 지원자를 대상으로 실시하여, 로르샤흐검사가 성공적인 훈련 수료를 예측하는 도구로 활용될 수 있는지를 분석하였다. 해당 연구진은 심리적 건강, 현실 분간 능력, 비정상 상황의 인식과 관련한 로르샤흐 그림에 특히 주목하였다. 결론적으로, 그들은 로르샤흐검사를 통해 해군 특수부대 훈련의 성공

〈표 3-2〉 고위험 임무요원 2개 표본 집단의 NEO 성격검사 결과와 일반 모집단의 차이점

성격 영역	미 공군 조종훈련생(남자) (n = 1,198)	미 특수부대 요원(남자) (n = 340)
정서적 안정성 (신경증적 성격)	**대조군 평균보다 낮음** • 상처받기 쉬움	**대조군 평균보다 낮음** • 상처받기 쉬움 • 불안감 • 충동성 • 우울감 • 수줍음 • 분노
외향성	**대조군 평균보다 높음** • 흥미 탐구 • 적극성 • 활발함 • 사교성 • 긍정적 사고	**대조군 평균보다 높음** • 흥미 탐구 • 적극성 • 활발함
열린 사고	**대조군 평균보다 높음** • 행동 • 상상 • 느낌 • 생각	**대조군 평균보다 높음** • 행동 **대조군 평균보다 낮음** • 상상 • 느낌 • 미학
대인관계능력	**대조군 평균보다 높음** • 가치관 **대조군 평균보다 낮음** • 타인에 대한 믿음 • 단도직입적인 성향 • 친절함 • 유약한 마음 • 겸손함	**대조군 평균보다 높음** • 타인에 대한 믿음 **대조군 평균보다 낮음** • 단도직입적인 성향 • 친절함 • 유약한 마음
성실성	**대조군 평균보다 높음** • 성과 지향성 • 능숙도 • 책임감	**대조군 평균보다 높음** • 성과지향성 • 능숙도 • 책임감 • 자기 수양 • 신중함

참고: 대조군 평균보다 높다고 함은 대조군 표본의 60번째 백분위수 이상임을 의미하고, 대조군 평균보다 낮다고 함은 대조군 표본의 40번째 백분위수 이하임을 의미한다.

적인 수료 여부를 예측할 수 있다는 점을 밝혀냈다.

Hartmann과 Grønnerød(2009)는 2003년에 행했던 연구의 연장선에서 노르웨이 해군 특수부대 지원자들을 대상으로 스트레스와 관련된 불안증, 자기비판, 쉽게 걱정에 빠지는 성격적 특성과 관련하여 로르샤흐검사를 실시하였다. Hartmann 등(2003)으로 구성된 연구진이 최초로 시행한 연구에서는 특수부대 지원자들이 훈련을 받는 과정, 즉 극심한 스트레스를 받는 상황에서만 로르샤흐검사를 실시하였다. 그 후 2009년에 시행한 연구에서는 그러한 방법을 보다 발전시켜 훈련에 돌입하기 전 평온한 상황에서 첫 번째 로르샤흐검사를 실시하고, 훈련을 받는 도중, 즉 스트레스를 많이 받는 상황에서 두 번째 로르샤흐검사를 실시하였다. 이러한 방법을 통하여 스트레스를 받는 상황에서 로르샤흐 검사의 어떤 항목이 보다 높은 수준에서 훈련수료를 예측하는지를 알아볼 수 있었다.

Hartmann 등(2003)으로 구성된 연구진은 로르샤흐검사를 통해 해군 특수부대 지원자의 성공적인 훈련 수료를 예측할 수 있었다. 그런데 2009년 그들이 실시한 연구 결과에 따르면 2003년에 실시한 첫 번째 연구보다 **효과 크기**가 다소 낮게 나왔다.

> **역자 Tip**
>
> 효과 크기(Effect Size)란 평균치들 간의 차이 크기를 표준편차와의 비율로 나타내는 것을 말한다. 즉, 효과크기는 분석 결과의 강도를 말하고, 효과 크기의 척도로는 일반적으로 집단 간 평균 차이를 표준편차로 나눈 값을 사용한다.

한편 2009년에 추가로 실시한 로르샤흐검사 항목들도 훈련 수료 여부에 대한 예측력이 있는 것으로 나타났다. 그들의 연구 결과에 따르면, 성공적으로 훈련을 이수한 해군 특수부대 지원자들은 낮은 수준의 긴장감 내지 걱정, 보다 정확한 현실지각 능력, 보다 논리적이고 일관성 있는 사고방식, 높은 수준의 사회적응력, 높은 수준의 타인에 대한 인식력과 적절한 대인관계 능력, 높은 수준의 문제해결 능력과 인식 능력을 갖추고 있었다. Hartmann 등(2003)으로 구성된 연구진이 2003년 시행한 최초 연구에서는 5요인 모형이 해군 특수부대 훈련의 성공적인 수료에 대한 예측력이 크지 않았다. 로르샤흐기법을 통한 훈련 실패자 예측력이 96%, 훈련 수료자 예측력은 23%로 나타나 훈련 실패 예측에 보다 높은 정확성을 보였다. 한편 일관된 결과를 보이지 않는 소수의 로르샤흐 분석 항목도 있었다.

Picano 등(2002)으로 구성된 연구진은 문장완성검사(Sentence Completion Test: SCT) 응답 결과를 체계화하여 의도적으로 자신에게 유리한 응답을 하는 이른바 '자기 방어적 응답'을 분석하였다. 그들은 고위험성 임무 선발 과정에 있는 지원자를 대상으로 연구를 진행한 결과 엄격한 선발절차를 통과하지 못한 지원자들은 '자기 방어적 응답'을 합격자보다 많이 한 것으로 드러났다.

　　Picano, Roland, Williams와 Rollins(2006)로 구성된 연구진은 2002년 Picano가 진행한 연구를 좀 더 확대하였다. 그들은 다른 표본집단을 대상으로 문장완성검사를 실시하였으며, 이른바 '자기 방어적 응답'이 높은 지원자는 '자기 방어적 응답'이 적은 집단에 비해 선발 과정을 무사히 수료할 확률이 낮았고, 조기에 훈련을 포기한 경우가 2배가량 높은 것으로 나타났다. 또한 심리학자들이 고위험 임무 적응성 평가와 관련하여 인터뷰를 실시한 결과 자기 방어적 응답이 높은 지원자들은 대조군에 비해 보다 낮은 점수를 획득하였다.

결 론

　　우리는 제3장을 통해 고위험성 임무 요원이 갖추어야 할 핵심적 심리 특성에 관해 살펴보았다. 고위험성 임무 요원의 성격에 관한 연구와 그들이 보이는 특성을 연역적으로 발전시킨 연구 결과를 통해 고위험성 임무 요원들은 일반적으로 다음과 같은 특성을 보인다는 점을 알게 되었다. 첫째로 상당한 수준의 스트레스 저항성, 정서적 안정성, 체력이고 둘째는 높은 수준의 내재적 동기, 진취성, 경쟁에 대한 투지, 셋째는 높은 신뢰성과 진실성, 넷째는 스트레스를 받는 상황에서 올바른 판단 및 추론을 할 수 있는 능력, 다섯째는 강인한 정신력과 독립심, 여섯째는 사교성이 좋고 원만한 대인관계 형성 능력이 그것이다. 고위험성 임무 요원의 평가 및 선발프로그램을 기획할 때 이러한 핵심 특성을 최우선으로 검토해야 하겠지만, 몇몇 특수한 직책에 있어서는 이러한 핵심 특성을 분석하는 것만으로는 다소 부족한 측면이 있다. 그럼에도 이러한 핵심 자질은 고위험성 임무 요원이 구비해야 할 성격 특성을 구조화하는 데 커다란 공헌을 하였다.

　　고위험성 임무 요원의 필수적인 심리 특성을 파악하는 데 필요한 도구는 몇 가지로 압축할 수 있다. 그러한 도구로는 고위험성 임무 요원이 구비해야 할 정서적 안정성을 고려하지 않고 심리검사만으로 채용하는 매우 단순한 도구도 있었으며, 최적의 지원자를 선발하기 위해 구조화된 인터뷰, 심리검사, 개인 및 단체검사 등을 활용한 보다 복잡한 평가 도구도 있었다. 자기보고 및 성격검사 수행 등 심리측정기법을 활용하여 지원자의 인식력과 성격을 검사하기도 했다.

　　각각의 검사 프로그램과는 별도로 특수임무요원의 선발절차에 대해 고려해야 할 사항이 있다. 이는 60년 전 전략사무국 선발담당요원에 의해 확인된 바 있는데(OSS Assessment Staff, 1948), 특수임무요원의 선발절차에서는 다음과 같은 평가기법을 활용해야 한다. 그것은 바로 인터뷰와 함께 다양한 테스트를 실시하고, 실제와 똑같은 모의 임무를 부여하여 작전 수행 성공과 성공적인 지원자 평가를 위해 필요한 필수 자질을 도출하며, 지원자의 성격을 종합하여 정형화해야 한다는 것이다(Fiske et al., 1948/1997; Christian et al., 2010). 그러나 Handler(2001)는 이러한 권고사항이 자기보고 성격검사가 나타난 이후 오랫동안 경시되었다는 사실을 지적하였다. 추가로, Campbell과 Fiske(1959)는 모든 평가 및 선발 절차에서 중요하다고 판단되는 성격 특성을 명확하게 구조화하기 위해 노력해야 하고, 각 특성과 임무 간의 상호 연관성에 대해 명확히 이해해야 하며, 다양한 검사법을 활용하여 성공적인 임무 수행의 가능 여부를 평가하고 예측해야 한다고 주장하였다.

이러한 맥락에서 이른바 개념화된 성격검사법의 대안으로 여겨지는 다양한 성격 특성 유형화 모형을 활용하고, 그와 더불어 다양한 접근법을 시도해 보아야 할 것이다. 하지만 그렇게 도출된 필수적인 성격 특성은 절대적인 것이 아니라 다양한 모형과 방법론적 접근을 통해 성공적으로 임무를 수행한 고위험성 임무 요원에게서 공통적으로 발견된 사항에 불과하다는 사실을 인지해야 한다.

고위험성 임무 요원의 평가와 선발에 대한 향후 과제

공식적인 고위험성 임무 요원의 평가 및 선발 프로그램의 시초는 전략사무국이 창설되었던 시점으로 거슬러 올라간다. 이후 오랜 기간에 걸쳐 상당히 잘 구축되었다. 지난 10년간 테러와의 전쟁에 대비하여 수많은 특수 선발 프로그램이 생겨났고, 그것들을 통해 평가 및 선발 프로그램은 많은 발전을 이룩하였다. 앞으로도 평가 및 선발 프로그램은 계속해서 발전이 있을 것으로 기대하고 있다. 이렇게 평가 및 선발 프로그램이 증가하는 추세는 군 심리학자들에게 매우 좋은 기회가 될 것으로 보인다. 하지만 아직도 개선해야 할 부분이 많이 남아 있다. 예를 들어, 심리학자들은 초창기 평가 및 선발 프로그램에는 참여하지 않았으며, 작전수행이 급박하다는 이유로 직무분석이나 타당성 검증과 같은 준비 작업이 이루어지지 않은 경우가 상당히 많았다(Christian et al., 2010). 한편 지금까지 우리가 분석하고 정형화한 성격 특성은 초기 평가를 진행할 때 사용하면 아주 효과적일 것이라 생각한다. 그러나 우수한 평가 및 선발 프로그램을 구축하는 것에는 지름길이 있을 수 없으므로 차근차근 면밀하게 검토하고 진행해야 할 것이다. 나아가 앞으로는 평가 및 선발 프로그램을 구축하는 초기 단계부터 작전 심리학자들을 투입할 필요가 있을 것이다.

고위험성 임무 요원의 선발에 대한 심리 평가가 상당히 많이 이루어지고 있기 때문에 우리 연구진에게 평가를 의뢰하는 고객들은 관련된 평가에 대한 많은 지식을 갖추고 있다. 때문에 측정 방법의 예측 타당성과 관련된 매우 어려운 방법론에 대해 문의하고, 심리학적 권고사항을 보충할 만한 실증적인 자료를 요구하며, 평가 도구를 활용하여 보다 전략적인 인사 관련 문제의 해결을 요구하고 있다. 우리 연구진은 이러한 경향이 실무 현장에서도 그대로 적용될 것이라고 생각한다. 지난 30년간 메타분석 연구를 통해 성격검사에 대해 방대한 자료를 획득하였고(Barrick & Mount, 1991), 그러한 자료를 실제 특수임무요원을 선발하는 데 많이 사용하고 있다. 그러나 인터뷰, 시뮬레이션 및 실습, 기타 평가기법과 같은 선발절차의 다른 부분을 살펴보면, 특수요원의 선발 프로그램을 위한 실증적인 자료 구축에는 그다지 많은 주의를 기울이지 않고 있는 것으로 보인다. 이에 군 심리학자들은 선발 결정 및 선발 프로그램의 방법론적 타당성을 입증할 만한 자료를 구축하기 위해 체계적으로 자료를 수집하고 분석할 필요가 있다.

참고문헌

American Psychological Association. (2010). *Ethical Principles of psychologists and code of conduct.* Retrieved February 5, 2011, from www.apa.org/ethics/code/index.aspx.

Anastasi, A. (1988). *Psychological testing* (6th ed.). New York: Macmillan.

Ashman, A., & Telfer, R. (1983). Personality profiles of pilots. *Aviation, Space, and Environmental Medicine, 54,* 940-943.

Bandura, A. (1997). *Self-efficacy: The exercise of control.* New York: Freeman.

Barrick, M. R., & Mount, M. K. (1991). The Big Five personality dimensions and job performance: A meta-analysis. *Personnel Psychology, 44,* 1-26.

Barrick, M. R., & Mount, M. K. (1993). Autonomy as a moderator of the the relationship between the Big Five personality dimensions and job performance. *Journal of Applied Psychology, 78,* 111-118.

Bartone, P. T., Eid, J., Johnsen, B. H., Laberg, J. C., & Snook, S. A. (2009). Big Five personality factors, hardiness, and social judgment as predictors of leader performance. *Leadership and Organization Development Journal, 30*(6), 498-521.

Bartone, P. T., Roland, R. R., Picano, J. J., & Williams, T. J. (2008). Psychological hardiness predicts success in U.S. Army Special Forces candidates. *International Journal of Selection and Assessment, 16*(1). 78-81.

Bartram, D. (1995). The predictive validity of the EPI and 16PF for military flying training. *Journal of Occupational and Organizational Psychology, 68,* 219-236.

Block, J. (1995). Going beyond the five factors given: Rejoinder to Costa and McCrae (1995) and Goldberg and Saucier (1995). *Psychological Bulletin, 117*(2), 226-229.

Braun, P., & Wiegand, D. (1991). The assessment of complex skills and of personality characteristics in military services. In R. Gal & D. Mangelsdorff (Eds.), *Handbook of military psychology* (pp. 37-61). New York: Wiley.

Callister, J. D., King, R. E., Retzlaff, P. D., & Marsh. R. W. (1999). Revised NEO Personality Inventory profiles of male and female U.S. Air Force pilots. *Military Medicine, 164,* 885-890.

Campbell, D. T., & Fiske, D. W. (1959). Convergent and discriminant validation by the multitrait-multimethod matrix. *Psychological Bulletin, 56,* 81-105.

Cattell, R. B. (1964). *Handbook of 16 PF.* Savoy, IL: Institute of Personality and Ability Testing.

Christian, J. R., Picano, J. J., Roland, R. R., & Williams, T. J. (2010). Guiding principles for selecting high-risk operational personnel. In P. T. Bartone, B. H. Johnsen, J. Eid, J. M. Violanti, & J. C. Laberg (Eds.), *Enhancing human performance in security operations: International and law enforcement perspectives* (pp. 121-142). Springfield. IL: Charles C Thomas.

Cooper, C. (1982). Personality characteristics of successful bomb disposal experts. *Journal of Occupational Medicine, 24,* 653-655.

Costa, P. T., Jr., & McCrae. R. R. (1992). *Revised NEO Personality Inventory: Professional manual.* Odessa. FL: Psychological Assessment Resources.

Darr, W. (2011). Military personality research: A meta-analysis of the Self Description Inventory. *Military Psychology, 23,* 272-297.

Fine, P. M., & Hartman, B. O. (1968). *Psychiatric strengths and weaknesses of typical Air Force pilots* (SAM-TR-68-121). San Antonio, TX: U.S. Air Force School of Aerospace Medicine, Brooks Air Force Base.

Fiske, D. W., Hanfmann, E., MacKinnon, D. W., Miller, J. G., & Murray H. A. (1997). *Selection of personnel for clandestine operations: Assessment of men.* Laguna Hills, CA: Aegean Park Press. (Original work published 1948)

Flin, R. (2001). Selecting the right stuff: Personality and high-reliability occupations. In R. Hogan & B. R. Roberts (Eds.), *Personality psychology In the workplace* (pp. 253-275). Washington, DC: American Psychological Association.

Fogg, L. F., & Rose, R. M. (1995). Use of personal characteristics in the selection of astronauts. *Aviation, Space, and Environmental Medicine, 66,* 199-205.

Galarza, L., & Holland, A. (1999). *Critical astronaut proficiencies required for long-duration spaceflight* (SAE Technical Paper 1999-01-2097). Washington, DC: Society of Automotive Engineers.

Girodo, M. (1997). Undercover agent assessment centers: Crafting vice and virtue for importers. *Journal of Social Behavior and Personality, 11*(5), 237-260.

Gruber, K. A., Kilcullen, R. N., & Iso-Ahola, S. E. (2009). Effects of psychosocial resources on elite soldiers' completion of a demanding military selection program. *Military Psychology, 21*(4), 427-444.

Handler, L. (2001). Assessment of men: Personality assessment goes to war by the Office of Strategic Service Assessment Staff. *Journal of Personality Assessment, 76*(3), 558-578.

Hartmann, E., & Grøønerød, C. (2009). Rorschach variables and High Five scales as predictors of military training completion: A replication study of the selection of candidates to the naval special forces in Norway. *Journal of Personality Assessment, 91*(3), 254-264.

Hartmann, E., Sunde, T., Kristensen, W., & Martinussen, M. (2003). Psychological measures as predictors of training performance. *Journal of Personality Assessment, 80,* 87-98.

Hilton, T. F., & Dolgin, D. L (1991). Pilot selection in the military of the Free World. In R. Gal & A. David Mangelsdorff (Eds.), *Handbook of military psychology* (pp. 81-101). Oxford, UK; Wiley.

Hogan, J., & Lesser, M. (1996). *Selection of personnel for hazardous performance.* In J. Driskell & E. Salas (Eds.), Stress and human performance (pp. 195-222). Hillsdale, NJ: Erlbaum.

Hogan, R., & Hogan, J. (1989). Noncognitive predictors of performance during explosive ordnance training. *Military Psychology, 1,* 117-133.

Kilcullen, R. N., Mael, F. A., Goodwin, G. F., & Zazanis, M. M. (1999). Predicting U.S. Army Special Forces field performance. *Human Performance in Extreme Environments, 4,* 53-63.

Martinussen, M. (1996). Psychological measures as predictors of pilot performance. *Internal Journal of Aviation Psychology, 6,* 1-20.

McDonald, D. G., Norton, J. P., & Hodgdon, J. A. (1990). *Training Success in U.S. Navy Special Forces. Aviation, Space, and Environmental Medicine, 61,* 548-554.

Mountz, T. (1993). Special warriors special families and special concerns. In F. W. Kaslow (Ed.), *The military family in peace and war* (pp. 121-129). New York: Springer.

OSS Assessment Staff. (1948). *Assessment of men.* New York: Rinehart.

Patterson, J. C., Brockway, J., & Greene, C. (2004). *Evaluation of an Air Force special duty assessment and selection program* (Contract F41624-00-6/1001/0001). San Antonio, TX: Concptual MindWorks.

Picano, J. J. (1991). Personality types among experienced military pilots. *Aviation, Space, and Environmental Medicine, 62,* 517-520.

Picano J. J., Roland, R. R., Rollins, K. D., & Williams, T. J. (2002). Development and validation of a Sentence Completion Test measure of defensive responding in military personnel Assessed for nonroutine missions. *Military Psychology, 14,* 279-298.

Picano, J. J., Roland. R. R., Williams. T. J., & Rollins, K. D. (2006). Sentence Completion Test Verbal defensiveness as a predictor of success in military personnel. *Military Psychology, 18*(3), 207-218.

Resnick, R. J. (1997). A brief history of psychology-expanded. *American Psychologist, 52,* 463-468.

Retzlaff, P. D., & Gibertini, M. (1987). Air Force pilot personality: Hard data on the right stuff. *Multivariate, Behavioral Research, 22,* 383-389.

Russell, M., & Karol, D. (1994). 16PF fifth edition: *Administrator manual* (2nd ed.) Savoy, IL: Institute for Personality and Ability Testing.

Russell, T. L., Crafts, J. L., Tagliareni, F. A., McCloy, R. A., & Barkley, P. (1994). *Job analysis of Special Forces jobs* (ARI Research Note 96-76). Alexandria, VA: U.S. Army Research Institute for the Behavioral and Social Sciences.

Santy, P. A., Holland, A. W., & Faulk, D. M. (1991). Psychiatric diagnoses in 3 group of astronaut applicants. *Aviation, Space, and Environmental Medicine, 62,* 969-973.

Staal, M. A., & Stephenson, J. A. (2006). Operational psychology: An emerging subdiscipline. *Military Psychology,*

18(4), 269-282.

Stolrow, J. P. (1994). The assessment and selection of Special Forces qualification course candidates with the MMPI. *Dissertation Abstracts International, 55*(6), 2413B.

Suedfeld, P., & Steel, G. D. (2000). The environmental psychology of capsule habitats. *Annual Review of Psychology, 51*, 227-253.

Turnbull, G. (1992). A review of pilot selection. *Aviation, Space, and Environmental Medicine, 63*, 825-830.

Van Wijk, C., & Waters, A. H. (2001). Psychological attributes of South African Navy underwater sabotage device disposal operators. *Military Medicine, 166*, 1069-1073.

Vane, J. R., & Motta, R. W. (1984). Group intelligence tests. In G. Goldstein & M. Hersen (Eds.), *Handbook of psychological assessment* (pp. 100-116). New York: Pergamon.

Williams, T. J., Picano, J. J., Roland, R. R., & Banks, L. M. (2006). Introduction to operational psychology. In C. H. Kennedy & E. A. Zillmer (Eds.). *Military psychology: Clinical and operational applications* (pp. 193-214). New York: Guilford Press.

Yoakum, C. S., & Yerkes, R. M. (1920). *Army mental tests.* New York: Henry Ho.

제4장 | MILITARY PSYCHOLOGY
전투 스트레스 평가 및 관리

Bret A. Moore
Shawn T. Mason
Bruce E. Crow

군인에게 스트레스란 매우 친숙한 단어 중 하나다. 군에는 다양한 스트레스가 존재하며 지휘관은 신병이 입대하는 첫날부터 이러한 스트레스를 관리하기 위해 많은 시간을 소비한다. 지휘관은 부대원들이 낮은 스트레스를 받는 상황에서부터 임무나 기타 사유에 의한 과부하로 극단적인 스트레스를 받는 상황에 이르기까지 다양한 상황에 대처하여 균형을 이룰 수 있도록 교육하며, 병사들이 훈련을 받는 기간 중에는 의도적으로 실제 전장 환경과 매우 흡사한 높은 스트레스 상황을 조성하여 그러한 상황 속에서 임무 수행의 달성 여부를 측정하기도 한다(Franken & O'Neil, 1994; Harris, Hancock, & Harris, 2005; Salas, Priest, Wilson, & Burke, 2006; 제12장 참조).

한편 군에서는 때때로 과하다고 느낄 정도로 스트레스를 인식하고 이에 대처할 수 있는 능력을 배양하는 교육을 하며, 스트레스를 이겨내기 위한 실전 훈련의 중요성을 강조한다. 지난 수십 년간 군에서는 급성 스트레스와 장기간 스트레스에 노출되었을 때 발생할 수 있는 영향을 지속적으로 연구했고 이제 지휘관들은 스트레스가 실제 전투임무 수행에 상당한 영향을 미칠 수 있다는 사실을 인식하게 되었다(Jones, 1995a; Sladen, 1943; 제1장 참조). 스트레스는 성공적인 임무 수행을 저해하며 심각한 경우에는 장병 개개인뿐만 아니라 전체 부대원의 임무 수행에 부정적 영향을 주기도 한다. 또한 스트레스는 사기를 저하시키고 잘못된 의사결정을 할 수 있는 환경을 조성하며, 심할 경우 명령 불복종 사례를 발생시키기도 한다. 이와 같이 군 생활에 스트레스는 전반적인 임무 수행에 부정적인 영향을 미치지만, 때때로 긍정적인 역할을 하기도 하는데 이러한 긍정적인 역할은 흔히 간과하고 지나치는 경우가 많다. 스트레스의 긍정적인 측면은 체내에 신경화학물질을 분비하여 집중력을 높이고 어려운 임무 환경에서 적절하고 신속한 신체적 대응을 하게 하며, 신체의 전반적인 반응 감각을 향상시킨다(Contrada & Baum, 2010).

　　제4장에서는 전장에서 겪게 되는 급성 전투 스트레스에 대한 평가와 관리에 대한 중요 논점을 살펴보도록 한다. 이를 위해 먼저 전투 스트레스의 역사에 대해 간략히 알아본 다음 급성 스트레스가 장병에게 미치는 영향을 알아보고, 다음으로 스트레스 평가, 심리 교육, 심리치료, 약물치료 등에 대해 살펴보도록 한다.

전투 스트레스의 역사

　　이 절에서는 전투 스트레스의 역사에 대해 간략히 알아보고 그 용어를 정리한 뒤 여러 세기에 걸쳐 진행된 전투 스트레스에 대한 이해와 시대별 연구 성과를 살펴보도록 한다(Figley & Nash, 2007; Jones, 1995b, 보다 종합적인 역사적 내용은 제1장 참조).

　　고대 시절부터 전쟁으로 인해 야기된 '심리적 외상(Trauma)'의 영향에 대해서는 어느 정도 인식하고 있었다. 18세기 중반까지는 전쟁으로 인한 정신적 외상에 단순히 '향수병'이라는 진단명을 부여하였다. 향수병은 본래 스위스 거주민들이 강제로 군대에 보내짐으로써 나타나고 인지된 현상으로 그 당시에는 '스위스 병'으로 불려졌다. 스위스군의 지휘관은 이러한 향수병이 전투임무 수행에 저해 요소로 작용하는 것으로 인식하였지만, 그 당시로는 이러한 육체적·정신적 증상을 명확히 설명할 수 없었다(Moore & Reger, 2007). Jones(1995a)와 Rosen(1975)의 저서에서 18세기 당시 오스트리아 의사였던 'Leopold Auenbrugger의 해당 증상에 대한 진단서 내용'을 인용하여 기술한 내용을 보면 다음과 같다.

> 아직 성장기에 있는 청소년 남자들은 강제로 군 복무를 하게 되었고 무사히 집으로 돌아가는 것에 대한 희망을 잃어버렸다. 그들은 슬픔에 잠겼고 말수가 적어졌으며, 무기력하고 고독감을 느꼈다. 또한 생각이 많아졌고 한숨을 푹푹 내쉬며 투덜거리기 일쑤였다. 결국 그들은 주의력을 잃어버렸고 그들의 삶을 유지하는 것마저 관심을 두지 않게 되었다(Rosen, 1975, p. 344).

　　1871년 남북전쟁 당시 군의관으로 활동했던 J. M. Da Costa는 '과민 심장(irritable heart)' 증상에 관하여 기록하였다. 과민 심장은 심박수가 빨라지고 메스꺼움을 느끼며 땀을 흘리고 가슴에 통증을 호소하는 등 전형적인 공황장애의 증상을 보이는 경우를 지칭한 것이었다. J. M. Da Costa는 이러한 증상을 보이는 장병을 단순히 전투 지역에서 벗어나 휴식을 취하게 하는 것만으로도 그들은 큰 호전을 보였다고 기록하였다. 이 기록은 전투 스트레스의 성공적인 관리 방법에 대한 최초의 공식 문서였으며, 그 내용은 오늘날에도 활용되고 있는 전투 스트레스에 대한 기본 관리 원칙과도 부합한다.

'전쟁 신경증(Shell Shock)'과 '전쟁 피로증(Battle Fatigue)'은 전투 스트레스를 지칭하는 용어로써 현재에도 널리 사용하고 있다. '전쟁 신경증'과 '전쟁 피로증'은 현재 공식적으로 진단되고 있는 외상 후 스트레스 장애(PTSD; American Psychiatric Association, 2000)가 발현되기 전에 나타나며 1980년도 정신장애의 진단 및 통계편람(DSM-III)에 반영되었다. PTSD는 일반적으로 30일 이상 장기간 증상이 지속되고 스트레스에 대해 공포감, 무기력감, 공황 등의 반응을 보인다(DSM 기준 A에 해당). 심리적 영향을 미치는 사건이 발생한 후 30일 미만의 비교적 짧은 기간 동안 스트레스 반응을 보이는 증상에 대해서는 '급성 스트레스 반응(Acute Stress Reaction: ASR)' 혹은 '급성 스트레스 장애(Acute Stress Disorder: ASD)'라는 용어를 사용하였다. 이 장에서는 일반적으로 사용하는 비임상적 용어인 '전투 스트레스(Combat Stress: CS)'와 '전투 작전 스트레스(Combat and Operational Stress: COS)'에 대해 구체적으로 알아보려고 한다.

이러한 관점에서 제4장에서는 전장에서 발생하는 급성 스트레스 반응과 관련한 정의와 진단명에 대해서는 자세히 살펴보지 않을 것이다. 관련 용어를 하나하나 낱낱이 살펴보는 것은 파병 근무 장병들의 증상을 보다 정확히 평가하고 이에 대한 적절한 치료에 도움을 주려는 이 장의 궁극적인 목적을 흐릴 수 있기 때문이다. 그러므로 급성 스트레스 장애에 관한 실증적 연구와 같이 구체적인 개별 사안을 평가하고 치료 전략을 수립하는 경우를 제외하고는 급성 전투 스트레스에 대한 일반적인 개념만을 살펴보도록 하겠다. 급성 스트레스 반응, 급성 스트레스 장애, 전투 스트레스 반응 등을 아우르는 급성 스트레스 이론에 대해 좀 더 자세히 알아보고 싶다면 Isserlin, Zerach와 Solomon(2008)의 연구 내용을 참고하면 도움이 될 것이다.

급성 전투 스트레스가 장병에게 미치는 영향

급성 전투 스트레스는 전투 현장에서 발생하는 다양한 경험이나 사건에 의해 야기되는 스트레스 반응으로 단기간에 발현하는 것을 특징으로 하며 곧바로 육체적 · 심리적 위험상태를 촉발하고 몇 주간의 잔여 효과를 남긴다. 급성 전투 스트레스는 전투 작전임무 중 급조 폭발물 공격을 받은 경험, 소형화기에 의한 전투 경험, 심각한 부상을 입은 전우의 응급 처치 경험, 전투 중 동료가 사망이나 부상을 입는 장면을 목격한 경우와 같이 심각한 심리적 외상 사건을 경험한 장병에게서 발현된다. 급성 전투 스트레스를 나타내는 보다 보편적인 용어는 '공격·도피 반응(Fight-or-Flight)'인데, '공격·도피 반응'은 자율신경계의 교감부 및 부교감부에 의해 지배되는 것으로 알려져 있다(Robertson, 2004). 급성 전투 스트레스 혹은 공격·도피 반응은 매우 극심한 형태로 나타나며, 발현 기간이 단기간이라는 점과 다양한 자극 요소에 의해 재발될 수 있다는 특징을 가지고 있다(불안증과 공황에 관한 내용은 Barlow, 2004 참조).

급성 전투 스트레스는 장병들에게 매우 다양한 형태로 영향을 미친다(Bonanno, 2005; Kelly & Vogt, 2009). 어떤 장병은 급성 전투 스트레스로 인해 정상적인 기능이 마비될 수도 있는데, 적군과 교전 중인 상황에서 이러한 반응이 나타날 경우 최악의 국면을 맞이할 수 있다. 어떤 장병은 급성 전투 스트레스로 신체 기관이 쇼크를 받아 마치 보이지 않는 힘에 압도당하고 있는 것처럼 무아지경에 빠져 영웅적인 행동을 보이기도 한다. 대부분의 장병은 앞에서 언급한 두 가지 형태의 반응을 보이며, 이러한 스트레스 반응은 며칠 혹은 몇 주간 지속될 수 있다(Grossman & Christensen, 2007). 급성 스트레스 반응은 개인에 따라 정도에 차이가 있지만 일반적으로 범주화해 보면 긍정적이거나 부정적인 증상 혹은 반응을 나타낸다.

교전 중 급성 스트레스 반응에 의한 긍정적 영향

스트레스 반응은 전장에서 신체를 방어하는 데 긍정적인 작용을 하기도 한다. 장병들은 전투로 인해 몇 가지 중요한 생리학적 반응을 보이는데 이는 전장에서 상당히 긍정적으로 작용한다. 지금부터 그러한 주요 스트레스 반응에 대해서 살펴보도록 한다.

카테콜아민 분비 급증

노르에피네프린, 에피네프린, 도파민은 신경계의 대표적인 카테콜아민 물질이다. 이러한 물질이 분비되면 곧바로 맹렬한 근육행동을 할 수 있도록 신체가 반응한다. 카테콜아민 분비가 급증하면 심장박동수가 빨라져 신체 주요 장기에 충분한 혈액이 공급되며, 신체를 방어하거나 위험 지역에서 빨리 벗어날 수 있게 도와준다(Goldstein, Eisenhofer, & McCarty, 1998). 또한 카테콜아민 분비로 근력이 증강되고 흥분 상태에 빠지며 공격성이 강화되는데, 이러한 요소들은 적군과 교전하고 있는 상황에서 매우 필요한 것들이다. 조심해야 할 것은 에피네프린과 노르에피네프린은 급성 스트레스 장애와 PTSD를 재발시킬 수 있는 인자라는 점이다(McNeil & Morgan, 2010). 즉, 카테콜아민 분비 급증은 생명을 보전하기 위한 신체 반응을 야기하는 긍정적인 면이 있는 반면에 정신적 외상을 야기하는 부정적인 면을 동시에 지니고 있다.

에너지 방출

급성 스트레스 반응이 나타나면 신체는 축적해 두었던 포도당과 지방을 방출하여 에너지를 증가시키는 데 활용한다(Scanlon & Sanders, 2006). 이것은 근육 활동을 위한 에너지원이 증가한다는 의미이고, 이를 통해 보다 더 큰 힘과 민첩성을 갖게 된다. 이러한 에너지 방출은 혈류 증가 및 카테콜아민 분비와 더불어 단거리를 전력 질주하기, 벽을 기어오르기, 무거운 짐을 들고 짧은 거리를 운반하는 것 등 전장에서 필요한 기동성을 향상시킨다.

반사속도 증가

급성 스트레스 반응이 나타나면 신체의 반사동작 속도가 증가한다(Goldstein et al., 1998). 반사 속도는 전장에서 자신이나 타인을 보호하는 데 매우 중요한 역할을 하며, 이러한 이유로 군대에서는 같은 동작을 계속해서 반복 숙달하는 훈련을 한다. 사람은 본능적으로 외부로부터 공격을 받으면 자신도 모르게 순간적으로 몸이 굳어 버린다. 따라서 군 훈련소에서는 반복적으로 방어 및 공격 전술을 훈련하도록 하며, 이러한 반복적 훈련을 통해 전투 상황에서 몸이 굳어 버리는 것 같은 신체적 본능을 극복하고 무의식중에 반복 학습된 훈련 내용이 나타날 수 있게 하는 것이다.

기억력과 학습

스트레스 호르몬은 기억 기능에 중요한 역할을 담당하며(Lupien et al., 2002), 급성 스트레스 반응은 연상 학습과 고전적 조건 부여(Classical Conditioning: 무조건 자극과 조건 자극을 결합하여 조건 자극만으로 반응을 유발할 수 있을 때까지 이를 반복적으로 행하는 것)의 자극제가 된다(Joëls, Pug, Wiegert, Oitzl, & Krugers, 2006; Shors, Weiss, & Thompson, 1992). 이러한 이유로 급성 스트레스는 보다 효과적인 의사결정과 기억 형성에 도움이 된다는 주장이 제기되고 있다. 만약 이것이 사실이라면 전투 스트레스는 오히려 장병들에게 이로운 역할을 한다고 볼 수 있을 것이다. 하지만 전투 스트레스가 모든 장병에게 긍정적인 영향을 주는 것은 아니며, 스트레스로 인해 기억력과 학습 능력이 어느 정도 향상된다고 해도 급성 스트레스와 만성 스트레스는 기억 및 학습 과정에서 문제점으로도 작용한다는 사실을 주지해야 한다. 또한 혹독한 환경에서 극심하고 다양한 스트레스에 노출되면 군사 작전 수행과 관련된 인지 능력과 의사결정 능력이 감퇴된다(McNeil & Morgan, 2010, p. 363)는 것이 학계의 일반적인 견해다.

교전 중 급성 스트레스 반응에 의한 부정적 영향

앞서 설명한 바와 같이 스트레스 반응은 전투요원에게 마치 양날의 검과 같다. 스트레스를 받으면 신체에 변화가 오는데 이는 긍정적인 역할도 하지만 동시에 부정적인 결과를 초래하기도 한다.

공 황

전장에서 급성 스트레스로 인한 반응 중 가장 널리 알려진 것이 아마 공황(panic) 내지 몸이 얼어붙는 현상(freezing)일 것이다. 극심한 전투 현장에서 긴장감에 압도당한 병사가 참호 속이나 거의 무너져 가는 건물 안에서 머리를 싸매고 웅크리고 있는 장면을 방송 드라마나 영화를 통해 많이 보았을 것이다. 이러한 공황 현상이 전장에서 나타나기는 하지만 실제로 발생하는 경우는 극히 드물며, 전투 강도에 따라 발생률에 많은 차이를 보인다. 예시 상황을 들어 설명해 보겠다. 해병대 상병이 총상을 입은 상태로 계속해서 교전을 하고 있는 상황에서 후임인 일병이 "총에 맞았습니다."라는 비명과 함께 주저앉으며 사격을 멈추었다. 이미 총상을 입었던 해병대 상병은 일병에게 "여기 총 안 맞은 사람이 어디 있어! 빨리 일어나 다시 사격해!"라고 고함을 치자 교전 중이었던 모든 해병대 일병은 부상 여부와 상관없이 계속해서 교전에 참여해야만 했다. 한편 급성 스트레스로 인한 다른 부정적인 결과는 '신체 기능 정지(Nonfunction)'다. 예를 들어, 차량이 폭발물 공격을 받자 차에 타고 있던 해병대 병사는 선임인 병장이 실제로는 다치지 않았는데 폭발물 공격으로 전사했다고 인식하였다. 이로 인해 이 병사는 '긴장증'에 걸렸으며, 몸을 움직이지 못해 전장 지역으로부터 의무 후송 조치를 받게 되었다. 여기에서 주목해야 할 점은 의무 후송된 해병대 병사가 즉각적이고 적절한 치료를 받자 3시간 만에 심리적 장애가 해결되었고 48시간 뒤에는 전투 임무에 복귀할 수 있었다는 점이다. 이러한 치료와 관련된 내용은 이후에 좀 더 자세히 설명하도록 한다.

시야 협착증 및 청각 마비

사람이 극심한 스트레스를 받으면 두 개의 감각기관이 영향을 받게 되며, 이로 인해 시야 협착증(Tunnel Vision)과 청각 마비(Auditory Exclusion)와 같은 현상을 초래할 수 있다(Bremner, 2005; LeDoux, 1996). 증상의 명칭에서 짐작할 수 있듯이 시야 협착증은 주변을 바라보고 인지하는 시야가 좁아지는 것을 말한다. 이 현상은 머리에서 피가 빠져나가 자신을 방어하는 데 필요한 신체의 다른 기관에 피가 쏠리면서 발생한다. 이와 비슷한 이유로 청각 마비 증상도 일어난다. 청각 마비 증상은 흔히 터널음(Tunnel Hearing) 증상이라고도 하는데, 이는 일시적으로 외부 소음이 차단되는 현상을 말한다. 이론적으로는 시야 협착증과 청각 마비 증상은 위험 상황에서 집중력 향상과 같은 긍정적인 효과를 주기도

하지만 주변 시야(peripheral vision)를 통해 추가적인 위험 요소를 식별하고 전투임무 수행을 위한 명령을 정확히 듣는 것이 전투 상황에서는 매우 중요하기 때문에 이러한 감각 기관의 손상은 치명적인 결과를 초래한다.

급성 전투 스트레스의 평가

전장에 파견된 임상의들은 어려운 여건에서도 환자의 상태를 신속하게 판단하여 임무 배치 여부를 결정해야 한다(Linnerooth, Mrdjenovich, & Moore, 2011). 그들은 환자가 보이는 전형적인 반응을 범주화하고 일관된 평가와 치료 전략을 수립하기 위해 노력하지만, 급변하는 전장 상황과 환자 개개인의 특성 차이 때문에 신속한 판단을 내리기가 쉽지 않다. 이로 인해 일반적으로 실무 현장에서는 실질적인 판단을 하기 위하여 현재 시점에서의 즉각적인 스트레스 반응과 몇 시간 혹은 몇 주 뒤에 나타나는 스트레스 반응으로 나누어 분류하고 있다.

즉각적인 스트레스 반응

주요 스트레스 요인에 대해 즉각적으로 반응을 보이는 현상에 대해 심리적 충격(Psychological Shock), 급성 위기 반응(Acute Crisis Reaction), 주변 외상성 스트레스 반응(Peritraumatic Stress Response)과 같은 여러 가지 용어를 사용하고 있다. 그러나 이러한 용어들은 체계적이지 않고 정황에 맞지 않을 뿐 아니라 전장에서 실제로 관찰된 반응을 적절히 설명하지 못한다. 따라서 여기에서는 '즉각적인 스트레스 반응(Immediate Stress Reaction)'이라는 용어를 사용하여 전투 스트레스 반응을 설명하도록 한다.

'즉각적인 스트레스 반응'이란 전투로 인한 심리적 외상을 원인으로 하는 급성의 심리적·생리적 반응을 개념화하는 데 매우 유용하며, 특히 전투로 인한 심리적 외상자를 분류하는 데 상당한 의미가 있다. 심리적 외상 상황에 처해 있는 사람을 판단할 때는 반드시 '상황 판단력(Orientation)'과 '기능성(functionality)'이라는 두 가지 측면을 염두에 두어 평가를 진행해야 한다. 다시 말해, 현장에서 심리 진단을 할 때에는 반드시 간략하게나마 정신상태를 검사해야 한다는 것이다. 우선 '상황 판단력'을 확인하기 위해 임상의는 "이름이 무엇입니까?" "지금 어디에 있는지 아십니까?" "주민등록번호는 무엇입니까?"와 같은 간단한 질문을 해야 한다. 만약 문제 장병이 소재에 관한 기초적인 인식이 있다고 판단되면 다음으로 보다 복잡한 질문을 던져 보아야 한다. 그러한 질문으로는 "방금 무슨 일을 당했죠?" "이제 앞으로 어떻게 할 것인가요?"와 같은 것이다. 이때 임상의들이 해야 할 중요한 일은 단순히 환자의 반응을 살펴보는 것뿐만 아니라 환자가 무슨 일을 당했는지에 대해 설명하여 현재 상황을 인식할 수 있게 하는 것이다. 임상의는 환자 이외에 다른 장병들의 부상 여부도 알게 되는데, 일반적으로 환자들은 "우리 부대원들은 모두 무사한가요?" "저의 친한 친구는 멀쩡하죠?"와 같은 질문을 한다. 이 단계에서 임상의는 환자에게 정확한 정보를 알려 주는 것이 이후 환자를 관리하는 데 중요하다는 점을 알아야 한다.

다음으로 임상의는 환자의 '기능성' 평가를 하는데, 이것은 문제 장병이 계속해서 임무를 수행할 수 있는지 여부를 판단하는 것이다. 만약 계속적인 임무 수행이 어렵다고 판단되는 경우에는 전장지역으로부터 의무 후송 명령을 내릴지 여부를 결정해야 한다. 문제 장병의 걸음걸이와 수전증 유무를 살피고, 과호흡 증후군을 보이지 않는지를 관찰하며, 기타 행동 상에 이상한 점이 없는지를 관찰해야 한다. 문제 장병의 활동 수준 역시 평가의 대상이다. 문제 장병이 느릿느릿하고 무기력하게 행동하거나, 과도하게 흥분하거나 충동적인 모습을 보이면 문제 장병 본인뿐 아니라 주변에 있는 장병 모두를 위험에 빠트릴 수 있다. 그렇기 때문에 문제 장병이 과다각성(Hyperarousal), 언어 촉박(Pressured Speech; 양극장애의 일종으로 떠벌림 증상), 기타 생명에 위협을 줄 수 있는 반응을 보이는지 관찰하는 것을 일반적인 절차로 만들어 모든 임상의가 반드시 시행할 수 있도록 해야 한다. 문제 장병이 이러한 모습을 보인다고 해서 즉시 의무 후송을 하는 경우는 드물다. 일반적으로 과다 각성 증상을 보이는 장병은 가장 힘들었던 순간을 포함하여 본인이 겪은 상황을 계속적으로 반복해서 말하게 된다. 이는 즉각적인 스트레스 반응과 차후에 보이는 스트레스 반응 단계 모두에서 발현될 수 있으며, 이러한 증상을 보이는 장병에 대해서는 상당한 주의를 기울여 관리해야 한다.

마지막으로, 문제 장병에 대해 정신심리검사를 반드시 실시해야 한다. 우선 문제 장병이 스스로 안전하게 임무를 계속 수행할 수 있다고 생각하는지 여부를 알아보아야 한다. 그리고 문제 장병에 대해 "부상자를 후송할 때 외각 경계 요원이 필요한가?"와 같은 질문을 던져 논리적인 판단이 가능한지 확인하여야 하며 공포심을 극복했는지에 대해서도 살펴보아야 한다.

이러한 일련의 절차를 수행하는 궁극적인 목표는 문제 장병과 문제 장병이 소속된 부대원의 안전을 확보하는 것에 있음을 명심해야 한다. 즉각적인 스트레스 반응을 다루는 단계에서는 **감별진단**

역자 Tip

감별진단이란 증세의 특징에서 어떤 병명을 생각할 수 있을 때, 그것과 유사한 특징을 가진 다른 질병을 모두 들어서 그들 상호 간의 이동(異同)을 비교·검토하여 처음에 생각한 병명과 틀림이 없는가 여부를 알기 위한 진단법을 말한다.

(Differential Diagnoses), 사건 처리, 장병의 삶의 질 개선과 같은 문제를 다루는 것은 적절치 않은 것으로 보인다.

차후에 보이는 스트레스 반응

차후에 보이는 스트레스 반응은 격렬한 전투를 치르고 난 후 몇 시간에서 몇 주 후에 나타나는 전투 스트레스를 일컫는 말로써, 문제 장병이 전투에 계속적으로 참여할 경우에는 전투 도중에도 발현될 수 있다. 차후에 보이는 이러한 스트레스 반응을 평가할 때에는 감별진단, 본인 또는 타인이 맞이할 수 있는 위험, 임무 대기 상태, 후속 평가의 필요성 등을 인식하는 것이 중요하다. 이 단계는 작전 지역의 상급제대 의료센터에 해당 장병이 도착하거나 문제 장병이 전투 현장에서 벗어난 때부터 시작된다.

감별진단

문제 장병이 어느 정도 안정되었다고 판단되면, 그다음으로는 문제 장병이 보이는 증상이 일반적이고 예측되는 수준에 머물러 있는지, 아니면 전투로 인해 우울장애나 PTSD와 같은 만성 정신장애에까지 이를 수 있는 잠재적인 위험성을 보이는지를 살펴보아야 한다. 또한 급성 정신병, 급성 스트레스 장애, 폭발 충격(Blast Concussion)과 같은 신체적 외상의 영향이 있는지도 판단해야 한다. 많은 사람이 전투 스트레스와 급성 스트레스 장애를 동일한 것으로 생각하지만, 이들 간에는 분명한 차이점이 존재한다. 급성 스트레스 장애는 진단이 가능한 임상적 장애로서 심각한 정신적 외상으로 작용할 수 있는 스트레스 요인에 노출된 후 한 달 이내에 극심한 불안이나 의식 분열 등의 증상을 보이는 것을 말한다. 급성 스트레스 장애 환자는 보통 정서 반응이 저하되고 무관심해지며, 피로도가 증가하고 기타 정서적 · 인지적 · 육체적 장애 증상을 보인다. 전투 스트레스, 전투 작전 스트레스, 급성 스트레스 장애 및 PTSD는 상호 유사한 증상이 상당히 있지만(Isserlin et al., 2008), 그중 급성 스트레스 장애는 의식 분열 증상을 보이며, 장애가 발현되는 시기 및 기간 등 시간의 흐름에 따라 뚜렷한 특징을 나타낸다. 급성 스트레스 장애에 대한 진단 기준은 정신장애의 진단 및 통계편람(DSM)에 수록되어 있다(American Psychiatric Association, 2000).

주의해야 할 점은 기존에 PTSD를 겪었거나 폭발 충격을 받은 장병의 비율이 상대적으로 높은 만큼이나(Tanielian & Jaycox, 2008) 다양한 장애 유형에서 나타나는 증상들이 서로 유사한 점이 많아(Kennedy et al., 2007; Vasterling, Verfaellie, & Sullivan, 2009) 정확한 진단을 내리기가 어렵다는 점이다. 그러므로 문제 장병의 이전 의료 기록과 함께 현재 보이는 증상을 면밀히 관찰하는 것이 매우 중요하다(폭발 충격에 대해 보다 자세히 살펴보려면 제8장 참조).

전투 지역에서 임무를 수행하는 장병은 정신질환 그리고 일반적인 신체적 질환과 더불어 다양한 환경적·생리적 스트레스 요인에 노출되어 있다(U.S. Department of the Army, 1994; 〈표 4-1〉 참조).

만약 문제 장병이 보이는 증상에 대해 뚜렷한 원인을 판명하지 못하거나 혹은 폭발 충격이라든지 탈수증과 같은 심리적 요인 이외의 원인으로 현재 증상을 보인다고 판단되면, 일반적으로 즉각적인 스트레스 반응이든 차후에 나타나는 스트레스 반응이든 전투 스트레스나 전투 작전 스트레스의 범주 안에 있는 것으로 간주한다. 이것이 의미하는 바는 적의 행동에 의한 것이든 혹은 다른 요인에 의한 것이든 간에 전투 임무 중에 발생한 스트레스는 처음부터 질병으로 고려하지는 않는다는 것이다.

전투 스트레스와 전투 작전 스트레스는 비정상적인 사건에 대한 일반적인 반응으로 생각되어 왔다. 장병들이 보이는 스트레스 반응은 매우 다양하며 크게 다음과 같은 4개의 영역으로 분류할 수 있다 (Moore & Reger, 2007). 첫째는 육체적 반응: 피로/탈진, 무감각, 얼얼함, 메스꺼움/구토, 불면증, 정신운동 교란, 둘째는 인지적 반응: 집중력 저하, 기억 상실, 악몽, 회상, 자아감 상실, 셋째는 정서적 반응:

〈표 4-1〉 전투 지역에서의 신체적·정신적 스트레스 요인

육체적 스트레스 요인	정신적 스트레스 요인
환경적 요소	**인지적 요소**
더위, 추위, 습한 환경	너무 많은 정보나 너무 적은 정보
진동, 소음, 폭발	감각 과부하 및 감각 상실증
저산소증, 매연, 독극물, 화학물질	모호성, 불확실성, 외로움
지향성 에너지 무기(레이저 무기)	시간적 압박 및 대기 상태 지속
전리 방사선	예측 불가능성
전염병	교전 규칙 준수와 어려운 판단
피부자극제 및 부식제	조직 생활의 어려움
육체노동	어려운 선택의 기로에 서 있는 경우
밝은 빛, 어둠, 연무, 연막	기능장애로 인한 괴로움
험악한 지형	
생리적 요소	**감정적 요소**
수면 부족	공포와 불안을 조성하는 상황
탈수증	슬픔을 초래하는 상실감
영양실조, 위생불량	억울함, 분노
근력 및 심폐 지구력 피로도	지루함
면역체계 손상	동기 갈등 상황
근육 및 신체 기관의 과/저사용	신념의 상실에 의한 감정적 대립
질병 및 부상	대인관계로 인한 감정

* 참고문헌: U.S. Department of the Army(1994).

공포, 무기력감, 기분 불안정, 분노, 넷째는 행동적 반응: 불법행위, 부주의, 충동성이 그것이다.

　어떤 장병이 문제가 될 수 있는 증상을 보일 때에는 그러한 증상을 치료하는 시기가 매우 중요하다. 현재 및 차후에 나타나는 증상들을 적절한 시기에 잘 치료할 경우 증상이 완화되어 기본 임무에 복귀할 수 있다. 그러나 어떤 경우에는 호전 증상을 보이지 않아 보다 집중적인 치료를 요할 수도 있고, 전투 지역에서 의무 후송을 해야 할 수도 있다. 이때 주의해야 할 점은 의무 후송을 하기 전에 문제 장병이 안정을 취할 수 있도록 충분한 시간을 주고 여러 차례 충분히 평가해야 한다는 것이다. 심리적 외상으로 인해 작전 지역으로부터 불필요한 의무 후송을 하는 경우 해당 장병의 사기 및 자신감뿐 아니라 전반적인 심리건강에 지속적으로 악영향을 미칠 수 있기 때문이다(Jones, 1995a).

　전투 스트레스 및 전투 작전 스트레스 치료 방법은 이른바 BICEPS 원칙을 준수하도록 하고 있다. BICEPS란 간결성(Brevity), 신속성(Immediacy), 집중성(Centrality), 확실성(Expectancy), 근접성(Proximity), 목표성(Simplicity)을 의미한다. 우선 '간결성'의 원칙이란 목표를 명확히 설정하여 단시간에 치료행위를 끝마치는 것을 말한다. '신속성'의 원칙은 조기에 치료행위를 실시해야 하는 것을 말하며, '집중성'의 원칙은 문제 장병이 동료와 상관과 지속적으로 의사소통할 수 있게 하여 지속적으로 임무에 집중하도록 하는 것을 말한다. 그리고 '확실성'의 원칙은 순간적으로 나타나는 증상에 대해서도 의료 관계자는 명확하게 인식하고 있어야 한다는 원칙을 말하며, '근접성'의 원칙은 문제 장병을 치료할 때 소속 부대원들과 가까이 있도록 하는 것을 말한다. 마지막으로 '목표성'의 원칙은 치료를 성공적으로 마친 후 무사히 문제 장병을 자대로 복귀시킨다거나 혹은 치료행위 중 약물 사용을 최소화하는 것과 같은 실질적인 목표를 수립하고 이를 실천하는 것을 말한다. 요약하자면, BICEPS 원칙은 현재 문제 장병이 보이는 증상을 파악하고 이를 치료함으로써 문제 장병이 환자로 계속 남아 있지 않도록 하며, 장병의 회복, 인식의 전환, 능력의 복원 등을 위한 방법을 연구하여 치료 목표를 달성하는 것이다(U.S. Department of the Army, 2009).

위험 평가

　군과 민간 영역을 불문하고 모든 정신건강 전문가는 자살과 살인 발생 위험성을 평가하고 관리하는 것에 대한 핵심 역량을 갖추고 있어야 한다(Moore, Hopewell, & Grossman, 2009; Rudd, Cukrowicz, & Bryan, 2008). 이러한 위험 요소를 평가하고 관리할 수 있는 핵심 역량은 전장에서 더욱 빛을 발할 것이다.

　문제 장병은 스트레스 반응을 보이고 난 뒤 며칠 내지 몇 주 동안 극도의 흥분상태에 휩싸이고 정신적 혼란에 빠질 수 있다. 그러므로 전장의 임상의들은 문제 장병의 정신질환 전력, 대인관계 수준, 범죄행위나 죄책감, 지휘관이나 동료와의 관계, 기타 자살에 이를 수 있는 잠재적인 위험 요소에 대해 반드시 숙지하고 있어야 한다. 만약 문제 장병이 자살 위험성이 있다고 판단되면 즉각적이고 신속한 결단을 내려야 한다(American Psychiatric Association, 2003; Rudd, 2009).

문제 장병의 자살 위험성을 평가함과 동시에 타인을 해칠 위험성이 있는지에 대해서도 평가해야 한다. 극심한 전투 행위에 노출되고 나면 파병이 끝나고 본국으로 귀향한 후에도 신체에 대한 공격성이 증가하며(Kilgore et al., 2008), PTSD와 더불어 적개심과 분노가 증가한다는 사실(Elbogen et al, 2010)은 잘 알려져 있지만, 극심한 스트레스에 노출되고 며칠이 지나지 않은 시기에도 공격성과 적개심이 증가할 수 있다는 사실은 그리 널리 알려져 있지 않다. 지금까지의 경험에 의하면 장병이 공격을 당하거나 동료가 공격당하는 것을 목격한 경우 무고한 현지인에게 위해를 가한 사례는 흔히 찾아볼 수 있다. 이러한 문제 때문에 반드시 예방조치를 강구하여 시행해야 한다. 예를 들어, 몇몇 전투 지원병원에서는 응급실이나 병동에 현지인과 상해를 입은 군인을 격리하고 있지 않는 경우가 있다. 이러한 경우에 상해를 입은 장병은 본인이나 동료를 병원에 실려 오게 한 사람들과 똑같은 행색을 하고 있는 현지인들에게 둘러 싸여 있는 형국이 되기 때문에 여러 문제가 발생할 수 있다. 이와 같은 군인의 폭력행위에 대한 평가와 관리에 대해 좀 더 자세히 알고 싶다면 Moore 등(2009)을 중심으로 구성된 연구진이 발표한 문헌을 참고하기 바란다.

임무 복귀

전장 지역에 근무하는 임상의들의 임무는 궁극적으로 문제 장병이 계속해서 복무하는 것이 적합한지 혹은 부적합한지 여부를 판단하는 것이라고 해도 과언이 아닐 것이다(Linnerooth, Mrdjenovich, & Moore, 2011). 이를 위해 임상의들은 다음과 같은 가치판단을 내려야 한다. "임무 수행 중 동료의 사망으로 비통함에 잠겨 있는 선임 부사관이 과연 전장으로 다시 돌아갈 수 있을까?" "지금 막 전입한 중·소위가 적군의 매복 공격에서 가까스로 살아남은 이후 계속해서 부하 장병들을 통솔해야 한다는 두려움을 떨쳐낼 수 있을까?" "가장 친한 동료가 심하게 다쳐 필요한 조치를 다 했지만 결국 사망하였을 경우에 이를 경험한 위생병이 전장에서 계속 의료 지원을 할 수 있을까?" 불행하게도 이러한 경우 어떤 의사결정을 할 것인지에 대한 명확한 지침은 현재 수립되어 있지 않다. 그러므로 임상의들은 임상 훈련, 본인의 경험, 문제 장병의 군사 특기와 전반적인 임무 내용에만 의존하여 적절한 판단을 이끌어 내야 한다.

후속조치

스트레스 반응을 보이는 문제 장병은 사고를 당하고 난 후 특별히 몇 주 동안 가까이에서 면밀하게 관찰을 해야 한다. 몇몇 증상의 징후는 조금 늦게 나타날 수 있으며, 다른 몇몇 증상들은 처음에는 경미하게 나타나지만 시간이 지날수록 점점 악화될 수 있다. 임상의들은 정신 상태 검사 결과를 제외하고는 유용한 자료를 활용할 수 없지만, 증상이 발생할 당시의 환자에 대한 공식적인 자료를 만들어 두면, 문제 환자가 차후에 외상에 의한 장애 현상이나 **대상부전**(Decompensation)이 재발할 때 매우 유용하게 활용할 수 있다. 또한 현재 대부분의 임상의들이 전투 지역에서 '작전 지역 자료관리 체계(Theater Data Management System)'에 접속할 수 있고 이전의 임상 기록도 열람할 수 있다는 것을 기억해야 한다.

> **역자 Tip**
>
> 심장은 일상생활에 필요한 힘 이외에도 상당한 여력(餘力)을 가지고 있다. 따라서 심장에 부담이 가해졌을 경우 그 여력으로 대응할 수 있다. 대상부전(Decompensation)이란 심장에 가해지는 부담이 과중하고 장기간에 걸쳐 가해질 경우 또는 심장 혈관계에 병변이 있을 때, 심장이 그 부담을 견디지 못하고 신체에서 수요하는 만큼의 혈액을 공급할 능력을 상실한 상태를 말한다.

전장에서의 전투 스트레스 관리

이미 언급한 바와 같이 즉각적인 스트레스 반응을 처리하는 것의 주된 목적은 문제 장병의 안전을 확보하는 것에 있다. 지금부터는 문제 장병이 스트레스 반응을 보인 후 몇 시간에서 몇 주 동안 받아야 할 권장 치료 방법에 관해 알아보겠다.

심리교육

군에서는 장병의 정신질환을 예방하고 치료하기 위해 오랜 기간 동안 심리교육을 실시하였으며 많은 성과를 거두었다. 모든 군은 파병 전이나 파병 중 그리고 파병이 된 이후에 장병들이 간편하게 소지할 수 있는 소책자를 배부하거나 슬라이드 자료를 활용한 교육, 공식적 및 비공식적 브리핑, 리더십 교육, 교육 동영상 등의 다양한 방법으로 심리교육을 실시하고 있다. 그리고 전투 스트레스와 전투 작전 스트레스를 해소하기 위해 초기에 실시하는 비의료적 치료행위(U.S Department of the Army, 1994)로는 주로 전쟁에 임하는 자세(Battlemind) 훈련 프로그램(WRAIR Land Combat Study Team, 2006), 작전 스트레스 관리 및 임무 준비 프로그램(Hoyt, 2006), 영국의 정신적 외상 위험 관리 프로그램(Royal Air Force, 2009), 재난 대처 교육(제7장 참조) 그리고 심리적 경험 보고(Psychological Debriefing: PD) 등을 들 수 있다

(Rose, Bisson, Churchill, & Wessely, 2002).

Wessely 등(2008)으로 구성된 연구진은 심리교육의 근간을 이루는 다섯 가지 주요 가정을 만들었다. 첫째, 장병들에게 향후 겪을 수도 있는 심리적 외상에 의한 주요 증상에 대해 미리 교육을 하면 나중에 그러한 증상이 좀 더 완화된 형태로 발현될 수 있다는 것이고 둘째, 심리적 외상 사건 이후 본인이 겪을 수 있는 증상은 정상적인 것이며, 많은 다른 사람도 이와 비슷한 어려움을 겪었다는 점에 안도하여 보다 덜 괴로워할 수 있다는 것이다. 즉, 본인에게 발생하는 증상은 비정상적인 사건에 대한 지극히 정상적인 반응이라는 점을 인지하여 심리적 안도감을 얻게 된다는 것이다. 셋째, 심리교육을 통해 향후 문제 발생 시 지원받을 수 있는 방법을 알게 되어 보다 쉽게 도움을 요청할 수 있으며, 넷째로 심리교육은 장병에 대해 올바른 인식을 심어 주어 부정적인 결과를 초래할 수 있는 잘못된 생각을 하지 않도록 하고, 마지막으로 심리교육은 자기효능감을 증진시키고 자기치유력을 갖게 해 주며 심리적 회복탄력성을 향상시킬 수 있다.

전장에서 극심한 스트레스 요인으로 스트레스 반응을 보이는 장병에 대해 심리교육을 실시하면 안정감과 평온감이 증진되며, 집단교육의 경우에는 결집력을 향상시키고 희망을 불어넣어 준다. 이러한 원칙들은 Hobfoll 등(2007)이 참여한 연구진이 정리한 것으로, 재난 대응의 초기 단계에서 매우 중요한 기능을 한다. 심리교육은 개인 단위로도 시행할 수 있고 집단에게도 쉽게 적용할 수 있다. 그러나 집단교육에서는 심리적 경험 보고와는 다른 방식으로 이루어져야 한다는 점에 주의해야 한다. 또한 임상의들은 심리적 외상을 입은 장병을 대상으로 초기치료를 할 때 융통성을 잘 발휘해야 하며 권위적인 태도는 지양해야 한다(Litz, 2008). 요컨대 심리적 학습 능력 평가는 급성 스트레스로 인한 초기 영향을 최소화하기 위하여 스트레스에 대한 전형적인 반응, 자연스러운 회복 과정 및 지원 가능한 자원 등에 대해 집중하여 진행해야 한다.

예를 들어, 로켓 파편에 부상을 입은 해병대 병사가 군 병원으로 후송된 경우를 생각해 보자. 임상의가 병사를 진찰하는 동안 그는 언어 촉박(Pressured Speech) 증세를 보였다. 병실에 배치된 후 그는 문이나 서랍이 닫힐 때마다 극도로 놀라는 모습을 보였고, 영화를 돌려보듯 계속해서 전장에서의 상황이 생생하게 느껴진다고 하였으며, 같은 병실에 있는 부상당한 현지인에게 공개적인 적대감을 표출하였다. 문제의 해병대 병사가 보이는 이러한 반응은 지극히 정상적이며, 일반적으로 나타나는 것이기 때문에 주로 심리교육에 초점을 맞춰 간단한 치료를 실시하였다. 심리교육을 받은 해병대 병사는 정상적인 반응을 보였고, 문이 닫힐 때마다 극도로 놀라는 이유에 대해 인지하였으며, 임무에 복귀하기 전까지 이러한 증상이 지속될 수 있다는 사실 또한 알게 되었다. 전투 현장을 다시 체험하는 증상에 대처하는 교육을 받은 이후에는 잠을 잘 수 있었고, 같은 병실에 있는 현지인은 테러리스트가 아니고 오히려 테러리스트의 공격을 받아 입원해 있다는 사실을 알게 되었다. 심리교육은 심리학자와 정신의학

전문의가 동시에 실시했으며, 그들은 해병대 병사의 지휘관과 동료들이 병실에 방문할 수 있게 하였고 위성전화를 통해 집에 전화도 할 수 있게 해 주었다.

인지요법

정신적 외상 환자를 대상으로 실시하는 인지요법(Cognitive Therapy: CT)의 주요 전략은 환자가 문제 상황을 인식하게 하고 비판적인 사고력을 배양시키며, 본인과 타인의 외상 사건에 대한 의미와 영향에 대한 인식을 전환시키는 것이다(Litz & Bryant, 2009).

불행하게도 스트레스 반응을 보이고 나서 며칠 내지 몇 주의 짧은 기간 동안 인지 요법을 활용하여 환자가 호전을 보였다는 명확한 증거는 부족한 실정이다. 특히 전투요원에 대해서는 그러한 근거 자료가 아예 없다고 해도 무방할 것이다. 그러나 용어 그 자체가 말해 주듯이 인지요법은 외상 사건이 발생한 후 몇 달 내에 발현되는 스트레스 증상을 경감하는 데 매우 효과적이다(Ehlers et al., 2003; Echeburúa, de Corral, Sarasua, & Zubizarreta, 1996).

Freeman과 Moore(2009)는 현역 복무 장병에 대한 인지행동치료(Cognitive Behavioral Therapy: CBT)의 적용 방법에 대해 연구하였다. 인지행동치료는 적극적이고 직접적이며, 목표 지향적이고 제한된 시간 내에 이루어지는 구조화된 치료 방법으로써, 이러한 특성들은 모두 군 문화에 매우 적합한 것들이다. 더욱이 인지치료는 도입부, 중반부, 결론부로 구성하여 1회 치료를 시도할 수 있으며, 전술한 인지행동치료의 주요 치료 원칙에 따라 급성 전투 스트레스 증상을 초기에(사건 발생 후 며칠 내지 몇 주 내) 완

〈표 4-2〉 급성 스트레스 반응을 보이는 장병에 대한 인지요법 사례

근거로 활용할 수 있는 질문 부여	"만약 당신이 보다 빨리 움직였으면 동료가 죽지 않았을 거라고 확신할 수 있습니까?"
재귀인	"그것은 당신의 잘못이 아니에요. 전쟁에서 끔찍한 일은 일어나게 마련입니다."
대안 모색	"동료의 죽음에 대해 생각하는 것 말고 지금 당신이 할 수 있는 일에는 어떤 것들이 있죠?"
최악의 상황 모면	"지금 당신이 느끼는 감정을 타인과 얘기했을 때 벌어질 수 있는 최악의 상황은 무엇인가요?"
역경을 강점으로 전환	"이러한 경험이 당신을 보다 강하게 만들어 줄 것이라고 생각하나요?"
단도직입적인 논쟁	"저는 당신이 지금 이렇게 무기력한 모습을 보이고 지금 처해 있는 상황을 제어하지 못하는 것이 말도 안 되는 일이라고 생각해요. 당신은 전에도 이와 같은 어려운 난관을 극복한 강인한 사람이란 말입니다."

화시킬 수 있다. 임상의들은 문제 장병에 대해 자세한 정보가 주어져 있지 않은 경우가 대부분이므로 진료를 통해 얻은 정보를 최대한 활용해야 한다. 임상의들은 대부분 문제 장병들과 시간적·물리적으로 제한돼서 접촉하므로 환자의 임상적인 전후관계에 대한 자료를 최대한으로 활용해야 한다. 대부분의 초기치료는 1회(one-shot)만 이루어진다는 점을 감안했을 때, 1회의 치료로 문제 장병이 본인이 겪은 사건을 이해하게 하고, 부정적인 결과로 나아갈 수 있는 환자의 잘못된 인식을 직접적으로 치료할 수 있다는 점에서 상당히 유용한 치료법으로 보인다. 〈표 4-2〉는 인지요법의 예를 제시한 것이다.

> **역자 Tip**
>
> 귀인(Attribution)이란 어떤 행동을 보고 나서 많은 가능한 행위 원인 가운데 어느 원인을 그 행동에 귀속시켜야 할지를 추론하고 결정하는 과정을 말한다. 이는 인간이 자기, 타인 또는 주위 환경을 지각하는 기본 과정의 하나로서, 관찰된 결과나 책임에 대한 원인론적 이해에 이르는 과정이다. 예를 들어, 골프장에서 누가 홀인원을 하는 것을 보았다고 하자. 이럴 때 동반자는 홀인원이 그 사람의 노력의 결과라고 생각할 수 있고, 운이 좋아서 혹은 자신이 재수가 없어서라고 각각 다르게 생각할 수 있다. 즉, 어떤 행동의 원인이나 결과를 특정한 것으로 귀속시키는 것을 귀인이라고 한다.

지속노출치료

'지속노출치료(Prolonged Exposure Therapy: PET)'는 인지행동치료에 기초를 둔 치료 방법으로써 군임상의와 연구 단체에게 큰 관심을 모으고 있다. 지속노출치료는 첫째로 상상 노출법, 둘째는 실제 노출법, 셋째는 심리적 외상으로 인한 일반적인 반응에 대한 심리교육, 넷째는 호흡 재교육으로 구성되어 있다(Peterson, Foa, & Riggs, 2011). 지속노출치료는 일반적으로 각각 90분씩 총 10회에서 12회 이루어진다. 그러나 실제 치료 횟수는 상황에 따라 융통성 있게 운영할 수 있다. 치료는 1주일에 1번 내지 2번 정도만 이루어지기 때문에 전투 지역에 있는 장병들에게 상당한 편리하다.

인지요법 및 심리교육과 마찬가지로 급성 스트레스 반응 초기 단계에서 시행한 지속노출치료의 사례는 찾아보기가 힘든 실정이다. 지금까지 살펴본 바에 따르면 전투 관련 외상 후 증상에 관해 단 3개의 사례 연구 문헌을 찾아볼 수 있었다. 그중 2개는(Nacasch et al., 2007, 2011) 전투로 인해 PTSD를 보이는 퇴역 군인을 대상으로 연구한 것이었고, 나머지 하나는 이라크에 파병된 현역 군인 중 급성 스트레스 장애 증상을 보이는 장병을 대상으로 진행한 연구다(Cigrang, Peterson, & Shobitz, 2005). 이 3개의 연구 문헌에는 지속노출치료를 통해 환자들은 상당한 호전을 보였다고 기록되어 있다.

Cigrang 등(2005)으로 구성된 연구진이 실시한 사례 분석 결과에 의하면, 실시 횟수를 총 4회로 변경하여 구성한 이른바 개선된 형태의 지속노출치료가 보다 집중적이고 효과성이 높은 것으로 나타났다. 군인 3명을 대상으로 연구가 진행되었으며, 그들은 지속노출치료를 실시함에 앞서 다른 치료를 받았음에도 전투 지역에서 후방으로 의무 후송 명령을 받을 위기에 처해 있었다. 그들에게 지속노출치료를 실시한 결과, 다시 자대로 복귀하여 본연의 임무를 수행할 수 있게 되었다.

이른바 개선된 형태의 지속노출치료는 전술한 것과 비슷한 맥락에서 PTSD 증상을 보이는 군 장병에 대한 성공적인 치료 방법으로 활용할 수 있을 것으로 보인다. 이 치료법은 심리적 외상 사건을 겪은 후 며칠 내로 실시하는 것이 가장 좋지만, 몇 주 이내에만 시행하면 효과를 거둘 수 있을 것으로 보인다. 그러나 현실적으로 지속노출치료의 유용성을 입증할 만한 객관적인 자료가 부족하므로 이를 적용하는 데 상당한 주의가 요구된다. 또한 문제 장병이 충분히 준비가 되지 않은 상태에서 외상 사건을 거론하는 것은 반드시 피해야 하며, 치료 경험이 매우 풍부한 임상의에 한해서만 이러한 개선된 형태의 지속노출치료를 할 수 있도록 해야 할 것이다.

약물요법

군인에게 향정신성 약물을 사용할지 여부에 관해서는 오늘날 찬반양론이 팽팽하게 대립하고 있다. 이러한 논쟁이 불거진 이유는 군인에게 향정신성 약물을 사용하면 그에 따라 자살률도 높아진다는 주장이 제기되고 있기 때문이다. 이러한 주장은 타당성이 있는 것으로 보이며, 파병 근무 상황에서 향정신성 약물을 투여하면 오히려 위험성이 높아질 수도 있다. 그러나 적절한 시기에 약물요법을 실시하지 않음으로써 오히려 더 큰 문제를 야기할 수 있다는 점 역시 무시할 수 없다.

일반적인 연구 결과에 의하면, 즉각적인 스트레스 반응을 보이는 경우와 차후에 스트레스 반응을 보이는 경우에는 약물 투여를 권장하지 않고 있다. 그러나 특수한 경우에는 약물요법이 상당히 유용할 수 있다. 구체적으로, 극단적인 과다각성이나 공황 증세를 보이는 경우 로라제팜(Lorazepam)과 같은 벤조디아제핀(Benzodiazepine) 계열의 약물이나 프로프라놀롤(Propranolol)과 같은 베타차단제(Beta Blocker)를 투여하면 증상을 완화시킬 수 있는 것으로 나타났다. 테러를 당한 환자 치료에 관한 소수의 연구 결과에 의하면 이러한 약물요법이 효과적인 것으로 나타났다(Jiménez, Romero, Diéguez, & Aliño, 2007). 그러나 해당 연구에서 활용한 벤조디아제핀 계열의 약물 투여는 불안장애 등의 증상을 치료하기 위한 인지요법 치료의 효과성을 저해할 수도 있다는 점을 지적하고 있다(Sammons & Levant, 1999; Sammons & Schmidt, 2001). 그러므로 벤조디아제핀 계열의 약물을 급성 스트레스 반응을 보이는 장병에게 투여하는 것은 가능한 한 최후의 수단으로 남겨 두어야 할 것이다.

졸피뎀(Zolpidem)이나 트라조돈(Trazodone)과 같은 수면제는 수면의 양과 질을 개선하는 데 매우 효과적인 약물이다. 그러나 이러한 수면제를 복용할 경우 6시간에서 8시간가량의 충분한 수면 시간을 보장해야 하며, 도중에 잠을 깨울 경우 이른바 숙취 효과를 경험하게 되므로 주의해야 한다. 그러므로 임무 수행으로 인해 밤에 갑자기 잠에서 깨야 하는 전투요원에게 수면제를 투여하는 것은 현명하지 못한 방법이 될 수 있다(Moore & Krakow, 2009).

결 론

전투 지역에서 장병을 지원하는 정신건강 임상의의 가장 주된 임무는 급성 스트레스를 평가하고 관리하는 것에 있다. 군 임상의는 전투요원이 임무 수행 중에 맞닥뜨릴 수 있는 각종 스트레스 요인과 각각의 스트레스 반응에 대해 어떠한 치료 방법이 가장 효과적인지를 확실하게 숙지하고 있어야 한다. 한 가지 희소식은 숙련된 정신건강 임상의들은 그들의 지식과 기술을 활용하여 급성 스트레스 반응을 적절히 평가하고 관리할 수 있는 역량을 충분히 갖추고 있다는 점이다. 그들은 주의 깊게 생각하고 문제 장병에게 안도감을 주며, 그들의 가장 주된 심리적 관심사에 집중하여 전장에서 장병들의 급성 스트레스를 관리하고 심리적 건강을 보호할 수 있을 것이다.

참고문헌

American Psychiatric Association. (2000). *Diagnostic and statistical manual of mental disorders* (4th ed., text rev.). Washington, DC: Author.

American Psychiatric Association. (2003). *Practice guideline for the assessment and treatment of patients with suicidal behaviors.* Arlington, VA: Author.

Barlow, D. H. (2004). *Anxiety and its disorders: The nature and treatment of anxiety and panic* (2nd ed.). New York: Guilford Press.

Bonanno, G. A. (2005). Resilience in the face of potential trauma. *Current Directions in Psychological Science, 14,* 135-138.

Bremner, J. (2005). Effects of traumatic stress on brain structure and function: Relevance to early responses to trauma. *Journal of Trauma and Dissociation, 6,* 51-68.

Cigrang, J. A., Peterson, A. L., & Schobitz, R. P. (2005). Three American troops in Iraq: Evaluation of a brief exposure therapy treatment for the secondary prevention of combat-related PTSD. *Pragmatic Case Studies in Psychotherapy,*

1, 1-25.

Contrada, R., & Baum, A. (2010). *The handbook of stress science: Biology, psychology and health.* New York: Springer.

Da Costa, J. M. (1871). On irritable heart: a clinical study of a form of functional cardiac disorder and its consequences. *American Journal of the Medical Sciences, 61,* 17-52.

Echeburúa, E., de Corral, P., Sarasua, B., & Zubizarreta, I. (1996). Treatment of acute posttraumatic stress disorder in rape victims: An experimental study. *Journal of Anxiety Disorders, 10,* 185-199.

Ehlers, A., Clark, D. M., Hackmann, A., McManus, F., Fennell , M., Herbert, C., et al. (2003). A randomized controlled trial of cognitive therapy, a self-help booklet, and repeated assessments as early interventions for posttraumatic stress disorder. *Archives of General Psychiatry, 60,* 1024-1032.

Elbogen, E. B., Wagner, H. R., Fuller, S. R., Calhoun, P. S., Kinneer, P. M., Mid Atlantic Mental Illness Research, Education, and Clinical Center Workgroup, et al. (2010). Correlates of anger and hostility in Iraq and Afghanistan war veterans. *American Journal of Psychiatry, 167*(9), 1051-1058.

Figley, C., & Nash, W. (2007). *Combat stress injury: Theory, research, and management.* New York: Routledge/Taylor & Francis Group.

Franken, J., & O'Neil, H., Jr. (1994). Stress induced anxiety of individuals and teams in a simulator environment. In H. F. O'Neil, Jr., & P. M. Drillings (Eds.), *Motivation: Theory and research* (pp. 201-218). Hillsdale, NJ: Erlbaum.

Freeman, A., & Moore, B. A. (2009). Theoretical base for treatment of military personnel. In S. M. Freeman, B. A. Moore, & A. Freeman (Eds.), *Living and surviving in harm's way: A psychological treatment handbook for pre- and post-deployment of military personnel* (pp. 171-192). New York: Routledge/ Taylor & Francis Group.

Goldstein, D. S., Eisenhofer, G., & McCarty, R. (1998). *Catecholamines: Bridging basic science with clinical medicine.* San Diego, CA: Academic Press.

Grossman, D., & Christensen, L. W. (2007). *On combat: The psychology and physiology of deadly conflict in war and in peace* (2nd ed.). Millstadt, IL: PPCT Research.

Harris, W., Hancock, P., & Harris, S. (2005). Information processing changes following extended stress. *Military Psychology, 17,* 115-128.

Hobfoll, S., Watson, P., Bell, C., Bryant, R., Brymer, M., Friedman, M., et al. (2007). Five essential elements of immediate and mid-term mass trauma intervention: Empirical evidence. *Psychiatry: Interpersonal and Biological Processes, 70,* 283-315.

Hoyt, G. B. (2006). Integrated mental health within operational units: Opportunities and challenges. *Military Psychology, 18,* 309-320.

Isserlin, L., Zerach, G., & Solomon, Z. (2008). Acute Stress response: A review and synthesis of ASD, ASR, and CSR. *American Journal of Orthopsychiatry, 78,* 423-429.

Jiménez, J., Romero, C., Diéguez, N., & Aliño, J. (2007). Pharmacological treatment of acute stress disorder with propranolol and hypnotics. *Actas Españolas de Psiquiatria, 5*(6), 351-358.

Joëls, M., Pu, Z., Wiegert,O., Oitzl, M. S., & Krugers, H. J. (2006). Learning under stress: How does it work?. *Trends in Cognitive Sciences, 10,* 152-158.

Jones, F. D. (1995a). Psychiatrics lessons of war. In F. D. Jones, L. R. Sparacino, V. L. Wilcox, & J. M. Rothberg (Eds.), *Textbook of military medicine* (pp. 1-33). Falls Church, VA: Office of the Surgeon General, U. S. Department of the Army.

Jones, F. D. (1995b). Traditional warfare combat stress casualties. In F. D. Jones, L. R. Sparacino, V. L. Wilcox, J. M. Rothberg, & J. W. Stokes (Eds.), *War psychiatry* (pp. 35-61). Washington, DC: Borden Institute.

Kelly, M., &: Vogt, D. (2009). Military stress: Effects of acute, chronic, and traumatic stress on mental and physical health. In S. M. freeman, B. A. Moore, & A. Freeman (Eds.), *Living and surviving in harm's way: A psychological treatment handbook for pre- and post-deployment of military personnel* (pp. 85-106). New York: Routledge/Taylor & Francis Group.

Kennedy, J. E., Jaffee, M. S., Leskin, G. A., Stokes, J. W., Leal, F. O., & Fitz-patrick, P. J. (2007). Posttraumatic stress disorder and posttraumatic stress disorder-like symptoms and mild traumatic brain injury. *Journal of Rehabilitation Research and Development, 44,* 895-920.

Kilgore, W. D., Cotting, D. I., Thomas, J. L., Cox, A. L., McGurk, D., Vo, A. H., et al. (2008). Post-combat invincibility: Violent combat experiences are associated with increased risk-taking propensity following deployment. *Journal of Psychiatric Research, 42,* 1112-1121.

Le Doux, J. E. (1996). *The emotional brain.* New York : Simon Schuster.

Linnerooth, P. J., Mrdjenovich, A. J., & Moore, B. A. (2011). Professional burnout in clinical military psychologists working with service members: Challenges and recommendations, before, during, and after deployment. *Professional Psychology: Research and Practice, 42*(1), 87-93.

Litz, B. (2008). Early intervention for trauma: Where arc we and where do we need to go?: A commentary. *Journal of Traumatic Stress, 21,* 503-506.

Litz, B., & Bryant, R. (2009). Early cognitive-behavioral interventions for adults. In E. B. Foa, T. M. Keane, & M. J. Friedman (Eds.), *Effective treatments for PTSD: Practice guidelines from the International Society for Traumatic Stress Studies* (2nd ed., pp. 117-135). New York: Guilford Press.

Lupien, S. J., Wilkinson, C. W., Brière, S., Ménard, C., Ng Ying Kin, N. M., & Nair, N. P. (2002). The modulatory effects of corticosteroids on cognition: Studies in young human populations. *Psychoneuroendocrinology, 27,* 401-416.

McNeil, J. A., & Morgan, C. A. (2010). Cognition and decision making in extreme environments. In C. H. Kennedy & J. L. Moore (Eds.), *Military neuropsychology* (pp. 361-382). New York: Springer.

Moore, B. A., Hopewell, C. A., & Grossman, D. (2009). Violence and the warrior. In S. M. Freeman, B. A. Moore, & A. Freeman (Eds.), *Living and surviving in harm's way: A psychological treatment handbook for pre and post-*

deployment of military personnel (pp. 307-327). New York: Routledge.

Moore, B. A., & Krakow. B. (2009). Characteristics, effects, and treatment of sleep disorders in service members. In S. M. Freeman, B. A. Moore, & A. Freeman (Eds.), *Living and surviving in harm's way: A psychological treatment handbook for pre- and post-deployment of military personnel* (pp. 281-306). New York: Routledge/Taylor & Francis Group.

Moore, B. A., & Reger, G. M. (2007). Historical and Contemporary perspectives of combat stress and the Army Combat Stress Control Team. In C. R. Figley & W. P. Nash (Eds.), *Combat stress injury: Theory, research, and management* (pp. 161-182). New York: Routledge/Taylor & Francis Group.

Nacasch. N., Foa, E. B., Fostick, L., Polliack, M., Dinstein, Y., Tzur, D., et at. (2007). Prolonged exposure therapy for chronic combat-related PTSD: A case report of five veterans. *CNS Spectrums, 12,* 690-695.

Nacasch. N., Foa. E. B., Huppert, J. D., Tzur, D., Fostick, L., Dinstein, Y., et al. (2011). Prolonged exposure therapy for combat- and terror-related posttraumatic stress disorder: A randomized control comparison with treatment as usual. *Journal of Clinical Psychiatry, 72,* 1174- 1180.

Peterson. A. L., Foa, E. B., & Riggs, D. S. (2011). Prolonged exposure therapy. In B. A. Moore & W. E. Penk (Eds.), *Treating PTSD in military personnel: A clinical handbook* (pp. 42-58). New York: Guilford Press.

Robertson, D. (2004). *Primer on the autonomic nervous system* (2nd ed.). San Diego, CA: Academic Press.

Rose, S. C., Bisson, J., Churchill, R., & Wessely, S. (2002). Psychological debriefing for preventing Post traumatic stress disorder (PTSD). *Cochrane Database of Systematic Reviews, 2,* DC000560.

Rosen, G. (1975). Nostalgia; A forgotten psychological disorder. *Psychological Medicine, 5,* 340-354.

Royal Air Force. (2009). *Stress handbook: TRiM.* London: Air Media Centre.

Rudd, M. (2009). Depression and suicide: A diathesis-stress model for understanding and treatment. In S. M. Freeman, B. A. Moore, & A. Freeman (Eds.), *Living and surviving in harm's way: A psychological treatment handbook for pre- and post-deployment of military personnel* (pp. 239-258). New York: Routledge/Taylor & Francis Group.

Rudd, M., Cukrowicz, K., & Bryan, C. (2008). Core competencies in suicide risk assessment and management: Implications for supervision. *Training and Education in Professional Psychology, 2,* 219-228.

Salas, E., Priest, H. A., Wilson, K., & Burke, C. S. (2006). Scenario-based training: Improving military mission performance and adaptability. In A. B. Adler, C. A. Castro, & T. W. Bitt (Eds.), *Military life: The Psychology of serving in peace and combat: Volume 2. Operational stress* (pp. 32-53). Westport, CT: Praeger Security International.

Sammons, M., & Levant, R. (1999). *Combined psychosocial and pharmacological treatments.* New York: Plenum.

Sammons, M., & Schmidt, N. (2001). *Combined treatment for mental disorders: A guide to psychological and pharmacological interventions.* Washington, DC: American Psychological Association.

Scanlon, V. C., & Sanders, T. (2006). *Essentials of anatomy and physiology.* Philadelphia: Davis.

Shors, T. J., Weiss, C., & Thompson, R. F. (1992). Stress-induced classification of classical conditioning. *Science, 257,*

537-539.

Sladen, F. (1943). *Psychiatry and the war: A survey of the significance of psychiatry and its relation to disturbances in human behavior to help provide for the present war effort and for post -war needs.* Oxford, UK: C. C. Thomas.

Tanielian, T., & Jaycox, L. H. (Eds.). (2008). *Invisible wounds of War: Psychological and cognitive injuries, their consequences, and services to assist recovery.* Santa Monica, CA: RAND Center for Military Health Policy Research.

U.S. Department of the Army. (1994). *FM 22-51. leaders' manual for combat stress control.* Washington. DC: Author.

U.S. Department of the Army. (2009). *FM 6-22.5, combat and operational stress control manual for leaders and soldiers.* Washington, DC: Author.

Vasterling, J., Verfaellie, M., & Sullivan, K. (2009). Mild traumatic brain injury and posttraumatic stress disorder in returning veterans: Perspectives from cognitive neuroscience. *Clinical Psychology Review, 29,* 674-684.

Wessely, S., Bryant, R., Greenberg, N., Earnshaw, M., Sharpley, J., & Hughes, J. (2008). Does psychoeducation help prevent posttraumatic psychological distress?. *Psychiatry: Interpersonal and Biological Processes, 71,* 287-302.

World Health Organization. (1992). *International classification of diseases* (10th rev.). Geneva, Switzerland: Author.

WRAIR Land Combat Study Team. (2006). *Battlemind training.* Walter Reed Army Institute of Research. Retrieved from *www.battlemind.army.mil.*

제5장 | MILITARY PSYCHOLOGY

파병으로 인한 **외상 후 스트레스 장애,**
우울증, 기타 심리적 후유증

Greg M. Reger
Nancy A. Skopp

테러가 발생한 2011년 9·11 이후 2백만 명이 넘는 미군 장병이 이라크와 아프가니스탄에 파견되어 '항구적 자유 작전(Operation Enduring Freedom: OEF)'과 '이라크 해방 작전(Operation Iraqi Freedom: OIF)'에 참전하였다. 그들은 전투와 그로 인한 심리적 스트레스에 노출되는 경우가 많았기 때문에 파병 장병 중 많은 사람이 정신건강 문제가 발생하였다. 외상 후 스트레스 장애(Post Traumatic Stress Disorder: PTSD), 우울증, 약물 남용이 가장 자주 발생하는 증상이었으며, 기타 다양한 심리적 후유증이 나타났다.

제5장에서는 파병 현장에서 흔히 발견되는 스트레스 요인에 대하여 알아보고 파병 근무를 마치고 귀향한 독신 장병이 겪게 되는 특유의 심리적 문제, 가족생활에서의 어려움 및 귀향 후 적응 단계에서 겪게 되는 심리사회적 문제에 대해 자세히 알아보도록 한다. 다음으로 파병 근무와 관련된 PTSD, 우울증, 약물 중독의 치료 방법에 대한 연구 결과를 살펴보도록 한다.

파병을 나가면 이전과는 완전히 다른 임무를 수행하게 된다. 이러한 변화에 대해 장병들은 각기 다른 반응을 보인다. 또한 파병 근무를 마치고 본국으로 귀환한 후에도 파병 시절의 전투 경험으로 많은 어려움을 겪게 된다. 대부분의 장병은 본국으로 귀향한 후 별 무리 없이 적응을 잘 하고 새로운 임무와 근무 환경에 효과적으로 적응하며, 전역 후에도 별 무리 없이 사회생활을 영위해 나간다. 그러나 일부 장병은 직무수행상의 문제, 대인관계 문제, 사회생활 문제에서 심각한 어려움을 겪게 되며, 삶이 송두리째 바뀌는 듯한 경험을 하게 된다. 요약하면, 보이거나 보이지 않는 심리적 상처 내지 상실에 직면하여 그러한 변화에 잘 순응하는 장병이 있는 반면, 파병으로 인하여 다양한 어려움을 맞이하고 개인의 성장에 심각한 어려움을 겪는 장병도 있다(Pietrzak et al., 2010). 지금부터 가장 일반적으로 관찰되는 심리사회적 문제와 정신건강 문제에 대해 알아보도록 한다.

파병 경험

파병 후 겪게 되는 일반적인 증상에 대해 알아보기 위해서는 우선 파병 근무의 특성과 환경을 이해하는 것이 선행되어야 할 것이다. 전투 및 기타 군사 작전 임무를 수행하면서 받는 스트레스 요인은 크게 4개의 범주로 정리할 수 있다(U.S. Department of the Army, 1996). 첫째는 '환경적 스트레스 요인(Environmental Stressors)'인데, 이러한 요인으로는 작전 지역의 기온 및 기상 상황이 있다. 파병 장병들은 혹서, 혹한, 모래 폭풍, 장마, 험난한 지형 등과 맞서 싸워 나가야 한다. 병원균 및 감염원과 같은 환경상의 건강 위협 요소에도 노출되어 있다. 둘째는 '생리적 스트레스 요인(Physiological Stressors)'으로 현저한 수면 부족 상태에서 계속적인 고강도 전투임무를 수행하는 경우를 예로 들 수 있다. 수면 부족은 불면증 때문이거나 작전 임무 수행으로 인해 수면을 취할 시간이 부족한 경우에 발생할 수 있는데, 이는 임무 수행 성과를 저하시키는 대표적인 요인으로 알려져 있다(Wesensten & Balkin, 2010). 기온이 높고 빠른 속도로 작전을 수행해야 하는 경우에는 적절한 영양과 수분을 보충 받는 것이 원활하지 않을 수 있다. 또한 오랜 시간 동안의 임무 수행, 수면 부족, 무거운 군장을 맨 채 고강도의 기동을 하는 경우 장병들은 탈진할 수 있다. 이러한 모든 요인이 합쳐지면 장병의 신체에 악영향을 미치고, 이로 인해 신체 기능이 저하된 장병은 질병이나 부상을 입을 위험성이 높아진다.

셋째는 '정서적 스트레스 요인(Emotional Stressors)'으로 대인관계와 가정 문제로 야기되는 스트레스다. 그러한 요인에는 경제적 문제, 배우자의 정절, 가족의 건강 문제에서부터 아이의 정신건강 문제에 이르기까지 매우 다양하다. 파병 근무 현장은 장병의 마음을 흔들어 놓을 수 있는 여러 가지 사건 사고가 끊이지 않고 일어나는 곳이다. 최근 이라크와 아프가니스탄 분쟁 지역에 파견되었던 장병들은 동료의 죽음을 목격하고 살아남기 위해 적을 죽일 수밖에 없었으며, 수시로 총격전을 벌이고, 부상당한 동료를 응급처치해야만 했으며, 급조 폭발물과 로켓 및 박격포 공격을 받고 심각한 중상을 당하는 일이 다반사였다. 마지막으로 '인지적 스트레스 요인(Cognitive Stressors)'은 교전 규칙을 준수해 가면서 생사를 다투는 전투 임무를 수행해야 하는 장병들이 겪게 되는 극한의 육체적·심리적 스트레스 요인을 일컫는다(극한 상황에서의 인지와 의사결정에 대한 연구는 McNeil & Morgan, 2010 참조). 파병 장병들은 매우 제한된 정보만을 알 수밖에 없는데, 특히 파병 기간, 파병 기간의 연장 또는 2주짜리 휴가를 언제 나갈 수 있는지와 같이 본인의 신변과 관련된 정보가 충분히 주어지지 않을 경우에는 심리적 어려움을 겪게 된다. 이러한 스트레스 요인은 모두 장병들이 일상적인 활동이나 여러 가지 정상적인 후방 지원을 받는 데 어려움이 있는 파병 근무 환경에서 기인한 것이다. 파병 근무를 하는 장병들은 배우자, 가족, 민간 친구들, 신앙단체, 오락행위 등 장병들에게 심리적 지지요인으로 작용할 수 있는 것과 대부분 닿을 수 없거나 할 수 없는 상황에 처해 있다. 이와 같이 파병 장병들은 매우 힘들고 어려운 환경에 처해 있으며 때로는 목숨을 건 임무를 수행하기도 한다.

파병 근무를 하면 매우 높은 스트레스를 받는다는 사실로 인해 혹자는 모든 장병이 귀향만을 손꼽아 기다리고 있지 않나 하고 생각할 수 있다. 물론 이는 많은 장병의 희망이긴 하지만, 처음 귀향을 하였을 때의 기쁨과 즐거움이 나중에는 파병 근무로 인해 여러 가지 좋지 않은 증상이 나타나면서 점차 괴로운 상황으로 변해 가는 것이 목격되기도 한다. 이로 인해 더러는 귀향을 한다는 사실에 스트레스를 받기도 하고 어떤 장병들은 귀향을 하는 것 자체를 몹시 두려워하기까지 한다. 지금까지의 경험으로 비추어 볼 때 파병 장병들이 집으로 돌아간다고 해서 모두 행복해지지는 않는다.

독신 장병 특유의 심리적 문제

"내가 집으로 돌아온 첫 날, 다른 동료들은 배우자나 여자 친구와 함께 즐거운 시간을 보냈다. 그러나 나는 그저 그 자리에서 빨리 벗어나고 싶을 뿐이었다. 축하 행사가 끝난 후 나는 홀로 쓸쓸히 텅 빈 숙소로 돌아왔다. 아무도 없는 황량한 숙소에서 난 그저 처량한 패배자에 불과하다는 생각이 들었다. 파병 기간 중에는 여러 동료와 함께 좁은 텐트에 모여, 낮이고 밤이고 떠들어 댔었는데…… 미친 소리처럼 들릴지 모르겠지만 난 지금 아프가니스탄으로 다시 돌아가고 싶다."

– 어느 아프가니스탄 참전용사의 회고록

민간인을 대상으로 한 혼인 여부와 정신질병 발생의 상관관계에 관한 연구 결과를 살펴보면, 대체로 이혼자의 경우 기혼자나 동거인이 있는 사람에 비해 정신질병의 발생 확률이 높은 것으로 나타났다. 가령, 미국인 전체를 대표할 수 있도록 구성된 9,282명의 표본집단을 대상으로 일생 동안의 정신질병 발생 위험을 연구한 결과(Kessler, Berglund, Demler, Jin, & Merikangas, 2005)를 보면, 이혼자의 경우 혼인 상태이거나 동거인이 있는 사람에 비해 불안장애의 발생률이 80% 더 높았고, 기분장애가 발생할 확률은 90% 더 높게 나타났다. 이혼자 집단의 경우에는 그렇지 않은 집단에 비해 약물 관련 장애를 보이는 경우가 3.9배 더 높은 것으로 나타났다. 흥미로운 점은 결혼 경험이 없는 사람들로 구성된 집단과 혼인 상태에 있거나 동거인이 있는 집단 간에는 정신질병 발생에 주목할 만한 차이점을 보이지 않았다.

오랜 기간에 걸쳐 관련 자료를 수집한 국가 차원의 가정 조사가 10,005명을 대상으로 진행되었다. 1987~1988년 사이에 1차 조사를 실시하였고, 동일한 집단을 대상으로 1992~1993년 사이에 2차 조사를 실시하였다(Kim & McKenry, 2002). 이 자료에 의하면, 1차 조사에서는 독신이었으나 2차 조사에서 결혼을 한 사람들은 우울증 증상이 줄어 들었으며, 1, 2차 조사에서 이혼이나 별거를 한 사람의 경우에는 우울증 증상이 보다 많이 나타났다. 흥미로운 점은 계속해서 미혼 상태로 남아 있는 사람의 경우에는 계속해서 기혼상태에 있는 사람과 비교할 때 1차 조사 때보다 2차 조사 때 더 높은 우울증 증상을 보였다. 그렇지만 그들은 조사 기간 중 이혼이나 별거를 한 사람들이나 계속해서 이혼이나 별거 상태에 있는 사람과 같은 수치의 우울 증상은 보이지는 않았다.

현재 파병 기간 중의 임무 수행과 혼인 여부와의 상관관계에 대한 연구는 많이 찾아볼 수 없는 실정이다. 하지만 소수의 관련 연구 결과를 보면, 미혼 장병의 경우에는 부정적인 영향을 받는 경우가 상대적으로 낮았고(Newby, McCarrol, et al., 2005), 보다 적은 스트레스를 받는다는(Hammelman, 1995) 연구 결과를 발견할 수 있었다. 그러나 걸프전(Operation Desert Shield and Desert Storm)에 파견된 장병을 무작위로 추출하여 비교 분석한 연구(Fiedler et al., 2006) 결과를 보면, 전쟁 기간 중 미혼 장병은 약물이나 알코올 의존증을 보이는 경우가 대조군보다 83% 더 높았다고 한다. 그러나 불안장애에서는 미혼 장병과 기혼 장병 간에 유의적인 차이가 나타나지 않았다.

미 재향군인관리국(U.S. Department of Veterans Affairs)의 의료센터에서 관리하는 10만 명 이상의 엄청난 규모의 걸프전 참전 용사를 대상으로 한 연구 결과에 의하면, 혼인 여부와 PTSD 진단율 간에는 약간의 상관관계가 있다는 것이 발견되었다. 현재 혼인한 상태이거나 결혼을 한 적이 없는 장병에 비해 이혼한 장병은 20%, 별거를 하거나 배우자와 사별한 장병의 경우에는 21% 더 높은 비율로 PTSD 진단을 받은 것으로 나타났다(Seal, Bertenthal, Nuber, Sem, & Marmar, 2007). 이러한 연구와 유사하게 이라크 해방 작전과 항구적 자유 작전에 참전하였던 4천명 이상의 현역 장병을 대상으로 한 연구(Lapierre, Schwegler, & LaBauve, 2007)에서는 이라크 해방 작전에 참전한 경험이 있는 현역 장병 중 별거나 이혼한 사람들은 기혼 상태인 사람들보다 현저히 높은 수준의 PTSD와 우울 증상을 보였다. 그러나 아프가니스탄의 항구적 자유 작전에 참전하였던 장병들의 경우에는 기혼자보다 계속 미혼 상태에 있던 사람들이 더 낮은 수준의 PTSD 증상을 보이는 것으로 나타났는데, 이는 결코 예상치 못한 결과였다.

여기서 알 수 있는 사실은 혼인 여부가 파병 장병의 정신건강을 결정짓는 중요한 요소는 아니라는 점이다. 그보다는 전쟁 중 개인에게 심리적 지지요인으로 작용하는 타인과의 친밀한 관계 형성 여부가 더 중요하다고 할 수 있다(Holt-Lundsted, Birmingham, & Jones, 2008). 현재 어떤 장병이 독신인 이유가 애초부터 결혼을 하지 않았기 때문인지, 아니면 이혼을 했기 때문인지의 여부도 정신질환 증상 발현에 어느 정도 관련성이 있는 것으로 보인다. 이유야 어떻든 간에 독신 장병이 전투 임무를 완수한 후 다른 보직으로 이동할 때에는 독신자 특유의 어려움을 경험하게 된다. 이 절 첫 부분에 제시한 '어느 아프가니스탄 참전 용사의 회고록'에서도 알 수 있듯이 독신 장병이 귀향을 하면 기혼자나 이성 친구가 있는 사람에 비해 독신자 특유의 좋지 않은 경험을 할 수밖에 없게 된다. 소속 부대에서 베풀어 주는 무사 귀향 축하 행사에서 독신 장병들은 홀로 외롭게 서 있어야만 하고, 기분이 매우 언짢고 어색하며, 즐겁고 기뻐야 할 행사에서 오히려 실망할 수 있다.

축하 행사가 끝나고 난 이후에도 독신 장병들은 심리적으로 어려움에 빠지게 된다. 다른 장병들은 배우자나 가족들과 함께 즐거운 시간을 보내는 데 비해 독신 장병들은 홀로 쓸쓸히 남겨지게 되기 때문이다. 어떤 장병은 "전쟁터에서는 매일같이 제가 제일 좋아하는 식당에 가는 것을 상상했었어요. 꿈만 같은 일이라고 생각했죠. 그런데 막상 집으로 돌아와 보니 그 식당에서 쓸쓸히 혼자 밥을 먹고 있는 비참한 제 자신을 발견하게 되었죠."라고 회상하였다. 군 당국은 파병을 다녀온 장병들이 귀향 후 다른 부대로 전입할 때 근무 첫 2주간은 하루의 절반만 일하도록 배려하고 있다. 어떤 장병들에게는 이 시간이 가족이나 친구들과 재결합할 수 있는 꿈 같은 시간일 것이다. 그러나 독신 장병들에게 이 시간은 아무런 의미 없는 휴식 시간에 불과할 수 있다.

한편 자녀가 있는 독신 장병이 본국에 귀향하게 되면 매일 아이를 돌봐야 하는 일상으로 돌아가게 된다. 파병 장병의 자녀들은 파병 기간 동안 보통 조부모나 다른 사람에 의해 양육된다. 더군다나 자녀가 어린 경우에는 귀향한 장병들이 자녀와 상호 유대감이나 애착심을 형성하는 과정에서 많은 어려움을 겪는다.

일반적으로, 본국으로 귀향한 독신 장병 중 즉각적으로 사회적 지지를 받지 못하는 사람도 있지만 유연하게 생활에 잘 적응해 나가는 사람도 있다. 결국 문제가 되는 것은 본국으로 돌아온 후 사회적 지지를 잘 받지 못하고 새로운 환경에 적응하지 못하는 것이다. 만약 그러한 문제가 있을 것으로 예상되는 장병이 잠시 더 파견 지역 기지에 머물기를 원하고, 그러한 결정이 다른 부대원들에게 영향을 주지 않는다면 본국으로의 귀향 명령을 조금 늦추는 것도 고려해 보아야 할 것이다.

파병 근무에서 복귀 후 가족생활에의 적응

파병 근무를 하는 장병들은 가족과 떨어져서 생활해야 할 뿐 아니라 높은 강도의 스트레스를 받으면서 임무를 수행해야 한다. 이로 인해 장병 본인은 물론 가족들도 매우 어려운 처지에 놓인다(Mabe, 2009). 파견 근무로 인해 홀로 본국에 남아 있는 장병의 배우자는 육아에 대한 스트레스가 증가하며 감각 마비, 쇼크, 외로움, 정서적 거리감, 분노와 같은 불쾌한 감정에 휩싸인다(Palmer, 2008). 파병 장병의 아이들 역시 우울증, 불안, 공격성 표출, 학업상의 문제와 같은 부적응 문제를 보일 수 있다(Jensen & Shaw, 1996; Kelley et al., 2001; Schwab et al., 1995).

파병 장병은 임무 현장에서는 가족과의 이별로 인한 스트레스를 겪게 되지만 더 큰 문제는 그들이 본국으로 돌아온 이후 가족과의 재결합 과정에서 어려움을 겪게 된다는 점이다. 파병 이후 본국으로 돌아와 가족과 재결합하는 것은 당연히 매우 즐거운 일이지만 재적응 과정에서 수많은 어려움에 놓이게 된다(Moore & Kenney, 2011). 귀향한 장병은 외부인과 같은 느낌을 받게 되며, 가족과의 의사소통에 어려움을 겪게 되고, 양육에 관한 의견 차이로 다투게 되며, 가족 간의 유대감이 저하되는 경험을 하게 된다(Palmer, 2008).

불행하게도 이라크 해방 작전과 항구적 평화 작전에 참전하고 돌아온 장병의 가정 문제와 관련한 연구 자료는 그리 많지 않다. Goff, Crow, Reisbig와 Hamilton(2007)으로 구성된 연구진은 이라크 해방 작전과 항구적 평화 작전 임무를 수행하고 돌아온 장병과 그들의 아내는 심리적 외상 증상을 보였으며, 유대감 저하로 성생활과 동침에 문제를 보였다고 보고하였다. Lapp 등(2010)으로 구성된 연구진은 이라크 해방 작전과 항구적 평화 작전을 수행하고 돌아온 후에 주 방위군이나 예비군으로 편성된 장병들의 배우자가 제보한 문제들에 관하여 질적 연구를 진행하였다. 해당 연구 자료를 살펴보면 배우자들은 남편이 정상적인 생활로 적응하는 데 어려움을 겪고 있고, 파병을 다녀온 이후 원래 자신이 알던 남편이 아닌 것 같은 느낌, 즉 파병 근무 이후 완전히 다른 사람이 된 것 같은 이질감으로 매우 힘들어 하는 것으로 나타났다. 예를 들어, 파병 장병의 한 배우자는 "그이를 떠나보내고 혼자 사는 데 익숙해져 있었는데, 막상 그이가 돌아오고 나니 완전히 다른 사람이 되어 있었다."라고 하였으며, 파병 후 재결합하는 과정은 마치 다른 사람을 새로 맞이하는 것과 같았다고 진술하였다(Lapp et al., 2010, p. 53). 또 다른 배우자는 남편이 파병을 다녀오고 나서 파병 당시 있었던 일에 대해 말하는 것을 꺼려하고, 그로 인해 때론 남편을 잘 이해할 수 없다는 것에 절망감을 느낀다며 다음과 같이 진술하였다. "그이가 그곳에서 무엇을 보았고 어떤 일을 했으며, 얼마나 힘든 일을 겪었는지 알 길이 없어요. 차라리 제가 가고 싶어요. 제가 남편 대신 그곳에 가고 싶다고요. 하지만 제가 어떻게 해야 할지 모르겠어요."(Lapp et al., 2010, pp. 53-54) 남편이 파병을 떠나고 홀로 남은 배우자들은 도움을 받고자 할 때 혹시라도 생길 수 있는 나쁜 소문을 두려워하여 지원기관에 방문하는 것을 꺼리는 경우가 있었으며, 본인과 비슷한 경험이 있는 사람과 그들의 문제에 대해 대화하는 것을 선호하였다.

Karney와 Crown(2007)은 1996년부터 2005년까지 군 장병의 결혼 생활이 파국을 맞는 추세를 분석하였다. 분석 결과 미 공군의 장교와 병사들의 경우에만 파병 기간과 이혼 간에 양의 **상관관계**를 보이는 것으로 나타났다. 그리고 타군 병사와 미 해군 및 해병대 장교의 경우에는 파병 기간과 이혼 간에 음의 상관관계를 보였다. 이렇게 뒤죽박죽으로 나온 결과는 육군 병사와 장교, 해군 예비군 장교, 공군 예비군 병사, 주 방위 육군 및 공군의 모든 계급에서도 마찬가지인 것으로 나타났다.

역자 Tip

> 양의 상관관계와 음의 상관관계는 통계학적 용어로서, 보다 쉽게 설명하면 파병 기간과 이혼 간에 양의 상관관계가 있다고 함은 파병 기간이 길수록 이혼 건수가 많아진다는 의미이고, 반대로 음의 상관관계가 있다고 함은 파병 기간이 길수록 이혼 건수가 적어진다는 의미다. 직관적으로 비례와 반비례 관계라고 생각하는 것이 좋을 것 같다.

따라서 연구진은 이렇게 무시해도 될 만한 상관관계를 보이는 것에는 다른 요인이 작용하기 때문이라고 결론지었다(Karney, Crown, 2007). 즉, 파병 그 자체보다는 전투 경험과 외상 사건 때문에 그들의 결혼 생활이 파국으로 치닫게 된다는 것이다. 하지만 이와 반대로 파병 경험을 통해 개인적인 성취감을 느낄 수 있고, 군 경력 발전에 도움이 될 수 있는 것으로 보았다. 한편 같은 연구진은 2000년도 이후 군 장병의 결혼률과 이혼율이 점차 상승하는 추세를 보인다는 사실을 파악하였다. 이러한 현상을 설명하기 위해 연구진은 이른바 '선택 가설'을 제시하였다. 즉, 군 당국이 나이가 어리고 직업 안정성이 없는 등 결혼 생활 유지에 취약점을 나타낼 수 있는 집단을 모병하는 경향이 있고, 군이 깨닫지 못하는 사이에 결혼하는 장병에 대해 많은 인센티브를 부여하고 있다고 주장하였다. 게다가 곧 파병을 나갈 것으로 예정되어 있는 장병의 경우에는 파병을 나가지 않았더라면 하지 않았을 결혼을 파병을 가기 전 서둘러 해치워 버리는 사례가 많았다고 지적하였다. 이러한 경우 나이가 어린 부부들은 서로 떨어져서 생활하는 것에 대한 스트레스뿐만 아니라 경제적인 스트레스를 동시에 받게 되었다. 이러한 연구 결과를 통해 알 수 있는 것은 파병 근무를 마치고 돌아온 장병의 나이가 어리고, 계급이 낮을수록 결혼 생활에 문제가 발생할 위험이 더욱 커진다는 점이다.

파병이 자녀들에게 부정적인 영향을 미친다는 연구 결과도 많이 있지만(Jensen, Martin, & Watanabe, 1996; Kelley et al., 2001; Rosen, Teitelbaum, & Westhuis, 1993), 상대적으로 심리적 회복 탄력성을 구비한 아

이들을 목격한 연구 결과도 다수 있다(Mabe, 2009). 부모가 파병을 나간 경우 아이들은 대부분 부모님의 안전 문제에 사로잡히게 되며, 특히 임무 수행 중 부상당한 장병의 아이들은 그렇지 않은 아이들에 비해 관련 위험성이 더 증가한다(Mabe, 2009). 그러나 어떤 아이들은 부모님의 파병으로 인한 부정적 심리 문제에 대해 심리적 회복 탄력성을 잘 유지하는 모습을 보이기도 한다(Luthar, Cicchetti, & Becker, 2000). 따라서 부모의 파병이 아이에게 미치는 영향을 정확히 이해하기 위해서는 다양한 관점에서 종합적으로 검토해야 할 것이다. 이와 같은 고려 요소에는 자녀의 특성(나이, 성별, 기질, 문제해결 능력, 지능, 질병 발생 전 심리적 기능 등), 부모의 파병 근무 특성(파병 기간, 전투 노출 정도, 사망이나 부상의 위험 정도, 파병 지역에서 가족과의 연락 가능 여부, 임무 수행을 위한 지원 정도 등), 해당 가족의 특수한 문제들(부모가 모두 파병을 나간 경우, 아버지 또는 어머니 중 누가 파병을 나갔는지의 여부, 부모의 심리 건강 및 부부 관계), 지역단체의 지원 여부 등이 있을 것이다(Mabe, 2009). 또한 자녀의 나이가 많고 적음에 상관없이 추론 능력이나 대처 유형 등의 발달 요인의 기능 정도에 따라 부모의 파병으로 영향을 받는 정도도 차이를 보인다. 한편 각각의 아이들에게 나타나는 특별하고 개인적인 요인들에 대해서는 상황적 요인과 가족의 문제(예를 들어, 재파병, 전투 중 부상, 부모님의 정신병 등) 등을 종합적으로 고려해야 할 것이다.

파병 임무를 마치고 집으로 돌아온 장병들이 가족들과 적응하는 단계에서 스트레스로 인해 배우자를 폭행하는 경우가 많이 발생한다고 추측되고 있다(Newby, Ursano, et al., 2005). 하지만 이러한 문제를 분석한 연구 사례는 극히 드물며, 관련 문제에 관한 분명한 해답을 보여 주고 있지 못하고 있다. Newby, Ursano 등(2005)으로 구성된 연구진은 보스니아에 6개월간 파병 복무를 마치고 돌아온 장병의 부인들을 대상으로 배우자 폭행에 관한 연구를 진행하였다. 파병 복무를 마치고 돌아온 장병의 부인들에 대해 익명으로 설문을 실시한 결과, 파병 복무와 배우자 폭행 간에는 유의적인 연관성이 없는 것으로 나타났다. 그러나 나이가 어린 부인들과 이전에 파병 경험이 있는 장병의 부인들에게서는 보다 높은 빈도의 배우자 폭행이 일어난다는 점이 확인되었다. 이러한 결과는 McCarroll 등(2003)으로 구성된 연구진의 연구 결과와 일치하는 것으로 파병 근무 자체는 배우자 폭행과 관련성이 없다는 사실을 알 수 있었다. 반면에 파병 복무 후 집으로 돌아왔을 때 배우자 폭행이 약간 증가했다고 발표한 연구 결과도 있다(Gimbel & Booth, 1994; Orcutt, King, & King, 2003). 한편, PTSD와 관련된 공격성의 표출은 배우자에 대한 폭행 발생의 위험성을 증가시키는 요인으로 지목되고 있다. Sherman, Sautter, Jackson, Lyons와 Han(2006)으로 구성된 연구진은 미 재향 군인 국 의료센터에서 관계 개선 치료요법을 교육 받으려는 179쌍의 부부를 대상으로 연구를 실시하였다. 그들은 퇴역 군인과 그 배우자의 자기보고서를 분석하였으며, 그 결과 우울증이나 PTSD 진단을 받은 퇴역 군인 중 81%가 지난 한 해 동안 배우자에게 경미한 폭행을 가하거나, 발이나 주먹으로 가격하거나 물어뜯는 등 심각한 수준의 폭행을 하였다는 사실을 알 수 있었다.

파병 근무에서 돌아온 장병의 외상 후 스트레스 장애 증상이 가정에 미치는 영향

잠시 후에 자세히 논의하겠지만, 파병 근무에서 돌아온 장병의 PTSD 증상은 대인관계와 가정에 문제를 야기할 수 있는 가장 강력한 요인으로 지목된다. 군 장병의 PTSD에 대한 연구는 제2차 세계대전 시기를 기점으로 수십 년간 진행되었으며, 연구 결과에 따르면 PTSD가 발현될 경우 혼인이 파국을 맞을 확률이 62% 증가하는 것으로 나타났다(Ruger, Wilson, & Waddoups, 2002). 특히 PTSD로 인한 정서적 감각 마비는 배우자와의 문제를 야기할 수 있는 강력한 요인으로 나타났다(Riggs, Byrne, Weathers, & Litz, 1998). 심리적 위축감(Withdrawal)과 분노 역시 PTSD로 인해 발현되는 증상이며, 이는 배우자뿐만 아니라 가족과의 관계에도 상당한 장애 요소로 작용한다.

파병 근무에서 복귀 후 적응 과도기

파병 근무에서 돌아온 장병은 혼인 여부와 관계없이 적응 과도기를 맞는다. 이 시기에는 다양한 문제에 대해 매우 중요한 결정을 하게 된다. 우선 귀향 장병은 직업 선택의 기로에 놓이는데, 파병 근무에서 복귀한 병사는 대부분 의무복무 기간을 모두 채운 경우가 많으므로 전역을 할 것인지 아니면 군에 그대로 남을 것인지를 결정해야 한다. 이는 쉽지 않은 문제로 파병 근무 기간 중 긍정적인 경험을 한 병사들은 복무 연장을 고려할 것이고, 그렇지 않은 병사들은 복무 연장을 꺼릴 것이다. 군의 몇몇 특기 분야의 경우에는 보수가 상당히 높기 때문에 재입대를 고려할 수도 있다. 제대하는 것을 고려하고 있는 병사들은 민간 영역에서 과연 어떤 직업을 가질 수 있을지 궁금해 한다. 왜냐하면 그들은 군 생활 외에는 다른 경험이 없고 민간 분야 고용 상황에 대해서는 잘 모르기 때문이다.

재입대를 선택한 병사들은 특기 분야나 직무를 새롭게 전환할 것인지와 같은 추가적인 의사결정을 하게 된다. 이렇게 특기 분야나 직무를 전환하고 싶어 하는 이유는 향후 진급 여건을 고려하거나 전역 후 민간 분야에서 활용 가능한 기술을 익히기 위해서일 수도 있다. 또한 그들은 전투 임무와 크게 관련이 없는 직무를 택할 수도 있다. 어찌 되었든 특기 분야나 주요 직무를 전환하기 위해서는 재교육이 필요하며, 군사 특기를 전환한 장병들은 몇 개월에 걸쳐 새로운 장비와 근무기지에 대한 교육을 받아야 한다. 한편, 재입대를 통해 본인이 근무하기를 희망하는 부대에서 임무를 수행할 수도 있다. 그러나 병사 본인의 희망으로 근무 부대를 바꾸었다 하더라도 새로운 기지에서 새롭게 근무를 시작하는 것은 많은 변화를 초래하기 때문에 새로운 환경에 적응하는 과정에서 상당한 스트레스를 받을 수 있다.

물론 모든 병사가 의무복무 기간을 모두 만료한 후에 재입대를 선택하는 것은 아니다. 어떤 병사는 군을 떠나 민간 영역에서 직업을 구하기도 한다. 그런데 육군 보병에서 복무한 경우 군에서 배웠던 기술과 훈련을 활용하여 민간 영역에서 새 직업을 구하는 것이 여간 어려운 일이 아니다. 더욱이 미국 경기가 침체되어 있는 상황이라면 새로운 직업을 구하는 것이 더욱더 어려워질 수 있다.

군 복무를 마치고 귀향했을 때 새로운 가정에 적응해야 하는 장병들도 있다. 예를 들어, 파병 기간 중 아이가 태어난 경우 집으로 돌아온 아버지는 매우 감격하고 즐거워할 것이다. 그러나 일반적으로 아기들은 가정생활을 할 때 엄청난 스트레스 요인이 되며, 부모의 일상생활에 많은 변화를 준다. 또 어떤 장병은 파병 기간 동안 결혼 생활에 심각한 문제가 발생하여 집으로 돌아온 이후 가족과 재결합하고 화해하는 데 상당한 어려움을 겪을 수 있다. 파병 기간 동안 이혼을 결심한 병사도 있을 수 있는데, 이러한 경우 그들이 내린 결정에 대한 후폭풍을 견뎌내야 하며, 이러한 이유로 가정으로 복귀 후 과도기 단계에서 엄청난 스트레스를 받을 수 있다(Moore & Kennedy, 2011).

파병 후 외상 후 스트레스 장애 증상이 나타나는 경우

파병 후 귀향한 장병이 겪는 어려움을 이해하기 위해서는 심리적 외상으로 인한 스트레스와 그것에 의해 발생할 수 있는 잠재적 문제점을 함께 고찰해야 한다. PTSD는 불안장애의 일종으로 심리적 외상 반응에 의해 나타나는 질환이다. DSM 기준에 따르면 외상 사건에 노출된 후 PTSD 증상은 최소 1달 이상 지속되며(American Psychiatric Association, 2000), 환자들은 심리적 외상을 입힌 사건을 재경험하게 되는데, 이를 통해 속상함, 침습적 사고, 악몽, 문제의 사건이 실제로 다시 일어나는 것 같은 착각을 경험하며, 외상 사건을 연상시키는 단서가 제공될 경우 그로 인한 심리적·육체적 고통을 받게 된다. 이러한 질환을 앓고 있는 환자는 외상 사건을 연상시킬 수 있는 자극을 피하게 되고 감각이 마비되는 증상을 겪으며, 외상과 관련된 생각, 느낌, 대화를 하는 것을 꺼리게 된다. 또한 외상과 관련이 있는 장소와 사람에 접촉하는 것과 기타 외상과 관련된 행동을 하는 것을 피하게 되고 심리적 외상을 입힌 사건의 중요 부분을 기억하지 못하며, 의미 있는 활동을 하는 것에 대해 흥미를 갖지 못하고 사람들과의 관계가 소원해지며, 감정 조절이 힘들고 생명이 단축된 것 같은 느낌을 받게 된다. 또한 PTSD 증상은 수면을 어렵게 하여 불안과 각성을 촉발하고 화를 잘 내게 되며, 좋지 않은 문제 상황에만 집중하게 되고 경계심이 높아지며 깜짝깜짝 놀라는 일이 많아진다.

이라크와 아프가니스탄 전쟁 참전 용사들의 외상 후 스트레스 장애 발병률

많은 학자가 이라크와 아프가니스탄 참전 용사들의 PTSD 질환 발병에 대해 연구하였다. 그러한 연구를 살펴보면 측정 방법, 자료 수집 시기, 연구 방법, 모집단 설정에 따라 발병률에 조금씩 차이를 보인다. 이라크 해방 작전과 항구적 평화 작전에 참전한 퇴역 군인들을 대상으로 최초로 시행한 PTSD 연구에서는(Hoge et al., 2004), 이라크와 아프가니스탄에서 파병 근무를 한 일반 병사와 해병대 병사를 대상으로 귀향 후 3개월에서 4개월이 되는 시점에 단면연구법을 시행하였다. 연구자들은 PTSD 판별 체크리스트(Weathers, Huska, & Keane, 1991)를 활용하여 PTSD 증상을 조사하였고 두 가지의 평점법을 활용하였다. 첫 번째 평점법은 지원자가 DSM-IV에서 규정하는 기준과 일치하고 보통 이상의 증상을 보이는 경우, 즉 최소 하나 이상의 재경험 증상, 3개 이상의 기피 증상, 두 개 이상의 각성 증상이 있다고 판단되는 경우에 PTSD 증상이 있다고 판별하는 방법이다. 두 번째 평점법은 보다 보수적인 채점 방법으로 첫 번째 평점법에서 활용한 DSM-IV 기준과 일치해야 하고 더불어 추가 기준을 마련하여 증상의 총점이 50점 이상을 넘어야 PTSD가 있는 것으로 판별하였다. 이라크 파병 육군 장병의 PTSD 발생률은 첫 번째 평점법에 의할 경우 18%로 나타났고, 두 번째 평점법에 의할 경우 12.9%로 집계되었다. 이라크 파병 해병대 장병의 경우에는 첫 번째 평점법에 의할 경우 19.9%, 두 번째 평점법에 의할 경우 12.2%로 나왔다. 이러한 기초 자료는 2003년에 수집되었는데 이 시기는 아프가니스탄에서 전투 임무가 활발하게 수행되기 전이었다. 따라서 항구적 평화 작전에 투입된 장병들의 PTSD 발병률이 낮게 측정된 것이 놀라운 일은 아니다. 그 당시 아프가니스탄에 파병된 후 돌아온 군인들의 PTSD 발생률은 첫 번째 평점법에 의할 경우 11.5%, 두 번째 평점법에 의할 경우 6.2%로 나타났다.

2003년 5월부터 2004년 4월까지 이라크 및 아프가니스탄 파병 후 본국으로 돌아오고 나서 2주 이내에 측정한 건강 자료를 활용하여 진행한 연구를 보면(Hoge, Auchterlonie, & Milliken, 2006) PTSD에 대해 네 가지 영역을 만들어 평가를 진행하였고 이러한 평가법은 차후 '우선 진료 대상 선정법(PC-PTSD)' 으로(Prins et al., 2003) 발전하였다. 이 평가법에 의하면 네 영역 중 2개 이상의 영역에 해당될 경우 현재 PTSD 위험이 있는 것으로 판단하였다. 이러한 판별법을 활용한 결과, 전체 장병의 PTSD 발생률은 9.8%로 나타났고, 그중에서 이라크와 아프가니스탄 파병 경험이 있는 장병의 질환 발생률은 4.7%로 나타났다.

파병 복무를 마치고 귀향한 장병들은 2주 이내에 검사를 받아야 하는데 그것만으로는 정신건강 질환을 판단하기에 부족하다는 우려의 목소리가 높아지자 미 국방부는 귀향 후 3개월에서 6개월 사이에 2차 평가를 할 수 있도록 하였다. 2005년 6월부터 2006년 12월의 기간 동안 우선 진료 대상 선정법(PC-PTSD)을 활용한 1, 2차 검정 결과를 활용하여 육군 장병의 정신건강 문제에 대해 종단적 연구

(Longitudinal Study)를 실시한 자료가 있다(Milliken, Auchterlonie, & Hoge, 2007). 연구 결과, 귀향 후 즉시 실시한 1차 평가에서는 현역 장병의 11.8%가 PTSD 위험이 있는 것으로 나타났고, 3개월에서 6개월 사이에 실시한 2차 평가에서는 위험도가 16.7%로 증가한 것으로 나타났다.

지금까지 살펴본 연구 방법들의 문제점은 파병 이전의 자료가 없는 상태에서 종단적 연구를 실시하였다는 점이다. Smith 등(2008)으로 구성된 연구진은 이러한 한계를 극복하기 위하여 광범위한 특성 집단을 구성한 후 종단적 연구를 실시하였다. 연구진은 2004년 6월부터 2006년 2월까지 PTSD 판별 체크리스트 결과를 활용하여 파병 경험이 있는 장병을 대상으로 후속 조사를 실시하였고, 추가로 PTSD가 발현된 장병이 있는지를 관찰하였다. 또한 DSM-IV의 PTSD 기준을 활용하여 평점이 최소 50점 이상인 경우에만 해당 질환이 있는 것으로 판별하였다. 그 결과 새롭게 PTSD가 발현된 경우는 4.3%인 것으로 나타났다.

PTSD가 발현되면 환자는 상당한 어려움을 겪게 된다. 앞에서 살펴본 바와 같이 PTSD 질환이 있는 환자는 결혼 생활을 유지하는 데 어려움을 겪는다. 또한 베트남전 참전 용사들에게서 반사회적 행동이 증가하였다고 보고한 연구 결과도 찾아볼 수 있다(Resnick, Foy, Donajoe, & Miller, 1989). 최근의 연구에 의하면, 이와 비슷한 사례가 1,500명 이상의 해병대 참전 용사들에게서 발견되었다(Booth-Kewley, Larson, Highfill-McRoy, Garland, & Gaskin, 2010). 또한 PTSD 진단을 받은 해병대 참전 용사들의 경우, 그러한 장애가 없는 대조군에 비해 반사회적 행동이 6배 이상 높게 나타난다는 사실을 발견하였다. 그들은 싸움, 명령 불복종, 법 집행자와의 시비, 징계 행위 증가 등과 같은 반사회적 행동으로 인해 2차적으로 스트레스 증가, 대인관계 마찰, 직무 수행상의 어려움을 겪는 것으로 나타났다. 이러한 행동과 악화된 정신건강 문제가 맞물려 이른바 눈덩이 효과가 발생할 수도 있다.

외상 후 스트레스 장애의 치료 방법

이전의 많은 연구를 통해 PTSD 치료에 효과적인 심리요법들이 제시되었다. 임상치료 지침(Clinical Practice Guidelines: CPGs)에 따르면(Institute of Medicine, 2008; American Psychiatric Association, 2004; Foa, Keane, Friedman, & Cohen, 2009; U.S. Department of Veterans Affairs & Department of Defense, 2010) 노출치료(Exposure Therapy), 인지적 처리 치료(CPT, Cognitive Processing Therapy; Resick, Monson, & Chard, 2007)를 모두 포함하는 인지 치료(Cognitive Therapy), 안구운동 민감 소실 및 재처리요법(Eye Movement Desensitization Therapy: EMDR; Shapiro, 2001), 기타 스트레스 예방 치료(Stress Inoculation Therapy: SIT; Kilpatrick, Veronen, & Resick, 1982; Meichenbaum, 1974)와 같은 인지행동치료(Cognitive-Behavioral Therapy: CBT)를 제시하고 있다.

'노출 치료(Exposure Therapy: ET)'는 PTSD의 발현과 유지에 관한 Mowrer(1960)의 2요인 이론(Two-Factor Theory)에서 유래한 것이다. 그러나 Mowrer의 이론은 PTSD의 모든 증상을 적절히 설명하지 못한다는 문제점이 있었다(Foa, Steketee, & Rothbaum, 1989; Foa & Hearst-Ikeda, 1996). 이에 따라 모든 임상적 증상을 설명하기 위하여 정서적 처리 이론(Emotional Processing Theory)이 제시되었다(Foa & Kozak, 1986). 이 이론에 따르면 PTSD는 환자가 외상 사건을 통해 받은 자극 및 심리적 반응과 그러한 외상이 환자에게 주는 충격에 의해 구조화된 병리적인 공포가 지속되는 것이라고 정의하였으며, PTSD 환자들은 공포 유발요인에 노출될 경우 이러한 고통에서 벗어나기 위해 인지적 또는 행동적 회피 현상을 보인다. 하지만 이러한 회피는 공포와 불안을 감소시킬 수 있는 새로운 정보를 학습하는 데 방해요인으로 작용한다. 노출 치료는 환자를 의도적으로 공포를 불러일으키는 상황에 노출시켜 심리적 회복을 위한 새로운 학습을 촉진시키는 데 목적이 있다.

'지속노출치료(Prolonged Exposure: PE; Foa, Hembree, & Rothbaum, 2007)'는 노출 치료 중에서도 가장 효과가 높은 방법으로 알려져 있다. 특히 심한 폭력을 당한 여성(Resick, Nishith, Weaver, Astin, & Feuer, 2002; Foa et al., 1999, 2005), 여성 참전 용사(Schnurr et al., 2007), 다양한 심리적 외상 사건에 노출된 환자(Marks, Lovell, Noshirvani, Livanou, & Thrasher, 1998)를 대상으로 연구를 실시하여 지속노출치료의 다양한 측면에 대해 분석하였다. 한편 노출 치료를 위한 수많은 임상 실험을 진행하였지만, 현역 장병에 대해서는 충분한 표본집단을 구성하지 못해 효과성을 입증할 만한 별도의 분석은 이루어지지 않은 상황이다.

'인지적 처리 치료(Cognitive Processing Therapy: CPT; Resick et al., 2007)'는 PTSD 환자를 위한 규범화된 인지 치료 방법으로써 사회인지이론에 근거를 두고 있다. 인지적 처리 치료는 사회적 배경에 대한 인식에 초점을 맞추고 있으며, 단순히 공포를 넘어서 환자들에게 공통적으로 발현되는 정서상태를 치료하는 것을 목적으로 하고 있다. 인지과정치료는 분노, 공포, 죄책감, 슬픔, 굴욕감과 같은 정서적 반응과 관련된 다양한 외상(trauma)에 주안점을 둔다. 인지적 처리 치료에서는 인지적 도식(Cognitive Schemas)을 외상 사건이 동화(Assimilation)나 과도 조절(Overaccommodation)과 같은 병리학적 치료 방법 중 하나와 상호작용하는 것으로 생각한다. '동화'란 환자가 새롭게 취득한 정보를 원래 자신이 가지고 있던 신념이나 믿음과 일치하는 것으로 생각하는 것을 말한다. 가령 '좋은 사람에게는 좋은 일만 생기는 것으로 보아 나는 나에 맞는 합당한 대우를 받은 것이다.'와 같이 생각한다는 것이다. 둘째로 '과도 조절'이란 외상 사건이 있은 후 기존에 가지고 있던 신념에 근거해 극단적인 방법으로 안전책을 강구하는 것을 말한다. 가령 '절대로 사람이 많은 공공장소에 가지 않을 것이다.'와 같은 생각을 하는 것이다. 심리 치료사들은 환자들이 '동화' 작용을 거칠 수 있도록 하는 것에 주안점을 둔다. 즉, 심리적 외상을 촉발한 사건의 주된 요소와 환자의 신념 사이에 균형을 맞추는 것이다. 심리치료사들은 특히 환자의 반복적인 인지 패턴이나 외상 사건으로 기존의 신념이 무너진 부분에 주목하여, 향후 문제를 일으킬 수 있는 생각과 신념을 분석하고 이를 해결할 수 있도록 노력하고 있다.

여러 임상 사례를 무작위로 추출하여 인지적 처리 치료가 실제로 많은 환자에게 일관된 효과를 나타내는지 여부를 알아보기 위해 실효성 분석을 실시하였다. 이에 주목할 만한 연구로는 인지과정치료와 지속노출치료의 효과성에 대한 비교분석 연구를 들 수 있다(Resick et al., 2002). 연구의 대상은 여성 강간 피해자들이었으며, 아직 치료를 실시하지 않은 여성 피해자들을 대조군으로 설정하였다. 연구 결과, PTSD 치료에 있어서 지속노출치료와 인지과정치료 간에는 유의미한 차이가 존재하지 않았으나 아직 치료를 받지 못한 통제군에 비해 두 가지 심리치료를 모두 받은 집단은 상당한 호전을 보인 것으로 나타났다. 이와 관련하여 장병에 대해서도 추가 연구가 필요하다고 판단된다. 지금까지의 연구 자료를 종합해 보면, PTSD 진단을 받은 현역 장병과 퇴역 군인을 대상으로 인지적 처리 치료를 하는 것을 추천할 만한 것으로 보인다(U.S. Department of Veterans Affairs & Department of Defense, 2010).

'안구운동 민감 소실 및 재처리요법(Shapiro, 2001)'은 수용적인 정보처리를 기반으로 외상 사건에 대한 기억, 정보처리 시스템의 자극 및 수용적인 정보 분석과 관련이 있는 정보 네트워크에 관여하여 치료를 하는 방법이다. 이 치료요법은 환자에게 동시에 두 개의 관심 과제를 부여하여 외상 사건을 치료하는 능력을 배양하도록 하고 있다. 환자는 치료 과정에서 여러 가지 외부 자극에 노출되며, 환자는 외부 자극에 반응하기 위해 좌우로 움직이는 안구운동을 하게 된다(Shapiro, 1995). 가령 환자에게 왼쪽에서 오른쪽으로 움직이는 점멸등을 바라보게 하면서 심리적 외상 사건과 관련된 기억과 느낌을 회상하게 하는 것이다. 이러한 치료요법을 통해 환자는 심리적 외상으로 인한 고통을 줄일 수 있으며 긍정적인 신념을 가질 수 있게 된다.

안구운동 민감 소실 및 재처리요법은 8단계로 구성되어 있는 PTSD 치료요법이다. 각 단계에 대해 살펴보면 다음과 같다. ① 환자 병력 정보 수집, ② 치료자와 환자 간의 라포 형성과 양쪽 안구 자극 요법에 대한 설명 등 치료를 위한 환자의 준비, ③ 심리적 외상 관련 대상에 대한 체계적인 분석, ④ 탈감각과 기억 구성 요소 재처리, ⑤ 긍정적 인지체계 배양, ⑥ 신체 스캔, 즉 기억으로 인한 육체적 발현 현상의 재처리, ⑦ 치료 종료 단계, ⑧ 이전에 실시했던 요법에 이어서 실시하는 재치료 단계로 구성되어 있다. 여러 연구 결과를 살펴보면, 이를테면 성범죄 피해 여성(Rothbaum, Astin, & Mosteller, 2005), 퇴역 군인(Carlson, Chemtob, Rusnak, Hedlund, & Muraoka, 1998), 기타 다양한 종류의 심리적 외상이 있는 표본집단(Devilly & Spence, 1999; Marcus, Marquis, & Sakai, 1997)에 대해 안구운동 민감 소실 및 재처리 요법을 시행한 결과 긍정적인 효과를 보인 것으로 나타난다. 그러나 몇몇 연구 결과는 안구운동을 활용한 치료 요법의 효과성을 뒷받침할 만한 충분한 근거가 마련되어 있지 않다는 점을 지적하고 있다(Hembree & Foa, 2003).

　마지막으로, '스트레스 면역 치료(Stress Inoculation Therapy: SIT)'를 실시하는 치료사들은 환자가 불안감을 관리하는 다양한 대처 능력을 배양할 수 있도록 하고 있다. 그들은 보통 인지 재구성, 자기 대화, 근육 이완, 호흡 재교육, 역할 놀이 등으로 구성된 치료 방법을 활용하고 있다. 스트레스 예방 치료를 위해 때로는 실제 노출법을 활용하기도 한다. 이러한 치료 방법을 활용하는 목적은 스트레스 관리 능력을 배양하고 외상 사건과 관련한 기억, 생각 및 느낌에 대한 회피 내지 불안 반응이 호전될 수 있도록 하기 위함이다. 여러 연구 결과를 보면 스트레스 예방 치료는 강간 및 폭행 피해자(Foa, Rothbaum, Riggs, & Murdock, 1991; Foa et al., 1999), 다수의 심리적 외상 사건을 경험한 환자(Lee, Gavriel, Drummond, Richards, & Greenwald, 2002)의 치료에 효과적인 것으로 나타났다.

파병 경험 장병에게 나타나는 우울증

　우울증과 관련된 장애들은 일반적으로 기분장애의 일종으로 분류되며, 증상으로는 우울한 기분, 모든 활동에서의 의욕 저하, 우울증과 결합하여 발현되는 또 다른 증상 등이 있고, 이에 대한 결과로 근본적인 기능에 변화가 일어난다(American Psychiatric Association, 2000). 수면장애, 죄책감, 자신이 쓸모없다는 느낌, 에너지 저하, 식욕 감퇴 및 과식, 집중력 저하, 절망감, 죽음이나 자살에 대한 생각 등은 기분장애에 수반하는 현상이라고 할 수 있다. 자살은 우울증 증세를 보이는 환자에 있어 특히 주의를 기울여야 할 부분으로 그러한 증상을 보이는 환자에 대해서는 주의 깊은 자살위험분석을 해야 할 필요가 있다(군 장병의 자살 문제에 관해서는 제9장 참조).

우울증의 발현율

　장병의 PTSD에 대한 연구 결과, 파병 이후 우울 증상은 사람에 따라 각각 다르게 나타나는데, 이는 교전 횟수, 측정 방법, 연구 설계의 차이에 그 원인이 있는 것으로 보인다. 파병 장병을 모집단으로 하여 진행한 연구 결과를 보면, 파병 장병 1만 명당 70.3명의 비율로 우울증을 발견할 수 있었다(Riddle, Sandersa, Jones, & Webb, 2008). 파병 근무 후 귀향한 장병의 경우 일반적으로 보다 높은 우울증 발현율을 보이는 것으로 나타났다. 보병 부대원을 대상으로 횡단 연구(Cross-Sectional Study) 결과 우울증 진단 기준을 폭넓게 적용했을 때 이라크 파병 후 15.2%의 육군 보병과 14.7%의 해병이 우울증 증상을 보인 것으로 나타났다(Hoge et al., 2004). 우울증 진단 기준을 좀 더 엄격히 적용했을 때는 육군 보병의 경우 7.9%, 해병의 경우 7.1%였다. 이라크전에 참전한 88,000명 이상의 병사를 대상으로 종단 연구를 실시한 결과에서는 본국으로 귀향 후 첫 몇 주간은 4.7%였던 우울증 발현율이 6개월이 지난 시점에서는 10.3%로 높아졌다는 사실을 발견할 수 있었다. 동일집단을 대상으로 6개월이 지난 시점에 측정하자 특히 예비군 임무를 수행하는 장병의 경우 우울증 발현율이 13%로 좀 더 높게 나타났다. 이와 같은 맥락에서 현역 장병과 주 방위군 보병 전투여단 장병을 대상으로 대규모 연구가 이루어졌다(Thomas et al., 2010). 파병 임무를 수행한 장병을 대상으로 귀향 후 3개월이 지난 시점과 12개월이 지난 시점에서 우울증 발현율을 측정하였는데, 조사 결과 현역 장병의 경우 3개월이 지난 시점에서 16.0%, 12개월이 지난 시점에서 15.7%가 측정되어 우울증 발현율이 비슷한 수준이었으나, 주 방위군의 보병 전투여단 장병의 경우 3개월이 지난 시점에서는 11.5%이었으나 12개월이 지난 시점에서는 15.9%로 나타나 우울증 발현율이 이전보다 상승하였다.

우울증의 치료

우울증 치료에는 다양한 심리요법이 활용되는데, 특히 '인지행동치료'와 '대인관계치료(Interpersonal Therapy: IPT)'를 주목할 필요가 있다. 이 치료요법의 효과성에 대해서는 상당수의 메타분석 연구가 실시되어 두 가지 치료 방법은 모두 비슷한 효과가 있다는 점이 입증되었다(de Mello, de Jesus Mari, Bacaltchuck, Verdeli, & Neugebauer, 2005; Jacobson et al., 1996; Luty et al., 2007). 이런 이유로 환자를 치료하기 위해 적정한 치료 방법을 선택하고자 할 때에는 환자가 어떤 방법을 선호하는지의 여부도 반드시 고려해야 할 것이다.

'인지행동치료'는 지금까지 가장 많이 연구되고 검증된 우울증 치료 방법 중 하나다. 인지행동치료는 행동 개입과 인지기법을 활용하여 환자의 부정적인 생각, 생활 규칙, 핵심 신념을 파악하고 개선하는 데 역점을 두고 있다. 우울증을 치료하기 위해 다양한 인지행동치료기법이 확립되었으며(Beck, 1976; Beck, 2011), 이러한 다양한 치료기법의 효과성에 대해 메타분석을 실시한 연구 문헌을 살펴보면 우울증 치료에 상당한 효과가 있는 것으로 기술되어 있다(Ekers, Richards, & Gilbody, 2008; Imel, Malterer, McKay, & Wampold, 2008).

인지행동치료기법 중에 '행동 활성화(Behavioral Activation)'가 있는데, 여기에서는 우울증을 긍정적 강화를 위한 기회를 감소시키는 것으로 정의하고 있다. 우울한 사람은 즐거운 활동이 많지 않으며, 그로 인하여 긍정적 강화를 받은 경험이 적은 것으로 해석하고 있다(MacPhillamy & Lewinsohn, 1974). 행동 활성화 치료 방법은 환자의 기분과 환자의 관심을 증가시키는 행동을 추적한다. 그 후 회피 현상을 줄이고 긍정적 강화를 도모할 수 있는 행동을 할 수 있도록 환자의 일상생활에 개입한다(lewindohn, Sullivan, & Grosscap, 1980). 행동 활성화 치료 방법은 상당히 많은 연구 자료를 통해 우울증 치료에 효과적이라는 점이 입증되었다(Cuijpers, van Straten, & Warmerdam, 2007; Mazzucchelli, Kane, & Rees, 2009).

'대인관계치료(Klerman, Weissman, Rounsaville, & Chevron, 1984; Weissman, Markowitz, & Klerman, 2000)는 현재 대인관계의 문제점과 우울증 증상과 관련된 사건에 중점을 둔다. 이 치료 방법은 대개 12회에서 16회 정도로 치료 횟수에 제한을 두며, 치료를 통해 현재의 대인관계 문제를 해결하여 우울증 증상을 개선하는 것을 목적으로 하고 있다(Markowitz, Svartberg, & Swartz, 1998). 우울증 증상은 대인관계에서 역할 전환이나 역할 투쟁과 같은 환경적 상황에 따라 구체화되며, 우울증 환자들은 그러한 환경적 상황에 변화를 줄 수 있는 방법을 찾으려는 노력을 통해 우울증 증상이 완화된다.

대인관계치료를 발전시키기 위해 청소년(Markowitz, Svartberg, & Swartz, 1998), 성인(Markowitz, Kocsis, bleiberg, Christos, & Sacks, 2005), 노인(Van Schaik et al., 2006), 특수한 질병과 관련된 우울증 환자(Markowitz et al., 1998)를 대상으로 무작위로 표본을 추출하여 많은 연구가 시행되었다. 대인관계치료에 관한 메타분석 연구 결과를 살펴보면, 대인관계치료는 우울증 치료에 상당히 효과적인 방법으로 보인다(Cuijpers et al., 2011; de Mello et al., 2005). 그러나 퇴역 군인과 현역 군인을 대상으로 한 대인관계치료의 효과성 연구는 많이 이루어지지 않은 상황이다. PTSD, 우울증, 대인관계에 문제가 있는 9명의 베트남전 참전 용사를 대상으로 실시한 예비 연구(Pilot Study)에서는 9명을 하나의 집단으로 묶어 집단 단위의 대인관계치료를 시행하였다(Ray & Webster, 2010). 연구에 참가한 9명의 참전 용사는 우울증, 대인관계 문제, PTSD 증상이 상당히 호전된 것으로 보고되었으며, 이는 이전에 받았던 심리치료와도 연계성이 있는 것으로 나타났다. 미 국가보훈처와 국방부(U.S. Department of Veterans Affairs, Department of Defence, 2009)에서 발행한 문서는 주요 우울장애 관리를 위한 임상치료 지침(CPG)으로 대인관계치료를 제시하고 있다.

파병 후 귀향 장병에게서 나타나는 약물 오남용

미군 당국은 약물 중독을 심각한 건강 문제로 인식하고 있으며, 2009년 미 육군이 발표한 자료에 따르면 약물 중독과 관련하여 16,997건의 형사 사건이 발생하였다(U.S. Department of the Army, 2010; 제10장 참고). 특히 알코올중독은 파병 후 귀향한 장병에게서 많이 발견되었으며 그 수치는 20%에서 25%에 달한다고 추산하고 있다. Hoge 등(2004)으로 구성된 연구진은 이라크와 아프가니스탄에 파병된 육군과 해병대 병사를 모집단으로 구성하여 연구를 진행하였으며, 연구 결과 4분의 1에 해당하는 장병이 파병 이후 알코올 사용 조절에 어려움을 겪고 있는 것으로 나타났다고 발표하였다. Rona 등(2007)으로 구성된 연구진은 이라크에 파병된 영국 군인을 대상으로 알코올 남용 여부를 연구하였으며, 연구 결과는 영국 군인들도 미군과 비슷한 20% 정도의 장병이 알코올 관련 문제를 보이는 것으로 나타났다고 보고하였다. 보다 최근인 Wilk 등(2010)으로 구성된 연구진이 이라크에 파병되었던 장병을 대상으로 귀향 후 3~4개월이 지난 시점에서 알코올 오남용 여부를 조사한 결과 25%에 해당하는 병사가 알코올 오남용을 하고 있는 것으로 나타났다.

장병의 규제 약물 남용에 대해서는 훨씬 알려진 바가 없다. 관련 자료를 살펴보면, 불법 약물 사용의 경우 장병보다는 민간인이 훨씬 많이 사용하는 것으로 보인다(Freeman & Hurst, 2009). 불법 마약 투여는 1980년에서 1998년 사이 급감하여 지속적으로 낮은 수준으로 유지되고 있는 반면, 알코올 남용은 1998년에서 2002년 사이 급증하여 아직도 높은 수치를 보이고 있다(Bray & Hourani, 2007). 알코올 남용에 비해 불법 마약류 복용이 수치가 낮은 것은 아마도 군대에서 음주가 보편적인 문화로 자리를 잡았다는 점과 군대에서는 무작위로 마약 복용 테스트를 실시하며, 마약 복용 사실이 적발되면 전역을 비롯한 엄청난 징계를 받는다는 점(무관용 정책, Zero-Tolerance Policy: 범법자에 대한 처벌을 대단히 엄격하게 가하는 정책)에 원인이 있는 것으로 보인다. 그러나 다른 연구 자료에서는 군 장병의 불법 마약 투여가 상승하는 추세에 있는 것으로 보고하고 있다. 2010년 발표된 미 육군 건강 증진 보고서(U.S. Army Health Promotion), 위험 감소 보고서(Risk Reduction), 자살 예방 보고서(Suicide Prevention)를 보면, 최근 마약 복용 감시를 게을리한 결과 대략 40,000명 정도의 장병이 불법 마약을 복용하였으나 그 사실이 적발되지 않은 것으로 추산하고 있다. 게다가 약 106,000명의 병사가 진통제, 향정신성 약물을 처방받았는데, 이는 명백히 약물 오남용의 잠재적 위험성이 있는 것이라고 지적하였다.

파병 후 귀향한 장병 중 특히 25세 미만의 어린 나이, 하위 계급자, 미혼자의 경우 약물 남용 위험성에 매우 취약한 것으로 나타났다(Wilk et al., 2010; Williams et al., 2010). 그 외 파병 후 귀향한 장병의 약물 남용과 관련한 추가적인 위험 요인으로는 전투 교전에의 노출, 주요 우울 장애 및 PTSD와 같은 정신 건강 문제를 꼽을 수 있다(Wilk et al., 2010). 파병 전 약물 오남용 문제가 있었던 장병은 귀향 후 약물 오남용 위험성이 이전보다 오히려 증가된 것으로 나타났다.

파병 후 귀향 장병의 심리사회적 스트레스 요인과 약물 오남용

정신적 고통과 약물 사용 간에는 상당한 관련성이 있고, 약물 오남용, 기분장애 및 불안장애를 동시에 진단받는 비율이 매우 높다는 점이 수많은 연구를 통해 확인되었다(Hasin, Stinson, Ogburn, & Grant, 2007; Kessler et al., 1996; Schneier et al., 2010). 이론 및 학술 자료에 의하면 많은 사람이 기분 동요, 불안, 업무 및 대인관계 문제, 사회적 고립에 대처하는 수단으로 약물을 오남용하게 된다고 한다(Byrne, Jones, & Williams, 2004; Duncan, 1974; Schneier et al., 2010; Tomlinson, Tate, Anderson, McCarthy, & Brown, 2006). 앞에서 언급한 문제들은 파병 후 귀향한 장병이 재적응을 하는 과정에서도 흔히 겪게 되는 것이다. 파병 후 귀향한 장병들은 가정 재적응, 친밀도 저하, 고립감, 향후 계획 및 직무와 관련된 문제 발생, 지루함과 같은 다양한 심리사회적인 스트레스 요인에 노출된다. 다시 파병을 나가는 장병들은 앞서 언급한 스트레스 요인으로 우울증과 불안장애 증상을 또 다시 경험할 수 있으며, 그러한 기분 나쁜 감정과 귀향 후 겪게 되는 심리사회적 문제를 떨쳐버리기 위해 약물에 의존하게 될 수 있다.

파병 후 귀향 장병의 교전 경험과 약물 오남용의 연관성

파병 후 귀향한 장병의 약물 오남용 문제에 있어 교전 경험은 특히 핵심적인 위험 요인으로 지목되고 있다. 이라크와 아프가니스탄에 파병된 대부분의 지상 부대원들은 매복, 급조 폭발물로부터의 공격, 총격전, 중상 및 사망한 동료의 목격, 곡사화기 공격 등 높은 수준의 전투 관련 외상에 노출되었다(Bernhardt, 2009). 이러한 심리적 외상과 알코올 오남용은 강한 연관성이 있다. 예를 들어, Rona 등(2007)으로 구성된 연구진의 연구 결과에 따르면, 9개월에서 12개월간 파병된 장병 중 20%에 육박하는 장병이 전투 외상과 부분적으로나마 연관된 알코올 문제를 나타냈다. 또한 교전 경험이 과음을 하게 하는 것과 관련성이 있다는 특별한 증거 자료가 제시되고 있다. 우선 전투 중 사망한 동료를 목격하는 경우 알코올 남용 문제와 특히 직결될 수 있다는 연구 자료를 볼 수 있으며(Browne et al., 2008; Hooper et al., 2008), 이와 비슷한 맥락에서 Wilk 등(2010)으로 구성된 연구진의 발표에 따르면, 전투 중 발생하는 잔혹행위를 목격하거나 전투를 통해 본인이 죽음이나 부상 위협을 받은 경우 특히 알코올 오남용 문제를 일으킬 수 있다. 장병들은 잔혹행위 목격과 같은 전투 관련 외상으로 인해 발생하는 풀리지 않는 죄책감과 다른 부정적인 감정이 결합하여 과음이나 폭음행위로 발전하게 된다고 한다(Wilk et al., 2010). 더욱이 전투 관련 외상에 대한 정서적 반응은 매우 복잡하게 나타나며, 그로 인해 슬픔, 비통함, 수치심, 죄책감 등과 같은 감정을 느끼게 된다(Conoscenti, Vine, Papa, & Litz, 2009).

PTSD와는 별개로, 전장 지역에서의 교전 경험이 알코올 오남용에 영향을 미치는 것이 사실이지만(Wilk et al., 2010), PTSD는 파병 후 귀환한 장병들에게 명백한 약물 중독 요인으로 꼽히고 있다(Nunnick et al., 2010; Ouimette, Read, Wade, & Tirone, 2010; Sharkansky, Brief, Peirce, Meehan, & Mannix, 1999; Stewart, 1996). PTSD를 겪고 있는 귀환 장병은 심리적 외상에 대처하기 위하여 알코올과 기타 약물을 복용할 수 있다. 가령, Sharkansky 등(1999)으로 구성된 연구진의 발표 자료를 보면 타인과의 갈등, 신체적 불편함, 불쾌한 감정 등이 PTSD를 진단받은 퇴역 군인의 약물 복용을 조장한다고 하였다. 또한 장병은 전투 외상으로 인한 악몽을 개선하기 위하여 알코올이나 기타 약물을 복용할 수 있다. 최근 연구 결과에 의하면 전투 스트레스와 PTSD는 불면증과 악몽에 영향을 미치는 것으로 지목되고 있으며, 그렇기 때문에 전투 스트레스에 노출된 귀환 장병이 수면장애 증상을 보이는지 여부를 파악하는 것이 매우 중요하다고 강조하고 있다(Picchioni et al., 2010). 추가로 고려해야 할 사항은 약물 남용과 PTSD를 동시에 진단받은 여군의 경우 특히 취약한 집단이 될 수 있다는 점이다. 여성 퇴역 군인을 대상으로 진행한 연구 결과, 약물 남용과 PTSD를 동시에 진단받은 경우 PTSD만 진단받은 사람에 비해 보다 극심하고 지속적인 문제를 보였다(Najavits, Weiss, & Shaw, 1999; Nunnick et al., 2010).

요컨대, 전투 파병을 나가게 되면 특수한 근무 환경에서 임무를 수행해야 하고, 이때 발생한 문제점으로 인해 파병을 마치고 귀환하였을 때 쉽게 약물 오남용에 빠질 수 있다. 특히 나이가 어리고, 미혼이며, 하위 계급자가 파병을 마치고 귀환할 경우 보다 높은 약물 오남용 위험성을 보이며, PTSD와 약물 남용을 동시에 진단받은 여군의 경우에는 특히 취약한 집단이 될 수 있다는 점에 주목해야 한다. 파병 후 귀환한 장병의 약물 오남용 위험 요인으로는 파병 전 약물 오남용 전력, 귀향에 따른 심리사회적 스트레스 요인, 전투 관련 외상, PTSD, 기타 정신건강 문제 등을 들 수 있다. 지금까지 제시한 많은 연구 결과를 분석해 보면, 파병 후 귀향한 장병을 위한 전담 임상의가 필요하다고 판단되며 다음과 같은 문제들을 세심하게 고려하여야 한다.

- 파병 전 약물 오남용 전력 파악
- 특별한 전투 경험과 전투 노출로 인해 귀향 후 알코올 오남용을 할 가능성이 높아진다는 사실의 인식
- 본국 귀향에 따른 스트레스와 정신질환 증상에 대처하기 위해 처방 약물을 오남용할 수 있다는 잠재적 위험성 파악
- 약물 오남용과 재발 방지를 위해서 징후가 보이는 단계에서 PTSD 여부를 빠르게 진단하는 것의 중요성
- 문제 장병의 사회적 상황을 인식하고 본국 귀환 후 약물 오남용에 빠질 수 있는 스트레스 요인의 발견
- 약물 오남용을 촉발할 수 있는 불쾌한 감정과 상황에 대한 적절한 대처 능력 배양
- 기분장애 저항력, 정서 조절, 대인관계 형성, 의사소통 능력에 초점을 맞춘 적극적 치료 실시
- 약물 오남용 증상 이후 나타나는 환자의 심리적 외상 증상 및 기타 정신건강 문제에 대한 치료가 매우 성공적으로 재발 위험성을 감소시켰다는 연구 결과

이후 제10장에서는 약물 오남용에 대한 문제, 군 인사와 관련한 문제, PTSD와 약물 오남용의 상관관계와 여러 가지 치료 방법 등에 대해 보다 자세히 다루었으므로 이를 참고하기 바란다.

파병 후 귀환 장병의 재적응 평가

파병 후 귀환한 장병은 심각한 재적응 문제를 보일 수 있고, 그러한 문제들로 지속적으로 부정적인 결과가 발생할 수 있기 때문에 장병의 신체 및 정신 기능과 심리적 행복에 대해 철저한 평가가 이루어져야 하며 이를 치료 계획에도 반영하여야 한다. 귀환 장병 개인은 물론 가족에게도 이러한 점은 동일하게 적용되어야 할 것이다. 이러한 평가에는 대인관계, 가족 및 사회적 관계, 직무 기능, 현재 스트레스 요인, 위험 요인, 강점으로 작용할 수 있는 요인, 치료 장애 요소, 군 복무 경력, 현재 심리 증상 등과 같은 영역을 모두 포함시켜야 한다. Meichenbaum(2009)은 특별히 파병 후 귀환한 장병을 위한 '사례 개념화 모델(case conceptualization model)'을 제시하였다. 그는 파병 후 귀환 장병이 적응에 어려움을 보이는 경우 그들의 아이들에 대해서도 신중한 평가가 필요하다고 하였으며, 심리적 건강, 가족 관계, 대인관계 및 학습 기능을 포괄하는 다양한 기능 영역에 대해 평가해야 한다고 하였다. 부모와 자녀 간의 관계는 특히 핵심적인 평가 영역으로 꼽히는데, 그 이유는 부모 스트레스와 정신병리학적 문제는 자녀의 심리사회적 기능과 학업에 영향을 미칠 수 있기 때문이다(Palmer, 2008).

이른바 낙인 효과(Stigma)는 귀환 장병의 적절한 평가와 치료를 방해하는 요인으로 널리 인식되고 있다. 보스니아에서 평화 유지 임무를 수행한 장병을 대상으로 조사한 결과, 조사 대상 708명의 미군 중 61%가 심리적 문제를 보고할 경우 향후 군 경력에 심각한 오점으로 남게 될 것을 우려하는 것으로 나타났다. 이라크와 아프가니스탄에 참전한 장병들도 이와 비슷한 반응을 보였으며, 오직 38~45%에 해당하는 장병만이 정신 문제에 대해 스스로 보고하고, 적절한 치료를 받는 것을 희망한다고 응답하였다(Hoge et al., 2004). 이러한 점을 고려하여 군 내 의료기관에서는 심리치료를 받는 것을 망설이는 장병들을 위해 그들이 적절한 치료를 받을 수 있도록 혁신적인 해결책을 강구하고 있다. 예를 들어, 미 국방부에서 기획한 'www.afterdeployment.org' 웹 사이트는 장병과 가족을 대상으로 파병 후 겪는 여러 문제에 대해 적절한 관리를 할 수 있도록 도와주고 있다. 이 웹 사이트는 스트레스, 분노, 우울증, 대인관계 문제와 같이 흔히 발생할 수 있는 문제들에 대해 유용한 정보와 함께 스스로 치료할 수 있는 방법을 제시하고 있다. 또한 이 웹 사이트에서는 전문가의 개입에 대해서는 다루고 있지 않지만 아직 정신병리학적 진단을 받지 않은 장병에 대해 그들이 겪는 어려움을 스스로 평가하고 치료할 수 있는 해결책을 제시하고 있다. 1:1 상담을 원하는 현역 장병, 주 방위군, 예비군 및 군 가족들은 'militaryonesource.com' 사이트에 방문하여 12회의 무료 상담을 받을 수 있다. 상담에서는 가정이나 근무지에서의 대인관계 향상, 슬픔과 상실감, 파병 후 적응 문제 등에 대한 상담만을 진행하며 정신병리학적 진단은 하고 있지 않다.

결 론

　파병 근무 기간 동안 장병과 가족은 상당한 희생을 치르게 되며, 그러한 희생은 본국으로 귀향한 이후에도 계속되는 경우가 많다. 그들은 귀향 후 오히려 더 큰 어려움에 직면할 수 있으며, 그러한 어려움에는 일반적인 적응 문제에서부터 강제로 정신 치료를 명령받는 임상적인 상황에 이르기까지 다양하다. 이러한 어려움은 귀환 장병뿐만 아니라 배우자, 자녀 그리고 친지와 주변의 사람들까지 함께 겪게 된다. 이러한 이유로 현재 그들을 돕기 위한 웹 사이트가 운영되고 있으며, 낙인 효과를 방지할 수 있는 무료 상담 등 혁신적인 방법이 강구되고 있다. 한편 지금까지 다양한 연구가 진행된 결과 파병과 관련하여 야기되는 문제에 대한 효과적인 치료 방법들이 제시되고 있다. 하지만 아직 해결해야 할 숙제들이 많이 남아 있는 것이 사실이다. 우선 현역 장병들을 대상으로 한 심리치료의 효과성 연구는 아직 많이 진행되지 않았으며, 파병으로 인해 향후 그들이 어떠한 정신건강 문제를 일으킬 수 있는지 대해서도 의문스러운 점이 많다. 특히 이라크와 아프가니스탄 파병 장병을 대상으로 그들의 정신건강에 장기간 영향을 미칠 수 있는 요인들에 대해서도 아직 많은 연구가 이루어지지 않았다. 그러므로 이러한 문제들에 대한 해답을 찾기 위해서는 향후 대표적인 표본집단을 구성하여 종단적 연구를 실시할 필요가 있다.

참고문헌

American Psychiatric Association. (2000). *Diagnostic and statistical manual of mental disorders* (4th ed., text rev.). Washington, DC: Author.

American Psychiatric Association. (2004). *Practice guideline for the treatment of patients with acute stress disorder and posttraumatic stress disorder.* Washington, DC: Author.

Beck, A. T. (1976). *Cognitive therapy and the emotional disorders.* New York: New American Library.

Beck, J. S. (2011). *Cognitive behavior therapy: Basics and beyond* (2nd ed.). New York: Guilford Press.

Bernhardt, A. (2009). *Rising to the challenge of treating OEF/OIF veterans with co-occurring PTSD and substance abuse.* Smith College Studies in Social Work, *79,* 344-367.

Booth-Kewley, S., Larson, G. E., Highfill-McRoy, R. M., Garland, C. F., & Gaskin, T. A. (2010). Factors associated with anti social behavior in combat veterans. *Aggressive Behavior, 36,* 330-337.

Bray, R. M., & Hourani, L. L. (2007). Substance use trends among active duty military personnel: Findings from the United States Department of Defense Health Related Behavior Surveys, 1980-2005. *Addiction, 102,* 1092-1101.

Browne, T. E., Iversen, A., Hull, L., Workman, L., Barker, C., Horn, O., et al. (2008). How do experiences in Iraq affect alcohol use amongst male UK armed forces personnel?. *Occupational and Environmental Medicine, 65,* 628-633.

Byrne, P., Jones, S., & Williams, R. (2004). The association between cannabis and alcohol use and the development of mental disorder. *Current Opinion in Psychiatry, 17,* 255-261.

Carlson, J. G., Chemtob, C. M., Rusnak, K., Hedlund, N. L., & Muraoka, M, Y. (1998). Eye movement desensitization and reprocessing (EMDR) treatment for combat-related posttraumatic stress disorder. *Journal of Traumatic Stress, 11,* 3-24.

Conoscenti, L. M., Vine, V., Papa, A., & Litz, B. T. (2009). Scanning for danger: Readjustment to the noncombat environment. In S. M. Freeman, B. A. Moore, & A. Freeman (Eds.), *Living and surviving in harm's way* (pp. 123-146). New York: Routledge/Taylor & Francis Group.

Cuijpers, P., Geraedts, A. S., van Oppen, P., Andersson, G., Markowitz, J. C., & van Straten, A. (2011). Interpersonal psychotherapy for depression: A meta-analysis. *American Journal of Psychiatry, 168,* 581-592.

Cuijpers, P., van Straten, A., & Warmerdam, L. (2007). Behavioral activation treatments of depression: A meta-analysis. *Clinical Psychology Review, 27,* 318- 326.

de Mello, M. F., de Jesus Mari, J., Bacaltchuk, J., Verdeli, H., & Neugebauer, R. (2005). A systematic review of research findings on the efficacy of interpersonal therapy for depressive disorders. *European Archives of Psychiatry and Clinical Neuroscience, 255,* 75-82.

Devilly, G. J., & Spence, S. H. (1999). The relative efficacy and treatment distress of EMDR and a cognitive-behavior trauma treatment protocol in the amelioration of posttraumatic stress disorder. *Journal of Anxiety Disorders, 13,* 131-157.

Duncan, D. F. (1974). Drug abuse as a coping mechanism. *American Journal of Psychiatry, 131,* 724.

Ekers, D., Richards, D., & Gilbody, S. (2008). A meta-analysis of randomized trials of behavioural treatment of depression. *Psychological Medicine, 38,* 611-623.

Fiedler, N., Ozakinci, G., Hallman, W., Wattenberg, D., Brewer, N . T., Barrett, D. H., et al. (2006). Military deployment to the Gulf War as a risk factor for psychiatric illness among US troops. *British Journal of Psychiatry, 188,* 453-459.

Foa, E. B., Dancu, C. V., Hembree, E. A., Jaycox, L. H., Meadows, E. A., & Street, G. P. (1999). The efficacy of exposure therapy, stress inoculation training, and their combination in ameliorating PTSD for female victims of assault. *Journal of Consulting and Clinical Psychology, 67,* 194-200.

Foa, E. B., & Hearst-Ikeda, D. (1996). Emotional dissociation in response to trauma: An information-processing approach. In L. K. Michelson & W. J. Ray (Eds.), *Handbook of dissociation: Theoretical and clinical perspectives* (pp. 207-222). New York: Plenum Press.

Foa, E. B., Hembree, E. A., Cahill, S. P., Rauch, S. A., Riggs, D. S., Feeny, N. C., et al. (2005). Randomized trial of prolonged exposure for PTSD with and without cognitive restructuring: Outcome at academic and community clinics. *Journal of Consulting and Clinical Psychology, 73*, 953-964.

Foa, E. B., Hembree, E. A., & Rothbaum, B. O. (2007). *Prolonged exposure therapy for PTSD: Emotional processing of traumatic experiences, therapist guide.* New York: Oxford University Press.

Foa, E. B., Keane, T. M., Friedman, M. J., & Cohen,. J. A. (2009). *Effective treatments for PTSD: Practice guidelines from the International Society for Traumatic Stress Studies.* New York: Guilford Press.

Foa, E. B., & Kozak, M. J. (1986). Emotional processing of fear: Exposure to corrective information. *Psychological Bulletin, 99*(1), 20-35.

Foa, E. B., Rothbaum , B. O., Riggs, D. S., & Murdock, T. B. (1991). Treatment of posttraumatic stress disorder in rape victims: A comparison between cognitive-behavioral procedures and counseling. *Journal of Consulting and Clinical Psychology, 59*, 715-723.

Foa, E. B., Steketee, G., & Rothbaum, B., O. (1989). Behavioral/cognitive conceptualizations of posttraumatic stress disorder. *Behavior Therapy, 20*, 155-176.

Freeman, S. M., & Hurst, M. R. (2009). Substance use, misuse, and abuse: Impaired problem solving and coping. In S. M. Freeman, B. A. Moore, & A. Freeman (Eds.), *Living and surviving in harm's way* (pp. 259-280). New York: Routledge./Taylor & Francis Group.

Gimbel. C., & Booth, A. (1994). Why does military combat experience adversely affect marital relations?. *Journal of Marriage and the Family, 56*, 691-703.

Goff, B. S. N., Crow, J. R., Reisbig, A. M. J., & Hamilton, S. (2007). The impact of individual trauma symptoms of deployed soldiers on relationship satisfaction. *Journal of Family Psychology, 21*, 344-353.

Hammelman, T. L. (1995). The Persian Gulf conflict: The impact of stressors as perceived by Army reservists. *Health and Social Work, 20*, 140-145.

Hasin, D. S., Stinson, F. S., Ogburn, E., & Grant, B. F. (2007). Prevalence, correlates, disability, and comorbidity of DSM-IV alcohol abuse and dependence in the United States: Results form the National Epidemiologic Survey on Alcohol and Related Conditions. *Archives of General Psychiatry, 64*, 830-842.

Hembree, E. A., & Foa, E. B. (2003). Interventions for trauma-related emotional disturbances in adult victims of crime. *Journal of Traumatic Stress, 16*, 187-199.

Hoge, C. W., Auchterlonie, J. L., & Milliken, C. S. (2006). Mental health problems, use of mental health services, and attrition from military service after returning from deployment to Iraq or Afghanistan. *Journal of the American Medical Association, 295*(9), 1023-1032.

Hoge, C. W., Castro, C. A., Messer, S. C., McGurk , D., Cotting, D. I., & Koffman, R. L. (2004). Combat duty in Iraq and Afghanistan, mental health problems, and barriers to care. *New England Journal of Medicine, 351*, 13-22.

Holt-Lundsted, J., Birmingham, W., & Jones, B. Q. (2008). Is there something unique about marriage? The relative impact of marital status, relationship quality, and network social support on ambulatory blood pressure and mental health. *Journal of Behavioral Medicine, 35,* 239-244.

Hooper, R., Rona, R. J., Jones, M., Fear, N. T., Hull, L., & Wessely, S. (2008). Cigarette and alcohol use in the UK armed forces, and their association with combat exposures: A prospective study. *Addictive Behavior, 33,* 1067-1071.

Imel, Z. E., Malterer, M. B., McKay, K. M., & Wampold, B. E. (2008). A meta-analysis of psychotherapy and medication in unipolar depression and dysthymia. *Journal of Affective Disorders, 110,* 197-206.

Institute of Medicine. (2008). *Treatment of posttraumatic stress disorder: An assessment of the evidence.* Washington, DC: National Academies Press.

Jacobson, N. S., Dobson, K. S., Truax, P. A., Addis, M. E., Koerner, K., Gollan, J. K., et at. (1996). A component analysis of cognitive-behavioral treatment of depression. *Journal of consulting and Clinical Psychology, 64,* 295-304.

Jensen, P., Martin, D., & Watanabe, H. (1996). Children's response to parental separation during Operation Desert Storm. *Journal of the American Academy of Child and Adolescent Psychiatry, 35,* 433-441.

Jensen, P., & Shaw, J. A. (1996). The effects of war and parental deployment upon children and adolescents. In R. J. Ursano & A. E. Norwood (Eds.), *Emotional aftermath of the Persian Gulf War: Veterans, families, communities, and nations.* Washington, DC: American Psychiatric Press.

Karney, B. R., & Crown, J. S. (2007). *Families under stress: An assessment of data, theory, and research on marriage and divorce in the military.* Santa Monica, CA: RAND National Defense Research Institute.

Kelley, M., Hock, E., Smith, K., Jarvis, M., Bonney, J., & Gaffney, M. (2001). Internalizing and externalizing behavior of children with enlisted Navy mothers experiencing military-induced separation. *Journal of the American Academy of Child and Adolescent Psychiatry, 40,* 464-471.

Kessler, R. C., Berglund, P., Demler, O., Jin, R., & Merikangas, K. R. (2005). Lifetime prevalence and age-of-onset distributions of DSM-IV disorders in the National Comorbidity Survey replication. *Archives of General Psychiatry, 62,* 593- 603.

Kessler, R. C., Nelson, C. B., McGonagle, K. A., Edlund, M. J., Frank, R. G., & Leaf, P. J. (1996). The epidemiology of co-occurring addictive and mental disorders: Implications for prevention and service utilization. *American Journal of Orthopsychiatry, 66,* 17-31.

Kilpatrick, D. G., Veronen, L. J., & Resick, P. A. (1982). Psychological sequelae to rape: Assessment and treatment strategies. In D. M. Dolays & R. L. Meredith (Eds.), *Behavioral medicine: Assessment and treatment strategies* (pp. 473-497). New York: Plenum Press.

Kim, H. K., & McKenry, P. C. (2002). The relationship between marriage and psychological well-being: *A longitudinal analysis. Journal of Family Issues, 23,* 885-911.

Klerman, G., Weissman, M., Rounsaville, B., & Chevron, E. (1984). *Interpersonal psychotherapy of depression.* New York: Basic Books.

Lapierre, C. B., Schwegler, A. F., & LaBauve, B. J. (2007). Posttraumatic stress and depression symptoms in soldiers returning from combat operations in Iraq and Afghanistan. *Journal of Traumatic Stress, 20,* 933-943.

Lapp, C. A., Taft, L. B., Tollefson, T., Hoepner, A., Moore, K., & Divyak, K. (2010). Stress and coping on the home front: Guard and Reserve spouse searching for a new normal. *Journal of Family Nursing, 16*, 45-67.

Lee, C., Gavriel, H., Drummond, P., Richards, J., & Greenwald, R. (2002). Treatment of PTSD: Stress inoculation training with prolonged exposure compared to EMDR. *Journal of Clinical Psychology, 58*, 1071-1089.

Lewinsohn, P. M., Sullivan, J. M., & Grosscap, S. J. (1980). Changing reinforcing events: An approach to the treatment of depression. *Psychotherapy: Theory, Research, and Practice, 17*, 322-334.

Luthar, S. S., Cicchetti, D., & Becker, B. (2000). The construct of resilience: A critial evaluation and guidelines for future work. *Child Development, 71*, 543-562.

Luty, S. E., Carter, J. D., McKenzie, J. M., Rae, A. M., Frampton, C. M. A., Mulder, R. T., et al. (2007). Randomised controlled trial of interpersonal psychotherapy and cognitive-behavioural therapy for depression. *British Journal of Psychiatry, 190*, 496-502.

Mabe, P. A. (2009). War and children coping with parental deployment. In S. M. Freeman, B. A. Moore, & A. Freeman (Eds.), *Living and surviving in harm's way* (pp. 349-370). New York: Routledge/Taylor & Francis Group.

MacPhillamy, D. J., & Lewinsohn, P. M. (1974). Depression as a function of levels of desired and obtained pleasure. *Journal of Abnormal Psychology, 83*, 651-657.

Marcus, S. V., Marquis, P., & Sakai, C. (1997). Controlled study of treatment of PTSD using EMDR in an HMO setting. *Psychotherapy: Therapy, Research, Practice, Training, 34*, 307-315.

Markowitz, J. C., Kocsis, J. H., Bleiberg, K. L., Christos, P. J., & Sacks, M. (2005). A comparative trial of psychotherapy and pharmacotherapy for 'pure' dysthymic patients. *Journal of Affective Disorders, 89*, 167-175.

Markowitz, J. C., Kocsis, J. H., Fishman, B., Spielman, L. A., Jacobsberg, L. B., Frances, A. J., et al. (1998). Treatment of depressive symptoms in human Immunodeficiency virus-positive patients. *Archives of General Psychiatry, 55*, 452-457.

Markowitz, J. C., Svartberg, M., & Swartz, H. A. (1998). Is IPT time-limited psychodynamic psychotherapy?. *Journal of Psychotherapy Practice and Research, 7*, 185-195.

Marks, I., Lovell, K., Noshirvani, H., Livanou, M., & Thrasher, S. (1998). Treatment of posttraumatic stress disorder by exposure and/or cognitive restructuring: A controlled study. *Archives of General Psychiatry, 55*, 317-325.

Mazzucchelli, T., Kane, R., & Rees, C. (2009). Behavioral activation treatments for depression in adults: A meta-analysis and review. *Clinical Psychology: Science and Practice, 16*, 383-411.

McCarroll, J. E., Ursano, R. J., Newby, J. H., Lui, X., Fullerton, C. S., Norwood, A. E., et al. (2003). Domestic violence and deployment in US Army soldiers. *Journal of Nervous and Mental Disease, 191*, 3-9.

McNeil, J. A., & Morgan, C. A. (2010). Cognition and decision making in extreme environments. In C. H. Kennedy & E. A. Zillmer (Eds.), *Military neuropsychology* (pp. 361-382). New York: Springer.

Meichenbaum, D. (1974). Self-instructional methods. In F. H. Kanfer & A. P. Goldstein (Eds.), *Helping people change* (pp. 357-391). New York: Pergamon Press.

Meichenbaum, D. (2009). Core psychotherapeutic tasks with returning soldiers: A case conceptualization approach. In S. M. Freeman, B. A. Moore, & A. Freeman (Eds.), *Living and surviving in harm's way* (PP. 193-210). New York: Routledge/Taylor & Francis Group.

Milliken, C. S., Auchterlonie, J. L., & Hoge, C. W. (2007). Longitudinal assessment of mental health problems among active and Reserve component soldiers returning from the Iraq War. *Journal of the American Medical Association, 298*(18), 2141-2148.

Moore, B. A., & Kennedy, C. H. (2011). *Wheels down: Adjusting to life after deployment.* Washington, DC: American Psychological Association.

Mowrer, O. H. (1960). *Learning theory and behavior.* New York: Wiley.

Mufson, L. H., Dorta, K. P., Wickramaratne, P., Nomura, Y., Olfson, M., & Weissman, M. M. (2004). A randomized effectiveness trial of interpersonal psychotherapy for depressed adolescents. *Archives of General Psychiatry, 61,* 577-584.

Najavits, L. M., Weiss, R. D., & Shaw, S. R. (1999). A clinical profile for women with posttraumatic stress disorder and substance dependence. *Psychology of Addictive Behaviors, 13,* 98-104.

Newby, J. H., McCarroll, J. E., Ursano, R. J., Fan, Z., Shigemura, J., & TuckerHarris, Y. (2005). Positive and negative consequences of a military deployment. *Military Medicine, 170,* 815-819.

Newby, J. H., Ursano, R. J., McCarroll, J. E., Lui, X., Fullerton, C. S., & Norwood, A. E. (2005). Postdeployment domestic violence by US Army soldiers. *Military Medicine, 170,* 642-647.

Nunnick, S. E., Goldwaser, G., Heppner, P. S., Pittman. J. O. E., Nievergelt, C. M., & Baker, D. G. (2010). Female veterans of the OEF/OIF conflict: Concordance of PTSD symptoms and substance misuse. *Addictive Behaviors, 35,* 655-659.

Orcutt, H. K., King, L. A., & King, D. W. (2003). Male-perpetrated violence among Vietnam veteran couples: Relationships with veteran's early life characteristics, trauma history, and PTSD symptomatology. *Journal of Traumatic Stress, 16,* 381-390.

Ouimette, P., Read, J. P., Wade, M., & Tirone, V. (2010). Modeling associations between posttraumatic stress symptoms and substance use. *Addictive Behavior, 35,* 64-67.

Palmer, C. (2008). A theory of risk and resilience factors in military families. *Military Psychology, 20,* 205-217.

Picchioni , D., Cabrera, O. A., McGurk, D., Thomas, J. L., Castro, C. A., Balkin, T. J., et al. (2010). Sleep symptoms as a partial mediator between combat stressors and other mental health symptoms in Iraq War veterans. Military Psychology, *22,* 340-355.

Pietrzak, R . H., Goldstein, M. B., Malley, J. C., Rivers, A. J., Johnson, D. C., Morgan, C. A., et al. (2010). Posttraumatic growth in veterans of Operations Enduring Freedom and Iraqi Freedom. *Journal of Affective Disorders, 126,* 230-235.

Prins, A., Ouimette, P., Kimerling, R., Camerond, R. P., Hugelshofer, D. S., ShawHegwer, J., et al. (2003). The Primary

Care PTSD Screen (PC-PTSD): Development and operating characteristics. *Primary Care Psychiatry, 9*, 9-14.

Ray, R., & Webster, R. (2010). Group interpersonal therapy for veterans with posttraumatic stress disorder: A pilar study. *International Journal of Group Psychotherapy, 60*, 131-140.

Resick, P. A., Monson, C. M., & Chard, K. M. (2007). *Cognitive processing therapy: Veteran/military version.* Washington, DC: Department of Veterans Affairs.

Resick, P. A., Nishith, P., Weaver, T. L., Astin, M. C., & Feuer, C. A. (2002). A comparison of cognitive-processing therapy with prolonged exposure and a waiting condition for the treatment of chronic posttraumatic stress disorder in female rape victims. *Journal of Consulting and Clinical Psychology, 70*(4), 867-879.

Resnick, H. S., Foy, D. W., Donahoe, C. P., & Miller, E. N. (1989). Antisocial behavior and post-traumatic stress disorder in Vietnam veterans. Journal of Clinical Psychology, *45*, 860-866.

Riddle, M. S., Sandersa, J. W., Jones, J. J., & Webb, S. C. (2008). Self-reported combat stress indicators among troops deployed to Iraq and Afghanistan: An epidemiological study. *Comprehensive Psychiatry, 49*, 340-345.

Riggs, D. S., Byrne, C. A., Weathers, F., W., & Litz, B. T. (1998). The quality of the intimate relationships of male Vietnam veterans: Problems associated with posttraumatic stress disorder. *Journal of Traumatic Stress, 11*, 87-101.

Rona, R. J., Fear, N. T., Hull. L., Greenberg, N., Earnshaw, M., Hotopf, M., et al. (2007). Mental health consequences of overstretch in the UK armed forces: First phase of a cohort study. *British Journal of Medicine, 335*, 603.

Rosen, L. N., Teitelbaum, J. M., & Westhuis, D. J. (1993). Children's reactions to the Desert Storm deployment: Initial findings from a survey of Army families. *Military Medicine, 158*, 465-469.

Rothbaum, B. O., Astin, M, C., & Marsteller, F. (2005). Prolonged exposure versus eye movement desensitization and reprocessing (EMDR) for PTSD rape victims. *Journal of Traumatic Stress, 18*, 607-616.

Ruger, W., Wilson, S. E., & Waddoups, S. L. (2002). Warfare and welfare: Military service, combat, and marital dissolution. *Armed Forces and Society, 29*, 85-107.

Schneier, F. R., Foose, T. E., Hasin, D. S., Heimberg, R. G., Liu, S. M., & Grant, B. F. (2010). Social anxiety disorder and alcohol use disorder co-morbidity in the National Epidemiologic Survey on alcohol and related conditions. *Psychological Medicine, 40*, 977-988.

Schnurr, P. P., Friedman, M. J., Engell, C. C., Foa, E. B., Shea, M. T., Chow, B. K., et al. (2007). Cognitive behavioral therapy for posttraumatic stress disorder in women: A randomized controlled trial. *Journal of the American Medical Association, 297*, 820-830.

Schwab, J., Ice., J., Stephenson, J., Raymer, K., Houser, K., Graziano, L., et al. (1995). War and the family. *Stress Medicine, 11*, 131- 37.

Seal, K. H., Bertenthal, D., Nuber, C. R, Sen, S., & Marmar, C. (2007). Bringing the war back home: Mental health disorders among 103, 788 US veterans returning from Iraq and Afghanistan seen at Department of Veterans Affairs facilities. *Archives of Internal Medicine, 167*, 476-482.

Shapiro, F. (1995). *Eye movement desensitization and reprocessing (EMDR): Basic principles, protocols, and procedures.* New York: Guilford Press.

Shapiro, F. (2001). *Eye movement desensitization and reprocessing: Basic principles, protocols, and procedures* (2nd ed.). New York: Guilford Press.

Sharkansky, E. J., Brief, D. J., Peirce, J. M., Meehan, J. C., & Mannix, L. M. (1999). Substance abuse patients with posttraumatic stress disorder (PTSD): Identifying specific triggers of substance use and their associations with PTSD symptoms. *Psychology of Addictive Behaviors, 13,* 89-97.

Sherman, M. D., Sautter, F., Jackson, M. H., Lyons, J. A., & Han, X. (2006). Domestic violence in veterans with posttraumatic stress disorder who seek couples therapy. *Journal of Marital Family Therapy, 32,* 479-490.

Smith, T. C., Ryan, M. A. K., Wingard, D. L., Slymen, D. J., Sallis, J. F., & Kritz-Silverstein, D. (2008). New onset and persistent symptoms of post-traumatic stress disorder self reported after deployment and combat exposures: Prospective population based US military cohort study. *British Medical Journal, 336,* 366-371.

Stewart, S. H. (1996). Alcohol abuse in individuals exposed to trauma: A critical review. *Psychological Bulletin, 120,* 83-112.

Thomas, J. L., Wilk, J. E., Riviere, L. A., McGurk, D., Castro, C. A., & Hoge, C. W. (2010). Prevalence of mental health problems and functional impairment among active component and National Guard soldiers 3 and 12 months following combat in Iraq. *Archives of General Psychiatry, 67,* 614-623.

Tomlinson, K. L., Tate, S. R., Anderson. K. G., McCarthy, D. M., & Brown, S. A. (2006). An examination of self-medication and rebound effects: Psychiatric symptomatology before and after drug relapse. Addictive Behaviors, *31,* 461- 474.

U.S. Department of the Army. (1996). *Combat operational stress control.* Washington, DC: Author.

U.S. Department of the Army. (2010). *Health promotion risk reduction, and suicide prevention.* Washington, DC: Author.

U.S. Department of Veterans Affairs & Department of Defense. (2009). *VA/DoD clinical practice guideline for management of major depressive disorder (MDD).* Washington, DC: Author.

U.S. Department of Veterans Affairs & Department of Defense. (2010). *VA/DoD clinical practice guideline for the management of post-traumatic stress.* Washington, DC: Author.

Van Schaik, A., van Marwijk, H., Ader, H., van Dyck, R., de Haan, M., Penninx, B., et al. (2006). Interpersonal psychotherapy for elderly patients in primary care. *American Journal of Geriatric Psychiatry, 14,* 777-786.

Weathers, F. W., Huska, J., & Keane, T. M. (1991). *The PTSD Checklist Military Version (PCL-M).* Boston: National Center for PTSD.

Weissman, M. M., Markowitz, J. C., & Klerman, G. L. (2000). *Comprehensive guide to interpersonal psychotherapy.* New York: Basic Books.

Wesensten, N. J., & Balkin, T. J. (2010). Cognitive sequelae of sustained operations. In C. H. Kennedy & J. L. Moore (Eds.), *Military neuropsychology* (pp. 297-320). New York: Springer.

Wilk, J. E., Bliese, P. D., Kim, P. Y., Thomas, J. L., McGurk, D., & Hoge, C. W. (2010). Relationship of combat experiences to alcohol misuse among US soldiers returning from the Iraq War. *Drug and Alcohol Dependence, 108*, 115-121.

Williams, J., Jones, S. B., Pemberton, M. R., Bray, R. M., Brown, J. M., & Vandermaas-Peeler, R. (2010). Measurement invariance of alcohol use motivations in junior military personnel at risk for depression or anxiety. *Addictive Behaviors, 35*, 444-451.

제6장 | MILITARY PSYCHOLOGY

군 의료 환경에서의
임상건강심리학과 행동의학

Alan L. Peterson
Ahn S. Hryshko-Mullen
Donald D. McGeary

제│6장에서는 군 의료 환경에서의 임상건강심리학과 행동의학이라는 전문 분야에 대해 살펴보
고자 한다. 우선 행동의학과 임상건강심리학에서 사용하는 다양한 용어를 정리하고, 이 분야
에 종사할 사람들에게 권장되는 교육 및 훈련 방법에 대해 알아보도록 한다. 다음으로 질병 관리와 치
료를 포함하여 행동의학과 임상건강심리학의 광범위한 적용 분야에 대해 알아보도록 한다. 마지막으
로, 군 의료 환경에서 행동의학과 임상건강심리학을 활용하여 일반적인 행동 위험 요인들과 질병을
치료하기 위해 충분히 검증이 이루어진 개인 및 그룹 단위 치료 방법에 대해 알아보도록 하겠다.

임상건강심리학과 행동의학의 용어

지금부터 살펴볼 행동의학과 임상건강심리학 분야를 지칭하기 위해 수많은 용어가 사용되었다. 예
를 들어, '행동의학(Behavioral Medicine; Schwartz & Weiss, 1978)' '의학적 심리학(Medical Psychology;
Prokop & Bradley, 1981)' '정신신체의학(Psychosomatic Medicine; Lipowski, Lipsitt, & Whybrow, 1977;
Weddington & Blindt, 1983)' '행동건강(Behavioral Health; Matarazzo, 1980)' '행동건강심리학(Behavioral

Health Psychology; Matarazzo, Weiss, Herd, Miller, & Weiss, 1984)' '건강심리학(Health Psychology; Goldberg, Carlson, & Paige-Dobson, 1994; Millon, 1982; Stone et al., 1987)' '임상건강심리학(Clinical Health Psychology; Belar & Deardorff, 2009)'과 같은 용어들이 있다.

　　여러 전문 분야의 학문적인 의견을 고려해 보았을 때 '행동의학(Behavioral Medicine)'이라는 용어가 가장 적절한 것으로 보인다. 1978년 '행동의학회(Society of Behavioral Medicine: SBM)'는 이전에 '행동 및 인지치료협회(Association for Behavioral and Cognitive Therapies: ABCT)'에 소속되어 있었던 60명의 창립위원에 의해 발족되었다.

역자 Tip

　　행동 및 인지치료협회 이전에는 행동치료 발전협회(Association for Advancement of Behavior Therapy)라는 명칭을 사용하였다.

　　행동의학회가 행동 및 인지치료협회에서 유래했다는 사실만 보아도 행동의학회는 탄탄한 행동과학의 이론적 토대를 갖추고 있다는 점을 알 수 있다. 행동의학 분야의 출현은 행동수정요법(Behavior Modification), 응용행동분석(Applied Behavioral Analysis), 행동요법(Behavior Therapy)의 성공에 어느 정도 이유가 있어 보인다(Blanchard, 1982). 행동의학회는 심리학자, 정신과 의사, 사회복지사, 간호사, 치과 의사 그리고 내과 의사와 같은 비정신과 전공의들로 구성되어 있다. 행동의학회는 현재 2,000명 이상의 회원을 두고 있으며, 심리학자들이 가장 높은 비율을 차지하고 있다(Society of Behavioral Medicine, 2012).

　　행동의학이라는 용어는 행동의학을 심리학 분야와 연계하여 생각하기에 다소 한계가 있다. 용어적 정의에 의하면, 행동의학 관련 종사자들은 의학 및 치의학 전문가와 긴밀하게 협조하도록 하고 있다. 그런데 행동의학은 심리학이나 심리학자들만으로 구성된 병원들과 관련성이 높기 때문에 '의학'이라는 용어를 사용하는 것이 다소 부적절해 보인다. 그 이유는 '행동의학'이라는 용어는 심리학자가 의료행위를 한다는 의미로 잘못 해석될 수 있는 소지가 있기 때문이다. 한편 미 육군에서는 '행동의학'이라는 용어를 '정신건강'과 동의어로 사용해 왔다.

　　따라서 의료 환경에서 심리학자들이 임상 실무를 하는 것에 대해 가장 잘 설명할 수 있는 용어는 '임상건강심리학(Clinical Health Psychology)'으로 보인다. 이 용어는 1997년 미국 심리학회에서 최초로 사용하였으며, 그들이 내린 정의는 다음과 같다.

임상건강심리학은 건강과 질병의 행동적, 정서적, 인지적, 사회 및 생물학적 요소 간의 연관성에 대한 과학적 지식을 배양하여 ① 건강의 증진 및 유지, ② 질병과 장애의 예방, 치료, 회복, ③ 건강관리 체계의 발전을 도모하기 위한 학문이다. 임상건강심리학(행동의학, 의학적 심리학, 정신 신체의학으로도 알려져 있는)은 육체적 · 정서적 질병이 동시에 발병하는 중요한 시점에서 이러한 문제를 이해하고 치료하기 위한 것이다(American Psychological Association, 2012).

행동의학과 임상건강심리학은 지난 25년간 심리학 분야에서 가장 빠른 속도로 성장하였다. 현재 임상건강심리학은 박사과정 취득 후의 연구 및 훈련 과정에서 가장 인기 있는 분야다. '심리학 박사과정 수료 후 연구 및 인턴 과정 협회(Association of Psychology Postdoctoral and Internship Centers)'의 2010년 자료에 따르면, 126개의 박사과정 취득 후 연구 및 훈련 프로그램 중 66개(52%) 과정이 임상건강심리학과 관련된 것이었고, 52개(41%)는 또 다른 인기 분야인 신경심리학과 관련된 과정이었다.

임상건강심리학 분야가 발전하였다는 또 다른 증거는 의과대학에서 근무하는 심리학자들의 숫자다. 1953년에는 255명의 심리학자들이 미국 의과대학에서 근무하였으나 1993년에는 그 숫자가 늘어 3,500명 이상의 심리학자들이 의과대학에서 근무하였다. 의과대학별로 심리학자들이 채용되는 평균 숫자를 보면 1950년대 2명에서 1990년대는 28명으로 증가하였다(Sheridan, 1999).

지난 20년간 이러한 전문적인 임상 평가와 치료 방법을 활용하는 군 진료소 및 진료 서비스에 대해 '행동의학 진료소' '행동건강심리학 서비스' 등의 다양한 명칭이 사용되었다. 지금은 '임상건강심리학'이라는 용어가 대부분의 군 및 민간의료 환경에서 이 분야를 가장 잘 나타내는 용어로 쓰이고 있다.

행동의학과 임상건강심리학에서 다루는 임상 문제

주요 군 의료기관에서는 행동요인이 1차 혹은 2차적 역할을 하는 질환에 대해 비약리적이거나 비외과적 치료를 실시한다. 그들이 일반적으로 주목하는 질병은 만성 통증, 불면증, 비만, 니코틴 중독, 당뇨병, 고혈압, 위장병, 만성 폐쇄성 폐질환, 암, 심장병 등이다. 이러한 증상을 보이는 대부분의 환자는 정신과 병원에서 진료받는 것을 꺼리는데, 그 이유는 정신질환에 대한 낙인 효과를 피하고 싶어 하고, 정신질환과는 분명히 구분하여 치료받기를 원하기 때문이다. 일반적으로 임상건강심리학자들은 이전에 환자가 진단받았던 질환을 살펴보고 흡연과 같이 건강에 영향을 미칠 수 있는 행동 요인을 우선적으로 치료한다. 환자가 일반의에게 증상을 호소하고 진료를 받았는데, 일반의가 임상건강심리학자의 진료를 받을 것을 권고하는 경우 환자는 일반의가 본인이 호소한 증상에 대해 사실이 아니거나 상상에 의한 질병이라고 치부해 버렸다고 생각하게 된다. 그러므로 치료 초기에 의사는 환자에게 지금 이루어지고 있는 평가는 실제로 존재하는 의학적·치의학적 질병에 대한 것이며, 만약 정신적 문제가 있다고 판단된다면 임상건강심리학자가 아닌 정신과 의사의 진료를 받게 할 것이라고 미리 언급하여 두는 것이 좋다. 바로 이러한 이유가 임상건강심리학 진료소와 정신건강 진료소가 서로 분리되어 독립적으로 운영되고 있는 이유다. 한편 임상건강심리 진료를 받을 것을 권고받은 환자들은 대부분 일반의, 치과의 또는 기타 의료전문가의 추천을 받는 경우에만 임상건강심리 진단을 받으려고 한다. 대부분의 경우, 환자들은 행동 치료를 시작하기 전에 임상건강심리 진료를 권고하는 전문의에게서 신체적 증상에 대한 적절한 평가와 치료가 이루어졌으며, 의학적으로 모호한 것이 없는지 여부를 확인하고자 한다(예: 뇌종양으로 인한 두통).

임상건강심리학자들은 광범위하게 건강 상태를 평가하고 치료한다. Belar와 Deardorff(2009)는 임상건강심리학자들이 행하는 다양한 의료 서비스를 다음과 같이 정리하였다.

- 장기 이식, 골수 이식, 비만대사 수술과 같은 의료 방법 평가
- 의학적·치의학적 치료에 대한 불안감 감소
- 통증 관리 치료
- 화학요법으로 인한 구토와 같은 증상 조절 치료
- 만성 질병 환자에 대한 지원
- 심리적 외상 및 뇌졸중 발생 후 회복 치료
- 흡연, 비만, 운동 부족과 같이 건강 위협 요소로 작용하는 행동 조정
- 관계 형성과 의사소통을 담당하는 의료 직원에 대한 자문
- 직무 현장에서의 건강 증진 프로그램 개발
- 두부 외상 후 신경 심리학적 평가

군 임상의나 상담심리학자들은 앞에 나열한 질병이 있는 다수의 환자를 평가하고 치료를 한 경험이 풍부하며, 관련 교육을 이수한 전문가다. 하지만 임상건강심리학에서는 이러한 질병을 가진 환자를 평가하고 치료하는 임무를 주로 수행하는 사람에게 **펠로우십 교육**(Fellowship training)을 받을 것을 권하고 있다.

> **역자 Tip**
>
> 펠로우십 교육(Fellowship Training)이란 본인 전공 과목의 특정 분야에 대해 좀 더 집중적으로 연구와 진료를 위한 수련을 받는 것을 말하며, 이 경우 세부전문의 혹은 분과전문의로 불린다.

펠로우십 교육을 수료한 임상건강심리학자들은 보통 주요 군 의료센터의 정신건강 심리 서비스 혹은 정신건강심리치료소의 기관장으로 활동하며, 이러한 증상을 보이는 환자들을 진료하는 최종 의료기관에 소속되어 진료 서비스를 제공한다. 이러한 이유로 임상건강심리학자는 Belar와 Deardorff가 제시한 열 가지 상황에 해당하는 모든 질환을 평가하고 치료할 수 있도록 특별 교육과 훈련을 받은 전문가로 여겨진다. 전문의든 일반의든 간에 모든 군 심리학자는 각자의 분야에서 이러한 진료를 할 수 있도록 반드시 적절한 교육과 훈련을 받아야 한다(APA, 2002).

추천 교육 및 훈련

임상건강심리학의 정규교육은 박사과정이나 인턴 과정 또는 박사학위 취득 후에 이루어진다(Sheridan et al., 1988; Stone et al., 1987). 최근 5년간 임상건강심리학자들의 교육과 훈련에 상당한 진전이 있었다. 또한 전문적인 심리교육을 행하고자 하는 움직임과 더불어 임상건강심리학자에게 요구되는 역량을 파악하고 그러한 역량을 강화하기 위한 적절한 수준의 교육 중요성이 강조되었다. 2007년 3월 임상건강심리학 교육자 및 훈련자로 구성된 단체의 장(executive)들이 애리조나 주 템피에서 모임을 가졌으며, '템피 회의(Tempe Summit)'에서는 Rodolfa 등(2005)으로 구성된 연구진이 발표한 '역량개발 큐브모형(Cube Model of Competency Development)'에 기초하여 잘 숙련된 임상건강심리학자와 초급 단계의 임상건강심리학자들이 구비해야 할 기초적이고 필수적인 역량에 대해 확인하였다(France et al., 2008). 템피 회의의 또 다른 성과는 1990년대 중반부터 활동이 거의 없었던 건강심리훈련위원회를 활성화하여 '임상건강 심리 교육프로그램 위원회(Council of Clinical Health Psychology Training Programs)'로 명칭을 바꾸었으며, 2008년 1월 텍사스 주 샌안토니오에서 첫 모임을 할 수 있도록 하였다. 또한 2009년 '전문 심리학을 위한 훈련과 교육(Training and Education in Professional Psychology)'에 연재된 학술 논문에는 임상건강심리학자로서의 '최상의 기량(best practices)'과 박사과정이나 인턴 과정 또는 박사학위 취득 후 받아야 할 교육을 설명하고 지속적으로 계발해야 할 역량에 대해 언급하고 있다(Masters, France, & Thorn, 2009; Larkin, 2009; Kerns, Berry, Frantsve, & Linton, 2009). 임상건강심리학의 교육과 훈련지침이 크게 발전하게 된 또 다른 계기는 2010년 2월에 개최된 리버프론트 학회(Riverfront Conference)였다(Suls, 2010). 미국 심리학회 38번 분과의 후원으로 개최된 학회를 통해 참가자들은 21세기의 임상건강심리 훈련이 기초 임상 과학과 실무 현장에서 어떤 형태로 이루어져야 바람직한지를 검토하였고, 이러한 논점은 1983년 아든 하우스 학회(Arden House Conference) 이후 처음 이루어진 것이었다.

> **역자 Tip**
>
> 미국 심리학회는 총 54개의 분과로 이루어져 있다. 각 분과는 심리학의 세부 전공 분야라고 보면 될 것이다. 1번 분과부터 56번 분과까지 있으며, 이 중 4번과 11번 분과는 존재하지 않는다. 이 중 38번 분과가 건강심리학(Health Psychology) 분과다.

다수의 대학원에서는 임상심리학과 상담심리학에서 세부전공으로 임상건강심리학이나 행동의학을 개설하고 있다. 전공으로 선택한 경우 관련 수업을 들어야 하고 의료 현장에서 최소한 1개 과목 이상의 임상실습 과목을 이수해야 한다. 대부분의 심리학 인턴 과정에서는 임상건강심리학이나 행동의학의 중요성을 강조하고 있으며, 두 과정을 순차적으로 학습하도록 하고 있다. 박사학위 취득 후 임상건강심리학의 펠로우십은 보통 1년에서 2년 동안 이루어진다. 펠로우십 교육 프로그램에 따라 주안점을 두는 것이 각기 다르지만 대부분의 교육과정에서는 감독관 훈련을 포함하여 다음과 같은 내용을 교육한다. 첫째는 만성 질병의 평가와 관리, 둘째는 예방을 통한 건강 유지, 셋째는 치료 효과성 평가, 넷째는 건강 전문가와의 협력을 통한 학문의 발전, 다섯째는 질병 관리팀의 발전을 위해 필요한 기술, 여섯째는 주민 건강 평가 및 치료 전략, 일곱째로 임상연구에 필요한 기술의 개발이 그것이다.

대부분의 민간 펠로우십 프로그램은 통증이나 체중 관리와 같은 한두 가지의 행동의학에만 집중하고 있다. 군에서 후원하는 펠로우십 교육과정은 텍사스 주 샌안토니오 소재의 윌포드홀 외래 외과병원(Wilford Hall Ambulatory Surgical Center)와 하와이 소재의 트리플러 육군 병원(Tripler Army Medical Center)에서 이루어지며, 군 의료기관에서 임상건강심리 분야의 장(chief)으로 활동하게 될 대학원 졸업자를 교육하고 있다(James, Folen, Porter, & Kellar, 1999). 교육 프로그램은 임상건강심리학자가 모든 형태의 행동의학 치료를 할 수 있도록 구성되어 있다. 군의 프로그램은 임상건강심리학 분야에 대한 기초적이고 다양한 교육과 더불어 박사학위 취득 이후 펠로우에서 특히 관심을 갖고 있는 분야를 다룰 수 있도록 하고 있다.

박사 취득 후 펠로우십 프로그램들은 미국 심리학회가 1999년 처음으로 승인제도를 도입한 이후 괄목할 만한 성장을 하였다. 현재 미국 심리학회의 승인을 얻은 임상건강심리학 박사 취득 후 레지던트 과정 프로그램은 6개가 있다. 미국 심리학회가 공식적으로 승인한 첫 번째 박사학위 취득 후 펠로우십 프로그램은 텍사스 윌포드홀 외래 외과센터에서 시행한 임상건강심리학 프로그램이다. 또한 미 육군은 트리플러 육군 의료센터의 박사학위 취득 후 임상건강 심리학 펠로우십 프로그램을 후원하고 있다. 미 공군과 육군의 임상건강심리학 펠로우십 과정은 모두 미국 심리학회의 승인을 받았으며, 미 공군은 전공 실습 프로그램을, 미 육군은 일반 실습 프로그램을 각각 승인받았다. 한편 미 공군에서 시행하는 프로그램은 미국 수면학회(American Academy of Sleep Medicine)의 '행동수면의학(Behavioral Sleep Medicine)' 프로그램으로 정식 승인되었다. 미 해군의 경우 육군의 프로그램을 활용하여 임상건강심리학자들을 양성하고 있다.

임상건강심리학의 교육과 훈련 분야에서 이룩한 최고의 성과는 미국 전문심리학위원회(American Board of Professional Psychology: ABPP)에서 정식으로 인증 면허를 발급받게 된 것이다. 윌포드홀과 트리플러 교육기관에서 펠로우십 과정을 수료하면 미국 전문심리학위원회로부터 정식으로 임상건강심리학 면허를 수여받을 수 있다. 현재 군에서는 군 심리학자가 미국 전문심리학 위원회에서 발급하는 면허를 취득하는 경우 매년 6,000달러를 지급하고 있다.

증거에 기초한 치료 접근

행동의학과 임상건강심리학을 광범위하게 연구한 훌륭한 참고서가 상당히 많이 출판되어 있기 때문에(Baum, Revenson, & Singer, 2001; Belar & Deardorff, 2009; Boll, Johnson, Perry, & Rozensky, 2002; Frank, Baum, & Wallander, 2004; Frank & Elliott, 2000; Llewelyn & Kennedy, 2003; Nicassio & Smith, 1995; Raczynski & Leviton, 2004) 역학(Epidemiology; 일정한 시기 안에 사람들 사이에서 발생하는 질병과 같은 특별한 현상의 빈도와 분포에 대한 연구), 평가, 효용성이 입증된 치료 방법에 관한 세부사항에 대해서는 이 장에서 다루지 않도록 한다. 『상담심리학 및 임상심리학 학술지(Journal of Consulting and Clinical Psychology)』는 1982년부터 10년 주기로 행동의학과 임상건강심리학에 관한 특집호를 발행하고 있다(Blanchard, 1982, 1992; Smith, Kendall, & Keefe, 2002). 특집호에는 행동의학이나 임상건강심리학 진료에서 가장 많이 관찰되는 환자 유형을 평가하고 및 치료에 대한 훌륭한 분석 연구 자료를 수록하고 있다.

행동의학과 임상건강심리치료 중에서는 금연, 체중 관리, 통증 관리, 불면증 관리, 당뇨병 관리, 턱관절 장애 관리, 심장 재활 프로그램, 호흡 재활 프로그램 등, 특히 군 의료 환경에 관련성이 높은 분야가 많다. 제6장의 공동 저자인 Ahn S. Hryshko-Mullen은 윌포드홀 임상건강심리서비스센터에 이 분야의 치료자 및 환자지침을 포함하여 체계화된 임상건강심리치료 프로그램을 제공하고 있다. 군 임상건 강심리학자들에게 금연, 체중 관리, 만성통증 관리, 불면증 관리의 네 가지 영역은 특히 중요한 분야이 기 때문에 지금부터 보다 자세히 살펴보도록 한다.

금 연

군과 민간 영역의 심리학자들은 행동의학치료에서 금연(Tobacco Cessation)을 가장 중요한 목표로 설 정하고 있다(Niaura & Abrams, 2002; Peterson, Vander Weg, & Jaén, 2011; Wetter et al., 1998). 미국에서 흡연은 사망에 이르게 하는 대표적인 원인으로 꼽히고 있으며(Centers for Disease Control and Prevention, 1997), 매 년 40만 명의 미국인이 흡연에 의한 질병으로 사망하고 있다(Mokdad, Marks, Stroup, & Gerberding, 2004). 현재 대략 4,800만 명의 미국인이 흡연을 하는 것으로 나타나고 있으며(Centers for Disease Control and Prevention, 2000), 흡연 인구 중 3분의 1에서 2분의 1 가량이 흡연에 의한 질병으로 사망하는 것으로 보 고 있다(Mokdad et al., 2004).

흡연은 미군에서 가장 중요한 건강 위험 요인으로 지목되고 있다. 지난 100년 동안 전쟁에 의한 사 망자보다 올 한 해에 흡연에 의한 질병으로 사망하는 사람이 더 많으며, 이를 예방하기 위한 추가적인 의료 지원과 생산성 저하 비용은 매년 9억 3천만 달러에 이를 것으로 추산된다(Robbins, Chao, Coil, & Fonseca, 2000). 흡연 장병은 비흡연자보다 조기에 전역을 할 가능성이 매우 높으며, 이로 인해 새로운 자원을 획득하고 교육 훈련을 시키는 데 연간 1억 3천만 달러가 넘는 비용이 지출되고 있다(Klesges, Haddock, Chang, Talcott, & Lando, 2001). 흡연은 체력을 저하시키고 부상 위험을 높이며, 병가를 쓰는 날 을 많게 하여 개인의 작전준비태세에 악영향을 미친다(Altarac et al., 2000; Lincoln, Smith, Amoroso, & Bell, 2003). 미군 현역 장병의 흡연율은 1980년부터 1998년까지 꾸준히 낮아지고 있었지만 1998년 이후 2002년까지의 추이를 보면 대폭 증가했다(Bray et al., 2003). 갑자기 흡연율이 상승한 것에 대한 과학적 인 입증 자료는 없지만 2001년 9·11테러 발생 이후 파병 근무 및 업무 강도가 높아짐에 따라 군 장병 의 스트레스가 증가한 것에 원인이 있다고 생각된다. 현재 각 군의 흡연율(여기서는 지난 12개월간 한 번 이라도 흡연을 한 경우 흡연자로 간주하였다)은 육군 35.6%, 해군 36.0%, 해병대 38.7%, 공군 27%이다. 각 군별 씹는 담배의 사용률은 육군 14.0%, 해군 9.0%, 해병대 20.4%, 공군 8.8%로 추산되고 있다(Bray et al., 2003).

금연 프로그램은 거의 모든 미군 의료시설에서 제공하고 있다. 각 의료시설의 위치나 가용한 자원 에 따라 금연 프로그램의 구체적인 실시 방법은 약간씩 다르지만, 대부분의 경우 니코틴 패치나 껌을 제공하는 것과 같은 니코틴 대체요법과 더불어 행동 개선 프로그램(Fiore, Smith, Jorenby, & Baker, 1994;

Hatsukami et al., 2000), 또는 부프로피온(항우울제로 니코틴 금단 증상 완화제로도 사용되며 상표는 Zyban이다), 염산염(Zyban, Bupropion Hydrochloride)을 처방하고 있다(Hurt et al., 1997). 최근의 연구 결과를 보면 앞의 세 가지 치료 방법을 병행하여 실시할 경우 가장 높은 금연 성공률을 보였다(Fiore et al., 2008; Jorenby et al., 1999). 대부분의 금연 프로그램은 1년간 7일 단위로 측정한 결과 대략 25~35%의 금연 성공률을 보였다(Fiore et al., 2008). 다수의 군 금연 프로그램은 75% 이상의 높은 금연 성공률을 보인다고 광고하고 있다. 그러나 이러한 높은 성공률은 대체로 인위적인 방법으로 측정한 결과로 나타난 경우가 많다. 즉, 금연 프로그램 참가자를 모두 포함하지 않고 추가 측정에 참가한 장병만을 통계치에 반영하거나 제대로 측정하지 않았기 때문이다. 최근에 발표된 군 장병의 금연 연구 결과, 트리플러 금연 프로그램에 참가한 장병 중 27%만이 금연에 성공한 것으로 나타났다(Faue, Folen, James, & Needels, 1997).

금연 프로그램은 과학적 근거와 실무지침을 바탕으로 시행할 것을 권고하고 있다(Abrams et al., 2003; Fiore et al., 2008; Niaura & Abrams, 2002; Wetter et al., 1998). Peterson과 동료(2011)들이 저술한 『니코틴 및 담배 의존증(Nicotine and Tobacco Dependence)』은 금연을 위한 가이드 책자로 활용할 수 있는데, 여기에서는 8회 치료를 실시하는 윌포드홀 금연 프로그램에 근거를 두고 있다. 윌포드홀 금연 프로그램에서는 의학적으로 부프로피온 복용이 가능한 장병을 대상으로 해당 약물을 2주차에 처방하였으며, 대부분 3주차에 접어드는 시기부터 흡연을 금지시킨다. 가장 최근에 나온 금연 촉진 약물인 바레니크린(상표명: Chantix)은 니코틴 대체요법(NRT)과 부프로피온을 대신하여 활용할 수 있다. 윌포드홀 금연 프로그램에 대해 좀 더 자세히 살펴보면, 4주차에서 8주차까지는 흡연 충동을 이겨 내도록 하고 재흡연을 예방하며, 체중이 증가하는 것을 억제하고(Talcott et al., 1995; Peterson, 1999; Peterson & Helton, 2000; Russ, Fonseca, Peterson, Blackman, & Robbins, 2001) 스트레스 관리, 이완 훈련 및 적극적인 의사소통에 초점을 두고 치료를 진행한다. 또한 일반적인 담배뿐 아니라 씹는 담배를 억제하는 것도 치료 대상으로 하고 있다(Cigrang, Severson, & Peterson, 2002; Peterson et al., 2007; Severson et al., 2009).

니코틴 대체요법은 4주에서 8주 동안 시행되며, 의학적으로 문제가 없는 장병을 대상으로 니코틴 패치나 니코틴 껌을 제공한다(Fiore et al., 1994). 니코틴 대체요법은 보통 3회 치료 때부터 시작하며 프로그램을 진행하는 동안 금연을 하도록 하는데, 다른 금연 프로그램에서는 보다 긴 시간 동안 시행하기도 한다. 하지만 니코틴 대체요법의 효과적 치료 기간은 4주에서 8주 사이로 이보다 더 오랫동안 지속하여도 같은 효과를 보이는 것으로 나타났다(Fiore et al., 1994). 이러한 이유로, 윌포드홀 금연 프로그램에서는 6주 동안 니코틴 패치나 니코틴 껌을 제공하며, 두 가지 모두를 사용하는 방법도 활용하고 있다. 한편 니코틴 패치와 니코틴 껌 두 가지를 모두 제공할 때, 니코틴 패치를 1차적으로 활용하고 있으며, 흡연 욕구를 억제하기 위해 추가로 적은 양의 니코틴 껌을 제공하고 있다(보통 하루 6개 미만). 부프로피온은 8주의 치료 기간 동안 적절하게 처방할 수 있으며, 2주차가 시작될 때 첫 처방이 이루어진다. 부프로피온은 금연을 시작하기 전 최소 1주일 동안만 처방할 것을 권하고 있다. 대부분의 군 의료 기관에서는 금연 프로그램과 약물 처방을 패키지로 묶어서 제공하고 있다. 이것은 금연을 희망하는 장병들이 반드시 매주마다 시행되는 금연 프로그램에 필히 참석해야만 약물을 처방받을 수 있다는 것을 의미한다. 한편 연구 결과를 살펴보면 이러한 치료적 방법만으로는 금연에 성공할 수 없으며, 행동치료 프로그램을 병행할 때 보다 효과적으로 금연에 성공할 수 있다고 지적하고 있다. 또 다른 연구 자료를 보면, 1차 진료자나(Fiore et al., 2008) 행동건강자문가가(Hunter & Peterson, 2001; James, Folen, Porter, et al., 1999) 금연 프로그램을 실시할 경우 조금 느슨하게 금연 프로그램을 운영해도 효과가 있는 것으로 나타났다.

금연 프로그램은 다양한 전공의 임상의에 의해 진행될 수 있다. 심리학자, 외과 의사, 치과 의사, 보건 교육자, 간호사와 같은 임상 의학자가 금연 프로그램을 실시한 경우, 그렇지 않은 경우보다 금연 성공률이 높은 것으로 나타났다(Fiore et al., 2008). 예전에 흡연 경험이 있는 사람이 금연 프로그램을 진행할 경우, 흡연 경험이 전혀 없는 사람이 하는 것보다 참가자의 금연 성공률이 더 높아졌다는 증거는 없다. 미 공군 소속의 심리학자들은 레지던트 기간 동안 금연 프로그램 교육을 받으며, 대부분의 공군 기지에서 주요 금연 프로그램 담당자로 활약하고 있다. 미 해군의 경우에는 영양사, 개인 트레이너, 금연 성공자와 같은 건강복지 부서의 근무자나 지원자, 심리학자, 약물 중독 상담사들이 주로 금연 프로그램을 운영하고 있다. 여기에 가정의학자와 의료 보조자가 추가되어 금연 프로그램 참가자들로 하여금 약물 처방과 더불어 최적의 금연 방법을 선택할 수 있도록 지원하고 있다.

군의 금연 정책과 관련하여 독특한 것은 흡연 관련 규정에서 찾아볼 수 있다. 수년 동안 미군에서는 기초 군사 훈련 기간 동안 훈련생의 흡연을 금지했다(Woodruff, Conway, & Edwards, 2000). 이에 대한 몇몇 연구가 진행되어 흡연 금지 규정에 의한 영향을 평가하였고, 흡연 금지 규정을 확대할 경우 장병의 흡연율을 감소시킬 수 있을지 여부에 대해 연구하였다. 연구 결과에서는 기초 군사 훈련이 종료된 이후에도 계속해서 절제된 생활을 지속하는 장병에게는 매우 효과적인 것으로 나타났으나(Klesges, Haddock, Lando, & Talcott, 1999; Woodruff et al., 2000), 추가적인 간섭이 이루어질 경우에는 그다지 큰 효과가 없는 것으로 나타났다(Conway et al., 2004). 따라서 금연 간섭요인의 발굴과 정책의 발전을 위하여 추가 연구를 진행할 필요가 있다.

체중 관리

비만은 미국에서 흡연 다음으로 질병을 야기하고 사망률을 높이는 주요 위험 요인으로 꼽는다(Mokdad et al., 2004). 미 국민을 대상으로 한 조사에 따르면 성인의 체중, 과체중 및 비만 비율은 지난

40년간 꾸준히 상승하고 있는 추세다. 예를 들어, '국민건강 및 영양실태조사(National Health and Nutrition Examination Survey: NHANES)' 자료에 의하면, 1960년에서 1962년 사이 13.4%로 측정되었던 비만율이 점차 증가하여 1999년에서 2000년에는 30.9%로 측정되었다(Flegal, Carroll, Ogden, & Johnson, 2002). 여기에서 비만으로 보는 기준은 체질량지수[Body Mass Index: BMI, 체질량지수란 체중(kg)을 신장(m)의 제곱으로 나눈 비만도지수로 22가 표준이다가 30을 초과할 때다. 과체중 기준은 체질량지수가 25를 초과할 때이며, 과체중률 역시 비만율과 같이 꾸준히 상승하는 추세다. 예를 들어, 국민건강 및 영양실태조사에 참여한 성인의 과체중률은 1960년에서 1962년의 기간에는 45%로 측정되었고, 1999년에서 2000년 사이에는 64%로 측정되었다(Fried, Prager, MacKay, & Xia, 2003). 성인들을 대상으로 무작위로 전화 설문조사를 하여 체중과 신장에 관한 자기보고 자료를 분석하는 '행동위험요소 감시시스템 조사(Behavioral Risk Factor Surveillance System Survey)'에서도 비슷한 증가 추세가 나타났다. 이 자료에는 미국 국민의 과체중과 비만율이 1990년의 44.7%에서 2002년에는 59.1%로 증가한 것으로 나타나 있다(Centers for Disease Control and Prevention, 2004).

미군은 장병의 건강과 임무준비태세에 대해 꾸준히 강조하였음에도 불구하고 과체중과 비만율이 크게 증가한 것으로 나타났다. Bray 등(2003)으로 구성된 연구진의 발표에 따르면, 1995년 당시 과체중 장병은 49%였으나 2005년도에는 그보다 증가한 57.2%로 나타났다. 그리고 최근 국민건강 및 영양실태조사의 발표에 따르면, 2001년부터 2004년 사이 17세에서 24세의 미군 병사 중 남성은 33%, 여성은 53%가 과체중인 것으로 나타났다(Yamane, 2007). 저자는 미군 병사 지원자들의 비만율이 계속 높아지면, 향후 모병 과정에서 상당한 부담으로 작용할 것으로 우려하고 있다. Hsu, Nevin, Tobler와 Rubertone(2007)이 발표한 연구 자료에 따르면, 18세 미군 병사 지원자의 과체중률은 1993년 23%에서 2006년 27%로 증가하였고, 비만율은 3%에서 7%로 증가하였다.

건강한 체중을 유지하는 것은 장병의 임무준비태세에 매우 중요한 부분이다. 과체중으로 인한 부정적인 결과에는 장병의 체력 저하, 임무준비태세에 대한 부정적 인식, 의료 비용 증가, 막대한 관리 비용 등이 있다. 미 해군은 비만이 원인이 되는 상위 10개의 질병으로 인한 입원 비용을 연간 5,842,627달러로 추산하고 있다(Bradham et al., 2001). 미 공군 장병의 체중 문제로 연간 지출되는 비용은 최대 2,800만 달러로 집계되었으며, 이 중 2,400만 달러는 직접적인 의료 비용으로 지출되었고 400만 달러는 근무를 하지 못해 발생한 간접 비용이었다(Robbins, Chao, Russ, & Fonseca, 2002). 2007년 트라이케어-프라임(TRICARE-PRIME; 미군과 군 가족을 대상으로 시행 중인 의료 관리 제도)에 등록된 장병을 대상으로 연구를 진행한 결과, 비만과 관련된 질병으로 매년 11억 달러가 지출되며, 거의 10억 달러에 상당하는 비용이 비만, 흡연, 음주 관리를 목적으로 하는 비의료적 프로그램에 지출되고 있었다(Dall et al., 2007). 과체중은 수면성 무호흡 증상을 차치하더라도 낮 시간 동안에 졸음을 유발하기 때문에 특히 군사 작전을 수행하는 데 치명적인 문제를 야기할 수 있다(Vgontzas et al., 1998). 과체중은 운동을 게을리 한 것이 원인이 될 수 있고 과도한 고지방 음식을 섭취하는 식습관이 원인이 될 수도 있는데, 두 가지 모두 신체 에너지를 저하시키는 것으로 밝혀졌다. 또한 군대에서는 체중을 유지하거나 감소시키는 과중한 행정적 부담이 섭식행동장애와 연관이 있는 것으로 보고 있다(McNulty, 2001; Peterson, Talcott, Kelleher, & Smith, 1995).

체중 관리를 위한 행동 조절에 관한 세부사항은 제6장의 범위를 벗어나는 것으로 보인다. 행동 조절은 식사, 운동 및 과체중의 원인이 되거나 과체중을 유지하게 하는 사고나 행동을 체계적으로 변경하는 방법론적인 것이다(Stunkard, 2001). 다양한 행동요법이 활용되고 있지만 대부분은 자기관찰과 목표설정, 자극 조절과 섭식 습관 개선, 비현실적이거나 부정적인 생각 또는 예상에 대한 인지 재구조화 전략, 스트레스 감소 및 관리 전략, 사회적 지지 활용 등의 몇 가지 공통점을 가지고 있다(Foreyt & Goodrick, 1994; Perri & Fuller, 1995). 현 시점에서 과체중과 비만에 대해 다룬 최고의 출판물은 1998년 미국국립보건원(National Institutes of Health)에서 출간한 『과체중과 비만의 식별과 평가 및 치료에 대한 임상지침서(Clinical Guidelines on the Identification, Evaluation, and Treatment of Overweight and Obesity)』다. 그리고 실증적 근거에 의해 효과성이 입증된 최고의 치료 지침서는 '체중 관리 학습프로그램(LEARN Program for Weight Management)'을 꼽을 수 있다(Brownell, 2004). 이 책은 생활 습관, 교육, 태도, 대인관계, 영양의 중요성을 강조한 16주짜리 프로그램을 소개하고 있다. 한편 트리플러 육군의료센터에서 제시하는 LE3AN 프로그램은 건강한 생활방식(Lifestyle), 적당한 운동(Exercise), 현실적인 목표 수립(Expectations), 정서(Emotions), 태도(Attitude), 영양(Nutrition)에 주안점을 두고 있다. LE3AN 프로그램은 현역 장병을 대상으로 저강도 운동을 통한 다이어트, 행동 수정, 집중적인 영양 상담, 건강한 식단 구성, 재발 예방 계획 수립, 인지 대처 전략 수립, 체중 감량과 유지를 위한 건강한 생활방식 수립 등을 내용으로 하는 치료 전략을 제시하고 있다. 여러 학술 문헌에는 이 프로그램을 통해 현역 장병 지원자들이 상당한 체중 감량에 성공하였다고 기록되어 있다(James et al., 1997; James, Folen, Page, et al., 1999; Simpson, Earles, Folen, Trammel, & James, 2004). 한편 체중 관리를 위한 행동 조절은 인터넷을 통해서 잘 이루어질 수 있다는 근거 자료가 제시되고 있다(Tate, Wing, & Winett, 2001). 여기에는 샌안토니오 소재의 현역 장병을 대상으로 윌포드홀에서 시행된 광범위한 무작위 통제 실험 자료 등이 포함되어 있다(Hunter et al., 2008).

현역 장병, 퇴역 군인 및 부양 가족들의 과체중과 비만이 증가하자 그들의 체중을 감량하기 위해 비만대사 수술(Bariatric Surgery; 고도 비만 및 관련 합병증을 치료하기 위해 위 크기를 제한하거나 위에서 소장으로 우회로를 만드는 수술법) 건수가 크게 증가했다. 군 의료기관마다 수술 방법에는 차이가 있을 수 있지만 일반적으로 시행하는 비만대사 수술 방법에는 크게 세 가지가 있다. 그것은 루와이 위 우회술(Rouxen-Y gastric bypass), 위 조절 밴드(adjustable LAP-BAND®), 위 소매 모양 절제술(sleeve gastrectomy)이다. 의료적 관점에서 보았을 때 수술은 체질량지수가 35~40이거나 체질량지수가 40을 초과하는 만성 질환을 앓는 환자에게만 고려해야 할 것이다(National Institutes of Health, 1991).

체중 감량 수술이 빠르게 확산됨에 따라 군 임상건강심리학자들은 비만대사 수술 희망자를 대상으로 그들의 심리사회적 기준 적합 여부를 판단하는 경우가 늘어나고 있다(Santry, Gillen, & Lauderdale, 2005). 이러한 검사의 일부 항목에 대해 의문이 제기되고 있지만, 수술 전 검사를 통해 환자들의 수술 효과를 높일 수 있다는 점에서는 상당수의 학자가 동의하고 있다(Bauchowitz et al., 2005; National Institute of Health, 1991). Bauchowitz 등으로 구성된 연구진은 의료기관별로 서로 다른 심리사회적 기준을 적용하고 있다는 점을 지적하였고, 평가지침을 개선할 필요가 있으며, 수술 후 심리사회적 예측 변수에 대해 보다 많은 연구를 진행할 것을 촉구하였다. 수술 적합자를 선별하기 위한 평가에는 보통 식습관과 음식 선택, 섭식을 유발하거나 수술 후 관리에 부정적 영향을 미칠 수 있는 정서적 증상, 체중 감량 수술에 대한 친숙함, 위하수 증상과 같은 수술 후 부작용에 대한 인식, 부작용에 대한 관리 및 대처, 수술 후 회복을 위한 사회적 지지, 수술의 성공 여부에 영향을 미칠 수 있는 폭식과 같은 섭식장애, 수술 성공을 위한 운동 및 기타 건강 행동 등이 있다. 또한 군 임상건강심리학자는 수술 적합자를 선별하는 것과는 별개로 환자에게 수술 이후 권장되는 행동을 성실히 수행하고 유지할 수 있도록 후속 조치를 주문할 수 있다.

군 장병의 금연과 체중 증가

금연의 역효과 중 하나는 많은 사람이 금연 후 체중 증가를 경험한다는 것이다. 이는 특히 군 장병에게 문제가 될 수 있다. 왜냐하면 체중 증가로 인해 군 경력에 좋지 않은 영향을 미칠 수 있기 때문이다. 여러 연구 결과를 살펴보면, 흡연을 시작한 이후 살이 빠지고 비흡연자에 비해 체중이 적게 나가지만 금연을 하면 체중이 증가한다는 사실을 알 수 있다(French & Jeffery, 1995; Gritz, Klesges, & Meyers, 1989; Klesges, Myers, Klesges, & La Vasque, 1989; Perkins, 1993). 미 육군 의무감실의 발표 자료(U.S Department of Health and Human Services, 1990)에 따르면, 금연자의 80%는 평균적으로 체중이 5파운드 늘어났다고 한다. 또한 국민건강 및 영양실태조사 자료에 따르면 남성 금연자는 체중이 평균 6.2파운드 증가하는 데비해, 여성 금연자는 체중이 평균 8.4파운드 증가하여 여성이 남성 금연자보다 체중 변화가 더 심한 것으로 나타났다(Williamson et al., 1991). 더욱이 남성 금연자의 약 10%와 여성 금연자 13%는 28파운드(약 12kg) 이상 체중이 증가하였다. 현역 장병을 대상으로 한 연구에서는 금연을 하였을 때, 동일한 경우의 일반 민간인과 거의 비슷한 수준의 체중 증가를 보였다(Peterson & Helton, 2000). 이러한 이유로 금연 이후 체중이 증가하는 현상은 금연 프로그램을 진행하는 데 방해요인으로 작용하는 것으로 보인다.

금연 후 체중이 증가하는 것은 신진대사의 변화, 활동 수준, 입맛의 변화, 에너지의 축적과 더불어 특히 달고 느끼하며, 짠 음식의 섭취량 증가 등 다양한 요인에 원인이 있는 것으로 보인다(Klesges et al., 1989; Perkins, 1993; Williamson et al., 1991). 최근의 금연 관련 실무지침에는 체중 증가를 예방하는 전략이 포함되어 있기는 하지만(American Psychiatric Association, 1996) 아직까지 그러한 체중 증가 예방 전략들이 성공을 거두지는 못했다(Hall, Tunstall, Vila, & Duffy, 1992). 최근에 시행한 연구에서는(Spring et al., 2004) 식이요법과 운동치료를 금연 프로그램과 병행하여 진행하거나 금연 프로그램이 끝난 후 이러한 요법을 하였을 때의 효과를 분석하였다. 16주 동안의 금연 프로그램 중에 체중 관리요법을 첫 8주에 추가하거나 마지막 8주에 추가하는 방법을 사용하였다. 연구 결과에 의하면, 이러한 체중 관리 치료를 추가하여도 금연 프로그램의 진행에 전혀 영향을 미치지 않았으며, 금연을 시작한 날부터 곧바로 병행하여 진행하였을 경우 보다 효과적인 체중 증가 억제 효과를 보였다.

금연 이후 체중의 증가가 없었음을 밝힌 연구 자료는 지금까지 단 하나밖에 없다(Talcott et al., 1995). 이 연구는 기초군사 훈련 기간 동안 흡연이 금지되는 미 공군 지원자를 대상으로 실시한 것이었다. 연구 결과에서는 6주 동안 담배를 피우지 못했던 훈련생들의 체중이 증가되지 않았다. 그러나 이 연구는 달고 기름진 음식을 제대로 먹지 못하고 음주가 금지되며, 고강도의 훈련을 진행하는 매우 제한적인 환경에서 진행된 것이었다는 점에서 문제가 있다.

또 한 가지 중요한 요인은 참가자들의 금연 이전 체중에 대한 인식이다. 자기보고식 체중에 기초한 24개의 메타분석 연구 결과에서 나타난 체중과 체중 감량 프로그램에 참가한 일반 모집단을 대상으로 실제 측정한 체중을 상호 비교해 보았을 때, 84%에 해당하는 자기보고 체중 측정 결과가 실제 측정한 체중보다 보통 2에서 5파운드 정도 낮은 것으로 나타났다(Bowman & Delucia, 1992). 또한 Peterson (1999)은 금연 프로그램 참가자 중 3분의 2 정도는 본인의 체중을 너무 적게 추산하고 있다는 점을 지적하였다. 실제로 체중을 측정해 본 결과 여성의 경우 9파운드, 남성의 경우 6파운드가량 체중이 더 많이 나가는 것으로 나타났다. 이렇게 실제 체중과 본인이 생각하고 있는 체중의 차이는 금연 후 체중 증가에 관한 다른 연구에서도 비슷한 수준으로 나타났다(Klesges et al., 1989; Perkins, 1993; Williamson et al., 1991). 대다수의 사람은 금연에 돌입하기 전 자신의 체중이 실제 체중보다 덜 나간다고 인식하고 있기 때문에 금연 후 실제로 증가한 체중보다 약 2배 더 체중이 증가했다고 믿게 된다는 것이다. 이러한 사실은 금연을 하자마자 체중이 증가했다고 믿는 사람들에게 해당되는 것이라 할 수 있다.

흡연을 하는 사람에게서 발견되는 공통적인 흡연 이유는 흡연이 체중 유지에 도움이 된다는 인식 때문이다. 군인을 대상으로 한 연구에서는 자신이 생각하고 있는 최대 허용 체중에 근접했거나 초과한 현역 장병들은 특히 금연으로 인한 체중 증가와 다시 예전처럼 살이 찔 수 있는 위험성이 높아지는 것을 민간인보다 심각하게 우려하고 있었다(Russ et al., 2001).

군 장병의 흡연은 건강과 체력에 영향을 줄 뿐 아니라 상당한 수준의 직접적 의료 비용과 결근으로 인한 간접 비용이 발생하고 있지만, 군 내 흡연으로 인한 부정적인 결과에 대한 공식적인 성명은 아직 없었다(Robbins et al., 2000). 한편 군 장병의 심폐 지구력이 저하되고 복부 둘레가 기준을 초과할 경우에 는 지휘관으로부터 당장 정밀검사를 받을 것을 명령받게 된다. 이때 해당 장병이 적절한 수준으로 체력 증진 및 복부 둘레 감소에 성공하지 못한 경우에는 전역 처분을 받을 수도 있다. 따라서 군 장병은 담배를 끊고 싶어도 이러한 부정적인 결과로 인해 군 경력에 오점을 남기거나 심각한 곤경에 처할 수 있기 때문에 담배를 끊기가 힘든 것이다.

만성 통증 관리

군 임상건강심리학자들은 다양한 만성 통증 질환을 치료하고 있다. 이러한 질환들에는 근골격 장애(Guzman et al., 2001), 두통(Holroyd, 2002), 관절염(Keefe, Smith, et al., 2002), 섬유근육통(Baumstark & Buckelew, 1992), 턱관절장애(Bogart et al., 2007; Peterson, Dixon, Talcott, & Kelleher, 1993; Turk, Zaki, & Rudy, 1993), 복통(Blanchard & Scharff, 2002) 등이 있다. 만성 통증 질환을 치료하기 위한 행동치료요법들은 상호 간에 유사점이 존재하지만 각각의 치료법에는 특유의 특징이 있다. 각각의 통증 질환에 대한 치료 요법을 자세히 검토하는 것은 이 장의 범위를 벗어나는 것으로 보인다. 하지만 만성 근골격 통증은 특히 군 임상건강심리학자들에게 중요한 질병임에 틀림없다. 이 통증 질환은 현역 장병이 의병 제대를 하게 되는 주요 원인으로, 의병 제대를 한 장병 중 만성 근골격 통증으로 인해 의병 제대를 한 장병의 비율은 미 육군의 경우 53%, 해군과 해병대는 63%, 공군은 22%로 나타났다. 미 국방부는 만성 근골격 질병으로 인한 장애수당 지급으로 막대한 경제적 비용을 지출하고 있다. 1999년 미 육군은 4억 8,500만 달러에 해당하는 금액을 장애 수당으로 지출하였다(Amoroso & Canham, 1999). 미국 정부는 근골격 통증 질환으로 인해 의병 제대를 한 현역 장병의 경우, 다른 의료보험 비용은 제외하고서도 평생 동안 약 25만 달러를 지급해야 하는 것으로 추산하고 있다(Feuerstein, Berkowitz, Pastel, & Huang, 1999).

민간 영역에서 만성 근골격 질병으로 인한 통증의 완화와 기능 향상을 위한 가장 효과적인 치료 방법은 여러 학문 분야를 융합하여 개발된 만성 통증 재활 프로그램이다(Guzman et al., 2001; Turk & Okifuji, 2002). 이러한 프로그램들은 몇 주일 동안 계속해서 진행되며, 물리치료(physical therapy), 작업요법 (occupational therapy), 생체자기제어(biofeedback), 인지요법(cognitive therapy), 이완요법(relaxation), 점진적 자기주도 운동 프로그램(increasing self-managed physical exercise program) 등 수많은 임상요법으로 구성된 통합 프로그램을 제공한다.

기능 회복(Functional Restoration: FR)은 스포츠 의학에 기반을 둔 근골격 통증 관리 모델(musculo-skeletal pain management)이며, 환자의 신체 능력과 기능, 심리사회적 평가 요소를 활용하여 환자를 회복시키고 생산성을 높이는 목표를 달성하기 위해 여러 학문 분야의 구성원들로 이루어진 팀 단위의 치료 계획을 수립한다(Mayer, McGeary, & Gatchel, 2003). 또한 환자가 직접 보고한 통증, 의료 기록, 개인의 목표, 능력 수준에 맞춰 구체적인 치료 계획을 수립하고 실행한다. 기능 회복 모델에서의 임상건강심리학자의 역할은 다양하다. 보통 임상건강심리학자들은 환자의 사회적 기능과 정서적 기능을 측정하고, 환자의 정지된 기능을 회복하기 위한 운동과 기능 회복요법을 병행하여 진행하며, 환자가 직장과 사회생활을 재건할 수 있도록 하고, 환자에게 적용한 정서 및 동기 조정(emotional and motivational adjustment)에 관한 정보를 나머지 치료진에게 제공하며, 치료 결과를 추적하여 계속해서 환자에게 필요한 사항과 치료의 성공 여부를 평가한다. 비록 다른 학문 분야의 전문가들과 함께 환자를 치료할 수 있는 매우 좋은 기회를 가질 수 있지만, 기능 회복치료는 심리학자들에게 독특한 어려움을 주고 있으며, 그들로 하여금 전공분야와는 조금 동떨어진 것이라는 생각을 하게 할 수 있다(Pieters & Baumgartner, 2002). 뿐만 아니라, 새로운 조직에서 그들의 역할을 분명히 하는 데 어려움을 겪을 수도 있다(McCallin, 2001). 기능 회복모델은 최근에 개발된 것으로 군 장병의 근골격 통증을 치료하는 데 활용하여 긍정적인 결실을 거두었다(Gatchel et al., 2009).

현재 이라크와 아프가니스탄에서 일어나고 있는 분쟁으로 장병들은 만성 통증 질환으로까지 발전할 수 있는 근골격계 부상이 늘어나게 되었다. 이라크 해방작전(OIF)과 항구적 평화작전(OEF) 파병으로 많은 군인은 고통스러운 부상을 안고 살아가게 되었으며, 외상 후 스트레스 장애(PTSD)와 외상성 뇌손상(Traumatic Brain Injury: TBI)에 시달리게 되었다. 만성 근골격 통증, PTSD 및 외상성 뇌손상을 같이 동반하게 되는 경우 통증치료가 상당히 어려워진다. 임상건강심리학자들은 이러한 통증치료를 담당하는 팀의 핵심 역할을 하게 된다. 이러한 질병을 동시에 앓고 있는 비율에 대한 정확한 정보는 없지만, 최근의 연구 자료에 따르면 이라크와 아프가니스탄전 참전으로 전투 관련 외상을 입고 국가보훈처에 등록된 사람들의 40~50% 정도가 통증과 PTSD, 통증과 외상성 뇌손상 혹은 세 가지 질병을 모두 가지고 있는 것으로 나타났다(Lew et al., 2009). 특히 최근에는 만성 통증과 PTSD를 동시에 진단받은 경우에 대해 비상한 관심이 모아지고 있다(Otis, Keane, & Kerns, 2003).

일반적인 외상 사건에 노출된 경우 심리적 고통과 PTSD를 겪게 될 가능성이 상당히 높다(Holbrook, Anderson, Sieber, Browner, & Hoyt, 1999). Starr 등(2004)으로 구성된 연구진은 정형외과적 질병으로 통증을 호소하는 환자 중 PTSD 증상을 보이는 환자의 비율이 상당히 높은 것으로 발표하였으며, 50%가 훨씬 넘는 환자들이 통증과 PTSD를 동시에 겪고 있는 것으로 보고 있다. PTSD는 신체적 불편감을 호소하는 환자의 보고서에 영향을 주는 것으로 보이며(Michaels et al., 1999), 부상 이후에 나타나는 여러 가지 기능 이상에 대한 예측이 가장 어려운 질병 중의 하나다. 보통 수준의 일반적 외상 사건을 경험한 환자를 대상으로 한 회고적 연구 결과를 보면, PTSD는 환자로 하여금 실제적인 부상의 심각성이나 신체적 기능의 이상보다 몸 상태가 더 좋지 않다는 주관적인 인식에 영향을 미치는 것으로 나타났다 (Schnyder, Moergeli, Klaghofer, & Buddeberg, 2001).

외상 사건을 경험한 환자들은 객관적으로 상처나 팔다리의 기능이 상당히 호전된 것으로 임상의들이 판단함에도 치료 결과가 좋지 못했다고 호소하는데, 이것은 외상에 의한 스트레스에 상당 부분 원인이 있는 것으로 보이므로 통증 환자의 전반적인 기능 향상을 위해서는 심리치료가 반드시 포함되어야 할 것이다. 세계보건기구가 2004년에 개최한 '세계 정신건강 조사 컨소시엄(World Mental Health Survey Consortium)'에서는 외상치료는 환자의 심리상태와 기능을 향상시켜 외상치료로 야기된 경제적 어려움에 대해서도 어느 정도 그 충격을 완화시킬 수 있었다고 발표하였다. 또한 질병관리 및 예방센터에서는 통증 및 심리적 외상 연구자들에게 급성 환자는 현장에서 치료하되, 외상의 위험에 있는 환자나 부상 이후 심리적 문제를 일으킬 수 있는 환자를 위해 현장 외의 다른 의료기관과 유기적으로 협조하여 치료할 수 있는 절차를 발전시키고 이를 평가하는 체계를 구비하여야 한다고 강조하였다.

이라크와 아프가니스탄에서의 전쟁으로 미군 장병들의 만성 통증 환자 비율이 늘어나게 되었다(이러한 비율 증가는 의료 수준의 향상과 보호 장비의 발전 덕택이다). 더구나 이라크와 아프가니스탄에서 파병 근무를 하였던 사람들은 정형외과적 부상으로 인한 심리적 외상과 PTSD 및 외상성 뇌손상 증상이 서로 혼합된 복합적인 통증을 호소하고 있다. 군인의 통증과 관련된 문제가 부각됨에 따라 군 임상건강심리학자들의 만성 통증에 대한 효과적인 치료와 장기적 관리자로서의 역할이 보다 명확하게 부각되고 있는 상황이다. 현재 복합적인 외상 통증 치료를 위한 가이드라인을 제공할 수 있는 정보는 아주 제한적이지만, 환자 치료를 효과적으로 하기 위한 시도는 이미 상당히 진행되고 있다.

불면증과 악몽

군 임상건강심리학자들이 중요하게 다루어야 할 또 다른 질환으로는 불면증을 꼽을 수 있는데, 불면증은 발병률이 높을뿐 아니라 특히 파병 근무 지역에서 각종 사고의 잠재적 원인으로 작용하기 때문이다(Peterson, Goodie, Satterfield, & Brim, 2008). 항구적 평화 작전, 이라크 해방 작전, 신 새벽 작전 (Operation New Dawn: OND)이 펼쳐진 이래로 불면증은 높은 관심을 받고 있는데, 그 이유는 불면증이 PTSD 진단을 받은 환자에게서 일반적으로 나타나는 질환이기 때문이다. 만성 불면증은 1차 진료에서 가장 일반적으로 나타나는 임상 질환으로 발병률은 32%에 달한다(Kushida et al., 2000; National Heart, Lung, and Blood Institute Working Group on Insomnia, 1999). 불면증은 의료보험의 지출을 높이며(Kapur et al., 2002), 건강과 관련된 삶의 질을 저하시키는 원인이 된다(Katz & McHorney, 2002; Zammit, Weiner, Damato, Sillup, & McMillan, 1999). 불면증과 관련된 또 다른 수면장애로는 악몽을 들 수 있다. PTSD와 관련된 수면 질환으로 많이 나타나는 악몽에 대한 치료는 최근에 군사 심리학 분야에서 상당한 관심을 불러 모으고 있다.

약물치료는 급성 불면증에 가장 효과적인 치료 방법으로(Smith, Perlis, et al., 2002), 불면증 치료에 널리 활용되고 있다(Morin, Colecchi, Stone, Stood, & Brink, 1999; Morin & Wooten, 1996). 만성 불면증을 치료하기 위해 선택할 수 있는 행동치료 접근법은 자극 조절, 수면 제한, 이완 요법, 역설적 의도, 인지행동치료를 모두 포함하는 치료 방법이다(Lichstein & Riedel, 1994; Morin et al., 2006; Morin, Colecchi, et al., 1999; Morin, Culbert, & Schwartz, 1994; Morin, Hauri, et al., 1999; Murtagh & Greenwood, 1995; Smith, Perlis, et al., 2002). 이러한 심리적·행동적 개입치료는 1차적으로 불면증뿐만 아니라 의료적 질병과 연계되어 있는 불면증이나 보다 낮은 빈도를 보이는 정신질환 관련 불면증 치료에도 효과적인 것으로 알려져 있다(Morin et al., 2006). 이러한 연구 결과는 특히 이라크와 아프가니스탄전 참전 이후 신체적 부상이나 정신적 질환 그리고 신체 및 정신적 질환을 동시에 가지고 있는 장병의 숫자를 고려했을 때 매우 중요한 의의를 가진다. 또한 불면증에 대한 집단치료는 군 의료 환경에서 임상적으로 효과적인 방법으로 알려져 있으며(Hryshko-Mullen, Broeckl, Haddock, & Peterson, 2000), 집단 치료를 통해 장병들의 전반적인 의료기관 방문을 크게 줄일 수 있었다(Peterson, Hryshko-Mullen, Alexander, & Nelson, 1999).

불면증 치료를 시작하기 전에 환자로 하여금 1주에서 2주 동안 수면 일기를 작성하게 하는 것은 매우 중요하며 또한 효과적이다. 수면 일기는 외래 환자의 불면증 증상에 대한 객관적 평가에 유용한 판단 기준으로 활용되며(Mimeault & Morin, 1999; Morin, 1993), 환자의 수면 패턴을 알아보는 데 상대적으로 신뢰도가 높은 자료를 제공한다. 수면 일기를 통해 총 수면 시간, 수면 시작 시간(Sleep-Onset Latency; 깨어 있는 상태에서 잠들기 시작할 때까지의 시간), 악몽으로 인해 잠에서 깬 횟수, 수면의 효율성, 기타 수면과 관련된 여러 요인을 파악할 수 있다. 이러한 결과를 활용하여 환자의 치료 목표 및 계획을 수립하는 데 도움을 줄 수 있다.

수면 위생(Sleep Hygiene, 밤에 숙면을 취하기 위한 행동 및 원칙) 교육은 환자로 하여금 잠들기 4~6시간 전에는 카페인 섭취를 멀리 하고, 잠들기 전에 흡연과 저녁 식사 후의 음주를 금하며, 수면제 복용을 피하게 하고, 수면을 위해 술을 활용하는 것을 제한하며, 잠들기 전 2시간 이내에는 격렬한 운동을 금하고, 낮잠을 자는 것을 제한한다(Riedel, 2000). 물론 이러한 행동 변화만으로 불면증을 크게 개선할 수는 없지만, 이러한 수면 위생을 지키지 않을 경우에는 불면증을 더욱 악화시킬 수 있다.

자극 조절은 오랫동안 불면증을 개선하기 위해 잘 정리된 행동치료요법으로 인식되어 왔다(Bootzen & Epstein, 2000; Chesson et al. 1999; Morin et al., 2006). 자극조절기법에서는 침대와 침실을 오로지 수면과

섹스를 위한 장소로써만 활용하도록 하고 있다. 즉, 침실에서 TV 시청, 라디오 청취, 음식물 섭취, 독서 등을 하지 못하게 한다. 자극 조절기법의 가이드라인을 소개하면 다음과 같다. 첫째, 수면 시간과 기상 시간을 합리적으로 설정한 뒤 그것을 반드시 지킨다. 둘째, 잠이 올 때만 침대로 향한다. 셋째, 잠이 오지 않을 때는 침대에서 나와 약 15분 후에 다시 침대에 눕는다. 넷째, 잠이 올 때에만 다시 침대로 돌아간다. 다섯째, 2단계에서 4단계를 필요한 만큼 계속 반복하도록 한다. 현재 안정적으로 정착된 불면증 치료기법으로 인식되는 수면 제한(Sleep Restriction, Morin et al., 2006)은 환자의 수면 일기를 통해 얻은 평균 수면 시간을 충족시키기 위해 수면 가능 시간대(sleep window; 수면 시간과 기상 시간)의 설정을 변경하는 것이다(Spielman, Saskin, & Thorpy, 1987).

수면 제한을 활용한 사례를 하나 살펴보자. 해군 하사인 Smith의 수면 일기를 보면 그는 대략 저녁 8시에 잠을 청하고, 잠이 들기까지 대략 90분이 소요되며, 밤에 3번 정도 잠에서 깨고, 그럴 때마다 대략 30분씩 깨어 있으며, 기상하자마자 바로 침대에서 빠져나오고 그 시각은 대략 아침 6시라고 기록되어 있다. 이 사례를 살펴보면, Smith 하사가 침대에 있는 시간은 총 10시간이고, 전체 수면 시간은 7시간이며 수면 효율성은 70%대[총 수면시간(7시간) / 침대에 누워 있었던 시간(10시간) = 70%]. 이러한 자료를 종합해 보면, Smith 하사는 수면 구간을 7시간으로 설정하는 것이 적정할 것으로 보이며, 치료 담당자는 Smith 하사와 수면 구간의 설정에 대해 상의하여야 한다. 이때, Smith 하사가 계속해서 6시에 기상하는 것을 선호한다고 생각해 보자. 이 경우 그의 수면 구간은 저녁 11시부터 6시까지로 설정해야 할 것이다. 이때, Smith 하사는 일상적인 수면 시간보다 3시간이 늦은 저녁 11시까지 잠을 자지 않고 깨어 있어야 한다는 사실에 놀랄 수 있다. 이때 치료자는 그가 매일 밤마다 침대에서 3시간을 헛되게 소모했다는 사실을 설명하고 매일 3시간이라는 추가 시간이 주어졌을 때 어떤 활동을 할 것인지 물어보아야 한다. 아마 Smith 하사는 십중팔구 수면 제한의 효과성에 대해 의구심을 가질 것이고, 3시간이라는 추가 시간 동안 잠을 자지 않고 깨어 있는 것이 불가능하다고 말할 것이다. 이런 경우에 치료자는 환자에게 다음과 같이 물어보는 것이 모범적인 대응이 될 것이다. "어떤 것이 당신을 보다 힘들게 하는 것이라고 생각합니까? 강제로 잠을 자는 건가요? 아니면 강제로 깨어 있는 건가요?" 이러한 질문을 던짐으로써 Smith 하사는 이전에 억지로 잠을 자려 했으나 실패했다는 사실을 분명하게 인식할 것이다. 그다음으로, 치료자는 다음과 같이 제안하는 것이 좋다. "그럼 한 번 실험을 해 보시겠어요? 한 4주 정도 이 방법을 시행해 보고 무슨 일이 일어나는지 관찰해 볼까요? 만약 몇 주 동안 이 방법을 적용해 보고 잠을 자는 데 더 어려운 문제점이 생긴다면 언제든지 치료를 멈추고 본래의 수면 패턴으로 돌아갈 수 있습니다."

Smith 하사가 수면제한요법의 시행에 동의하는 경우, 계속해서 수면 일기를 작성하게 하는 것이 이 실험을 계속 진행하는 데 매우 중요하다. 또한 환자와 함께 수면제한요법을 시행하기 전의 환자의 수면 위생과 자극조절절차(stimulus control procedure)를 검토하는 것은 치료에 도움이 될 것이다. 만약, Smith 하사가 밤 11시까지 잠들지 않고 깨어 있을 만한 좋은 방법을 찾아 시도한다면, 틀림없이 밤 11시에는 매우 피곤할 것이고 곧바로 잠자리에 들려고 할 것이다. 이때 그는 너무 피곤하기 때문에 잠자리에 드는 것을 두려워하지 않을 것이고 눕자마자 15분 이내에 곯아떨어질 것이다. 만약 그의 수면 효율성이 1주일간 85% 이상으로 유지될 경우, 수면 구간을 20~30분 정도 늘려서 잠자리에 드는 시간을 저녁 10시 30분이나 10시 40분으로 조절하는 것을 검토해야 할 것이다. 이런 절차를 똑같이 반복하여 수면 효율성을 85%로 유지하면서 주간 단위로 수면 구간을 수면 문제가 발생할 때까지 서서히 늘려나간다. 즉, 계속해서 수면 구간을 조절하여 Smith 하사에게 적합한 최적의 수면 구간을 찾아내는 것이다.

　군 심리학 분야에서 관심이 증가하고 있는 수면 문제는 바로 악몽이다. 악몽은 DSM에 나와 있는 악몽장애와 같이 단독으로 증상이 나타날 수 있지만, PTSD와 함께 발현되어 침습 및 재경험의 증상을 나타낼 수도 있다(American Psychiatric Association, 2000). 또한 악몽이 발생하는 빈도와 자살 위험성은 직접적인 관련성이 있는 것으로 알려져 있다(Tanskanen et al., 2001). 군 심리학에서 PTSD와 자살에 관한 관심이 집중되는 가운데 최근 악몽 치료가 군 심리학자들에게 중요한 치료 영역이 되었다. 대부분의 경우, 악몽은 효과성이 입증된 PTSD 치료요법을 통해 완화시킬 수 있다(Peterson, Luethcke, Borah, Borah, & Young-McCaughan, 2011). PTSD에 대한 노출 치료를 연구한 자료에 의하면, 27명의 지원자 중 24명(89%)은 치료를 받은 뒤 더 이상 악몽을 경험하지 않았다고 한다. 그러나 27명의 지원자 중 13명(48%)은 계속해서 불면증에 시달렸다고 보고하였다(Zayfert & DeViva, 2004). 이러한 연구 결과에서 알 수 있는 것은 PTSD를 효과적으로 치료할 경우 부수적으로 악몽 증상을 제거할 수 있지만, 불면증을 개선하기 위해서는 추가로 인지행동치료를 병행해야 한다는 것이다.

　악몽은 PTSD 증상이 없는 경우에도 발생할 수 있는데, 이때 활용할 수 있는 치료 방법으로는 이미지 트레이닝 치료가 있다(Krakow & Zadra, 2006). 이미지 트레이닝 치료(Imagery Rehearsal Therapy: IRT)는 개인 및 집단 단위로 실시할 수 있고, 전투 환경에서의 치료 효과에 대해서도 많은 연구가 진행되었다(Moore & Krakow, 2007). 이미지 트레이닝 치료는 두 가지 요소로 구성된다. 첫째는 악몽을 행동이론의 측면에서 일종의 학습된 수면장애로 보는 것이고, 둘째는 악몽을 손상된 이미지 체계의 증상으로 보는 것이다. Krakow와 Zadra(2006)는 2시간씩 총 4회 진행하는 이미지 트레이닝 치료기법을 소개하였다. 첫 2회 치료의 대부분은 악몽이 불면증을 일으킬 수 있는 학습된 행동으로 간주하여 치료를 진행하였다. 그리고 나머지 2회는 대부분 이미지 트레이닝을 하는 데 집중하였다. 이미지 트레이닝은 환자에게 반복되는 꿈을 기록하게 하고, 지금 꾸고 있는 꿈을 원하는 방향대로 수정하여 기록하게 한 뒤, 하루에 5분에서 20분간 수정된 새로운 꿈을 상상하게 하는 것을 내용으로 한다(Lamarche & Koninck, 2007). 치료 참가자들은 이러한 기법을 처음에는 강도가 약하고 외상 사건이 정확하게 재현되지 않는 악몽에 적용하기 시작하여 점차 다양한 악몽으로 확대해 나간다. 이미지 트레이닝 치료는 불면증을 위한 인지행동치료와 병행하여 실시할 경우 PTSD 환자들의 수면장애 개선에 상당한 효과를 보이는 것으로 입증되었다(Lamarche & Koninck, 2007).

1차 진료 현장에서의 심리학

대부분의 군 임상건강심리학자는 정신건강과 관련이 있는 특수한 의료 환경에서 근무한다. 이러한 의료 환경에서의 심리치료는 개별적으로 진행되며, 환자들은 일반의나 치과의의 추천을 받아 독립된 진료소에서 치료를 받게 된다. 최근 임상건강심리학 분야가 급부상함에 따라 이제 임상건강심리학자들은 환자의 진료를 담당하는 기본적이고 필수적인 구성요원으로서 1차 진료 영역에서 활동하고 있다 (Gatchel & Oordt, 2003).

지난 10년 동안 1차 진료 현장에서 심리학자들의 역할에 대한 중요성이 지속, 증가되어 왔다(Blount, 1998; Brantley, Veitia, Callon, Buss, & Sias, 1986; Cummings, Cummings, & Johnson, 1997; McDaniel, 1995; Strosahl, 1996). 1999년 한 해 동안 미 공군은 '1차 진료 최적화 프로젝트(Primary Care Optimization Project)'를 시행하였다. 이 프로그램의 목적은 1차 진료소에 대한 모든 것을 재설계하여 공군 의료서비스 전반에 걸쳐 1차 진료 환경을 최적화하는 것에 있었다. 이 프로젝트는 심리학자들이 1차 진료진의 일원으로 포함되어 진료와 치료 업무를 할 수 있다. 미 육군(James, Folen, Porter, et al., 1999)뿐 아니라 미 해군에서도 이와 비슷한 프로그램을 시행하였다. 1차 진료를 담당하는 일반의들은 오랜 기간 동안 환자들에게서 많은 심리적 문제가 발견되는 것을 알고 있었고, 미국 내에서 대략 절반에 해당하는 정신질환 관련 치료를 행하여 왔다(Narrow, Regier, Rae, Manderscheid, & Locke, 1993; Reiger et al., 1993). 1차 진료에서 행동 건강 치료를 병행하여 시행할 경우 환자뿐 아니라 진료자들의 만족감을 향상시키며 (Katon et al., 1996), 의료 비용 절감(Cummings, 1997)과 더불어 치료 성과를 높일 수 있다는 연구 결과가 속속 나타나고 있다(Hellman, Budd, Borysenko, McClelland, & Benson, 1990). 지금 1차 진료에서 심리치료를 시행하는 프로그램은 미 육·해·공군의 인턴 근무 현장에서 지속적으로 발전되고 있다(Hunter & Peterson, 2001).

1차 진료 환경에서 심리학자들의 진료 가이드라인으로 활용되는 수많은 모델이 있다(Blount, 1998; Brantley et al., 1986; Cummings et al., 1997; McDaniel, 1995; Strosahl, 1996). 1차 진료 환경에서 심리학의 역할은 단순히 심리학자들을 현장에 배치하여 외래 정신환자를 진료하는 것과 같은 일상적인 활동을 위한 것이 아니다. 그보다는 특수한 임상 기술을 익히게 하고 행동 평가, 응용 행동 분석, 행동 치료, 행동 의학, 감별 진단, 정신 약리학과 관련한 종합적인 지식을 갖출 수 있게 하고 있다. 심리학자들은 1차 진료에서 15분에서 30분간 이러한 기술들을 활용해 진료를 하게 된다.

미 육·해·공군은 Kirk Strosahl(1996) 교수가 개발한 1차 진료 심리 훈련 프로그램(primary care psychology training program)을 채택하여 운영하고 있다. 이 모델은 심리학자로 하여금 1차 진료시설에서 다른 진료진들과 함께 진료를 시행하는 것을 내용으로 하고 있으며, 심리학자들은 행동건강자문가로서 1차 진료의 관리자 역할을 수행하게 된다. 진료 시간은 1차 진료 관리자들의 설계에 따라 단계적으로 설정된다. 심리학자들은 환자를 대상으로 간단한 행동건강 자문과 개입 치료를 진행하지만, 그들이 외래 환자 정신건강 진료소나 임상건강심리 진료소와 같은 곳에서 환자를 치료하는 것처럼 하지는 않는다. 환자들은 필요한 만큼 진료를 받을 수 있지만 보통 3회 이하의 진료를 받는다. 환자에게 보다 종합적인 평가나 치료가 필요한 경우 심리학자는 해당 환자에게 전문 정신건강 진료소에서 치료를 받도록 하고 있다.

군 내 1차 진료 환경에서 행동의학과 임상건강심리학을 적용한 치료를 내용으로 하는 몇몇 초기 자료가 있다. 그중 한 연구 결과에 의하면(Goodie et al., 2005) 군 임상건강심리학자들은 가정의학 실무자들과 협력하여 개선된 체중 감량 치료 프로그램과 최소한의 접촉만 이루어지는 표준 치료 프로그램 결과를 비교하여 보았다. 이때, 치료자들은 효과성이 입증된 실무 가이드라인에 의한 간략하고 구조화된 치료절차를 준수하였다. 그 결과 개선된 체중 감량 치료 프로그램의 참가자들은 체중을 상당히 감량할 수 있었던 반면, 최소한의 접촉만을 시행한 일반 그룹에서는 체중에 별다른 변화를 보이지 않았다.

또 다른 연구에서는(Goodie, Isler, Hunter, & Peterson, 2009), 군 1차 진료 환경에서 불면증을 개선하기 위한 간단한 행동 치료의 효과성을 평가하였다. 참가자들은 1차 진료 관리자로부터 1차 진료소에 근무하는 임상건강심리학자들의 진료를 받을 것을 추천받았다. 그들은 간략한 행동치료(Isler, Peterson, & Isler, 2005)와 불면증 치료를 위한 자기치료 안내서(self-help book)를 활용하여(Zammit, 1997) 치료를 진행하였다. 그 결과 수면 효율성이 개선되었고 수면장애의 정도는 전문적인 불면증 치료를 시행했을 때와 비슷한 결과를 보였다.

1차 진료에서 심리학자를 활용하는 것은 직원이 추가로 필요하고, 효과적으로 전문적인 치료를 할 수 있는 환경이 구축되어야 한다는 제한이 있었다. 이미 소개한 바 있는 미 공군의 '1차 진료 최적화 프로젝트'는 추가 직원의 증원 없이 심리학자들을 1차 진료 환경에 통합시키려고 하였다. 불행하게도 이러한 시도는 많은 의료기관에서 문제점을 야기하였으며, 특히 전문치료를 받기 위한 환자들의 예약이 꽉 찬 경우에는 매우 어려운 문제 상황이 발생하였다.

1차 진료를 위해 보다 짧은 시간과 적은 인원만 추가로 필요한 '무 예약 집단진료(drop-in group medical)' 또는 '진료예약 공유제도(Shared Medical Appointments)'가 개발되었다(Bronson & Maxwell,

2004). 진료예약 공유시스템은 환자 치료를 위한 새로운 개념으로, 일반의와 행동심리학자가 상호 협력하여 그룹 진료를 시행하였다. 일반의는 진료집단을 대상으로 90분 동안 연속해서 1대 1로 진료를 시행하며, 동시에 심리학자는 그룹 토의, 문제해결, 환자별 건강 행동 변화를 위한 전략을 수립하였다. 진료 참가는 자발적으로 이루어지며, 환자들은 자신의 질병을 성실히 관리할 것에 동의하고, 다른 환자들 앞에서 문제 중상을 개선하기 위한 조언을 받는다. 환자들은 일반의에 대한 접근의 용이성, 향상된 교육 수준, 집단의 지지 등을 받을 수 있는 이익으로 인해 대부분의 경우에서 만족도를 향상시킬 수 있었다. 이러한 진료 방법으로 진료자들은 근무 시간의 연장 없이도 환자에 대한 접근성과 생산성을 200~300% 향상시킬 수 있었다.

집단 건강 및 질병 관리

군의 임상건강심리학자들은 집단의 건강 관리에 상당한 기여를 하였다. 즉, 감시, 예방 및 치료서비스의 제공, 질병 관리, 결과 측정 등을 통해 전체 집단의 건강을 관리하였다(Peterson, 2003). '감시(Surveillance)'는 담배 사용과 1차 진료소에서 측정한 체중을 평가하여 도출된 전체 집단에 대한 자료 검토와 매년 실시하는 신체검사를 통한 건강 위험 평가와 같은 전체 집단의 건강 상태를 측정하는 방법을 활용하고 있다. 집단 건강 관리는 1차, 2차, 3차 예방 프로그램을 종합적으로 포괄하는 것이다. 1차 예방은 기초군사 훈련 단계에서 금연을 하도록 하는 것처럼 문제 질환의 증상이 없는 장병에게 문제의 증상이 시작되지 않도록 예방하는 전략을 말한다. 2차 예방은 과체중 장병과 같이 행동 건강 위험성이 있거나 임상적 질병이 있을 것으로 평가되지만, 아직 임상 질환 증상이 나타나지 않은 장병을 주요 관리 대상으로 하여 실시한다. 3차 예방은 당뇨병 환자에 대한 금연조치나 체중 관리와 같이 임상적 증상을 보이는 장병을 대상으로 하며, 질병으로 인해 예상치 못한 악화 현상이 발생하는 것을 방지하기 위한 예방처치를 실시하는 것을 가리킨다.

'질병 관리(Disease Management)'는 1차 예방부터 집중적으로 실시하는 3차 치료까지의 여러 접근 방법을 포괄하는 용어다. 질병 관리는 1차 예방부터 만성질환을 가지거나 기타 진단을 받은 환자에 대해 장기적인 건강 유지까지 고려하여 지속적으로 진행하는 광범위한 임상 관리 절차를 말한다 (Friedman, 2002). 이는 당뇨병과 같이 흔히 발견되고 고비용이 드는 급성 및 만성질환 환자에 대한 관리의 최적화와 연속적인 치료를 내용으로 한다. 이에 미군 의료 시스템에서는 환자가 당뇨병 진단을 받기 전에도 치료행위를 멈추지 않는다. 또한 관리 프로그램을 운영할 때는 과체중 장병과 같이 고위험에 노출된 장병을 식별하고 치료할 수 있도록 해야 한다. 질병 관리 영역에서는 종합적이고 전문 분야의 견해가 반영된 당뇨병 치료 프로그램을 구축하여 인슐린 의존성 당뇨병과 같이 잠재적인 건강 위험 상태까지 나아가는 것을 막을 수 있게 하고 있다.

　많은 증거에 근거하여 마련된 종합 치료 프로그램에서 발견되는 하나의 제한점은 각각의 프로그램은 치료 참가자들에게 효과가 있으나 전체 집단의 건강에 미치는 영향은 적다는 것이다. 그 이유는 진료자, 등록자, 참가자의 수에 제한이 있기 때문이다. 가령 높은 금연율을 달성한 다양한 종합 금연프로그램이 있지만 전체 장병 중 극히 일부분만이 그러한 금연 프로그램에 참가했다는 것이다. 전체 흡연 장병이 1,000명이라고 가정하고 건강 예방 정책의 일환으로 모든 흡연 장병을 대상으로 30초 동안 1차 금연 프로그램을 실시했을 때 연간 금연율이 3%로 나타난다고 생각해 보자(1,000 × 3% = 30명의 금연 성공자). 그에 비해 40%의 금연 성공률을 보이나 여러 차례 실시해야 하는 종합 금연 프로그램은 오히려 전체 금연 성공자의 수가 더 적게 나타날 수도 있다. 전체 장병 중 5%가 해당 프로그램에 참가하였을 경우 20명의 금연 성공자만을 배출할 수 있다(1,000 × 5% = 참가자 50명, 50 × 40% = 금연 성공자 20명). 이러한 예시는 전체 인원을 대상으로 하며, 행동 위험 요인에 주안점을 두고 시행하는 간략한 건강 치료 프로그램들의 잠재적인 영향력을 보여 준다. 전체 장병을 대상으로 건강을 증진시키기 위해서는 독창적인 행동의학과 더불어 임상건강 심리치료가 필요하다. 이러한 접근법들은 보통 의료기관 외부로 범위를 확장하여 가족, 학교, 종업원, 지역사회, 건강 규정 변경, 환경 개선 등을 모두 포함하게 된다(Epping-Jordan, 2004; Keefe, Buffington, Studts, & Rumble, 2002).

결론

　임상건강심리학과 행동의학 분야는 계속해서 빠른 속도로 발전될 것으로 예측되고 있다. 앞으로 발전이 예상되는 영역은 과학기술을 활용한 행동의학 평가, 치료 및 예방 프로그램이다(Keefe, Buffington, et al., 2002). 체중 관리(Hunter et al., 2008; Tate et al., 2001)와 금연과 같은(Andrews et al., 2011) 다수의 영역에서는 이미 인터넷 기반의 행동치료기법을 도입한 상태다. 기타 주목할 만한 과학기술의 적용으로는 원격 의료, 스마트폰, 양방향 웹 사이트의 활용과 같은 것들이 있다.

　앞으로 임상건강심리학자들의 의료 지원에 대한 금전적인 측면은 보다 중요하게 부각될 것이다. 비용이 절감되고 건강과 생활방식의 개선으로 인한 의료 지원의 활용이 줄어들 경우 임상건강심리학자들은 의료기관에서 매우 귀중한 자산으로 여겨질 것이다(Rasu, Hunter, Peterson, Maruska, & Foreyt, 2010). 그러나 행동 치료에 있어 비용의 측면을 평가하는 것은 매우 어려운 일이다(Kaplan & Groessl, 2002). 향후 치료 결과에 대한 연구를 진행할 때는 치료 비용 효과성과 의료 비용을 상쇄할 수 있는 잠재적인 영향을 평가해야 할 것이다.

어떤 임상건강심리학자들은 미래의 임상심리학 및 상담심리학은 임상건강심리학이라는 큰 틀 아래의 하위 범주로 묶일 것이라는 담대한 주장을 펼치기도 한다. 이러한 입장에서는 미래의 임상건강심리학은 전체적인 의료 환경을 완전히 통합하여, 모든 1차 진료와 대부분의 전문 의료 지원 분야를 포함하게 될 것이라고 본다. 앞으로 1차 진료나 전문의를 통해 의료 지원을 받으려는 대부분의 환자들은 진료 현장에서 1차 진료진과 전문의 그룹으로 형성된 임상건강심리학자의 진료를 받게 될 것이다. 임상건강심리학자들은 또한 의료 현장 곳곳에 배치될 것이고 환자의 대다수는 그들에게 성공적으로 치료를 받을 수 있을 것으로 예상하고 있다. 이때, 임상건강심리학자들에 의해 성공적으로 치료를 받지 못한 환자들에 대해서는 임상의와 상담심리학자 및 기타 정신건강 전문가로 구성된 전문 정신건강 진료소를 추천하여 제대로 된 치료를 받게 할 수 있을 것이다. 이렇게 전문 진료소에 위탁 추천을 받은 환자들은 의료 지원을 받는 전체 환자 중 소수에 해당할 것이다. 이러한 대담한 주장은 어느 정도 극단적인 면이 있으며, 오로지 미래가 되어보아야만 임상건강심리학 분야가 이처럼 발전할 수 있을지 여부를 알 수 있을 것이다. 그럼에도 임상건강심리학과 행동의학은 앞으로 군과 민간 영역의 의료기관에 엄청난 영향력을 줄 수 있는 잠재력을 가지고 있음에 틀림이 없다.

덧붙이는 말

제6장에 제시되어 있는 견해는 오로지 저자들의 생각에 불과하며, 미 공군이나 국방부의 규정에 위배되는 사항은 수록하지 않았음을 밝히는 바다.

참고문헌

Abrams, D. B., Niaura, R., Brown, R. A., Emmons, K. M., Goldstein, M. G., & Monti, P. M. (2003). *The tobacco dependence treatment handbook: A guide to best practices.* New York: Guilford Press.

Altarac, M., Gardner, J. W., Popovich, R. M., Potter, R., Knapik, J. J., & Jones, B. H. (2000). Cigarette smoking and exercise-related injuries among young men and women. *American Journal of Preventive Medicine, 18*, 96-102.

American Psychiatric Association. (1996). Practice guideline for the treatment of patients with nicotine dependence. *American Journal of Psychiatry, 153*(Suppl.), 1-31.

American Psychiatric Association. (2000). *Diagnostic and statistical manual of mental disorders* (4th ed., text rev.). Washington, DC: Author.

American Psychological Association. (2002). Ethical principles of psychologists and code of conduct. *American Psychologist, 57*, 1060-1073.

American Psychological Association. (2012). *Public description of clinical health psychology.* Retrieved from *www.apa.org/ed/graduate/specialize/health.aspx.*

Amoroso, P. J., & Canham, M. L. (1999). Disabilities related to the musculoskeletal system: Physical Evaluation Board data. In B. H. Jones, P. J. Amoroso, & M. L. Canham (Eds.), Atlas of injuries in the U.S. Armed Forces [Special issue]. *Military Medicine, 164*(4), 1-73.

Andrews, J. A., Gordon, J. S., Hampson, S. E., Christiansen, S. M., Gunn, B., Slovic, P., et al. (2011). Short-term efficacy of Click City²: Tobacco: Changing etiological mechanisms related to the onset of tobacco use. *Prevention Science, 12*, 89-102.

Association of Psychology Postdoctoral and Internship Centers. (2010). *Postdoctoral programs directory.* Retrieved October 3, 2010, from *www.appic.org/directory/search_dol_postdocs.asp.*

Bauchowitz, A. U., Gonder-Frederick, L. A., Olbrisch, M. E., Azarbad, L., Ryee, M. Y., Woodson, M., et al. (2005). Psychosocial evaluation of bariatric surgery candidates: A survey of present practices. *Psychosomatic Medicine, 67*, 825-832.

Baum, A., Revenson, T. A., & Singer, J. E. (Eds.). (2001). *Handbook of health psychology.* Mahwah, NJ: Erlbaum.

Baumstark, K. E., & Buckelew, S. P. (1992). Fibromyalgia: Clinical signs, research findings, treatment implications. and future directions. *Annals of Behavioral Medicine, 14*, 282-291.

Belar, C. D., & Deardorff, W. W. (2009). *Clinical health psychology in medical settings: A practitioner's guidebook* (2nd ed.). Washington, DC : American Psychological Association.

Blanchard, E. B. (1982). Behavioral medicine: Past, present, and future. *Journal of Consulting and Clinical Psychology, 50*, 795-796.

Blanchard, E. B. (1992). Behavioral medicine: An update for the 1990s. *Journal of Consulting and Clinical Psychology, 60*, 537-551.

Blanchard, E. B., & Scharff, L. (2002). Psychosocial aspects of assessment and treatment of irritable bowel syndrome in adults and recurrent abdominal pain in children. *Journal of Consulting and Clinical Psychology, 70*, 725-738.

Blount, A. (Ed.). (1998). *Integrated primary care: The future of medical and mental health collaboration.* New York: Norton.

Bogart. R. K., McDaniel, R. J., Dunn, W. J., Hunter, C. M., Peterson, A. L., & Wright, E. F. (2007). Efficacy of group cognitive behavior therapy for the treatment of masticatory myofascial pain. *Military Medicine, 172*, 169-174.

Boll, T. J., Johnson, S. B., Perry, N., & Rozensky, R. H. (2002). *Handbook of clinical health psychology: Volume 1. Medical disorders and behavioral applications.* Washington, DC: American Psychological Association.

Bootzin, R. R., & Epstein, D. R. (2000). Stimulus control. In K. L. Lichstein & C. M. Morin (Eds.), *Treatment of late-life insomnia* (pp. 167-184). Thousand Oaks, CA: Sage.

Bowman, R. L., & Delucia, J. L. (1992). Accuracy of self-reported weight: A meta-analysis. *Behavior Therapy, 23*, 637-655.

Bradham, D. D., South, B. R., Saunders, H. J., Heuser, M. D., Pane, K. W., & Dennis, K. E. (2001). Obesity-related hospitalization costs to the U.S. Navy, 1993-1998. *Military Medicine, 166*, 1-10.

Brantley, P. J., Veitia, M. C., Callon, E. B., Buss, R. R., & Sias, C. R. (1986). Assessing the impact of psychological intervention on family practice clinic visits. *Family Medicine, 18*, 351-354.

Bray, R. M., Hourani, L. L., Rae, K. L., Dever, J. A., Brown, J. M., Vincus, A. A., et al. (2003). *2002 Department of Defense survey of health related behaviors among military personnel.* Retrieved from *www.dtic.mil/cgi-bin/GetTRDoc?AD=ADA431566.*

Bronson, D. L., & Maxwell, R. A. (2004). Shared medical appointments: Increasing patient access without increasing physician hours. *Cleveland Clinic Journal of Medicine, 71*, 369-370.

Brownell, K. D. (2004). *The LEARN Program for weight management.* Dallas: American Health.

Centers for Disease Control and Prevention. (1997). Perspectives in disease prevention and health promotion: Smoking-attributable mortality and years of potential life lost-United States, 1984. *Morbidity and Mortality Weekly Report, 46*, 444-451.

Centers for Disease Control and Prevention. (2000). Cigarette smoking among adults-United States, 1998. *Morbidity and Mortality Weekly Report, 49*, 881-884,

Centers for Disease Control and Prevention. (2002). *CDC injury fact book.* Washington, DC: U.S. Department of Health and Human Services.

Centers for Disease Control and Prevention. (2004). *Behavioral risk factor surveillance system prevalence data.* Retrieved November 22, 2004, from *http://apps.nccd.cdc.gov/brfss.*

Chesson, A. L., Anderson, W. M., Littner, M., Davila, D., Hartse, K., Johnson, S., et al. (1999). Practice parameters for the nonpharmacologic treatment of insomnia. *Sleep, 22*, 1128-1133.

Cigrang, J. A., Severson, H. H., & Peterson, A. L. (2002). Pilot evaluation of a population-based health intervention for reducing use of smokeless tobacco. *Nicotine and Tobacco Research, 4*, 127-131.

Conway, T. L., Woodruff, S. I., Edwards, C. C., Elder, J. P., Hurtado, S. L., & Hervig, L. K. (2004). Operation Stay Quit: Evaluation of two smoking relapse prevention strategies for women after involuntary cessation during US Navy recruit training. *Military Medicine, 169*, 236-342.

Cummings, N. A. (1997). Behavioral health in primary care: Dollars and sense. In N. A. Cummings, J. L. Cummings, & J. N. Johnson (Eds.), *Behavioral health in primary care: A guide for clinical integration* (pp. 3-21). Madison, CT: Psychosocial Press.

Cummings, N. A., Cummings, J. L., & Johnson. J. N. (Eds.). (1997). *Behavioral health in primary care.* Madison, CT: Psychosocial Press.

Dall, T. M., Zhang, Y., Chen, Y. J., Wagner, A. R. C., Hogan, P. F., Fagan, N. K., et al. (2007). Cost associated with being overweight and with obesity, high alcohol consumption, and tobacco use within the military health system's TRICARE prime-enrolled population. *American Journal of Health Promotion, 22,* 120-139.

Epping-Jordan, J. E. (2004). Research to practice: International dissemination of evidence-based behavioral medicine. *Annals of Behavioral Medicine, 28,* 81-87.

Faue, M., Folen, R. A., James, L. C., & Needels, T. (1997). The Tripler Tobacco Cessation Program: Predictors for success and improved efficacy. *Military Medicine, 162,* 445-449.

Feuerstein, M., Berkowitz, S. M., Pastel, R., & Huang, G. D. (1999, July). *Secondary prevention program for occupational low back pain-related disability.* Paper presented at the meeting of the Worker's Compensation Research Group, New Brunswick, NJ.

Fiore, M. C., Jaén , C . R., Baker, T. B., Bailay, W. C., Benowitz, N. L., Curry, S. J., et al. (2008). *Treating tobacco use and dependence: 2008 update* (Clinical Practice Guideline, AHRQ Publication No. 08-0050-1). Rockville, MD: U.S. Department of Health and Human Services, Public Health Service.

Fiore, M. C., Smith, S. S., Jorenby, D. E., & Baker, T. B. (1994). The effectiveness of the nicotine patch for smoking cessation: A meta-analysis. *Journal of the American Medical Association, 27,* 1940- 1947.

Flegal, K. M., Carroll, M. D., Ogden, C. L., & Johnson, C. L. (2002). Prevalence and trends in obesity among US adults, 1999-2000. *Journal of the American Medical Association, 288,* 1723-1727.

Foreyt, J. P., & Goodrick, G. K. (1994). Attributes of successful approaches to weight loss and control. *Applied and Preventive Psychology, 3,* 209-215.

France, C. R., Masters, K. S., Belar, C. D., Kerns, R. D., Klonoff, E. A., Larkin, K. T., et al. (2008). Application of the competency model to clinical health psychology. *Professional Psychology: Research and Practice, 39,* 573-580.

Frank, R. G., Baum, A., & Wallander, J. L. (2004). *Handbook of clinical health psychology: Volume 3. Models and perspectives in health psychology.* Washington, DC: American Psychological Association.

Frank, R. G., & Elliott, T. R. (2000). *Handbook of rehabilitation psychology.* Washington, DC: American Psychological Association.

French, S. A., & Jeffery, R. W. (1995). Weight concerns and smoking: A literature review. *Annals of Behavioral Medicine, 17,* 234-244.

Fried, V. M., Prager, K., MacKay, A. P., & Xia, H. (2003). Chartbook on trends in the health of Americans. In *Health, United States,* 2003 (p. 471). Hyattsville, MD: National Center for Health Statistics.

Friedman, N. (2002). Evidence-based medicine: The key to guidelines, disease and care management programmes. *Annals Academy of Medicine Singapore, 31,* 446-451.

Gatchel, R. J., McGeary, D. D., Peterson, A. L., Moore, M., LeRoy, K., Isler, W. C., et al. (2009). Preliminary findings of a randomized controlled trial of an interdisciplinary military pain program. *Military Medicine, 174,* 270-277.

Gatchel, R. J., & Oordt, M. S. (2003). *Clinical health psychology and primary care: Practical advice and clinical guidance for successful collaboration.* Washington, DC: American Psychological Association.

Goldberg, G. M., Carlson, E., & Paige-Dobson, B. (1994). Health psychology in the Navy: Emergence of a new discipline. *Navy Medicine, 85*(1), 15-77.

Goodie, J. L., Hunter, C. L., Hunter, C. M., McKnight, T., Leroy, K., & Peterson, A. L. (2005, March). *Comparison of weight loss interventions in a primary care setting: A pilot investigation.* Poster presented at the 26th annual meeting of the Society of Behavioral Medicine, Boston, MA.

Goodie, J. L., Isler, W. C., Hunter, C. L., & Peterson, A. L. (2009). Using behavioral health consultants to treat insomnia in primary care: A clinical case series. *Journal of Clinical Psychology, 65*(3), 294-304.

Gritz, E. R., Klesges, R. C., & Meyers, A. W. (1989). The smoking and body weight relationship: Implications for intervention and post-cessation weight control. *Annals of Behavioral Medicine, 11*, 144-153.

Guzman, J., Esmail, R., Karjalinen, K., Malmivaara, A., Irvin, E., & Bombadier, C. (2001). Multidisciplinary rehabilitation for chronic low back pain: Systematic review. *British Medical Journal, 322*, 1511-1516.

Hall, S. M., Tunstall, C. D., Vila, K. L., & Duffy, J. (1992). Weight gain prevention and smoking cessation: Cautionary findings. *American Journal of Public Health, 82*, 799-803.

Hatsukami, D. K., Grillo, M., Boyle, R., Allen, S., Jensen, J., Bliss, R., et al. (2000). Treatment of spit tobacco users with transdermal nicotine system and mint snuff. *Journal of Consulting and Clinical Psychology, 68*, 241-249.

Hellman, C. J. C., Budd, M., Borysenko, J., McClelland, D. C., & Benson, H. (1990). A study of the effectiveness of two group behavioral medicine interventions for patients with psychosomatic complaints. *Behavioral Medicine, 16*, 165-173.

Holbrook, T. L., Anderson, J. P., Sieber, W. J., Browner, D., & Hoyt, D. B. (1999). Outcome after major trauma: 12-month and 18-month follow-up results from the Trauma Recovery Project. *Journal of Trauma, 46*, 765-771.

Holroyd, K. A. (2002). Assessment and psychological management of recurrent headache disorders. *Journal of Consulting and Clinical Psychology, 70*, 656-677.

Hryshko-Mullen, A. S., Broeckl, L. S., Haddock, C. K., & Peterson, A. L. (2000). Behavioral treatment of insomnia: The Wilford Hall insomnia program. *Military Medicine, 165*, 200-207.

Hsu, L. L., Nevin, R. L., Tobler, S. K., & Rubertone, M. V. (2007). Trends in overweight and obesity among 18-year-old applicants to the United States military, 1993-2006. *Journal of Adolescent Health, 41*, 610-612.

Hunter, C. L., & Peterson, A. L. (2001). Primary care training at Wilford Hall Medical Center. *The Behavior Therapist, 24*, 220-222.

Hunter, C. M., Peterson, A. L., Alvarez, L., Poston, W. C., Brundige, A., Haddock, C. K., et al. (2008). Weight management using the Internet: A randomized controlled trial. *American Journal of Preventive Medicine, 34*, 119-126.

Hurt, R. D., Sachs, D. P. L., Glover, E. D., Offord, K. P. J., Johnston, A., Dale, L. C., et al. (1997). A comparison of sustained-release bupropion and placebo for smoking cessation. *New England Journal of Medicine, 337*, 1195-1202.

Isler, W. C., Peterson, A. L., & Isler, D. (2005). Behavioral treatment of insomnia in primary care settings. In L. James

(Ed.), *The primary care consultant: The next frontier for psychologists in hospitals and clinics* (pp. 121-151). Washington, DC: American Psychological Association.

James, L. C., Folen, R. A., Garland, F. N., Edwards, C., Noce, M., Gohdes, D., et al. (1997). The Tripler Army Medical Center LEAN Program: A healthy lifestyle model for the treatment of obesity. *Military Medicine, 162,* 328-332.

James, L. C., Folen, R. A., Page, H., Noce, M., Brown, J., & Britton, C. (1999). The Tripler LE3AN Program: A two-year follow-up report. *Military Medicine, 164,* 389-395.

James, L. C., Folen, R. A., Porter, R. I., & Kellar, M. A. (1999). A conceptual overview of a proactive health psychology service: The Tripler health psychology model. *Military Medicine, 164,* 396-400.

Jorenby, D. E., Leischow, S. J., Nides, M. A., Rennard, S. I., Johnston, A. J., Hughes, A. D., et al. (1999). A controlled trial of sustained-release bupropion, a nicotine patch, or both for smoking cessation. *New England Journal of Medicine, 340,* 685-691.

Kaplan, R. M., & Groessl, E. J. (2002). Applications of cost-effectiveness methodologies in behavioral medicine. *Journal of Consulting and Clinical Psychology, 70,* 482- 493.

Kapur, V. K., Redline, S., Nieto, F. J., Young, T. B., Newman, A. B., & Henderson, J. A. (2002). The relationship between chronically disrupted sleep and health care use. *Sleep, 25,* 289-296.

Katon, W., Robinson, P., Von Korff, M., Lin, E., Bush, T., Ludman, E., et al. (1996). A multifaceted intervention to improve treatment of depression in primary care. *Archives of General Psychiatry, 53,* 924-932.

Katz, D. A., & McHorney, C. A. (2002). The relationship between insomnia and health-related quality of life in patients with chronic illness. *Journal of Family Practice, 51,* 229-235.

Keefe, F. J., Buffington, A. L. H., Studts, J., & Rumble, M. (2002). Behavioral medicine: 2002 and beyond. *Journal of Consulting and Clinical Psychology, 70,* 852-856.

Keefe, F. J., Smith, S. J., Buffington, A. L. H., Gibson, J., Studts, J., & Caldwell, D. S. (2002). Recent advances and future directions in the biopsychosocial assessment and treatment of arthritis. *Journal of Consulting and Clinical Psychology, 70,* 640-655.

Kerns, R. D., Berry, S., Frantsve, L. M. E., & Linton, J. C. (2009). Life-long competency development in clinical health psychology. *Training and Education in Professional Psychology, 3,* 212-217.

Klesges, R. C., Haddock, C. K., Chang, C. F., Talcott, G. W., & Lando, H. (2001). The association of smoking and the cost of military training. *Tobacco Control, 10, 43-47.*

Klesges, R. C., Haddock, C. K., Lando, H., & Talcott, G. W. (1999). Efficacy of forced smoking cessation and an adjunctive behavioral treatment on long-term smoking rates. *Journal of Consulting and Clinical Psychology, 67,* 952-958.

Klesges, R. C., Myers, A. W., Klesges, L. M., & La Vasque, M. E. (1989). Smoking, body weight, and their effects on smoking behavior: A comprehensive review of the literature. *Psychological Bulletin, 106,* 204-230.

Krakow, B., & Zadra, A. (2006). Clinical management of chronic nightmares: Imagery rehearsal therapy. *Behavioral*

Sleep Medicine, 4, 45-70.

Kushida, C. A., Nichols, D. A., Simon, R. D., Young, T., Grauke, J. H., Britzmann, J. B., et al. (2000). Symptom-based prevalence of sleep disorders in an adult primary care population. *Sleep and Breathing, 4,* 9-14.

Lamarche, L., & Koninck, J. (2007). Sleep disturbance in adults with posttraumatic stress disorder: A review. *Journal of Clinical Psychiatry, 68,* 1257-1270.

Larkin, K. T. (2009). Variations in doctoral training programs in clinical health psychology: Lessons learned at the box office. *Training and Education in Professional Psychology, 3,* 202-211.

Lew, H. L., Otis, J. D., Tun, C., Kerns, R. D., Clark, M. E., & Cifu, D. X. (2009). Prevalence of chronic pain, posttraumatic stress disorder, and persistent post-concussive symptoms in OIF/OEF veterans: Polytrauma clinical triad. *Journal of Rehabilitation Research and Development, 46,* 697-702.

Lichstein, K. L., & Riedel, B. W. (1994). Behavioral assessment and treatment of insomnia: A review with an emphasis on clinical application. *Behavior Therapy, 25,* 659-688.

Lincoln, A. E., Smith, G. S., Amoroso, P. J., & Bell, N. S. (2003). The effect of cigarette smoking on musculoskeletal-related disability. *American Journal of Industrial Medicine, 43,* 337-349.

Lipowski, Z. J., Lipsitt, D. R., & Whybrow, P. C. (1977). *Psychosomatic medicine: Current trends and clinical applications.* New York: Oxford University Press.

Llewelyn, S., & Kennedy, P. (2003). *Handbook of clinical health psychology.* Indianapolis, IN: Wiley.

Masters, K. S., France, C. R., & Thorn, B. E. (2009). Enhancing preparation among entry-level clinical health psychologists: Recommendations for "best practices" from the first meeting of the Council of Clinical Health Psychology Training Programs (CCHPTP). *Training and Education in Professional Psychology, 3,* 193-201.

Matarazzo, J. D. (1980). Behavioral health and behavioral medicine. *American Psychologist, 35,* 807-817.

Matarazzo, J. D., Weiss, S. M., Herd, J. A., Miller, N. E., & Weiss, S. M. (Eds.). (1984). *Behavioral health: A handbook of health enhancement and disease prevention.* New York: Wiley.

Mayer, T. G., McGeary, D., & Gatchel, R. J. (2003). Chronic pain management through functional restoration for spinal disorders. In J. Frymoyer & S. Wiesel (Eds.), *Adults and Pediatric spine* (3rd ed., pp. 323-333). Philadelphia: Lippincott, Williams & Wilkins.

McCallin, A. (2001). Interdisciplinary practice-a matter of teamwork: An integrated literature review. *Journal of Clinical Nursing, 10,* 419-428.

McDaniel, S. (1995). Collaboration between psychologists and family PCMs: Implementing the biopsychosocial model. *Professional Psychology: Research and Practice, 26,* 117-122.

McNulty, P. A. (2001). Prevalence and contributing factors of eating disorder behaviors in active duty service women in the Army, Navy, Air Force, and Marines. *Military Medicine, 166,* 53-58.

Michaels, A. J., Michaels, C. E., Moon, C. H., Smith, J. S., Zimmerman, M. A., Taheri, P. A., et al. (1999). Posttraumatic stress disorder after injury: Impact on general health outcome and early risk assessment. *Journal of Trauma, 47,*

460-466.

Millon, T. (1982). On the nature of clinical health psychology. In T. Millon, C. Green, & J. Meagher (Eds.), *Handbook of clinical health psychology* (pp. 1-28). New York: Plenum Press.

Mimeault, V., & Morin, C. M. (1999). Self-help treatment for insomnia: Bibliotherapy with and without professional guidance. *Journal of Consulting and Clinical Psychology, 67*, 511-519.

Mokdad, A. H., Marks, J. S., Stroup, D. F., & Gerberding, J. L. (2004). Actual causes of death in the United States, 2000. *Journal of the American Medical Association, 291*, 1238-1245.

Moore, B. A., & Krakow, B. (2007). Imagery rehearsal therapy for acute posttraumatic nightmares among combat soldiers in Iraq. *American Journal of Psychiatry, 164*, 683-684.

Morin, C. M. (1993). *Insomnia: Psychological assessment and management.* New York: Guilford Press.

Morin, C. M., Bootzin, R. R., Buysse, D. J., Edinger, J. D., Espie, C. A., & Lichstein, K. L. (2006). Psychological and behavioral treatment of insomnia: Update of the recent evidence (1998-2004). *Sleep, 29*, 1398-1414.

Morin, C. M., Colecchi, C., Stone, J., Stood, R., & Brink, D. (1999). Behavioral and pharmacological therapies for late-life insomnia: A randomized controlled trial. *Journal of the American Medical Association, 281*, 991-999.

Morin, C. M., Culbert, J. P., & Schwartz, S. M. (1994). Nonpharmacological interventions for insomnia: A meta-analysis of treatment efficacy. *American Journal of Psychiatry, 151*, 1172-1180.

Morin, C. M., Hauri, P. J., Espie, C. A., Speilman, A. J., Buysse, D. J., & Bootzin, R. R. (1999). Nonpharmacological treatment of chronic insomnia. *Sleep, 22*, 1134-1156.

Morin, C. M ., & Wooten, V. (1996). Psychological and pharmacological approaches to treating insomnia. *Clinical Psychology Review, 16*, 521-542.

Murtagh, D. R., & Greenwood, K. M. (1995). Identifying effective psychological treatments for insomnia: A meta-analysis. *Journal of Consulting and Clinical Psychology, 63*, 79-89.

Narrow, W. E., Regier, D. A., Rae, D. S., Manderscheid, R. W., & Locke, B. Z. (1993). Use of services by persons with mental and addictive disorders: Findings form the National Institute of Mental Health epidemiologic catchment area program. *Archives of General Psychiatry, 50*, 95-107.

National Heart, Lung, and Blood Institute Working Group on Insomnia. (1999). Insomnia: Assessment and management in primary care. *American Family Physician, 59*, 3029-3038.

National Institutes of Health. (1991). Gastrointestinal surgery for severe obesity: Proceedings of a National Institutes of Health Consensus Development Conference. *American Journal of Clinical Nutrition, 55*, 487S-619S.

National Institutes of Health. (1998). *Clinical guidelines on the identification, evaluation, and treatment of overweight and obesity: The evidence report.* Washington, DC: U.S. Government Printing Office.

Niaura, R., & Abrams, D. B. (2002). Smoking cessation: Progress, priorities, and prospectus. *Journal of Consulting and Clinical Psychology, 70*, 494-509.

Nicassio, P. M., & Smith, T. W. (1995). *Managing chronic illness: A biopsychosocial perspective.* Washington, DC:

American Psychological Association.

Otis, J. D., Keane, T. M., & Kerns, R. D. (2003). An examination of the relationship between chronic pain and post-traumatic stress disorder. *Journal of Rehabilitation and Research Development, 40*, 397-406.

Perkins, K. A. (1993). Weight gain following smoking cessation. *Journal of Consulting and Clinical Psychology, 61*, 768-777.

Perri, M. G., & Fuller, P. R. (1995). Success and failure in the treatment of obesity: Where do we go from here? *Medicine, Exercise, Nutrition, and Health, 4*, 255-272.

Peterson, A. L. (1999). Inaccurate estimation of body weight prior to smoking cessation: Implications for quitting and weight gain. *Journal of Applied Biobehavioral Research, 4*, 79-84.

Peterson, A. L. (2003, March). *Population health management: Building healthy communities with behavioral medicine.* Paper presented at the 24th annual meeting of the Society of Behavioral Medicine, Salt Lake City, UT.

Peterson, A. L., Dixon, D. C., Talcott, G. W., & Kelleher, W. J. (1993). Habit reversal treatment of temporomandibular disorders: A pilot investigation. *Journal of Behavior Therapy and Experimental Psychiatry, 24*, 49-55.

Peterson, A. L., Goodie, J. L., Satterfield, W., & Brim, W. (2008). Sleep disturbance during military deployment. *Military Medicine, 173*, 230-235.

Peterson, A. L., & Helton, J. (2000). Smoking cessation and weight gain in the military. *Military Medicine, 165*, 536-538.

Peterson, A. L., Hryshko-Mullen, A. S., Alexander, R. W., & Nelson, L. (1999, November). *Evaluation of health care utilization after behavior therapy for insomnia.* Paper presented at the 33rd Annual Convention of the Association for Advancement of Behavior Therapy, Toronto, Ontario, Canada.

Peterson, A. L., Luethcke, C. A., Borah, E. V., Borah, A. M., & Young-McCaughan, S. (2011). Assessment and treatment of combat-related PTSD in returning war veterans. *Journal of Clinical Psychology In Medical Settings, 18*, 164-175.

Peterson, A. L., Severson, H. H., Andrews, J. A., Gott, S. P., Cigrang, J. A. Gordon, J. S., et al. (2007). Smokeless tobacco use in military personnel. *Military Medicine, 172*, 1300-1305.

Peterson, A. L., Talcott, G. W., Kelleher, W. J., & Smith, S. D. (1995). Bulimic weight-loss behaviors in mandatory versus voluntary weight management programs. *Military Medicine, 160*, 616-620.

Peterson, A. L., Vander Weg, M. W., & Jaén, C. R. (2011). *Advances in psychotherapy-Evidence-based practice-Vol. 21. Nicotine and tobacco dependence.* Cambridge, MA: Hogrefe.

Pieters, R., & Baumgartner, H. (2002). Who talks to whom? Intra- and interdisciplinary communication of economics journals. *Journal of Economic Literature, 40*, 483-509.

Prokop, C., & Bradley, A. A. (1981). *Medical psychology: Contributions to behavioral medicine.* New York: Academic Press.

Raczynski, J. M., & Leviton, L. C. (2004). *Handbook of clinical health psychology: Volume 2. Disorders of behavior and health.* Washington, DC: American Psychological Association.

Rasu, R. S., Hunter, C. M., Peterson, A. L., Maruska, H. M., & Foreyt, J. P. (2010). Economic evaluation of an Internet-based weight management program. *American Journal of Managed Care, 16*, 98-104.

Reiger, D., Narrow, W., Rae, D., Manderschied , R., Locke, B., & Goodwin, F. (1993). The de facto U.S. mental and addictive disorders service system: Epidemiologic catchment area prospective 1-year prevalence rates of disorders and services. *Archives of General Psychiatry, 50*, 85-94.

Riedel, B. W. (2000). Sleep hygiene. In K. L. Lichstein & C. M. Morin (Eds.), *Treatment of late-life insomnia* (pp. 125-146). Thousand Oaks, CA: Sage.

Robbins, A. S., Chao, S. Y., Coil, G. A., & Fonseca, V. P. (2000). Costs of smoking among active duty U.S. Air Force personnel in 1997. *Morbidity and Mortality Weekly Reports, 49*, 441-445.

Robbins, A. S., Chao, S. Y., Russ, C. R., & Fonseca, V. P. (2002). Costs of excess body weight among active duty personnel, U.S. Air Force, 1997. *Military Medicine, 167*, 393-397.

Rodolfa, E., Bent, R., Eisman, E., Nelson, P., Rehm, L., & Ritchie, P. (2005). A cube model for competency development: Implications for psychology educators and regulators. *Professional Psychology: Research and Practice, 36*, 347-354.

Russ, C. R., Fonseca, V. P., Peterson, A. L., Blackman, L. R., & Robbins, A. S. (2001). Weight gain as a barrier to smoking cessation among military personnel. *American Journal of Health Promotion, 16*, 79-84.

Santry, H. P., Gillen, D. L., & Lauderdale, D. S. (2005). Trends in bariatric surgical procedures. *Journal of the American Medical Association, 294*, 1909-1917.

Schnyder, U., Moergeli, H., Klaghofer, R., & Buddeberg, C. (2001). Incidence and prediction of posttraumatic stress disorder symptoms in severely injured accident victims. *American Journal of Psychiatry, 158*, 594-599.

Severson, H. H., Peterson, A. L., Andrews, J. A., Gordon, J. S., Cigrang, J. A., Danaher, B. G., et al. (2009). Smokeless tobacco cessation in military personnel: A randomized clinical trial. *Nicotine and Tobacco Research, 11*, 730-738.

Sheridan, E. P. (1999). Psychology's future in medical schools and academic health care centers. *American Psychologist, 54*, 267-271.

Sheridan, E. P., Matarazzo, J. D., Boll, T. J., Perry, N. W., Jr., Weiss, S. M., & Belar, C. D. (1988). Postdoctoral education and training for clinical service providers in health psychology. *Health Psychology, 7*, 1-17.

Simpson, M., Earles, J., Folen, R., Trammel, R., & James, L. (2004). The Tripler Army Medical Center's LE3AN program: A six-month retrospective analysis of program effectiveness for African-American and European-American females. *Journal of the National Medical Association, 96*, 1332-1336.

Smith, M. T., Perlis, M. L., Park, A., Smith, M. S., Pennington, J., Giles, D. E., et al. (2002). Comparative meta-analysis of pharmacotherapy and behavior therapy for persistent insomnia. *American Journal of Psychiatry, 159*, 5-10.

Smith, T. W., Kendall, P. C., & Keefe, F. (2002). Behavioral medicine and clinical health psychology: Introduction to the special issue. *Journal of Consulting and Clinical Psychology, 70*, 459-462.

Society of Behavioral Medicine. (2012). *About the Society of Behavioral Medicine.* Retrieved May 17, 2012, from www.sbm.org/about.

Spielman, A. J., Saskin, P., & Thorpy, M. J. (1987). Treatment of chronic insomnia by restriction of time in bed. *Sleep, 10*, 45-56.

Spring, B., Doran, N., Pagoto, S., Schneider, K., Pingitore, R., & Hedeker, D. (2004). Randomized controlled trial for behavioral smoking and weight control treatment: Effect of concurrent versus sequential intervention. *Journal of Consulting and Clinical Psychology, 72*, 785-796.

Starr, A. J., Smith, W. R., Frawley, W. H., Borer, D. S., Morgan, S. J., Reinert, C. M., et al. (2004). Symptoms of posttraumatic stress disorder after orthopaedic trauma. *Journal of Bone and Joint Surgery, 86-A*(6), 1115-1121.

Stone, G., Weiss, S., Matarazzo, J., Miller, N., Rodin, J., Belar, C., et al. (1987). *Health psychology: A discipline and a profession.* Chicago: University of Chicago Press.

Strosahl, K. (1996). Confessions of a behavior therapist in primary care: The odyssey and the ecstasy. *Cognitive and Behavioral Practice, 3*, 1-28.

Stunkard, A. J. (2001). Current views on obesity. *American Journal of Medicine, 100*, 230-236.

Suls, J. (2010, Spring). What's spinning in health psychology. *Health Psychologist, 32*(1), 1, 4.

Talcott, G. W., Fiedler, E. R., Pascale, R. W., Klesges, R. C., Peterson, A. L., & Johnson, R. S. (1995). Is weight gain following smoking cessation inevitable? *Journal of Consulting and Clinical Psychology, 63*, 313-316.

Tanskanen. A., Tuomilehto, J., Viinamaki, H., Vartiainen, E., Lehtonen, J., & Puska, P. (2001). Nightmares as predictors of suicide. *Sleep, 24*, 845-848.

Tate, D. E, Wing, R. R., & Winett, R. A. (2001). Using Internet technology to deliver a behavioral weight loss program. *Journal of the American Medical Association, 285*, 1172-1177.

Turk, D. C., &: Okifuji, A. (2002). Psychological factors in chronic pain : Evolution and revolution. *Journal of Consulting and Clinical Psychology, 70*, 678-690.

Turk, D. C., Zaki, H. S., & Rudy, T. E. (1993). Effects of intraoral appliance and biofeedback/stress management alone and in combination in treating pain and depression in patients with temporomandibular disorders. *Journal of Prosthetic Dentistry, 70*, 158-164,

U.S. Department of Health and Human Services. (1990). *The health benefits of smoking cessation: A report of the surgeon general.* Washington, DC: U.S. Government Printing Office.

Weddington, W. W., Jr., & Blindt, K. (1983). Behavioral medicine: A new development. *Hospital Community Psychiatry, 34*, 702-708.

Wetter, D. W., Fiore, M. C., Gritz, E. R., Lando, H. A., Stitzer, M. L., Hasselblad, V., et al. (1998). The Agency for Health Care Policy and Research Smoking Cessation clinical practice guideline: Findings and implications for psychologists. *American Psychologist, 6*, 657-669.

WHO World Mental Health Survey Consortium. (2004). Prevalence, severity, and unmet need for treatment of mental disorders in the World Health Organization world mental health surveys. *Journal of the American Medical*

Association, 291, 2581-2590.

Williamson, D. F., Madans, J., Anda, R. F., Kleinman, J. C., Giovino, G. A., & Byers, T. (1991). Smoking cessation and severity of weight gain in a national cohort. *New England Journal of Medicine, 324*, 739-745.

Woodruff, S. I., Conway, T. L., & Edwards, C. C. (2000). Effect of an eight week smoking ban on women at US Navy recruit training command. *Tobacco Control, 9*, 40-46.

Yamane, G. K. (2007). Obesity in civilian adults: Potential impact on eligibility for U.S. military enlistment. *Military Medicine, 172*, 1160-1165.

Zammit, G. K. (1997). *Good nights: How to stop sleep deprivation, overcome insomnia, and get the sleep you need.* Kansas City, KS: Andrews McMeel.

Zammit, G. K., Weiner, J., Damato, N., Sillup, G. P., & McMillan, C. A. (1999). Quality of life in people with insomnia. *Sleep, 22*, S379-S385.

Zayfert, C., & DeViva, J. C. (2004). Residual insomnia following cognitive behavioral therapy for PTSD. *Journal of Traumatic Stress, 17*, 69-73.

제7장 | MILITARY PSYCHOLOGY

재난 후 정신건강에 대한 군의 역할

Teresa M. Au
Teresa L. Marino-Carper
Benjamin D. Dickstein
Brett T. Litz

파괴적인 7.0 규모의 강진이 2010년 1월 12일 화요일에 아이티를 강타해 집과 건물을 완전히 무너뜨렸다. 사람들은 자갈더미에 파묻혔으며 이로 인해 아이티는 순식간에 아수라장이 되어 버렸다. 지난 세기 가장 치명적인 자연재해 중 하나인 지진으로, 23만 명 이상이 목숨을 잃고 부상자는 대략 30만 명 가까이 되는 것으로 추정되며, 100만 명 이상이 노숙자 신세가 되었다. 아이티 지진이 발생하고 나서 미군은 24시간 안에 아이티 구호 작전인 '통합대응작전(Operation Unified Response)'을 실행하여 아이티에 구호 물품을 배급하고 인도주의적 지원을 하였다(Keen, Vieira Neto, Nolan, Kimmey, & Althouse, 2010). 미군 남부사령부는 구호 작전을 지휘하고 즉시 해안 경비대와 미 공군 장병을 파견하였으며, 그 뒤를 이어 미 해군, 해병대, 육군을 파견하였다(U.S. Southern Command, 2010). 미군의 구호 대응의 절정기에는 22,000명 이상의 미군이 아이티에 파견되었다(U.S. Southern Command, 2010). 군 장병들은 때론 극단적이고 임무 성격도 다른 구호 활동을 전개하였다. 구호 활동은 식량, 식수 및 구호물품 배급, 구조 탐색 작업을 통한 인명 구조, 거리 청소, 공동묘지 준비, 의료 지원 등 매우 다양하였다(Keen et al., 2010). 한편 군 의료 지원자들은 구호 활동을 펼치는 미군 장병과 현지 이재민들에게 의료 활동을 지원하였다(Warner, 2010).

아이티 사태에서 그러했던 것처럼 미군 장병은 보급과 물자 수송에 전문성을 가지고 있어 인력과 자원의 신속한 기동이 가능하기 때문에 국외 및 국내에서 위기 상황이 발생할 경우 보통 문제 발생 지역의 최전선으로 배치된다(Keen, 2010; Mancuso, Price, & West, 2008). 2005년 미국 남부 지역을 강타한 허리케인 카트리나, 2001년 세계무역센터와 미국 국방부가 공격당한 9·11 테러와 같이 주목할 만한 대규모의 심리적 외상 사건이 발생한 경우에도 군의 구호 작전이 실행된다. 이러한 위기 상황과 환경의 특징은 지진, 홍수, 쓰나미, 허리케인과 같은 자연재해에서부터 테러리스트의 공격, 교통사고와 같은 인재에 이르기까지 각각의 위기 상황별로 매우 다양하며 극단적이기도 하다. 이재민에 대한 인도적 지원과 재난 구호 작전을 수행하기 위해 전 미군이 개입하여 다음과 같은 지원을 하고 있다. 대피, 수색 구조, 의료 지원, 통·번역 지원, 수송 지원, 구호물품 배급, 시신 수습, 수송체계 조직, 수질 및 위생 상태 평가, 질병 통제, 보급품 이동, 야전병원 구축, 각종 계획의 수립 등이 그것이다(Defense Security Cooperation Agency, 2009; Grieger & Lyszczarz, 2002; Hoge, Orman, & Robichaux, 2002; Mancuso et al., 2008). 이러한 작전을 수행하는 동안 군 장병들은 혐오스럽고 끔찍한 상황을 경험하기도 하고 대규모의 파괴 현장에서 근무할 경우에는 소름끼치는 죽음과 고통의 현장에 노출될 수 있다(Keller & Bobo, 2004).

재난의 여파에 대응하기 위해 군 정신건강 전문의, 심리학자, 사회복지사, 간호사, 위생병, 군종 장교들은 미군 장병, 군 가족 그리고 때로는 현지인을 대상으로 의료지원 서비스를 하게 된다. 대부분의 경우에 정신건강 치료를 위해 지원한 전문 의료진은 심리적 외상에 노출될 수 있는 파괴 현장을 목격함으로써 간접적인 영향을 받고, 상실감과 괴로움을 느끼고 있는 군 장병을 대상으로 치료를 실시한다(Amundson, Lane, & Ferrara, 2008; Joyce, 2006; McGuiness, 2006). 또한 군 의료 지원진은 재난, 9·11 사건과 같은 테러행위, 헬리콥터나 잠수함 사고와 같은 비전투적인 군의 사고로 인해 직접적으로 영향을 받은 장병도 치료한다(Cozza, Huleatt, & James, 2002; Grieger & Lyszczarz, 2002; Jankosky, 2008). 군 의료 지원진은 군 가족에게도 의료 서비스를 제공하며(Hoge et al., 2002), 재난으로 인해 심리적 외상을 입은 현지인에게 해군 병원선을 파견하는 등의 인도주의적 지원에서부터 전쟁으로 인해 외상을 입은 전투 지역의 가정에 의료진을 파견하는 것에 이르기까지 다양한 지원을 하고 있다(Grieger & Lyszczarz, 2002). 이러한 지원을 진행할 경우에는 특별히 심사숙고를 해야 한다. 군 의료진의 치료기법은 군 문화와 군 지원체계에 맞추어져 있는 특수한 것이어서 이를 현지인에게 그대로 적용하기에는 다소 조심스러운 면이 있기 때문이다. 더욱이 현지인에 대한 치료는 1회에 그칠 가능성이 높으며, 현지의 규범과 관습에 대한 이해가 선행되어야 제대로 된 임상 진료를 할 수 있다(Wessells, 2009).

서로 전혀 다른 분야에서 근무하는 군 의료진들의 훈련, 준비 및 치료 전략은 전문 분야에 따라 상당한 차이가 있다. '해군 특수 정신의학 신속 치료팀(Navy's Special Psychiatric Rapid Intervention Teams)'과 같이 재난 대응을 위해 특수 훈련을 받고 빠른 대응을 하는 정신건강 의료진도 있지만(Grieger & Lyszczarz, 2002), 일반적으로 군 의료진들은 경험이 적고 특수한 상황과 관련한 훈련을 많이 받지 못하였다. 하지만 특별히 많은 환자로 인해 의료 지원에 한계를 보여 추가 지원이 필요한 재난 대응 지역에는 경험이 적은 군 의료진도 동원된다. 한편 특수재난 대응 훈련을 받은 의료진들이 각각의 상황에서 어떠한 심리치료를 해야 할 것인지에 대한 명확한 지침이 아직 수립되어 있지 않은 상황이다. 이렇게 애매모호한 상황이 발생하는 것은 재난대응치료의 효과성에 관한 실증적 연구 결과가 상대적으로 부족한 것에 부분적인 이유가 있는 것으로 보인다. 하지만 지금은 확고하고 근거 중심의 실험과 체계적인 측정에 의한 치료 방법에 대한 관심이 늘어나고 있는 추세다.

제7장에서는 재난 발생 후 며칠 내지 몇 주 이내에 군 장병과 현지인들에게 의료 서비스를 제공하는 군 의료진과 관련한 사항에 대해 중점적으로 살펴보도록 한다. 우선 군이 주도하여 실시하는 인도주의적 임무의 역사적 맥락과 현재 상황에 대해 알아보고 심리적 외상의 본질, 재난 관련 외상과 스트레스에 대한 일반적인 반응, 치료를 통해 개선할 수 있는 개인의 식별과 관련된 중요 논점에 대해 살펴보도록 하겠다. 다음으로 급성 고통을 완화하고 심리적 장애로 발전되는 것을 예방하며, 장기적인 관점에서 긍정적인 효과를 줄 수 있는 요인을 촉진하기 위해 재난 현장에 즉각적으로 파견되는 의료진에게 추천되는 훈련 방법과 그들이 활용할 수 있는 특수한 치료 방법에 대해 알아보겠다. 마지막으로 현재 실무 현장에서 활용하는 최선의 모범 사례에 대해 알아보며 이 장을 마무리하도록 하겠다.

군 인도주의적 임무의 역사

인도주의적 지원과 재난 구호를 지원하는 미 국방부의 역할은 수년 간 비약적으로 발전하였다. 역사적으로 국제적 구호 기구와 비정부 조직(NGO)들은 1차적 인도주의 지원 기구로서 활동해 왔다. 미 국방부가 1986년 인도주의적 지원 임무를 감독할 때 미군 당국의 구호 지원은 주로 개인적으로 기부한 물자를 도움이 필요한 국가에 수송하는 것에 초점을 맞춰 시행되었다(USAID Office of Military Affairs, 2010). 그러나 2001년 9 · 11 테러가 기폭제가 되어 미군은 보다 많은 자원과 관심을 범국가적 인도주의 지원과 재난 구호 임무에 기울이기 시작하였다. 그 결과, 인도주의적 지원 건수가 급증하고 그러한 인도주의적 지원의 목표와 의도가 변화되는 등 미 국방부의 인도주의적 지원 프로그램은 상당한 변혁을 경험하게 되었다. 미 국방부는 인도주의적 지원이 외교 관계를 촉진시키는 데 핵심 역할을 수행한다고 인식하고, 2005년 인도주의적 지원과 재난 구호를 위해 군의 개입을 확대하여 안정성, 국가 안보, 변화, 재건 임무에 군 병력을 투입할 것을 지시하였다. 이러한 명령은 테러 행위를 지지하는 이념적인 기반에 반대하는 것을 포함하여 미국의 안보를 강화하는 데 초점을 맞춘 것이었다(Amundson et al., 2008; DoD, 2005). 2004년 인도양에서 발생한 쓰나미 대참사와 2005년 파키스탄에서 대지진이 발생했을 때 미군이 투입되어 구호 활동을 펼친 결과 재난이 발생한 현지 주민의 미국에 대한 긍정적인 여론이 배로 향상된 사례만 보더라도 이러한 구호 지원을 할 경우 미국에 대한 인식 제고에 매우 효과적이며 충분한 근거 역시 갖추고 있다고 할 수 있다(Amundson et al., 2008).

　　군과 민간단체가 공동으로 지원 임무를 수행하는 사례가 증가하고 일반적인 모습이 되면서 다수의 비정부 조직들은 미군의 구호 임무 관여에 대해 우려의 목소리를 나타냈다. 군대가 구호 임무에 투입되는 것을 반대하는 입장에서는, 민간 조직은 미국 정부와 크게 관련이 없기 때문에 재난이 발생한 정부의 권한에 위해를 가하지 않는다는 것을 근거로 들면서, 일반적으로 민간 구호기관이 군인보다 더 효과적으로 구호 임무를 수행할 수 있다고 주장한다. 더욱이 현지인들은 구호 임무를 담당하는 비정부 조직 구호요원들과 군 장병을 구별하는 데 어려움을 겪을 수도 있다고 주장한다. 이러한 문제점이 야기할 수 있는 상황은 만약 미군에 매우 적대적인 집단이 현지에 존재할 경우 민간 구호 지원요원의 생명이 위험할 수 있다는 것이다. 이러한 우려사항들에 근거하여 몇몇 비정부 조직은 민간 구호기관의 안전을 확보하기 위해 미군의 개입을 제한해야 한다고 주장하고 있다(Patrick, 2009). 이러한 권고를 하는 궁극적인 목표가 무엇이든 미 국방부와 비정부 조직 간에는 긴장감이 형성되어 있으며, 재난 구호에 군 병력을 투입하는 것에 대해 논쟁이 끊이지 않고 있다. 지금까지 미 국방부의 인도주의적 지원 프로그램에 관한 역사적 맥락을 알아보았다. 이제 관심을 바꿔 재난이 현지 주민에게 미치는 영향의 본질에 대해 살펴보도록 한다.

재난과 지역 주민에 대한 영향

　　재난이란 갑작스럽게 발생하여 광범위한 파괴, 인명 피해 및 지역사회의 공공기반 시설에 손상을 주는 다양한 사건을 말한다(Halpern & Tramontin, 2007). 재난은 그 본질상 예측이 불가능하며 연속적인 응급 상황과 심리적 외상 사건의 발생을 초래한다. 재난 사건들은 서로 어느 정도 공통점을 가지고 있지만 각각의 재난 사건은 상황, 범위, 기간, 영향을 받는 지역 주민에 따라 차이점을 보인다. 미국의 연방 긴급 사태 관리청(Federal Emergency Management Agency: FEMA)에서는 지난 10년 동안 평균적으로 연간 4,000건의 국가 재난이 발생했다고 추산하고 있으며, 이 중 56건은 대통령이 직접 국가 재난으로 공표한 것이었다(FEMA, 2010a; Reyes & Elhai, 2004). 이러한 재난 사건들은 교통 재난에서부터 테러 행위에 이르기까지 매우 다양하다.

　　군 의료진들은 다양한 재난 관련 스트레스 요인에 직·간접적으로 노출된 장병과 현지인들에게 의료 지원을 할 수 있도록 반드시 준비하고 있어야 한다. 주목해야 할 점은 유해 수습 임무나 심각한 고통과 불편함을 초래할 수 있는 임무를 부여받은 장병의 경우에는 직접 노출과 간접 노출의 차이점이 불분명할 수 있다는 것이다(Keller & Bobo, 2004). 더욱이 응급구조 대원들에게 어떠한 심리적 결과를 초래할지 예측할 때에는 이러한 구분이 유용하지 않을 수도 있다. 가령, 노르웨이 군인에 대한 연구에서는 눈사태 구조요원들을 대상으로 재난 발생 2개월과 4개월 뒤에 검사를 한 결과 직접적으로 재난을 입은 피해자와 같은 질환 증상을 보였다(Johnsen, Eid, Lovstad, & Michelsen, 1997).

재난에 의해 영향을 받은 사람이 너무나 많기 때문에 군 의료진들은 재난 관련 외상에 노출된 모든 사람을 치료할 수는 없을 것으로 보인다. 그러므로 군 의료진들은 체계적인 방법으로 가장 도움이 필요한 피해자를 식별해야 한다. 그러나 대개 급성 심리적 외상 반응이 일반적으로 나타나고 순간적인 반응을 보이는 경우가 많기 때문에 외상 후유증의 위험은 산정이 힘들고, 또한 차후에 발전될 수 있는 정신질환과 역할 장애를 반드시 예측할 필요성은 없다(Bryant, 2004). 다음으로는 심리적 외상 사건에 대한 개인의 일반적인 반응 형태에 대해 면밀히 살펴본 뒤 가장 치료가 필요한 사람을 감별하는 전략에 대해 알아보도록 한다.

재난과 심리적 외상에 대한 반응

재난과 심리적 외상 가능성이 있는 사건의 피해자들은 보통 다양하고 뚜렷한 생리적 · 행동적 · 인지적 · 정서적 반응을 경험한다. 심리적 외상을 원인으로 하는 급성 반응에 대한 연구 자료들을 보면, 일관되게 심박수와 피부 전도 증가와 같은 교감신경계의 고조 각성, 심리적 외상 단서의 기피, 자신과 세상에 대한 부정적 인식, 분열성 증상, 정서 감각 마비, 우울하고 불안한 기분과 같은 증상이 식별되었다(Bryant, Sackville, Dang, Moulds, & Guthrie, 1999; Elsesser, Freyth, Lohrmann, & Sartory, 2009; Yahav & Cohen, 2007). 게다가 가족의 사망과 상실감으로 인한 심리적 외상 증상들이 식별되었고 특히 재난을 입은 주민들은 일반적으로 이러한 증상을 보이는 것으로 나타났다. 이러한 증상들에는 깊은 외로움, 사별한 사람에 대한 집착과 같은 슬픔 반응과 자신이 살아남았다는 것에 대한 죄책감 같은 것들이 있다(Gray, Prigerson, & Litz, 2004).

그러나 재난을 포함하여 극심한 심리적 외상 사건을 경험한 후에도 심각한 급성 스트레스 반응을 보이지 않는 경우와 일시적으로만 급성 스트레스 반응을 보이는 경우의 비율이 상당히 높은 것으로 나타났다(Bonanno et al., 2008; Bonanno, Galea, Bucciarelli, & Vlahov, 2006). 심리적 외상 연구자들은 오랫동안 이러한 현상에 대해 인지하고 있었고, 대략 20년 동안 위험과 심리적 회복 탄력성 예측 모델 수립을 적극적으로 추진하고 있었다. 정신장애의 진단 및 통계편람(DSM-IV)을 시작으로 급성 스트레스 장애(Acute Stress Disorder: ASD) 문제에 대한 관심을 제고하고 외상 후 스트레스 장애(PTSD, Bryant, 2004)가 만성적인 질병으로 발전될 위험성이 높은 사람을 식별하기 위해 급성 스트레스 장애를 정신질환의 일종으로 분류하게 되었다. 급성 스트레스 장애는 PTSD 발현에 보통 이상의 예측력과 구체성을 보인다는 점이 밝혀졌지만(Bryant, Harvey, Guthrie, & Moulds, 2003), 연구자들은 급성 스트레스 장애의 경우 해리성 측면을 너무 강조하고, 전반적인 예측에 비효율성을 보인다는 점을 인식하게 되었다 (Harvey & Bryant, 2002).

보다 정교한 예측 모델을 수립하기 위해 새로운 연구들이 진행되고 있으며, 이러한 연구들은 장애의 구체적인 사안별로 질적인 차이를 나타낼 수 있고, 외상 반응의 패턴은 일반적인 모습(적응 유형)을 보일 수 있다는 점을 감안하여 간단하고 횡단적인 증상 측정보다는 증상의 일반적인 패턴과 관련된 위험 및 심리적 회복 탄력성 요소를 탐구하고 있다. Bonanno(2004)의 이론 모델에 근거하여 이러한 연구 영역이 구축되었으며, 심리적 외상 반응은 네 가지의 대표적인 패턴 내지 범주에 포함되었다. 그것은 바로 심리적 회복 탄력성(Resilience), 회복(Recovery), 지연(Delayed), 만성화(Chronic)다. 심리적 회복 탄력성이 있는 개인들은 외상 사건 노출 후 어느 시점에서 측정하여도 임상적으로 중요한 증상을 보이지 않는 반면, 회복 범주에 속하는 사람들은 외상 사건 노출 후 주요한 급성 반응을 표출한 뒤 점차 증상이 줄어드는 모습을 보인다. 지연 범주에 속하는 개인들은 처음에는 증상을 보이지 않다가 나중에 갑작스럽게 증상이 증가하며, 만성화 범주에 속하는 사람들은 처음부터 강한 반응을 보이고 그 뒤 증상이 만성적으로 고착된다.

몇몇 연구 결과를 보면, 이 같은 분석 방법을 변형한 '잠재적 범주 발달 모델(Latent Class Growth Modeling)'을 활용하여 부분적 또는 전체적으로 Bonanno의 모델을 검증할 수 있었지만(Bonanno et al., 2008; deRoon-Cassini, Mancini, Rusch, & Bonanno, 2010; Dickstein, Suvak, Litz, & Adler, 2010; Orcutt, Erickson, & Wolfe, 2004) 이러한 연구 영역은 아직 초기 단계에 머물러 있는 상황이다. 개인이 어떠한 범주에 속할지에 대한 강력한 예측 인자들은 극히 소수만 발견되었으며, 다양한 심리적 외상집단에 대한 연구는 아직 시행되지 않았다. 이러한 제한사항과 더불어 PTSD 이외의 심리적 후유증들은 상대적으로 적은 관심을 받고 있는 것이 현실이다. 특히 심리적 외상을 입은 생존자들이 심리적 회복 탄력성을 갖추고 있다고 판단되기 전에 우울증과 범불안장애 증상을 표출한 경우에 대해서는 소수의 연구만이 진행된 상황이다. 최근에 실시한 역학 연구를 살펴보면, 심리적 외상 사건에 노출된 후 이러한 정신병리학적 유형들은 PTSD와 같은 빈도로 발생하거나 혹은 더 많이 발생될 수 있기 때문에(Bryant et al., 2010) 이러한 영역에 대한 연구의 부재는 문제가 될 수 있다.

외상 후 스트레스 장애 예측 변수

연구자는 아직 PTSD에 대한 안정적인 예측 모델을 수립하지는 못했지만 조기 치료에 영향을 미칠 수 있는 다양한 심리적 외상 전, 중, 후의 위험과 심리적 회복 탄력성 변수들을 식별하는 것에 성공하였다. 그러나 불행하게도 이러한 변수들을 모두 종합한다고 하여도 PTSD 증상의 심각성 예측에 대한 전체 변수의 대략 20% 정도밖에 설명할 수 없는 실정이다(Ozer, Best, Lipsey, & Weiss, 2003).

지금까지 PTSD 예측 변수를 검증하기 위해 2회의 메타분석이 이루어졌다(Brewin, Andrews, & Valentine, 2000; Ozer et al., 2003). 연구 결과, 심각한 외상이나 외상이 발현하는 시점에서 나타나는 반응들에 의한 예측 변수들은 외상 전 병력과 같이 시간적으로 거리가 있는 변수들보다 좀 더 나은 예측 변수로 작용하는 것으로 나타났다. 이러한 변수들의 예측력은 성별이나 장병의 지위와 같은 인구통계학적 변수에 의해 상당 부분 달라지는 것으로 나타났다. Brewin 등으로 구성된 연구진은 사회적 지지의 결여, 생활 스트레스, 심리적 외상의 강도와 같은 변수가 PTSD에 가장 높은 예측력을 보인다고 하였으며, Ozer 등으로 구성된 연구진은 심리적 외상 중 분열 증상과 타인으로 받는 각종 지지에 대한 인식 여부가 가장 높은 예측 변수가 될 수 있다고 주장하였다. Brewin 등으로 구성된 연구진이 장병과 지역 주민을 대상으로 한 표본으로부터 도출한 예측 요인의 효과 크기를 비교한 결과, 군 장병의 PTSD 예측 요인은 사회적 지지, 생활 스트레스, 심리적 외상의 심각성, 아동기의 부정적인 경험인 것으로 나타났으며, 지역 주민은 생활 스트레스, 사회적 지지의 결여, 심리적 외상의 심각성, 낮은 사회경제적 지위 등이 높은 예측 요인인 것으로 나타났다. 이러한 차이점을 세부적으로 분석하는 것이 PTSD를 예측하는 데는 도움이 되겠지만 성별과 같은 기타 변수들이 효과 크기에 영향을 미치므로 연구자들은 이러한 여러 고려 요소가 반영되지 않은 일반론적인 취약성 모델을 만드는 것을 경계해야 한다고 지적하고 있다(Brewin et al., 2000). 그러므로 위험과 심리적 회복 탄력성에 대한 연구 자료들이 높은 위험성을 가지는 유형을 식별하기 위한 최선의 모범 답안을 제시하더라도 선별 도구의 활용성을 극대화하기 위해서는 추가 연구가 필요하다. 그럼에도 불구하고 조기 치료자들은 고위험 대상군들이 정신병리학적 질환으로 발전하는 것을 예방하기 위해 이러한 결과를 일종의 안내 자료로 활용할 수 있을 것이다.

예방 전략과 중요 논점

조기 치료에 관한 연구 자료는 전통적으로 세 가지 유형의 예방 전략을 제시하고 있다. 그것은 바로 일반적인 예방, 선택적인 예방, 징후 예방이다(Gordon, 1987). '일반적인 예방(Universal Prevention)'은 전체 집단을 대상으로 예방 서비스를 제공하는 것을 말하며, 각 개인 간 위험 수준의 차이를 평가하지는 않는다. 반면 '선택적인 예방(Selective Prevention)'은 심리적 외상 사건에 노출된 고위험 하위 그룹에 대해 예방 서비스를 제공하는 것을 말하며, 하위 그룹 안에 속한 사람의 위험 수준의 차이에 대해서는 평가하지 않는다. '징후 예방(Indicated Prevention)'은 질병 위험성을 나타내는 증상 혹은 치료 이전에 이미 임상적 증상을 보이는 사람을 대상으로 예방 서비스를 제공하는 것을 말한다. 가장 믿을 만한 연구 자료에 의하면, 증상이 발현되고 있는 중에 시행하는 치료는 별 효과가 없으며, 징후 예방 조치는 급성 심리적 외상 상황에서 최적의 방법론으로 기능한다고 한다(Roberts, Kitchiner, Kenardy, & Bisson, 2009).

현재 군은 치료 이전에 임상적으로 고통을 선별하는 도구의 활용은 커녕 예방 전략을 제시하는 데 필요한 임상적 고통에 대한 정의에 대해서도 합의가 이루어지지 않았다. 오직 미 해군과 해병대의 스트레스 연속 모델(Stress Continuum Model, U.S. Department of the Navy, 2000)만이 조기 개입을 필요로 하는 전투 스트레스 혹은 임무 스트레스 외상에 대한 임상 이전의 상태에 관하여 기술하고 있다. 스트레스 연속 모델에서는 치료가 필요한 장병을 네 가지의 심리적 기능 영역으로 구분하는데, 이러한 사람들을 녹색(준비 단계), 노란색(반응 단계), 주황색(외상을 입은 단계), 적색(질환으로 발전한 단계)으로 구분한다. 녹색으로 분류된 사람들은 최적의 기능과 건강 상태를 유지하고 있는 것으로 판단한다. 이 영역에 속하는 사람들은 전형적으로 높은 수준의 임무 중심적 사고, 체력 및 자제력을 갖추고 있는 것으로 본다. 노란색 영역에 속하는 사람들은 과민함, 집중력 상실, 수면조절장애와 같이 경미하고 일시적인 고통과 장애를 경험하고 있는 것으로 분류된다. 주황색 영역에 속하는 사람들은 통제력 상실, 공황, 무질서, 침습, 감정조절장애, 우울 증상, 과도한 죄책감이나 수치심과 같이 보다 심한 스트레스 반응이 지속되고 있는 것으로 분류된다. 마지막으로, 적색 영역에 속하는 사람들은 PTSD, 우울증, 불안장애, 약물 오남용과 같은 임상적 정신질환의 발현이 시작된 것으로 분류한다.

이 모델에 의하면, 노란색 영역에 속하는 장병의 스트레스 반응은 정상적인 것이고 자연스럽게 회복될 것이다. 그들에게는 일상적인 지지와 일시적인 휴식 기간을 주는 것만으로도 녹색 영역으로 되돌아갈 수 있을 것이다. 이와 대조적으로, 주황색 영역에 속할 경우에는 임상 전 단계에 진입하였으며, 상당한 고통, 증상, 장애 등으로 인해 제대로 된 임무 수행을 준비할 수 없는 것으로 본다. 미 해군과 해병대에서는 주황색 영역의 반응을 보이는 장병에 대해서는 전투 및 임무 스트레스에 대한 응급 치료가 필요하다고 진단하며, 이러한 치료 지원은 군 의료진, 지휘관, 동료, 기타 사회적 지지 단체에 의해 가능하다고 보고 있다(Nash, Westphal, Watson, & Litz, 2010; Watson, Nash, Westphal, & Litz, 2010). 미 해군과 해병대는 문제 장병을 선별할 수 있는 도구를 개발했는데 '심리적 외상 행동 질문지(Peritraumatic Behavior Questionnaire, Nash, 2010)'라고 지칭하며, 이 질문지를 통해 해군의 지휘관과 위생병은 즉석에서 주황색 영역에 해당하는 스트레스 외상을 판별하는 데 사용할 수 있다. 적색 영역의 스트레스 반응을 보이는 장병들은 극단적인 스트레스가 연속되는 사람들로 정신건강 전문가들의 평가와 치료가 필요한 것으로 판단한다.

이른바 '징후 예방' 조치가 필요한 장병을 선별하는 것은 쉽지 않은 일로, 예방 전략을 수립하기 위해 고려해야 할 여러 가지 중요한 요소가 있다. 한편 재난의 범위, 강도 그리고 기간 등이 어떻게 생존자의 반응에 영향을 미치며, 이러한 요소가 지원 규정에 반영되었는지에 대해서는 분명하지 않다. 심리적 외상 사건 이후 너무 일찍 치료 개입을 할 경우 자연스러운 회복에 방해가 될 수 있으며, 또 다른 부정적인 영향을 낳을 수 있다는 우려가 제기되고 있다(van Emmerik, Kamphuis, Hulsbosch, & Emmelkamp, 2002). 그러므로 조기 치료 개입을 위한 적절한 시간대에 대한 추가 연구가 필요하다(Litz & Gray, 2004). 이러한 제한사항에도 불구하고 다양한 조기 치료 전략이 개발되었으며, 이러한 치료 전략은 재난으로 인한 심리적 외상의 치명적인 결과를 경감하고, 전체 장병이 충족할 수 있도록 필요한 사항이 조정되었다. 이 장의 나머지 부분에서는 이러한 치료 전략을 운영하는 데 필요한 역량, 각각 치료 방법의 구성 요소 그리고 각 치료의 효과성을 입증할 수 있는 실증적 연구 자료에 대해 알아보도록 한다.

군 의료진을 위한 훈련

군 당국은 재난 대응 의료진의 훈련을 위한 몇 개의 공식적인 모델을 구비하고 있다. 이러한 재난 대응 훈련은 각 대응팀별로 맞춤형 특별 프로그램을 진행하며, 재난 현장에 근무 경험이 있는 전문가와의 비공식적인 자문을 주요한 내용으로 하고 있다(Reeves, 2002; Schwerin, Kennedy, & Wardlaw, 2002). 하지만 이렇게 표준화되지 않은 훈련으로 인해 정신건강 의료팀 간에는 경험과 전문 지식의 수준에 큰 차이를 보이고 있다(Cozza et al., 2002). 이런 이유로 미 국방부는 재난 대응을 위해 보다 폭넓고, 실증적 근거가 뒷받침된 훈련 프로그램을 개발할 것을 요구받고 있다(Amundson et al., 2008; Mancuso et al., 2008). 군 외부의 상황도 이와 비슷해서 이른바 '재난 심리 건강(Disaster Mental Health: DMH)' 지원 영역의 경우 적절한 훈련과 최선의 업무 수행에 필요한 사항들에 대해 조정과 합의를 이루지 못하고 있는 실정이다(Reyes & Elhai, 2004; Wickramage, 2006; Young, Ruzek, Wong, Salzer, & Naturale, 2006).

일반적으로 군 의료 제공자들은 대부분 민간기관 및 조직에서 훈련을 받는다(Johnson et al., 2007). 다양한 정부 및 비정부 구호기관에서는 전문화된 재난심리 지원 훈련을 시행하고 있고, '미국 적십자사(American Red Cross)'에서는 가장 안정적인 재난심리 지원 훈련을 제공하고 있다(American Red Cross of the Greater Lehigh Valley, 2010). 다음과 같은 조직에서도 재난 대응 훈련을 시행하고 있는데, 이를테면 미국 아동 심리적 외상 스트레스 네트워크(National Child Traumatic Stress Network, 2010), 미국 피해자 지원 단체(National Organization for Victim Assistance, 연도불명), 연방 긴급 사태 관리청(FEMA, 2010b), 노스캐롤라이나 재난 대응 네트워크(North Carolina Disaster Response Network, 2010)가 그것이다. 보다 광범위한 훈련이 필요하다는 점이 널리 인식되어 현재 몇몇 대학교에서는 단기 훈련 과정, 전문 재난심리 지원 박사과정, 증명서 획득 과정을 제공하고 있다[the University of Rochester's (n.d.) Disaster Mental Health Program and the University of South Dakota's (2010) Disaster Mental Health Institute].

재난 지역의 구호 지원을 위한 훈련 프로그램은 위험 평가와 치료 기술만이 중요한 것이 아니라 그 외 몇 가지 중요한 부분에도 능숙해야 한다고 강조하고 있다. 중요 역량으로는 치료 편성 능력, 다양한 출신과 문화적 배경이 다른 사람과 효율적으로 업무를 처리하는 능력, 개인적 반응을 관리하는 능력과 같은 것들이 있다. 다양한 형태로 발생하는 재난의 속성을 감안할 때, 의료 지원자들은 무질서하고 제한된 기반 시설만 갖춰져 있는 환경에서도 신속하게 상황을 판단하고, 현재 필요한 사항과 가용 자원을 평가할 수 있어야 한다(Reyes & Elhai, 2004; Young et al., 2006). 심리적 외상과 PTSD에 대해 충분한 지식을 구비하면, 재난에 대한 반응을 개념화하고 치료 개입에 능통할 수 있다. 그러나 외상을 효과적으로 치료하기 위해서 그 발생 원인을 항상 알아야 하는 것은 아니며, 그 원인을 아는 것만으로는 효과적인 대응을 할 수 없다. 실제로 PTSD 치료 모형을 그대로 재난 대응에 적용하면, 의료진들의 시야를 좁게 만들며, 외상과 관련하여 개인적으로 혹은 지역 사회 전체적으로 중요한 문제를 간과하게 할 수 있다(Reyes & Elhai, 2004). 더군다나 PTSD 치료 모형은 재난 상황에서 생존자들이 실제로 직면하는 제한 사항과 계속적으로 작용하는 스트레스의 원인에 대해서는 다루고 있지 않다. 자신의 강점과 한계를 명확하게 인식하는 것은 재난 대응 임무에서 중요한 요소이기 때문에, 재난 대응에 투입되기에 앞서 의료진들은 반드시 자신의 기술과 능력을 정확하게 평가해야 한다(Haskett, Scott, Nears, & Grimmett, 2008; Merchant, Leigh, & Lurie, 2010).

재난 임무 수행에 우수한 능력을 갖춘 의료진들은 그들이 수행하는 직무에 대한 군의 규정을 잘 이해하고 있어야 한다. 군대 문화와 조직 구조는 낙인 효과와 같이 특정한 문제를 야기하는 원인으로 작용하기도 하지만, 회복을 하는 데 유용한 도구로 활용되기도 한다(Nash et al., 2010). 재난 이후 장병을 치료할 때 지휘 체계를 구성하고 각종 노력을 결집하며, 이를 효과적으로 조정 및 통제하는 것은 통일된 임무 지원을 제공하는 데 필수사항이다(Amundson et al., 2008; Cozza et al., 2002). 재난 구호나 인도적 지원을 하는 비정부 조직들과 비교해 볼 때, 군대의 경우 지휘관들의 잦은 보직 변경으로 군 의료진들은 대규모의 조직 변동과 같은 추가적인 문제에 직면할 수 있다(Amundson et al., 2008).

현지 주민에게 의료 지원을 제공할 때는 효과적인 의사소통 체계와 군 내부뿐만 아니라 군 외부의 구호 단체들과도 긴밀한 의료 지원체계를 구축하는 것이 중요하다. 역사적으로 보았을 때, 재난 구호와 인도주의적 지원을 제공하는 것은 또 다른 정부기관 혹은 국제개발처(US Agency of International Development: USAID)와 적십자사와 같은 비정부 조직이 있었다는 사실을 감안하여 군 의료 제공자들은 군 외부의 기관들이 때론 더 빠르고 효과적인 의료 서비스를 제공할 수 있다는 사실을 인식하고 있어야 한다(Amundson et al., 2008; Mancuso et al., 2008). 이러한 기관들과 협력할 경우 서비스가 신속히 제공되기도 하지만, 지연될 수도 있는 양면성이 있기 때문에 경우에 따라 상당한 어려움을 맞이할 수도 있다. 모든 노력이 잘 결집되고 협력되지 않을 경우 군 당국은 효율적으로 의료 지원을 제공하기 어려울 뿐 아니라(Wickramage, 2006) 자원의 낭비와 중복된 서비스를 제공할 수 있고, 경우에 따라서 현지인들을 당황스럽고 혼란에 빠트릴 수 있으며, 그들의 질환을 과대 진단할 가능성도 있다(Cozza et al., 2002; Dodgen, LaDue, & Kaul, 2002). 군 의료진들은 반드시 지역 단체들과 의료 서비스를 조율할 수 있는 기술을 습득하고, 재난으로 피해를 입은 지역 단체의 요구사항을 수렴하고 이를 면밀히 검토하여야 한다(Merchant et al., 2010).

의료진이 지역 주민을 치료할 때는 현지 문화와 상황에 적합한 치료 방법을 선택해야 한다. 자국민과 외국인 사이의 서로 다른 문화적 신념과 관행은 종종 심리장애와 치료의 개입에 대한 이해와 수용에 영향을 미친다(Haskett et al., 2008). 그러므로 의료진들은 심리사회적 치료 개입은 위생용품이나 구호 물품을 나누어 주는 것처럼 모든 환자에게 동일하게 적용할 수 없다는 점을 반드시 이해하여야 한다(Wickramage, 2006). 예를 들어, 주술을 믿고 그 관습을 따르는 아이티 사람은 정신질환을 주술이나 악령에 의한 것으로 여기기 때문에 그 문화와 관습에 대한 존중과 배려가 필요하다(Pierre et al, 2010). 따라서 가족이나 종교적인 이유로 심리적 문제가 발생한 것으로 보이는 경우 전통요법 시술자나 성직자에 의한 치료가 필요하다. 일반적으로, 질병이나 서양 스타일의 개인 면담은 현지 문화에 따라 매우 다르게 인식된다(Wessells, 2009). 치료를 위해 환자의 동의(informed consent)를 구하는 과정에서도 윤리적 문제가 발생할 수 있는데, 이는 재난 발생 지역의 언어와 문맹률, 자치권 문제, 정보와 자원에의 접근 가능성, 도움을 거절하는 데 있어서의 문화적인 규범이 서로 다르기 때문이다(Wessells, 2009).

재난 대응팀은 지역 주민들이 구호 단체에 너무 의존하는 분위기를 조성하거나 현재의 지원 체계를 약화시키는 행동을 반드시 피해야 한다. 의료 지원자들은 무의식중에 현지의 비공식적 지원체계 또는 지방정부 지원기관과 배치되는 행동이나 이를 약화시키는 행동을 할 수 있다. 상황에 따라 의료진들은 지방정부의 개입이 필요하지 않는 지원체계를 구축하는 것이 편리할 수도 있겠지만 단독으로 프로그램을 운영할 경우 해당 지역사회에 지속적인 혜택을 제공할 수 없을 뿐 아니라 현지인들을 지원 기구에만 의존하게 만들 수 있다(Wessells, 2009). 따라서 현지의 시스템과 대립되는 지원체계를 소개하기보다는 군 의료진들이 떠난 뒤에도 지속될 수 있도록 기존에 운영되고 있던 지원체계를 강화하고 개선하는 데 역점을 두어야 한다(Merchant et al., 2010).

개인과 단체의 역량을 개발하는 것과 더불어 육체적·정신적으로 매우 힘든 재난 구호 임무를 수행하는 의료진들이 자신의 반응을 관찰하고 관리할 수 있어야 한다. 재난 구호 현장에 근무하는 의료진들은 동정심의 약화, 신경 쇠약, 간접적인 외상 등의 부정적인 영향으로 진료의 질과 정교함이 떨어질 수 있다(이에 대한 깊이 있는 연구를 위해서는 Halpern & Tramontin, 2007을 참조). 의료진들은 이러한 위험 요소들을 숙지하고 이를 예방하기 위한 적극적인 조치를 취해야 한다. 이에 대한 예방 방법은 충분한 휴식을 통해 육체적·정신적으로 재충전을 하고, 사회적 지지와 동료 의료진의 전문적인 도움을 받는 것이다. 이를 통해 사기를 진작하고 양질의 의료 서비스를 지속적으로 제공할 수 있도록 한다(Cozza et al., 2002; Schwerin et al., 2002).

재난 임무를 수행하기 위해 적절한 훈련과 준비를 하는 것은 꼭 필요하지만, 재난 상황에서 발생할 수 있는 모든 사태를 완벽하게 예측하고 준비하는 것은 불가능하다는 점을 깨달아야 한다(Amundson et al., 2008; Cozza et al., 2002). 이러한 점을 고려할 때, 정신건강 전문가들은 아주 특별한 치료 개입과 관련한 엄격한 훈련과 함께 치료 전략을 조정하고 유연하게 적용하는 방법 등을 학습해야 한다. 지금부터는 주제를 바꾸어 재난의 여파에 즉각 대응하는 데 활용되는 특수한 심리치료에 대해 알아보겠다.

조기 치료 개입

재난 상황에서 군 의료진들의 치료 개입 방법은 매우 다양하다(Reyes & Elhai, 2004). 외상에 관한 연구를 통해 PTSD와 기타 외상과 관련한 장기간의 후유증을 예방하고 치료할 수 있는 효과적인 치료 방법들은 많이 제시되었지만(Ponniah & Hollon, 2009; Roberts et al., 2009), 재난 발생으로 인해 발현되는 급성 질환의 치료 개입에 대한 체계적 연구는 매우 적은 편이다(Orner, Kent, Pfefferbaum, Raphael, Watson, 2006). 재난 후 발생하는 질환에 대한 의미 있는 연구 자료가 부족한 이유는, 이동이 어려워 전체 지역사회에 대한 연구를 진행하는 것이 힘들고, 체계적이지 못한 기관들에 부분적인 원인이 있는 것으로 보인다. 또한 지금까지의 연구는 대규모 심리적 외상자들의 급성 반응을 설명할 수 있는 적절한 이론적 모델을 마련하지 못했다(Shalev, 2006). 지금부터는 다섯 가지의 각기 다른 조기 치료 개입법의 유용성을 검증해 보도록 한다. 지금부터 검증할 다섯 가지의 조기 치료 개입법은 심리교육(Psychoeducation), 심리적 경험 보고(Psychological Debriefing), 심리적 응급조치(Psychological First Aid), 전투 및 작전 스트레스 응급조치(Combat and Operational Stress First Aid), 인지행동치료(Cognitive-Behavioral Therapy)다.

심리교육

역사적으로 '심리교육(Psychoeducation)'이라는 용어는 막연하게 정의되었으며 다소 포괄적인 의미로 사용되어 왔다. Wessely 등(2008)으로 구성된 연구진이 발표한 연구 자료의 287면에는 심리교육을 '스트레스의 본질, 외상 후 증상 및 기타 증상, 대처 방법에 대한 정보를 다양한 도구를 활용하여 제공하는 것'이라고 정의할 것을 제안하고 있다. 여기서 말하는 '정보'란 스트레스 사건에 대한 표준적인 반응을 설명하고, 스트레스 장애, 즉 급성 스트레스 장애와 PTSD의 본질과 증상에 관해 검토하며, 바람직한 대처 전략을 제시하고, 언제 그리고 어떻게 전문가의 도움을 구할 것인지에 대한 정보를 말한다.

장병과 현지 주민에 대한 대부분의 재난 후 치료 방법은 심리교육을 활용하고 있지만, 일반적으로 심리교육은 독립된 별개의 치료 방법으로도 활용되고 있다(Creamer & O'Donnell, 2008). 급성질병 치료를 위한 심리교육은 교육 팸플릿, 유익한 정보를 스스로 찾아 도움을 구할 수 있는 웹 사이트, 독서 요법, 전문가 혹은 환자들과 함께 하는 집단 회의, 일대일 면담 등의 다양한 방법으로 시행된다. 이러한 정보는 도처에 존재하기 때문에 심리교육은 외상을 입은 환자들에게 도움이 된다는 것이 일반적인 인식이다. Wessely 등(2008)으로 구성된 학자들은 이러한 인식에 대한 근거 이론을 탐구하여 다섯 가지 가정을 확인하였다. 그것은 바로 첫째, 이미 예상하고 있는 증상이 나타날 경우 보다 덜 고통스러우며, 둘째는 심리적 후유증을 정상적인 것으로 생각하는 경우 환자의 불안감을 없애 줄 수 있고, 셋째는 PTSD 증상을 인식하는 것은 도움 추구 행동을 촉진시키며, 넷째는 심리교육은 정확하지 않은 신념을 바로잡을 수 있고, 다섯째는 심리교육의 자기 정신요법 측면으로 인해 환자들의 자율성을 배양할 수 있다는 것이다.

이렇게 그럴듯한 이론적 근거가 있음에도 심리교육이 PTSD 장애의 악화를 예방한다는 것에 대한 실증적 근거 자료가 부족한 것이 현실이다. 심리교육을 받은 환자들이 치료를 받지 않은 환자와 동일한 수준이거나 혹은 더 많은 PTSD 장애를 보인다는 몇몇 연구 자료가 있다(Scholes, Turpin, & Mason, 2007; Turpin, Downs, & Mason, 2005). 앞에서 이미 소개한 Wessely 등(2008)으로 구성된 연구진의 논문은 상당한 논쟁을 불러 일으켰는데, 해당 연구진은 외상치료 방법으로 활용되는 심리교육의 효과성에 대한 마땅한 근거가 존재하지 않으며, 연구진이 확인한 심리교육의 다섯 가지 가정만으로는 이 치료 방법을 지지하기 힘들다는 결론을 내렸다. 이 연구진은 심리교육의 역설적인 효과에 대해서는 아마도 치료가 유해할 것이라고 믿는 부정적인 생각, 즉 '노세보 효과(nocebo effect)'에 그 이유가 있다고 생각하였다. 즉, 장래에 발생할 수 있는 증상을 환자가 미리 예상하여 증상을 악화시킨다는 것이다. 게다가 이 연구진은 환자들이 심리교육을 받으면 자기도 모르게 민감성이 상승하여 정상적인 반응을 오히려 질환으로 여기게 될 수 있다고 말한다. 하지만 심리교육을 지지하는 학자들은 이러한 주장을 반박하고(Kilpatrick, Cougle, & Resnick, 2008; Krupnick & Green, 2008; Southwick, Friedman, & Krystal, 2008), 심리교육이 심리장애를 예방할 수 있는지의 여부는 매우 광범위한 분석이 요구되며, 치료 결과에 영향을 미치는 잠재적 요소를 평가하기 위해서는 치료 개입 방식, 대상 모집단 등에 대해 보다 제한사항을 강화한 연구가 시행되어야 한다고 주장한다.

심리적 경험 보고

'심리적 경험 보고(Psychological Debriefing: PD)'는 심리교육보다 외상치료 개입을 위한 보다 구체적인 체계를 구비하고 있다. 심리적 경험 보고는 위기 발생 후 단기간 내에 시행하고, 환자가 자신이 경험한 것을 진술하게 하며, 그들의 경험을 정서적으로 처리할 수 있게 장려하여 부정적인 심리적 후유증을 최소화하려는 것이 궁극적인 목표로 이를 달성하기 위한 모든 개입 행위를 말한다(Bisson, McFarlane, Rose, Ruzek, & Watson, 2009). 비록 다양하게 변형된 형태가 많이 등장했지만, 심리적 경험 보고는 일반적으로 준 구조적 집단 형태를 형성하여 외상 노출 후 24시간에서 며칠 이내에 1회 치료를 하는 형태. 다양한 형태의 심리적 경험 보고가 있지만(Dunning, 1988; National Organization for Victim Assistance, 1987), 가장 일반적인 심리적 경험 보고 유형은 '위기 상황 스트레스 경험 보고(Critical Incident Stress Debriefing: CISD)'라고 할 수 있다(Mitchell, 1983; Mitchell & Everly, 1995). 위기 상황 스트레스 경험 보고는 환자들로 하여금 심리적 외상 사건을 통해 그들이 경험한 것에 대한 생각과 느낌을 밝히게 하여 그들로 하여금 이른바 '정서적 환기(emtionally ventilate)'를 할 수 있도록 유도한다. 또한 PTSD 증상에 대한 정보를 제공하고, 환자가 현재 증상을 확인할 수 있도록 하고 있다. 위기 상황 스트레스 경험 보고는 본래 비상 사태 대응 요원이나 재난 대응 팀과 같은 위기 대응 요원에게 적용하기 위해 개발되었으나, 지금은 초기 피해자에게도 종종 활용되고 있다(Mitchell, 2004). 위기 상황 스트레스 경험 보고는 포괄적이고 다중적인 위기 상황으로 인한 스트레스 관리에만 활용하도록 권고하고 있지만(Mitchell, 2004) 현재는 독립적인 치료 방법으로써 가장 흔하게 운영되고 있다(McNally, Bryant, & Ehlers, 2003).

위기 상황 스트레스 경험 보고에 대해서는 많은 논쟁이 벌어졌는데, 다수의 학자가 이 치료법은 비효과적이고, 최악의 경우 오히려 해로운 영향을 줄 수 있다는 입장이 압도적이다(Bisson et al., 2009;

Bisson, Jenkins, Alexander, & Bannister, 1997; Hobbs, Mayou, Harrison, & Worlock, 1996). 또한 메타분석 결과를 보면 위기 상황 스트레스 경험 보고를 시행하여도 정신적 고통, PTSD 장애, 우울증, 불안장애 증상을 줄일 수 없었고, 자연적 치유로 설명할 수 있는 요인을 제시하지 못했다(Rose, Bisson, Churchill, & Wessely, 2002; van Emmerik et al., 2002). 어떤 학자들은 위기 상황 스트레스 경험 보고가 '의원성 영향(Iatrogenic Effects, 의사의 부주의로 생기는 좋지 않은 영향)'을 야기할 수 있다고 추측하는데, 왜냐하면 위기 상황 스트레스 경험 보고는 습관화할 수 있는 충분한 시간을 주지 않는 노출 방법이고 환자들 개개인의 사회적 네트워크 활용을 저해할 수 있기 때문이다(Bisson et al., 1997; Devilly, Gist, & Cotton, 2006; van Emmerik et al., 2002).

위기 상황 스트레스 경험 보고를 지지하는 학자들은 이 치료법이 효과가 없다는 주장은 근거가 없으며, 그 이유로 부적절한 참가자 포함, 치료 방법의 편차, 무위나 부정적 결과를 보이는 연구에 대한 일반화 오류 같은 부적절한 방법론적 문제 등을 지적하고 있다(Everly, Flannery, & Mitchell, 2000; Robinson, 2004). 그러나 최근 미국의 평화유지군을 포함하여 무작위로 통제집단을 설정하여 진행한 연구에서는 위기 상황 스트레스 경험 보고를 실시했을 때 치료를 하지 않거나 심리교육을 통해 스트레스를 관리한 집단과 비교한 결과, 질환 증상이나 장애를 경감시키지 못한 것으로 나타났다(Adler et al., 2008). 이러한 연구 결과들은 위기 상황 스트레스 경험 보고를 활용하지 말 것을 강력하게 권고하고 있으며(Bisson et al., 2009), 최신 가이드라인을 보면 이 방법 대신 심리적 응급조치를 활용할 것을 권장하고 있다(Litz, 2008; McNally et al., 2003). 한편 몇몇 미군 의료진은 위기 상황 스트레스 경험 보고의 기본 틀은 유지하고, 환자의 생각과 반응을 자세히 설명하도록 하는 과정은 생략한 치료 방법인 '집단 경험 보고(Group Debriefing)'를 시행하고 있다(Cozza et al., 2002; Peterson, Nicolas, McGraw, Englert, & Blackman, 2002). 위기 상황 스트레스 경험 보고 이외의 치료 전략과 방법의 효과성을 명확히 하기 위해서는 추가 연구가 시행되어야 할 것이다.

심리적 응급조치

'심리적 응급조치(Psychological First Aid: PFA)'란 외상 사건이 발생한 후 최대한 빨리 치료를 시작하여 지역 주민들의 정신적 고통을 완화하고 PTSD 및 기타 심리장애의 발전에 완충제 역할을 수행할 수 있는 치료 접근법을 말한다(Brymer et al., 2006; Ruzek et al., 2007). 심리적 경험 보고는 보다 구조화된 치료 방법이지만 외상 사건 후 최소 하루가 지나기 전까지는 시행하지 않는다. 반면 심리적 응급조치는 현장에서 즉시 지원을 제공할 수 있는 시스템을 갖추고 있고, 재난 상황의 성격과 각각의 개인에게 요구되는 특성에 따라 지원 형태가 조정된다. 위기 상황 스트레스 경험 보고의 미흡한 점을 보완하고, 정제되고 실증적인 근거가 뒷받침된 구호 지원을 하기 위해 Hobfold 등(2007)으로 구성된 연구진은 효과적이고 즉각적인 치료를 위한 필수적인 다섯 가지 원칙을 기술하였다. 이러한 원칙들은 안전, 침착함, 개인적이고 종합적인 효능감, 유대감, 희망에 대한 의식을 향상시키는 것을 내용으로 하고 있다. 심리적 응급조치를 위한 여러 형태의 방법이 제시되고 있는데, 여기에서는 '심리적 응급조치 현장 수행가이드(Psychological First Aid Field Operations Guide)'에 대해 살펴보겠다(Brymer et al., 2006).

'심리적 응급조치 현장 수행가이드'는 '국립 아동 외상 후 스트레스 네트워크(National Child Traumatic Stress Network)'와 '외상 후 스트레스 장애 국립센터(National Center for PTSD)' 양 기관이 협력하여 개발되었고 국제적 전문가 집단의 주목을 받고 있다(Vernberg et al., 2008). 공식적인 심리적 응급조치 가이드를 개발하고 보다 명확한 치료 방법을 숙지하기 위해 이 가이드는 실증적 근거가 확보된 여덟 가지 경험적 요소('핵심 작용'이라고 불리는 요소)를 제시하였으며, 이러한 요소들은 다양한 형태로 발생하는 재난 환경에 보다 적합해 보인다. 첫 번째 요소는 '접촉과 참여(Contact and Engagement)'인데, 의료 제공자들은 자신을 침착한 태도와 차분한 말투로 소개하고, 환자와의 동정어린 대화, 재난 발생 지역의 문화적 요인을 고려하는 것이다. 의료 제공자들은 환자들의 치료 우선순위를 판단하는 데 있어 치료를 희망하는 환자들을 우선 진료한 뒤에 다른 생존자들을 치료해야 한다. 비밀 보장과 관련된 사항도 첫 번째 요소에서 고려해야 할 항목이다. 재난 발생 환경에서는 대개 사적인 비밀 보장이 제대로 이루어지지 않기 때문에 구조대원들은 반드시 환자의 프라이버시를 최대한 보장할 수 있도록 노력해야 한다.

두 번째 요소인 '안전과 위로(Safety and Comfort)'는 환자의 안전을 확보하고 최적의 신체적 평안함과 정서적인 지원을 하는 것이다. 정신건강 의료진들이 즉각적인 안전을 확보하기 위해 할 수 있는 구체적인 방법으로는 약물과 같은 특수한 요구사항에 대한 목록의 작성, 안전을 위협하는 환경 요소의 분석, 의무와 법 집행 직무 담당자들과의 적절한 의사소통 등이 있다. 구조대원들은 생존자들의 신체적 안전을 최대한으로 확보한 후 환자들에게 재난 상황에 대한 정보, 생존자들이 활용 가능한 서비스, 발현 가능성이 있는 스트레스 반응, 자가 치료의 중요성을 전달하여야 한다. 생존자의 현재 심리 상태를 고려하여 의료진들이 언제, 그리고 얼마나 많은 정보를 공개해야 할 것인지 결정하고자 할 때에는 임상적 평가 도구를 활용해야 한다. 정서적 지원과 위안은 외상 생존자들의 사회 참여를 촉진하고 대중매체 방송 노출, 변호사의 소송 권유, 심각한 정신적 · 신체적 부상으로 인한 추가 외상에서 그들을 보호할 수 있다. 또한 재난 지원팀은 사랑하는 사람이 실종되었거나 사망했다는 소식을 듣고 애절하고 슬픈 반응을 보이는 개인들을 지원할 수 있게 준비해야 한다.

세 번째 요소는 '안정화(Stabilization)'로, 이 요소는 혼란에 빠져 있는 생존자들에게 필요한 것이다. 이례적으로 발생하기는 하지만 생존자들은 기본적인 기능과 안전을 방해하는 심각한 정서적 마비나

각성을 수반하는 외상 반응을 나타내기도 한다. 이러한 반응이 나타날 때는 기초적인 치료기법을 시행하고 약물요법을 처방할 수 있다. 네 번째 요소는 '정보 획득(Information Gathering)'으로 각 환자의 특유한 요구사항과 제반 사정에 맞춰 심리적 응급조치를 구성하는 데 필수적이다. 이러한 정보를 획득하기 위해 필요한 사항은 생존자의 재난 사건에 대한 객관적이고 주관적인 경험, 해결되지 않은 문제점과 우려사항, 육체적·정신적 건강 상태, 활용 가능한 사회적 지지와 같은 것들이 있다. 다섯 번째 요소는 '현실적인 지원(Practical Assistance)'으로 생존자로 하여금 당면한 긴급 문제를 명확하게 하고, 생존자에게 필요한 실용적인 지원을 구조대원들이 즉시 이행할 수 있게 하는 요소다. 전화기 배치와 같은 요구사항은 신속하게 해결할 수 있지만 보험 청구와 같은 사안은 신속히 해결할 수 없다. 의료 제공자들은 이러한 문제에 대해 구체적인 실천 방안인 '액션 플랜(Action Plan)'을 수립하여 이재민들을 도울 수 있다. 심리적 응급조치의 여섯 번째 요소는 '사회적 지지와의 연결(Connection with Social Supports)'인데, 이는 가족, 친한 친구, 성직자와 같이 이재민들이 가장 우선적으로 필요로 하는 사람들과 연락할 수 있도록 지원하고 다른 생존자나 구조대원들과 같은 즉시 연결될 수 있는 사람들과의 유대감 형성을 촉진하는 것이다. 이재민들은 다른 사람들과 사귀거나 그들의 경험에 대해 말하는 것을 원치 않을 수 있으며, 심지어 저항한다는 사실이 확인된 바 있다. 그러므로 이재민들로 하여금 신체적 고립 상황을 만드는 것은 반드시 피해야 하며, 서로 대화는 하지 않을지라도 단지 다른 사람과 함께 있는 것만으로 도움이 될 수 있다는 점을 알려 주어야 한다.

심리적 응급조치의 일곱 번째 요소는 '대처 정보(Information on Coping)'로, 이재민들에게 외상 사건에 대한 일반적인 반응을 교육시키고 바람직한 대처 전략을 인식시키는 것이다. 향후 발생할 수 있는 스트레스 장애 증상에 대한 정보를 생존자들에게 알려 줌으로써 매우 유익한 도움을 줄 수 있다. 게다가 생존자들에게 비통함, 우울증, 신체 반응에 대해 설명하는 것은 그들이 보일 수 있는 잠재적 후유증에 대한 경고 기능을 할 수 있어 매우 유익하다. 생존자들은 건강하고 바람직한 외상 사건 반응 대처 전략을 학습하여 고통을 경감할 수 있고, 부정적인 대처 행동을 하는 것을 미연에 방지할 수 있다. 마지막 요소는 '협력 서비스 연결(Linkage with Collaborative Services)'로, 계속적인 보호 수단을 마련하는 데 필요한 요소다. 지역사회 의료센터, 지원단체, 기타 기관들과의 연결을 촉진하고 권유하여 심리적 응급조치가 완료된 이후에도 진료 네트워크를 형성할 수 있게 한다.

광범위하게 포진되어 있는 의료인, 의료 보조원, 심지어 정신건강에 대해 잘 알지 못하는 사람들도 심리적 응급조치 훈련을 받고 이를 시행할 수 있다(Allen et al., 2010; Brymer et al., 2006; Ruzek et al., 2007). 최적화된 치료를 위해서는, 의료 제공자의 학문적 배경과 역량에 맞는 감독과 자문이 이뤄져야 한다(Ruzek et al., 2007). 외상 사건 이후 심리적 응급조치가 높은 빈도로 활용되고 있음에도 심리적 응급조치의 외상 후 정신질병과 역할 장애 예방에 대한 장기적 효과성에 대해서는 거의 알려진 바가 없다

(Vernberg et al., 2008).

전투 및 작전 스트레스 응급조치

심리적 응급조치는 조기 치료개입 전략으로 1차적으로 지역 주민에게 초점을 맞춘 것이다. 민간 피해자들과는 대조적으로 장병의 경우 재난 대응에 적극적으로 개입하고 있고, 이로 인해 심각한 스트레스 요인에 지속적으로 노출되고 또한 누적되고 있으며, 독특한 군대 환경과 문화에서 임무를 수행하게 된다. 군 장병의 이러한 특수한 사항을 고려하여 미 해군, 해병대, 외상 후 스트레스 장애 국립센터는 심리적 응급조치를 위한 '전투 및 작전 스트레스 응급조치(Combat and Operational Stress First Aid: COSFA)'를 만들었다. 지금부터는 이에 대해 알아보도록 한다(Nash et al., 2010).

전투 및 작전 스트레스 응급조치는 재난 후 준 임상적 스트레스 증상, 고통, 장애를 겪는 장병의 건강과 기능을 회복하기 위한 도구로 구성되어 있는 예방 전략이다. 또한 준임상적 증상에서 나아가 정신질환 증상으로 발전하는 것에 대한 예방책으로도 활용되고 있다. 전투 및 작전 스트레스 응급조치에 활용되는 도구들은 다차원적이고 심리적 요소뿐만 아니라 생물학적, 사회적, 영적인 요소까지 포함하고 있다. 전투 및 작전 스트레스 응급조치의 평가와 치료 전략은 개별 장병의 요구사항과 상황적 제한사항에 융통성 있게 적용된다. 전투 및 작전 스트레스 응급조치는 지휘관, 장병 개인 및 군 가족을 포함하여 누구나 활용할 수 있도록 개발되었다. 하지만 최고의 전문 치료와 서비스를 제공할 수 있는 군 의료진들이 바로 '최고의 전투 및 작전 스트레스 응급조치'로 여겨지고 있다.

전투 및 작전 스트레스 응급조치를 심리적 응급조치와 비교하여 보면 몇 가지 주목할 만한 차이점이 있다. 심리적 응급조치는 보통 독립된 외상 사건 이후에 활용되는 데 반해 전투 및 작전 스트레스 응급조치의 경우에는 외상 스트레스뿐만 아니라 계속적이고 누적되는 스트레스, 즉 어쩔 수 없는 손상, 슬픔과 상실감, 내부적 · 윤리적 갈등을 치료 대상으로 하고 있다(Litz et al., 2009). 죄책감, 수치심, 사기 저하, 무기력감, 기피, 탈진, 환멸감, 도덕적 손상, 배신감과 같은 수많은 심리적 불능 상태를 개선하는 것 또한 목표로 한다. 이 치료 방법은 전술한 모든 영역에서의 작전 스트레스가 영향을 미칠 수 있다는 점을 인정하고 있으며, 환자의 영구적인 회복을 위해서는 다양한 영역을 다각적으로 검토할 것을 요구한다.

전투 및 작전 스트레스 응급조치에서는 치료가 필요한 장병을 식별하기 위해 앞서 살펴본 미 해군 및 해병대 스트레스 연속 모델을 활용하고 있으며, 각 장병의 상태에 대한 지속적인 관찰의 중요성을 강조하고, 치료를 필요로 하는 장병을 식별하여 편리하게 치료받을 수 있도록 하고 있다. 전투 및 작전 스트레스 응급조치에서 활용하는 치료 방법들은 1차적으로 주황색 스트레스 영역(외상을 입은 단계)에 초점을 맞추고 있으며, 스트레스 수준을 노란색 영역(반응 단계)으로 낮추기 위한 지휘관의 역할을 지도하고 권고하고 있다. 전투 및 작전 스트레스 응급조치의 주요 목적은 육체적·정신적·영적으로 가장 최적화된 기능을 발휘하는 녹색 영역(준비 단계)으로 장병을 복귀시키는 것에 있다.

전투 및 작전 스트레스 응급조치의 또 다른 특징은 바로 현존하는 군 철학, 관례, 조직 및 사회 구조를 이용하는 것에 있다. 특히 장병을 녹색 영역으로 복귀시키기 위한 지휘관의 멘토로서의 역할을 강조하고 있다. 장병에 대해서는 피동적인 재난의 피해자가 아니라 궁극적으로는 잘 조직된 개인의 자원을 끌어내어 최적의 기능성을 되찾을 수 있는 효과적이고 고도로 훈련된 요원으로 보고 있다. 이러한 접근법의 일환으로 전투 및 작전 스트레스 응급조치는 의료진들로 하여금 동기 부여를 할 수 있는 인터뷰와 공감대를 형성하고, 개인적 판단을 피하며, 상호 협력하는 집단 상담 방식을 활용할 것을 권고하고 있다(Miller & Rollnick, 2002). 여기서 동기 부여를 할 수 있는 인터뷰란, 환자들이 삶에 변화를 줄 때 책임을 지게 하고 양면성을 띠는 요소를 탐구하고 해결할 수 있도록 하며, 변화를 추구할 때 그 방법을 체계적으로 분석할 수 있도록 하고 문제해결 전략을 활용할 수 있도록 하는 것을 말한다.

전투 및 작전 스트레스 응급조치는 부대원 간의 화합(unit cohesion)과 같은 군 사회 구조가 어떻게 치료와 회복을 저해하거나 촉진하는 역할을 하는지를 인식하도록 한다(Wright et al., 2009). 또한 전투 및 작전 스트레스 응급조치는 장병과 군 가족과 같은 기타 사회적 지지 요소 간의 상호작용에 대해서도 다루고 있다. 이것은 한 사람이 타인에게 어떻게 영향을 미치는지 알아본 뒤 관계를 바로잡고 기존의 긍정적인 관계를 강화함으로써 회복을 촉진하는 방법을 모색하는 것을 말한다. 전투 및 작전 스트레스 응급조치는 군 의료기관, 종교 단체, 동료 및 지휘관의 지지 요소와 경합하는 관계가 아니라, 중요한 현존 지지 구조를 더욱 강화하고 지지하는 것을 추구한다. 이러한 치료 방법들은 공동 협력적인 노력의 중요성을 강조하며, 장병이 최적의 기능을 발휘할 수 있도록 다시 복원하는 것을 모든 관계자의 공통 목표로 하고 있다. 이를 위해 의료 제공자들에게 동료 및 문제 장병의 지휘계통과 자주 상담할 것을 권고하고 있다. 또한 지휘관에 대해서는 잠재적인 스트레스 요인의 영향을 경감시키고, 추가적인 도움을 필요로 하는 장병을 식별하며, 스트레스 외상을 입은 장병을 완벽히 치료하여 자대로 무사히 복귀시킬 수 있도록 신중하고 결단력 있게 행동할 것을 강조하고 있다.

전투 및 작전 스트레스 응급조치는 확인(Check), 조직화(Coordinate), 보장(Cover), 안정(Calm), 연결(Connect), 역량(Competence), 신뢰(Confidence)라는 7개의 '핵심 행동(Core Action)'으로 구성되어 있다. 이러한 요소들은 지속적 지원, 1차적 지원, 2차적 지원이라는 세 단계로 조직된다. '지속적 지원(Continuous Aid)'이란 구성 요소를 확인하고 상호 협력하며, 파견기간 내내 계속되는 개개인별 지원을 말한다. '확인(Check)'은 현재 장병이 받고 있는 고통, 기능, 위험을 평가하여 스트레스 연속 모형의 어느 위치에 해당하는지를 판단한다. 이는 의료진들로 하여금 환자의 심리적 행복감, 사회적·신체적 기능을 평가하여, 그들의 행동이나 기능에 변화 유무를 면밀하게 관찰할 것을 강조한다. 환자에게 필요한 것들을 평가하기 위해서 자기보고, 가족·동료·지휘관에게 얻은 정보 혹은 설문지를 활용할 수 있다. 이러한 평가 결과는 1차적 지원, 2차적 지원 혹은 필요한 경우 환자를 상급 치료기관에 추천할지 여부를 결정할 때 활용한다. 지속적 지원의 두 번째 요소인 '조직화(Coordinate)'에서는 2단계의 확인절차를 거쳐 누가 장병들을 도울 수 있고, 누가 문제 장병의 현재 상태에 대해 알고 싶어 하는지를 결정한다. 의료진은 낙인 효과와 같은 부정적인 영향의 초래 가능성을 고려하여, 어떠한 정보를 누구에게 제공해야 할지에 대해 힘든 의사결정을 하게 되며 이러한 의사결정에는 신중한 판단이 요구된다.

'1차적 지원(Primary Aid)'은 '보장(Cover)'과 '안정(Calm)'이라는 구성 요소로 이루어져 있으며, 극심한 고통을 받고 있거나 갑작스러운 기능 상실을 경험한 장병에 초점을 맞추고 있다. 1차 지원의 '보장' 요소는 장병의 신체적 안전을 보장하고 정서적·신체적인 재설정을 할 수 있도록 하는 일련의 행위를 일컫는다. 또한 장병들에게 실용적이고 익숙한 직무들을 수행하게 하여 활동성을 유지하도록 독려하고, 안전감과 위안감을 향상시킬 수 있는 정보를 제공하며, 자신이나 타인에 대한 잠재적 위협 요소를 줄이도록 하고 있다. 1차적 지원의 다른 구성 요소인 '진정'은 해리성 장애, 심박수 증가, 극심한 부정적 정서, 사회적 위축과 같은 장기적 장애를 유발할 수 있는 생리적·심리적 반응으로 인한 손상을 줄이는 데 역점을 두고 있다. 여기서 문제 장병들을 육체적·정서적으로 안정시키는 방법으로는 평온한 상황 노출 모델링 기법, 감정을 이입한 대화, 횡격막 호흡 그리고 현재 느끼는 감각에 적응하는 기초적인 기술에 대한 교육 등이 있다.

'2차적 지원(Secondary Aid)'은 '연결(Connect)' '역량(Competence)' '신뢰(Confidence)'의 세 가지 구성 요소로 이루어져 있으며, 더 이상 극심한 위기 상황에 노출되지 않을 장병들에 대해 장기적인 회복 환경을 조성하는 것을 말한다. '연결'은 장병들이 신뢰할 수 있고 도움을 받을 수 있는 군과 사회의 지원단체를 확인하고 이를 연결하여 주는 것이다. 이 단계에서의 목표는 회복 중에 있는 장병에 대한 실용적인 정보의 제공과 정서적 지지를 위해 군과 가족의 지속적인 지지를 이끌어 내고 이를 유지, 강화, 교정하는 것에 있다. 또한 장병들로 하여금 어려움을 겪고 있는 동료 장병을 지원할 수 있도록 장려하고 있다. 2차적 지원의 다른 요소인 '역량'은 장병들로 하여금 그들의 육체적·정신적 능력에 대한 자신감을 되찾을 수 있도록 지원하는 것을 말한다. 여기에서는 스트레스 외상을 입은 장병들이 개인 능력에 대한 감각을 회복하고 완전한 기능을 발휘하며 점진적인 회복을 하도록 하는 데 초점을 두고 있다. 여기에 활용 가능한 치료 개입은 스트레스 반응 관리 능력 교육, 직무를 조정하고 사기를 북돋아 주는 조언자의 역할을 수행할 지휘관과의 협력 그리고 필요시 시행하는 재교육 등이 있다. 2차적 지원의 마지막 구성 요소인 '신뢰'는 멘토 관계를 활용하여 직무 숙련과 현실적인 기대를 향상시키며, 자기 자신과 지휘관에 대한 믿음을 강화시키는 것을 말한다. 의료진은 반드시 지휘부와 협력하여 부대원의 신뢰를 회복하고 낙인 효과를 방지하며 자신감을 향상시킬 수 있는 환경을 조성해야 한다.

전투 및 작전 스트레스 응급조치의 원칙과 절차들은 위험과 심리적 회복 탄력성에 대한 최근의 실증적인 연구 결과를 포함하여 충분한 근거를 바탕으로 한다(Hobfoll et al., 2007; Nash & Baker, 2007). 그렇지만 아직까지 이를 충분히 뒷받침할 수 있는 경험적 연구 결과는 부족한 실정이다. 이러한 한계 상황을 고려할 때, 전투 및 작전 스트레스 응급조치의 매뉴얼을 지속적으로 갱신하고 치료 전략을 발전시키기 위한 노력을 지속하여야 할 것이다. 또한 전투 및 작전 스트레스 응급조치의 효과성, 장병들이 치료를 받는 것에 대한 거부감 해소, 치료 수행의 용이성 향상을 위한 체계적인 연구가 필요하다.

인지행동치료

지난 20년 동안 인지행동치료는 PTSD를 예방하고 치료하는 것에 대한 실증적 근거 자료를 꾸준히 확보해 왔다(Ponniah & Hollon, 2009; Roberts et al., 2009). 인지행동치료는 바람직한 예방 개입 조치로 여겨지고 있으며, 보통 외상 사건 이후 수 주에서 수 개월간 치료가 이루어진다. 예방적 수단으로써의 인지행동치료는 대개 횡격막 호흡, 환자를 두렵게 하는 기억과 자극 요소에 익숙하게 하기 위한 상상 및 상황 노출, 외상 사건에 기인한 왜곡된 생각 패턴을 개선하기 위한 인지 재구성 등과 같은 심리교육과 불안 관리 기법을 활용하고 있다.

메타분석 연구 결과, 노출 치료법에 근간을 둔 인지행동치료는 PTSD에 대한 효과적인 예방적 개입 및 치료 방법인 것으로 나타났다(Ponniah & Hollon, 2009; Roberts et al., 2009). 무작위로 수행한 통제군 실험에서는 외상 사건 노출 후 3개월간 예방적 개입 조치로써 인지행동치료를 실시한 경우 면담 지원(Bryant, Harvey, Dang, Sackville, & Basten, 1998; Bryant, Moulds, & Nixon, 2003), 이완 훈련(Echeburua, de Corral, Sarasua, & Zubizarreta, 1996), 아무런 조치를 하지 않은 통제군(Bisson, Shepherd, Joy, Probert, & Newcombe, 2004; Ehlers et al., 2003)의 경우보다 외상 스트레스 증상이 줄어들고 PTSD 장애의 만성화를 예방하는 데 보다 효과적인 것으로 드러났다.

예방적 인지행동치료는 보통 4회에서 5회 시행하며 안전한 환경에서 전문 치료자에 의해 시행되는 개별적 치료의 특성을 가지는데, 이 치료법을 재난 발생 후 즉각적인 조치가 필요한 긴급 환자를 대상으로 그대로 적용하는 것은 적절치 않다. 혼란스러운 재난 발생 상황에서 군 의료진들은 인지행동치료를 실시하는 데 필요한 시간, 자원, 기반 시설이 부족할 수 있다. 더욱이 현지 생존 주민들에게는 음식, 피신처, 안전성 확보와 같이 보다 긴급하고 기초적인 요구사항의 처리가 긴급을 요할 수도 있다. 그러므로 재난 후 구호 작전에 참여하는 장병들은 인지행동치료와 같이 보다 집중적인 예방조치를 취할 시간을 가질 수 있는 경우가 거의 없을 것으로 보인다.

그렇지만 지역 주민에게 심리적 응급조치를 제공하고 장병들과 전투 및 작전 스트레스 응급조치를 시행하는 군 의료진들이 인지행동치료법을 잘 숙지한다면, 환자들에게 이러한 치료법에 대해 교육할 수 있고, 차후에 조기 인지행동치료를 통해 증상이 개선될 수 있는 환자를 식별할 수 있으며, 만약 환자의 증상이 지속될 경우 적절한 치료기관에서 진료 받을 수 있게 할 수 있다는 점에서 매우 유용한 것으로 보인다.

요약 및 결론

미 국방부가 계속해서 재난 구호와 인도주의적 지원 프로그램을 확대함에 따라 재난으로 인해 피해를 받은 장병과 지역 주민을 지원하는 군 의료진들의 숫자도 늘어나고 있는 추세다. 재난에 의한 외상과 스트레스 요인들에 노출된 이재민들과 재난 구호자들은 모두 심각한 괴로움과 장기간에 걸친 육체적·정신적 고통을 받을 수 있다. 군 의료진들은 이러한 부정적인 후유증을 예방하고 경감하며, 장기적인 적응 기능을 촉진하기 위해 각각의 요소에 잘 배치되어 있다. 재난 상황에서 군 의료진들은 구호 서비스가 필요한 사람이 누구인지를 신속하게 식별하고 치료의 시기와 방법을 결정해야 한다. 그들은 환자를 식별하고 치료를 제공하는 것뿐만 아니라 각각의 독특한 재난 환경에서 바람직한 치료 전략을 수립하는 데 군과 지역의 민간 문화를 종합해서 고려해야 하며, 조직화된 진료를 실시하기 위해 필요한 기술을 반드시 갖추고 있어야 한다. 이러한 것들을 효과적으로 진행하기 위해서는 높은 수준의 자기 이해와 겸손함이 필요하다. 의료진은 공식적 또는 비공식적인 방법으로 재난 대응 훈련을 받아 이러한 능력을 개발할 수 있다. 한편 보다 공식화되고 종합적인 훈련이 필요하다는 점을 인식하여 재난 심리지원(DMH) 과정을 제공하는 단체의 수가 늘어나고 있는 것은 매우 고무적인 일이나 이러한 훈련을 위한 추가 프로그램 개발과 보급, 평가가 요구된다.

좀 더 확실한 방안을 제시할 수 있는 효과적 치료 개입에 대한 실증적인 연구가 아직 부족하긴 하지만, 여러 근거가 뒷받침된 일부 기대되는 소수의 조기 치료 개입 요법들이 있다. 장병에 대한 조기 치료 개입은 전투 및 작전 스트레스 응급조치가 가장 종합적이고 근거 중심의 치료 형태를 제공하고 있다. 주목할 점은 전투 및 작전 스트레스 응급조치는 군 문화와 사회 구조를 기반으로 현존 지원체계를 적극 활용한다는 것이다. 한편 지역 주민에게 긴급 의료 지원이 필요한 상황에서 심리적 응급조치는 적절한 치료 방법으로 활용될 수 있다. 심리적 응급조치는 유연성과 함께 긍정적 치료 결과에 근거한 경험적 기반을 바탕으로 한다. 전투 및 작전 스트레스 응급조치, 심리적 응급조치, 심리교육을 각각 독립적인 치료 방법으로 활용하는 것에 대해서는 명확한 평가가 이루어져야 할 것이다. 재난 발생 이후 즉각 활용할 수 있는 이러한 방법들 이외에 추가적인 서비스를 요하는 환자에게는 PTSD를 예방하고 치료하는 데 충분한 효과성이 입증된 인지행동치료가 매우 도움이 될 것으로 보인다.

주목해야 할 점은 여기에 제시된 재난대응 치료 방법들은 현존하는 지식에 근거해 탄생한 것이지만 아직 초창기에 머물러 있다는 것이다. 따라서 추가적으로 실증적인 연구를 진행하여 현재까지의 연구 결과를 보다 확대하고, 재난 대응을 위해 가장 필수적으로 활용되는 임상 진료의 유형에 대해 이해하며, 최근의 사례들을 체계적으로 분석 및 정제함으로써 새로운 치료 방법을 개발하는 것이 필요하다. 불행하게도 재난 연구가 지니는 고유의 많은 제한 요소로 인해 그것의 실행 가능성이 제한되고 있으며, 보급이나 윤리와 관련한 독특한 문제를 야기하고 있다. 문헌의 정의에 의하면, 재난은 경고 없이 발생하기 때문에 실질적인 장애물들이 재난이 최초 발생한 이후 필요한 자료를 수집하기 시작하기까지의 시간을 최소화하는 데 방해가 되고 있다. 뿐만 아니라 외상 사건에 노출된 환자들은 매우 취약한 상태이며, 의사결정 능력에 장애가 있을 수 있다는 점을 고려할 때, 의료진들은 환자의 동의를 구하고 필요사항을 알려 주는 단계에서 특별한 주의를 기울여야 한다. 재난 생존자들에게 직접적인 혜택을 제공하는 것에 대한 관련 연구의 범위를 확대하는 것은 매우 신중하게 접근하여야 한다(Collogan, Tuma, Dolan-Sewell, Borja, & Fleischman, 2004; Rosenstein, 2004). 그러나 정신건강 지원에 대한 연구 결과에 의하면, 다행스럽게도 재난이 발생했을 때 이러한 연구들이 철저하고 엄격한 윤리와 방법론에 의해 진행되는 것이 가능하다(Adams & Boscarino, 2006). 이러한 발전이 연구자들과 의료 제공자들로 하여금 이러한 연구를 평가하고 확대해 나가게 하여 근거 중심의 재난 후 치료 개입을 도입하는 것에 대해 열의를 보이도록 활기를 불어넣고 있다.

참고문헌

Adams, R. E., & Boscarino, J. A. (2006). Predictors of PTSD and delayed PTSD after disaster: The impact of exposure and psychosocial resources. *Journal of Nervous and Mental Disease, 194,* 485-493.

Adler, A. B., Litz, B. T., Castro, C. A., Suvak, M., Thomas, J. L., Burrell, L., et al. (2008). A group randomized trial of critical incident stress debriefing provided to U.S. peacekeepers. *Journal of Traumatic Stress, 21,* 253-263.

Allen, B., Brymer, M., Steinberg, A., Vernberg, E., Jacobs, A., Speier, A., et al. (2010). Perceptions of psychological first aid among providers responding to Hurricanes Gustav and Ike. *Journal of Traumatic Stress, 23,* 509-513.

American Red Cross of the Greater Lehigh Valley. (2010). *Disaster response training courses.* Retrieved November 24, 2010, from *www.redcrosslv.org/disaster/disasterclass.html.*

Amundson, D., Lane, D., & Ferrara, E. (2008). The U.S. military disaster response to the Yogyakarta earthquake May through June 2006. *Military Medicine, 173,* 236-240.

Bisson, J. I., Jenkins, P., Alexander, J., & Bannister, C. (1997). A randomized controlled trial of psychological debriefing for victims of acute burn trauma. *British Journal of Psychiatry, 171,* 78-81.

Bisson, J. I., McFarlane, A. c., Rose, S., Ruzek, J. I., & Watson, P. J. (2009). Psychological debriefing for adults. In E. B. Foa, T. M. Keane, M. J. Friedman, & J. A. Cohen (Eds.), *Effective treatments for PTSD: Practice guidelines from the International Society for Traumatic Stress Studies* (2nd ed., pp. 83-105). New York: Guilford Press.

Bisson, J. I., Shepherd, J. P., Joy, D., Probert, R., & Newcombe, R. G. (2004). Early cognitive-behavioural therapy for post-traumatic stress symptoms after physical injury: Randomised controlled trial. *British Journal of Psychiatry, 184,* 63-69.

Bonanno, G. A. (2004). Loss, trauma, and human resilience: Have we underestimated the human capacity to thrive after extremely aversive events? *American Psychologist, 59,* 20-28.

Bonanno, G. A., Galea, S., Bucciarelli, A., & Vlahov, D. (2006). Psychological resilience after disaster: New York City in the aftermath of the September 11th terrorist attack. *Psychological Science, 17,* 181-186.

Bonanno, G. A., Ho, S. M. Y., Chan, J. C. K., Kwong, R. S. Y., Cheung., C. K. Y., Wong, C. P. Y., et al. (2008). Psychological resilience and dysfunction among hospitalized survivors of the SARS epidemic in Hong Kong: A latent class approach. *Health Psychology, 27,* 659-667.

Brewin, C. R., Andrews, B., & Valentine, J. D. (2000). Meta-analysis of risk factors for posttraumatic stress disorder in trauma-exposed adults. *Journal of Consulting and Clinical Psychology, 68,* 748-766.

Bryant, R. A. (2004). Acute stress disorder: Course, epidemiology, assessment, and treatment. In B. T. Litz (Ed.), *Early intervention for trauma and traumatic loss* (pp. 15-33). New York : Guilford Press.

Bryant, R. A., Harvey, A. G., Dang, S. T., Sackville, T., & Basten, C. (1998). Treatment of acute stress disorder: A comparison of cognitive-behavioral therapy and supportive counseling. *Journal of Consulting and Clinical Psychology, 66,* 862-866.

Bryant, R. A., Harvey, A. G., Guthrie, R. M., & Moulds, M. L. (2003). Acute psychophysiological arousal and posttraumatic stress disorder: A two-year prospective study. *Journal of Traumatic Stress, 16,* 439-443.

Bryant, R. A., Moulds, M. L., & Nixon, R. V. (2003). Cognitive behavior therapy of acute Stress disorder: A four-year follow-up. *Behaviour Research and Therapy, 41,* 489-494.

Bryant, R. A., O'Donnell, M. L., Creamer, M., McFarlane, A. C., Clark, C. R., & Silove, D. (2010). The psychiatric sequelae of traumatic injury. *American Journal of Psychiatry, 167,* 312-320.

Bryant, R. A., Sackville, T., Dang, S. T., Moulds, M., & Guthrie, R. (1999). Treating acute stress disorder: An evaluation of cognitive behavior therapy and supporting counseling techniques. *American Journal of Psychiatry, 156,* 1780-1786.

Brymer, M., Jacobs, A., Layne, C., Pynoos, R., Ruzek, J., Steinberg, A., et al. (2006). *Psychological first aid field operations guide.* Washington, DC: National Child Traumatic Stress Network and National Center for PTSD.

Collogan, L. K., Tuma, F., Dolan-Sewell, R., Borja, S., & Fleischman, A. R. (2004). Ethical issues pertaining to research in the aftermath of disaster. *Journal of Traumatic Stress, 17*, 363-372.

Cozza, S. J., Huleatt, W. J., & James, L. C. (2002). Walter Reed Army Medical Center's mental health response to the Pentagon attack. *Military Medicine, 167*(Suppl. 9), 12-16.

Creamer, M., & O'Donnell, M. (2008). The pros and cons of psychoeducation following trauma: Too early to judge? *Psychiatry: Interpersonal and Biological Processes, 71*, 319-321.

Defense Security Cooperation Agency. (2009). *Department of Defense fiscal year 2008 report on humanitarian assistance.* Washington, DC: Author.

deRoon-Cassini, T. A., Mancini, A. D., Rusch, M. D., & Bonanno, G. A. (2010). Psychopathology and resilience following traumatic injury: A latent growth mixture model analysis. *Rehabilitation Psychology, 55*, 1-11.

Devilly, G. J., Gist, R., & Cotton, P. (2006). Ready! Fire! Aim! The status of psychological debriefing and therapeutic interventions: In the work place and after disasters. *Review of General Psychology, 10*, 318-345.

Dickstein, B. D., Suvak, M., Litz, B. T., & Adler, A. B. (2010). Heterogeneity in the course of posttraumatic stress disorder: Trajectories of symptomatology. *Journal of Traumatic Stress, 23*, 331-339.

Dodgen, D., LaDue, L. R., & Kaul, R. E. (2002). Coordinating a local response to a national tragedy: Community mental health in Washington, DC after the Pentagon attack. *Military Medicine, 167*(Suppl. 9), 87-89.

Dunning, C. (1988). Intervention strategies for emergency workers. In M. Lystad (Ed.), *Mental health response to mass emergencies* (pp. 284-307). New York: Brunner/Mazel.

Echeburua, E., de Corral, P., Sarasua, B., & Zubizarreta, I. (1996). Treatment of acute posttraumatic stress disorder in rape victims: An experimental study. *Journal of Anxiety Disorders, 10*, 185-199.

Ehlers, A., Clark, D. M., Hackmann, A., McManus, F., Fennell, M., Herbert, C., et al. (2003). A randomized controlled trial of cognitive therapy, a self-help booklet, and repeated assessments as early interventions for posttraumatic stress disorder. *Archives of General Psychiatry, 60*, 1024-1032.

Elsesser, K., Freyth, C., Lohrmann, T., & Sartory, G. (2009). Dysfunctional cognitive appraisal and psychophysiological reactivity in acute stress disorder. *Journal of Anxiety Disorders, 23*, 979-985.

Everly, G. S., Flannery, R. B., & Mitchell, J. T. (2000). Critical incident stress management(CISM): A review of the literature. *Aggression and Violent Behavior, 5*, 23-40.

Federal Emergency Management Agency. (2010a, November 24). *Declared disasters by year or state.* Retrieved November 24, 2010, from *www.fema.gov/news/disaster_totals_annual.fema.*

Federal Emergency Management Agency. (2010b, November 5). *National training and education division.* Retrieved November 24, 2010, from *www.firstrespondertraining.gov.*

Gordon, R. (1987). An operational classification of disease prevention. In J. A. Steinberg & M. M. Silverman (Eds.), *Preventing mental disorders: A research perspective* (pp. 20-26). Rockville, MD: National Institute of Mental Health.

Gray, M. J., Prigerson, H. G., & Litz, B. T. (2004). Conceptual and definitional issues in complicated grief. In B. T. Litz (Ed.), *Early intervention for trauma and traumatic loss* (pp. 65-84). New York: Guilford Press.

Grieger, T. A., Lyszczarz, J. L. (2002). Psychiatric responses by the U.S. Navy to the Pentagon attack. *Military Medicine, 167,* 24-25.

Halpern, J., & Tramontin, M. (2007). Disaster mental health: Theory and practice. Belmont, CA: Thomson Brooks/Cole.

Harvey, A. G., & Bryant, R. A. (2002). Acute stress disorder: A synthesis and critique. *Psychological Bulletin, 128,* 886-902.

Haskett, M., Scott, S., Nears, K., & Grimmett, M. (2008). Lessons from Katrina: Disaster mental health service in the Gulf Coast region. *Professional Psychology: Research and Practice, 39,* 93-99.

Hobbs, M., Mayou, R., Harrison, B., & Warlock, P. (1996). A randomized controlled trial of psychological debriefing for victims of road traffic accidents. *British Medical Journal, 313,* 1438-1439.

Hobfoll, S. E., Watson, P., Bell, C. C., Bryant, R. A., Brymer, M. J., Friedman, M. J., et al. (2007). Five essential elements of immediate and mid-term mass trauma intervention: Empirical evidence. *Psychiatry, 70,* 283-315.

Hoge, C. W., Orman, D. T., & Robichaux, R. J. (2002). Operation Solace: Overview of the mental health intervention following the September 11, 2001 Pentagon attack. *Military Medicine, 167,* 44-47.

Jankosky, C. J. (2008). Mass casualty in an isolated environment: Medical response to a submarine collision. *Military Medicine, 173,* 734-737.

Johnsen, B. H., Eid, J., Løvstad, T., & Michelsen, L. T. (1997). Posttraumatic stress symptoms in nonexposed, victims, spontaneous rescuers after an avalanche. *Journal of Traumatic Stress, 10,* 133-140.

Johnson, S. J., Sherman, M. D., Hoffman, J. S., James, L. C., Johnson, P. L., Lochman, J. E., et al. (2007, February). *The psychological needs of U.S. military service members and their families: A preliminary report.* Washington, DC: APA Presidential Task Force on Military Deployment Services for Youth, Families and Service Members.

Joyce, N. (2006). Civilian-military coordination in the emergency response in Indonesia. *Military Medicine, 171,* 66-70.

Keen, P. K. (2010, March 15). *As humanitarian assistance transitions, so does U.S. military.* Message posted to *www.dodlive.mil/index.php/2010/03/as-humanitarian-assistance-transitions-so-does-u-s-military.*

Keen, P. K., Vieira Neto, F. P., Nolan, C. W., Kimmey, J. L., & Althouse, J. (2010, May-June). Relationships matter: Humanitarian assistance and disaster relief in Haiti. *Military Review.* Retrieved November 23, 2010, from *usacac.army.mil/cac2/call/docs/11-23/ch_16.asp.*

Keller, R. T., & Bobo, W. V. (2004). Handling human remains: Exposure may result in severe psychological responses among rescue workers. *Psychiatric Annals, 34,* 635-640.

Kilpatrick, D. G., Cougle, J. R., & Resnick, H. S. (2008). Reports of the death of psychoeducation as a preventative treatment for posttraumatic psychological distress are exaggerated. *Psychiatry: Interpersonal and Biological Processes, 71,* 322-328.

Krupnick, J. L., & Green, B. L. (2008). Psychoeducation to prevent PTSD: A paucity of evidence. *Psychiatry, 71,* 329-331.

Litz, B. T. (2008). Early intervention for trauma: Where are we and where do we need to go? A commentary. *Journal of Traumatic Stress, 21,* 503-506.

Litz, B. T., & Gray, M. J. (2004). Early intervention for trauma in adults: A framework for first aid and secondary prevention. In B. T. Litz (Ed.), *Early intervention for trauma and traumatic loss* (pp. 87-111). New York, Guilford Press.

Mancuso, J. D., Price, E. O., & West, D. F. (2008). The emerging role of preventive medicine in health diplomacy after the 2005 earthquake in Pakistan. *Military Medicine, 173,* 113-118.

McGuiness, K. M. (2006). The USNS *Mercy* and the changing landscape of humanitarian and disaster response. *Military Medicine, 171,* 48-52.

McNally, R. J., Bryant, R. A., & Ehlers, A. (2003). Does early psychological intervention promote recovery from posttraumatic stress? *Psychological Science in the Public Interest, 4,* 45-79.

Merchant, R. M., Leigh, J. E., & Lurie, N. (2010). Health care volunteers and disaster response: First, be prepared. *New England Journal of Medicine, 362,* 872-873.

Miller, W. R., & Rollnick, S. (2002). *Motivational interviewing: Preparing people for change* (2nd ed.). New York: Guilford Press.

Mitchell, J. T. (1983). When disaster strikes... The critical incident stress debriefing. *Journal of Emergency Medical Services, 8,* 36-39.

Mitchell, J. T. (2004). A response to the Devilly and Cotton article, "Psychological debriefing and the workplace···" *Australian Psychologist, 39,* 24-28.

Mitchell, J. T., & Everly, G. S. (1995). *Critical incident stress debriefing: An operations manual for the prevention of traumatic stress among emergency services and disaster workers.* Ellicott City, MD: Chevron.

Nash, W. P. (2010, May). *Peritraumatic Behavior Questionnaire (PBQ): Initial validation of a new tool to recognize orange zone stress injuries in theater.* Paper presented at the U.S. Marine Corps Combat and Operational Stress Control Conference, San Diego, CA.

Nash, W. P., & Baker, D. G. (2007). Competing and complementary models of combat stress injury. In C. R. Figley & W. P. Nash (Eds.), Combat stress injuries: Theory, research, and management (pp. 65-96). New York: Routledge.

Nash. W. P., Westphal, R., Watson, P., & Litz, B. T. (2010). *Combat and operational stress first aid training manual.* Washington, DC: U.S. Navy, Bureau of Medicine and Surgery.

National Child Traumatic Stress Network. (2010, November 8). *Training and education.* Retrieved November 24, 2010, from *www.nctsn.org/nccts/nav.do?pid=ctr_train.*

National Organization for Victim Assistance. (1987). *The National Organization for Victim Assistance debriefing.* Washington, DC: Author.

National Organization for Victim Assistance. (n.d.). *Crisis response training*. Retrieved November 24, 2010, from *www.trynova.org/crt/training*.

North Carolina Disaster Response Network. (2010). *North Carolina Disaster Response Network (NC DRN) training*. Retrieved November 24, 2010, from *cphp.sph.unc.edu/training/nc-drn*.

Orcutt, H. K., Erickson, D. J., & Wolfe, J. (2004). The course of PTSD symptoms among Gulf War veterans: A growth mixture modeling approach. *Journal of Traumatic Stress, 17*, 195-202.

Orner, R. J., Kent, A. T., Pfefferbaum, B. J., Raphael, B., & Watson, P. J. (2006). The context of providing immediate postevent intervention. In E. C. Ritchie, P. J. Watson, & M. J. Friedman (Eds.), *Interventions following mass violence and disasters: Strategies for mental health practice* (pp. 121-133). New York: Guilford Press.

Ozer, E. J., Best, S. R., Lipsey, T. L., & Weiss, D. S. (2003). Predictors of posttraumatic stress disorder and symptoms in adults: A meta-analysis. *Psychological Bulletin, 129*, 52-73.

Patrick, S. (2009). Impact of the Department of Defense initiatives on humanitarian assistance. *Prehospital and Disaster Medicine, 24*, 238-243.

Peterson, A., Nicolas, M., McGraw, K., Englert, D., & Blackman, L. (2002). Psychological intervention with mortuary workers after the September 11 attack: The Dover behavioral health consultant model. *Military Medicine, 167* (Suppl.9). 83-86.

Pierre, A., Minn, P., Sterlin, C., Annoual, P. C., Jaimes, A., Raphaël, F., et al. (2010). Culture and mental health in Haiti: A literature review. *Santé Mentale en Haïti, 1*, 13-42.

Ponniah, K., & Hollon, S. D. (2009). Empirically supported psychological treatments for adult acute stress disorder and posttraumatic stress disorder: A review. *Depression and Anxiety, 26*, 1086-1109.

Reeves, J. J. (2002). Perspectives on disaster mental health intervention from the USNS Comfort. *Military Medicine, 167*(Suppl.), 90-92.

Reyes, G., & Elhai, J. (2004). Psychosocial interventions in the early phases of disasters. *Psychotherapy: Theory, Research, Practice, Training, 41*, 399-411.

Roberts, N. P., Kitchiner, N. J, Kenardy, J., & Bisson, J. I. (2009). Systematic review and meta-analysis of multiple-session early interventions following traumatic events. *American Journal of Psychiatry, 166*, 293-301.

Robinson, R. (2004). Counterbalancing misrepresentations of critical incident stress debriefing and critical incident stress management. *Australian Psychologist. 39*, 29-34.

Rose, S., Bisson, J., Churchill, R., & Wessely, S. (2002). Psychological debriefing for preventing post traumatic stress disorder(PTSD). *Cochrane Database of Systematic Reviews, 2*, CD000560.

Rosenstein, D. L. (2004). Decision-making capacity and disaster research. *Journal of Traumatic Stress, 17*, 373-381.

Ruzek, J. I., Brymer, M. J., Jacobs, A. K., Layne, C. M., Vernberg, E. M., & Watson, P. J. (2007). Psychological first aid. *Journal of Mental Health Counseling, 29*. 17-49.

Scholes. C., Turpin, G., &. Mason, S. (2007). A randomised controlled trial to assess the effectiveness of providing self-help information to people with symptoms of acute stress disorder following a traumatic injury. *Behaviour Research and Therapy, 45,* 2527-2536.

Schwerin, M. J., Kennedy, K., &. Wardlaw, M. (2002). Counseling support within the Navy Mass Casualty Assistance Team post-September 11. *Military Medicine, 167,* 76-78.

Shalev, A. Y. (2006). Interventions for traumatic stress: Theoretical basis. In E. C. Ritchie, P. J. Watson, & M. J. Friedman (Eds), *Interventions following mass violence and disasters: Strategies for mental health practice* (pp. 103-120). New York: Guilford Press.

Southwick, S., Friedman, M., & Krystal, J. (2008). Does psychoeducation help prevent post-traumatic psychological stress disorder? In reply. *Psychiatry, 71,* 303-307.

Turpin, G., Downs, M., & Mason, S. (2005). Effectiveness of providing self-help in formation following acute traumatic injury: Randomised controlled trial. *British Journal of Psychiatry, 187,* 76-82.

U.S. Department of Defense. (2005, November 28). *Military support for stability, security, transition, and reconstruction (SSTR) operations.* Retrieved November 29, 2010, from *www.fas.org/irp/doddir/dod/ d3000_05.pdf.*

U.S. Department of the Navy. (2000). *Combat stress* (Marine Corps Reference Publication 6-11C). Washington, DC: Author.

United States Southern Command. (2010, May 25). *Narrative history of Operation Unified Response.* Retrieved March 15, 2012, from *www.southcom.mil/newsroom/Pages/Operation-Unified-Response-Support-to-Haiti-Earthquake-Relief-2010.aspx.*

University of Rochester Medical Center. (n.d.). *Finger Lakes Regional Resource Center: Training.* Retrieved March 14, 2012, from *www.urmc.rochester.edu/flrrc/training.cfm.*

University of South Dakota. (2010). *DMHI home.* Retrieved November 24, 2010, from *www.usd.edu/arts-and-sciences/psychology/disaster-mental-health-institute/index.cfm.*

USAID Office of Military Affairs. (2010, April 27). *Civilian-Military Operations Guide.* Retrieved March 14, 2012, from *pdf.usaid.gov/pdf_docs/PNADS.180.pdf*

van Emmerik, A. A. P., Kamphuis, J. H., Hulsbosch, A. M., & Emmelkamp, P. M. G. (2002). Single session debriefing after psychological trauma: A meta-analysis. *The Lancet, 360,* 766-771.

Vernberg, E. M., Steinberg, A. M., Jacobs, A. K., Brymer, M. J., Watson, P. J., Osofsky, J. D., et a1. (2008). Innovation in disaster mental health: Psychological first aid. *Professional Psychology: Research and Practice, 39,* 381-388.

Warner, S. (2010, January 22). Hospital ship *Comfort* to support Operation Unified Response Haiti. *Navy and Marine Corp Medical News,* pp. 1, 3. Retrieved November 24, 2010, from *www.dtic.mil/cgi-bin/CetTRDoc?AD=ADA517591&Location=U2&doc=GetTRDoc.pdf.*

Watson, P., Nash, W. P., Westphal, R., & Litz, B. T. (2010, November). *Combat and operational stress first aid (COSFA).* Workshop presented at the annual convention of the International Society for Traumatic Stress Studies, Montreal. Quebec.

Wessells, M. G. (2009). Do no harm: Toward contextually appropriate psychosocial support in international emergencies. *American Psychologist, 64,* 842-854.

Wessely, S., Bryant, R. A., Greenberg, N., Earnshaw, M., Sharpley, J., & Hughes, J. H. (2008). Does psychoeducation help prevent post traumatic psychological distress? *Psychiatry: Interpersonal and Biological Processes, 71,* 287-302.

Wickramage, K. (2006). Sri Lanka's post-tsunami psychosocial playground: Lessons for future psychosocial programming and interventions following disasters. *Intervention, 4,* 163-168.

Wright, K. M., Cabrera, O. A., Bliese, P. D., Adler, A. B., Hoge, C. W., & Castro, C. A. (2009). Stigma and barriers to care in soldiers postcombat. *Psychological Services, 6,* 108-116.

Yahav, R., & Cohen, M. (2007). Symptoms of acute stress in Jewish and Arab Israeli citizens during the second Lebanon War. *Social Psychiatry and Psychiatric Epidemiology, 42,* 830-836.

Young, B. H., Ruzek, J. I., Wong, M., Salzer, M. S., & Naturale, A. J. (2006). Disaster mental health training: Guidelines, considerations, and recommendations. In E. C. Ritchie, P. J. Watson, & M. J. Friedman (Eds.), *Interventions following mass violence and disasters: Strategies for mental health practice* (pp. 54-79). New York: Guilford Press.

제8장 | MILITARY PSYCHOLOGY

군에서의 신경심리학 활용

Louis M. French
Victoria Anderson-Barnes
Laurie M. Ryan
Thomas M. Zazeckis
Sally Harvey

군에서 신경심리학을 활용하기 시작한 시기는 제1차 세계대전 당시로 거슬러 올라간다. 신경 심리학자들은 계속되는 전투에서 머리에 부상을 입은 장병들의 두부 외상에 대해 처음으로 조기 평가와 신경 재활치료를 시작하였다(Boake, 1989). 제1차 세계대전과 제2차 세계대전 기간 동안에 몇몇 신경심리학 평가 도구가 개발되었고, 이러한 평가 도구는 군 내에서 일상적으로 활용되었다 (Driskell & Olmstead, 1989). 제1, 2차 세계대전 이후 군 신경심리학 분야는 꾸준히 성장하여 신경심리학 적인 평가는 장병의 임무준비태세와 성공적인 임무 수행 능력 유지에 중요한 역할을 담당하게 되었다 (군 신경심리학의 역사에 관해서는 Kennedy, Boake, & Moore, 2010과 이 책 제1장 참조).

오늘날 신경심리학자들은 이라크와 아프가니스탄과 같은 분쟁 지역에 배치되고 전투에 참여함으 로써 야기되는 신경심리학적 장애의 식별, 평가 및 치료에 크게 관여하고 있다. 현대전에서 두부와 목 의 부상은 계속해서 상당한 비중을 차지하고 있으며, 이라크와 아프가니스탄 전쟁은 특히 외상성 뇌손 상(Traumatic Brain Injury: TBI)이 많이 발생한 것으로 유명하다(McCrea et al., 2008). 전투 임무에 투입되었 던 장병들은 계속되는 전투 노출로 인해 뇌진탕성 외상이나 외상 후 스트레스 장애(Posttraumatic Stress Disorder: PTSD) 등이 빈번히 발생하였으며(McCrea et al., 2008), 문제에 잘 대처하기 위해 군 신경심리학 자들의 필요성이 계속되고 있다. 제8장에서는 신경심리학이라는 전문 영역에 대해 개략적으로 살펴보고, 신경심리학자들에게 요구되는 훈련에 대한 간략한 소개와 함께 일반적인 임상실무 영역과 현역복무적합심사, 증상의 타당성 및 군의 신경심리학적 평가에 대해 알아보도록 한다. 또한, 두부 외상, PTSD, 주의력 결핍 및 과잉행동장애(Attention Deficit Hyperactivity Disorder: ADHD), 학습장애(Learning Disorder: LD)를 평가하고 치료하는 데 있어 신경심리학의 역할과 항공우주 신경심리학에 대해 살펴보고 신경심리학적 평가의 다양한 적용 사례에 대해 소개하도록 하겠다.

군에서의 신경심리학 훈련

현역 신경심리학자로 활동하기 위해서는 특별한 훈련을 받아야 하며, 이를 위하여 미 육·해·공군은 경쟁력 있는 신경심리학 펠로우십 과정을 제공하고 있다. 미 육군은 메릴랜드 주 베데스다에 소재한 월터리드 국립 군사 병원(MRNMMC-B)과 하와이 주 호놀룰루에 소재한 트리플러 육군병원(Army Medical Center)에서 현역 신경심리학자들을 훈련시키고 있다. 미 육군의 월터리드 국립 군사 병원과 트리플러 육군병원에서는 전 군을 대상으로 펠로우십 과정을 제공하고 있으며, 미 해군과 공군은 통상 버지니아 대학교, 캘리포니아 대학교의 샌디에이고 캠퍼스와 같이 공인된 대학기관과 제휴하여 신경심리학 분야의 펠로우십 과정을 제공하고 있다. 텍사스 주 샌안토니오에 소재한 브룩스 육군병원에서는 민간인이 참여할 수 있는 신경심리학 펠로우십 과정을 개설하였으며, 미 국방부와 미 재향 군인국 소속의 민간 연구자들에게 필요한 핵심 역량을 강화하도록 하고 있다(Reger, Etherage, Reger & Gahm, 2008).

펠로우십 교육과정은 교육 장소와 관리 감독자가 누구인가와는 상관없이 뇌와 행동 간의 상관관계에 관한 연구뿐 아니라 평가, 진단, 자문 및 해당 연구와 관련된 특수 기술에 대해 방대한 지식 기반(knowledge-base)을 구축하는 데 역점을 두고 있다. 군 및 민간시설에서 제공하는 군 신경심리학 펠로우십 과정은 숙련된 신경심리학자들이 교육을 받을 수 있는 여건을 조성하고, 뇌진탕성 외상, 외상성 뇌손상, 치매, 뇌종양, 간질과 같이 뇌 기능에 영향을 주는 다양한 질환에 관해 학습할 수 있는 기회를 제공하고 있다. 펠로우십 교육의 목적은 임상의로 하여금 현역 장병, 퇴역 군인, 군 가족에 대해 최상의 신경심리학적 진료 서비스를 제공할 수 있도록 준비시키는 것에 있다. 군사시설에서 근무하는 군 및 민간 신경심리학자들은 장애 증상을 보이는 사람들과 모든 장병을 평가할 수 있도록 준비해야 하고, 현역 복무 적합 여부, 복직 및 치료에 대한 권고는 정확하고 실행 가능한 정보에 근거하여 실시해야 하며, 최첨단 수준의 연구 활동에 참여하여야 한다.

군 신경심리학의 임상 실무

군 신경심리학 분야는 여러 측면에서 민간 영역의 실무 분야와 흡사하다. 군 내 의료 환경에서 신경심리학자는 현역 장병뿐만 아니라 퇴역 군인과 부양 가족에 대해서도 의료 서비스를 제공하기 때문에 뇌진탕성 외상, 외상성 뇌손상, 학습장애, 중독 노출, 뇌졸중, 치매, 간질, 종양, 중추신경계 감염, 기타 의학적 질병을 포함하여 한 사람이 일생동안 경험할 수 있는 모든 신경 인지적 장애를 평가할 수 있어야 한다.

신경심리학적 심사는 현역복무적합심사와 관련된 신경질환 및 기타 중대한 질병의 진단, 학습 및 주의력과 관련된 문제점 파악, 나이가 많은 장병의 인지력 감퇴 여부 등을 평가하기 위하여 시행된다. 또한 폭발물 처리, 항공기 탑승, 잠수함 근무, 잠수 임무, 공수 작전 등 고도의 인지 능력을 요구하는 특수임무 수행에 적합한 장병을 선별할 때에도 이러한 평가가 활용된다. 일반적으로 특수임무를 수행하는 장병이 신경질환 진단을 받게 되는 경우 더 이상 해당 직무를 수행할 수 없지만, 평가 결과가 적절한 수준에서 신경 인지적 기능을 수행할 수 있다고 판단되는 경우에는 제한적으로 임무를 할 수 있다.

모든 군의 의료기관에서 시행하는 신경심리학적 평가는 실무표준기준을 준수해야 하지만, 각 군 기관의 다양한 직무를 고려한 특별한 의료 규정 역시 반드시 반영하여 평가하고 이에 따른 권고사항을 제시하여야 한다. 이러한 규정의 내용이 궁금한 독자들은 각 군의 규정을 참조하기 바란다(U.S. Department of the Air Force, 2001; U.S. Department of the Army, 2007; U.S. Department of the Navy, 1996; U.S. Department of Homeland Security, 2004).

군의 신경심리학 실무에서는 평가를 위한 기초 자료 제공이나 비행사들과 같은 특수 집단에 대한 평가에 있어 민간 영역의 실무와 약간의 차이가 있다. 군에서 시행하는 신경심리학 평가의 뚜렷한 장점은 대부분의 장병에 대한 병전 자료와 평가를 위한 기초 자료를 활용할 수 있다는 것이다. 즉, 신경심리학자에게는 인지장애의 정도, 재활 진전 수준, 예후 등과 같은 병전 신체 기능에 대한 기초적인 자료가 제공되는데, 이러한 자료는 해당 장병의 신경 심리적 기능을 평가하는 기초 자료가 된다. 군의 신경심리학자들이 병사들을 심사할 때에는 군 직업적성시험(Armed Service Vocational Aptitude Battery: ASVAB) 자료를 활용하여 환자의 병전 일반 능력에 대한 신뢰할 수 있는 정보를 획득할 수 있다(Welsh, Kucinkas, & Curran, 1990; Kennedy, Kupke, & Smith, 2000). 한편 Orme, Ree와 Rioux(2001)는 공군 장교 선발시험(Air Force Officer Qualifying Test: AFOQT) 역시 환자의 병전 능력을 확인하기 위한 안정적인 척도로 활용할 수 있다고 하였다. 또한 군 신경심리학자들은 군대 교육의 성취도와 직무 수행 능력에 관한 문서 등 모든 장병의 복무 기록을 조회할 수 있다. 신경심리학자들은 이렇게 다양한 출처로부터 획득한 정보를 신경심리학적 검사 결과를 해석하는 데 유용한 자료로 활용하고 있다.

이에 더하여, 군 당국은 2008년부터 모든 장병이 파병 근무를 떠나기 전에 'ANAM (Automated Neuropsychological Assessment Metrics, 자동화된 신경심리 평가 매트릭스)'이라는 신경심리학적 평가를 받도록 하고 있다(Ivins, Kane, & Schwab, 2009). ANAM은 원래 미 국방부에서 의약 물질이 인지 능력에 미치는 영향을 분석하기 위해 개발되었지만(Reeves et al., 2006; Reeves, Winter, Bleiberg, & Kane, 2007), 지금은 현역복무적합심사, 군사작전의학, 항공우주의학과 같은 다양한 분야에서 활용되고 있다(Ivins et al., 2009; Reeves et al., 2007). ANAM은 컴퓨터를 이용한 신경심리학적 검사 도구로써 주의력, 집중력, 반응 시간, 기억력, 처리 속도, 의사결정 능력을 평가한다(Vista Life Sciences, 2011). ANAM은 군 신경심리학자들이 장병들의 병전 능력 수준을 판단하는 데 매우 유용하게 활용할 수 있는 도구로 보인다(Kelly, Mulligan, & Monahan, 2010).

군의 신경심리학 실무와 전통적인 신경심리학 실무의 또 다른 차이점은 특정 장병 집단에게 적용할 수 있는 신경심리학적인 검사 도구의 개발에 있다. 예를 들어, 연속 업무수행 검사(Continuous Performance Tasks)는 주의 지속성, 식별 능력, 충동성과 주의집중력 결핍을 평가하는 데 활용되고 있다. 군 당국의 요구에 부응하기 위해 미 해군 의료기관(Naval Operational Medicine Institute)에서는 해군 조종사들을 대상으로 항공의학 주의지속성 검사(Aeromedical Vigilance Test)를 개발하여 시행하고 있다(Almond, Harris, & Almond, 2005).

현역복무적합심사

군 신경심리학자들은 장병에게서 뇌장애를 비롯한 다양한 장애가 나타나면 현역복무적합심사를 진행한다. 간질과 같은 일부 신경질환은 자동으로 전역 처분을 받게 되지만, 기타 신경질환에 대해서는 손상 정도, 기능 수준, 재활치료 후 예상되는 결과 등을 신중하게 평가하도록 하고 있다. 오늘날 신경심리학자들은 두부 관통상과 신경의 극심한 손상을 비롯하여 전투와 관련된 다양한 종류의 신경 손상을 평가하고 있으며, 이러한 평가에는 군 신경심리학자와 미 재향 군인국 및 기타 재활시설에서 근무하는 신경심리학자들이 투입되고 있다.

군 의료시설에서는 현역 복무 적합 여부를 판단하기 위해 오랜 기간 동안 체계적으로 구축된 시스템을 활용하고 있다(Kelly et al., 2010). 이미 제2장에서 현역복무적합심사에 대해 자세히 기술하였으므로, 여기에서는 평가 영역에 관하여 간략히 소개하도록 하겠다. Kelly 등(2010)으로 구성된 연구진의 논문에 따르면, 미 국방부 규정은 질병이나 부상으로 인해 장병의 보직, 지위, 계급 및 서열에 맞는 직무를 수행하지 못하게 될 때는 현역 복무 적합 여부를 판정받을 수 있다고 하였다. 또한 동 연구진은 현역 복무 적합 여부를 판단하기 위해 미 국방부에서 활용하고 있는 다단계 평가절차에 대해 설명하였다. 이를 요약하면, 만약 어떤 장병이 의학적 또는 심리적인 질병으로 인해 위험에 처해 있다고 판단되는 경우에는 우선 소속 지휘관에게 이를 알리고 반드시 현역복무적합심사를 진행해야 한다. 미 공군과 육군의 경우 현역복무적합심사의 첫 번째 단계는 연속적인 신체검사 결과 보고서를 제출하도록 하고 있으며, 미 해군과 해병대 경우에는 제한되는 임무의 목록표를 제출하게 하는 등 임무 수행에 있어 제한되는 사항들을 작성하도록 하고 있다.

그다음 단계는 문제 장병을 의무평가위원회(Medical Evaluation Board: MEB)에 회부하는 것이다. 의무평가위원회에서는 장병의 부상이나 질병의 심각성을 판단하고, 그러한 부상이나 질병이 직무를 수행하는 데 어떠한 영향을 미치는지를 심사한다. 신경심리학자들은 군 의무평가위원회의 현역 복무 적합 판단 과정에 깊숙이 참여하고 있으며, 이를 위해 광범위한 신경심리학적 평가가 지속적으로 요구되고 있다. 현역복무적합심사는 신경심리학자들이 일반적으로 수행하는 업무는 아니지만, 문제 장병의 부상이나 질환 전력, 일반적인 의료 및 정신질환 기록, 사회생활 기록, 가족력, 실험실 및 화상 진찰 기록, 약물 처방 기록, 행동 관찰 자료, 신경심리학 검사 시행 목록 및 결과, 진단 결과 및 권고사항 등 주요 질환과 관련된 자료를 처리한다(Kelly et al., 2010).

의무평가위원회에서 문제 장병이 계속 현역 복무를 할 수 있는 기준에 부적합한 것으로 판단될 경우, 현역복무적합심사의 마지막 단계인 체력평가위원회(Physical Evaluation Board: PEB)로 회부된다. 체력평가위원회는 비공식적인 체력평가위원회와 공식적인 체력평가위원회로 구성되어 있다. 비공식적인 체력평가위원회에서는 이전 1, 2단계에서 제공받은 문서와 지휘관의 기록을 세밀하게 검토한 뒤 문제 장병의 현역 복무 적합 여부를 판단한다. 위원회에서 현역 복무가 부적합한 것으로 판단된 장병에게는 장애등급을 부여하고, 문제 장병에 대해 공식적인 체력평가위원회에 참석할 기회를 부여하여 현재 상태에 대한 보충 정보를 제시할 수 있도록 한다.

여러 가지 건강 문제로 인하여 현역 복무 적합 여부를 판단할 때는 신경심리학자들의 평가가 주요한 역할을 하게 된다. 따라서 군 신경심리학자는 반드시 현역복무적합심사와 관련된 사항들에 대해 철저히 이해하고 있어야 하며, 충분한 시간을 갖고 신경심리평가 보고서를 작성하여야 한다.

증상의 신뢰성 및 군 신경심리학적 평가

군 신경심리학자들은 문제 장병의 현역복무적합심사에 기여하는 것과 함께 환자가 보이는 신경심리학적 증상에 대한 신뢰도 여부를 반드시 평가해야 한다. 장병이나 퇴역 군인의 신경심리학적 검사 결과에 대한 신뢰도를 담보하고, 진단의 정확성을 높이기 위해서는 공식적인 판단 도구를 활용하는 것이 필요하다.

허위 증상을 호소하거나 문제 증상을 감추려는 동기를 가진 환자들을 진료하는 민간 영역의 신경심리학자들처럼 군 신경심리학자들도 장병에 대한 신경심리학적 평가에 있어 증상의 신뢰성을 평가하기 위한 노력을 기울여야 한다. 이러한 신뢰성 평가에는 장병들이 심사를 받으려는 이유뿐만 아니라, 재활 치료를 받은 후 계속해서 군에 남아 있으려 하는 이유도 함께 살펴보아야 한다. 군사 재판법 제115조(Uniform Code of Military Justice, Article 115)에 의하면, 꾀병을 부리는 장병은 군법회의에 회부되어 처벌을 받을 수 있다고 규정하고 있다(Greiffenstein, 2010). 하지만 신뢰도 검사는 검사 결과에 대한 진실 여부만을 판단할 뿐 그 이유까지 확인할 수 없기 때문에 꾀병 환자의 근원적 동기를 정확히 알아내는 것이 신경심리학자들이 해야 할 중요한 역할이다.

신뢰성 판단은 신경심리학 실무에서 일반적이고 기본적으로 이루어지는 것이다(Bush et al., 2005). 민간인 집단에서는 증상을 과장하는 환자의 비율이 높다는 연구 자료가 제시되어 있지만, 장병 혹은 퇴역 군인의 꾀병 환자 비율에 대해서는 거의 알려진 바가 없다. 일반 시민을 대상으로 한 연구 자료를 살펴보면(Mittenberg, Patton, Canyock, & Condit, 2002), 신체 상해 건수 중 29%, 신체 장애보험금 청구 건수 중 30%, 형사 사건의 19%에서 꾀병과 관련된 문제가 발견되었다. 또 다른 연구 자료를 보면(Armistead-Jehle, 2010), 의학 증상 신뢰성 검사(Medical Symptom Validity Test: MSVT)를 퇴역한 군인을 대상으로 실시한 결과, 표본 집단의 58%가 이 검사의 최소 점수보다 낮은 점수를 받았다. 또한 질병 치료 경험이 있고 우울성 질환을 진단받은 경우에는 그렇지 않은 집단보다 기준 점수에 미달하는 비율이 높게 나타났다.

신경심리학적 평가를 받는 현역들은 여러 이유로 고의로 증상을 왜곡하거나 잘못된 반응을 보일 수 있으며, 과장, 부인 혹은 증상 및 손상에 대해 허위 보고를 함으로써 간접적인 사회적 · 정서적 보상을 받는 행위를 의도적으로 시도할 수 있다. 왜곡된 신경심리학적 평가 결과는 그러한 결과가 발생하게 된 이유에 상관없이 개인의 능력을 측정한 관련 데이터의 신뢰성을 상실하게 만든다. 미국 임상신경심리학 회의에서 환자의 진실성, 반응 성향, 꾀병에 대한 임상신경심리학적 평가와 관련하여 지적한 바와 같이(Heilbronner et al., 2010), 신경심리학자들이 신뢰할 수 없는 검사 결과를 활용할 경우, ① 사고나 부상 등으로 인한 증상과 장애의 원인, ② 기능 장애의 속성과 범위, ③ 권장 치료 방법 또는 치료의 효과성 등에 대한 올바른 판단을 할 수 없게 된다. 따라서 군 신경심리학적 평가에는 반드시 장병의 동기와 그들이 보고한 증상의 신뢰성을 평가하는 내용이 포함되어야 한다. 증상의 신뢰성에 대해 간단히 살펴보면 다음과 같다.

인지적, 육체적 또는 심리적인 이유로 환자들은 자신의 증상을 의도적으로 왜곡할 수 있으며, 그러한 경우 환자들은 해당 영역의 일부분 혹은 전체에서 신뢰할 수 없는 증상을 나타낼 수 있다. 인지적 영역에서의 신뢰성 평가는 독립적인 인지신뢰성 검사와 신경심리학적 측정 기준에 적합 여부를 판단할 수 있는 종합적인 신뢰도 지표를 활용하는 방법이 있다. 이러한 인지신뢰성 평가에서는 독립적인 측정 방법 및 종합적인 측정 방법을 모두 포함하는 다양한 측정법의 활용을 권장하고 있다(Heilbronner et al., 2010). 신뢰성과 관련된 문제들은 고정적이지 않고 유동적으로 변할 뿐 아니라 검사 시기에 따라 완전히 다른 모습을 보일 수 있기 때문에 검사를 진행하는 동안 반드시 반복적으로 평가를 실시해야 한다(Boone, 2009; Heilbronner et al., 2010). 만약 심사가 진행되고 있는 어느 시점에서든 진실성이 낮게 측정되었다면, 이것은 문제 장병의 실제 능력이 과소평가되어 모든 검사 점수에 반영되었다고 보는 것이 타당하며, 신뢰성이 있는 것처럼 보이는 다른 검사 결과도 마찬가지인 것으로 볼 수 있다(Heilbronner et al., 2010).

다음으로 육체적 영역에서 살펴보면, 인성검사 혹은 통증 측정과 같은 전문적인 평가척도가 포함된 일반 심리검사에서 과장되거나 정형에 맞지 않는 이상한 증상을 나타내는 경우 측정 결과의 신뢰성에 의구심이 제기될 수 있다. 지금까지 소개한 검사에서 활용되는 검사 설문지에는 신뢰성 평가 지표가 삽입되어 있다. 육체적 증상을 과장할 경우 낮은 수치의 감각 인식, 운동 기능, 근력 측정 결과가 나타날 수 있다(Greiffenstein, 2007; Greiffenstein, Fox, & Lees-Haley, 2007; Heilbronner et al., 2010).

마지막으로, 심리적 영역에서도 정신병리학적 증상을 과장하거나 허위로 보고할 수 있다. 따라서 심리평가 인터뷰결과 또는 평가 기간 동안에 파악된 증상들을 반드시 문제 질병의 징후 자료와 비교하여 일치하는지를 파악해야 한다(Heilbronner et al., 2010).

외상성 뇌손상과 외상 후 스트레스 장애

외상성 뇌손상

외상성 뇌손상(Traumatic Brain Injury: TBI)은 젊은 성인층의 주요 사망 및 장애 원인으로 꼽는다. 미국인은 21초마다 1명꼴로 외상성 뇌손상이 발생하고, 530만 명의 미국인은 외상성 뇌손상으로 인해 장애를 안고 살아가고 있으며, 이와 관련된 사회적 비용은 매년 483억 달러에 이르는 것으로 추산되고 있다(Lewin, 1992; Centers for Disease Control, 1999). 미 육군 현역 장병의 경우, 외상성 뇌손상으로 인한 전체 입원 건수는 회계연도를 기준으로 2000년에 비해 2006년에 105% 상승하였으며, 무기 사용으로 인한 외상성 뇌손상으로 입원한 건수는 60배 증가하였다. 이는 항구적 평화 작전과 이라크 해방 작전에 투입되었던 미 육군 외상성 뇌손상 환자들의 입원 건수가 증가한 것에 기인한 것으로 보인다. 항구적 평화 작전과 이라크 해방 작전이 펼쳐지는 동안 미 육군에서 보통 또는 심각한 수준의 외상성 뇌손상으로 입원한 비율은 민간인에 비해 낮게 나타났다. 그러나 뇌진탕성 외상과 가벼운 외상성 뇌손상으로 입원한 미 육군 장병의 입원율은 민간인보다 높게 나타났다(Ivins, 2010).

　제8장에서는 외상성 뇌손상의 병리생리학 혹은 신경심리학적인 측면을 자세히 살펴보지 않을 것이기에, 이 분야에 관심이 있는 독자들은 이 장 마지막 부분에 있는 '더 읽을거리'에서 관련 웹 사이트와 문헌을 참고하기 바란다. 외상성 뇌손상은 부상의 정도와 뇌 손상 부위에 따라 다양한 인지적·정서적·행동적·육체적인 후유증을 야기할 수 있다. 외상성 뇌손상으로 인한 인지적 장애는 일반적으로 주의력과 집중력 문제, 정보처리 속도, 정상적 기능(예를 들어, 문제해결 능력, 정신적 유연성, 결단력, 자기 점검 능력), 기억력, 언어 능력 등에서 나타난다. 외상성 뇌손상으로 인해 발생할 수 있는 정서적·행동적 문제로는 탈억제, 무관심, 과민함, 기분장애, 우울증, 불안장애와 같은 것들이 있다. 그리고 외상성 뇌손상에 수반되는 육체적 증상으로는 현기증, 균형감각 문제, 수면 변화, 시력 변화, 청력 변화, 두통 등이 있다. 이러한 증상들은 환자의 변화 상태를 추적하기 위해 그리고 궁극적으로는 현역 복무 적합 여부를 판단하기 위해 정확하고 철저하게 평가되어야 한다. 집중력과 정보처리 속도와 같은 능력은 조금만 저하되어도 회복 기간 중에 있는 전투 부대원과 그들의 전투 효과성에 상당한 영향을 미칠 수 있다. 다행인 것은 대부분의 외상성 뇌손상은 일반 민간인의 삶에서나, 때로는 전투 작전 임무 중에 있는 군인에게서나 모두 경미하게 나타난다는 점이다. 뇌진탕이라는 표현을 더 자주 쓰는 이러한 가벼운 뇌 부상은 대부분 제한된 시간 범위 내에서 증상을 보이기 때문에 며칠 혹은 몇 주 뒤면 증상이 호전되고 해소될 수 있다. 한편 일반 민간인의 5% 미만에 해당되는 사람들에게서는 이러한 증상이 계속 나타날 수 있고, 뇌진탕 후 증후군으로 발전될 수도 있는 것으로 밝혀졌다(Iverson, 2005; Iverson, Zasler, & Lange, 2006).

전투와 관련된 외상성 뇌손상

　최근 이라크와 아프가니스탄 지역의 분쟁으로 인해 군사 훈련 횟수가 증가했으며, 미군 장병들이 전장 상황에 노출되는 빈도도 늘어났다. 213,000명이 넘는 병력이 뇌 부상으로 인한 질환을 진단받았으며, 그들 중 대다수인 77%는 경중 뇌 부상을 입었다(Defense and Veterans Brain Injury Center, 2011). 게다가 지난 150년의 미국의 전쟁사에서 지금은 그 어느 때보다 총상보다 폭발에 의해 상해를 입은 장병이 많이 발생하고 있다(Owen et al., 2008). 이처럼 관통상보다 폭발 외상이 많이 발생하고 있기 때문에 뇌 부상을 입은 장병이 많아진 것이다. 폭발 외상은 다른 유형의 부상과 비교했을 때 대체로 유사한 모습을 보이지만 몇 가지 측면에서 특징적으로 확연한 차이점을 보인다.

인지적 측면에서 살펴보면, 부상의 형태보다 부상의 심각성 여부가 신경심리학적 기능을 예측할 수 있는 요소로 작용한다. 신경심리학적 검사 결과를 살펴보면, 폭발로 인한 외상성 뇌손상은 다른 유형과 비교했을 때 인지 능력 면에서는 차이점을 나타내지 않았다(Belanger, Kretzmer, Yoash-Gantz, Pickett, & Tupler, 2009). 파병 현장에서 진행한 연구에서는(Luethcke, Bryan, Morrow, & Isler, 2011) 뇌진탕을 진단받은 군인과 민간 도급 업자를 대상으로 심리적·인지적 증상을 분석하는 연구를 진행하였다. 그 결과, 폭발성 상해와 비폭발성 상해집단 모두에서 임상적으로 중대한 인지 반응시간 장애가 측정되긴 하였지만, 가벼운 외상성 뇌손상을 당할 경우 폭발성 상해와 비폭발성 상해집단 간 뇌진탕성 증상, 심리적 증상 그리고 신경 인지적 수행 능력에서는 약간의 차이점만 존재하였다. 현역 군인을 치료하는 병원과 퇴역 군인을 치료하는 병원의 뇌진탕 환자 표본집단에서도 이와 비슷한 결과가 나타났다(Belanger et al., 2011). 그런데 이 연구에서는 부상의 형태로는 뇌진탕 후 증상의 다양성을 설명할 수 없었고, 경중 외상성 뇌손상의 중대성, 즉 짧은 기간 의식불명 상태에 놓였는지, 혹은 의식의 변화가 있었는지에 대해서도 설명할 수가 없었다. 청력장애는 표본집단 간에 상당한 차이를 보이는 유일한 증상이었으며, 폭발성 외상 표본집단에서는 보다 심각한 청력장애 증상이 나타났다.

폭발성 외상을 입은 집단에게는 주목할 만한 특징이 있었다. 그것은 높은 비율의 감각장애(Lew, Jerger, Guillory, & Henry, 2007), 통증 문제(Lew et al., 2009; Smith, 2011), 다발성 외상(Sayer et al., 2008; Smith, 2011)이다. 이러한 점들은 재활 치료를 진행할 때 반드시 고려되어야 한다. 민간인 집단을 대상으로 한 분석 자료에 따르면, 환자가 두개골 외부의 부상과 통증이 미미한 경우에는 경중 외상성 뇌손상이 발생한 후에도 직장으로 복귀할 가능성이 높게 나타났다(Stulemeijer et al., 2006). 하지만 역설적으로, 월터리드 육군 병원 환자를 표본집단으로 설정하여 진행한 연구 결과에 따르면, 육체적 부상이 크면 클수록 사후 증상에 대한 부담이 커질 것이라는 일반적인 생각과는 반대로, 오히려 육체적 상해 정도가 크면 클수록 환자의 스트레스 호소나 뇌진탕 후 증상은 현저히 감소하는 것으로 나타났다(French et al., 2012).

전장에서 뇌진탕을 당한 대부분의 장병은 완치될 수 있을 것으로 기대된다(Terrio et al., 2009). 하지만 짧은 기간 동안 발현되는 증상이라도 작전 임무 수행 결과에는 악영향을 미칠 수 있다. 외상성 뇌손상과 관련하여 향후 발생할 수 있는 병리적 문제에 대한 인식과 우려의 목소리가 커지자, 군 당국은 주둔지에 있는 병력과 전투현장에 배치된 병력 모두를 대상으로 뇌진탕 검사와 평가를 실시하려고 노력하였다. 그리고 국방부 및 재향군인회 뇌 부상 센터(Defense and Veterans Brain Injury Center)에서는 전장에서 발생하는 뇌진탕에 대한 보다 정확한 진단과 특징을 찾아내기 위해 군 급성 뇌진탕 평가(Military Acute Concussion Evaluation: MACE, French, McCrea, & Baggett, 2008)라는 측정 도구를 개발하였다([그림 8-1] 참조). 군 급성 뇌진탕 평가는 기록적인 요소와 평가적인 요소로 구성되어 있다. 기록적인 요소를 통해서는 외상 사건이 발생한 후 뇌진탕 진단 기록과 함께 외상 사건이 일어나는 동안 환자의 의식상실 혹은 의식변화 경험 여부를 확인할 수 있다. 평가적 요소는 군의관과 위생병들이 5분 이내의 짧은 시간에 쉽고 빠르게 활용할 수 있도록 고안된 도구다. 이는 뇌진탕 표준 평가(Standardized Assessment of Concussion: SAC)를 사전 증거자료로 활용하여 방향 감각, 즉각적인 기억력, 집중력, 지연 반응의 네 가지 인지영역에 대한 환자의 신경 인지적 장애 여부를 평가하게 된다(McCrea et al., 2003). 한편 뇌진탕 표준 평가는 운동 중 발생하는 뇌진탕으로 인해 야기되는 정신상태 이상 증상을 감지하고 특징화하는 데 유효한 도구라는 점이 입증되었다(Barr & McCrea, 2001; McCrea, Kelly, Kluge, Ackley, & Randolph, 1997).

그렇지만 군 급성 뇌진탕 평가에는 제한사항이 있는 것으로 나타났다. 파병 장병을 대상으로 군 급

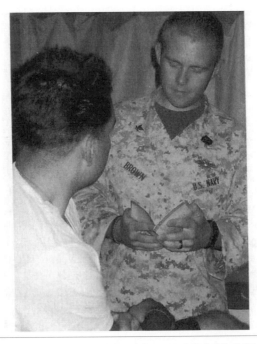

[그림 8-1] 해군 위생병이 급조 폭발물 공격을 받은 해병을 대상으로 군 급성 뇌진탕 평가를 하고 있는 사진이다. 이 사진은 Carrie H. Kennedy가 제공하였다.

성 뇌진탕 평가를 진행한 최근 연구 결과에 따르면(Coldren, Kelly, Parish, Dretsch, & Russell, 2010), 군 급성 뇌진탕 평가를 외상 사건 후 최소 12시간 후에 시행할 경우에는 평가도구의 충분한 특징과 민감성이 보장되지 않는 것으로 밝혀졌다. 따라서 해당 연구진은 급성 뇌진탕에 대한 정확한 평가를 위해서는 검사 점수보다는 기록적인 부분에 보다 많은 주안점을 두어야 한다고 결론지었다.

DTM(메모 지시, Directive-Type Memorandum) 09-033, 『파병 환경에서의 뇌진탕과 경증 외상성 뇌손상 관리를 위한 지침(Policy Guidance for Management of Concussion/Mild Traumatic Brain Injury in the Deployed Setting)』은 작전 지역 내에서 발생하는 뇌진탕에 대한 보고 및 관리에 관한 최근의 정책적 지침으로서, 합동 정신건강 자문팀 7(Joint Mental Health Advisory Team 7, 2011)이 편찬하였다. 이 지침서는 뇌진탕 사고의 보고와 뇌진탕의 평가 및 관리를 위한 사건 중심적 절차 진행에 대한 규정을 내용으로 하고 있다. 특히 주목해야 할 부분은 뇌진탕성 외상을 입은 장병에게는 반드시 의학적 평가를 시행하고 휴식 시간을 보장해야 한다는 내용이다. 원문이 궁금한 독자들은 다음 URL에 접속하여 확인하기 바란다. www.dtic.mil/whs/directives/corres/pdf/ DTM-09-033_placeholder.pdf(단, 미 국방부의 인가가 있어야 접속 가능함).

파병과 관련된 또 다른 건강 문제는 매우 높은 관심이 집중되고 있는 PTSD다([그림 8-2] 참조). 전투 임무 수행 현장에서 정서적 외상 사건에 노출되는 것은 매우 흔한 일이다(Hoge et al., 2004). 파병 후 귀

[그림 8-2] 폭발로 인한 뇌진탕과 전투 스트레스 증상의 상호작용은 매우 복잡한 문제다. 그림에 있는 병사는 아프가니스탄에 참전하여 최근 경험한 뇌진탕으로 인해 심각한 두통을 겪고 있다. 이 사진은 Keith Stuessi가 제공하였다.

향한 장병을 대상으로 대규모 모집단을 설정하여 진행한 연구 결과에 따르면, 이라크 참전 용사의 정신질환 발병률은 19.1%, 아프가니스탄 참전 용사의 경우에는 11.3%, 기타 지역에 파병을 다녀 온 경우는 8.5%인 것으로 나타났다. 정신건강 문제는 전투 경험, 정신건강 관리를 위한 치료 위탁이나 활용, 군 복무에 대한 적응력 약화와 상당한 관련이 있다. 이라크 참전 용사들 중 약 35%는 귀향 후 1년 뒤 정신건강 진료를 받은 사실이 있는 것으로 나타났다(Hoge, Auchterlonie, & Milliken, 2006). 최근 보다 큰 규모로 이루어진 연구 결과를 살펴보면(Sandweiss et al., 2011), 철저하게 후속조치를 시행하였을 때에는 PTSD 발병률이 8.1%로 집계되었다. 기본적으로 정신질환이 있는 경우에는 PTSD를 진단받을 확률이 2.5배 높아지고, 부상의 심각성을 나타내는 점수 결과가 3단계 높아질 때마다 이 확률은 16% 높아지는데, 이는 기본적으로 정신질환 상태와 파병으로 인한 신체 부상은 파병 후 PTSD 발현에 영향을 미친다는 점을 시사하고 있다.

PTSD 증상이 측정 가능한 인지력 장애를 유발하는지의 여부는 아직 해결되지 않은 의문이다. 어떤 연구진들은 PTSD 환자의 경우 건강한 성년층에 비해 보다 낮은 수준의 신경심리학 검사 결과를 보였고(Buckley, Blanchard, & Neill, 2000; Jelinek et al., 2006; Jenkins, Langlais, Delis, & Cohen, 2000), 특히 언어 학습과 기억력 영역에서 성적이 저조했다고 하였으나(Bremner et al., 1993, 1995; Sutker, Allain, Johnson, & Butters, 1992; Vasterling, Brailey, Constans, & Sutker, 1998; Yehuda et al., 1995), 다른 연구진들은 PTSD와 관련된 신경 인지력 감퇴현상은 발견할 수 없었다고 하였다(Crowell, Kieffer, Siders, & Vanderploeg, 2002; Stein, Hanna, Vaerum, & Koverola, 1999; Twamley, Hami, & Stein, 2004). 가벼운 외상성 뇌손상과 PTSD를 동시에 앓고 있는 이라크와 아프가니스탄 참전 용사를 대상으로 진행한 연구 결과를 보면, PTSD와 외상성 뇌손상을 동시에 앓는 경우 정보처리 속도와 실행 기능에서 대조군과 상당한 차이점을 보였다는 점을 알 수 있었다. PTSD와 가벼운 수준의 외상성 뇌손상을 동시에 앓고 있는 환자들은 경중 외상성 뇌손상만을 앓는 집단보다 현저히 저조한 점수를 보였다고 한다(Nelson, Yoash-Gantz, Pickett, & Campbell, 2009). 이와 대조적으로, Brenner 등(2010)으로 구성된 연구진은 장병을 대상으로 PTSD와 경중 외상성 뇌손상을 동시에 앓는 집단과 그렇지 않은 집단에 대해 청각 연속 덧셈속도검사(Paced Auditory Serial Addition Test: PASAT)를 실시한 결과, 양 집단 간에 차이점이 전혀 나타나지 않았다는 결과를 발표했다.

작전 지역에서의 심사

2011년 초, 합동 정신건강 자문팀 7(Joint Mental Health Advisory Team 7)이 발행한 보고서를 보면, DTM 09-033이 시행되기 전에는 뇌진탕 발생 후 평가를 진행하는 비율이 대체로 저조하였으나, 이 정책의 시행으로 평가 시행률을 크게 높일 수 있을 것이라고 예측하였다(Joint Mental Health Advisory Team 7, 2011). 또한 그들은 부상 후 신경 인지력 검사의 효용성에 대해서도 밝혔는데 특히, ANAM 시행을 통해 단순 반응시간 점수가 최초검사 시점과 비교하여 평균 150msec가 향상되어 250msec에서 400msec를 기록했다는 점을 보고하였다. 이 경우 며칠간 검사를 연속적으로 진행하여 획득한 점수를 표준화하여 적용하였다. 이와 같은 보고는 최근 작전 지역에서 이루어진 다른 연구 결과(Luethcke et al., 2011)와도 일치하였고, 해당 연구진은 ANAM 점수는 뇌진탕에 영향을 받으며, ANAM의 정확성은 의식 상실 기간과 관련이 있다고 밝혔다.

컴퓨터를 활용한 인지 능력 평가의 자료실인 'ANAM'은 미 국방부에 의해 개발되었다. 오클라호마 대학교에서는 장병의 뇌진탕 평가를 위해 'ANAM4 TBI Battery(외상성 뇌손상 검사를 위한 자동 신경심리 평가 매트릭스)'를 개발하였다. 이러한 검사들은 2008년 이후 파병 후 문제를 보이는 복귀 장병을 배치하기 위한 표준 인지력 측정 방법으로 활용되었지만, 후자인 ANAM4 TBI Battery를 활용하는 경우는 드물었으며, 제한적인 임상적 가치를 지니는 것으로 여겨졌다(Ivins et al., 2009). 파병 후 복귀한 모든 장병에게 ANAM의 활용이 요구되고 있는 반면, 기타 자동화된 검사 도구들은 특정한 경우에만 활용되었다. 특수작전부대에서는 특수임무 요원들의 직무 복귀를 돕기 위하여 다른 측정도구보다 'ImPACT (Immediate Post Concussion Assessment and Cognition Tool, 즉각적인 외상 후 뇌진탕 평가 및 인지능력 검사)'를 주로 활용하고 있다(Hettich, Whitfield, Kratz, & Frament, 2010).

ANAM을 활용할 때, 측정 결과가 바람직한 표본집단으로부터 측정되지 않았거나 개인별 기준치에 어긋나는 결과가 측정된 경우에는 반드시 주의를 기울여 그 결과를 해석해야 한다. 해석 지침에 의하면, 두 개 혹은 그 이상의 검사 결과가 기준치에서 심각하게 벗어난 경우에는 상당한 주의를 기울여야 하며, 환자의 특성과 환경적 요소를 반드시 고려하여 해석하여야 한다. 수면 및 휴식 시간의 감소, 마음의 혼란, 탈수증, 기분 상태 등은 임무 성과에 영향을 미칠 수 있다. 따라서 이러한 심사는 임상적 판단을 하기 전후의 상황을 고려하여 시행되어야 한다. 의사결정 과정에서는 수면 정도, 기분의 수준, 임상 인터뷰 내용을 반드시 고려해야 한다. 검사에 적극적으로 참여하는 것 역시 측정 결과의 정확성을 높이는 데 매우 중요하다. 주의 산만, 고의로 나쁘게 보이려는 시도 혹은 기타 요인들도 검사 점수와 그 결과의 의미에 영향을 미칠 수 있다.

현재 명문으로 규정된 인지력 평가도구는 존재하지 않는다. 인지력 평가에는 자필검사(pencil-and-paper tests)도 있지만 자동화된 검사도구도 사용되고 있다. 이에는 신경심리 상태 평가를 위한 반복검사(Repeatable Battery for the Assessment of Neuropsychological Status), Wechsler의 지능 및 기억력 검사(Wechsler Scales of Intelligence or Memory)에서 파생된 여러 검사도구와 선추적 검사(Trailmaking Test) 등 여러 검사 방법이 있다. DTM 09-033에 따르면, 파병 현장에서 뇌진탕을 여러 번 당한 환자는 보다 종합적인 인지력 평가를 요한다. 이렇게 종합적인 평가가 필요한 경우에는 집중력, 기억력, 처리 속도, 집행 기능, 사회 실용성, 진실성에 대해 모두 평가해야 한다. 가능하다면 물리치료법이나 작업치료법의 시행 여부도 반드시 고려해야 할 사항이다.

전투로 인한 외상성 뇌손상의 심사 및 평가

미 해군 병원(National Naval Medical Center)과 월터리드 미 육군 병원을 병합하여 만들어진 'WRN-MMC-B (Walter Reed National Military Medical Center Bethesda, 메릴랜드 주 베데스다에 위치한 월터리드 국립 군사 병원)'는 항구적 평화 작전, 이라크 해방 작전, 신 새벽 작전에 투입된 전투 장병 치료의 최일선에 있다. 다수의 장병은 폭발물로 인한 부상을 안고 살아가야 한다. 야전 치료와 전투 병원에서의 치료 이후에도 대부분의 환자는 추가 치료가 필요해 독일에 소재한 란드스툴 지역 병원(Landstuhl Regional Medical Center)으로 후송된 뒤 수도 지역으로 이송되었다. 그곳으로 후송된 장병들은 추가적인 평가와 치료를 받으며, 필요한 경우 다른 군사 병원 및 퇴역 군인 병원으로 이동하게 된다. 환자를 후송하기 전 외상성 뇌손상 임상의들은 부상의 형태에 따라 뇌 부상의 위험이 있는지를 식별한다. 경우에 따라서는 외상성 뇌손상이 이미 확인되는 경우가 있고, 이러한 장병들은 자동으로 추가 평가를 받게 된다. 폭발 충격, 교통사고, 낙상, 두부나 목 부위에 총상이나 파편상을 입은 경우와 같이 뚜렷한 위험성을 보이는 경우에 임상 의료진은 간략한 인터뷰를 실시하여 현재 신체상태, 부상 사건에 관한 기억, 부상으로 인한 의식상실 및 의식변화 여부, 역행성 기억상실 및 외상 후 기억상실과 같은 부상 사건으로 인한 기억 변화와 현존하는 인지적 · 정서적 증상에 대해 조사해야 한다. 뇌진탕 판단 기준에 부합하고(Kay et al., 1993) 뇌진탕 후 증상을 계속 보이는 장병에 대해서는 보다 집중적인 평가가 이루어져야 한다. 이러한 평가에는 인지력 검사, 증상 질문지, 신경 검사, 정신질환 상담, 임상적 권고에 따른 신경 촬영검사(MRI, 뇌 영상을 활용하여 특히 다발성 축색 돌기 손상 및 출혈 여부를 검사), 물리요법 및 재활치료 자문팀과 같은 재활치료 전문가들의 평가, 물리 및 작업요법, 언어병리학적 평가 등이 있다. 게다가 검사를 받은 모든 장병에게는 일반적으로 나타나는 뇌진탕 후 증상, 일반적인 회복 과정, 퇴원 후 추가 지원을 받을 수 있는 방법을 교육한다. 또한 환자에게 외상성 뇌손상 전문 관리자를 지정하여 차후에도 환자가 외상성 뇌손상 치료와 관리를 받을 수 있도록 지원하고 있다.

주의력 결핍 및 과잉행동장애와 학습장애

ADHD와 학습장애(Learning Disability: LD)는 흔히 발견되는 신경발달장애로써 인지 영역에 영향을 미치며, 양 질환은 동시에 발현되는 경우가 흔하다(Altarac & Saroha, 2007; Dopheide & Pliszka, 2009; Mayes, Calhoun, & Crowell, 2000). ADHD와 학습장애는 일반적으로 전역 사유가 되는 질환이고, 양 질환은 군 신경심리실무 현장에서 흔히 목격되고 있지만 군 내에서 ADHD와 학습장애의 실제 발병률에 대해서는 알려진 바가 없다.

관련 규정에 의하면, ADHD와 학습장애 혹은 양 질환을 모두 겪은 전력이 있는 사람은 충분한 학업 성취도를 보이거나, 지난 12개월간 약물 처방을 받지 않았음이 입증된 경우를 제외하고는 군 입대 자격이 박탈된다(DoD, 2004). 만약 ADHD와 학습장애 전력이 있는 사람이 충분한 학업 및 취업기록을 보유하고 있고, 12개월 이상의 기간 동안 치료 권고를 받거나 실제로 치료를 받은 사실이 없음을 입증하는 경우에는 군 복무 자격을 획득할 수도 있다. 이러한 경우에는 사안별로 면밀히 내용을 검토한 후에 의사결정을 해야 한다. 성인기에 접어들고서야 이러한 증상을 처음 알게 되어 ADHD와 학습장애 진단을 받는 경우는 흔히 있는 일로, 특히 증상이 경미할 때 이런 현상이 나타난다. 그러므로 군 입대 전까지 ADHD나 학습장애 증상이 있어도 이에 대한 진단을 받지 않았을 수 있다는 것이다. 지금부터는 군 환경에서의 ADHD와 학습장애에 관하여 간략하게 살펴보도록 하겠다.

군에서는 효과적이고 안전한 임무 수행을 위해 늘 장병들에게 높은 수준의 주의력과 집중력을 요구하므로, ADHD는 그들에게 상당히 어려운 문제를 야기할 수 있다. Cigrang 등(1998)으로 구성된 연구진은 미 공군 지원자의 5%는 ADHD와 관련된 정신질환을 원인으로 지원 자격이 상실되었다고 보고하였다. 항공기 조종이나 특수부대 임무와 같이 고도의 주의력이 요구되고, 기타 엄격한 인지력 수준을 필요로 하는 직무에는 ADHD 전력이 있다는 사실 하나만으로도 지원 자격이 상실된다. ADHD 전력이 있다고 하더라도 지난 12개월간 관련 약물을 처방받지 않았고, 신경심리학적 검사 결과 직무 수행에 장애 현상을 보이지 않았다는 점이 입증된 경우에는 자격 상실을 면할 수 있다(Almond et al., 2005). 이와 같이 장병에 대한 신경심리학적 검사는 직무수행 기능 및 역량구비 여부를 판단하는 데 활용되고 있다.

현역 복무 중인 장병이 ADHD나 학습장애를 진단받는 경우, 그들의 직급에 따라 군대 잔류가능 여부가 달라지며, 잔류가 가능하다 할지라도 ADHD나 학습장애 질환이 문제 장병의 고유 임무를 수행하는 데 방해되지 않는다고 판단되는 경우에만 잔류할 수 있다. 이미 언급한 바와 같이 ADHD와 학습장애는 성인기에 처음 발견되는 경우가 흔하고, 특히 군대 업무의 복잡성으로 인해 군 내에서 ADHD

와 학습장애 증상이 발견되는 경우가 많다. 읽기나 쓰기 능력 장애의 경우를 생각해 보자. 군사특기와 직능에 관계없이 계급이 높아지면 행정 업무 부담이 증가한다. 군에서는 우선 체력측정 보고서 작성이나 위원회에 필요한 간략한 브리핑 자료를 작성할 때 읽기와 쓰기 능력이 요구된다. ADHD나 학습장애가 있는 장병은 본인의 질병을 인식하지 못하고 있다가 해당 질병으로 인해 더 이상 업무를 감당할 수 없는 계급에 도달하고 나서야 자신에게 특정 학습장애가 있다는 점을 인식하게 되는 경우가 흔히 발생한다. 군에서는 일반적으로 오랫동안 군 생활을 하였고, 열정적으로 일하려고 하는 장병과 함께 하려는 노력을 기울이지만, 학습장애와 ADHD로 인해 더 이상 직무를 수행하지 못하게 된 장병은 전역 처분을 받는 것이 불가피하다. 군의 임무 특성상 이러한 장병들을 일반 학교에서와 같이 적응 교육을 받을 수 있게 할 수는 없기 때문이다.

군 항공우주신경심리학

항공우주신경심리학은 임상신경심리학에서 파생되었으며, 군이나 NASA에 근무하고 있거나 근무하게 될 비행요원의 선발, 평가, 배치와 관련이 있는 학문 분야다. 이는 임상심리학, 항공심리학, 신경심리학이라는 세 가지 분야가 모두 통합된 유일한 학문 분야이며, 조종사와 승무원의 기능성과 안전성을 극대화하는 것을 목표로 두고 있다. 조종사 경우에는 이들을 선발할 때, 그리고 외상 사건을 당한 이후에 세밀한 심사를 통하여 계속 복무 여부를 판단해야 한다. 신경심리학 분야에서는 뇌와 행동 간의 관계를 철저히 분석하고 있기 때문에(Reitan & Wolfson, 1985), 조종 적합성과 비행 기술을 평가하기 위해 신경심리학 분야를 적용하는 것이 당연하다 할 것이다.

역사적으로 보면, 조종사 선발은 관련 기록에 대한 세밀한 검토와 위원회의 결정에 의해 최종 선발되는 절차를 거쳐 왔다. 조종사들은 다양한 검사를 통해 균형 감각, 주의력, 반응시간, 의사결정 능력 등이 측정된다. 이러한 검사들은 현재의 신경심리학적 측정도구가 개발되기 전부터 존재하였으며, 오늘날 시행되고 있는 일부 평가의 기초가 되었다. 신경심리학자인 R. M. Reitan은 미 육군 알파검사(Army Alpha Test)의 일부분을 적용하여 연구한 결과, 오늘날 신경심리학적 장애를 판단하는 도구로써 광범위하게 활용되고 있는 '할스테드-라이튼 신경심리검사(Halstead-Reitan Neuropsychological Battery)'를 개발하게 되었다(Kennedy et al., 2010).

초기의 항공우주 평가절차를 살펴보면, 이른바 'Select In' 선발 방법을 적용한 것을 알 수 있다. 이 방법은 특히 우주비행사를 선발하기 위한 것이 목적이었는데, 이는 그 당시 해당 분야의 권위자들은 우주비행사를 선발할 때 훈련과 직무 수행 면에서 최고의 성과를 낼 수 있는 '최고 중의 최고'만을 선발해야 한다고 생각했기 때문이다. 이러한 선발 전략을 적용한 결과, 조종후보생의 실격률이 무려 45%에서 75%에 달하였다. 이에 군 당국은 우주비행사 선발 전략을 대학을 졸업하고, 문제가 되는 장애 및 전과 기록이 없는 사람을 추천하는 'Select Out' 전략으로 수정하여 조종후보생의 실격률을 낮출 수 있었다.

항공우주신경심리학자들은 계속하여 비행 건강 및 능력에 대한 평가도구 개발에 노력을 기울이고 있다. 항공우주신경심리학자들은 개인에 대한 기본적인 평가를 실시하는 것(Stokes & Kite, 1994) 외에도, 지각력과 같은 인간정보처리 능력, 인지력(공간 방향 감각 상실 등), 수면과 피로(24시간 주기 리듬 등), 스트레스 영향력, 인체 공학(항공기 조작 등), 독성 효과(연료, 약물, 기타 물질 등), 성격적 특성(집단 의사결정) 등에 대해서도 검토할 것을 요구받았다. 또한 신경심리학자들은 조종사 선발과 자격 유지, 복무 적합성, 비행 동기, 비행으로 인한 스트레스 반응 등 항공기 조종과 관련된 일반적인 문제에 대한 연구에도 참여하고 있다. 최근 항공 기술이 발전함에 따라 신경심리학자들은 승무원 관리, 비행 멀미, 비행 중 중력 가속에 의한 기절, 저산소증, 항공교통관제, 항공기사고 조사, 원격 조종 항공기, 레지던트 훈련 등에 대한 정책을 개발하는 데 도움을 주고 있으며, 인간 요인에 대한 연구에도 기여하고 있다.

항공우주신경심리학은 독특하고 전문화된 분야로, 이러한 특성으로 인해 항공우주신경심리학자들은 매우 독특하고 어려운 질환들을 다루게 된다. 조종사들은 건강하고 젊으며 활력이 넘치는 집단이긴 하지만, 그들이 경력이 쌓이는 만큼 점차 나이가 들면서 심장병과 수면성 무호흡과 같은 일반적인 질병도 차츰 발생하게 된다. 게다가 조종사들은 비행에 대한 의지가 강하기 때문에 고의로든 무의식적으로든 간에 자신의 질병을 최소화해서 말하거나 숨기려는 경향이 있다. 이러한 이유 때문에 신경심리학자들은 추가적인 평가검사를 통해 비행 안전을 저해하는 요소와 조종사가 숨기려고 하는 약점을 찾아내려는 노력이 요구된다. 또한 군 조종사들은 대체로 상당히 우수한 지적 수준을 보이기 때문에 장애 수준을 설정하고 그에 대한 적·부적합 여부를 판단하기보다는, 평가 시각을 달리하여 수행 능력의 상대적 감소 여부를 평가해야 한다. 심지어 두부 부상을 입은 조종사도 표준 신경심리학 검사에서 수행 능력 장애 판정을 받는 경우가 거의 없다. 이에 따라 조종사 집단에 대해서는 비행 기능과 관련한 모든 문제를 정확하게 평가할 수 있도록 특수한 기준을 마련해야 한다. 따라서 민간인이나 조종 이외의 군사 특기에 해당하는 장병과 같은 집단에 대해서는 효과성과 정확성을 보이는 신경심리학적 평가 방법도 반드시 면밀히 재검토한 뒤에 우주항공신경심리학 분야에 적용해야 한다.

항공우주신경심리학자들은 조종사와 같은 특수한 집단에게 적용 가능하고, 그들의 문제점을 분석하기에 적절한 다양한 신경심리학적 측정 방법을 활용하고 있다. 오늘날 조종사 선발 관리는 텍사스 주, 샌안토니오 브룩스 시티, 공군 기지 외부에 위치한 미 공군 항공우주의학 학교(U.S. Air Force School of Aerospace Medicine)에서 이루어지고 있다. 조종후보생들은 전문적인 비행 훈련을 받기 전에 FC-1 (Flying Class-1, 1단계 비행교육) 신체검사와 MFS(Medical Flight Screening Evaluation, 비행 선발 의료심사, Air Force Medical Service, 2011)를 통과해야 한다. MFS는 안과적 검사, 인체측정검사, 신경심리학적 검사 도구로 구성되어 있다. MFS에서 활용하는 신경심리학적 검사 도구로는 다차원 적성검사(Multidimensional Aptitude Battery-II), 암스트롱 조종사 인성검사(Armstrong Laboratory Aviator Personality Survey: ALAPS), 신경증적 · 외향적 · 개방적 인성검사(Neuroticism, Extraversion, and Openness Personality Inventory-Revised), 마이크로코그(MicroCog)가 있다. 최근 암스트롱 조종사 인성검사는 조종사들의 다양한 성격 유형을 고려하여, 적용 가능성을 확대하기 위해 성격 평가질문지(Personality Assessment Inventory: PAI)로 대체되었다(Morey, 2010). MFS 평가와 더불어 비행 적성에 관한 검사도 시행하고 있다. 미 공군이 일상화되고 가장 많이 활용하는 두 가지 적성검사는 공군장교 선발시험(AFOQT)과 기초적성검사(Basic Attributes Test)다(Carretta, 2000).

비행 자격을 획득한 후에도 조종사들은 계속해서 관찰의 대상이 된다. 군 당국은 비행 자격을 취득한 기성 조종사들을 평가하기 위해 엄격한 심사 및 검사를 시행하고 있다. 미 공군 규정(AFI) 48-123에는 이와 관련한 기준이 명시되어 있다(U.S. Department of the Air Force, 2001). 미 육군은 육군 규정(AR) 40-501(U.S. Department of the Army, 2007)에, 미 해군은 NAVMED P-117에 명시되어 있다(U.S. Department of the Navy, 1996). 특히 미군에서는 신경 손상을 입은 조종사의 비행 임무 복귀 여부를 판단하기 위해서는 표준화된 검사를 활용하여 평가할 것을 요구하고 있으며, 특히 두부 외상에 대해서는 보다 엄격하게 규정하고 있다. 미 공군 규정 48-123에 따르면, 의식 불명과 외상 후 기억상실(Posttraumatic Amnesia: PTA)의 기간은 외상성 뇌손상의 심각성을 판단하는 척도(경증, 중간 수준, 중증)가 된다고 한다. 가령, 해당 규정에서 중증 외상성 뇌손상을 판단하는 기준은 의식 불명 및 외상 후 기억 상실 시간이 24시간 이상인 경우다. 또한 뇌종양, 외과적 뇌 손상 및 뇌 관통상, 혈종 소 증상(focal signs of hematoma), 중추 신경계 감염 등이 확인된 모든 조종사는 중증 외상성 뇌손상을 진단받도록 하고 있다. 항공의학 협의기구(Aeromedical Consultation Services)에서 규정한 바에 의하면, 현역 조종사는 부상 발생 후 30일 이내에 신경심리학적 검사를 받아야 하고, 총 5년 동안의 관찰을 받아야 한다. 비행 임무복귀 적합성 평가를 위해서는 표준의료평가와 더불어 다면적 인성검사(Minnesota Multiphasic Personality Inventory: MMPI), 지능검사, 기억력 측정, 할스테드-라이튼 신경심리검사(Halstead-Reitan Neuropsychological Battery) 등을 수행해야 한다. 미 공군에서는 2년 이내에 MFS의 병전 검사와 최근의 검사에서 우수한 결과를 보인 조종사는 비행 임무에 복귀할 수 있도록 하고 있다.

조종사가 부상을 당한 후에 계속 비행 임무를 수행하도록 허용하는 항공 의학적 판단을 할 경우, 자문 신경심리학자들은 의료진에게 특정 검사에서 이상한 점이 발견되었다고 하더라도 이것을 이유로 곧바로 비행 자격을 박탈해서는 안 된다고 강조한다. 조종사처럼 고도의 신체적 기능을 갖춘 장병은 전술한 바와 같이 신경심리학적 검사에서 장애 판정을 받는 경우가 드물기 때문에 임무 수행에 필요한 기능의 상대적인 저하를 평가하는 것이 중요하다. 또한 신경심리학자들은 검사 결과에 대한 전반적인 내용을 살펴보는 것이 중요하며, 다양한 측정 방법을 활용할 것을 강조한다. 조종사에 대한 신경심리학적 평가를 훌륭히 수행하려면 최소한 속도와 정확성, 주의력과 집중력, 조심성, 기억력과 작업기억력, 청각, 공간 지각, 운동 감각 처리 능력, 그리고 신규 학습 능력, 다중작업 능력, 인지 유연성, 문제해결 능력에 대한 평가를 필수적으로 시행해야 한다.

이러한 목적을 달성하기 위하여 항공우주신경심리학자들은 일반적으로 각 군의 주요 평가 기관에서 근무하고 있으며, 개별적인 항공 의학적 자문 서비스를 받은 후에 그들의 보고서를 검토한다. 항공 군의관은 이러한 모든 관련 자료를 취합하여 의사결정을 하고 현역 복무적합성 판단을 위한 항공의료 보고서를 작성하고 제출한다. 일반적으로 항공우주신경심리학자는 이러한 업무를 담당하는 항공 군의관과 함께 협력하여 수행한다. 또한 실무 현장에 있는 신경심리학자들은 반드시 항공 의학적 자문 서비스를 받은 후에 조종사에 대한 평가와 치료에 착수하여야 한다.

신경심리학적 평가와 적용 사례

신경심리학적 평가는 다양한 환경 요인, 신체 상태, 약물의 영향을 측정할 수 있기 때문에 특히 군대에서 많이 활용된다. 예를 들어, 신경심리학적 평가는 수심이 깊은 지역을 잠수하는 요원의 심리적 압박감을 해소하기 위해 활용되며, 수면 부족이 인지 능력에 미치는 영향을 연구하는 데 활용되고 있다(Fishburn, 1991; Rabinowitz, Breitbach, & Warner, 2009). 또한 인지능력검사는 올바른 약물 처방 방법을 제시하기 위해 로바스타틴(Lovastatin)이나 프라바스타틴(Pravastatin)과 같은 처방약이 항공기 승무원의 임무 수행에 미치는 영향을 판단하는 데 활용되었다(Gibellato, Moore, Selby, & Bower, 2001).

군대에서는 제2차 세계대전 이후로 지속 흥분제가 사용되었으며(Bower & Phelan, 2003), 군사 작전이 수행될 때 임무 수행 능력과 인지 능력에 흥분제가 미치는 영향을 지속적으로 연구하였다. 이러한 연구의 목적은 모다피닐(Modafinil), 카페인, 니코틴, 도네페질(Donepezil)과 같은 다양한 약물이 인지 능력에 미치는 영향을 파악하여 최적의 복용량을 찾아내고, 항공요원, 네이비씰, 의료진들에게 필요한 수면 기준을 제시하기 위한 것이었다(Buguet, Moroz, & Radomski, 2003; Westcott, 2005; Lieberman, Tharion, Shukitt-Hale, Speckman, & Tulley, 2002; Mumenthaler et al., 2003). 또한 실용적인 연구 중에는 금단 현상이 비행에 미치는 영향을 탐구하여 조종사의 경우 갑자기 금연을 하는 것은 바람직하지 않을 뿐 아니라 위험 상황을 초래할 수 있다는 연구 결과를 발표하였다(Giannakoulas, Katramados, Melas, Diamantopoulos, & Chimonas, 2003).

요 약

군대의 신경심리학자는 소속 부대뿐 아니라 파병 현장에서 다양한 역할을 하고 있다. 군 신경심리학은 민간 영역의 신경심리학 분야와 많은 면에서 비슷하지만, 군의 임무 수행을 위한 환경 특성상 육체적으로 혹독하고 목숨을 건 임무를 수행해야 하는 현역 장병들을 평가해야 하는 등 특유의 어려운 점이 항시 존재한다. 신경심리학적 평가는 실무 현장에서 현역복무적합심사, 진실성 측정, 다양한 부상이나 질병(외상성 뇌손상, PTSD, ADHD, 학습장애 등)에 의한 기능 저하 평가, 법의학적 평가, 항공우주 신경심리학 적용 및 군사 준비태세 확립과 장병들이 최고 수준의 능력을 유지하는 데 중요한 역할을 담당하고 있다.

더 읽을거리

Benedek, D. M., & Wynn, G. H. (Eds.). (2010). *Clinical management of PTSD*. Arlington, VA: American Psychiatric Publishing.

Defense and Veterans Brain Injury Center (DVBIC). (2011). *dvbic.org*.

Deployment Health Clinical Center. *www.pdhealth.mil*.

Kennedy, C., & Moore, J. (Eds.). (2010). *Military neuropsychology*. New York: Springer.

Pasquina, P. F., & Cooper, P. R. (Eds.). (2009). *Care of the combat amputee*. Washington, DC: Borden Institute.

Silver, J. M., McAllister, T. W., & Yudofsky, S. C. (Eds.). (2011). *Textbook of traumatic brain injury* (2nd ed.). Arlington, VA: American Psychiatric Publishing.

Traumatic Brain Injury: The Journey Home (CEMM traumatic brain injury website). *www.traumaticbraininjuryatoz.org*.

U.S. Army Medical Department, Rehabilitation and Reintegration Division (R2D). *www.amedd.army.mil/prr/index.html/*

VA/DoD Clinical Practice Guideline: Management of Concussion/Mild Traumatic Brain Injury. *www.health-quality.va.gov/mtbi/concussion_mtbi_full)_1_0.pdf*

참고문헌

Air Force Medical Service. (2011). *U.S. Air Force School of Aerospace Medicine: Medical flight screening.* Retrieved January 26, 2011, from *airforcemedicine.afms.mil/idc/groups/public/documents/webcontent/knowledgejunction. hcst?functionalarea=MFS_USAFSAM&doctype=subpage&docname=CTB_071794.*

Almond, N., Harris, F., & Almond, M. (2005). You're the flight surgeon. *Aviation, Space, and Environmental Medicine, 76,* 601-602 .

Altarac, M., & Saroha, E. (2007). Lifetime prevalence of learning disability among US children. *Pediatrics, 119, S77-S83.*

Armistead-Jehle, P. (2010). Symptom validity test performance in U.S. veterans referred for evaluation of mild TBI. *Applied Neuropsychology, 17,* 52-59.

Barr, W. B., & McCrea, M. (2001). Sensitivity and specificity of standardized neurocognitive testing immediately following sports concussion. *Journal of International Neuropsychological Society, 7*(6), 693-702.

Belanger, H. G., Kretzmer, T., Yoash-Gantz, R., Pickett, T., & Tupler, L. A. (2009). Cognitive sequelae of blast-related versus other mechanisms of brain trauma. *Journal of International NeuropsychologIcal Society, 15*(1), 1-8.

Belanger, H. G., Proctor-Weber, Z., Kretzmer, T. S., Kim, M., French, L. M., & Vanderploeg, R. D. (2011). Symptom complaints following reports of blast versus non-blast mild TBI: Does mechanism of injury matter? *Clinical Neuropsychologist, 25,* 702-715.

Boake, C. (1989). A history of cognitive rehabilitation of head-injured patients, 1915-1980. *Journal of Head Trauma Rehabilitation, 4*(3), 1-8.

Boone, K. B. (2009). The need for continuous and comprehensive sampling of effort/response bias during neuropsychological examinations. *The Clinical Neuropsychologist, 23*(4), 729-741.

Bower, E. A., & Phelan, J. R. (2003). Use of amphetamines in the military environment. *Lancet, 362* (Suppl.), 18-19.

Bremner, J. D., Randall, P., Scott, T. M., Capelli, S., Delaney, R., McCarthy, G., et al. (1995). Deficits in short-term memory in adult survivors of childhood abuse. *Psychiatry Research, 59*(1-2), 97-107.

Bremner, J. D., Scott, T. M., Delaney, R. C., Southwick, S. M., Mason, J. W., Johnson, D. R., et al. (1993). Deficits in short-term memory in posttraumatic stress disorder. *American Journal of Psychiatry, 150*(7), 1015-1019.

Bremner, L. A., Terrio, H., Homaifar, B. Y., Gutierrez, P. M., Staves, P. J., Harwood, J. E., et al. (2010). Neuropsychological test performance in soldiers with blast-related mild TBI. *Neuropsychology, 24*(2), 160-167.

Buckley, T. C., Blanchard, E. B., & Neill, W. T. (2000). Information processing and PTSD: A review of the empirical literature. *Clinical Psychology Review, 20*(8), 1041-1065.

Buguet, A., Moroz, D. E., & Radomski, M. W. (2003). Modafinil: Medical considerations for use in sustained operations. *Aviation, Space, and Environmental Medicine, 74,* 659-663.

Bush, S. S., Ruff, R. M., Troster, A. I., Barth, J. T., Koffler, S. P., Pliskin, N. H., et al. (2005). Symptom validity assessment: Practical issues and medical necessity NAN policy and planning committee. *Archives of Clinical*

Neuropsychology, 20(4), 419-426.

Carretta, T. R. (2000). U.S. Air Force pilot selection and training methods. *Aviation, Space, and Environmental Medicine, 71*(9), 950-956.

Centers for Disease Control. (1999). *Traumatic brain injury in the United States: A report to Congress, Centers for Disease Control.* Washington, DC: Author.

Cigrang, J. A., Carbone, E. G., Todd, S., & Fiedler, E. (1998). Mental health attrition form Air Force basic military training. *Military Medicine, 163,* 834-838.

Coldren, R. L., Kelly, M. P., Parish, R. V., Dretsch, M., & Russell, M. L. (2010). Evaluation of the Military Acute Concussion Evaluation for use in combat operations more than 12 hours after injury. *Military Medicine, 175*(7), 477-481.

Crowell, T. A., Kieffer, K. M., Siders, C. A., & Vanderploeg, R. D. (2002). Neuropsychological findings in combat-related posttraumatic stress disorder. *Clinical Neuropsychologist, 16*(3), 310-321.

Defense and Veterans Brain Injury Center (DVBIC). (2011). *dvbic.org.*

Dopheide, J. A., & Pliszka, S. R. (2009). Attention-deficit/hyperactivity disorder: An update. *Pharmacotherapy, 29*(6), 656-679.

Driskell, J. E., & Olmstead, B. (1989). Psychology and the military: Research applications and trends. *American Psychologist, 44*(1), 43-54.

Fishburn, F. J. (1991). Neuropsychological applications in military settings. In R. Gal & A. D. Mangelsdorff (Eds.), *Handbook of military psychology* (pp. 625-633). New York: Wiley.

French, L. M., Lange, R. T., Iverson, G. L., Ivins, B., Marshall, K., & Schwab, K. (2012). Influence of bodily injuries on symptom reporting following uncomplicated mild traumatic brain injury in U.S. military service members. *Journal of Head Trauma Rehabilitation, 27,* 63-74.

French, L. M., McCrea, M., & Baggett, M. (2008). The Military Acute Concussion Evaluation (MACE). *Journal of Special Operations Medicine, 8*(1), 68-77.

Giannakoulas, G., Katramados, A., Melas, N., Diamantopoulos, I., & Chimonas, E. (2003). Acute effects of nicotine withdrawal syndrome in pilots during flight. *Aviation, Space, and Environmental Medicine, 74,* 247-251.

Gibellato, M. G., Moore, J. L., Selby, K., & Bower, E. A. (2001). Effects of lovastatin and pravastatin on cognitive function in military aircrew. *Aviation, Space, and Environmental Medicine, 72,* 805-812.

Greiffenstein, M. F. (2007). Motor, sensory, and perceptual-motor pseudoabnormalities. In G. J. Larrabee (Ed.), *Assessment of malingered neuropsychological deficits* (pp. 100-130). New York: Oxford University Press.

Greiffenstein, M. F. (2010). Noncredible neuropsychological presentation in service members and veterans. In C. H. Kennedy & J. L. Moore (Eds.), *Military neuropsychology* (pp. 81-100). New York: Springer.

Greiffenstein, M. F., Fox, D., & Lees-Haley, P. R. (2007). The MMPI-2 Fake Bad Scale in detection of noncredible brain-injury claims. In K. B. Boone (Ed.), *Assessment of feigned cognitive impairment: A neuropsychological perspective* (pp. 210-235). New York: Guilford Press.

Heilbronner, R. L., Sweet, J. J., Morgan, J. E., Larrabee, G. J., Millis, S. R., & Conference Participants. (2010). American Academy of Clinical Neuropsychology Consensus Conference Statement on the Neuropsychological Assessment of Effort, Response Bias, and Malingering. *The Clinical Neuropsychologist, 23*(7), 1093-1129.

Hettich, T., Whitfield, E., Kratz, K., & Frament, C. (2010). Use of the Immediate Post Concussion Assessment and Cognitive Testing (ImPACT) to assist with return to duty determination of special operations soldiers who sustained mild traumatic brain injury. *Journal of Special Operations Medicine, 10*(4), 48-55.

Hoge, C. W., Auchterlonie, J. L., & Milliken, C. S. (2006). Mental health problems, use of mental health services, and attrition from military service after returning from deployment to Iraq or Afghanistan. *Journal of the American Medical Association, 295*(9), 1023-1032.

Hoge, C. W., Castro, C. A., Messer, S. C., McGurk, D., Coning, D. I., & Koffman, R. L. (2004). Combat duty in Iraq and Afghanistan, mental health problems, and barriers to care. *New England Journal of Medicine, 351*(1), 13-22.

Iverson, G. L. (2005). Outcome from mild traumatic brain injury. *Current Opinion in Psychiatry, 18*(3), 301-317.

Iverson, G. L., Zasler, N. D., & Lange, R. T. (2006). Post-concussive disorder. In N. D. Zasler, D. I. Katz, & R. D. Zafonte (Eds.), *Brain injury medicine: Principles and practice* (pp. 373-405). New York: Demos Medical.

Ivins, B. J. (2010). Hospitalization associated with traumatic brain injury in the active duty US Army: 2000-2006. *NeuroRehabilitation, 26*, 199-212.

Ivins, B. J., Kane, R., & Schwab, K. A. (2009). Performance on the Automated Neuropsychological Assessment Metrics in a nonclinical sample of soldiers screened for mild TBI after returning from Iraq and Afghanistan: A descriptive analysis. *Journal of Head Trauma Rehabilitation, 24*(1), 24-31.

Jelinek, L., Jacobsen, D., Kellner, M., Larbig, F., Biesold, K. H., Barre, K., et al. (2006). Verbal and nonverbal memory functioning in posttraumatic Stress disorder (PTSD). *Journal of Clinical and Experimental Neuropsychology, 28*(6), 940-948.

Jenkins, M. A., Langlais, P. J., Delis, D. A., & Cohen, R. A. (2000). Attentional dysfunction associated with posttraumatic stress disorder among rape survivors. *Clinical Neuropsychology, 14*(1), 7-12.

Joint Mental Health Advisory Team 7 (J-MHAT 7). (2011). *Operation Enduring Freedom 2010 Afghanistan.* Retrieved from *www.armymedicine.army.mil/reports/mhat/mhat_vii/J_MHAT_7.pdf.*

Kay, T., Adams, R., Anderson, T., Berrol, S., Cicerone, K., Dahlberg, C., et al. (1993). Definition of mild traumatic brain injury. *Journal of Head Trauma Rehabilitation, 8*, 86-87.

Kelly, M. P., Mulligan, K. P., & Monahan, M. C. (2010). Fitness for duty. In C. H. Kennedy & J. L. Moore (Eds.), *Military neuropsychology.* New York: Springer.

Kennedy, C. H., Boake, C., & Moore, J. L. (2010). A history and introduction to military neuropsychology. In C. H. Kennedy & J. L. Moore (Eds.), *Military neuropsychology* (pp. 1-28). New York : Springer.

Kennedy, C. H., Kupke, T., & Smith, R. (2000). A neuropsychological investigation of the Armed Service Vocational Aptitude Battery (ASVAB). *Archives of Clinical Neuropsychology, 15*, 696-697.

Lew, H. L., Jerger, J. F., Guillory, S. B., & Henry, J. A. (2007). Auditory dysfunction in traumatic brain injury. *Journal of Rehabilitation Research and Development, 44*(7), 921-928.

Lew, H. L., Otis, J. D., Tun, C., Kerns, R. D., Clark, M. E., & Cifu, D. X. (2009). Prevalence of chronic pain, posttraumatic stress disorder, and persistent post-concussive symptoms in OIF/OEF veterans: Polytrauma clinical triad. *Journal of Rehabilitation Research and Development, 46*(6), 697-702.

Lewin, I. (1992). *The cost of disorders of the brain.* Washington, DC: National Foundation for the Brain.

Lieberman, H. R., Tharion, W. J., Shukitt-Hale, B., Speckman, K. L., & Tulley, R., (2002). Effects of caffeine, sleep loss, and stress on cognitive performance and mood during U.S. Navy SEAL training. *Psychopharmacology, 164*, 250-261.

Luethcke, C. A., Bryan, C. J., Morrow, C. E., & Isler, W. C. (2011). Comparison of concussive symptoms, cognitive performance, and psychological symptoms between acute blast-versus nonblast-induced traumatic brain injury. *Journal of the International Neuropsychological Society, 17*, 1-10.

Mayes, S. D., Calhoun, S. L., & Crowell, E. W. (2000). Learning disabilities and ADHD: Overlapping spectrum disorders. *Journal of Learning Disabilities, 33*, 417-424.

McCrea, M., Guskiewicz, K. M., Marshall, S. W., Barr, W., Randolph, C., Cantu, R. C., et al. (2003). Acute effects and recovery time following concussion in collegiate football players: The NCAA Concussion Study. *Journal of the American Medical Association, 290*(19), 2556-2563.

McCrea, M., Kelly, J. P., Kluge, J., Ackley, B., & Randolph, C. (1997). Standardized assessment of concussion in football players. *Neurology, 48*(3), 586-588.

McCrea, M., Pliskine, N., Barth, J., Cox, D., Fink, J., French, L., et al. (2008). Official position of the military TBI task force on the role of neuropsychology and rehabilitation psychology in the evaluation, management, and research of military veterans with traumatic brain injury. *Clinical Neuropsychologist, 22*(1), 10-26.

Mittenberg, W., Patton, C., Canyock, E. M., & Condit, D. C. (2002). A national survey of symptom exaggeration and malingering base rates. *Journal of the International Neuropsychological Society, 8*(2), 247.

Morey, L. C. (2010). Personality Assessment Inventory (PAI). *PAR Catalog of Selected Testing Resources, 6-7.*

Mumenthaler, M. S., Yesavage, J. A., Taylor, J. L., O'Hara, R., Friedman, Lee, H., et al. (2003). Psychoactive drugs and pilot performance: A comparison of nicotine, donepezil, and alcohol effects. *Neuropsychopharmacology, 28*, 1366-1373.

Nelson, L. A., Yoash-Gantz, R. E., Pickett, T. C., & Campbell, T. A. (2009). Relationship between processing speed and executive functioning performance among OEF/OIF veterans: Implications for postdeployment rehabilitation. *Journal of Head Trauma Rehabilitation, 24*(1), 32-40.

Orme, D., Ree, M. J., & Rioux, P. (2001). Premorbid IQ estimates from a multiple aptitude test battery: Regression vs. equating. *Archives of Clinical Neuropsychology, 16*, 679-688.

Owens, B. D., Kragh, J. F., Wenke, J. C., Macaitis, J., Wade, C. E., & Holcomb, J. B. (2008). Combat wounds in Operation Iraqi Freedom and Operation Enduring Freedom. *Journal of Trauma Injury, Infection, and Critical Care, 64*, 295-299.

Rabinowitz, Y. G., Breitbach, J. E., & Warner, C. H. (2009). Managing aviator fatigue in a deployed environment: The relationship between fatigue and neurocognitive functioning. *Military Medicine, 174*(4), 358-362.

Reger, M. A., Etherage, J. R., Reger, G. M.,.& Gahm, G. A. (2008). Civilian psychologists in an Army culture: The ethical challenge of cultural competence. *Military Psychology, 20*, 21-35.

Reeves, D. L., Bleiberg, J., Roebuck-Spencer, T., Cernich, A. N., Schwab, K., Ivins, B., et al. (2006). Reference values for performance on the Automated Neuropsychological Assesment Metrics V3.0 in an active duty military sample. *Military Medicine, 171*(10), 982-994.

Reeves, D. L., Winter, K. P., Bleiberg, J., & Kane, R. L. (2007). ANAM genogram: Historical perspectives, description, and current endeavors. *Archives of Clinical Neuropsychology, 22*(S1), S15-S37.

Reitan, R. M., & Wolfson, D. (1985). *Neuroanatomy and neuropathology: A clinical guide for neuropsychologists.* Tucson, AZ: Neuropsychology Press.

Sandweiss, D. A., Slymen, D. J., Leardmann, C. A., Smith, B., White, M. R., Boyko, E. J., et al. (2011). Preinjury psychiatric status, injury severity, and postdeployment posttraumatic stress disorder. *Archives of General Psychiatry, 68*(5), 496-504.

Sayer, N. A., Chiros, C. E., Sigford, B., Scott, S., Clothier, B., Pickett, T., et al. (2008). Characteristics and rehabilitation outcomes among patients with blast and other injuries sustained during the Global War on Terror. *Archives of Physical Medicine and Rehabilitation, 89*(1), 163-170.

Smith, P. (2011). Discrepancies in clinical definitions of stress fractures: Implications for the United States Army. *Military Medicine, 176*(1), 60-66.

Stein, M. B., Hanna, C., Vaerum, V., & Koverola, C. (1999). Memory functioning In adult women traumatized by childhood sexual abuse. *Journal of Traumatic Stress, 12*(3), 527-534.

Stokes, A., & Kite, K. (1994). Flight stress: Stress, fatigue, and performance in aviation. Brookfield, VT: Ashgate.

Stulemeijer, M., van der Werf, S. P., Jacobs, B., Biert, J., van Vugt, A. B., Brauer, J. M., et al. (2006). Impact of additional extracranial injuries on outcome after mild traumatic brain injury. *Journal of Neurotrauma, 23*(10), 1561-1569.

Sutker, P. B., Allain, A. N., Jr., Johnson, J. L., & Butters, N. M. (1992). Memory and learning performances in POW survivors with history of malnutrition and combat veteran controls. *Archives of Clinical Neuropsychology, 7*(5), 431-444.

Terrio, H., Brenner, L. A., Ivins, B. J., Cho, J. M., Helmick, K., Schwab, K., et al. (2009). Traumatic brain injury screening; Preliminary findings in a US Army Brigade Combat Team. *Journal of Head Trauma Rehabilitation, 24*(1), 14-23.

Twamley, E. W., Hami, S., & Stein, M. B. (2004). Neuropsychological function in college students with and without posttraumatic Stress disorder. *Psychiatry Research, 126*(3), 265-274.

U.S. Department of the Air Force. (2001). *Medical examinations and standards* (AFI 48-123). Washington, DC: Author.

U.S. Department of the Army. (2007). *Standards of medical fitness* (AR 40-501). Washington, DC: Author.

U.S. Department of Defense. (2004). *Criteria and procedure requirements for physical standards for appointment, enlistment, or induction in the armed forces* (DoDI 6130.4). Washington, DC: Author.

U.S. Department of Homeland Security. (2004). *Medical manual* (Commandant, United States Coast Guard Instruction M6000.1). Washington, DC: Author.

U.S. Department of the Navy. (1996). *Manual of the medical department* (NAVMED P-117). Washington, DC: Author.

Vasterling, J. J., Brailey, K., Constans, J. I., & Sutker, P. B. (1998). Attention and memory dysfunction in posttraumatic stress disorder. *Neuropsychology. 12*(1), 125-133.

Vista Life Sciences. (2011). ANAM4. Retrieved January 28, 2011, from *www.vistalifesciences.com/node/10.*

Walsh, J. R., Kucinkas, S. K., & Curran, L. T. (1990). *Armed Services Vocational Battery (ASVAB): Integrative review of reliability studies.* San Antonio, TX: Air Force Systems Command.

Wescott, K. J. (2005). Modafinil, sleep deprivation, and cognitive function in military and medical settings. *Military Medicine, 170,* 333-335.

Yehuda, R., Keefe, R. S., Harvey, P. D., Levengood, R. A., Gerber, D. K., Geni, J., et al. (1995). Learning and memory in combat veterans with posttraumatic stress disorder. *American Journal of Psychiatry, 152*(1), 137-139.

제9장 | MILITARY PSYCHOLOGY

군 자살 예방

David E. Jones
Laurel L. Hourani
Mathew B. Rariden
Patricia J. Hammond
Aaron D. Werbel

아프가니스탄 및 이라크 전쟁은 군 장병의 자살건수가 위험 수준까지 급증한 것으로 유명하다 (Christenson, 2010; Kovach, 2010). 중동 지역 분쟁 초기인 2002년부터 2006년까지의 자살률 추이를 살펴보면, 육군과 해병대 장병의 자살률이 타군 장병에 비해 높게 나타났으나, 그때까지만 해도 군 자살률이 일반 민간인의 자살률보다는 낮은 수치를 기록하였다. 그러나 2009년 Kuehn은 군 장병의 연간 자살률이 10만 명당 20.2명 수준으로, 28년 만에 처음으로 민간인의 자살률을 상회하였다고 발표하였다. 주요 자살 위험 요인으로는 장병 간의 대인관계, 임무 수행, 징계 처분, 정신건강 문제 등이 지목되었지만, 군 지휘관들은 자살률의 증가 이유를 장병의 파병 상태, 이전의 파병 횟수, 실제 전투 노출 여부와 같은 것에 원인을 돌릴 수가 없었다(Kruzel, 2009). 군대는 수뇌부의 결단력이 중요하게 기능하는 조직으로써 자살과 같이 원인이 불명확한 사안에 관해 쉽게 결단을 내리기 힘들기 때문에 각급 지휘관들에게 상당한 지휘 부담을 안겨 준다. 현재 장병 자살에 대해 비상한 관심이 쏟아지는 가운데 군 당국은 기존의 자살 예방 정책과 프로그램에 대해 면밀한 검토를 시행하였다(이에 대해서는 다음 절의 '역사적 배경'을 참조). 제9장에서는 자살 예방을 위한 군 기관의 노력, 역사적 배경, 역학적 자료, 자살 위험 및 보호 요인, 장병 및 군 가족 지원기관에 대해 사안별로 자세히 살펴보고, 자살 위험이 높은 장병 및 군 가족에 대한 평가, 치료, 지휘관 자문에 관한 실질적인 정보를 제시하고자 한다. 그리고 지휘관과 정신과 전문의들을 위한 길라잡이 역할을 위해 전방 배치 임무 환경에서 가장 실용적인 사례를 취합하여 설명하도록 하겠다. 제9장의 목적은 군 복무 환경의 특성을 고려하여 자살 및 자살 행동에 대한 실질적인 해결 방법을 임상 치료사 및 각급 지휘관에게 제시하는 것에 있다.

역사적 배경

자살이 장병과 군 가족에 미치는 영향을 고려하여 자살 및 자살 충동의 사전 예방은 오랜 기간 동안 군 심리 상담관, 군종장교 및 군의관의 주요 업무과제로 인식되어 왔다. 미 국방부는 1990년대 중반에 일어난 일련의 사고를 통해 자살 예방의 중요성을 인식하게 되었다. 그 사건은 다름 아닌 미 해군 작전부장이었던 'Jeremy Boorda' 제독의 자살이었는데, 이 사건으로 인하여 1996년 미 국방부는 자살예방 정책 및 프로그램에 대한 연구를 추진하게 된다(Shaffer, 1997). 동일한 시기에 미 공군은 각 학문 분야를 종합한 연구팀을 구성하여 90년대 초 공군 장병의 자살 사고 증가에 따른 자살 예방과 조직 개선 방안을 연구하는 데 착수하였다(Knox, Litts, Talcott, Feig, Caine, 2003; Litts, Moe, Roadman, Janke, Miller, 1999). 이 연구팀은 미국 질병관리본부(Centers for Disease Control and Prevention: CDC)와 협력하여 지역사회 전반을 대상으로 연구를 진행하였다. 90년대 말 즈음, 미 공군은 지역사회로 하여금 자살에 대한 경각심을 고취하고 자살률 감소를 위한 도움 추구 행동을 장려했다는 공로를 인정받아 정부로부터 공로 표창을 수상하였다(DoD, 1999). 또한 육군, 해군, 해병대 역시 민간 전문가를 초빙하여 군 특유의 조직 문화 및 임무를 고려한 자살 예방 프로그램을 개발하였다(Army Chief of Public Affairs, 2000; Jones et al., 2001). 국가 차원에서 자살 예방 문제는 공공 보건 복지상 중대한 과제로 부각되었으며(U.S. Public Health Service, 1999), 이러한 인식 제고가 기폭제 역할을 하여 군인의 자살 예방을 위한 민군 합동연구가 활성화되었다. 그로부터 10년 후 이라크 자유 작전과 아프가니스탄의 항구적 평화 작전(Operations Enduring Freedom and Iraqi Freedom: OEF/OIF)에 투입된 장병의 자살률이 지속적으로 증가하자 장병 중심의 자살 예방 정책이 주목을 받기 시작하였다. 미 육군은 5년간 5천만 달러를 투입하여 정신건강연구소와 협동 연구를 진행하겠다는 이례적인 성명을 발표하였다(National Institute of Mental Health, 2009). 이 연구는 미 육군 장병의 정신건강, 심리적 회복 탄력성, 자살 위험, 자살 의심 행동, 자살에 대한 역학적 연구를 목적으로 하였다. 나아가 미 보훈장관(Secretary of Veterans Affairs, 2008)은 미국 최고 전문가 집단의 추천을 받아 자살의 예방, 연구, 교육에 관한 전문 연구진을 구성하였다. 2010년 8월, 미 국방부 전투부대원 자살 예방 위원회(DoD Task Force on the Prevention of Suicide by Members of the Armed Forces)가 발표한 보고서를 보면, 군 기관은 장병 자살 문제에 관해 '엄청난 노력'을 기울였다고 나와 있다. 그러나

이 보고서는 장병의 자살 예방과 관련하여 군 기관 간의 전략적 통합 계획안이 없다는 점을 지적하였고, 자살 예방 전략 및 프로그램을 기획하기 위해 국방부 장관 직할의 고위급 장교를 새로이 임명할 것을 제청하였다(Viebeck, 2010).

역학적인 논점

역학적 조사를 수행하면 위험에 노출된 개인을 식별하고 효과적인 예방 전략을 수립하고 평가할 수 있다. 군 내 자살 감시를 효과적으로 수행하기 위해서는 매우 관찰하기 힘든 모집단을 대상으로 양질의 데이터를 수집해야 한다. 이 절에서는 자살 관련 자료를 산출함에 있어 일반 민간 영역 및 군 특유의 역학적 문제에 대해 살펴보도록 한다.

역자 Tip

여기서 '역학(Epidemiology)'이란 일정한 시기 안에 사람들 사이에서 발생하는 질병과 같은 특별한 현상의 빈도와 분포에 대한 연구를 말한다. 대개 이것은 발생률(incidence rate: 일정시기 안의 새로운 사건 수)과 분포율(prevalence: 일반적으로 특별한 문제점을 지닌 사람들의 총수)로 표현된다.

미국 자살사고 수준

분포율

1990년대 자살 예방 및 치료에 대해 많은 연구와 노력이 이루어졌지만 자살 또는 자살 시도와 관련한 발생률에는 큰 변화가 일어나지 않았다(Kessler, Berglund, Borges, Nock, & Wang, 2005). 미국 질병관리본부의 2006년 자료에는 자살은 미국에서 11번째로 높은 사망 원인이었으며, 18세에서 60세 사이의 남성 인구의 경우 4번째로 높은 사망 원인으로 나타났다(CDC, 2010). 이 시기에 미국에서는 33,000건의 자살 사고가 발생했는데, 이는 미국 국민 10만 명당 11명이 자살로 인해 사망하고 하루에 91건의 자살 사건이 일어나며, 16분당 1건의 자살자가 발생한다는 것을 의미한다. 2006년 당시의 다른 사망 원인과 비교해 보면, 살인 사건에 의한 사망은 18세에서 60세 사이의 성인 남성에서 5번째로 높은 것이었다. 동일 모집단을 대상으로 할 때 가장 높은 사망 원인은 사고사였으며, 그 비율은 자살률보다 2배 이상 높았다. 미국 시민 전체를 대상으로 한 자살률은 나이, 성별, 민족에 따라 다르게 나타났다. 한편 남성 자살 기도자 중 79%가 자살에 성공하였으며, 자살률은 20대에서 가장 높았고, 노년기에서 두 번째로 높게 나타났다. 남성의 경우, 연령이 높아짐에 따라 자살 위험에 더 크게 노출되는 것으로 보이며, 전체 모집단의 10%에 해당되는 50세 이상의 백인 남성 중 30%가량이 스스로 목숨을 끊었다. 그런데 최근 연령대별 자살률 추이가 변하고 있다. 2006년 15세에서 24세의 자살 사망자 비율은 5%였으나, 2009년에 들어 14%로 증가하였다(McIntosh, 2012). 1999년부터 2005년의 기간 동안 40세에서 64세 인구의 자살률 증가분은 16%였고, 이를 미국 국민 전체 자살률 증가분으로 환산하면 0.5%에 해당한다(Hu, Wilcox, Wissow, & Baker, 2008). 해당 연령층의 경우 여성 자살률도 증가했으며, 그들이 택한 자살 방법은 주로 음독과 교수에 의한 질식사였다.

인종별로 살펴보면, 젊은 연령층에서의 자살 위험은 백인 남성에게서 가장 높게 나타났다. 그런데 1980년부터 1995년 사이 흑인 남성의 자살률이 105% 급증했으며(CDC, 1998), 전체적으로 보았을 때 아메리카 인디언의 자살률이 가장 높았다. 연령대별로 살펴보면, 이혼을 하거나 배우자와 사별한 남성 및 여성이 가장 높은 자살률을 보였으며, 기혼자에 비해 미혼자의 자살률이 높은 것으로 나타났다. 1990년부터 1994년까지의 원본 자료와 인구통계학적 특색을 고려하여 보정한 자료를 살펴보면, 양 자료 모두 남부, 중부, 북동부 지역에 비해 서부 지역의 자살률이 훨씬 높다는 것을 보여 주었다(CDC, 1997). 그로부터 12년 후의 자료를 보아도 마찬가지로, 서부 지방(산악 및 태평양 지역 포함)의 자살률이 가장 높았다(McIntosh, 2012). 전체 인구 및 지역을 대상으로 분석한 결과, 총기에 의한 자살이 51%로 가장 많았으며, 교수 자살(24%)과 음독 자살(17%)이 그 뒤를 이었다. 자살 시도를 하였으나 사망에 이르지 못한 경우도 있다. 자살에 성공한 자는 대략 25번의 자살 시도를 하며, 자살 시도 경험이 있는 사람 중 10%는 향후 10년 이내 자살 성공에 이른다고 한다. 한편 자살 시도 위험이 가장 높은 집단은 여성과 유년층이었다. 자살 시도 경험은 여성이 남성보다 3배가량 많은 것으로 나타났다(McIntosh, 2012). 그것은 여성은 남성에 비해 보다 덜 확실한 자살 방법을 택하는 경향이 있어(가령, 총기보다는 손목 긋기나 약물 과다복용을 택함), 자살 시도 빈도가 높게 나타나는 것으로 보인다.

자살 위험 및 보호 요인

자살자 중 약 90%는 정신질환 병력이 있는 것으로 추산되며, 중증 우울증이나 조울증과 같은 기분장애가 가장 높은 비중을 차지한다(Harvard Mental Health Letter, 2003). 그 외에 자살자들이 겪었던 정신질환으로는 알코올 및 약물 과다 복용, 의존증, 인격장애, 정신분열증, 불안장애를 꼽을 수 있다. 그러나 절망감은 정신질환 장애보다 높은 자살위험 예측 요인으로 작용하는 것으로 나타났다. 또한 사별, 이혼, 실직 등으로 인한 사회적 고립과 범죄 피해, 아동기에 학대를 당한 경험, 감금 등에 의한 사회적 혼란 경험, 금전적 손실, 신체 질병, 도움을 받지 못하는 상태 역시 높은 자살 위험 요인으로 지목된다(AAS,

2012; CDC, 2010; HMHL, 2003). 나아가 자살 및 자살 시도의 가족력이 있는 경우 자살 위험이 크게 증가한다. 이는 유전적으로 자살에 취약하거나 역할 모델에 의한 학습에 그 원인이 있는 것으로 보인다. 한편 보호 요인이란 자살 충동 및 자살행위를 경감시키는 완충제 역할을 하는 것을 말한다. 여기에는 병원 방문의 용이성 및 치료의 효과성, 가족과 공동체의 지지, 개인의 문제해결 능력 구비, 문화 및 종교적 신념 등을 들 수 있다(CDC, 2010).

장병의 자살률

국가적으로, 자살률은 전쟁기에는 낮게 나타나고 경제적 공황기에는 높아지는 경향이 있다(AAS, 2012). 그러나 최근의 추이를 보면 이러한 상황이 많이 바뀌었음을 알 수 있다. 일반 미국인의 자살률은 10만 명당 10~13명 수준인데 비해 미군 장병의 자살률은 일반 미국인의 자살률과 거의 비슷한 것으로 추산된다. 2006년 이후 미군 장병의 총 자살자 수는 증가 추세에 있다[그림 9-1] 참조). 그러나 미국인의 인구통계학적 분포를 고려하여 보정할 경우, 미군 장병의 자살률은 전반적으로 미국인 전체에 비해 낮은 수치를 보인다. 이러한 이유는 미군 장병의 경우 엄격한 선발절차를 거치는 것과 장병을 대상으로 하는 군 내 상담 및 건강관리 서비스에 기인하는 것으로 보인다.

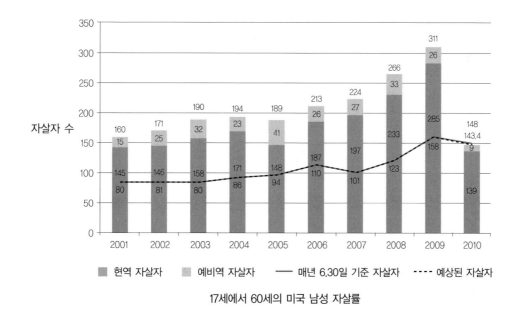

17세에서 60세의 미국 남성 자살률

[그림 9-1] 이 자료는 2001년 1월 1일부터 2010년 6월 30일까지 모든 군부대의 현역 및 예비역 자살 발생 추이를 보여 준다. 미국인의 자살률은 17세에서 60세 사이의 남성의 자살률을 나타낸 것이다. 이 자료는 군대 검시관 산하 사망자 감시 부서(Mortality Surveillance Division Office of the Armed Forces Medical Examiner)에서 수집되었다.

직군별 사망률(1991~2000)

1991년부터 2000년 사이에 미 육군, 공군, 해군, 해병대의 연간 자살률은 현역 10만 명당 10명에서 15명 사이로 나타났다. 1990년대에는 보정되지 않은 자살률이 미국 전체 국민의 미 보정된 자살률보다 높게 측정되기도 하였다(Jones, Kennedy, & Hourani, 2006, 133면 참조). 미 육군과 해병대의 경우 해군 및 공군에 비해 연간 자살률이 상대적으로 높은 것으로 나타났고, 자살자는 주로 지상 전투부대 요원이었다. 또한 지상 전투부대 요원은 전투 중 순직자 수도 가장 많은 것으로 나타났다(전투 중 자초 행위로 인한 사망자도 포함). 공식 사망 보고서 및 기타 출처를 참고하여 진행한 1998년과 1999년의 군 사망 관련 민간 연구 자료를 살펴보면, 자살률은 보고된 수치보다 17%가 더 높았으며, 추가로 밝혀진 자살 사망 의심자는 4%로 나타났다. 이러한 21%만큼의 오차는 보고 및 분류체계상의 오류에 기인하는 것으로 보인다(Carr, Hoge, Gardner, & Potter, 2004). 한편 자살 장병의 인구 통계학적 분포를 연구한 자료에 의하면, 1999년부터 2001년에 이르기까지 해군 및 해병대의 자살 장병을 남녀별, 나이별, 인종별로 구분했을 때, 각각의 평균 자살률은 해군보다 해병대가 모두 높았다. 이는 모든 인구통계학적 집단과 미국 전체 시민을 대상으로 비교하여도 동일하게 높은 것으로 나타났다(Stander, Hilton, Kennedy, & Robbins, 2004).

군 장병의 자살률(2001~2009)

2001년부터 군 장병의 자살률은 꾸준히 증가하여 심각한 수준에 이르렀다. 2001년의 경우 자살률은 10만 명당 9.1명 정도였으나, 2009년의 경우 10만 명당 15.6명이었으며(Defense Manpower Data Center, 2011), 2008년부터는 군 장병의 자살률이 일반 시민의 자살률을 초과하였다(Black, Gallaway, Bell, & Ritchie, 2011; Kuehn, 2009). 가장 우려스러운 점은 육군 및 해병대 현역 집단으로 해군과 공군에 비해 자살률이 비정상적으로 증가한 것으로 나타났다는 것이다. [그림 9-2]와 [그림 9-3]은 10만 명당 자살자 비율과 각 군 기관별 자살자 총원을 나타낸 도표로써 함께 참조하면 이해하는 데 도움이 될 것이다. 최근 자료를 살펴보면, 이라크 및 아프가니스탄 전쟁에 참전하였던 전역자 중 절반 이상이 스스로 목숨을 끊은 것으로 나타났다. 관련 자료를 보면, 그들은 주 방위군 또는 예비군에 편입되어 있으며(Associated Press, 2008), 2009년에 주 방위군 48명이 자살하였고, 2010년에는 10개월 동안에만 무려 86명이 자살한 것으로 나타났다. 더욱이 미 재향군인국(Veterans Administration: VA)이 발표한 자료에 따르면, 하루에 18명가량의 재향 군인이 자살한다고 한다(Association of the United States Navy, 2011). 이러한 최악의 자살률 증가 사태는 이라크 자유 작전과 아프가니스탄의 항구적 평화 작전에 상당 부분 원인이 있는 것으로 보인다(Donnelly, 2011).

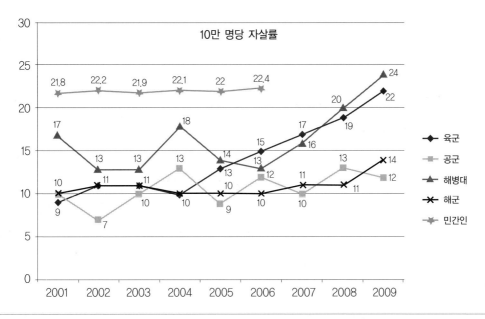

[그림 9-2] 2001년 1월부터 2009년 12월까지의 기간 동안 현역 군인 10만 명당 자살률 추이. 이 자료는 군대 검시관 산하 사망자 감시 부서(Mortality Surveillance Division Office of the Armed Forces Medical Examiner) 자료를 참조하여 작성하였다. 미국 일반인 자살률은 17세에서 60세 사이의 남성을 대상으로 하였으며, 해당 자료의 출처는 미국 질병관리본부다(2006년까지의 자료만 제시되어 있음).

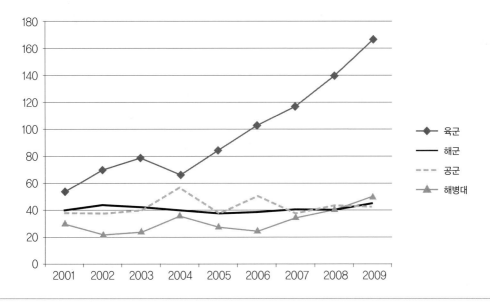

[그림 9-3] 각 군 기관별 연간 현역 및 예비역 자살 건수. 군대 검시관 산하 사망자 감시 부서(Mortality Surveillance Division Office of the Armed Forces Medical Examiner) 자료를 토대로 이 도표를 작성하였다.

각 군 기관 간 비교

각 군 기관 간의 자료를 상호 비교할 때에는 여러 가지 어려움이 존재한다. 왜냐하면 군인을 모집단으로 하는 것은 상대적으로 아직 자살 건수가 낮은 수준이고, 제한된 짧은 몇 년의 기간 동안의 자료를 비교할 경우 각 군 기관별로 연도별 약간의 변동사항만 있어도 이를 과도하게 해석할 소지가 있기 때문이다. 이러한 이유로, 자료의 분석 결과로 나타난 새로운 자살 위험 요인을 평가하거나 몇 년간의 자살 인원의 증가나 감소를 근거로 자살 예방의 효과성을 추정하는 것은 상당한 주의를 기울여야 한다.

예를 들어, 2004년 당시 이라크 전쟁과 육군 자살률에 대한 언론의 보도 자료를 들 수 있다(Loeb, 2004). 해당 보도는 2004년이라는 특정 시점에 주안점을 두었으며, 이 보도는 공공정책 분야와 각급 지휘관들에게 상당한 파급 효과를 일으켰다. 2003년 당시, 전체 군 장병의 자살률은 10만 명당 13.5명 수준으로, 2001년 및 2002년과 비교했을 때 높은 수치인 것은 사실이지만, 이는 10만 명당 13.4명으로 집계된 2000년과 비슷한 수준이었고, 1999년보다는 오히려 낮은 수치였다. 한편 최근 몇 년간 자료를 분석해 보면 육군 및 해병대원의 자살률이 증가 추세에 있는 것으로 나타났다. 이와 같이 각 군 기관별로 상이하게 나타나는 자살률을 제대로 비교 및 검토하기 위해서는 자료 수집과 함께 자살과 관련된 의사결정을 함에 있어 얼마나 많은 자료가 반영되었는지를 살펴보아야 하고, 용어 및 범위의 정의에 일관성을 갖춰야 하며, 각 군 기관 간에 상호 검증체계를 확립하는 것이 중요하다. 종합하면, 각 군 기관을 상호 비교하는 것만큼이나 미군 전체 집단을 비교할 수 있는 모집단이 있어야 하고, 사회 인구통계학적 차이를 안정적이고 통계학적으로 처리할 수 있어야 한다. 서로 다른 군 기관을 비교하는 것이 어려운 이유는, 자료 수집에 각기 다른 기준을 적용하고 비표준적 방식을 사용한다는 점이다. 뿐만 아니라 조사 절차의 상이성과 함께 연간 기준 자료를 산정할 때 매년 초부터 발표 시점까지의 자료를 토대로 외삽법(과거의 추세가 미래에도 그대로 지속되리라는 전제 아래, 과거의 추세를 연장하여 미래 일정 시점에서의 상황을 예측하고자 하는 미래 예측기법)을 사용한다는 점도 문제다. 한편 각 군 기관의 자료를 비교 검토할 때는 신분별 차이를 고려해야 한다. 왜냐하면 군 전체적으로 보았을 때, 병사집단이 장교집단보다 자살률이 2배가량 높기 때문이다(Helmkamp, 1995). 공군의 경우에는 전체 장병 중 장교의 비율이 해병대보다 2배 가까이 높다(해병대는 병사 비율이 전체 군 중에서 가장 높음). 따라서 병사의 자살률이 더 높다는 것을 근거로 추산해 보면, 해병대가 가장 자살률이 높게 나타날 것이며, 공군의 경우 가장 낮은 자살률을 보이게 될 것이다. 또 다른 중요한 고려사항은 각 군 기관별 모병 과정 및 심사의 차이, 군 전역 관련 방침 및 관행이다. 이러한 요소들은 모병 단계에서 정신건강 검사 기준, 전역 추천과 그 결과에 영향을 미치고, 질병으로 전역할 경우 공식적인 자살예방 프로그램 교육의 제공 여부에도 영향을 미치게 된다(Knox et al., 2010; Warner, Appenzeller, Parker, Warner, & Hoge, 2011).

군 장병의 자살 위험 및 보호 요인

자살 위험 요인

역학적 조사의 중요한 기능은 자살 위험 요인을 밝혀내는 데 있다. 자살을 예방하기 위해서는 우선 자살을 유발하는 위험 요인을 이해해야 한다. 이에 대한 일반적인 원칙은 위험 요인을 집중 분석하여 가장 큰 효과를 보이는 간섭 요인을 찾아내는 것이다. 여기에는 급여의 수준과 같이 바꿀 수 없는 요인이 있고, 알코올 남용과 같이 조절 내지 완화할 수 있는 요인이 있다. 자살 위험 요인은 자살 충동을 느끼지 않는 사람에게는 그렇지 않지만 자살 충동을 느끼는 사람에게는 아주 강력한 영향을 미치므로, 자살 충동을 느끼지 않는 사람들의 공통적인 요소를 추출하여 분석함으로써 위험 요인을 줄일 수 있다. 현역 군인에게서 가장 자주 발견되는 위험 요인은 대인관계 문제, 무의식적인 기분 변화, 우울증, 음주 관련 문제, 수치심, 고립감, 절망감, 쓸모없다는 느낌, 금전적 문제와 송사, 자살 시도 경험, 직무 수행상의 문제, 혹은 정신적·신체적 문제로 현역복무적합심사를 받을 때(Fragala & McCaughey, 1991), 육군의 군사 보안이나 법 집행 직무를 수행할 때(Helmkamp, 1996), 해군 및 공군의 신병이나 초급병 그리고 육체 노동과 관련된 업무를 할 때(Gaines & Richmond, 1980; Kawahara & Palinkas, 1991) 등이다. 해병대 장병을 모집단(자살 성공자 23명, 자살 시도자 172명을 대상으로 하고, 정신질환이 없는 384명을 통제군으로 설정)으로 실시한 연구를 살펴보면, 학대·유기·방치를 당한 경험, 낮은 근무평정점수, 우울 증상, 어린 나이, 알코올 남용 전력이 위험 요인으로 지목되었다(Holmes, Mateczun, Lall, & Wilcove, 1998). 또 다른 연구 결과를 살펴보면, 베트남전 참전자 중 외상 후 스트레스 장애(Post Traumatic Stress Disorder: PTSD) 증상을 보이던 집단은 그렇지 않은 집단에 비해 훨씬 더 자살률이 높게 나타났다(Bullman & Kang, 1994; Faberow, Kang, & Bullman, 1990). 2009년, Wilcox, Storr, Breslau는 성인기 초기에 해당하는 사람들을 대상으로 연구를 진행하여, 외상보다 PTSD가 더 큰 자살 위험 요인이라고 지목하였다. 1983년부터 1993년까지 723명의 공군 자살자를 대상으로 진행한 연구에 의하면, 자살자의 절반 이상이 우울증에 시달렸고, 적절한 정신과 치료를 받은 장병은 4분의 1에도 미치지 않았다. 좀 더 자세히 살펴보면, 알코올 및 약물 남용자가 40%, 대인관계에 문제가 있는 장병이 66%, 업무와 관련한 문제가 있는 장병이 43%, 법적 문제로 어려움에 처한 장병이 16%인 것으로 나타났다(Shaffer, 1997).

자살 보호 요인

자살 보호 요인이란 '자살의 위험성을 줄여 주는 인자'로 정의할 수 있다. 이러한 보호 요인은 매우 다양하며, 환경이나 문화적 요인뿐만 아니라 개인의 태도 및 행동 특성 등도 이에 포함된다(Plutchik & Van Praag, 1994). 군 장병의 자살 예방 관련 홈페이지에 게재된 보호 요인 중에는 사회적 지지, 소속감,

배려심, 지휘관의 책임감, 효과적인 모방 능력 또는 문제해결 능력, 도움 추구 행동을 장려하는 정책 및 문화, 해당인의 익명성 보장, 구성원의 화합과 지지, 전우애, 긍정적 세계관, 지원체계로의 접근 용이성, 건강한 생활방식 장려 문화, 정신적 지지 등이 있다(U.S. Marine Corps, 2011). 자살 보호 요인은 고정불변의 것이 아니기 때문에 지속적인 지원 및 보호 프로그램 개선 등으로 끊임없이 발전시켜 나가야 한다. 모든 군 기관은 건강을 장려하기 위한 인터넷 홈페이지를 운영하고 있는데, 해당 웹 사이트를 방문하면 회복 탄력성과 인내력을 배양하기 위한 가이드라인과 지침이 게재되어 있다. 최근 새로 설립된 미 국방부의 심리건강과 외상성 뇌손상 연구본부(Defense Centers of Excellence for Psychological Health and Traumatic Brain Injury)에서는 군의 심리건강 프로그램을 평가하고 감독한다(Defense Centers of Excellence, 2011). 심리적 회복 탄력성이 자살의 감소에 미치는 영향에 관해서는 아직 많은 연구가 진척되지는 않았지만, 화목한 가정이나 독실한 신앙심과 같은 요인이 자살의 위험을 감소시키는 데 영향을 미치는 것으로 밝혀졌다(O'Donnell, O'Donnell, Warlow, & Steuve, 2004). 스트레스 관리 능력 개발, 잠시 여유를 갖고 자신을 되돌아보기, 변화를 수용하기, 유머 감각의 유지 등은 심리적 회복 탄력성을 강화하고 스트레스에 대한 저항력을 키우는 데 도움이 되고 있다. 그러나 이러한 요인들이 자살 위험을 어느 정도 경감할 수 있는지에 대한 추가 연구가 필요하며, 자살 고위험군을 대상으로 좀 더 발전적인 치료 개입 프로그램이 진행되어야 할 것으로 보인다.

자살 과밀 집단

자살 과밀 집단(Suicide Cluster)은 현저히 좁은 지역에서 아주 짧은 기간 동안 예기치 않게 자살 발생 건수가 높게 나타나는 집단으로 정의할 수 있다(Hourani, Warrack, & Coben, 1999a). 예기치 않은 높은 빈도의 자살로 판정하려면 우선 특정 시기에 해당 지역의 일반적인 자살률을 살펴볼 필요가 있다. 그러나 장병을 대상으로 이러한 관찰을 하는 것은 많은 어려움이 따른다. 관찰을 위해서는 지역의 특수성이 계속해서 유지되어야 하는데 군대의 경우에는 명확히 지역단위를 확정하기가 어렵기 때문이다. 예를 들어, 군은 부대 규모, 기지, 임시작전 수행 기지, 보직 변경으로 인한 전출 및 전입 병력 등으로 인해 지역단위가 계속해서 변하게 된다. 이러한 이유로 군에 관해서는 소수의 연구만 진행되었고, 군 내에서 자살 과밀 집단이 발견되었다는 증거를 포착하는 데 어려움이 있었다. 잠시 사례를 살펴보자. 미 공군에서 수행한 연구에 의하면, 자살 사건 중 20% 정도가 자살 과밀 집단에서 발생한 것으로 나타났다(Rothberg & McDowell, 1988). 또한 자살 과밀 집단이 2주에 걸쳐 발생했다는 해군의 연구 결과가 있으며(Hourani et al., 1999a), 그것에 대한 모방 현상이 해군의 특기 초급 교육과정에서 발견되었다(Grigg, 1988. 해군 특기 초급 과정 학교는 Naval 'A' School이라고 한다). 그러나 해병대에서 진행한 두 개의 연구 결과를 보면, 자살 과밀 집단이 발생했다는 증거가 아주 미약하거나 아예 찾아볼 수 없었다고 보고하였다(Holmes et al., 1998; Hourani, Warrack, & Cohen, 1999b). 전반적으로 군 부대보다는 일반 민간인 영역에서 자살 과밀 집단이 발견된 사례가 많다. 실제로 미 질병관리본부(1988)는 자살 과밀 집단의 예방 및 억제를 위한 권고사항을 발표하였으며, 미국 과학원(AAS) 역시 모방 자살을 방지하기 위한 언론 지침을 제시하였다(McIntosh, 2012). 민간 연구 자료에서는 다음과 같은 사항을 제시하고 있다. 첫째, 자살 과밀 집단을 판정할 때에는 자살 및 자살 시도를 함께 산정해야 하며(Gould & Shaffer, 1986), 둘째로 과밀 집단은 심리적 장애가 있는 사람들에게서 발생하며, 셋째는 과밀 집단에 속하는 자살자들은 자살에 관해서는 잘 알고 있지만 집단 내 다른 자살자와는 친분 관계가 없고, 넷째는 과밀 집단은 특히 젊은 연령층(15세에서 24세 사이)에서 많이 발생한다는 것이다.

자살 시도, 자살 징조, 자살 생각

2005년까지 일부 개인적인 자료나 지휘 자료는 있었지만, 미 국방부가 가지고 있는 자살 시도 및 자살 징조에 관한 공식적인 자료는 없었다(Ritchie, Keppler, & Rothberg, 2003). 미 해군과 해병대에서는 자살 시도를 한 장병을 모집단으로 한 최초의 연구를 진행하였다. 이를 위해 1989년부터 1995년까지 자살 시도를 하였던 4,578명의 해군 및 해병대 입원 장병의 병원 및 인사 기록부를 조사하였다. 자살 시도를 하고 병원에 입원한 사람과 실제로 자살에 성공한 사람의 비율은 해군의 경우 7:1, 해병대의 경우 5:1 로 나타났다(Trent, 1999). 여성 자살 시도자의 비율은 남성보다 2배에서 3배 정도 더 높게 나타났다. 해당 모집단 중 심리적 장애가 있다고 진단받은 사람은 95%에 달했다. 좀 더 구체적으로 살펴보면, 인격장애가 53%로 가장 많았고, 약물 남용이 36%로 그 뒤를 이었다. 이 연구에서 나타난 자살 시도의 형태는 다음과 같았다. 18세에서 21세의 해군 여군 훈련병 및 이등병은 학력 수준이 낮았고, 진단 가능한 정신질환을 가지고 있었으며, 약물 과다 투여로 인해 1주일간 입원한 뒤에 각각 자대로 돌아갔다(Trent, 1999). 월터리드 미 육군 병원(Walter Reed Army Medical Center)에 자살 시도 후 입원한 장병 100명을 대상으로 살펴본 결과, 우울 기분이 94%, 자살 시도 및 자살 시도 경험이 있는 경우가 67%, 입원 전 정신 치료를 받았던 경우가 49%로 나타났다(Ritchie et al., 2003). 입원자 중 거의 절반에 가까운 장병들은 정상 복무가 가능한 상태로 되돌아갔다. 다음은 1990년대까지의 군 장병 자살 충동 행동에 대한 추가 연구 결과를 요약하여 설명한 것이다.

- 1968년 6개월 동안, 179건의 자살 충동 행동이 육군 및 공군 정신과 군의관을 통해 보고되었다. 이들 중 97%는 인격장애나 극심한 상황 부적응 판정을 받았고, 88%는 입원조치 없이 각자 부대로

복귀하였다(Sawyer, 1969).

- 1975년에서 1985년의 기간 동안, 육군 장병의 자해로 인한 입원 비율은 10만 명당 49명에서 94명 수준이었다. 임무 수행 중 사망률 또는 해당 부대 인원과의 상관관계는 판명되지 않았다(Rock, 1988).

- 1989년에서 1991년 사이 16개월의 기간 동안, 미 육군 훈련병 54명의 자살 시도자가 발견되었다. 이들 모두는 한 명도 예외 없이 100% 적응장애가 있는 것으로 나타났다(Koshes & Rothberg, 1992).

- 해군 신병 훈련소에서는 21개의 성향 분석 항목(예를 들어, "군 복무 중 사고를 일으키면 기분이 좋은 가?" "살아가면서 부당한 대우를 받은 경험이 있다고 생각하는가?")을 통해 훈련병의 자살 시도를 예견할 수 있었다고 한다(Hoiberg & Garfein, 1976).

- 현역 장병과는 달리 위기상담 전화 자료에서 나타난 바로는 자살 충동에 시달리는 고령의 퇴역 군인의 주요 특성은 외로움, 알코올 의존증, 실업 문제였다(Porter, Astacio, & Sobong, 1997).

다행스러운 점은 국방부에서 매년 시행하는 건강 관련 행동 설문조사를 통해 자살 생각 및 자살 시도(응답자는 작년 한 해 동안 자살 및 자살 기도를 심각하게 고려해 보았는지 여부를 대답해야 한다)에 관한 인구통계학적 자료를 얻을 수 있다는 것이다. 해당 자료는 3년 단위로 본국 주둔 병력을 포함하여 전 세계에 파견된 현역 군인을 대상으로 대표 표본을 설정하여 조사하고 있다(Bray et al., 2003). 2002년의 조사 자료에 따르면, 이전 해에 자살 생각에 휩싸였다고 응답한 비율은 5.1%였으며, 1998년 조사 자료에서는 3.8%로 나타났다(Vincus et al., 1999). 이러한 차이점은 통계적인 유의성이 있으며($t = 2.5$, $p < 0.05$), 해군의 경우에는 자살 생각을 한 장병이 1998년 1.9%에서 2002년 6.4%로 두드러지게 높아진 것으로 나타났다. 타군의 경우에는 거의 동일하거나 무시할 수 있을 수준의 증가분을 보였다(Bray et al., 2003). 2005년과 2008년의 자기보고(self-reported)에 근거한 조사에 따르면, 2005년 4.9%, 2008년 4.6%에 해당하는 장병이 자살을 생각하였던 것으로 나타났다. 공군의 경우에는 2005년 3.5%에서 2008년 3.1%로 타군에 비해 상당히 낮은 수치를 보였다(Bray et al., 2009). 주요 자살 위험 요인으로는 우울증, PTSD, 심각한 심리적 스트레스 등이 꼽혔으며, 위험 부담이 큰 임무, 정신건강 상담 기피 등이 지목되었다. 자살 보호 요인은 친구와의 대화, 계획 수립, 체련 활동, 취미 활동, 성직자와의 대화 등을 통한 대처행동 활성화를 들 수 있다. 자살 시도 경험이 있는 장병은 2005년 0.8%에서 2008년에는 두 배 이상 증가한 2.16%로 나타났다(Bray et al., 2009). 또한 2006년 주 방위군 및 예비군을 대상으로 한 연구에 따르면, 현역 복무 시절보다 자살 생각이 두드러지게 높아진 것으로 나타났다(Hourani et al., 2007).

자살 판단 및 감시

최근 몇 년간 국방부는 자살 감시에 비상한 관심을 기울이고 있다. 자살 예방 및 위험 감소 위원회(The Suicide Prevention and Risk Reduction Committee: SPARRC)가 창설되어 자살 예방 교육을 정형화하고 자살 고위험군을 식별하는 한편, 지원체계의 개선을 추진하고 있다. 또한 각 군 담당자를 소집하여 자살 예방 및 감시 활동의 협력과 관련한 토의를 진행하였다. 2008년에 이르러 각 군은 군별로 고유의 자살 감시 프로그램을 구축하고 해당 군 및 타군의 자살 관련 자료를 수집하고 있다. 미 해군성은 그보다 훨씬 빠른 1999년에 해군 및 해병대 통합 자살 감시 시스템(Navy and Marine Corps Suicide Surveillance System)을 구축하였다. 이 시스템은 미 해군성 자살 사건 기록(Department of the Navy Suicide Incident Report: DONSIR, Jones, Hawkes, Gelles, Hourani, & Kennedy, 1999)에 근간을 두고 있으며, 해군의 모든 현역 자살자에 대해 정량화되고 표준화된 심리부검 관련 정보를 데이터베이스화하였다(Jones et al., 2001). 미 해군성 자살 사건 기록은 인구통계학적이고, 군만의 특별하며 우발적이며 의료적이며 심리적인 사항 그리고 지원 서비스 이용과 관련된 내용 및 지휘 관련 특별한 자료 등의 내용을 담고 있다. 더불어 주변 상황과 위험 요인, 자살자의 정서 상태 등과 관련한 매우 가치 있고 의미 있는 내용 또한 담겨져 있다. 이 시스템은 국방성 문서 양식 1300(DD Form 1300, 사상자 보고), 사망 진단서, 부검 보고서, 진료 기록, 정신건강 기록, 가족의 변호, 다른 지원서비스를 받은 기록, 전과 기록, 재정 및 신용상태 보고서, 개인 자력 기록, 인사 정보, 국가 범죄 데이터베이스, 군인 단체보험 서류 등의 자료도 모두 수록되어 있다(Hourani, Hilton, Kennedy, & Robbins, 2001).

1999년, 미 공군도 자살 감시 시스템(Suicide Event Surveillance System: SESS)을 도입하여 시행하였다. 이 시스템을 구축하기 위해 자살과 관련된 자료를 수집할 수 있는 특별수사대 요원과 자살시도 자료를 조회할 수 있는 정신과 전문의들이 참여했다. 공군의 자살 감시 시스템은 인터넷에 기반을 두고 있으며, 권한이 부여된 전 세계의 공군 사이트에서 직접 보고가 가능하도록 구현되었다. 이 시스템은 미 해군성 자살 사건 기록에 탑재된 모든 자료와 더불어 군인과 군 가족의 인터뷰 자료가 포함되어 있다. 미 육군은 심리부검 보고서의 자살 관련 자료를 추적하였으며(Rothberg, 1998), 이를 위해 미 공군의 자살 감시 시스템 모델에서 착안한 자료 수집 조사 양식을 활용하고 있다. 더불어 사망 사고 기록에서도 관련 정보를 추출하였다.

자살 예방 및 위험 감소 위원회는 각 군에 대해 독립된 자살 감시 데이터베이스를 유지하고, 프로그램 담당자는 필요한 보고 자료를 미 국방부에 제공할 것을 권고했다. 이러한 체계를 통해 각 군은 인구통계학적 자료에 근거한 잠재적 위험 요인 관련 자료를 수집하고 분석할 수 있게 되었다. 이러한 자료를 통해 미 국방부는 장병의 건강과 자살 예방의 효과성을 제고할 수 있으며, 각 군 기관별로 자살과 관련된 장병의 유사점과 차이점을 확인할 수 있게 되었다. 이러한 결과, 자살과 관련한 교육 목표와 위험 감소 목표를 수립하여 향후 군 장병의 자살 감소에 크게 기여할 수 있을 것으로 보인다.

2008년 1월, 미 국방부의 자살 사고 기록(DoD Suicide Event Report: DoDSER) 체계가 구축되었다. 이 체계는 미 해군성 자살 사건 기록을 대체한 것으로, 이를 통해 최초로 표준화된 육·해·공 3군의 자살 관련 자료를 활용할 수 있게 되었다(Defense Centers of Excellence, 2010). 미 국방부 자살 사고 기록은 자살 시도자 및 자살자와 관련된 자료를 수집하였고, 해군 현역 장병뿐만 아니라 육군, 공군, 해안 경비대원의 자료에 이르기까지 다양한 자료를 탑재하였다. 또한 2009년 8월 국립 원격의료 및 기술센터(National Center for Telehealth & Technology: T2)는 프로그램을 수정하고 보안성을 보다 강화했으며 해당 사이트에 접속하면 다음과 같은 사항을 제공하고 있다.

- 현재 상황에 대한 묘사
- 다음 사항에 대한 추세 및 패턴 분석
  - 자살
  - 자살 행동과 모집단 간의 비교
  - 군과 민간의 사례 비교
- 군인에게만 해당하는 특수한 위험 요인 분석
- 적용 가능한 해결 방안
- 프로그램 및 정책의 실효성 평가
- 주요 지휘관에게 양질의 정보 제공

각 군 기관의 자료가 통합된 미 국방부 자살 사고 기록은 각 군 기관별로 관련된 내용을 상호 비교, 검토할 수 있게 되었다는 점에서 중대한 발전을 이루었다. 지금은 이러한 각 군 통합 감시 프로그램과 데이터베이스뿐만 아니라 표준화된 자료 수집절차를 갖추고 있고, 몇몇 주요 위험 요인에 대해서는 각 군 기관별로 상호 비교, 검토가 가능하다. 이러한 자료는 전 군에서 자유롭게 열람할 수 있기 때문에 연구원과 자살 예방 프로그램 평가자와 정책 수립자들에게 큰 도움이 되고 있다. 또한 이를 통해 장병의 자살률을 민간인에 비해 낮은 수준으로 유지하는 데 발생하는 여러 어려운 문제와 제한점을 극복하는 데 도움이 될 것으로 보인다. 해당 자료는 군 장병의 자살 예방 노력을 위한 보다 발전적이고 향상된 정보를 제공할 것이다.

자살 예방 및 치료기관에 관한 논점

자살예방기관

자살 예방은 정신과 전문가들의 최우선 과제라고 할 수 있다. 특히 군 정신과 전문의는 전투를 주 임무로 하는 여군 및 남군 특유의 스트레스 요인을 고려해야 한다. 군 핵심 간부들과 심리학자, 정신과 의사, 임상 사회복지사와 같은 다양한 배경을 가진 민간 분야 정신과 전문의들은 전 세계 곳곳의 군 내 또는 군외 기관을 통해 장병들을 지원하고 있다. 하지만 종종 정신건강과 관련한 전문적인 의료 지원에 대한 요구사항은 군에서 가용한 지원의 범위를 넘어서기도 한다. 어떤 현역 장병들은 정신과 군의관에게서 치료를 받는 것을 선호하지만, 어떤 장병들은 군 내에서 정신건강 치료를 받는 것을 불편해하기도 한다. 장병들에게 폭 넓은 정신건강 지원을 보장하기 위하여 미 국방부는 장병의 건강 증진을 위한 3개의 정신건강 지원기구를 발족하였다. 그것은 밀리터리 원소스(Military OneSource, 2011), 국방 심리 건강과 외상성 뇌손상 연구본부(Defense Centers of Excellence for Psychological Health and Traumatic Brain Injury, 2011), 국립 자살 예방 핫라인(National Suicide Prevention Lifeline, 2011)이다. 이 3개 정신건강 지원기관은 24시간 동안 전화 상담, 이메일, 실시간 채팅 서비스를 지원하고 있다.

밀리터리 원소스는 별개의 웹 사이트와 독립된 전화 지원 채널을 구성하여 전 군인을 대상으로 폭 넓은 서비스를 제공하고 있다. 또한 밀리터리 원소스는 한 곳에서 모든 지원을 할 수 있는 이른바 원스톱 서비스를 제공하기 위해 노력하고 있으며, 현역, 예비역, 경비대원 및 군 가족 등 모든 군 관련자에게 서비스를 지원하고 있다. 군인 및 군 가족은 www.military-onesource.com에 접속하거나 무료 전화(1-800-342-9647)를 통해 연중무휴 24시간 지원을 받을 수 있다. 밀리터리 원소스는 정신건강에 대한 지원과 더불어 부대 재배치에서부터 양육 지원에 이르기까지 다양한 서비스를 제공하고 있다. 미 국방부의 자살 예방 노력과 직접적인 관련이 있는 밀리터리 원소스의 상담원은 24시간 동안 언제든지 군인을 대상으로 적절한 지원기관을 안내해 준다. 장병들은 민간 정신과 전문의들로부터 12회의 무료 상담을 받을 수 있고, 11회는 1대1 개인 상담이 가능하다. 이는 장병 및 군 가족이 적절한 군 내 치료센터를 찾을 수 없거나 군 내 치료보다는 군외의 민간 치료를 받고 싶어 하는 경우 크게 도움이 되고 있다.

미 국방부는 2007년에 국방 심리적 건강과 외상성 뇌손상 연구본부(The Defense Centers of Excellence for Psychological Health and Traumatic Brain Injury)를 설립하였다. 이 기관의 주요 임무는 장병과 군 가족을 대상으로 심리적 건강 증진과 외상성 뇌 손상을 치료하는 것에 있다. 이 기관이 선택한 주요 전략은 다수의 군 및 외부 단체와 더불어 장병 및 군 가족에게 도움이 될 것이라고 생각되는 갖가지 정책과 절차, 연구의 발의 및 임상 시험을 시행하는 것이다. 이 기관의 노력으로 장병의 정신 건강 증진은 물론 외상성 뇌손상 치료의 발전 등 많은 영역에 긍정적인 영향을 미쳤다. 이 기관은 www.dcoe.health.mil에 접속하거나 24시간 지원 센터인(1-866-966-1020) 연결을 통해 이용할 수 있다.

미 국방부가 정식으로 승인한 '국립 자살 예방 핫라인'은 자살을 생각하고 있거나 정서장애에 시달리는 장병 등에게 비밀 보장 24시간 무료 전화 서비스를 제공하고 있다. 전화번호는 '1-800-273-TALK (8255)'이며, 전화를 하면 자동으로 가장 인근의 위기조치 시설에 연결되어 전화상담을 진행하고 해당 지역의 전문가를 소개시켜 준다. 퇴역 군인과 현역 군인은 '1번'을 누르면 미 국방부에서 공식 승인한 뉴욕의 캐넌다이구아 소재의 퇴역 군인 지원센터(Veteran's Affairs Center of Excellence)'로 연결된다.

군 통합 서비스 지원 노력

장애 장병 관리를 위한 지휘관 지침

자살 예방 및 위험 감소 위원회가 제공하는 주요 혜택 중 하나는 서비스 자원을 상호 공유하는 것이다. 미 공군은 지휘관의 장병 고충 처리 지침을 만들었다. 이 지침을 요약하면, 장병이 처한 위기 상황과 활용 가능한 지원기관에 대한 지휘관의 이해를 높이고, 각 문제 상황별로 적용 가능한 지원 지침과 동료 간 격려 및 자기관리 전략을 향상하는 기술을 습득하며, 이를 통해 임무 수행 준비태세에 만전을 기하게 하는 것이다. 이 지휘관 지침은 자살 예방을 위한 전반적인 기준을 확립하였다는 점에서 큰 성과를 거둔 것으로 평가된다. 미 해군과 해병대는 공군을 모델로 하여 각 군의 특성에 맞는 지휘관 지침을 마련했다. 해병대의 경우 해병대 문화에 보다 적합하도록 해당 지침을 수정하고 역동적인 웹 사이트를 개발하였다. 각 군 간의 협력으로 얻을 수 있는 이점에 대한 예로는, 해군은 공군과 해병대의 장점을 벤치마킹하여 웹 사이트를 개편하여 해군 문화에 더 적합하도록 개발하였다. 육군은 독자적인 지휘관 행동지침을 개발하지 않고, 해병대의 자살 예방지침을 수정하여 지휘관 행동지침을 만들었다. 각 군의 특성에 맞도록 개발된 지침에서 공통적으로 발견되는 점은 다음과 같다. 먼저, 지휘관이 소속 장병에게 문제가 있다는 것을 인식하면 그 문제와 관련하여 적절한 도움을 주어야 한다는 것이다. 각 군의 지휘관 지침은 참고문헌을 열람하여 확인하기 바란다: U.S. Air Force(2011a, 2011b), U.S. Army (2011), U.S. Marine Corps(2011), U.S. Navy(2011).

최전방 지휘자 교육: PRESS 모델

2006년 텍사스 주 산안토니오에서는 공군의 초청을 받은 4개 군 전문기관 및 민간 전문가가 모여 장병들의 고충 해결과 자살 예방을 위한 합동 교육과정의 개발에 대해 논의하였다. 이를 통해 만들어진 '최전방 지휘자 교육(Frontline Supervisors Training)'은 중간 관리자 기능을 하는 초급 장교나 부사관 지휘자를 대상으로 한다. 자살은 다른 계급에 비해 나이가 어린 집단, 사병 집단, 분대장급 지휘관 계층에서 많이 발생하며, 이러한 위치에 있는 장병들은 다른 집단에 비해 고충이 많은 것으로 인식되고 있다. 그러나 해당 계급층은 일반적으로 대인관계 문제를 관리할 수 있는 교육을 거의 받지 못한 것이 사실이다. 이러한 이유로 '최전방 지휘자 교육' 과정이 만들어졌으며, 이 교육 과정에서는 PRESS 모델을 제시하고 있다. PRESS 모델은 우선 부하를 이해하는 '준비(Prepare)' 단계, 고충의 징후를 포착하는 '인식(Recognize)' 단계, 부하 스스로 자신의 고충을 이해하는 '참여(Engage)' 단계, 부하에게 도움을 주는 '실행(Send)' 단계, 마지막으로 실행 이후 계속해서 관심을 보이는 '유지(Sustain)' 단계로 구성되어 있다. 이러한 서비스를 제공하는 목적은 각 군 특유의 문화를 존중하면서 각 군 장병에게 최상의 교육을 제공하고, 해당 군 실정에 맞는 절차를 통해 직접 실행하는 것에 있다. 공군의 교육 매뉴얼은 인터넷을 통해 확인할 수 있다(U.S. Air Force, 2011a, 2011b).

명명법

자살에 관한 **명명법**(Nomenclature)은 수십 년간 난제로 여겨져 왔으며 이와 관련하여 심리학 학술지인 「바벨탑(Tower of Babel)」에서 대략적인 윤곽을 제시하였다(O'Carroll et al., 1996; Silverman, Berman, Sanddal, O'Carroll, & Joiner, 2007).

> **역자 Tip**
>
> **명명법**(命名法, Nomenclature)은 특별한 대상에 이름을 붙이고 부르는 방식이다. 일반적으로 규칙과 약속에 따라 정해지며, 그때의 규약을 명명규약(命名規約)이라고 부른다.

2009년 미 국방부와 보훈보건행정위원회(VA Health Executive Council)의 전략은 국방부와 보훈보건행정위에서 자살 사고 보고에 대한 표준화된 명명체계를 결정하도록 위임받는 것이었다(VA/DoD, 2009). 이에 따라 자살 예방 및 위험 감소 위원회, 재향 군인 자살예방사무처(VA National Suicide Prevention Office), 군대 검시관 산하 사망자 감시처(Mortality Surveillance Division Office of the Armed Forces Medical Examiner), 질병관리본부(CDC)가 이 업무를 담당하게 되었으며, 이를 위해 자기 주도적 폭행 분류 체계(self-directed violence classification system)를 활용하는 시스템을 구축하였다(Brenner, 2010; U.S. Department of Defense Task Force, 2010). 국방부, 보훈처 및 질병관리본부는 다음과 같은 용어를 사용하기로 합의함으로써 기관 내부뿐 아니라 기관 상호 간에 극적으로 일관성을 기하는 데 성공하였다. 그러한 용어로는 비자살 목적의 자기주도적 폭력 생각(nonsuicidal self-directed violence ideation), 자살 생각(suicidal ideation), 자기주도적 폭력(self-directed violence), 비자살 목적의 자기주도적 폭력(nonsuicidal self-directed violence), 우발적 자기주도 폭력(undetermined self-directed violence), 자살 목적 자기주도 폭력(suicidal self-directed violence), 자살 시도(suicide attempt), 자살(suicide), 자살 의도(suicidal intent), 준비 행동(preparatory behavior), 신체 손상(physical injury), 타인에 의한 자기주도 폭력 중단(interrupted self-directed violence by another), 자신에 의한 자기주도 폭력 중단(interrupted self-directed violence by self), 치명상(fatal)이 있다.

각 군 기관별 정책

육군

육군은 위험 및 회복 탄력성과 관련하여 광범위한 분석을 시행하였다. 2010년 가을, 육군은 자살 위험 및 회복 탄력성 평가 연구(Study to Assess Risk and Resilience of Suicide: STARRS)를 시작하였으며 이 프로젝트는 2014년까지 진행되었다. 이전까지 육군의 자살률은 민간인에 비해 낮은 수준을 보였으나, 2002년부터 자살률이 증가하기 시작하여 2007년, 2008년, 2009년에 걸쳐 연속으로 해마다 사상 최고치를 경신하였다(Army STARRS, 2010). 육군은 이러한 자살 위험에 대응하기 위해 국립 정신건강연구원(National Institute of Mental Health)에 요청하여 심리적 회복 탄력성, 정신건강, 장병의 자해 위험에 대해 자문을 구했다. 그 결과, 다양한 군기관 및 민간기관의 전문가로 구성된 연구팀을 신설하고 모두 4개 분야(역사적인 자료, 신병, 모든 육군 장병, 장병의 건강 결과)에 대한 연구를 하게 되었다. 이러한 4개 분야에 대한 연구를 통해 각자의 직무 분야에서 근무하는 장병의 위험 및 보호 요인을 알아내고, 건강 및 행동에 영향을 미치는 특성, 사건, 경험, 노출을 확인하고자 했다.

미 육군은 2009년 육군 장병 자살 예방 대책위원회(Army Task Force on Suicide Prevention)를 구성하여 자살률 증가 원인에 대한 즉각적인 해답을 구하고자 했다. 이 위원회는 미 육군성 장관의 직속 책임기관으로서, 여러 학문 분야의 전문가로 구성된 임시 기구였다. 육군 장병 자살 예방 대책위원회는 장병의 건강 증진, 자살 위험 감소, 자살 예방을 위한 모든 노력을 통합하고 집중시키기 위한 계획을 추진하였다.

또한 육군은 병사들을 위한 '전선의 이면(Beyond the Front)'이라는 아주 특별하고 새로운 방식의 쌍방향식 상호작용 비디오를 제작, 발표하였다(WILL Interactive, 2011). 이 영상물은 장병들에게 쌍방향 상호작용을 체험하여 각각의 상황에 맞는 적절한 의사결정을 할 수 있게 하였다. 이 영상물의 제작 목적은 병사들이 올바른 선택을 함으로써 자살을 예방하고 낙인 효과를 저지하며 심리적 회복 탄력성을 높이는 데 있다.

해병대

미 해병대는 '해병은 절대 전우를 두고 떠나지 않는다(Never Leave a Marine Behind, 2011)'라는 프로그램을 기획하고 실행하였다. 이 자살 예방 프로그램은 계급에 따라 맞춤형으로 구성되어 있으며, 2009년 부사관을 대상으로 첫 번째 과정을 시행하여 매우 긍정적인 결과를 얻었다. 상호작용, 과정 참여도, 기억 상기에 역점을 두어 2010년에는 훈련병, 이등병, 일등병을 대상으로, 2011년에는 부사관, 장교, 군 가족을 대상으로 프로그램을 진행하였다.

해병대 장병은 밀리터리 원소스뿐만 아니라 신설된 D-스트레스 핫라인(D-Stress Hotline)에도 도움을 요청할 수 있다. 밀리터리 원소스나 국립 자살 예방 핫라인의 상담관들이 해병대 특유의 문화를 잘 이해하지 못해 해병들이 해당 기관에 전화하는 것을 기피하자, 해병대는 D-스트레스 핫라인을 개설하여 해병대원을 보호하고 있다. D-스트레스 핫라인에는 전직 해병대원들이 상담요원으로 근무하는데, 해병대 장병들은 상담을 받는 즉시 안도감과 전우애를 느끼게 된다고 한다. 이 프로그램은 미국 서부 지방에서 시험연구 조사를 거쳤으며 충분히 성공적이라고 판단될 경우 전 세계로 보급될 예정이다.

'임무 수행 스트레스 관리 및 준비 태세 확립(Operational Stress Control & Readiness: OSCAR, 2006)' 프로그램은 1999년 노스캐롤라이나의 르준 캠프에서 처음 시행되었으며, 2003년 전 해병대로 확대 보급되었다. 이 프로그램은 보병 연대, 비행단, 군수단급 부대에서 근무하는 심리학자와 정신과 의사가 상호 협력하여 진행한다. 부대 단위별로 항시 정신건강 지원이 가능하게 함으로써 복무 중 또는 전역 이후에도 낙인 효과를 방지하고 정신건강에 대한 관심 및 치료 지원의 접근성을 높였다. 이 프로그램은 종래의 진료에 기반한 심리치료와는 약간 다른 개념으로 봉사 및 지원 활동에 많은 시간을 할애한다. 이 프로그램의 기본 원칙은 해병대 장병이 군 복무 시작부터 군복무를 마칠 때까지 최대한 가까이에서 가능한 모든 지원을 하는 것이다.

해 군

미 해군은 2010년 4월, 기존의 '최전방 지휘자 교육과정(Frontline Supervisors Training)'에 포괄적인 자살 예방 프로그램을 추가하여 이를 보완하였다. 이 프로그램의 참석자들은 우선 사례학습을 하고 새로운 자살 예방 동영상인 '자살 예방: 자살 생존자의 메시지(Suicide Prevention: A Message from Survivors)'를 시청한다. 이 동영상은 자살 생존자와 자살 시도자를 죽음으로부터 구한 동료의 인터뷰 내용이며, 소규모 집단 토의 주제로 활용하고 있다.

또한 2012년 미 해군은 모든 가용 자원에 대한 정보와 함께 함장의 리더십을 향상하기 위해 '자살에 대한 인식 및 예방 워크숍(Suicide Awareness and Prevention Workshops)'을 여러 차례 개최하였다. 이러한 워크숍의 목적은 자살 예방 및 인식에 관한 정책을 수립하고 이의 시행을 제도화하려는 것이었다. 이러한 노력의 결과, 해군 본부는 발전적인 자살 예방 제도를 마련하고 이를 효과적으로 전 조직에 보급할 수 있었다.

미 해군의 전투 및 임무 수행 스트레스 관리 본부(Naval Center for Combat & Operational Stress Control: NCCOSC, 2011)는 최근에 신설된 미 해군 의료 및 수술 부서(U.S. Navy Bureau of Medicine and Surgery)의 하위 기구로써 심리적 회복 탄력성, PTSD 및 외상성 뇌손상 치료를 장려하기 위해 설립되었다. 이 기관의 주요 임무는 수병, 해병 및 군 가족을 대상으로 더 큰 문제가 발생하기 전에 스트레스 징후를 인식하고 치료하는 방법을 가르치는 것에 있다.

공 군

미 공군은 자살 예방 프로그램에 있어서 매우 많은 성공 사례를 보이고 있으며 해당 분야의 선구자 역할을 수행해 왔다(Jones et al., 2006). 1996년 처음 자살 예방 프로그램을 시행한 이후로 수년간 많은 자살률 감소 실적을 기록하였다(Knox et al., 2003). 2010년, 미 공군은 증가하는 자살률을 방지하기 위하여 전 공군 장병을 대상으로 반일 '영내 휴무(Wingman Stand-Down)'와 자살 예방 프로그램을 충실히 시행할 것을 재강조하는 지휘관 주관의 교육을 실시하였다. 이러한 행사 이후 미 공군은 각 계급별로 자살 예방 및 심리적 회복 탄력성 향상 교육을 실시하였다. 전 공군 장병은 매년 컴퓨터를 이용한 자살예방 교육을 받으며, 군사 보안 및 법 집행 관련 부서원들은 타 직군 장병에 비해 자살률이 2배가량 높으므로(Helmkamp, 1996) 그러한 보직을 수행하는 장병에 대해서는 반드시 면담 교육을 시행하도록 하고 있다. 위험 직군에 종사하는 지휘자 또한 반드시 '최전방 지휘자 교육(Frontline Supervisors Training)' 과정을 수료해야 한다(U.S. Air Force, 2011b). 한편 미 공군은 쌍방향 상호작용 동영상을 다수 제작하였는데, 해당 동영상은 비밀 임무, 항공기 정비 업무, 정보 업무 등 다양한 임무 수행 환경 및 가정에서 발생할 수 있는 문제와 관련한 자살 위험 요인을 묘사하고 있다.

자살 환자의 임상적 관리

정신건강 분야에 종사하는 임상의들은 자살 환자를 가장 흔히 목격하게 되며, 정신과 전문가들 사이에서 가장 스트레스를 많이 받는 업무로 꼽히는 것이 바로 자살 환자 관리 업무다(Berman & Jobes, 1991). Bongar(2002)의 연구에 의하면, 수습생 기간 동안 담당 환자 7명 중 1명이 자살하였으며, 직업별로 살펴보면 심리학자의 경우 평생 3명에 1명, 정신과 의사는 평생 2명에 1명꼴로 담당 환자가 자살에 이르는 경험을 한다고 한다. Bongar는 담당 환자의 자살은 임상의에게 상당한 직업상의 위험을 초래한다는 점을 교육 프로그램을 통해 전달해야 한다고 주장하였다. 만약 자살이 공공 보건의 위협요인이라면, 임상의는 담당 환자가 자살을 할 수 있다는 사실을 항상 인식하고 있어야 하며, 특히 포격지대, 격오지, 선상 근무, 해외 근무와 같이 어려운 환경에서 근무를 하는 경우 더욱더 이러한 자살 위험 신호에 유의하여 근무하여야 한다(Johnson & Kennedy, 2010). 전투 부대원을 위하여 군 정신과 전문의들은 반드시 임상 치료 및 자살 위험 관리의 전문가가 되어야 한다. 이와 관련하여 공군의 자살환자를 관리하는 임상병리학자의 자신감을 고취시키기 위한 교육 내용은 Oordt 등(2005)의 연구를 참조하면 도움이 될 것이다.

장병들은 때때로 위험 요인이 증가하였거나 절박한 상황에 놓여 있는 경우에도 자발적으로 정신건강 서비스를 받으려 하지 않는 경우가 있다. 이때 지휘관은 해당 장병에게 정기적인 검사나 응급 진단을 받도록 명령해야 한다(DoD, 1997a, 1997b). 이러한 경우 담당 임상의는 해당 지휘관을 자문하여 환자의 안전성, 행동, 관련 문서를 확보하는 등 철저한 평가를 진행하여, 군외 치료를 받게 할 것인지 군 내 입원 진료를 할 것인지를 결정해야 하고 현역 복무 적합 여부를 판단해야 한다. 자살 충동 장병은 보통 지휘계통, 동료 및 군종 장교 등에 의해 발견되고 군 치료시설로 보내져 진단을 받는다. 전선에 배치된 장병은 즉각적인 임상 진료가 불가능한 경우가 많으므로, 이러한 경우에는 일반적으로 정신과 의사의 진료나 높은 수준의 진료가 가능한 해당 지역의 전투 스트레스 관리팀 혹은 정신과 전문병원 등으로 후송되기 이전에 주위의 동료, 위생병, 군의관 및 군종 장교 등을 통해 증상이 발견되고 관리가 이루어지는 경우가 대부분이다.

지금부터는 자살 위험을 줄이고 응급 정신질환에 대처하기 위해 지휘관 및 전문의들이 활용할 수 있는 다른 병원으로의 위탁절차, 안전 조치, 치료 전략에 대해 알아보도록 한다. 또한 문제 식별 및 위탁, 면담과 자문에 의한 임상 자료, 진단 계획 수립, 위험 판정, 적절한 치료 수준에 관해 설명하겠으며, 마지막 부분에서는 해당 업무 및 현역 복무 적합 여부와 관련하여 지휘관과 면담한 자료를 살펴보도록 한다.

문제 식별 및 위탁

군 자살 예방 프로그램의 근간이 되는 것은 군 장병의 '최초 대처자'로서 기능하는 지휘관 또는 학교장이나 기관장과 같은 지역사회 대표, 동료, 가족에 대해 교육을 하는 것이다. 최초 대처자란 해당 장병의 자살 위험을 인식하고 적절한 지원을 하여 자살 위험을 감소시키는 역할을 해야 하는 사람을 말한다. 일반적으로 가족 구성원, 동일 부서에 근무하는 동료와 자살 위험에 있는 사람을 가까이에서 관찰하고 소통할 수 있는 사람이 최초 대처자가 되는 경우가 많다. 그런데 문제점은 어떤 이가 자살 위험에 빠졌을 때, 대부분의 최초 대처자는 그들의 위험 수준에 대해 즉각적으로 판단할 수 없다는 것이다. 가령 동료가 최초 대처자가 되었을 경우, 자살 위험자가 해당 직무에 불만이 있다는 사실만 알고 있을 뿐, 그가 이전에 자살을 시도해 본 경험이 있다거나 자살 또는 우울증의 가족력이 있다는 사실은 알지 못하는 경우가 많다. 자살 시도자의 80% 이상은 자살을 시도하기 전에 단서가 될 만한 행동을 보인다는 점을 감안할 때(Berman & Jobes, 1991), 자살을 하고 싶다고 말하는 이를 진지하게 바라보고 관심을 갖는 것이 자살 예방의 핵심이라 하겠다. 자살 예방을 위해 필수적인 요소는 최초 대처자의 질문에 대한 자살 위험자의 반응을 살펴보는 것이다. 최초 대처자 역할을 하는 장병들을 위한 여러 교육 프로그램이 마련되어 있다. 예를 들어, 미 공군은 자살 위험자로 여겨지는 사람을 지원할 수 있는 행동 요령을 LINK라는 약자로 표기하고 있다. '그들의 걱정을 관심 있게 관찰하고(Look), 그들의 걱정에 대해 물어보며(Inquire), 그들의 위험 수준이 어느 정도인지에 주목하고(Note), 추천기관 및 대처 방법에 대해 숙지하라(Know)'가 그것이다(Staal, 2001; U.S. Department of the Air Force, 2003b). 현재 자살 위험에 처해있다고 판단되는 사람은 즉시 전문의에게 적절한 치료를 받아야 한다. 미 육군은 자살 위험자의 동료 장병에 대한 행동강령으로 약자 ACE를 제시한다. 이는 '관심을 가지고 관찰하고(Act), 보살피며(Care), 보호하라(Escort)'는 뜻을 담고 있다(U.S. Army Public Health Command, 2009).

LINK 및 ACE의 행동 요령은 최초 응답자가 문제 상황을 인식하고 관련 전문기관의 위탁을 통해 자살 위험자의 위험 수준을 파악하고 치료 방법을 찾을 수 있다는 점에서 매우 중요한 역할을 하고 있다. 이 행동 요령은 동료 및 가족 구성원이 환자에게 필요한 도움을 구함으로써 야기되는 환자의 낙인 효과를 없앨 수 있다. 문제 상황이 인식되면, 즉시 전문 자문기관에 위탁하는 절차를 시행하여 안전한 환경에서 환자를 치료해야 한다. 자살 예방의 핵심은 전문의에게 신속하게 연결하는 것에 달려 있다고 해도 과언이 아닐 것이다. 병원 근무, 선상 근무, 야외 훈련, 전투 임무 등 다양한 환경에 노출되어 있는 군 장병에 대한 위탁 단계의 핵심 요소는 다음과 같다. 첫째, 위험에 처한 개인을 식별하고, 둘째로 군종 장교나 군의관과 같은 전문가에게 인계하고 지휘계통에 보고하며, 셋째는 의학적 소견을 받은 후(예를 들어, 진단, 응급실 방문, 전문적인 자문 등), 넷째는 정신건강 자문을 진행하고 판정을 받아야 한다

(예를 들어, 안전성 판정, 치료수준 결정, 문제점에 대해 지휘계통에 연락하는 것 등).

중요 평가자료 수집

군 특유의 독특한 환경으로 군 내에서는 많이 발견된 사례라고 할지라도 군 외부 민간 영역에서 그러한 사례를 찾아볼 수 없는 경우에는 환자 치료에 어려움을 겪을 수 있다. 이러한 경우는 비좁은 장소, 무거운 책임감, 항상 동료와 지휘관의 가시권 내에 있는 상황이거나 특히 전방에 근무하는 상황이다. 이럴 경우에는 해당 장병에 대한 인터뷰 및 자문 기록이 위험 수준을 판단하는 데 중요한 요소로 작용한다(Payne, Hill, & Johnson, 2008). 이전의 정신질환 병력이나 의료 기록도 귀중한 자료인데, 이는 현재 군 장병과 가족의 의료 기록을 전자 시스템에 탑재하고 있어 쉽게 열람할 수 있다. 이 시스템은 '장병 건강 종적 자료 응용 프로그램(Armed Forces Health Longitudinal Technology Application: AHLTA)'이라고 하며, 대부분의 국내 및 해외에 소재한 군 의료기관에서 접속이 가능하다. 따라서 임상 전문의는 AHLTA 및 '작전 지역 의료 기록 보관소(Theater Medical Data Store)'를 통해 전장 지역에서도 의료 기록을 열람할 수 있게 되었다.

자살 위험에 처해 있는 장병을 올바르게 식별하고 관련 기관에 위탁한 후에는 증상의 진단, 위험 수준 및 치료 방법(예를 들어, 외래 진료가 적정한가? 혹은 군 내 진료가 적정한가?)을 결정할 때 환자의 어떠한 정보가 가장 중요한지에 관해 생각해 보아야 한다. 장병을 모집단으로 한 연구를 포함하여 자살 위험 평가에 관한 해답을 찾기 위해 상당히 광범위한 다수의 연구가 진행되었다. 실제로 Shaffer(1997)는 1980년대와 90년대 초기의 군대 교육 프로그램은 자살 관련 진술이나 자살 시도 경험과 같은 높은 자살 위험 요인과 금전적 문제 또는 대인관계 문제와 같은 낮은 자살 위험 요인 상호 간에 가중치를 매기는 등의 차이를 두지 않았다는 점을 비판하였다. 즉, 가중치를 부여하지 않고 장황하게 경고 목록만을 제시하였기 때문에 자살 시도 경험, 현재의 자살 생각, 우울증 병력과 같은 중요한 위험 요인을 발견하는 데 어려움을 겪을 수밖에 없었다.

주요 자살 위험 요인에 대한 자료를 수집하였더라도 자살 시도 및 자살에 대한 장기적 예측을 하는 데 적용 가능한 불변의 통계적 기준은 없다(Bongar, 2002, p. 88). 즉, 위험 평가에 필요한 중요한 자료를 어떻게 얻을 수 있을지에 대해 고민하여야 한다는 것이다. 이에 대한 대안으로는, 양질의 인터뷰를 진행하여 위험 평가에 필요한 중요 자료를 획득하는 방안을 들 수 있겠다(Rosenberg, 1999; Shea, 1998). 양질의 인터뷰를 진행하기 위해서는 다음과 같은 구성 요소가 필요하다. 첫째는 현재의 문제점을 식별할 수 있는 정보와 관련된 사실을 파악하고, 둘째는 의료, 정신질환, 약물 처방, 사회 및 가족 관련 자료와 같은 과거 자료를 수집하며, 셋째는 정신건강 검진을 수행하여 우울증, 불안증, 약물 사용, 정신병 여부를 판단하고, 넷째는 주요 위험 및 보호 요인에 대한 구체적인 정보를 끌어내며, 다섯째는 과거의 행동 전력, 현재의 생각, 자해 의도 및 자해 수단에의 접근성과 같이 특별히 자살과 관련된 문제들을 조사할 필요가 있고, 여섯째는 안전한 상태에서 진단과 치료를 할 수 있도록 하며, 일곱째는 위험 수준을 평가하고 나면 입원 치료를 할 것인지 혹은 통원 치료를 할 것인지 등 치료 수준과 후속조치를 결정하는 것이다.

최근 몇 년간 자살학자들은 자문, 교육 심포지엄, 연구에 매진하여 미 국방부의 자살 평가와 관련된 교육이 향상되도록 하였다. 위험 평가에 관한 정책 및 지침을 살펴보면, 우선 군 정신 건강 전문의들로 하여금 자신 또는 타인에게 상해를 입힐 우려가 있는 환자에 대해 세심한 주의를 기울이도록 의무를 부과하였다. 이러한 윤리적·법적 의무는 미국 정신의학회, 미국 심리학회와 같은 타 전문 정부기관에서도 널리 채택된 규범이다. 또한 미 국방부 규정에 의하면, 환자가 급박한 위험에 처해 있다는 정신과적 평가를 할 수 있는 권한은 자격증을 발부받은 국방부 소속의 심리학자, 정신의학자와 박사학위 수준의 사회사업가에게 있다. 그러나 현실적으로는 일반 군의관, 음주 문제 상담관, 군종 장교, 정신의학 종사자, 응급실 직원에 의해 최초 평가가 이루어지고 있다. 미 국방부 규정 6490.4(DoD, 1997a)에 따르면 정신건강을 평가할 때에는 진료 기록, 정신상태조사서, 자살 및 살해 위험을 평가하여야 하고, 가능하다면 심리 검진과 건강 검진 기록, 그리고 진단 기록, 치료 및 행정 처리 기록을 반드시 포함해야 한다고 규정하고 있다. 국방부의 자살 위험 평가에 대한 세부 규정에 관해서는 잠시 후에 살펴보도록 하겠다.

위험 평가의 방법론에 관한 다수의 문헌은 자료 수집, 위험 요인에 관한 정보, 임상적 의사결정 과정에 초점을 맞추고 있으며, 자살에 초점을 둔 임상적 인터뷰에는 별 관심을 기울이지 않은 것이 사실이다. 그러한 인터뷰 자료를 수집하기 위해서는 환자에 대한 특별한 관심과 함께 환자 및 환자 가족, 동료, 지휘관 등과 같은 주변 인물들을 통해 자살과 관련한 중요 정보를 지속적으로 획득하려는 노력을 기울여야 한다. 자살 관리를 위한 첫 번째 단계는 바로 환자와 작업 동맹(working alliance) 관계를 형성하는 것이다(Kleespies, Deleppo, Gallagher, & Niles, 1999). Shea는 "인터뷰 도중 자살과 관련한 중요 정보를 포착하는 순간, 앞에 있는 환자는 이미 죽음에 임박해 있다는 사실을 알아야 한다."라고 했다(Shea, 1998, p. 444). 인터뷰 진행자는 자살과 같은 어려운 문제에 대해서도 편안하게 대화를 진행해야 하며, 이를 통해 환자는 희망을 갖게 되고, 비록 지금 고통스럽고 절망적이지만 삶의 긍정적인 측면을 봄으로써 자살을 택하지 않도록 할 수 있는 것이다. 환자로부터 현재 자살 생각을 갖고 있는지와 만약에 갖고 있다면 그 수준이 어느 정도인지를 알아볼 수 있는 실질적인 방법론 중 하나는 바로 '자살 사건 연대 분석(Chronological Assessment of Suicide Events: CASE)' 방법이다. 임상의는 CASE 방법론(Shea, 1998)을 활용하여 4개 영역에 대해 질의를 하여 구조화된 중요 정보를 수집할 수 있다. 해당 4개 영역은 다음과 같다. 첫째는 자살성 사고 및 자살 사건, 둘째는 최근 자살성 사고 여부와 지난 2개월 이전에 있었던 일, 셋째는 자살 사고 전력(최소 2개월 이상), 넷째는 지금 무엇을 생각하고 있는지와 향후 계획이다. 미국방부는 자살 생각, 자살 의도, 자살 계획, 자살 행동, 자살 시도에 대해 CASE 방법론을 적용하여 구조화된 인터뷰 설문을 만드는 데 많은 도움을 받았다. 다음은 해당 인터뷰 설문 내용이다.

자살 생각 또는 자살 사건

잠재적으로 자살 생각을 가진 환자에 대한 설문지

- "자살 및 자해에 대해 어떻게 생각합니까?"
- "얼마나 오랫동안 자살 및 자해에 대해 생각했습니까?"
- "죽고 싶나요?"
- "자살을 위한 구체적인 방법을 생각했나요? 자해를 할 것인가요? 아니면 사고가 났을 때 그냥 가만히 있을 건가요? 혹은 일부러 사고를 당할 건가요?"
- "자살을 위한 무기나 기타 다른 방법에 접근할 수 있습니까?"

자살 시도 경험이 있는 환자에 대한 설문지

- "자살이나 자해를 위해 어떤 방법을 사용했나요?" (여기서는 구체적인 정보를 얻어야 한다. 가령, 약물 및 알코올 복용량, 상처의 종류 등)
- "자살 시도를 유발한 특정 스트레스 요인은 무엇이었습니까?"
- "죽을 생각이었습니까?"
- "자살 시도를 위해 얼마나 오랫동안 계획했습니까?"
- "죽음에 이르기 전에 어떻게 발견됐나요? 병원에는 어떻게 후송되었나요?"
- "지금 살아 있는 것에 대해 어떻게 생각합니까?"

지난 1달에서 2달 사이 자살 사건

- "지난 두 달 동안 자살에 대해 생각해 본 적이 있습니까?"
- "해당 기간 동안 자살 시도를 한 적이 있습니까?"
- "지난 한 달 동안 하루에 몇 번 정도 자살에 대해 생각했나요?"
- "자신의 죽음으로 인해 어떤 일이 벌어질지 혹은 어떤 성취를 거둘 수 있을지 생각해 보았습니까?"

자살 사건 전력(최근 두 달 이전)

- "유년기와 청소년기를 포함해서 자살 시도를 해 본 적이 있습니까?"
- "그렇다면 어떠한 시도를 했나요? 몇 번 시도했었죠? 그리고 자살 시도로 인해 얼마나 심각한 부상을 당했나요? 병원에 입원했나요? 정말로 죽고 싶었습니까?"
- "과거에 자살에 대해 생각해 본 적이 있나요? 그 당시 상황은 어땠나요?"
- "가족이나 친구가 자살 시도를 하거나 실제로 자살을 한 적이 있나요? 만약 그렇다면 누가 언제 그런 행동을 했죠?"

현재의 생각

- "지금 자살에 대한 생각을 하고 있나요?"
- "오늘이나 내일 자살 충동을 느낀다면 무엇을 할 것인가요?"
- "자살이나 자해를 하지 않는다는 것을 내용으로 하는 안전 계약을 체결할 것입니까?" 환자가 그렇다고 대답하면 환자의 서면 동의서를 받는다(자살을 하지 않는다는 것을 내용으로 하는 안전 계약 체결이 가지는 위험성과 기대 효과에 대해서는 Bongar(2002)를 참조). 환자가 체결하지 않을 것이라고 대답하면 환자의 위험 수준을 판단하여 정신병원 입원 여부에 관해 자문을 받는다. 이 질문에 대한 응답을 통해 임상의들은 다음 단계인 진단, 위험 수준 평가, 치료수준 결정 단계로 나아갈 수 있다.

진단, 위험 산정, 치료 수준

군의 근무 환경은 민간인의 임상적 영역에서는 일반화되지 않은 여러 특징적인 위험 요인이 있기 때문에 면밀히 관찰해야 한다. 실제로 2007년의 '육군 자살 사건 보고서'에 의하면, 자살에 성공한 장병 중 4분의 1정도만이 정신질환을 가지고 있었다고 기록되어 있다. 대부분의 장병은 정신건강 진료소를 찾지 않으며, 자살행위 이전에 뚜렷한 스트레스 및 자살 경향을 보이지 않았던 것으로 나타났다(Hill, Johnson, & Barton, 2006; Payne et al., 2008). 이러한 사실은 정신병리학적 진단이나 자살 시도에 대한 주의가 부족하였던 탓으로 이에 대해 상당한 주의를 기울여 해석해야 한다는 사실을 보여 준다. 장병의 스트레스 요인은 대인관계나 결혼 생활과 관련하여 많이 발견된다. 또한 징계 처분과 자살 간에는 어느 정도 상관관계가 있다는 연구 결과도 있다(Hill et al., 2006). 반면, 부서원의 화합은 전투로 인한 스트레스(U.S. Department of the Army, 2006), 명령 복종에 대한 압박, 부자유스러운 환경, 규정 준수와 같은 조절 장애 및 자살 위험을 증가시키는 요인에 대한 심리적 회복 탄력성을 제고하는 주요 보호 요인으로 작용한다(Hill et al., 2006). 앞에서 언급한 위험 증가 요인들과 더불어 스트레스와 불만을 해소하기 힘든 전방 근무와 같은 환경이 혼합되었을 때는 자살 위험 평가 및 자살 발생 예측의 정확성이 떨어진다.

지금부터 민간 영역에 대해 살펴보겠다. 미국 정신의학회(American Psychiatric Association, 2000)는 '정신장애의 진단 및 통계편람(이하 DSM-IV-TR)'을 발표하였는데, DSM-IV-TR를 통해 군에서는 장병에 대한 체계적인 정신건강 진단의 틀이 갖추어졌다. 정신질환은 크게 '임상적 장애'와 '기타 장애'라는 두 가지 범주로 나뉘는데, 이에 해당하는 것이 DSM-IV-TR의 축 1(Axis I)과 축 2(Axis II)다. 장병에게서 흔히 발견되는 축 1 장애는 동료 간 대인관계 문제와 같은 'V 코드(심리학에서 V 코드는 임상적으로는 중요한 문제로 여겨지나 정신질환으로는 진단할 수 없는 경우에 부여하는 코드다. 이러한 코드는 DSM-IV-TR에 자세히 나와 있다)', 적응장애, PTSD를 포함한 불안 장애, 알코올 남용이나 의존증과 같은 약물 관련 장애, 기분장애, 정신 이상이다.

역자 Tip

DSM-IV-TR는 다음과 같은 다축적 진단체계를 제시하고 있다.

- 축 1(Axis I) **임상적 증후군**(clinical syndrome): 현재 나타나고 있는 주된 임상적 증상의 내용에 근거한 진단 차원
- 축 2(Axis II) **성격장애**(personality disorders), **정신지체**(mental retardation): 오랫동안 지속되어 온 성격적인 특성 및 지적 능력의 저하로 인해 적응상의 어려움을 나타내는 경우
- 축 3(Axis III) **일반적인 의학적 상태**(general medical conditions): 비정신적인 신체장애나 신체 증상을 진단
- 축 4(Axis IV) **심리사회적 및 환경적 문제**(psychosocial and environmental problems): 정신장애에 기여했다고 보이는 심리사회적 스트레스 요인을 기술
- 축 5(Axis V) **현재의 적응적 기능 수준**(current level of adaptive functioning): 적응 상태를 0~100점으로 평가하여 정신장애로 인한 환자의 적응 수준 저하도

축 2 장애인 인격장애는 심각한 사회적 · 직업적 장애를 초래하는 사고 및 행동 방식을 말한다. 자살로 사망한 성인의 90% 이상은 자살할 당시 정신장애가 있는 것으로 진단할 수도 있는 수준이었다는 사실로 인해, 민간 영역의 많은 학자는 정신장애 진단 결과를 위험 평가의 근거로 삼아야 한다고 주장하고 있다. Kleespies 등(1999)으로 구성된 학자가 다양한 자살 사망 사건을 연구한 결과에 따르면, 자살 위험 요인은 우울증이 50%, 알코올 및 약물 남용이 20~25%, 정신분열증이 10%인 것으로 나타났다. Duberstein과 Conwell(1997)은 다양한 연구 결과를 분석하여 축 2 장애를 가진 사람 중

30~40%가 자살에 이르렀다는 결론을 내릴 수 있었다. 또한 축 2에 해당하는 장애 중 경계선 성격장애와 반사회적 인격장애가 자살 위험과 가장 연관성이 높은 것으로 나타났다. 이러한 연구 자료를 종합적으로 판단해 보면, 축 1 장애와 축 2 장애가 동시에 발현되는 경우가 상당 부분 있는 것으로 생각할 수 있다(Kleespies et al., 1999).

Joiner, Walker, Rudd와 Jobes(1999)는 자살 위험을 평가하기 위해 현재 증상, 자살 시도 경험, 기타 위험 요인 및 보호 요인의 존재 여부에 대해 5개 등급으로 분류하는 방안을 제시하였다. 이러한 방법을 통해 환자를 자살 생각, 자살 시도 경험이 없는 경우, 자살 시도 경험이 수차례 있는 경우로 범주를 나누어 살펴볼 수 있게 되었다. 이러한 분류는 현재의 자살 생각 정도를 평가할 수 있기 때문에 자살 예방 계획을 수립하는 데 도움을 주며, 임상의가 자살 평가 및 치료 방법과 관련하여 가치 있는 분석 도구로 활용할 수 있다. 각각의 분류 등급에 대해 살펴보면 다음과 같다. 1등급(부존재): 현재 보이는 증상이 없으며, 자살 행동 전력이 없고, 매우 적은 위험 요인만이 존재하는 경우. 2등급(약간 존재): 자살 시도 경험은 없으나 경미한 자살 생각을 가지는 경우, 자살 시도 경험은 있으나 다른 위험 요인이 발견되지 않는 경우. 3등급(보통 존재): 자살 시도 경험이 있고 현재 위험 요인이 발견되는 경우, 자살 시도 경험이 없으나 자살 계획과 관련된 중증 증상을 보이는 경우, 자살 시도 경험이 없으나 보통 내지 심각한 정도의 자살 생각을 가지고 있으며 구체적 자살 계획이 없거나 제한적인 경우. 4등급(많이 존재): 자살 시도 경험이 없으나 자살 계획과 관련하여 보통에서 심각한 증상을 보이고 있으며 하나 이상의 심각한 위험 요인을 갖고 있는 경우, 자살 시도 경험이 있으며 두 개 이상의 위험 요인이나 관련 문제점을 보이는 경우. 5등급(심각한 단계): 자살 시도 경험이 있으며 현재 심각한 증상을 보이는데다 구체적인 자살 계획을 가지고 있는 경우, 자살 시도 경험이 없으나 자살 계획을 가지고 있으며 두 개 이상의 다른 위험 요인을 보이는 경우다. 또한 연구진은 임상적 의사결정을 돕기 위해 이러한 위험 평가 도구와 함께 치료 방법을 제시하였고 이를 통해 군 정신 치료 전문의들에게 큰 도움을 주었다(Joiner et al., 1999, 〈표 9-1〉 참조).

현역복무적합심사: 적합성 및 적응성 판단

장병에 대한 진단, 위험 평가, 치료 방법은 현역복무적합심사와 밀접하게 관련되어 있다(관련 내용은 제2장 참조). 군 복무의 적합성 여부를 판정하는 것은 적합 또는 부적합이라는 이분법적 결정 구조를 갖고 있지만, 실제로는 의사결정에 어느 정도 융통성을 발휘할 수 있는 여지가 있다. 가령, 자살성 사고를 갖고 있는 장병이 외래 진료든 입원 진료든 일련의 치료 과정이 끝나고 난 후 해당 질환이 치료되었다고 판단되거나 자살 의심 행동을 했지만 정말로 죽으려는 의도가 없었던 경우에는 현역 복무 적

〈표 9-1〉 위험 평가와 치료 방법

위험 수준	고려 사항 및 치료 방법
부존재(1등급) 없음/아주 미미함	• 현재 대처 능력을 갖추고 있음이 확인됨 • 사회적 지지와 도움 추구 활동의 장려 • 지원기관을 설명하고 응급치료기관의 연락처를 가르쳐 줌
약간 존재(2등급)	• 개인 및 집단 상담을 통한 대처 능력 강화 • 군부대와 가정에서의 사회적 지지 장려 • 현 장병의 상태에 대해 지휘관에게 통보 • 안전 계약서 작성 및 지원기관 설명
보통 존재(3등급)	• 외래 진료 횟수와 기간을 연장시킴 • 가족, 친구, 동료의 치료 참여 장려, 지휘관의 적극적 참여 도모, 위험 요인 조사 • 목표 치료 수준 및 위험 요인 재평가(이를 위해 임상적 증상 및 자살 생각 완화, 절망감 감소, 문제해결 능력 및 대처 능력 강화, 지원 시스템 가동 및 지원 시스템 접근 방법 설명 등을 활용할 수 있다.) • 약물치료를 시행하지 않고 있는 경우 약물치료 여부 고려 • 정신병원 입원 고려 등 위험 평가와 치료 계획 수립 • 환자 모니터링을 위해 전화 상담 장려 • 안전 계약서 작성, 응급치료기관의 명함 및 전화번호 교부 • 환자의 안전 확보를 위한 환경 개선(약물이나 무기 접근 불허)
많이 존재 / 심각한 단계 (4~5등급)	• 정신병동 입원 여부 즉시 판단 • 영장이 발부된 경우 강제 치료 시행 • 모든 진료에 환자 호송, 항시 환자 관찰, 가족과 지휘관의 치료 참여(필요한 경우 경찰관도 참여) • 환자 관찰 수준 결정 (맨투맨 관찰, 가시권 내에 환자 배치 등) • 보통 존재(3등급) 단계에서 사용하는 방법을 모두 적용하되 영장이 발부된 경우 위험 수준을 고려하여 치료 수준 조정 • 높은 의학적 처방이 필요한 경우 항공 의무 후송 고려(영장이 발부된 경우에 한함)

*출처: Joiner, Walker, Rudd & Jobes (1999)

합 판정을 받고 각 소속 부대로 복귀하여 계속 복무를 할 수 있다. 만약 현재의 문제 상황이 심각해서 전문의에 의한 보다 적극적인 치료가 필요한 경우 해당 장병은 보통 6개월에서 8개월의 일정 기간 동안 한정된 임무만을 수행하도록 한다.

특정 장병이 중증 기분장애나 정신이상과 같이 매우 심각한 정신질환을 나타내는 경우에는 현역 복무를 계속하기가 힘들기 때문에 전역을 고려해야 할 것이다. 장병의 정신건강과 관련된 복무 적합 진단은 해당 부대의 정신건강 전문의가 결정한다. 대부분의 경우 현재 보이는 문제점의 중대성 및 지속성 여부가 해당 장병의 복무 적합을 판단하는 주요 척도가 된다. 최종적인 현역복무적합심사는 위싱턴 DC에 소재한 '중앙신체검사위원회(Central Physical Evaluation Board)'에서 시행한다.

　현역복무적합심사와 관련한 또 다른 고려 요소는 복무 적응성이다. 앞서 설명한 복무 '적합성'은 DSM-IV의 축 1, 즉 임상적 장애에 해당하는 개념이고, 복무 '적응성'은 DSM-IV의 축 2, 즉 성격장애에 해당하는 개념이다. 복무 적응성은 군 장병의 성격 특성, 대처 능력, 대인관계 형성 능력에 주안점을 두어 해당 장병이 동료들과 안전하고 조화롭게 임무를 수행할 수 있는지 여부를 판단하는 기준이 된다. 성격장애로 인해 계속 복무가 어려울 것으로 판단되는 장병에게는 전역을 추천해 줄 수 있다. 그러나 성격장애 진단을 받은 사실과 성격장애가 있다는 사실 그 자체만으로 해당 장병이 군 조직에 적응하지 못한다는 의미는 아니다. 일반적으로 전역 권고는 해당 장병의 성격 문제가 직무 수행의 방해 요소로 작용할 때 이루어진다.

　대부분의 군 기관에서 정신건강 관련 권고가 상당한 비중을 차지하는 점을 고려할 때 정신건강 전문의들은 장병의 군 복무 지속 여부를 결정하는 데 상당한 영향력을 미친다. 자살이나 살해 위험은 장병의 군 복무 지속 가능 여부와 작전 임무에 투입될 수 있는지 여부를 결정하는 데 영향을 미치기 때문에, 현역복무적합심사, 비밀정보 취급 허가, 특수임무 적합성 심사와 같은 중요한 결정을 하는 데 특히 많은 영향력을 미치게 된다. 그러므로 군에서의 임상 관리는 일정 부분 상호 연관성을 갖는 '장병의 상태' '장병에게 부여된 임무' '임상 치료 수단'이라는 세 가지 측면을 함께 고려하여야 한다. 〈표 9-2〉에는 각 상황별 고려사항을 정리하였다. 임상의와 지휘관들은 해당 장병을 치료하기 위해 현지 시설을 이용할 것인지 아니면 외부 기관에 위탁할 것인지 여부를 판단함에 있어 반드시 우선 인자(prior factors)에 큰 비중을 두어야 한다. 결과적으로 해당 장병에 대한 진단 결과, 임무 수행에 필요한 사항들, 임상적 치료능력 등을 고려하여 해당 장병을 업무에 복귀시킬 것인지, 일반 전역이나 의병 전역을 권고할 것인지 판단해야 한다.

　진단 및 위험 수준에 대한 평가에서 임상의가 통원 치료로 충분하다고 판단한 경우에는 임상의·환자·지휘관은 일일 모니터링 수준, 전화인터뷰 일정, 사회적 지지의 향상(예를 들어, 환자를 일상 활동이나 업무 수행에 포함시키는 것), 자살 생각 및 자살 행동이 재발할 경우에 대비한 비상 연락망 구축과 같

〈표 9-2〉 상황별 관리 고려 사항

장병의 상태	부여된 임무	임상 치료 수단
• 정신건강 진단 결과(임무 수행에 영향을 미치는 현재 증상의 심각성 및 지속성 여부) • 정신건강 지원 수준 • 법적 또는 행정적 문제 • 치료행위에 대한 반응	• 부여된 임무(임무의 종류 및 강도) • 복무 부대의 상황 • 인원의 소요 여부 • 임무의 위험성 및 전투 참여 여부	• 치료의 종류(외래진료 및 입원 치료) • 의료보험 관련 사항 • 전문 치료 가능 여부 • 항공 의무 후송 가능 여부

은 안전조치 등 제반 후속조치에 관해 협의해야 한다.

임상의들은 과거 소송에서 임상적 진료의 실패 사례를 염두에 두고서 보통 치료 권고를 할 때 '소송을 당하지 않는 것(how not to get sued)'에 주안점을 두었다(Bongar, 2002). 그러한 풍토가 조성되어 있는 상황에서도 몇몇 임상의들은 소송에 개의치 않고 임상 및 경험적 관찰 결과에 근거하여 권고를 내리려고 노력하였다. 그러한 노력이 담긴 임상의의 권고는 매우 적절한 경우가 많았으며(Rudd, Joiner, Jobes, & King, 1999), 군 임상의들은 다음 사항을 고려하여 권고를 내려야 한다. 첫째는 여러 번의 자살 시도 경험이 있는 경우, 정신질환 병력이 있는 경우, 자살 시도 및 정신질환 병력이 모두 있는 경우와 같은 고위험 환자에 대해서는 철저한 사후 관리가 가장 효과적이며, 둘째는 단기적 인지행동치료는 1년 이내의 자살 생각과 절망감을 감소시키는 데 효과적이고, 셋째는 자살 시도를 줄이기 위해서는 감정 조절, 너그러운 마음, 화 조절 기술 등이 결여된 것에 대한 치료와 대인관계 형성 능력을 배양하는 데 초점을 두고 치료해야 하기 때문에 보다 긴 기간이 필요하며, 넷째는 자살 위험이 높은 것으로 인식되는 환자는 정신병동 입원이 가능하다고 할지라도 외래진료로도 적절한 치료가 가능하다.

Bongar(2002)는 정신병원 입원의 목적을 다음과 같이 정리했다. 첫째로 자살 충동 환자의 생명과 안전을 확보하고, 둘째는 환자에 내재되어 있는 정신질환을 치료함으로써 자살 생각을 줄이거나 제거하며, 셋째는 능력, 기술, 심리사회적 발달을 꾀함으로써 퇴원 후 환자의 대처 능력을 배양하는 것이다. 군대의 경우 지휘계통은 자살 생각, 살해 행동, 자해를 할 가능성이 있거나 알코올 과다 복용자에 대해 '안전 관찰(safety watch)'을 명하는 경우가 많은데, 이는 정신병원 입실의 대안 내지 한 단계 낮은 처방으로 활용되고 있다(Hassinger, 2003). 안전 관찰은 해당 장병에 대해 면밀한 감시(monitoring)와 정신건강 임상의가 지정한 멘토(mentoring)와 같은 지원을 제공하는 것을 말한다(Hassinger, 2003). 안전 관찰은 단기적 처방에 해당되며, 해당 장병의 안전과 복지를 증진하기 위해 지휘관이 안전 관찰에 필요한 권고 및 제한사항들을 제시하도록 하고 있다(Payne et al., 2008). 안전 관찰은 나이가 어리고 심각한 정신질환이 없다고 진단받은 사병에게 가장 많이 활용하는 방법이며(Hassinger, 2003), 2~3일마다 환자의 상태를 재평가해야 하고 환자의 자살 위험이 증가하거나 거부 반응을 보이는 경우 재평가 주기를 보다 짧게 하여야 한다(Hassinger, 2003; Hill et al., 2006; Payne et al., 2008).

안전 관찰은 시행 방법에 따라 자살 위험이 낮은 장병(예를 들어, 군에서만 발생할 수 있는 특별한 이유로 인한 자살 생각, 만취했을 때 자해행위를 하는 경우, 정신병원에서 퇴원한 경우를 들 수 있다)을 일과 시작에서부터 취침 이전까지 관찰하는 '동료 관찰(Buddy Watch)'과 자살 위험이 보통 수준인 장병에 대한 '24시간 관찰'로 나눠볼 수 있다(Payne et al., 2008). 이와 관련된 권고사항은 무기의 수색과 압수, 음주금지에서부터 해당 장병을 영내에서만 생활을 하게 하여 해로운 영향을 끼칠 수 있는 외부인과의 접촉을 금지하고 해당 장병의 진찰 참석을 활성화하는 것까지 다양하다(Hassinger, 2003; Hill et al., 2006;

Payne et al., 2008). 임상의가 권고하는 일반적인 사항은 안전 관찰자 및 지휘관에게 구두 및 서면으로 행동절차를 숙지시키고, 해당 장병의 안전 유의사항을 서면으로 교부하며, 장병의 상태를 악화시키거나 구속을 초래할 수 있는 행위에 대해 경고하고, 비상 상황에 대비하여 정신건강 전문의의 연락처를 제공하는 것이다(Hassinger, 2003. 관련 권고 양식 및 운영 절차 샘플은 Payne et al., 2008을 참조).

특히 안전 관찰은 정신병원 입원과 대비되는 제도로써 낙인 효과가 적고, 비용 측면에서 보다 경제적이라는 평가를 받고 있다(Hassinger, 2003). 이 제도를 효과적으로 활용할 경우 장병, 지휘관 및 정신건강 임상의 간의 사회적 지지 및 관계 증진을 도모할 수 있고, 정신병원 입원 치료로 인해 야기되는 퇴행, 소외, 기억 감퇴 등의 부작용을 피할 수 있다. 관련 문헌에 따르면, 안전 관찰은 근무 기피, 전속 희망, 해당 업무로부터의 이탈 등의 결과를 바라는 개인의 조건적 자살 생각이나 군 특유의 이유로 인한 자살 생각에 가장 효과적인 처방인 것으로 보인다(Hassinger, 2003; Payne et al., 2008). 특히 전방 지역에 근무 중인 장병은 보다 쉽게 무기 및 탄약에 접근할 수 있고, 정신건강 지원기관이 제한적이며, 임무 요구사항이 매우 까다롭다. 이러한 상황에서 안전 관찰을 활용하면 전투 부대원의 생존성을 높일 수 있고, 정신건강 문제로 인해 작전 지역에서 의무 후송을 해야 하는 이른바 '후송 증후군(evacuation syndrome)'을 예방할 수 있다(Hill et al., 2006; Payne et al., 2008).

안전 관찰의 가장 큰 단점은 이 제도의 효과성을 입증할 수 있는 실증적인 자료가 부족하다는 것이다(Hassinger, 2003; Payne et al., 2008). 안전 관찰 그 자체는 치료행위가 아니며, 어느 정도의 낙인 효과는 여전히 존재하고 해당 장병에 대한 감독 및 관찰 등으로 인해 부대의 사기를 저하시킬 수 있다는 점이 문제점으로 꼽히고 있다. 안전 관찰을 제대로 시행하지 않을 경우, 안전 관찰 대상자의 정신질환과 관련한 문제는 해소되지 않고 오히려 해당 부대로부터 적대적인 대우를 받을 수 있다(Hill et al., 2006). 이전의 사례를 살펴보면, 부대에서 안전 관찰을 시행했을 때 부정적인 결과를 보였던 경우가 전반적으로 더 많았으며(Hassinger, 2003), 2주 이내에 회복하여 임무에 복귀한 장병은 안전 관찰 기간 동안 안전 관찰뿐만 아니라 정신과 치료도 병행한 것으로 나타났다(Hill et al., 2006). 이에 임상의들이 안전 관찰을 권고할 때에는 안전 관찰의 실용성과 타당성, 환자의 정신질환 증세 및 진단 수준, 위험 수준 및 예후, 해당 부대 상황 등을 면밀히 검토해야 할 것이다(Hassinger, 2003).

미군에는 수많은 전문가로 구성된 네트워크가 잘 형성되어 있으며, 이들은 매일 외래 진료를 하고 입원 장병과 군 가족을 관리한다. 치료가 잘 이루어질 경우 환자들은 계속해서 일상생활을 할 수 있고 관리기관에 대해 문제점을 제기하지 않는다. 그러나 자살 발생과 같이 좋지 못한 결과가 발생할 경우에는 담당기관 및 운영 시스템에 대한 면밀한 조사가 이루어진다. 때로는 이러한 조사가 두려움을 불러일으키기도 하며, 사실관계에 대한 명확한 이해가 부족한 상태에서 조사를 행해 또 다른 부작용을 낳기도 한다. 그러나 이러한 조사를 통해 서비스 체계상의 문제점을 발견하고 조명하여 장래에 발생할 사고를 근절하는 효과를 거두기도 한다. 군에서 후자에 해당하는 경우가 바로 '자살 예방 고문단(Suicide Prevention Advisory Group)'이다. 자살 예방 고문단은 최근 병원 관계자에 의해 진단이 이루어지고 치료를 진행하던 장병이 15개월 동안 무려 7명이나 자살한 사고가 발생한 이후, 하와이에 소재한 트리플러 의료센터(Tripler Medical Center)에서 결성되었다(Hough, 2000). 각각의 사건을 분석한 이후 고문단은 11개의 권고사항을 해당 병원에 제시하고 시행하도록 하였다. 해당 권고사항의 핵심 내용은 다음과 같다. 첫째는 자살 충동 환자를 평가하고 치료하는 정신건강 전문의에 대해 계속적인 교육을 시행하고, 둘째는 지역 공동체에 우울증과 우울증 위험 요인에 대한 경각심을 고취하고 이용 가능한 치료기관에 대한 인식을 제고하며, 셋째는 관련 담당자들에게 강제 입원을 포함하여 해당 환자를 입원시킬 것인지 여부를 결정하는 의사결정에 관한 교육을 제공하며, 넷째는 자살 충동 환자에 대해 병원과 외부 진료기관 간에 의사소통을 활성화할 것을 당부하였다. 이러한 권고 내용을 시행하여 자살 충동 환자의 평가와 치료에 관해 병원 관계자와 지역 주민의 인식을 제고하는 효과를 거두었다. 그 결과 22개월간 자살 사건이 발생하지 않았으며 이른바 자살 과밀 집단을 해소하는 데 기여할 수 있었다.

정신병원 입원 치료 후 부대로 복귀한 장병에 대해 주의 깊게 살펴보아야 할 몇 가지 사항이 있다(F. C. Budd, personal communication, March 2004). 첫째로 정신건강 치료 담당자는 해당 장병의 진단 결과와 성향 및 예상행동에 관해 상급 지휘관에게 명확하게 전달해야 하고, 둘째는 해당 장병의 위험 수준이 현저히 떨어질 때까지 최소 1주 단위로 면담을 시행하는 등 제반 후속조치에 대해 명확한 계획을 세워 서면화하고, 셋째는 환자에게 치료행위를 준수하고 긍정적인 행동 변화를 보여야 할 책임이 있다는 점을 통지해야 한다(즉, 지휘관은 해당 장병이 불법행위나 음주운전과 같이 책임 없는 행동을 하는 것을 눈 감아 줘서는 안 된다). 또한 정신건강 담당자는 지휘관이 의료적 해결 방법 이외에 재배치를 통해 새로운 부서에 편입시켜 환자가 새 출발을 할 수 있도록 하거나, 멘토를 지정하여 긍정적인 결과를 도출하거나, 해당 장병에게 사회적 활동, 교육 활동, 특별 프로젝트 등을 부과하여 숙련도 및 기술 습득을 하게 하는 등의 방법을 사용할 수 있다는 점을 인지하고 있어야 한다. 성격장애나 만성 적응장애로 전역 권고를 받은 환자들은 본인의 현재 상태에 대해 명확히 고지받아야 한다. 때때로 이러한 환자들은 본인의 업무를 충실히 이행하지 않아 다른 장병에게 적대감을 불러일으키기도 한다. 그러나 해당 장병의 행복한 삶(well-being)에 관심을 가진다면 추가적인 행정 부담 및 자살 생각과 자살 행동을 발생시킬 수 있는 여러 가지 어려움을 예방할 수 있을 것이다.

요 약

제9장에서는 역학 연구, 자살 예방 기관, 평가 및 치료에 관한 임상 자료에 대해 자세히 살펴보았다. 특히 군 기관 간의 비교 검토, 자살 위험 및 보호 요인, 모집단을 기반으로 한 자살 연구, 자살 징후 및 자살 시도라는 네 가지 주요 영역에 대해 설명하였다. 또한 각 군 기관별로 종합적이고 지역사회 기반의 자살 예방 프로그램을 설명하였다. 지휘관의 부대 관리 차원에서 임상적 평가와 치료 방법에 대한 실질적인 전략도 논의하였다. 군은 미국 공중보건 분야의 심각한 문제로 부각되고 있는 자살 문제와 관련하여 자살 예방뿐 아니라 관련 기관 간의 협력 측면에서 선구자적 역할을 함으로써 자살 예방을 위한 국가적 노력의 중심에 위치하고 있다.

참고문헌

American Association of Suicidology. (2012). U.S.A. suicide: 2007 official final data. Retrieved from *suicidology.org/e/document_library/get_file?folderId=254&name-DLFE-441.pdf*. Accessed March 16, 2012.

American Association of Suicidology & U.S. Army Center for Health Promotion and Preventive Medicine. (2000). *Suicide prevention: A resource manual for the United States Army.* Aberdeen Proving Ground, MD: Author.

American Psychiatric Association. (2000). *Diagnostic and statistical manual of mental disorders* (4th ed., text rev.). Washington, DC: Author.

Army Chief of Public Affairs. (2000, Spring). Hot topics: Suicide prevention. *Soldiers,* pp. 1-15.

Army STARRS. (2010). *Army Study to Assess Risk and Resilience in Servicemen.* Retrieved from *www.armystarrs.org.*

Army Suicide Event Report. (2007). Retrieved Much 9, 2012, from *media. mcclatchydc.com/smedia/2009/05/29/19/Army-Suicide.source.prod_affiliate.91.pdf.*

Associated Press. (2008, February 12). *Most vet suicides among Guard, Reserve troops.* Retrieved February 5, 2011, from *www.msnbc.msn.com/id/23132421.*

Association of the United States Navy (AUSN). (2011). *Suicide rates among servicemembers and veterans alarm lawmakers.* Retrieved February 5, 2011, from *www.ausn.org/Advocacy/LegislativeUpdates/tabid/270/ArticleType/ArticleView/ArticleID/1784/Default.aspx.*

Berman, A. L., & Jobes, D. A. (1991). *Adolescent suicide assessment and intervention.* Washington, DC: American Psychological Association.

Black, S. A., Gallaway, M. S., Bell, M. R., & Ritchie, E. C. (2011). Prevalence and risk factors associated with suicides of Army soldiers 2001-2009. *Military Psychology, 23,* 433-451.

Bongar, B. (2002). *The suicidal patient: Clinical and legal standards of care* (2nd ed.). Washington, DC: American Psychological Association.

Bray, R. M., Hourani, L. L., Rae, K. L., Dever, J. A., Brown, J. M., Vincus, A. A., et al. (2003, November). *Department of Defense survey of health related behaviors among military personnel.* Raleigh, NC: Research Triangle Institute International.

Bray, R. M., Pemberton, M. R., Hourani, L. L., Witt, M., Rae Olmstead, K. L., Brown, J. M., et al. (2009, September). *2008 Department of Defense Survey of Health Related Behaviors among Active Duty Military Personnel.* Raleigh, NC: RTI International.

Brenner, L. A. (2010). *Self-directed violence classification system.* Retrieved January 30, 2011, from *www.mirecc.va.gov/visn19/docs/SDVCS.pdf.*

Bullman, T. A., & Kang, H. K. (1994). Posttraumatic stress disorder and the risk of traumatic deaths among Vietnam veterans. *Journal of Nervous and Mental Disease, 182,* 604-610.

Carr, J. R., Hoge, C. W., Gardner, J., & Potter, R. (2004). Suicide surveillance in the U.S. military-reporting and classification biases in rate calculations. *Suicide and Life-Threatening Behavior, 34*(3), 233-241.

Centers for Disease Control and Prevention. (1988). CDC recommendations for a community plan for the prevention and containment of suicide clusters. *Morbidity and Mortality Weekly Reports, 37*(S6), 1-12.

Centers for Disease Control and Prevention. (1997). Regional variations in suicide rates-United States, 1990-1994. *Morbidity and Mortality Weekly Reports, 46*(34), 789-793.

Centers for Disease Control and Prevention. (1998). Suicide among black youths-United States, 1980-1995. *Morbidity and Mortality Weekly Reports, 47*(10), 193-196.

Centers for Disease Control and Prevention, National Center for Injury Prevention and Control. (2010). *WISQARS leading causes of death reports, (1999-2009).* Retrieved from *webappa.cdc.gov/sasweb/ncipc/ leadcaus10.html.*

Christenson, S. (2010, May 14). Army still plagued by suicides. *San Antonio Express-News.* Retrieved from *www.mysanantonia.com/news/military/article/Army-still-plagued-by-suicides-793814.php.*

Defense Centers of Excellence. (2010). *National Center for Telehealth and Technology.* Retrieved February 5, 2011, from *t2health.org/programs-surveillance.html.*

Defense Centers of Excellence. (2011). *What we do, who we are, how we do it.* Retrieved January 30, 2011, from *www.dcoe.health.mil.*

Defense Manpower Data Center. (2011). U.S.ctive dutymilitary deaths-1980 through 2011. Retrieved from *siadapp.dmdc.osd.mil/personnel/CASUALTY/death_Rates1.pdf.*

Donnelly, J. M. (2011, January 24). Understanding suicides in the U.S. military. *CQ Weekly-Vantage Point,* p. 188.

Duberstein, P. R., & Conwell, Y. (1997). Personality disorders and completed suicide: A methodological and conceptual review. *Clinical Psychology: Science and Practice, 4*(4), 359-376.

Faberow, N. L., Kang, H. K., & Bullman, T. A. (1990). Combat experience and postservice psychosocial status as predictors of suicide in Vietnam veterans. *Journal of Nervous and Mental Disease, 178,* 32-37.

Fragala, M. R., & McCaughey, B. G. (1991). Suicide following medical/physical evaluation boards: A complication unique to military psychiatry. *Military Medicine, 156,* 206-209.

Gaines, T., & Richmond, L. H. (1980). Assessing suicidal behavior in basic military trainees. *Military Medicine, 145,* 263-266.

Gould, M. S., & Shaffer, D. (1986). The impact of suicide in television movies: Evidence of imitation. *New England Journal of Medicine, 315,* 690-694.

Grigg, J. R. (1988). Imitative suicides in an active duty military population. *Military Medicine, 153,* 79-81.

Harvard Mental Health Letter. (2003, May). *Confronting suicide* (Part I). Cambridge, MA: Harvard Medical School.

Hassinger, A. D. (2003). Mentoring and monitoring: The use of unit watch in the 4th Infantry Division. *Military Medicine, 168*(3), 234-238.

Helmkamp, J. C. (1995). Suicides in the military: 1980-1992. *Military Medicine, 160,* 45-50.

Helmkamp, J. C. (1996). Occupation and Suicide among males in the U.S. armed forces. *Annals of Epidemiology, 6,* 83-88.

Hill, J. V., Johnson, R. C., & Barton, R. A. (2006). Suicidal and homicidal soldiers in deployment environments. *Military Medicine, 171*(3), 228-232.

Hoiberg, A., & Garfein, A. D. (1976). Predicting suicide gestures in a naval recruit population. *Military Medicine, 412,* 327-331.

Holmes, E. K., Mateczun, J. M., Lall, R., & Wilcove, G. L. (1998). Pilot study of suicide risk factors among personnel in the United States Marine Corps (Pacific forces). *Psychological Reports, 83,* 3-11.

Hough, D. (2000). A suicide prevention advisory group at an academic medical center. *Military Medicine. 165,* 97-100.

Hourani, L. L., Bray, R. M., Marsden, M. E., Witt, M., Peeler, R., Scheffler, S., et al. (2007). *2006 Department of Defense Survey of Health Related Behaviors in the Reserve Component* (Report RTI/9842/001/201-FR). Raleigh, NC: RTI International.

Hourani, L. L., Hilton, S., Kennedy, K., & Robbins, D. (2001). *Department of the Navy suicide incident report (DONSIR): Summary of 1999-2000 findings* (Report No. 01-22). San Diego, CA: Naval Health Research Center.

Hourani, L. L., Warrack, A. G., & Coben, P. A. (1999a). A demographic analysis of suicide among U.S. Navy personnel. *Suicide and Life-Threatening Behavior, 29,* 365-375.

Hourani, L. L., Warrack, A. G., & Coben, P. A. (1999b). Suicide in the U.S. Marine Corps: 1990-1996. *Military Medicine, 164,* 551-555.

Hu, G., Wilcox, H. C., Wissow, L., & Baker, S. P. (2008). Mid-life suicide: An increasing problem in U.S. whites, 1999-2005. *American Journal of Preventive Medicine, 36,* 589-593.

Johnson, W. B., & Kennedy, C. H. (2010). Preparing psychologists for high-risk jobs: Key ethical considerations for military clinical supervisors. *Professional Psychology: Research and Practice, 41,* 298-304.

Joiner, T. E., Walker, R. L., Rudd, M. D., & Jobes, D. A. (1999). Scientizing and routinizing the assessment of suicidality in outpatient practice. *Professional Psychology: Research and Practice, 30,* 447-453.

Joint Service Committee. (2000). Military rules of evidence 513. *In Manual for courts-martial.* Washington, DC: U.S. Government Printing Office.

Jones, D. E., Hawkes, C., Gelles, M., Hourani, L., & Kennedy, K. R. (1999). *Department of the Navy suicide incident report* (NAVMC 11410). Washington, DC: U.S. Department of the Navy.

Jones, D. E., Kennedy, K. R., Hawkes, C., Hourani, L. L., Long, M. A., & Robbins, N. L. (2001). Suicide prevention in the Navy and Marine Corps: Applying the public health model. *Navy Medicine. 92*(6), 31-36.

Jones, D. E., Kennedy, K. R., & Hourani, L. L. (2006). Suicide prevention in the military. In C. H. Kennedy & E. A. Zillmer (Eds.), *Military Psychology: Clinical and operational applications* (pp. 130-162). New York: Guilford Press.

Kawahara, Y., & Palinkas, L. A. (1991). Suicides in active-duty enlisted Navy personnel. *Suicide and Life-Threatening Behavior, 21,* 279-291.

Kessler, R. C., Berglund, P., Borges, G., Nock, M., & Wang, P. S. (2005). Trends in suicide ideation, plans, gestures, and attempts in the United States, 1990-1992 to 2001-2003. *Journal of the American Medical Association, 293*(20), 2487-2495.

Kleespies. P. M., Deleppo, J. D., Gallagher, P. L., & Niles, B. L. (1999). Managing suicidal emergencies recommendations for the practitioner. *Professional Psychology: Research and Practice, 30,* 454-463.

Knox, K. L., Litts, D. A., Talcott, G. W., Feig, J. C., & Caine, E. D. (2003). Risk of suicide and related adverse outcomes after exposure to a suicide prevention programme in the U.S. Air Force: Cohort study. *British Medical Journal, 327,* 1376-1378.

Knox, K. L., Pflanz, S., Talcott, C. W., Campise, R. L., Lavigne, J. E., Bajorska, A., et al. (2010). The US Air Force suicide prevention program: Implication for public health policy. *American Journal of Public Health, 100,* 2457-2463.

Koshes, R. J., & Rothberg, J. M. (1992). Parasuicidal behavior on an active duty Army training post. *Military Medicine, 157,* 350-353.

Kovach, G. C. (2010, May 2). *Suicide: The unseen enemy for marines.* San Diego Union-Tribune. Retrieved *ebird. osd.mil/ebfiles/e20100503749372.html.*

Kruzel, J. J. (2009, July 30). *Uncertainty about military suicides frustrates services.* Armed Forces Press Services. Retrieved *www.af.mil/news/story.asp?id=123161224.*

Kuehn, B. M. (2009). Soldier suicide rates continue to rise. *Journal of the American Medical Association, 201,* 1111-1113.

Litts, D. A., Moe, K., Roadman, C. H., Janke, R., & Miller, J. (1999, November 26). Suicide prevention among active duty Air Force personnel: United States, 1990-1999. *Morbidity and Mortality Weekly Report, 48* (46), 1053-1057.

Loeb, V. (2004, January 15). Military cites elevated rate of suicides in Iraq. *Washington Post,* p. A14.

McIntosh, J. L. (2012). *U.S.A. suicide: 2009 official final data.* Washington, DC: American Association of Suicidology.

Military OneSource. (2011). *A 24/7 resource for military members, spouses and families.* Retrieved January 30, 2011, from *www.militaryonesource.com*.

National Institute of Mental Health. (2009). *Evidence-based prevention is goal of largest ever study of suicide in the military*. Retrieved July 16, 2009, from *www.nimh.nih.gov/sciencc-news/2009/evidence-based-prevention-is-goal-of-largest-ever-study-of-suicide-in-the-military.shtml*.

National Suicide Prevention Lifeline. (2011). *With help comes hope*. Retrieved January 30, 2011, from *www.suicide-preventionlifeline.org*.

Naval Center for Combat and Operational Stress Control. (2011). Retrieved February 5, 2011, from *www.med.navy.mil/sites/mncsd/nccosc/Pages/welcome.aspx?slider2=1*.

O'Carroll, P. W., Berman, A. L., Maris, R. W., Moscicki, E. K., Tanney, B. L., & Silverman, M. M. (1996). Beyond the Tower of Babel: A nomenclature for suicidology. *Suicide and Life-Threatening Behavior, 26*(3), 237-252.

O'Donnell, L., O'Donnell, C., Warlow, D. M., & Steuve, A. (2004). Risk and resiliency factors influencing suicidality among urban African American and Latino youth. *American Journal of Community Psychology, 33*, 37-49.

Oordt, M. S., Jobes, D. A., Rudd, M. D., Fonseca, V. P., Runyan, C. N., Stea, J. B., et al. (2005). Development of a clinical guide to enhance care for suicidal patients. *Professional Psychology: Research and Practice, 36*(2), 208-218.

Operational Stress Control & Readiness. (2006). *Operational Stress Control and Readiness (OSCAR): The U.S. Marine Corps initiative to deliver mental health service to operating forces*. Retrieved March 9, 2012, from *www.dtic.mil/cgi-bin/GetTRDoc?AD-ADA472703*.

Operational Stress Control & Readiness. (2008). *2008 USMC Combat Operational Stress Control Conference*. Retrieved February 3, 2011, from *www.usmcmccs.org/cosc/conference/index.cfm*.

Payne, S. E., Hill, J. V., & Johnson, D. E. (2008). The use of unit watch or command interest profile in the management of suicide and homicide risk: Rationale and guidelines for the military mental health professional. *Military Medicine, 173*(1), 25-35.

Plutchik, R., & Van Praag, H. M. (1994). Suicide risk: Amplifiers and attenuators. In M. Hillbrand & N. J. Pollone (Eds.), *The psychobiology of aggression* (pp. 173-186). Binghamton, NY: Haworth.

Porter, L. S, Astacio, M., & Sobong, L. C. (1997). Telephone hotline assessment and counseling of suicidal military service veterans in the USA. *Journal of Advanced Nursing, 26*, 716-722.

Ritchie, E. C., Keppler, W. C., & Rothberg, J. M. (2003). Suicidal admissions in the United States military. *Military Medicine, 168*, 177-181.

Rock, N. L. (1988). Suicide and suicide attempts in the Army: A 10-year review. *Military Medicine, 153*, 67-69.

Rosenberg, J. I. (1999). Suicide prevention: An integrated training model using affective and action-based interventions. *Professional Psychology: Research and Practice, 30*, 83-87.

Rothberg, J. M. (1998). The Army psychological autopsy: Then and now. *Military Medicine, 163*, 427-433.

Rothberg, J. M., & McDowell, C. P. (1988). Suicide in United States Air Force personnel, 1981-1985. *Military Medicine*,

153, 645-648.

Rudd, M. D., Joiner, T. E., Jobes, D. A., & King, C. A. (1999). The outpatient treatment of suicidality: An integration of science and recognition of its limitations. *Professional Psychology: Research and Practice, 30,* 437-446.

Sawyer, J. B. (1969). An incidence study of military personnel engaging in suicidal behavior. *Military Medicine, 134,* 1440-1444.

Secretary of Veterans Affairs. (2008). *VA secretary appoints panel of national suicide experts.* Retrieved February 1, 2012, from *www.va.gov/opa/pressrel/pressrelease.cfm?id=1506.*

Shaffer, D. (1997). *Suicide and suicide prevention in the military forces: Report of a consultation.* New York: Columbia University.

Shea, S. C. (1998). *Psychiatric interviewing: The art of understanding* (2nd ed.). Philadelphia: Saunders.

Silverman, M. M., Berman, A. L., Sanddal, N. D., O'Carroll, P. W., & Joiner, T. E. (2007). Rebuilding the Tower of Babel: A revised nomenclature for the study of suicide and suicidal behaviors. *Suicide and Life-Threatening Behavior, 37*(3), 264-277.

Staal, M. A. (2001). The assessment and prevention of suicide for the 21st century: The Air Force's community awareness training model. *Military Medicine, 166,* 195-198.

Stander, V. A., Hilton, S. M., Kennedy, K. R., & Robbins, D. L. (2004). Surveillance of completed suicide in the Department of the Navy. *Military Medicine, 169,* 301-306.

Suicide Awareness and Prevention Workshops. (2011). Retrieved February 3, 2011, from *www.npc.navy.mil/Command-Support/SuicidePrevention.*

Suicide Awareness and Prevention Workshops. (2012). Retrieved March 9, 2012, from *www.public.navy.mil/ bupers-npc/support/suicide_prevention/Pages/default.aspx.*

Tornberg, D. N. (2004, April 15). *DoD health officials concerned over military suicides.* Retrieved March 9, 2012, from *www.defense.gov/news/newsarticle.aspz?id=26856.*

Trent, L. K. (1999). *Parasuicides in the Navy and Marine Corps: Hospital admissions, 1989-1995* (Technical Document 99-4D). San Diego, CA: Naval Health Research Center.

U.S. Air Force. (2011a). *Frontline supervisors training: Manual for instructors and students.* Retrieved January 30, 2011, from *airforcemedicine.afms.mil/idc/groups/public/documents/afms/ctb_091855.pdf.*

U.S. Air Force. (2011b). *Leader's guide for managing personnel in distress.* Retrieved January 30, 2011, from *airforcemedicine.afms.mil/idc/graups/public/documents/webcontent/knowledgejunction.hcst?functionalarea=L eadersGuideDistress&doctype=subpage&docname=CTB_030121&incbanner=0.*

U.S. Army. (2011). *Combat and operational stress control manual for leaders and soldiers.* Retrieved January 30, 2011, from *rdl.train.army.mil/soldierPortal/atia/adlsc/view/public/9509-1/fm/6-22.5/toc.htm.*

U.S. Army Public Health Command. (2009). *Suicide prevention.* Retrieved February 5, 2011, from *phc.amedd. army.mil/topics/healthyliving/bh/Pages/SuicidePreventionEducation.aspx.*

U. S. Department of the Air Force. (2003, January). *Suicide and violence prevention, education, and training* (Air Force Instruction AFI 44-154). Washington, DC: Author.

U.S. Department of the Army. (2006, July). *Combat and operational stress control* (Field Manual 4-02.51 [FM 8-51]). Washington, DC: Author.

U.S. Department of Defense. (1997a, August 28). *Requirements for mental health evaluations of members of the armed forces* (DoDI 6490.4). Washington, DC: Author.

U.S. Department of Defense. (1997b, October 1). *Mental health evaluations of members of the armed forces* (DoDD 6490.1). Washington, DC: Author.

U.S. Department of Defense. (1999). *Community approach to suicide prevention program expanded* (Report No. 283-99). Washington, DC: U.S. Department of Defense, Office of Assistant Secretary of Defense, Public Affairs.

U.S. Department of Defense Task Force. (2010). *The challenge and the promise: Strengthening the force, preventing suicide and saving lives: Final report of the Department of Defense Task Force on the prevention of suicide by members of the armed forces.* Retrieved January 30, 2011, from *www.health. mil/dhb/downloads/Suicide% 20Prevention%20Task%20Force%20final%20report%208-23-10.pdf.*

U.S. Department of Veterans Affairs, U.S. Department of Defense. (2009). *FY 2009 annual report joint strategic plan FY 2010-2012.* Retrieved January 30, 2011, from *www.va.gov/OP3/docs/StrategicPlanning/va_DoD_AR_JSP.pdf.*

U.S. Marine Corps. (2007). *Protective factors.* Retrieved February 5, 2011, from *www.usmc-mccs.org/suicideprevent/ protective.cfm.*

U.S. Marine Corps. (2011). *Leaders' guide for managing marines in distress.* Retrieved January 30, 2011, from *www. usmc-mccs.org/leadersguide.*

U.S. Marines. (2011). *Never leave a marine behind: Suicide prevention training.* Retrieved February 3, 2011, from *www.marines.mil/news/messages/Pages/MARADMIN52011.aspx.*

U.S. Navy. (2010). *Front line supervisors training: Suicide prevention: A message from survivors* [video]. Retrieved February 3, 2011, from *www.npc.navy.mil/NR/rdonlyres/89B577E4-A747-4074-A0BE-191EFE580290/0/ NAV10189.txt.*

U.S. Navy. (2011). *Navy leader's guide for managing sailors in distress.* Retrieved January 30, 2011, from *www-nehc. med.navy.mil/LGuide/index.aspx.*

U.S. Public Health Service. (1999). *The surgeon general's call to action to prevent suicide.* Washington, DC: U.S. Government Printing Office.

Viebeck, E. (2010). *Panel recommends new DoD office for suicide prevention.* Retrieved March 19, 2012, from *thehill.com/blogs/blog-briefing-room/news/115689-panel-recommends-new-dod-office-for-suicide-prevention.*

Vincus, A. A., Ornstein, M. L., Lentine, D. A., Baird, T. U., Chen, J. C., Walker, J. A., et al. (1999, October). *Health status of military females and males in all segments of the U.S. military.* Raleigh, NC: RTI International.

Warner, C. H., Appenzeller, G. N., Parker, J. R., Warner, C. M., & Hoge, C. W. (2011). Effectiveness of mental health screening and coordination of in-theater care prior to deployment to Iraq: A cohort study. *American Journal of Psychiatry in Advance, 168,* 378-385.

Wilcox, H. C., Storr, C. L., & Breslau, N. (2009). Posttraumatic stress disorder and suicide attempts in a community sample of urban young adults. *Archives of General Psychiatry, 66*(3), 605-611.

WILL Interactive. (2011). Beyond the front: Beyond the front: An interactive life preservation training program. Retrieved on February 3, 2011, from *willinteractive.com/products/beyond-the-front.*

제10장 | MILITARY PSYCHOLOGY

군의 약물 오남용 및 도박 중독 치료

Ingrid B.Pauli
Carrie H. Kennedy
David E. Jones
William A. McDonald
Revonda Grayson

영국 해군 Edward Vernon 제독은 1770년에 서인도 제도 함대 선원들에게 매일 물에 희석한 그로그주, 럼주, 위스키를 배급했다(Mateczun, 1995). 이는 독주가 부하 선원들에 미치는 악영향을 최소화하기 위해서였다. 미 해군은 영국 해군의 관례를 모범으로 삼아 선원들에게 희석주를 배급했으며, 심지어 1794년에는 희석주 배급을 의회에서 공식적으로 제정하기에 이르렀다. 이것은 미군 최초 공식적으로 제도화된 약물 남용 예방 정책이었다. 그런데 미군 당국은 1862년 전 부대에 일반 명령을 하달하여 희석 그로그주 배급 제도를 폐지했다. 그럼에도 미 해군 함대의 알코올 배급은 1914년에 이르러서야 전면 금지되었다(Sobocinski, 2004).

장병의 약물 사용 실태는 일반적으로 전시 상황에서 관찰되었다. 예를 들어, 남북전쟁 동안에는 장병의 알코올 오남용과 아편 복용 사례를 흔히 목격할 수 있었다. 인디애나 주의 남북전쟁 참전자를 표본으로 실시한 연구에 의하면, 해당 표본집단 중 알코올 오남용 문제를 보인 참전자는 22.4%였고 클로랄 수화물, 코카인, 모르핀, 아편 오남용을 한 참전자는 5.2%였다(Dean, 1997). 그러나 역사적으로 보았을 때 최악의 약물 문제는 베트남전에서 나타났다. 1971년 조사 당시 베트남전 참전자 중 34%가 대마초를 흡연하였고 50%는 헤로인을 투여했다는 사실이 드러났다(Jones, 1995). 또한 베트남전이 막바지에 이르렀을 때는 부상으로 의무 후송되는 환자보다 약물 사용으로 의무 후송되는 경우가 더 많았다

(Reinstein, 1972; Stanton, 1976; Watanabe, Harog, Rock, & Koshes, 1994). 이와는 대조적으로 제1차 걸프전 당시에는 장병의 알코올 접근이 최소한으로 나타났다. 이는 전쟁 기간이 상대적으로 짧았던 것에 부분적인 원인이 있겠지만, 주된 원인은 전통적으로 음주를 금지하고 있는 이슬람 문화 환경과 사우디아라비아에서 주류의 수입을 금지한 것에 그 이유가 있었다. 이러한 환경에서 술을 구하는 것은 상당히 힘든 일이었고, 이로 인해 걸프 전쟁 기간에는 음주와 관련된 문제가 상당히 줄어들었다(Watanabe et al.,1994). 최근의 이라크와 아프가니스탄 전쟁에서도 역시 음주를 금지하는 지역 문화가 존재했다. 그런데 관련 보도 자료에 의하면, 해당 군사 작전 지역에서는 술과 약물을 구하기가 쉬웠다고 한다(McCanna, 2007; Schlesing, 2005; Weaver, 2005; Von Zielbauer, 2007). Von Zielbauer(2007)의 연구 자료에 의하면, 이라크와 아프가니스탄 전쟁이 벌어지는 동안 전체 육군의 기소 사건 중 알코올과 약물 관련 사건이 3분의 1이상을 차지하였다. 2007년 회계연도를 기준으로 실시한 조사에 의하면, 현대 군사 작전 환경에서는 도급업자, 제3세계 국민, 지역 주민, 타 국가의 연합군, 우편물 등 다양한 공급원을 통해 술, 불법 마약류와 통제 약물을 취득할 수 있다. 이처럼 군사 작전 지역에서 불법 마약 취득이 가능한 실정이지만 군 당국은 작전 지역 내에서의 소변검사 결과는 정상 비율이 98%를 유지하고 있다고 밝혔다(McCanna, 2007).

1980년, 미 국방부는 전쟁과 평화 시기 전반에 걸쳐 장병의 건강 관련 행동에 대해 최초로 체계적인 연구 활동을 시작하였다(Bray et al., 1983, 1995, 2003, 2005, 2009). 이 연구에서는 약물 사용 경향과 이것이 군사 준비태세에 미치는 영향을 조사하였다. 이러한 전반적인 조사 내용 중 가장 최근의 조사 결과를 살펴보면, 군 당국은 불법 약물 사용 방지 면에서 상당한 성과를 거두었음을 알 수 있다. 1980년에 27.6% 수준이었던 약물 오남용 비율이 2002년에는 3.4%로 줄어들었다. 2005년부터는 설문조사 참가자로 하여금 불법 마약 복용과 더불어 처방약을 남용하고 있는지 여부에 대해서도 응답하도록 하였는데, 이러한 설문 내용은 최근에 약물 사용 보고가 늘어나게 된 원인으로 보인다. 예를 들어, 2005년에는 약물 사용 비율이 5%였지만 2008년에는 12%인 것으로 나타났다(Bray et al., 2009). 1980년대 이후 전반적인 불법 마약 복용의 감소는 군 당국의 불법 약물 사용에 대한 무관용 정책이 크게 기여한 것으로 보인다(Mehay & Oacula, 1999). 하지만 가장 최근의 연구 결과에 따르면 1980년대 이후 장병의 불법 마약 복용 사례는 상당히 감소하였지만 2005년부터 전 군의 처방약 오남용 사례는 2배 이상 증가했다(Bray et al., 2009). 이 종단적 설문조사 기간 동안 알코올 남용 비율은 다소 변동 폭이 있지만 약물 사용과 같이 감소 추세를 보이지는 않았다. 설문 결과, 1980년부터 1998년까지는 알코올 남용 비율이 감소했지만 1998년부터 2008까지는 두드러진 증가 추세를 보였다. 이로 인해 2008년에 기록된 20%의 알코올 남용 비율은 이 조사가 시작된 1980년에 기록한 21%와 크게 다르지 않게 되었다(Bray et al., 2009). 또한 이 종단적 조사에서는 알코올이 초래하는 심각한 결과를 연구하였고, 이에 대한 사례로는 음주로 인한 결근, 음주운전으로 인한 체포, 싸움, 사고 유발, 질병 발생, 능률 저하 등이 있었다. 적어도 일주일에 한 번 같은 자리에서 5잔 이상의 술을 마시는 사람을 '과음자(heavy drinker)'로 정의하는데, 그들 중 거의 4분의 1은 음주로 인해 1회 이상의 심각한 결과를 초래하였고, 그중 가장 빈번하게 나타난 결과 유형은 생산성 손실이었다(Bray et al., 2009).

또한 알코올 남용과 관련하여 다양한 항목에서 막대한 비용이 지출되고 있는 실정이다. 미군 의료보험제도인 트라이케어 프라임(TRICARE Prime) 프로그램의 연구 자료를 보면, 과음으로 인한 질병으로 연간 지출되는 보험금은 보수적으로 책정했을 때에도 대략 12억 달러에 이를 것으로 추산하고 있다(Dall et al., 2007). 여기에는 의료비 지출에 의한 4억 2500만 달러의 손실과 군 대비 태세와 관련한 7억 4500만 달러의 손실이 포함되어 있다(Harwood, Zhang, Dall, Olaiya, & Fagan, 2009). 음주 문제는 여러 측면에서 작전 준비태세에 영향을 끼친다. 과음자에 해당하는 장병은 음주를 하지 않거나 적당량의 음주만을 하는 장병에 비해 지각과 조퇴가 잦고 낮은 직무 수행 성과를 보이며 근무 중 상해를 입을 가능성이 높은 것으로 나타났다(Fisher, Hoffman, Austin-Lane, & Kao, 2000). 매년 10,400명의 현역 장병이 음주로 인해 파병 근무가 불가능한 것으로 추산되고 있으며, 음주 문제로 인해 전역 처분을 받는 현역 장병은 연간 2,200명에 달한다. 미 국방부는 이러한 조기 전역으로 연간 1억 800만 달러 정도의 비용이 발생하며, 음주 문제로 파병이 불가능한 장병 때문에 연간 5억 1천만 달러의 비용이 추가 지출된다고 밝혔다(Harwood et al., 2009). 최근 미 공군의 보고 자료에 의하면 33%의 자살, 57%의 성폭력 사건, 29%의 가정폭력 사건 그리고 44%의 교통사고가 음주와 관련이 있었다(U.S. Air Force, 2006). 약물 오남용으로 인한 총 비용을 고려하기 위해 미 국방부 인력자료센터(Defense Manpower Data Center)에 기록되어 있는 14,000명 이상의 사상자 정보를 검토한 결과, 2001년부터 2009년 사이 430명 이상의 장병이 약물 복용과 음주로 인해 사망하였고, 이러한 현상이 같은 기간 동안 3배가량 증가하는 추세를 보였다(Tilghman & McGarry, 2010). 이처럼 군대의 약물 오남용에 의한 부정적 영향을 수치화하는 것은 상대적으로 간단하지만 약물 오남용과 관련된 문제를 올바르게 처리하는 것은 여간 어려운 일이 아니다.

장병들은 일반적으로 보통 민간인이라면 겪지 않을 엄청난 스트레스 상황에 직면하게 된다. 예를 들어, 군인은 개인적인 자유의 상실, 위험한 지역으로의 파견, 잦은 이사와 그로 인한 가족과의 단절과 같은 스트레스를 겪는 경우가 많다. 이러한 장병의 생활상은 그 자체만으로도 과도한 음주를 유발하는 요인이 된다(Watanabe et al., 1994; Bray et al., 2007). 장병의 스트레스는 고위험성 행동의 증가와 연관되어 있는데, 가령 근무를 하지 않는 비번일 때, 전투에 참여한 이후, 또는 참전 후 귀향 시에 폭음을 하는 경향이 있다(Amesm Cunradi, Moore, & stern, 2007). 영국군에 대한 건강 연구 자료에 의하면, 파견되지 않은 장병의 음주량에 비해 평화 유지 작전상 보스니아에 배치된 장병들의 음주량이 월등히 많았다(Hotoph et al., 2006). 몇몇 권위자들이 전하는 바에 의하면, 미 해병대 및 미 육군 레인저와 같은 특정

군부대에서는 심각한 수준의 음주 문제가 증가하고 있다고 한다(Schuckit et al., 2001; Sridhar et al., 2003). 이러한 약물 관련 문제를 보이는 집단은 대부분 젊은 성인 남성이 주류를 이루고 있는데, 대부분의 장병은 이 연령대에 속해 있기 때문에 군 당국은 인구통계학적 관점에서 심각한 상황에 놓여 있다. 5년을 기간으로 설정한 종적 연구 결과에 따르면, 미 해군 신병의 75%가 입대 전에 이미 술을 접했고, 심지어 31%는 불법 마약까지 손을 댄 전력이 있는 것으로 드러났다. 실제로, 고등학생들이 성년이 되기까지를 추적한 연구에 의하면, 군에 입대하는 신병들은 군 입대를 선택하지 않은 사람들에 비해 고등학생 때부터 이미 과음자였을 가능성이 높다고 한다(Bachman, Freedman-Doan, O'Malley, Johnston, & Segal, 1999).

약물과 관련한 문제가 아직도 군대에서 횡행하고 있는 실정이지만 군 당국은 약물 문제가 미치는 영향을 줄이기 위해 그동안 최선을 다해 왔다. 제10장에서는 군에서 진행 중인 광범위한 예방 노력에 대해 살펴보도록 한다. 군의 예방 노력으로는 무관용 정책(Zero tolerance), 약물 중독의 심각성을 알리는 캠페인, 무작위 소변검사, 의무교육 등이 있으며, 음주 검사와 강력한 교육조치 같은 조기 치료를 실시하고 있다. 또한 약물 및 도박과 관련한 장애, 약물사용장애(SUD)와 외상 후 스트레스 장애(Post Traumatic Stress Disorder: PTSD)가 동시에 발현되는 경우에 이에 대한 종합적인 평가를 하고 있다. 이 장의 마지막 부분에서는 술이나 약물 그리고 도박으로 인해 어려움을 겪은 적이 있는 현역 군인에게 적용 가능한 치료 방법을 검토해 보도록 하겠다.

예방 및 교육

군대에서 실시하는 대부분의 조기 예방조치는 죄를 처벌하는 것에 초점이 맞추어져 있었다. 태형 집행이 폐지된 1985년까지 음주와 관련한 사건이 미 해군 태형 집행 원인의 80%를 차지했다(Mateczun, 1995). 1970년 이전 만성적인 음주와 약물 복용은 일반적으로 법적 처벌이나 전역조치로 이어지는 게 보통이었다. 그러나 1970년에 의회에서는 기계적인 처벌이나 해임보다는 치료 및 복귀를 위한 노력을 강조하는 것을 내용으로 하는 기념비적인 입법안이 통과되었다(Watanabe et al., 1994). 그리고 같은 해 약물 남용 예방을 위한 부서가 신설된 것도 눈여겨볼만한 변화에 해당한다. 사실 이러한 변화는 베트남전 약물 및 알코올 의존 증세를 호소하는 병사의 수가 폭발적으로 증가한 것에 원인이 있다. 당시 초기의 약물 및 알코올 오남용 예방 노력은 '약물 사용 여부를 간파하는 것'과 '교육'에 주안점을 두었다(Watanabe et al., 1994). 이에 따라 1971년에 미군은 베트남 원정을 마치면서 아편 복용 여부를 판별하기 위한 소변검사를 실시했으며, 이후 재빠르게 아편(opiates), 바르비투르(barbiturates), 암페타민

(amphetamines)에 대한 정기적 및 간헐적 검사를 추가로 실시했다. 1980년대 이후에 개발된 프로그램들은 갈수록 더욱 표준화되었다. 군 정책 당국에서는 모든 신병에 대해 예방 훈련에 필히 참석하도록 지시하였고, 연간 실시하는 훈련에 모든 부대가 참여하도록 하였으며, 추가로 무작위 소변검사를 실시하였다. 각 군에서는 해당 군 고유의 예방 프로그램을 운영했지만 이들의 근본적인 목표는 약물 남용 예방을 통해 작전 준비태세와 부대의 건강 및 복지를 향상시키는 것이었다. 각 군은 종합적인 예방 프로그램을 지속 시행하였고, 모든 훈련병과 장병을 대상으로 예방 교육을 하였으며, 각각의 다양한 부대에 속해 있는 지휘관과 예방 전문의에 대해 전문화된 훈련을 실시했다.

해군에서는 접속 가능한 웹 사이트(www.npc.navy.mil/commandsupport/nadap)를 운영하고 각 부대의 지휘부에 알코올 오남용을 예방하기 위한 최신의 정보를 제공했는데, 이는 매우 훌륭한 사례로 평가되고 있다. 해군 웹 사이트에 게재된 정보를 살펴보면, 먼저 예방조치를 하려는 주요 대상을 파악한 후, 각기 다른 지역과 상황에 존재하는 환경적 위험 요인 및 보호 요인을 종합적으로 파악해야 한다고 제시하고 있다. 이때 3R(Relationship, Relevance, Responsibility)이 이 프로그램의 핵심으로 작용한다. 먼저, '관계성(Relationship)'은 적극적인 멘토링 관계가 형성돼야 함을 의미하고, '적합성(Relevance)'은 성공적인 임무를 수행하기 위해 모든 사람이 적절한 역할을 수행해야 한다는 것을 의미하며, '책임감(Responsibility)'은 지휘부는 정보를 알리고 예방 프로그램이 원활하게 진행될 수 있도록 책임을 다해야 하고, 각 장병은 수뇌부의 요구와 정책을 바로 익히고 이를 적절히 수행해야 한다는 것을 의미한다. 이 웹 사이트에는 해군의 환경과 생활방식에 적합한 권고사항을 함께 제시하고 있다. 그 내용으로는 기항(배가 항해 중에 목적지가 아닌 항구에 잠시 들리는 것) 통지를 미리 계획할 것, 알코올과 약물 예방 프로그램 자문관(Drug and Alcohol Program Advisors: DAPA)의 가장 효과적인 활용, 선원에게 미국 및 타국 항구의 상륙 허가를 받도록 준비시킬 것과 같은 것들이 있다.

군 체계상 예방조치와 약물 오남용 관련 상담은 공인된 예방 전문가, 약물 복용 감소 조정자, 약물 및 알코올 남용 상담가가 담당하고 있다. 대부분의 경우 예방 서비스 관련 업무는 군 심리학자의 주요 업무가 아니다. 다만 군 심리학자와 정신과 의사는 자격을 소지한 전문가로서 약물 남용 치료 프로그램을 감독하는 임무를 부여받는다. 심리학자와 정신과 의사는 전문가로서 자유롭게 수많은 군인과 대면할 수 있고, 각 부대 지휘관이 추진하는 예방 프로그램의 개발을 지원하는 역할을 한다. 또한 그들은 예방 전문가 및 약물 복용 감소 조정자와 협력하여 다음과 같은 예방조치를 수행할 수 있다.

- 약물 오남용 상담관으로 하여금 장병들에게 예방 교육을 하고, 현장에서 약물 오남용 검사를 충분히 실시하게 할 것.
- 'Armed Forces Network'와 같은 지역 방송, 라디오, 'Stars and Stripes'와 같은 신문 매체를 적극

활용하여 각종 약물 문제에 관한 예방 정보를 제공하고 예방 프로그램의 효용성을 충분히 홍보
할 것.

- 현지 지역 및 함선이나 부대가 배치된 지역에서 특정하게 입수 가능한 불법 중독성 약물 문제에
대한 간략한 예방 지침을 제공할 것. 예를 들어, 일본에 파견된 부대에는 아편에 대한 양성 반응이
나타나는 것에 주의해야 하는데, 왜냐하면, 아편은 일본의 약국에서 기침 치료 목적의 일반의약
품으로 손쉽게 취득이 가능하고 오키나와에서는 환각을 유발하는 버섯을 사용하기 때문이다. 또
한 일본 술집에서는 군인에게 총 5잔까지 술을 제공하고 있다는 점에 대해 경고해야 함.

예방조치와 더불어 전군에서는 음주 교육을 실시하여 책임감 있는 음주 습관을 조성하려고 노력하
고 있다. 이러한 조기 치료 프로그램은 알코올 오남용 및 의존증이 발생할 위험성이 있는 장병에 초점
을 두고 있는데, 일반적으로 이러한 프로그램은 분별없는 음주를 하는 장병에게 시행할 것을 권고한
다. 음주로 인한 체포, 풍기 문란, 미성년 음주, 음주 운전 등으로 대표되는 음주 사고를 일으킨 경우에
도 조기 치료 프로그램을 교육받도록 하고 있다. 일반적으로 음주 사고를 한 건만 일으켜도 조기 치료
프로그램 교육을 받으며, 지휘관이 판단하기에 특정 장병의 음주 습관이 우려되는 경우에도 교육을
받게 하고 있다. 조기 치료 프로그램에서는 15~20시간의 훈련 및 토론 과정을 통해 참여자는 알코올
이 몸과 뇌에 미치는 영향을 자각하고 위험 상황을 확인하며, 건전한 음주 습관을 형성하기 위한 올바
른 선택을 할 수 있는 시간을 가지게 된다. 이러한 교육이 추구하는 주요한 목표는 건전한 음주 습관을
형성하고, 음주 사고를 예방하며, 약물 오남용과 관련된 임상적 문제와 심리사회학적 문제를 예방하
는 것에 있다.

미 국방부는 음주 문제를 예방하고 이에 대처하기 위하여 독창적인 방법을 지속 개발하고 있다. 미
국방부는 2007년에 '그 남자(That Guy)'라는 음주 예방 캠페인을 시행했는데, 이는 특히 2005년 Bray
등으로 구성된 연구진이 보고한 나이가 어린 사병들 사이에서 증가하고 있는 폭음 문제를 다루고 있
다. 이 캠페인은 기본적으로 하향식 접근 방식이 아니라 개인 대 개인(peer-to-peer)의 접근 방식을 추
구하는 소셜 마케팅 이론에 기반하고 있다. 이 캠페인의 흥미로운 점은 유머를 활용하여 폭음으로 인
해 벌어질 수 있는 여러 가지 창피스러운 일을 자각하도록 유도하고 있다. 이 캠페인을 위한 웹 사이
트인 www.thatguy.com은 2007년 웨비상(Webby Award)을 수상하였으며, 음주 문제가 있다고 생각하
는 장병과 이 캠페인의 참여 및 음주 정책에 보조를 맞추려는 지휘관에게 유용한 정보를 제공하고 있
다. 이와 비슷한 맥락으로, 군 당국은 인터넷이나 방송 미디어 매체 등을 이용하여 담배나 카페인 등
음주 문제를 일으킬 수 있는 물질의 복용에 대처하고 있다. 군 당국은 2007년 'Train2Quit'라는 이름의
'모두를 자랑스럽게 만드는' 캠페인을 실행하였다. 이 프로그램은 www.ucanquit2.org/train2quit.aspx

(ucanquit2.org로 접속가능) 웹 사이트를 통해 접속 가능하며, 금연을 위한 단계별 절차를 설명하고, 참가자들 간의 질의응답과 경험자의 조언을 구할 수 있는 온라인 게시판 서비스를 제공하며, 각종 교육적인 정보, 실시간 채팅방, 담배를 잊게 해 줄 만한 게임, 자가진단 도구 등을 탑재하고 있다(Fortin, 2010). 한편 카페인 오남용에 관련하여 'Train2Quit'에 견줄 만한 온라인 정보는 제공되지 않고 있지만, 카페인 중독과 관련된 문제를 심도 있게 다룬 여러 기사가 육군, 해군, 공군 타임즈(Army, Navy, and Air Force Times)에 수록되었다(Anderson, 2009a, 2009b, 2009c).

위탁 및 평가

일반적으로 약물 오남용의 장애 여부를 진단하기 위해서는 의료기관에 위탁, 검사, 종합 평가의 단계를 거치게 된다. 장병들에게 음주와 관련된 문제가 있다고 판단되는 경우, 스스로 의료기관을 찾아가도록 장려하기는 하지만, 가장 일반적인 위탁 경로는 음주 사고가 발생하였거나 지휘관의 판단에 의한 경우가 대부분이다. 음주 사고에 대한 문서 기록 과정에 다양한 계급의 지휘계통이 관여하기 때문에, 약물 및 알코올 오남용으로 인한 위탁 진료를 비로 하는 것은 매우 제한적일 수밖에 없다. 대부분의 경우 알코올 검사와 치료는 지휘관의 결정으로 진행되며, 소속 부대원들에게 이러한 지원 서비스가 필요하다고 생각할 경우 시행하게 된다. 전 군에 걸쳐 사령부급 자문기관은 해군의 DAPA(Drug and Alcohol Programs Advisor), 해병대의 SACO(Substance Abuse Control Officers), 육군의 ASAP(Army Substance Abuse Program), 공군의 ADAPT(Alcohol and Drug Abuse Prevention and Treatment program)가 있다. 〈표 10-1〉은 각 군 부대 및 부서별 약물 오남용 평가와 관련된 규정을 정리한 것이다.

1차 진료 의사는 알코올과 관련된 문제를 검사하고 진단하는 데 핵심 역할을 하는데, 이와 관련하여 Gold와 Aronson(2012)은 다음과 같은 4단계 검사절차를 수립하였다.

1단계 모든 환자의 현재 및 과거의 음주 경력을 확인하고 약물과 관련된 가족력도 살펴본다.
2단계 음주자로 판별된 병사가 적정한 양을 섭취하는 사람인지 아니면 과음을 하는 사람인지 구별하기 위한 구체적인 정보를 확보한다.
3단계 CAGE와 같은 표준화된 검사 질문지를 사용해야 한다. CAGE의 질문 내용은 다음과 같다.
　① C: Have you ever felt the need to cut down on drinking?
　　음주를 줄일 필요가 있다고 생각한 적이 있습니까?
　② A: Have you ever felt annoyed by criticism of your drinking?

〈표 10-1〉 각 군의 약물 관련 규정

구분	공군	육군	해안경비대	해병대	해군
임균을 재활 실패	AFI 44-121 AFI 36-3207 AFI 36-3208	AR 600-85	COMDTINST M1000.6 제12, 20장	MCO P1900.16F	MILPERSMAN article 1910-152
약물 오남용	AFI 44-121 AFI 44-120	AR 600-85 제1장	COMDTINST M1000.6 제20장	MCO P1900.16F SECNAVINST 5300.28D	SECNAVINST 5300.28D MILPERSMAN article 1910-146, 1910-150
항공요원	AFI 44-121 AFI 48-123 Attachments 4-7	AR 600-85 제7장	COMDTINST M6410.3 제9장	BUMEDINST 5300.8	BUMEDINST 5300.8
잠수함 및 해무기 요원	AFM 10-3902	AR 50-5	규정 없음	SECNAVINST 5510.35A	SECNAVINST 5510.35A OPNAVINST 5355.3B
약물 사용과 비밀 정보 사용 허가	AFM 10-3902	AR 380-67	COMDTINST M5520.12B	SECNAVINST 5510.30A	SECNAVINST 5510.30A
약물 오남용 예방과 통제	AFI 44-121 Section 3B	AR 600-85 제2장	COMDTINST M1000.6 제20장	MCO P1700.24B Chapter 3 SECNAVINST 5300.28C OPNAVINST 5350.4D	SECNAVINST 5300.28D OPNAVINST 5350.4D
약물 관련 질병 치료 지원 기준	AFI 44-121 Section 3F	AR 600-85 제3, 4장	COMDTINST M1000.6 제20장	MCO P1700.24B Chaper 5 BUMEDINST5353.4A	BUMEDINST 5353.4A
다음과 답(상표명: 안티부스) 황용	AFI 44-121 제4장	AR 600-85 제4장	규정 없음	BUMEDINST5353.5	BUMEDINST 5353.3

참고: AFI, Air Force Instruction(공군 지침); AR, Army Regulation(육군 규정); BUMEDINST, Department of the Navy, Bureau of Medicine and Surgery Instruction(미 해군성 내외과 관리국 지침); COMDTINST, United States Coast Guard, Commandant Instruction(미 해안경비대 사령관 지침); MCO, Marine Corps Order(미 해병대 명령); MILPERSMAN, Navy Military Personnel Manual(해군 장병 교범); OPNAVINST, Chief of Naval Operations Instruction(해군 참모총장 지침); SECNAVINST, Secretary of the Navy Instruction(해군성 장관 지침). 이 표에 수록된 규정의 전문을 얻어보고 싶다면 제10장의 마지막 참고문헌 중 'U.S. Department of ……'로 시작되는 사항들을 참조할 것.

당신의 음주에 대해 비난하는 얘기를 들으면 **짜증**이 난 경험이 있습니까?

③ **G**: Have you ever had **g**uilty feelings about your drinking?

당신의 음주에 대해 **죄책감**이 든 적이 있습니까?

④ **E**: Have you ever taken a morning **e**ye opener?

당신은 **아침에 일어나자마자** 술을 한 잔 마신 적이 있습니까?

4단계 1~3단계에서 수집한 정보를 토대로 더욱 구체적인 질문을 한다. 보다 세부적인 질문을 통해 음주장애 기준에 해당하는지 여부를 판단하고, 과도한 음주나 다른 약물 사용과 관련하여 신체적 · 정신적 · 행동적 합병증을 보이지는 않는지 살펴본다.

Kaner 등으로 구성된 연구진(Kaner et al., 2007)이 22개의 음주 관련 연구를 검토한 결과, 일반의가 음주의 위험성에 대한 피드백을 제공하고, 음주와 관련한 위험 상황에서의 적절한 대처 전략을 교육하며, 동기 부여 및 음주량을 줄이기 위한 계획을 수립하는 등의 간단한 치료 개입만 하여도 환자의 위험한 음주 습관을 개선하는 데 도움이 된다는 사실을 밝혀냈다.

약물 오남용 문제는 응급실 전문의, 정신건강 전문가, 내과 전문의에 의해 발견되는 경우가 많다. 예를 들어, 환자가 취한 상태에서 싸우거나 사고를 일으켜 응급실에 오는 경우에는 응급실 전문의에 의해 발견되고, 정신건강과 입원 진료 혹은 외래 진료 중에는 정신건강 전문의에 의해 발견되며, 알코올 중독치료를 받는 환자의 경우에는 내과 전문의에 의해 발견된다. 치료 시설 간에는 강력한 상호 협력관계를 형성하는 것이 중요하며, 이러한 협력은 위탁 진료를 늘리고, 음주 문제를 조기에 발견하는 데 도움이 된다. Storer(2003)의 기록에 따르면, 포츠머스 소재의 미 해군병원에서 입원 환자를 대상으로 잠깐의 짧은 중재를 실시한 결과, 음주와 관련한 문제로 재입원하는 것을 예방하는 효과를 보았으며, 재입원한 경우에도 입원 기간을 줄이는 데 눈에 띄는 성과를 보였다.

위탁이 이루어진 경우, 현역 군인은 약물 오남용 외래 혹은 입원 검사를 받게 된다. 검사는 주로 알코올 및 약물 사용의 정도를 파악하는 데 초점이 맞추어져 있으며, 진단은 DSM-IV기준에 의한다 (American Psychiatric Association, 1994). 약물 오남용과 의존성 측면 모두에서 DSM-IV기준에 해당되는 경우, 검사관에 의해 초기 진단이 이루어지고, 좀 더 종합적인 평가가 필요한 경우에는 전문가에게 위탁된다. 대부분의 위탁은 음주 사고가 발생한 경우에 이루어지며, 단 한 건의 음주 사고만 일으켜도 위탁 절차를 밟게 된다. 그러나 이렇게 음주 사고에 의해 위탁된 장병들의 상당수는 약물사용장애 기준에 해당하지 않는 경우가 많다. 하지만 아무런 조치사항에 대한 언급 없이 부대로 돌아온 장병이라도 대부분 조기 치료 프로그램의 교육을 권고받는다. 예를 들어, 2009년 10월부터 2010년 10월까지 주로 해군으로 구성된 총 1,078명의 현역 환자들이 포츠머스 미 해군병원의 약물 오남용 재활 프로그램에 위탁되었다. 이 중 38%의 환자(408명)는 약물사용장애 기준에 해당하지 않았음에도 3일 과정의 해군의 음주 교육 프로그램인 IMPACT 과정에 강제로 교육 입과조치되었다(E. Paulim Personal communication, November 22, 2010).

한편 임상의는 장병의 알코올 오남용에 대해 과대진단 또는 과소진단을 내리지 않도록 주의해야 한다. 몇몇 임상의는 알코올 오남용에 대한 DSM-IV 기준을 매우 엄격하게 적용하여, 때로는 증상의 심각성과는 관계없이 12개월 내에 두 건의 음주 사건을 일으킬 경우, 알코올 오남용 증상을 보인다고 진단할 수 있다. 이와 관련한 가장 대표적인 사례로, 19~20세인 장병이 풍기문란 및 싸움 등의 행동 문제를 일으키지 않았음에도 미성년자 신분으로 한두 잔의 맥주를 2차례 마셨다는 이유로 인해 음주 관련 평가에 위탁된 경우를 생각해 볼 수 있다. 물론 이처럼 심각한 약물사용장애가 아니고 가벼운 위법에 해당하는 경우에는 알코올 치료보다는 조기치료를 받게 하는 것이 더 적절할 것이다. 반면에 DSM-IV에 제시되어 있는 12개월 단위 기간을 너무 엄격히 고수할 경우 수년에 걸쳐 임상적으로 심각한 중독 증세를 보인 군인이라 할지라도, 12개월 단위 기간 내에 음주 사건을 일으키지 않았다면 알코올 오남용 진단이 내려지지 않을 수 있다. 때문에 DSM-IV 개정판에서는(American Psychiatric Association, 2000) 임상의에게 수정된 진단 기준을 제시하였다. 수정된 기준에 따르면 "알코올 및 약물 오남용 진단 기준에 부합하기 위해서는 오남용으로 인한 문제가 12개월 동안 반복적으로 발생하거나 이전부터 지속되어야 한다."라고 제시되어 있다(DSM-IV Text Rev, p. 198). 예를 들어, 몇몇 근무기지를 이동하면서 18개월 간격으로 총 네 건의 음주 사고를 일으킨 장병이 있다고 하자. 이러한 경우, 12개월의 단위 기간 내에 음주 사고를 일으킨 것은 아니지만 수정된 기준에 따르면 알코올 오남용 기준에 해당한다. 한편 이러한 장병들은 이른바 전속에 의한 구제(geographic cures)를 바라고 있을지도 모른다. 즉, 전속을 가면 이전 복무기지에서 있었던 사건 내용이 다음 복무기지에는 전달되지 않는 경우가 있기 때문이다. 어쨌든 이러한 경우에도 알코올 오남용 장애 기준에 해당된다. 왜냐하면 나쁜 음주 습관이 오랜 기간 동안 지속적으로 나타났기 때문이다.

검사를 통해 약물 오남용 및 의존증 기준에 해당하는 군인은 이후 보다 종합적인 평가를 받게 되는데, 이러한 평가를 위해 전형적인 심리평가에서 제시하는 사항들, 약물을 복용한 시점, 시간에 따른 약물 복용량의 변화, 최근의 약물 복용, 약물 오남용의 촉발 사건, 지원기관의 접근 가능성, 최근의 스트레스 요인, 대처 전략 등에 대해 검토하게 된다. 진단 결과는 ASAM (American Society of Addiction Medicine, 미 중독치료협회; Mee-Lee, 2001)의 기준에 의해 적절한 치료 수준을 결정하는 데 활용된다(평가 샘플을 참고하고 싶다면 부록 10-1 참조). ASAM의 배치 기준은 외래환자 치료, 집중 외래환자 치료, 입원 치료, 알코올 중독치료 또는 정신질환 입원 치료와 같이 의학적으로 주의가 요구되는 집중 입원환자 치료와 같은 다양한 치료 유형을 결정하는 데 필요한 지침을 제공한다. 환자의 배치와 관련된 결정은 만취 위험과 금단 현상, 기존 질환, 다른 심리질환의 진단 여부, 치료 동의 및 거부, 재발 가능성, 회복 환경과 같은 다양한 측면을 같이 검토해야 한다(U.S. Department of the Navy, 1999).

약물 오남용의 치료에서 진단 결과와 ASAM 배치 기준을 통합하여 적용할 경우에는, 금단 증상(알코올 금단 현상 평가 임상기관척도 개정판 참조, CIWA-Ar, Revised Clinical Institute Withdrawal Assessment for Alcohol Scale; Sullivan, Sykora, Schneiderman, Naranjo, & Sellers, 1989), 평가절차, 약물 오남용, 기타 정신적 · 의학적 질환에 대한 충분한 지식이 필요하다. 최근 파병 지역에서 귀환한 군인에게서 나타나는 PTSD의 비율에 대해 우려의 목소리가 높아지고 있다. PTSD와 약물 오남용 문제가 동시에 나타나는 경우가 많으므로 다음 절에서는 이와 관련된 병리적인 문제, 평가와 치료에 관한 내용을 살펴보도록 한다.

외상 후 스트레스 장애와 약물사용장애

PTSD와 약물사용장애(Substance Use Disorder: SUD)는 함께 발현되는 경우가 흔하고(Norma, Tate, Wilkin, Cummins, & Brown, 2010), 두 증상을 동시에 보이는 환자는 PTSD 증상을 보이지 않는 중독환자보다 훨씬 강도 높은 중독 치료를 받아야 한다(Brown, Stout, & Mueller, 1999). Norman 등으로 구성된 연구진은(Norman et al., 2010) 약물사용장애와 PTSD가 공존하는 환자는 그렇지 않은 환자보다 치료 성과가 저조했으며, 많은 정신적 · 의학적 · 법적 · 사회적 문제를 경험하며, 재발이 빨리 일어난다고 보고하였다. 약물 오남용 치료를 받는 환자 중 25%(Brown, Recupero, & stout, 1995)에서 50%는(Brady, Back, & Coffey, 2004) 일생에 한 번은 PTSD 진단 기준에 해당되는 증상을 보인다고 한다. Stecker, Fortney, Owen, McGovern과 Williams(2010)은 PTSD와 약물사용장애가 동시에 발현되는 비율이 34%에서 88%에 이른다고 하며, PTSD와 약물사용장애가 공존하는 비율은 남성집단에서 가장 높았고 여성집단의 경우 우울증 다음으로 약물사용장애가 많이 발생된다고 보고하였다.

장병의 경우 훈련 연습과 평화 유지 작전에 참여하고, 인도적 구호 임무와 관련한 외상 사건과 전투 상황에 노출되기 때문에 특히 PTSD와 기타 정신질환이 발생할 위험성이 높다. 이라크 해방 작전과 항구적 평화 작전에 참전한 퇴역 군인에 대한 두 설문조사 자료에 의하면, 참전 용사들의 PTSD 발현 비율은 각각 14%와 18%를 기록했다(Tanielian & Jaycox, 2008; Seal et al., 2009). Thomas 등으로 구성된 연구진(Thomas et al., 2010)은 주요 전투 경험이 없는 장병에 비해 이라크와 아프가니스탄에 파병되어 교전을 펼친 참전 용사들은 PTSD 발생 건수가 2배에서 3배가량 높게 나타났다는 점을 밝혔다. 또한 PTSD 증상은 파견 장병들 사이에서 음주량을 증가시켰다(Asmundson, Stein, & McCreary, 2002). 이와 관련하여 이라크 참전 용사를 대상으로 전투상황 노출과 음주 문제 간의 연관성을 연구한 결과, 9개월에서 12개월 동안 파병 근무를 한 장병 중 20% 정도가 심각한 알코올 문제를 겪었다고 하며, 이러한 문제는 전투 상황 노출에 부분적인 원인이 있었다(Rona et al., 2007). 참전 용사들은 PTSD 증상을 이겨 내기 위해 약물을 정기적으로 복용했다고 밝혔고(Ruzek, 2003), PTSD 기준에 부합하는 75%의 베트남 참전 용사들은 약물사용장애의 기준에도 부합하는 것으로 나타났다(Jacobsen, Southwick, & Kostern, 2001). 이라크 파병 근무를 마치고 돌아온 1,120명의 퇴역 군인을 대상으로 설문 조사를 실시한 결과에서는 1,080명이 알코올 관련 설문에 응답하였으며, 응답자 중 25%에 해당하는 퇴역 군인들은 본국으로 돌아오고 3~4개월이 지난 뒤 알코올 오남용 검사에 양성 반응을 보였다. 그리고 양성 반응을 보인 사람들은 그렇지 않은 사람들에 비해 훨씬 더 전투 경험이 많았다고 보고했다(Wilk et al., 2010). 이전에 PTSD 진단을 받고 1990년에서 1998년 사이에 입원 치료를 받았던 사망 참전 용사 110명을 대상으로 진행한 연구를 살펴보면, 그들 중 14.7%가 간 질환과 같은 만성 약물 오남용 장애에 직접적으로 관련된 질병으로 사망했다고 한다(Drescher, Rosen, Burling, & Foy, 2003). PTSD 환자에게서 약물 오남용 문제가 증가하는 현상과 더불어 PTSD 환자의 자살 위험 또한 심각하다. 참전 용사를 대상으로 한 연구 자료에 의하면, PTSD 환자 중 70%가 자살성 사고를 경험한 적이 있었고, 25%는 최근 6개월 동안 자살 시도를 한 적이 있었다(Butterfield et al., 2005). Drescher 등의 연구진(Drescher et al., 2003)은 참전 용사 중 8.3%가 자살을 했다고 밝혔으며, 알려진 바와 같이 약물 관련 문제는 자살 위험을 보다 증가시킨다고 하였다(Suominen, Isometsa, Haukka, & Lonnqvist, 2004; Wilcox, Conner, & Caine, 2004).

한편 차도를 보이지 않는 PTSD와 약물사용장애가 공존하는 환자는 약물 관련 문제에서도 별다른 진전을 보이지 않는 것으로 나타났다(Ford, Russo, & Mallon, 2007; Hien et al., 2010; Read, Brown, & Kahler, 2004). 반면, 약물사용장애 입원 치료를 마친 직후나, 장기적 약물사용장애 치료 도중 PTSD 치료를 실시하는 경우 단기적으로나 장기적으로 약물사용장애의 재발을 줄이는 데 성과를 보였다(Ford et al., 2007). 하지만 안타깝게도 현재 전 군의 약물 오남용 치료 프로그램은 PTSD 검사와 치료를 기준으로 채택하고 있지 않다.

권장되는 검사 도구인 군용 PTSD 체크리스트(PTSD CheckList-Military Version: PCL-M)는 기존의 약물 오남용 질문지와 손쉽게 통합하여 활용할 수 있으며, 약물 사용 평가 과정에서 모든 장병에게 이 질문지를 작성하도록 하고 있다. 이 체크리스트는 누구나 별다른 허가 없이 활용할 수 있으며 복사도 가능하다(〈표 10-1〉 참조; Weathers, Litz, Huska, & Keane, 1994). 이 자료는 파병건강 의무센터(Deployment Health Clinical Center)에서 운영하는 웹 사이트(www.pdhealth. mil/guidelines/appendices.asp)에 접속하여 얻을 수 있다.

일부 의료진은 PTSD 검사는 물론 두 질환을 동시에 치료해야 한다는 것을 인식하고 있으며, 일부

군대 약물 오남용 프로그램에서는 PTSD 통합 치료를 프로그램 과정에 도입하였다. 그러나 이에 대한 결정권은 각각의 치료시설의 재량에 맡겨져 있으며, PTSD 치료 도입은 전체 군에 표준으로 채택되고 있지 않은 실정이다. Ouimette, Brown과 Najavits(1998)는 모든 약물 오남용 환자는 주기적으로 PTSD 검사를 받아야 하고, PTSD가 없는 환자에 비해 PTSD를 동반하는 환자에게는 보다 집중적인 약물 오남용 치료를 시행해야 하며, 나아가 두 질환에 대한 동시 치료와 지원을 실시해야 한다고 주장했다. 이라크와 아프가니스탄 참전 용사들이 보고한 바와 같이 장병들은 외상 사건에 노출되는 경우가 많기 때문에 여기에서 제시한 권고사항을 오늘날 현역 군인들에게 반드시 적용해야 할 것이다.

수준별 치료

앞서 살펴본 바와 같이 군 당국은 ASAM의 환자 배치 기준을 기반으로 하여 약물사용장애 치료를 실시하고 있다(Mee-Lee, 2001). 일반적으로 알코올 오남용 진단을 받은 장병에게는 외래 진료(ASAM 1단계)를 받을 것을 명령하며, 다수의 음주 사건을 일으켰거나 심각한 사회심리학적 문제를 야기하여 고위험군으로 분류된 환자는 보다 집중적인 치료를 받게 할 수 있다. 이와 같은 맥락에서 알코올 의존성 진단을 받은 장병에 대해서는 일반적으로 집중 외래진료(ASAM 2단계)나, 입원 치료(ASAM 3단계)를 받도록 명령한다. 이전에 알코올 의존성 치료를 받아 일정 시간 동안 금주에 성공했으나, 그 이후에 가벼운 상태의 재발이 일어난 환자에게는 이러한 기준을 적용하지 않는다. 이 같은 유형의 환자가 금주를 원하고 회복을 위한 강력한 의지를 보이는 경우에는 제한된 기간 동안 외래 진료를 받게 하거나, 알코올중독자협회(Alcoholic Anonymous: AA)의 모임에 참석하게 하는 등 치료 계획을 수정하며, 금욕적인 생활을 지속할 수 있게 주변 환경을 개선하는 방법을 활용하는 것이 더 효율적인 것으로 보인다.

외래진료(Outpatient Treatment: OP) 기간은 2~3개월 동안 주 1회 실시하는 것에서부터 약 2주 동안 매일 실시하는 것까지 치료 프로그램마다 다양하다. 외래진료는 보통 약물에 대한 교육, 스트레스 관리, 대처 전략 향상에 주안점을 두고 있다. 외래진료는 알코올 및 약물 오남용 증세를 보이며 보다 심각한 약물 문제로 발전되고 있지만 아직 의존성 증상은 보이지 않는 환자에게 적용하는 것이 적절하다. 외래진료는 적절한 교육, 음주나 약물 복용의 대체 활동, 보다 바람직한 행동과 스트레스 관리 기술을 확립할 것을 강조한다는 측면에서 조기 치료의 확장으로 볼 수 있다. 그러나 외래진료를 받는 환자에게는 알코올중독자협회나 이와 비슷한 상호 지원 프로그램을 소개하고, 약물 문제 정도가 서로 다른 환자들을 통합하여 집단 치료를 받도록 하고 있다. 독일 아우크스부르크에서 외래진료를 받는 장병은 집중 교육을 실시하고, 스트레스를 관리하며, 치료 프로그램의 가치를 명확히 하는 것 등이 치

환자의 이름: _____

환자에 대한 지시사항: 다음은 퇴역 군인들이 스트레스 사건으로 인해 발생할 수 있는 문제와 질환들입니다. 자세히 읽은 후, <u>지난 1개월 동안</u> 문제를 경험한 정도에 해당하는 칸을 찾아 ×표 하십시오.

번호	문항	전혀 그렇지 않다 (1)	그렇지 않다 (2)	보통 이다 (3)	약간 그렇다 (4)	매우 그렇다 (5)
1.	과거 스트레스 가득한 군대 시절에 관한 원치 않는 괴로운 기억, 생각, 이미지가 반복적으로 떠오르나요?					
2.	과거 스트레스 가득한 군대 시절에 관한 반복적인 악몽을 꾸나요?					
3.	순간적으로 마치 과거 스트레스 가득한 군대 시절의 일들이 다시 일어나는 것처럼 행동하거나 느끼나요?					
4.	과거 스트레스 가득한 군대 시절이 떠오르면 분노의 감정을 느끼나요?					
5.	과거 스트레스 가득한 군대 시절이 떠오르면 신체 반응을 경험하나요?(예: 땀이 남, 호흡이 어려움, 심장이 두근거림)					
6.	과거 스트레스 가득한 군대 시절에 대한 생각, 대화, 느낌을 피하려고 하나요?					
7.	과거 스트레스 가득한 군대 시절을 떠올리게 하는 활동과 상황을 피하려고 하나요?					
8.	과거 스트레스 가득한 군대 시절의 중요한 부분을 기억하지 못하나요?					
9.	이전에는 즐겼던 일들에 대해 흥미를 느끼지 못하나요?					
10.	주변 사람들과 멀어지거나 단절된 느낌을 받나요?					
11.	정서적으로 마비된 것을 느끼나요?(예: 가까운 사람을 사랑하고 있다는 감정을 느끼기 어려움)					
12.	마치 오래 살지 못할 것 같이 느껴지나요?					
13.	잠들기 어렵거나 잠을 계속 자기 어려운가요?					
14.	지속적으로 과민해지거나 분노를 폭발시키는 경향이 있나요?					
15.	집중하는데 어려움이 있나요?					
16.	주변을 지나치게 경계하나요?					
17.	크게 놀라거나, 쉽게 놀라는 경향이 있나요?					

[그림 10-1] 군용 PTSD 체크리스트(PCL-M)

료에 가장 도움이 되었다고 보고하였다(Fisher, Helfrich, Niedzialkowski, Colburn, & Kaiser, 1995).

ASAM 2단계인 집중외래진료(Intensive Outpatient Treatment: IOP)는 심각한 알코올 및 약물 문제를 보이지만 외래진료를 통해서도 효과적으로 치료를 받을 수 있는 환자에게 적절한 방법이다. 군대에서는 집중외래진료가 가장 많이 활용되는데, 그 이유는 군 조직의 특성상 금욕 생활과 대체 활동을 충분히 지원할 수 있는 환경이 조성되어 있기 때문이다. 집중외래진료는 일반적으로 2~3주간 시행되며 ASAM 1단계인 외래진료와 같은 분야에 주안점을 두고 있다. 그러나 집중외래진료에서는 보다 깊이 있는 교육을 실시하며, 개인 치료 및 그룹 치료의 횟수를 늘리고, 알코올중독자협회와 같은 12단계 치료 모임에 규칙적으로 참여할 것을 강조한다. ASAM 3단계인 입원 치료(Residential Treatment)는 치료 기간 동안 절제된 생활을 유지하기 위한 구조적 지원이 필요하거나 여러 질환이 동시에 발현되어 추가적인 의료 및 정신건강 치료가 필요한 환자에게 적절하다.

일부 집중외래진료 및 입원치료 프로그램에서는 디술피람(Disulfiram), 날트렉손(Naltrexone), 아캄프로세이트(Acamprosate)와 같은 아메시스틱 약물(역자 주: Amethystic Medication이란 음주를 억제하는 약물을 말하며, Amethystic은 그리스어 Amethystos에서 유래된 말로 '취하지 않는다'는 의미를 가지고 있다)을 처방하여 행동 치료의 부수적인 수단으로 활용하고 있다. 디술피람(제품명: 안타부스)은 신체의 알코올 분해 과정에 개입하여 알데히드산화효소의 활동을 막고, 독성 아세트알데히드 대사 화합물을 생성하는 작용을 하기 때문에, 이 약물을 복용하고 술을 마신 사람은 매스꺼움을 느끼고 저혈압이 오며, 얼굴이 상기되고, 결국 신체가 술을 거부하게끔 유도할 수 있다(Garbutt, West, Carey, Lohr, & Crews, 1999). 날트렉손은 알코올의 강화 효과를 줄여 알코올에 대한 갈망과 재발 환자의 알코올 소비량을 줄이는 아편 길항제다(Carmen, Angeles, Ana, & Maria, 2004). 2004년까지 이 두 약물은 FDA(U.S. Food and Drug Administration, 미 식품의약국)가 승인한 유일한 알코올 중독치료 약물이었다(Petrakis, Leslie, & Rosenheck, 2003; FDA, 2004). 2004년 7월에 FDA는 알코올 의존증 치료약물로써 아캄프로세이트 칼슘을 세 번째로 승인하였다. 이 약물이 작용하는 기제는 확실히 밝혀지지 않았지만, 이 약물은 글루타민산염과 유도 아미노산 신경전달 물질게가 상호작용하여 정상적인 흥분 및 억제의 균형을 회복시켜 과음으로 인한 신체의 불균형을 바로잡는 작용을 한다(FDA, 2004). 아캄프로세이트는 알코올에 대한 신체적 금단 증상을 겪은 경험이 있는 환자에게 사용하며, 금주를 지속하는 것에도 도움이 된다. 이러한 약물들을 처방할 때는 의학적 징후와 사용 금지 사유뿐만 아니라 파병 근무 계획이나 현장 근무 시간이 많은 경우와 같은 전반적인 임무 환경을 종합적으로 검토해야 한다. 방금 전에 제시한 상황과 같은 경우에는 이러한 약물이 미치는 영향을 지속적으로 관찰할 수 없다. 따라서 이러한 음주 억제 약물치료를 진행해야 하는 장병들은 항공 임무와 같은 특정한 직군에서 근무할 경우 이러한 치료가 제한된다는 점에 주의해야 한다.

군에서의 도박 중독 치료

미국에서 병리상의 도박자 또는 도박 중독자가 차지하는 비율은 지역에 따라 0.42%(Pretty, Stinson, & Grantm 2005)에서 2.3%(Kessler et al., 2008), 또는 5.4%(Volberg, 1996)로 다양하게 나타난다. 통계상으로 그렇게 높은 비율을 보이지는 않지만 이제 군 내에서 도박 중독은 더 이상 낯선 문제가 아니다. 군대에서 도박 중독의 비율은 공군 0.7%, 육군 1.4%, 해병대 1.4%, 해군 1.5%, 그리고 전체적으로는 1.2%인 것으로 추산된다(Bray et al., 2003).

비록 비율은 낮지만 숫자로 환산할 경우 수천 명의 장병이 도박 중독 기준에 부합하는 것으로 나타남에도 불구하고, 군에서는 아직까지 3개의 표준화된 치료 프로그램만이 제공되고 있는 실정이다. 첫 번째 치료 프로그램은 라스베이거스에 위치한 넬리스 공군 기지에서 시행되었고 오직 현지 장병만을 대상으로 한다. 왜냐하면 라스베이거스라는 환경 자체가 외래진료를 받는 도박꾼들에게 심각한 위험 요인으로 작용하기 때문이다. 두 번째 프로그램은 일본 오키나와에 소재한 미 해군 병원에서 제공하는 외래진료 프로그램이다. 장소적 요인으로 인해 일반적으로 현지에 있는 장병, 성인 군 가족, 퇴역 군인, 조건이 맞는 수혜자에게만 진료 서비스를 제공하고 있다. 세 번째 프로그램은 캘리포니아 캠프 펜들턴에 소재한 해군 병원에서 제공하는 입원치료 프로그램이다. 복무 지역과 소속에 관계없이 현역 장병이라면 누구든지 참여할 수 있다.

도박 중독은 종종 다른 질병과 함께 동시에 발생하는 경우가 다반사다. 도박 중독 환자 중 50% 정도는 약물 오남용 장애 기준에 해당하고(Petry & Armentano, 1999), 76%는 우울증 기준에 부합되는 것으로(National Research Council, 1999) 추정된다. 48~70%는 자살성 사고를 야기한 적이 있고, 심지어 13~20%는 자살 시도 경험이 있었던 것으로 나타났다(Petry & Armentano, 1999). 군인의 경우 소형화기 및 다른 치명적 자살 수단에 접근이 가능하기 때문에 군대에서 자살은 심각한 문제가 된다. 군대에서 상습적 도박 중독자가 자살성 사고를 야기하는 비율은 20%(Kennedy, Cook, Poole, Brunson, & Jones, 2005)에서 50%(M. Catanzaro, personal communication, October 9, 2003)인 것으로 기록되었다. 오키나와 도박 치료 프로그램의 시행 첫해에 위탁된 장병들 중 자살성 사고를 일으킨 적이 있는 장병을 대상으로(참여자 35명 중 7명) 한 연구 자료를 살펴보면, 자살성 사고와 행동은 치료가 시작한 뒤로 다시 재발하지 않았다는 사실에 주목할 필요가 있다(Kennedy et al., 2005).

오키나와 도박 중독 프로그램이 시작된 지 1년이 경과한 후, Kennedy 등으로 구성된 연구진(Kennedy et al., 2005)에 의해 프로그램에 참여했던 현역 도박 중독 환자의 신상 정보가 공개되었다. 이 자료에 의하면 25명의 현역 군인, 7명의 배우자, 3명의 미 국방부 직원이 이 프로그램에 위탁되었다.

그들의 평균 연령은 33.2세였으며, 평균 계급은 상병에서 하사로 구성되어 있었다. 평균 부채는 1인당 11,407달러 35센트였으며, 표준편차는 17,746달러 26센트였다. 도박으로 인한 손실 금액은 1인당 평균 24,154달러 41센트였으며, 표준편차는 33,125달러 22센트에 달했다. 치료에 위탁된 25명의 현역 군인 중 21명은 군에 남았고, 4명은 군법 회의에 회부되어 도박과 관련한 죄로 인해 전역 처분되었다.

도박 중독과 약물사용장애의 경우 환자의 비밀 준수에 관한 군 당국의 정책이 서로 다르다. 약물 오남용 사례가 발견되면 사령부에 반드시 보고해야 하지만 도박 문제는 그렇지 않다. 군 심리학자가 다루는 대부분의 도박 중독 사례는 슬롯머신이나 카지노 게임과 같은 합법적인 도박행위와 관련되어 있다. 만약, 도박 중독으로 도움을 요청하는 현역 장병이 자살 경향을 보이지 않거나, 상부에 필수적으로 보고를 해야 할 어떤 문제를 일으키지 않은 경우에는 약물 환자에 비해 비밀이 잘 준수될 수 있기 때문에 낙인 효과나 군 경력의 손상 및 이와 유사한 장애 요소를 걱정하지 않고 본인 스스로 치료를 요청할 수 있다.

도박 중독 치료는 다른 중독 증상의 치료와 유사점이 많지만, 어느 정도 차이점도 존재한다. 하지만 아쉽게도 적절한 치료 방법에 관한 논의와 치료 프로그램의 개발에 대한 사항은 이 장의 범위를 벗어난다. 주의해야 할 점은 정신건강 및 중독 치료자가 진료 프로그램에 도박 치료를 적용하려고 생각한다면, 그러한 치료를 제공하기 위해서는 반드시 추가적인 전문 훈련을 받아야 한다. 장병을 대상으로 맞춤식 개인 치료나 집단 치료를 제공할 때에는 반드시 장병집단의 고유한 특성을 고려해야 한다. 예를 들어, 진료소에는 경제 문제 상담, 배우자에 대한 교육, 부부 문제 상담, 긴급하게 자살 위험 평가를 할 수 있는 자문위원을 배치하여야 한다. 도박 중독 평가는 앞서 언급한 약물 오남용 평가와 마찬가지로 간단한 검사만으로 이루어지는 것이 아니다. 만성적인 정신질환이나 약물사용장애와 마찬가지로 자살의 위험성과 빈도를 고려할 때, 이러한 정신질환의 여부를 판단하기 위한 전반적인 심리 평가나 최소한의 자살 위험 평가가 반드시 진행되어야 한다. 이에 대해서는 〈부록 10-2〉의 도박 평가 표본을 참조하기 바란다.

요 약

군은 약물 사용 예방을 위한 프로그램에서부터 집중적인 치료 개입에 이르기까지 약물 사용문제를 해소하기 위한 총체적인 지원과 노력을 다하고 있으나, 아직까지 군 내에서 약물사용장애가 지속적으로 발생하고 있는 것이 현실이다. 향후 문제를 일으킬 가능성이 있을 경우 군은 조기에 치료 개입을 실시하고, 우수한 치료 방법을 적용하여 치료를 하며, 치료를 필요로 하는 모든 장병에게는 적절한 조치를 취하고 있다. 군 당국은 약물 사용 문제를 보이는 장병에게 의미 있는 사회적 지원을 제공하고 있으며, 모든 장병을 대상으로 최첨단의 치료를 시행하고 있다. 약물 오남용과 도박 중독에 대한 치료는 분야를 가릴 것 없이 쉽지 않은 문제이지만, 짜임새 있는 교육과 치료 방법들을 장병들에게 제공하여 임무 준비태세를 확립하고 환자의 회복을 위해 노력하고 있다.

참고문헌

American Psychiatric Association. (1994). *Diagnostic and statistical manual of mental disorders* (4th ed.). Washington, DC: Author.

American Psychiatric Association. (2000). *Diagnostic and statistical manual of mental disorders* (4th ed., text rev.). Washington, DC: Author.

Ames, G. M., Cunradi, C. B., & Moore, R. S. (2002). Alcohol, tobacco, and drug use among young adults prior to entering the military. *Prevention Science, 3,* 135-144.

Ames, G. M., Cunradi, C. B., Moore, R. S., & Stern, R. (2007). Military culture and drinking behavior among U.S. Navy careerists. *Journal of Studies on Alcohol and Drugs, 68,* 336-344.

Anderson, J. R. (2009a, August 7). Caffeine, I wish I could quit you. *Army Times.* Retrieved from *www.armytimes.com/offduty/health/offduty_caffeine_quitting_080609.*

Anderson, J. R. (2009b, August 7). The buzz about caffeine: Healthy kick or addictive drain? Try not to lose sleep over it. *AirForce Times.* Retrieved from *www.airforcetimes.com/offduty/health/offduty_caffeine_ main_080609.*

Anderson, J. R. (2009c, August 7). On the good ship Caffeine Buzz. *Navy Times.* Retrieved November 30, 2010, from *www.navytimes.com/offduty/health/offduty_caffeine_sailor_080609.*

Asmundson, G. J. G., Stein, M. B., & McCreary, D. R. (2002). Posttraumatic stress disorder symptoms influence health status of deployed peacekeepers and nondeployed military personnel. *Journal of Nervous and Mental Disease, 190,* 807-815.

Bachman, J. G., Freedman-Doan, P., O'Malley, P. M., Johnston, L. D., & Segal, D. R. (1999). Changing patterns of drug use among U.S. military recruits before and after enlistment. *American Journal of Public Health, 89,* 672-677.

Brady, K. T., Back, S. E., & Coffey, S. F. (2004). Substance abuse and posttraumatic stress disorder. *Current Directions in Psychological Science, 13,* 206-209.

Bray, R. M., Guess, L. L., Mason, R. E., Hubbard, R. L., Smith, D. G., Marsden, M. E., et al. (1983). *1982 worldwide survey of alcohol and non-medical drug use among military personnel.* Research Triangle Park, NC: RTI International.

Bray, R. M., Hourani, L. L., Rae, K. L., Dever, J. A., Brown, J. M., Vincus, A. A., et al. (2003). *2002 Department of Defense survey of health related behaviors among military personnel.* Research Triangle Park, NC: RTI International.

Bray, R. M., Hourani, L. L., Rae Olmstead, K. L., Witt, M., Brown, J. M., Pemberton, M. R., et al. (2007). *2005 Department of Defense survey of health related behaviors among military personnel.* Research Triangle Park, NC: RTI International.

Bray, R. M., Kroutil, L. A., Wheeless, S. C., Marsden, M. E., Bailey, S. L., Fairbank, J. A., et al. (1995). *1995 Department of Defense survey of health related behaviors among military personnel.* Research Triangle Park, NC: Research Triangle Park, NC: RTI International.

Bray, R. M., Pemberton, M. R., Hourani, L. L., Witt, M., Rae Olmstead, K. L., Brown, J. N., et al. (2009). *2008 Department of Defense survey of health related behaviors among active duty military personnel.* Research Triangle Park, NC: RTI International. Retrieved November 22, 2010, from *www.tricare.mil/2008HealthBehaviors.pdf.*

Brown, P. J., Recupero, P. R., & Stout, R. (1995). PTSD substance abuse comorbity and treatment utilization. *Addictive Behaviors, 20,* 251-254.

Brown, P. J., Stout, R. L., & Mueller, T. (1999). Substance use disorder and posttraumatic stress disorder comorbidity: Addiction and psychiatric treatment rates. *Psychology of Addictive Behaviors, 13,* 115-122.

Butterfield, M. I., Stechuchak, K. M., Connor, K. M., Davidson, J., Wang, C., MacKuen, C. L., et al. (2005). Neuroactive steroids and suicidality in posttraumatic stress disorder. *American Journal of Psychiatry, 162,* 380-382.

Carmen, B., Angeles, M., Ana, M., & Maria, A. (2004). Efficacy and safety of naltrexone and acamprosate in the treatment of alcohol dependence: A systematic review. *Addiction, 99,* 811-828.

Dall, T. M., Zhang, Y., Chen, Y. J., Askarinam Wagner, R. C., Hogan, P. F., Fagan, N. K., et al. (2007). Cost associated with being overweight and with obesity, high alcohol consumption, and tobacco use within the military health system's TRICARE Prime-enrolled population. *American Journal of Health Promotion, 22,* 120-139.

Dean, E. T. (1997). *Shook over hell: Post-traumatic stress, Vietnam, and the Civil War.* Cambridge, MA: Harvard University Press.

Drescher, K. D., Rosen, C. S., Burling, T. A., & Foy, D. W. (2003). Causes of death among male veterans who received residential treatment for PTSD. *Journal of Traumatic Stress, 16,* 535-543.

Fisher, C. A., Hoffman, K. J., Austin-Lane, J., & Kao, T. (2000). The relationship between heavy alcohol use and work productivity loss in active duty military personnel: A secondary analysis of the 1995 Department of Defense worldwide survey. *Military Medicine, 165,* 355-361.

Fisher, E. M., Helfrich, J. C., Niedzialkowski, C., Colburn, J., & Kaiser, J. (1995). A single site treatment evaluation study of a military outservice member drug and alcohol program. *Alcoholism Treatment Quarterly, 12,* 89-95.

Ford, J. D., Russo, E. M., & Mallon, S. D. (2007). Integrating treatment of posttraumatic stress disorder and substance use disorder. *Journal of Counseling and Development, 85,* 475-490.

Fortin, C. A. (2010, July 21). New help to quit smoking comes from DoD: Train2Quit offers tools to kick the habit. *Northwest Military.* Retrieved from *www.northwestmilitary.com/news/focus/2010/07/northwest-military-ranger-airlifter-newspaper-JBLM-quit-smoking-help-train2quit.*

Garbutt, J. C., West, S. L., Carey, T. S., Lohr, K. N., & Crews, F. T. (1999). Pharmacological treatment of alcohol dependence: A review of the evidence. *Journal of the American Medical Association, 281,* 1318-1325.

Gold, M. S., & Aronson, M. D. (2012). *Screening for alcohol misuse.* Retrieved March 12, 2012, from *www.uptodate. com/contents/screening-for-alcohol-misuse.*

Harwood, H. J., Zhang, Y., Dall, T. M., Olaiya, S. T., & Fagan, N. K. (2009). Economic implications of reduced binge drinking among the military health system's TRICARE Prime plan beneficiaries. *Military Medicine, 174,* 728-736.

Hien, D. A., Jiang, H., Campbell, A. N. C., Hu, M. C., Miele, G. M., Cohen, L. R., et al., (2010). Do treatment improvements in PTSD severity affect substance use outcomes?: A secondary analysis from a randomized clinical trial in NIDA's Clinical Trials Network. *American Journal of Psychiatry, 167*(1), 95-101.

Hotoph, M., Hull, L., Fear, N. T., Browne, T., Horn, O., Iversen, A., et al. (May-June, 2006). The health of U.K. military personnel who deployed to the 2003 Iraq War: A cohort study. *The Lancet, 367*(9524), 1731-1741.

Jacobsen, L. K., Southwick, S. M., & Kosten, T. R. (2001). Substance use disorders in patients with posttraumatic stress disorder: A review of the literature. *American Journal of Psychiatry, 158,* 1184-1190.

Jones, F. D. (1995). Disorders of frustration and loneliness. In R. Zajtchuk & R. F. Bellamy (Eds.), *Textbook of military medicine: War psychiatry* (pp. 63-84). Washington, DC: Office of the Surgeon General, U.S. Department of the Army.

Kaner E. F., Dickinson H. O., Beyer F. R., Campbell F., Schlesinger C., Heather N., et al. (2007). Effectiveness of brief alcohol interventions in primary care populations. *Cochrane Database of Systematic Reviews,* Issue 2. Art.

Kennedy, C. H., Cook, J. H., Poole, D. R., Brunson, C. L., & Jones, D. E. (2005). Review of the first year of an overseas military gambling treatment program. *Military Medicine, 170,* 683-687.

Kessler, R. C., Hwang, I., Labrie, R., Petukhova, M., Sampson, N. A., Winters, K. C., et al. (2008). DSM-IV pathological gambling in the National Comorbidity Survey Replication. *Psychological Medicine, 38*(9), 1351-1360.

Mateczun, J. (1995). U.S. Naval combat psychiatry. In R. Zajtchuk & R. F. Bellamy (Eds.), *Textbook of military medicine, war psychiatry: Warfare, weaponry and the casualty* (pp. 211-242). Washington, DC: Office of the Surgeon General, U.S. Department of the Army.

McCanna, S. (2007, August 7). *It's easy for soldiers to score heroin in Afghanistan; simultaneously stressed and bored. U.S. soldiers are turning to the widely available drug for a quick escape.* Retrieved from *www.salon.com/print. html?URL=/news/feature/2007/08/07/afghan_heroin.*

Mee-Lee, D. (2001). *ASAM service member placement criteria for the treatment of substance-related disorders* (2nd ed., rev.). Chevy Chase, MD: American Society of Addiction Medicine.

Mehay, S. L., & Pacula, R. L. (1999). *The effectiveness of workplace drug prevention policies: Does "zero tolerance" work?* (Working paper 7383). Cambridge, MA: National Bureau of Economic Research.

Norman, S. B., Tate, S. R., Wilkins, K. C., Cummins, K., & Brown, S. A. (2010). Posttraumatic stress disorder's role in integrated substance dependence and depression treatment outcomes. *Journal of Substance Abuse Treatment,*

38, 346-355.

Ouimette, P. C., Brown, P. J., & Najavits, L. M. (1998). Course and treatment of service members with both substance use and posttraumatic stress disorders. *Addictive Behaviors, 23,* 785-795.

Petrakis, I. L., Leslie, D., & Rosenheck, R. (2003). Use of naltrexone in the treatment of alcoholism nationally in the Department of Veterans Affairs. *Alcoholism: Clinical and Experimental Research, 27,* 1780-1784.

Petry, N. M., & Armentano, C. (1999). Prevalence, assessment, and treatment of pathological gambling: A review. *Psychiatric Services, 50,* 1021-1027.

Petry, N. M., Stinson, F. S., & Grant B. F. (2005). Comorbidity of DSM-IV pathological gambling and other psychiatric disorders: Results from the National Epidemiologic Survey on Alcohol and Related Conditions. *Journal of Clinical Psychiatry, 66*(5), 564-574.

Read. J. P., Brown, P. J., & Kahler, C. W. (2004). Substance use and posttraumatic stress disorders: Symptom interplay and effects on outcome. *Addictive Behaviors, 29,* 1665-1672.

Reinstein, M. (1972). Drugs and the military physician. *Military Medicine, 137,* 122-125.

Rona, R. J., Fear, N. T., Hull, L., Hull, L., Greenberg, N., Earnshaw, M., et al. (2007). Mental health consequences of overstretch in the UK armed forces: first phase of a cohort study. *British Medical Journal, 335,* 603.

Ruzek, J. I. (2003). Concurrent posttraumatic stress disorder and substance use disorder among veterans: Evidence and treatment issues. In P. Ouimette & P. J. Brown (Eds.), *Trauma and substance abuse* (pp. 191-207). Washington, DC: American Psychological Association.

Schlesing, A. (2005, January 3). Drugs, booze easy for GIs to get in Iraq. *The Arkansas Democrat-Gazette.* Retrieved from *www.november.org/stayinfo/breaking3/GIDrugs.html.*

Schuckit, M. A., Kraft, H. S., Hurtado, S. L., Tschinkel, S. A., Minagawa, R., & Shaffer, R. A. (2001). A measure of the intensity of response to alcohol in a military population. *American Journal of Drug and Alcohol Abuse, 27,* 749-757.

Seal, K. H., Metzler, T. J., Gima, K. S., Bertenthal, D., Maguen, S., & Marmar, C. R. (2009). Trends and risk factors for mental health diagnoses among Iraq and Afghanistan veterans using Department of Veterans Affairs health care, 2002-2008. *American Journal of Public Health, 99*(9), 1651-1658.

Sobocinski, A. (2004). A few notes on grog. *Navy Medicine, 95,* 9-10.

Spera, C., Franklin, K., Uekawa, K., Kunz, J. F., Szoc, R. Z., Thomas, R. K., et al. (2010). Reducing drinking among junior enlisted Air Force members in five communities: Early findings of the EUDL program's influence on self-reported drinking behaviors. *Journal of Studies on Alcohol and Drugs, 71*(3), 373-383.

Sridhar, A., Deuster, P. A., Becker, W. J., Coll, R., O'Brien, K. K., & Bathalon, G. (2003). Health assessment of U.S. Army Rangers. *Military Medicine, 168,* 57-62.

Stanton, M. D. (1976). Drugs, Vietnam, and the Vietnam veteran: An overview. *American Journal of Drug and Alcohol Abuse, 3,* 557-570.

Stecker, T., Fortney, J., Owen, R., McGovern, M. P., & Williams, S. (2010). Co-occurring medical, psychiatric, and alcohol-related disorders among veterans returning from Iraq and Afghanistan. *Psychosomatics, 51*(6), 503-507.

Storer, R. M. (2003). A simple cost-benefit analysis of brief interventions on substance abuse at Naval Medical Center Portsmouth. *Military Medicine, 168,* 765-768.

Sullivan, J. T., Sykora, K., Schneiderman, J., Naranjo, C. A., & Sellers, E. M. (1989). Assessment of alcohol withdrawal: The Revised Clinical Institute Withdrawal Assessment for Alcohol Scale (CIWA-Ar). *British Journal of Addiction, 84,* 1353-1357.

Suominen, K., Isometsa, E., Haukka, J., & Lonnqvist, J. (2004). Substance use and male gender as risk factors for deaths and suicide: A 5-year follow-up study after deliberate self-harm. *Social Psychiatry and Psychiatric Epidemiology, 39,* 720-724.

Tanielian, T., & Jaycox, L. H. (2008). *Invisible wounds of war?: Psychological and cognitive industries, their consequences, and services to assist recovery.* Santa Monica, CA: RAND Center for Military Health Policy Research.

Thomas, J. L, Wilk, J. E., Riviere, L. A., McGurk, D., Castro, C. A., & Hoge, C. W. (2010). Prevalence of mental health problems and functional impairment among active component and National Guard soldiers 3 and 12 months following combat in Iraq. *Archives of General Psychiatry, 67*(6), 614- 623 .

Tilghman, A., & McGarry, B. (2010, September). Troop death s soar with prescriptions for war wounded. *Army Times.* Retrieved from *www.armytimes.com/news/2010/09/military-wounded-prescriptions-troop-deaths-soar-080910.*

U.S. Department of the Navy. (1999). *Standards for provision of substance related disorder treatment services* (BUMEDINST 5353.4A). Washington, DC: Author.

U.S. Food and Drug Administration. (2004, July 29). *Center for drug evaluation and research approval package for: Application number 21-431.* Retrieved March 20, 2012, from *www.accessdata.fda.gov/drugsatfda_docs/nda/2004/21-431_campral_Pharmr-P1.pdf*

Volberg, R. A. (1996). Prevalence studies of problem gambling in the United States. *Journal of Gambling Studies, 12,* 111-128.

Von Zielbauer, P. (2007, March 12). In Iraq American military finds it has an alcohol problem. *International Herald Tribune.* Retrieved from *www.times.com/2007/03/12/world/americas/12iht-alcohol.4885466. html?scp= 18sq=In%20Iraq%20American%20military%20finds20%20it%20has%20an20%alcohol%20problem&st=cse.*

Watanabe, H. K., Harig, P. T., Rock, N. L., & Koshes, R. J. (1994). Alcohol and drug abuse and dependence. In R. Zajtchuk & R. F. Bellamy (Eds.), *Textbook of military medicine: Military psychiatry: Preparing in peace for war* (pp. 61-90). Washington, DC: Office of the Surgeon General, U. S. Department of the Army.

Weathers, F. W., Litz, B. T., Huska, J. A., & Keane, T. M. (1994). *PCL-M for DSM-IV.* Washington, DC: National Center for PTSD, Behavioral Science Division. Retrieved March 20, 2012, from *www.pdhealth.mil/ guidelines/*

appendicies.asp.

Weaver, T. (2005, July 21). Drug, alcohol problems sometimes follow troops to Iraq. *Stars and Stripes.* Retrieved from *www.stripes.com/news/drug-alcohol-problems-sometimes-follow-troops-to-Iraq-1.36098.*

Wilcox, H., Conner, K., & Caine, E. D. (2004). Association of alcohol and drug use disorders and completed suicide: An empirical review of cohort studies. *Drug and Alcohol Dependence, 76,* S11-S19.

Wilk, J. E., Bliese, P. D., Kim, P. Y., Thomas, J. L., McGurk, D., & Hoge, C. W. (2010) Relationship of combat experiences to alcohol misuse among U.S. soldiers returning from Iraq war. *Drug and Alcohol Dependence, 108,* 115-121.

부록 10-1. 약물 오남용 평가

성명: John Doe

사회보장번호(SSN): 000-00-1111

계급/직책/소속: 상병/해군

생년월일: 1988년 1월 1일

평가일: 2010년 5월 8일

개 요: 환자는 22세의 미혼 백인 남성으로 약 4년 동안 현역 복무 중이고, 미 해군 소속으로 직책은 항공정비조수이며 계급은 상병임. 그는 2010년 4월 29일에 시행한 검사에서 알코올 의존 증상을 진단받아 위탁되었음. 그는 화이트 비치 해군시설에 24개월 배치 명령을 받았으며 7개월간 복무하였음. 이 시기에 그는 치료 개시를 위한 평가를 받음. 그는 비밀 유지와 권리에 대한 제반사항을 고지받았으며 치료에 동의하였음.

주요 질환: "저는 알코올 중독증이 있습니다."

병 력: 지금의 평가에 이르게 한 사건은 2010년 4월 25일에 일어남. 이 환자는 부대 훈련에 무단결근하는 음주사고에 해당됨. 이 사건 기록에 따르면, 환자는 전날 밤 거의 16잔의 술을 마시고 계획되어 있던 훈련 시간 동안에 계속하여 잠이 들어 있었다고 함.

그는 16세부터 술을 접했고, 19살이 되었을 때부터는 일상적으로 술을 마시기 시작했다고 함. 그가 일상적으로 술을 마시기 시작한 해에는 일주일에 두 번, 8잔씩 술을 마셨다고 함. 그는 이 당시에 5잔이면 취기가 도는 느낌을 받았으며 8잔에 취했다고 함. 그가 기억하기로는 지난 12개월 동안 일주일에 3번 술을 마셨고 보통 한 번에 10잔을 마셨다고 함. 이때에 그는 10잔에 취기가 도는 느낌을 받았으며 15잔에 취했다고 보고함. 그는 지난 7개월 동안 한 달에 한 번 꼴로 일시적인 기억상실 증상을 앓았다고 호소함. 금단 현상에 대해서는 부인하였음. 그리고 가족의 알코올 중독 병력을 인정함(삼촌과 할아버지가 알코올 중독을 앓았음). 환자의 보고에 따르면, 그가 마지막으로 술을 마신 날은 2010년 5월 2일이며, 그때 거의 6잔을 마셨다고 함. 관련 기록과 환자의 진술에 따르면 2010년 4월 25일 이전 음주 사고 전과는 없었음. 환자는 이전에 알코올 치료와 교육을 받은 적이 없다고 함.

환자는 이전의 불법 약물(대마초) 사용 경험을 보고하였고 약물을 더 이상 사용하고 있지 않음을 인정받아 '약물사용중단 증명서(Drug Waiver)'를 발급 받음. 담배에 관한 자기보고에는 하루에 한 갑의 담배를 피며, 지금은 끊고 싶은 마음이 없다고 함. 그리고 씹는 담배는 사용하지 않는다고 함.

진단 기준: 환자의 약물 오남용 자료와 심리사회적 평가 결과에서 다음과 같은 DSM-IV의 알코올 의존증을 보임.

a. 환자는 내성이 생겨 같은 양의 술에 대하여 눈에 띄게 취하는 정도가 줄어 듦. 이 환자는 처음에는 8잔이면 취했는데, 지금은 15잔을 마셔야만 취한다고 보고함.

b. 환자는 종종 처음에 그가 의도한 것보다 음주량이 늘어났으며, 기간도 늘어났다고 보고함. 환자가 보고하기로는 전날 밤에 마신 술로 인해 종종 지각을 하였고 음주 조절은 불가능했음.

c. 환자는 약물 사용을 줄이고 통제하기 위하여 지속적으로 노력하였으나 성공적이지 못했음. 그는 적어도 4번의 자체 금주 시도를 했으나 번번이 실패함.

d. 환자는 약물에 의해 발생하거나 악화되는 심리사회적 또는 신체적인 문제가 지속적이고 반복적으로 일어나는 것을 인정함에도 불구하고 계속 약물을 복용함. 환자는 지난 7개월 동안 반복적으로 알코올에 의한 기억상실을 경험했다고 보고함.

몇몇 장애 증상은 적어도 한 달 동안 지속 발현되었으며 지난 12개월 동안 반복적으로 발생하였음.

간단한 검사 결과: 환자에 대해 음주장애 식별 테스트(Alcohol Use Disorders Identification Test: AUDIT)를 실시한 결과 원 점수 22점을 기록함. 알코올 의존증에 대한 CAGE 테스트에서는 4개 중 3개에 해당하였음. AUDIT에서 8점 이상의 점수는 알코올 오남용이나 의존 증세가 있을 수 있음을 의미함.

환자에 대해 군인용 PTSD 체크리스트 검사를 실시한 결과 PTSD 증상은 보이지 않았음. 그는 도박 중독 검사인 SOGS(South Oaks Gambling Screen)를 받은 결과 원 점수 0점을 기록함. 이로 보아 그는 도박 증세를 보이지는 않고 있음. 또한 환자는 영양 상태 검사를 받았는데 어떠한 문제도 발견되지 않았음.

정신건강 기록: 환자는 자살성 사고, 자살성 행동, 자살 시도에 대해 부인함. 그는 자해에 대해서도 부인하였음. 그리고 환자는 이전에 정신병원에서 입원 치료를 받은 적이 없다고 함. 그는 집중력 저하, 불쾌함 또는 불안 증상을 부인함. 수면장애 및 식욕 부진에 대해서도 부인함. 지난 1년 동안 그는 업무상 어려움을 느꼈다고 인정함. 주변의 주요 인물들과의 갈등이 빚어지고 말다툼도 증가하고 있음을

인정함. 분노 조절 문제에 대해서는 부인함.

과거의 발달/사회적 기록: 그는 형제 중 가장 나이가 많음. 그는 과거에 감정적·신체적·성적 학대를 받은 적이 없다고 함. 그는 제때 고등학교를 졸업했으며, 몇몇의 친구가 있고, 일반적으로 동료와 좋은 관계를 유지하고 있다고 보고. 그는 미혼이며 자녀가 없음. 그는 종교가 없다고 보고함. 그리고 암벽 등반을 즐긴다고 함. 그는 경제적인 문제가 없다고 보고함. 그는 중산층 백인 미국 가정에서 자랐으며 그에 따른 문화적·민족적 영향을 받았다고 함.

심리적·사회적 스트레스 요인: 환자는 두드러진 심리사회적 스트레스 요인에 대해서는 부인함. 그는 현재의 스트레스 대처 능력 정도가 적당하다고 자평함. 그는 그의 성격을 '활발하다'고 자평함. 그는 그의 기분을 '긍정적'이라고 표현함. 그는 미성년 알코올 소지죄와 음주운전(군에 들어오기 전에)으로 체포되어 지역 봉사 활동을 한 적이 있음.

의료 기록: 환자는 알코올 문제에 관한 가족력을 인정했으나, 약물 오남용에 대한 가족력은 부인함. 그는 두드러진 질병을 앓은 적은 없다고 하며 건강 상태가 좋다고 평가하였음. 최근에 그는 의료적 치료를 받은 적이 없으며 그 어떤 약도 복용하지 않고 있음. 그는 최근 그 어떤 통증(0/10)도 경험하지 않았다고 보고함. 통증으로 인해 발생하는 질환 역시 없다고 밝힘. 그는 영양 보조제는 복용하지 않는다고 함.

환자는 집중 외래진료(IOP)를 허가하는 ASAM 기준을 만족함. 환자에게는 다음과 같은 기준이 적용되었음.

범주 1: 금단 위험
질환의 심각성 측정: 높음/보통/낮음/<u>없음</u>
현재 보이는 금단 문제: 있음/<u>없음</u>
본 범주에서 설정한 목표:
목표 성취도: 악화됨/변화 없음/진전됨/해결됨/<u>해당 없음</u>
참고사항: 그의 마지막 음주는 2010년 5월 2일에 있었음.

범주 2: 생물 의학적 질환과 합병증

질환의 심각성 측정: 높음 / 보통 / 낮음 / <u>없음</u>

현재 보이는 의학적 문제: 있음 / <u>없음</u>

본 범주에서 설정한 목표:

목표 성취도: 악화됨 / 변화 없음 / 진전됨 / 해결됨 / <u>해당 없음</u>

참고사항:

범주 3: 정서적 · 행동적 · 인지적 질환과 합병증

질환의 심각성 측정: 높음 / 보통 / 낮음 / <u>없음</u>

판단 기준: 스트레스 대처 능력, 분노 조절 능력, 미해결 고민, 자살 전력, 파킨슨병 진단

기타 특이사항:

본 범주에서 설정한 목표:

목표 성취도: 악화됨 / 변화 없음 / 진전됨 / 해결됨 / <u>해당 없음</u>

참고사항:

범주 4: 변화에 대한 저항

질환의 심각성 측정: 높음 / <u>보통</u> / 낮음 / 없음

판단 기준: <u>검사 결과</u>, 목표실현, 출석, 집단행동

기타 특이사항:

본 범주에서 설정한 목표: 환자에게 알코올의 영향과 알코올 중독 질환에 대해 교육하고자 함.

목표 성취도: 악화됨 / <u>변화 없음</u> / 진전됨 / 해결됨 / 해당 없음

참고 사항:

범주 5: 재발/지속 음주/문제 지속 가능성

질환의 심각성 측정: <u>높음</u> / 보통 / 낮음 / 없음

판단 기준: 혈중알코올농도, <u>음주 충동</u>, 재발 병력

기타 특이사항:

본 범주에서 설정한 목표: 재발 요인과 고위험 상황에 대처하는 기술을 적용하고자 함.

목표 성취도: 악화됨 / <u>변화 없음</u> / 진전됨 / 해결됨 / 해당 없음

참고사항:

범주 6: 회복 환경

질환의 심각성 측정: 높음 / <u>보통</u> / 낮음 / 없음

판단 기준: <u>병영 환경</u>, 알콜중독자협회, 배우자의 지원

기타 특이사항:

본 범주에서 설정한 목표: 지원체계, 음주 거절 기술과 음주 대체물을 알아보기 위함.

목표 성취도: 악화됨 / <u>변화 없음</u> / 진전됨 / 해결됨 / 해당 없음

참고사항:

범주7: 작전준비태세

질환의 심각성 측정: 높음 / 보통 / <u>낮음</u> / 없음

판단 기준: 지휘부의 지원

본 범주에서 설정한 목표:

목표 성취도: 악화됨 / <u>변화 없음</u> / 진전됨 / 해결됨 / 해당 없음

참고사항:

정신 상태 검사: 환자는 평가 당일 잘 다려진 군복을 깔끔하게 차려입고 출석함. 환자와의 라포는 쉽게 형성되고 유지되었음. 환자는 방어적이거나 불안한 모습을 보이지 않음. 환자는 정신운동상의 이상 증세를 보이지 않았음. 현 평가 과정에서 적절한 수준의 주의력과 집중력을 보임. 환자를 관찰한 결과 환자는 기억·생각·언어 능력 면에서 문제점을 보이지 않음. 풍부한 감정 상태와 적절한 기분 상태를 보였음. 환자는 환각 증상과 망상 증상을 부인했음. 그리고 자살 또는 살인에 대한 생각, 계획, 의도에 대해서도 부인함. 환자와 안전 계약을 체결하였음.

진단 결과:

Axis Ⅰ : 303.90 알코올 의존증 및 생리적 의존증

Axis Ⅱ: 799.90 진단 보류

Axis Ⅲ: 신체검사상 진단 내용 없음

Axis Ⅳ: 일상적인 군 복무

변화 단계: 지속 주시

권고사항:

1. 월요일부터 금요일 07:30~11:30에 집중 외래 진료를 받을 것.

2. 일주일에 적어도 2번은 알코올 중독자 모임에 참석할 것.

3. 개별 상담, 단체 상담 계획을 준수할 것.

4. 매일 일기를 쓸 것.

5. 치료 계획을 잘 따를 것.

6. 음주를 삼갈 것.

7. 술을 파는 것을 본업으로 하는 모든 장소를 삼갈 것.

8. 재발의 위험에 놓였을 때 환자는 의무 상담원(555-1000)에게 연락할 수 있음을 알아 둘 것.

9. 환자는 모든 사항을 숙지하였고 이해하는 데 어려움이 없었음. 환자에게 진단 결과와 치료 이유를 알려 주었고 환자는 그것에 대해 숙지하였음.

J. A. Smith, GSM2 USN

Navy drug & Alcohol Counselor

(Intern)

D. E. Jones, PhD, ABPP

CAPT, MSC, USN

Clinical Psychologist

부록 10-2. 심리학적 평가

성명: A. B. Jones

사회보장번호(SSN): 123-45-6789

계급/직책/소속: 병장/해병대

생년월일: 1988년 1월 1일

평가일: 2010년 2월 24일

인적사항: 이 장병은 22세 기혼 남성이며 현역 복무 기간은 1년 5개월임. 그는 도박 중독 치료를 받고 있는 상관이 독려하여 스스로 도박 중독 치료를 받으러 옴.

이력: 문제를 일으킨 장병의 진술을 통해 이력사항을 기록하였으며 신뢰성이 있다고 사료됨. 그는 약 3년 전부터 도박을 시작했고 그 당시부터 문제가 시작되었다고 진술함. 그가 보고한 바에 따르면 처음에는 투견, 경마, 슬롯머신에 빠졌으나 해외로 전속 간 이후 오로지 슬롯머신에만 돈을 걸었다고 함. 지난 9개월 동안 그는 14,000달러를 도박에 썼는데, 그중 일부는 가계 저축금이었고 3,800달러는 빚이었음. 그는 도박에 대한 집착을 보고하였고 잃은 돈을 생각하며 의도했던 것보다 훨씬 많은 돈을 걸게 되었다고 함. 그는 더 이상 멈출 수 없다고 느꼈으며, 아내에게 도박에 관한 거짓말을 일삼음. 하지만 그의 아내는 그녀가 몰랐던 빚의 존재를 발견하고는 결국 이번 주말에 별거를 원한다고 알렸음. 아내에게 별거 요청을 들은 후 그는 술을 마셨다고 함. 그가 보고한 바로는 3~4잔의 맥주와 8잔의 폭탄주를 마셨다고 진술함. 그리고 자살을 할 생각으로 욕실에서 벨트를 이용해 스스로 목을 매었음. 그의 룸메이트가 욕실 샤워기 고정대가 부서지는 소리를 듣고 들어와 그가 자살을 재시도하려는 것을 막았다고 함. 자살을 시도하였음에도 그는 정서장애, 불안장애, 정신병, 섭식장애, 신체 질환에 대해서는 부인하였음.

심리학적 이력: 그는 2009년 10월에 도박을 극복하기 위해 도움을 구했고 문제를 해결하기 위해 졸로프트(zoloft)를 처방받음. 그는 1주간 졸로프트를 복용했지만 이후 재진료를 받으러 가지 않았다고 함. 그는 이번 주말 이전에는 자살성 사고와 자살 기도 경험이 없었다고 진술함.

의료 기록: 그는 두드러진 내과 및 외과적 병력은 없다고 진술함. 그는 현재의 통증(0/10)을 부인함.

두부외상과 발작 경험 역시 없었다고 진술함.

약물 기록: 그는 약물 오남용과 불법 약물 복용 경험을 부인함. 그는 하루에 3~4잔의 카페인 소다를 마시고 매일 한 갑의 담배를 핀다고 보고함.

정신건강과 약물 오남용에 대한 가족력: 그는 정신건강, 병적 도박, 약물 오남용에 대한 가족력을 부인함.

개인 이력: 그는 2형제 중 맏이며 애리조나 주의 건전한 가정에서 자람. 그는 어린 시절의 정서적·신체적·성적 학대를 받은 적이 없다고 보고함. 그는 초등학교에서 규율을 어기고 행동 문제를 일으켰으나 평균 C 학점을 받고 제때 졸업하였음.

그는 결혼한 지 1년 8개월 되었으며 한 명의 자녀를 두고 있음. 그의 보고에 따르면 그는 도박과 경제적 문제에 대한 거짓말 때문에 심각한 부부 갈등을 겪었다고 함. 그는 만일 그의 도박 중독 증세가 성공적으로 치료되지 않는다면 아내와 아이를 잃을 것이라고 진술함.

심리검사: 그는 도박 중독증을 판별하는 SOGS(South Oaks Gambling Screen) 검사를 받았음. 그는 15점을 기록했고 이는 심각한 도박 중독 문제가 있음을 의미하는 것임. 그리고 그는 Beck Depression Inventory-II 검사를 받았고 6점을 기록함. 이 점수에 따르면 그는 임상적인 우울 증상은 보이지 않는다고 판단됨.

정신 상태 검사: 그는 정신 상태 검사 당일 잘 다려진 군복을 깔끔하게 차려입고 왔음. 그는 정신이 맑았으며 사람·공간·시간·상황을 분별할 수 있었음. 그는 협조적이었으며 정확하게 시선을 마주침. 어떤 이상 행동이나 정신질환이 발견되지 않았음. 비록 질문에 답을 할 때 종종 멈칫하는 경향이 있고 당황하면 최소한으로 대답하였지만 어휘력, 말의 속도, 말투에서 정상적이었음. 임상 면담 결과 인지 기능, 판단력, 통찰력, 충동 조절 능력 역시 정상이었음. 사고 과정이 명확했으며 목표 지향적이었음. 또한 환청 및 환각 증상을 부인함. 제한적인 감정 상태를 보였으며 기분 상태는 긴장되어 있었음. 그는 현재의 자살 및 살인에 대한 생각, 계획, 의도를 강하게 부인하였고 환자와 안전 계약을 체결하였음.

진단 결과(DSM-IV)

Axis I : 312.31 병적 도박

V61.10 배우자 관계 장애

Axis II: 해당 없음

Axis III: 해당 없음

Axis IV: 일상적인 군 복무, 경제적 문제

치료 계획

1. 약물 오남용 재활 프로그램 중 도박 중독 치료 프로그램에 참여할 것을 권고함. 그의 첫 번째 집단 치료는 2010년 2월 25일 1730호에서 있을 예정임.
2. 그는 경제 상담자에게 위탁되었음. 오늘 약물 오남용 재활 프로그램이 끝난 후 상담자를 방문할 계획임.
3. 위기 상황이 끝날 때까지 금주할 것을 지시받음. 그는 절주해야 하는 이유를 이해한다고 말했으며 무기한으로 음주를 자제하여 문제를 일으키지 않겠다고 진술하였음.
4. 매주 목요일 1800호에서 열리는 도박 중독자들의 익명 회의에 참석할 것을 권장함.
5. 그는 전화(555-1234)로 언제든지 조기 예약할 수 있으며, 만약 재발 위험에 놓인다면 상담이 끝난 이후에도 555-0000으로 상담자에게 연락할 수 있음을 이해함.
6. 그는 자살성 사고에 대해 강력하게 부인했으며 안전 계약을 체결한 상태임. 그는 철저히 안전 계획을 준수할 것을 표명하였음.
7. 환자와 면담하여 이러한 사실을 파악할 수 있었고 환자는 검사와 치료 계획에 동의하였음.
8. 진료 담당자는 Smith 하사 혹은 Watson 박사이며 전화번호는 555-1234임.

C. H. Watson
CDR/MSC/USN
Head, Substance Abuse
Reh
abilitation Program

J. A. Smith
SSGT/USMC
Substance Abuse Counselor

제11장 | MILITARY PSYCHOLOGY

위기 교섭과 인질 교섭

Russell E. Palarea
Michael G. Gelles
Kirk L. Rowe

독일 뮌헨에서 올림픽이 개최된 1972년 9월 5일, 팔레스타인 테러 조직 '검은 9월단(Black September)'의 조직원 13명이 올림픽 광장에 침입해서 이스라엘 운동선수와 코치 11명을 인질로 잡은 사건이 발생했다. 당시 테러범들의 요구사항은 이집트로 갈 수 있는 항공편의 확보와 이스라엘 교도소에 수용되어 있는 200명의 팔레스타인 수감자의 석방이었다. 테러범들은 다음의 두 가지를 언급했는데 첫째, 그들의 요구사항을 즉시 이행하지 않을 경우 2명의 운동선수를 죽일 것이고 둘째, 이집트로 가는 교통수단을 마련하지 않을 경우 모든 선수가 피살될 것이라고 경고했다. 그러나 정부 당국은 공항에서 테러범들에게 항복을 요구하였는데 그로 인해 11명의 이스라엘 운동선수가 모두 사망하고 1명의 경찰관과 10명의 테러리스트들이 사망하는 결과가 발생하였다(McMains & Mullins, 1996).

인질 상황에서 인명의 손실과 1960년대에 발생한 사건들과 뮌헨 테러 사건에서 생긴 경찰 운용 실태에 대한 정밀 조사가 수행된 결과, 뉴욕 시 경찰청은 1970년대에 발생한 전략적 대치 상황에서 당국이 취한 방법의 효과성에 대해 검증하게 되었다(McMains & Mullins, 2001). 그 당시, 심리학 박사 학위를 소지한 수사관 Harvey Schlossberg(1979)는 법 집행에 있어서 협상 기술에 관한 연구 문헌이 부족한 점을 지적하였고, 그와 뉴욕 시 경찰청 부서장이었던 Frank Boltz는 위기 교섭에 관한 새로운 전략을 개발하였다. 인질 대치 상황은 오히려 인질범들에게 위기라는 관점에 기초하여 위기 교섭 원리를 검토하였고, 인질범들을 포용하면서 협상하는 것과 그들의 동기와 성격을 이해하는 것이 중요하며, 사건의 진행 속도를 늦추어 교섭자들에게 도움을 줄 것을 강조하였다. Schlossberg는 뮌헨 사건과 같은 인질 사건에서 네 가지 대안을 활용할 수 있다고 하였다. 그것은 바로 ① 공격, ② 저격수 선택, ③ 화학작용제, ④ 포용과 교섭이다. 경찰 당국은 본래 앞의 세 가지 방법을 통상적으로 활용해 왔는데 이는 높은 수준의 폭력, 부상, 사망 가능성을 수반하였다. 경찰 당국의 주요 목적은 인명 손실을 최소화하는 것이지만 이 세 가지 방법을 활용할 경우 대부분 인질, 인질범, 경찰 혹은 셋 다 모두 부상당하거나 사망에 이르는 끔찍한 결과가 초래될 수 있다. 이에 교섭 전략이 발전되었고 평화적인 해결에 이를 수 있는 새로운 법 집행 방법이 제시되어 있는 상황이다. 또한 인명 손실을 최소화하고 근절하는 것은 오늘날 교섭에 있어서의 지도 원리로써 작용하고 있다(McMains & Mullins, 2001).

위기 교섭에 대한 심리학적 요소의 적용

위기 교섭은 행동과학, 특히 심리학과 밀접한 연관성이 있으며 심리학 분야의 변화와 발전은 인질 교섭에 상당한 영향을 미쳤다. 수십 년간 교섭자들은 인질 여부와는 관계없이 정신적인 질환을 가진 사람들과의 대화를 요하는 수많은 대치 상황에 직면해 왔다. '미치거나' '엉뚱한 행동'이 의미하는 것을 이해하고 일탈적인 행동 유형에 관한 이해를 제고하기 위해 인질 교섭의 영역에 심리학 및 정신의학적 요소를 도입하였다. 그 결과, 교섭자들은 정신건강 전문가들과 적극적인 협조 관계를 형성하여 정신질환에 대해 학습하고, 어려운 문제 상황에 대한 자문을 받게 되었다. 이렇게 되면서 심리학자들과 정신과 의사들은 교섭 팀의 일원이 되었으며 최전선의 교섭가로서 빈번히 활동하게 되었다. 오늘날 작전에 관한 훈련과 경험을 쌓은 심리학자 및 정신과 의사들은 교섭자들의 자문가로서 활동하고 있지만 더 이상 주요 교섭자 역할을 담당하지 않는다.

1972년의 뮌헨 테러는 전술 기동 이외의 대응 전략을 발전시키는 것이 중요하다는 점을 부각한 사건이었다. 뮌헨에서의 인질 협상 상황은 전형적인 인질 사건의 모습을 띠고 있었지만 1985년 발표한 Gist와 Perry(1985)에 따르면 뮌헨 사건에 투입된 교섭자들은 본래 가정, 농성(barricaded), 자살 사건 해결을 위해 소집되었다고 한다. 90%에 상당하는 사건은 가정 사건, 사랑 싸움, 기분장애 · 정신병 · 자살 사고를 가진 사람들과 관련되어 있다. McMains(1988)은 미국의 상위 15개 대도시에서 5년간 발생한 교섭 사건 중 인질 사건은 18% 미만이었다고 밝혔다. 해당 시기 동안 발생한 사건의 50% 정도는 인질 없이 농성하는 사건이었고, 17%는 다른 이들도 부상을 당할 수 있는 위험성이 높은 자살 기도 사건이었다. Hatcher, Mohandie, Turner와 Gelles(1998)는 교섭자들이 담당하는 정서장애 개인, 함정에 빠진 범죄자, 가정 문제와 관련된 사건 수는 늘어나고 있으며, 테러범이나 수감자와 관련된 사건 수는 줄어들고 있다고 보고하였다.

의사소통 능력

이른바 2세대 교섭에서는 좀 더 평화로운 해결책을 위해 적극적인 청취와 위기 개입 기술을 활용하게 되면서 종래의 인질 교섭 분야는 종합적인 위기 교섭 영역으로 변모하게 되었다. 이러한 이유로 유능한 심리학자들의 기본 기술인 적극적인 청취(예: 바꾸어 말하기, 감정의 반영, 의미의 반영, 반영의 요약, Bolton, 1984)를 교섭자에게 가르쳤다. 교섭자들은 효율적인 의사소통을 위해 이러한 기술을 사용했는데 그 결과 신뢰성이 향상되고 친밀한 관계를 형성할 수 있었다. 또한 상대방에게 이해받고 있다는 느낌을 주고, 동시에 더 잘 대처할 수 있게 도와주어 위기 상황을 완화시킬 수 있었다(Vecchi, Van Hasselt, & Romano, 2005).

효과적인 의사소통을 위해서 교섭자는 말에 담긴 의미, 말하는 방식, 강약, 맥락에 유의하여야 하며 이러한 요소들을 교섭 당사자와 교섭 상황에 효과적으로 적용해야 한다(Taylor, 2002: Taylor & Donald, 2004). 교섭 대상의 동기와 의도에 대한 통찰력을 기르는 교육을 받을 때 '청취'의 중요성이 크게 강조된다(Van Hasselt, Baker, et al., 2005). 가령 인질범이 바리케이드를 치고 농성하는 중 어머니나 배우자와 같은 가족을 사건 현장으로 부르려 한다면 교섭자는 반드시 "왜 그는 가족이 현장에 있길 원하는가?"와 같은 질문을 던져야만 한다. 많은 교섭자는 우선 유리한 고지를 차지할 수 있는 기회라는 관점에서 인질범의 요구를 분석하여 궁극적으로 경찰에게 이득을 가져다주는 사항들을 인질범에게 제공해 준다. 현재 교섭자들은 보다 포괄적인 상황에서의 의사소통에 대해 학습하여 가족 관계의 본질과 위기 상황에서 가족의 역할을 이해하고 가족이 현장에 있음으로 인해 오히려 폭력 발생이 증가할 수 있음을 인식하게 되었다. 가족이 현장에 있는 경우에는 자살을 하거나, 심한 경우 살인 후 자살을 한 경우가 많이 발생하였다.

자살 사건의 경우, 교섭자들은 바리케이드를 치고 농성하는 자살 용의자와 교섭하면서 자살로 인해 얻을 수 있는 것들에 대한 논쟁을 벌이게 될 수도 있다. 교섭자들은 대화의 내용에만 초점을 맞출 경우 대개 좌절감을 맛보게 된다. 그보다 자살 용의자가 자살하는 과정에 교섭자를 끌어들인 '의도'에 귀를 기울여야 한다. 예를 들어, 자살 용의자가 자신이 오해를 받음으로써 느낀 절망감을 타인과 공유하고 싶어 하는데, 교섭자가 그러한 의도를 알아차리지 못한다면 자살 용의자의 자살 확률은 엄청나게 높아질 것이다.

적극적인 청취 기술에 관해서는 관련 문헌에 잘 설명되어 있다. 하지만 전례들을 살펴보면 교섭 대상자가 언급하는 내용을 새겨듣고 그 위기 상황이 발생하게 된 전후사정을 이해하는 것이 중요하다는 것을 알 수 있다. 현재 특정 시점에 교섭 대상자의 동기를 유발하는 요소가 무엇인지, 또한 그러한 요소들이 어떻게 반영되어 폭력적인 행동을 유발하는지에 대한 의문을 던져야 한다. 또한 교섭자는 교섭 대상자에 적응하고 사실보다는 생각이나 관념에 관심을 가져야 하며 감정 상태에 휘둘리지 않고 철회, 중독 환자, 자살 사건과 같이 발생할 수 있는 모든 상황에 적절하게 대처해야 한다(McMains & Mullins, 1996).

또 다른 의사소통 기술은 교섭 상황에 맞는 언어 방식을 활용하는 것이다. Taylor와 Thomas(2008)는 4번의 성공적인 교섭과 5번의 실패한 교섭에서 활용된 열여덟 가지 종류의 언어 방식을 검토하였다. 동 연구진의 연구 결과에 의하면, 의사소통 단계에서 성공적인 교섭을 이끌어 내기 위해서는 문제해결 방식, 대인관계에 대한 생각, 감정 표현 등 인질범과 교섭자 사이에 언어 방식의 조화가 이루어져야 한다고 하였다. 교섭자들이 짧고 긍정적인 말투로 대화를 하고 복잡하지 않은 문장과 구체적인 표현을 사용했을 때 인질범들도 종종 이러한 방식에 부합하는 모습을 보이는 것으로 나타났다. 이를 통해 인질범과 교섭자 간에 높은 수준의 '동기화'가 이루어지고 추가적인 정신적 교감을 촉진하여 문제 상황을 구조화하고, 상호 의존성이 강화되며, 바람직한 문제해결 기술이 활용되어 성공적인 교섭이 이루어지게 되는 것이다. 전반적으로 보았을 때 언어 방식에 부합하는 행동은 교섭에서 우세한 측면에 있는 자에 의해 결정된다. 교섭자가 교섭에서 지배적인 역할을 했을 때 교섭이 성공적으로 마무리된 사례를 살펴보면, 교섭자는 긍정적인 대화를 주도하여 인질범의 반응에 영향을 주었음을 알 수 있다.

설득 및 승낙

위기 교섭에 대한 또 다른 주요 심리학적 공헌은 Cialdini 교수(1993)가 제시한 교섭자를 위한 여섯 가지 심리학적 전략을 들 수 있다. 그가 제시한 여섯 가지 심리학적 전략은 상호 이익(Reciprocity), 헌신(Commitment), 사회적 교정(Social Proof), 애호(Liking), 권위(Authority), 부족(Scarcity)을 말한다. 첫 번째 원리인 '상호 이익'이란 누군가가 다른 사람으로부터 물건, 호의, 칭찬 같은 것을 받으면 그에 대한 보답을 해야 한다고 느끼게 되는 것을 말한다(Webster, 2003). 교섭 상황에서 위기 교섭자는 약간의 양보를 하고 나중에 더 큰 보상을 요구할 수 있다. 사람들은 보통 자신이 받은 것보다 더 큰 것을 주려고 한다는 점과 특히 그들이 요구하지 않은 것을 받거나 반감이 있는 사람에게 호의를 받았다고 해도 거부하지 않고 그대로 받아들인다는 점을 보았을 때 상호 이익 전략은 매우 효과적이라고 할 수 있다. 인질 교섭 상황에서는 교섭자가 상대방의 이야기를 들어주는 단순한 행동을 취해도 교섭 상대방에게 보답 의무를 느끼게 할 수 있다.

　　상호 이익의 하위 항목으로 구성된 두 가지의 승낙 기술은 '면전(door in your face)' 효과 및 '그게 전부가 아니다(that's not all)' 효과를 활용하는 기술이다. 이 효과들은 기본적인 사회 심리학 개념으로써 판매기법에 널리 활용되고 있다. 어떤 사람이 애초에 작은 호의를 구하려고 한 경우보다 큰 호의를 구했다가 면전에서 거절당했을 때에는 작은 호의를 승낙하는 모습을 보이게 된다(Webster, 2003). 이는 교섭 현장에서 흔히 목격되는데, 교섭자는 인질 전원을 풀어달라고 최초 요구를 한 뒤, 인질 중 몇 명이나 또는 단 한 명만이라도 풀어달라고 요구사항을 축소시킨다. '그게 전부가 아니다' 기술은 상대방이 거절할 것이 뻔한 내용을 요구하는 전략이다. 즉, 인질범이 교섭자의 요구사항에 대해 생각해 보고 있을 때 교섭자가 요구사항을 축소시키면서 한 발 물러나는 것처럼 보이면 교섭자의 두 번째 제의는 받아들여질 가능성이 높아진다는 것이다.

　　두 번째 원리는 '헌신'이다. 사람들이 무언가에 헌신할 때에는 그 상태를 유지하려는 욕구가 강하기 때문에 최선의 이익을 가져다주지 않는 사항에 대해서도 승낙할 수 있다(Webster, 2003). 교섭에서는 단순히 교섭자와 대화를 나누는 과정에서도 헌신의 원리가 적용된다. 서로 대화를 많이 나눌수록 더욱더 대화를 나누는 상대방에게 헌신하게 되어 평화로운 해결책에 더 근접하게 된다는 것이다.

　　세 번째 원리인 '사회적 교정'은 특정 상황에서 본인이 어떻게 생각하고 행동해야 하는지를 알기 위해 주변의 다른 사람들을 관찰하는 행위를 말한다. 즉, 사람들은 자신을 둘러싸고 있는 사람들의 언행에 맞춰 행동을 교정한다는 것이다. 위기 교섭 상황에서 교섭자는 인질범에게 비슷한 상황에서 다른 이들은 어떻게 대처하였는지를 보여 주고 상대방 또한 그러한 바람직한 방식을 따르길 원한다. 교섭자는 인질범의 몸짓과 표현 방식을 파악하고 인질범들의 몸짓과 표현 방식을 비슷하게 따라할 수 있다고 생각되면 그것을 활용하여 인질범들의 사고방식, 기분, 행동에 영향을 주려고 노력한다.

　　네 번째 원리인 '애호'는 미리 언급한 교섭 기술 중 적극적인 청취에 적용되는 원리다. 일반적으로 사람들은 위협적이지 않고, 경청하는 자세로 자신을 이해할 줄 알며, 존경할 만한 가치가 있는 사람을 좋아하는 편이다. 한 개인이 다른 사람에 대해 이런 식으로 느끼고 있다면 애호하는 사람의 요구에 보다 잘 응하게 될 것이고, 교섭자들은 이 점에 주목하여 인질범이 본인을 애호하게 만들려고 노력한다. 교섭자는 적극적인 청취를 통해 이러한 지위를 형성할 수 있고 교섭자가 인질범을 도와준다는 인상을 심어 줌으로써 인질범의 교섭자에 대한 긍정적인 감정을 증폭시켜 평화로운 해결을 하는 데 상당히 큰 도움을 줄 수 있다.

　　다섯 번째 원리인 '권위'는 권위를 가진 사람들은 막대한 영향력을 행사할 수 있다는 개념에 근거를 두고 있다. 위기 교섭 과정에서, 인질범에게 교섭자란 마치 '구원의 손길'과 같이 느껴질 것이고 권위적인 인물로 보일 것이다. 또한 인질범이 원하고 필요로 하는 모든 것은 교섭자를 통해서만 실현 가능할 것이다. 한편 권위적인 인물은 대부분 신뢰할 수 있는 전문가로 보이며, 사람들은 금지되어 있는 사항에 대해서도 권위에 복종하게끔 사회화되어 있다. 따라서 위기 교섭자들은 인질범들의 승낙을 이끌어 내고 궁극적으로 평화적인 항복을 받아내기 위해 이러한 권위의 특성을 활용하고 있다.

여섯 번째 원리인 '부족'은 어떤 것의 가치를 결정하는 것을 말한다. 교섭 과정에서, 인질범의 자주성이 제한될수록 인질범 입장에서는 자족 능력과 자유가 더욱 가치 있어 보이게 된다. 인질범과 절충안을 논하거나 인질범의 요구사항을 들어줄 때에는 합리적으로 생각되는 요구사항을 천천히 허락해 주는 것이 가장 효과적이다. 종합적으로 보았을 때 지금까지의 여섯 가지 전략을 활용함으로써 위기 교섭의 주안점은 교섭 결과로부터 교섭 과정으로 변모하게 되었다.

이와 같은 Cialdini(1933)의 원리 이외에도 인질범의 승낙에 관한 최근의 연구는 구체적으로 '저확률 요구 대 고확률 요구'를 활용하여 협상 내용의 만족을 통한 인질범의 협조에 초점을 맞추어 진행되고 있다. Hughes(2009)는 세 종류의 인질 교섭 음성 녹음 파일을 분석한 결과, 인질범의 경우 교섭자의 자연스러운 요구에 승낙하는 모습을 보인다고 결론지었다. 교섭자의 요구는 질문에 대한 응답, 생각과 감정에 대한 대화, 간단한 행동 수행과 같은 '고확률 요구'와 인질 석방, 무기 반환, 경찰에 항복하는 것과 같은 '저확률 요구'로 나눠볼 수 있다. 연구 결과에 의하면 교섭 과정 중에 인질범이 자연스러운 고확률 요구에 대해 연속적으로 승낙을 하는 경우, 저확률 요구에 대한 승낙 가능성이 증대된다고 한다. 하지만 Hughes는 협상 과정 중에 저확률 요구를 승낙받았다 하더라도 대략 3분의 2에 해당하는 사건이 폭력적인 종말을 맞이했다는 점을 들면서 그러한 승낙 행위만으로는 성공적인 교섭이 이루어졌다고는 볼 수 없다고 경고하였다.

대인관계의 기능

위기조치 대응반은 교섭자와 인질범의 관계뿐만 아니라 인질범과 인질 사이의 관계에도 관심을 기울였다. 이러한 요소는 '스톡홀름 증후군(Stockholm Syndrome)'으로 알려진 현상에 가장 잘 드러나 있는데, 현재 교섭자들은 사건을 처리할 때 이 증후군을 필수적인 전략으로 채택하고 있다.

1973년 8월 스웨덴의 스톡홀름에서 두 명의 강도가 은행을 털었다. 강도들이 달아나기 전에 경찰이 대응했고 은행 강도는 4명의 직원을 5일 동안 인질로 잡고 있었다. 이 사건은 평화롭게 해결되었는데 사건 관계자들은 인질들이 인질범들에 대해서 연민을 느끼고 경찰에 대해서는 반감을 드러내는 것을 발견하고는 놀라지 않을 수 없었다. 인질들은 재판에서 진술하는 것을 거부했고, 오히려 인질범들을 옹호하는 발언을 했으며 심지어 몇몇은 은행 강도의 변호를 위해 모금을 했다(McMains & Mullins, 2001).

다음 세 가지 중 한 가지 이상의 조건을 만족할 때 스톡홀름 증후군이 형성되었다고 정의한다 (Ochberg, 1980). 첫째는 인질이 인질범에 대해 긍정적인 감정을 가지는 경우, 둘째는 인질범이 인질에 대해 긍정적인 감정을 가지는 경우, 셋째는 인질이 법 집행기관에 대해 부정적인 감정을 가지는 경우다. 인질들이 한 곳에 함께 잡혀 있을 때 인질범과 인질들 사이의 상호작용이 긍정적으로 이루어지고 인질이 학대받지 않을 때 스톡홀름 증후군은 대개 몇 시간 이내에 형성된다(Strentz, 1979).

하지만 보다 최근의 연구는 이러한 조건에 대해 의문을 제기했다. de Fabrique, Van Hasselt, Vecchi 와 Romano(2007)는 FBI의 인질사건 데이터베이스에서 다섯 가지의 인질극 사건을 선별하여 검토한 결과, 스톡홀름 증후군이 형성되는 조건에는 예외적인 사항이 존재한다는 점을 밝혀냈다. 이들은 인질범과 인질 사이의 관계 형성에는 일정한 시간이 필요하다는 Strentz(1979)의 연구 결과를 면밀히 조사하였다. 스톡홀름 증후군이 형성되는 시간은 짧게는 40분에서 길게는 7시간으로 너무나 폭이 넓었기 때문에 이들은 형성 시간을 확실히 정의해야 한다고 주장했다. 또한 인질이 신체적·언어적인 학대를 받았지만 결국엔 스톡홀름 증후군을 형성한 사례가 하나 있기 때문에 인질이 인질범에게 좋은 대우를 받아야 한다는 조건도 이들의 연구 결과와는 모순이 되었다. 이들의 연구 결과가 종래의 학설과 일치하는 사항은 인질범과 인질은 일정 수준의 개인 간 접촉을 유지한다는 사실이었다. 또한 Giebels, Noelanders와 Vervaeke(2005)는 인질범과 인질 사이의 긍정적인 유대 관계를 설명함에 있어 '스톡홀름 증후군'이라는 정신질환적 명칭을 사용하는 것에 우려심을 나타냈다.

스톡홀름 증후군은 인질의 안전에 긍정적인 영향을 미친다는 점을 고려하여 위기 교섭자들은 이러한 증후군의 형성을 장려하기 위해 노력한다. 이는 인질과 인질범에게 의료 지원이 필요한지 물어보고 '인질'이라는 용어를 사용하지 않음으로써 인질범이 자연스럽게 인질의 이름을 호명하게 되면서 달성될 수 있다. 또한 위기 교섭자들은 인질범에게 인질 가족들의 메시지를 직접 전달하도록 요청하기도 한다(McMains & Mullins, 1996).

2005년 3월 조지아 주의 애틀랜타에서 발생한 최근의 사건은 인질범과 인질 사이에 형성되는 감정 전이를 명백하게 보여 주고 있다. 그 사건에 대해 설명하면, 인질범 Brian Nichols는 Ashley Smith의 아파트에 침입하여 거의 7시간 동안 그녀를 인질로 붙잡고 있었다. 그녀는 시종일관 침착했으며 인질로 잡힌 초기부터 인질범에게 그녀 자신, 그녀의 딸, 4년 전에 있었던 남편의 죽음에 대해 얘기하기 시작했다. 그녀와 계속 대화를 나누면서 인질범 Nichols는 점차 차분해졌고 결국 그녀를 풀어 주고 훔친 차도 다시 되돌려 주었다. 인질범 Nichols는 Smith가 차를 타고 도망가지 않는 것을 보고 놀랐다. 오히려 Smith는 다시 집으로 돌아와서 그에게 팬케이크를 만들어 주었고 인질범 Nichols는 그녀가 교회에 있는 딸을 만나러 갈 수 있도록 해 주었다. 그들 사이에 형성된 유대 관계를 단적으로 보여 주는 것은 인질범 Nichols가 Smith에게 그녀가 집에 없을 때 커튼 달기와 같이 무언가 해 줄 수 있는 일이 없는지 물어보았다는 점이다. 나중에 Smith가 911에 신고하면서 인질범 Nichols는 체포되었다(Metz, 2005). 이 사건은 인질범이 인질에게 보답을 받는 것이 없더라도 인질범과 인질이 일종의 동맹 관계를 형성하게 된 사례를 보여 준다. 오히려 Smith는 스톡홀름 증후군의 기본적인 원리를 이용해서 현명한 전략 전술을 펼쳤다고 평가할 수 있는데, 이를 통해 그녀는 인질범의 신뢰를 얻어 인질로 잡힌 상황을 모면하고 경찰에 신고할 수 있었다.

문제해결 접근

교섭자는 의사소통 능력, 대인관계의 기능, 인질범의 승낙을 얻어 내는 전략과 더불어 위기 상황에 처해 있는 인질범을 조력하기 위해 문제해결 기법을 활용하는 방법을 훈련받는다. 교섭자들은 인질범들로 하여금 문제 자체보다 해결 방법을, 실패보다는 성공을, 과거보다는 미래에 초점을 맞추도록 한다(Webster, 2003). 예를 들어, 우울증 증상을 보이는 인질범을 다루는 경우 심리학자들은 교섭자에게 인질범의 무력감과 절망감의 정도와 정보처리 수준을 파악할 수 있는 방법을 알려 준다는 것이다. 대개 우울한 사람들은 주의 집중에 어려움을 겪는다. 따라서 교섭자는 천천히 구체적으로 설명하고 간단한 해결 방안을 제시하여 인질범으로 하여금 문제해결을 위한 교섭에 잘 협조할 수 있게 하고 어떤 대화가 오가는지에 대해서 처리할 수 있는 능력을 향상시킬 수 있다. 교섭자가 개념의 복잡성이나 말하는 속도에 대해 고려하지 않는 등 너무나 추상적으로 소통을 하면 인질범은 혼란과 절망 속에서 대화 내용을 잘못 이해할 수 있고 결국 치명적인 행동으로 나아갈 수 있다.

위기 교섭에서 심리학자의 역할

위기 교섭의 과정은 역동적이며 계속해서 변화한다. 심리치료를 시행할 때는 목표를 끊임없이 재평가하고 성공 가능성을 높이려고 노력하는데, 이는 위기 교섭에도 마찬가지다. 미 국방부에 소속된 심리학자들은 스트레스 강도가 높은 환경에서 일을 할 수 있는 능력을 갖추고 있고, 위기 교섭 전략에 대한 이해가 있으며, 외딴 지역에서 부대원에 포함되어 근무하는 경우가 잦기 때문에 위기 교섭 팀에서도 핵심 구성원으로 기능하고 있다.

위기 교섭 분야가 발전함에 따라 교섭 팀에서 심리 자문가의 역할이 점점 중요해지고 있다. 관련 연구 자료에 따르면 이러한 심리 자문가의 활용이 꾸준히 증가하고 있다. Butler, Leitenberg와 Fuselier(1993)에 의하면 그들이 조사한 300개 경찰국 중 39%에서 정신건강 자문가를 활용하고 있다고 보고하였다. 또한 McMains와 Mullins(2001)에 따르면 심리 자문가를 활용하고 있는 경찰국은 항복 교섭이 이루어질 확률이 높았으며 인질, 인질범 또는 전략 팀원이 사망하거나 부상하는 경우가 적게 나타났다.

적절한 훈련을 받은 심리학자는 위기 교섭에서 상담가로 활동할 수 있는 능력을 구비하게 된다. 법 집행 팀원으로서 교섭을 통해 평화로운 해결을 이뤄 낸 요원들은 대부분 심리학자로부터 적절한 평가와 교육을 받은 적이 있다고 한다. 심리학자들은 인간 행동에 대한 방대한 지식을 갖고 있고, 바리케이드 안에서 농성하거나 인질범이 되는 행동을 유발할 수 있는 정신질환 및 정신 상태 변화의 유형뿐만 아니라 현존하는 자살 경향성을 다루는 데 있어서도 전문가라고 할 수 있다.

작전 심리학자의 사건 전 역할

심리학자들은 교섭에 앞서 교섭자들을 심사하고 선발하는 과정에 적극적으로 참여하는 중요한 역할을 수행하고 있다. 또한 교섭자들에게 긍정적인 청취 기술, 설득기법, 위기 중재, 대인 상호관계, 정신질환과 약물 요법, 성격 유형 평가, 위협 평가, 잠재적 공격성과 같이 다양한 분야를 교육하며 연습 훈련에도 참여하고 있다(Fuselier, 1981b; Galyean, Wherry, & Young, 2009).

작전 심리학자의 사건 중 역할

사건을 처리할 때 심리학자는 교섭 팀의 자문가로서 다양한 역할을 수행한다(Fuselier, 1988). 심리학자는 현장에서 참여 관찰자로서 기능하여 교섭 과정을 관찰하고, 관련 정보와 인질범의 행동을 해석하며, 폭력 사태의 발생 가능성을 평가한다. 또한 교섭자와 연락 담당자의 스트레스 수준을 관리하고 있으며 부수 기관 및 다른 전문가들과 함께 지속적으로 인질범을 평가한다. 심리학자는 교섭자에게 평가뿐만 아니라 협상 과정 중에 인질범이 보이는 특이한 행동의 관리에 대해서도 도움을 주어야 한다. 교섭 현장에서는 특이한 행동 방식과 임상적 증후군이 나타나기 때문에 인질범을 다루기 위해서는 다양한 접근 방법을 활용해야 한다. 인질 사건의 복잡성을 고려해 보면 인질범을 동요시킬 수 있는 위험성이 높은 사건들이 발생할 수 있다는 점을 알아야 한다. 또한 심리학자는 교섭자로 하여금 오해나 문제 상황을 뛰어넘어 사건이 확대되는 것을 막을 수 있도록 협조해야 한다.

모든 행동에는 연관된 전후 사정이 있으므로 심리학자는 인질범의 정신 상태와 아직 드러나지 않은 상황 사이의 결정적인 연관성을 파악해야 한다. 교섭 현장에서 최초 평가를 할 때 가장 중요하게 고려해야 할 것은 인질범이 교섭에 참여하게 된 동기를 파악하는 것과 사건과 법 집행 간의 상호작용을 이해하는 것이다. 심리학자가 사건의 전후 사정을 이해할 경우 인질범의 동기를 더욱 확실하게 파악할 수 있다. 가령, 테러집단과 관련된 사건이 정치적·종교적 문제를 야기하고 언론의 관심을 얻고자 함인지, 이라크에서 목격된 것과 같이 의사소통을 종결하는 수단으로써 폭력을 행사하려고 하는지, 강도 행각이 실패한 경우 인질범이 현장을 벗어나기 위한 수단으로 인질을 잡고 있는지, 인질 여부와는 상관없이 관계 형성 실패와 무력감에 엄폐물 속에서 자살 행각을 벌이고 있는지, 망상증이 있거나 환각을 느끼는지, 그러한 환각이 약물이나 정신질환으로부터 야기된 것인지를 분석하고 파악해야 한다는 것이다.

관련된 전후 사정을 파악하는 것에는 인질범이 약탈적인 폭력을 행사하는지 정신적인 폭력을 행사하는지 여부를 파악하는 것도 포함된다(Meloy, 1992). 약탈적인 폭력의 경우, 인질범은 최소한의 흥분 상태를 보이고 감정을 드러내지 않으며 고의적이고 계획된 방식으로 행동하고 시간에 얽매이지 않는 행동적 반응을 보인다. 일반적으로 이러한 부류의 범인들은 범죄 도주, 실패한 강도 행각, 테러 활동에서 많이 목격되며 높은 인식 수준을 보인다. 한편 인질범이 정신적인 폭력을 행사하는 목적은 위협을 감소시키는 것에 있다(Van Hasselt, Flood, et al. 2005). 이런 부류의 범죄자들은 심한 흥분 상태에 빠져 있으며, 상당한 분노와 공포의 감정을 표출하고, 대부분의 자극에 반응하며, 인식 수준은 높지만 산만하다. 이러한 모습은 가정폭력 사건, 구속 영장 집행 과정, 약물 중독이나 정신질환이 있는 사람에게서 흔히 볼 수 있다.

교섭과 평가가 개시되면 어떤 상황에서든 인질범이 교섭에 응하게 된 동기를 파악하는 것이 결정적으로 중요하다. 가령, 이미 자살이나 타살을 범할 것으로 결단을 내린 사람이 그러한 행위에 실패한 경우에는 교섭에 별 관심이 없을 것이다. 이때 교섭자는 좀 더 해결 지향적인 방향으로 접근해야 하며 시간을 벌고 대안을 제시해야 한다. 반응적이고 감정적인 사람의 경우에는 시간을 활용하여 그들이 가지고 있는 자원을 이용하고 충동적으로 행동하는 경향을 낮출 수 있게 하여 그들에게 억제 감정을 불러일으키게 하는 전략이 요구된다.

위기 상황에서의 심리자문의 기술과 과학은 지난 수년간 발전해 왔다. 심리적 프로파일은 점차 시대에 뒤쳐진 것으로 인식되고 있으며, 교섭자들에게 거의 쓸모가 없어졌고, 전형적인 정신질환 진단도 제한적인 관련성을 보인다. 대신에 행동지표 내지 행동 유형과 사건의 전후 사정을 통해 파악할 수 있는 성격 스타일 등이 결정적인 변수로 기능한다는 점이 밝혀졌다.

심리자문가들은 교섭자들을 위해 위기사항이 계속 진행 중이고 연속적인 관점에서 상황과 전후 사정에 맞게 행동 평가를 실시하며, 입증하고자 하는 추론과 가설을 세우게 된다. 하지만 심리학자의 가장 중요한 역할은 대화 뒤에 감춰진 숨은 동기를 파악하고 인질범이 협상을 하는 의도가 단순히 협박을 위한 것인지 아니면 정말로 위협이 되는 상황을 만들고 있는 것인지의 여부를 판단하는 것에 있다(Fein & Vossekuil, 1998, 1999). 자문 심리학자들은 상대방이 무엇을 말하고 무엇을 하는지에 관심을 가져야 하며 협상 과정을 통해 폭력 사태 발생 또는 평화로운 해결의 가능성 여부를 예측하는 통찰력을 갖추어야 한다.

Turner와 Gelles(2003)는 폭력 사태의 발생과 관련성이 있는 의사소통의 다섯 가지 변수에 대해 설명하였다. 그 변수들은 바로 첫째는 의사소통의 구조화 정도, 둘째는 주제의 일관성 정도, 셋째는 비난의 정도, 넷째는 그 대화가 특정 인물이나 특정 대상에 집중되어 있는지의 여부, 다섯째는 행동 계획이나 시간제한이 분명하게 설정되어 있는지의 여부다. 오늘날 이른바 '표적 폭력(Targeted Violence)' 분야에 대한 많은 연구가 이루어진 결과로(Fein & Vossekuil, 1998, 1999), 심리학자들은 인질범들의 행동과 소통 방식을 분석하여 폭력 발생 가능성을 평가할 수 있다. 또한 최근에 간접 평가 영역이 발전함으로써 심리학자들은 가족 구성원들을 조사하고, 인질범의 정신 상태를 평가하며, 잠재된 정신질환을 인식하고, 인질범의 행동 양식에 대한 자료를 조사하면서 습득한 정보를 잘 분석할 수 있게 되었다. 하지만 의료 서비스 제공자와 작전 심리 자문가 사이의 경계에 관한 윤리적 문제들을 고려해 볼 때 기타 정신건강 전문가와의 자문은 주의하여 진행해야 할 것이다(Gelles & Palarea, 2011).

심리학자는 인질범의 행동을 이해하는 데 전문적인 지식을 제공하고(Bahn & Louden, 1999) 현장에서 지휘관과 교섭자에 대해 시위자의 행동을 해석하는 것을 도움으로써 전체 팀을 보조하는 역할을 수행한다. 정신건강 전문가로서의 심리학자는 전략적 의사결정자 역할을 하는 작전 지휘관과는 다른 방식으로 사고하고 행동을 해석한다. 교섭은 법 집행적 기능도 있으므로 심리학자는 교섭자의 역할은 하지 않으며, 해서도 안 된다. 심리학자가 교섭의 절차, 법 집행기관, 법 집행의 치안 의무에 대해 이해하고 있는 경우는 거의 없다(McMains & Mullins, 2001). 심리학자가 교섭자 역할을 할 경우, 인질범의 정신장애를 시사하거나 또는 정신건강 시스템으로 과거의 부정적인 경험을 들추면서 상황을 악화시킬 수 있다(Hatcher et al., 1998). 따라서 심리학자는 자문가 역할을 수행해야 하며 그들의 전문 지식은 교섭 팀이 전략을 계획하는 데 활용되어야 한다. 심리학자들은 교섭이 시작되고 몇 시간 혹은 며칠 후에 법 집행기관이 내린 최종 해결 방법이 인질범을 체포하거나 사살하는 것을 내용으로 하는 전술 작전으로 결정되어질 경우 상당한 어려움을 겪게 된다(Fuselier, 1981b). 이를 통해 인질, 경비, 다른 구경꾼이 심각한 부상을 입을 수 있고 사망할 수도 있다.

인질범에게 주안점을 두는 것과 더불어 교섭자의 긴장이나 스트레스를 관찰하는 것도 심리 자문가가 수행해야 할 주요 역할이다. 많은 훈련을 받은 위기 교섭자들은 언어적 기술이 훌륭하고 신속하게 사고하면서 극심한 압박 속에서도 효과적으로 업무를 수행할 수 있다. 하지만 이렇게 뛰어난 요원들도 교섭 중이나 교섭 후에 극심한 스트레스를 받는다. 또한 교섭자들은 교섭을 성공적으로 끝내고 무고한 사람들의 피해를 막아야 한다는 상당한 압박감을 받게 된다. 시간은 교섭자의 편에 있어 긍정적인 해결의 가능성을 높이고자 할 수 있지만 시간이 지날수록 위기 조치 대응반의 전술 기동요원은 지치게 된다. 이러한 사실은 항상 침착하고 이성적인 사고를 유지해야 하는 교섭자에게 추가적인 압박감으로 작용한다. 심리학자들은 교섭자들을 관찰하고 적절한 피드백을 제공해 주어야 한다. 만약 교섭자가 객관성을 잃고 있다고 판단된다면 새로운 교섭자를 추천할 수도 있다. 교섭자에게 가해지는 내적 압박과 외적 압박은 교섭 과정 동안 계속 증감하는데, 심리학자들은 이러한 스트레스 요인을 관찰하는데 뛰어난 사람들이다. 또한 심리학자들은 인질의 복지 수준을 관찰하고 향상시키기 위해 최대한 노력해야 한다(Giebels et al., 2005).

작전 심리학자의 사건 후 역할

사건이 종결된 이후, 특히 사건이 좋지 못한 결말을 맺었을 때, 심리학자들은 스트레스 관리 교육을 실시하고 팀 보고와 팀원에 대한 상담을 제공한다. 사망자나 부상자가 발생하여 실패로 끝난 교섭은 인질 협상가에게 상당한 스트레스 원인으로 작용한다. 2004년 9월 러시아의 베슬란에서 체첸 테러범들이 아이들과 교사들을 인질로 삼은 사건을 예로 들어보자. 당시 정부 당국은 테러범들이 점거한 학교를 기습하는 작전을 펼쳤는데 그 결과 300명 이상의 아이들과 교사들이 사망했다. 이 사례에서와 같이 교섭이 부정적인 결과를 낳을 경우 교섭자들은 보통 죄책감, 분노심, 우울감을 느낀다(Bohl, 1992). 이러한 느낌을 받는 것은 정상적이지만 심리학자는 사건에 대한 인식을 재구성하는 것을 도와주고 교섭자와 위기 관리팀에게 그들의 경험을 활용하여 학습하고 성장할 수 있는 방법을 제시해 준다. 만약 교섭자가 비극적인 결과 이후에 나타나는 증상들을 적절하게 관리하지 못하면 기분 장애, 직업상의 문제 또는 부부 문제, 약물 남용과 같은 장기적인 문제로 이어질 수 있다. 또한 교섭자는 PTSD가 발현될 수 있는 위험에도 처해 있다(Bohl, 1992). 심리학자의 전문 지식은 이러한 위험에 처해 있는 교섭자들을 지원하는 데 매우 유용하게 활용될 수 있다.

교섭 팀에서 정신건강 전문가 활용에 대한 연구

최근 주목을 받고 있는 핵심 연구 영역은 위기 교섭 팀에 참여하는 정신건강 전문가들을 바라보는 시각에 관한 것이다. Galyean 등(2009)은 텍사스 주 러복에서 근무하고 있는 20명의 경찰 특공대원들을 대상으로 정신건강 전문가들의 상담에 대한 견해를 조사했다. 대원들은 정신건강 전문가들이 교섭을 위한 자문가이면서 실질적인 교섭자라고 여기고 있었고 팀원들을 위한 심리적 지지요인으로 작용한다고 하였다. 그러나 대원들은 정신건강 전문가의 훈련 지원과 사후 상담 및 보고는 다른 요소들과는 달리 임무 수행에 그다지 중요하지 않다고 생각하였다.

Hickman(2010)에 의한 이 문제에 관한 두 번째 연구는 73명의 팀원들을 대상으로 인질 교섭에서 정신건강 전문가들의 관여에 관한 의견을 수렴하였다. 그는 정신건강 전문가들이 수행하는 다양한 역할의 유용성, 효용의 인식, 팀 구성원들과의 관계 특성과 같은 항목을 분석하였다. 그 결과, 인질 교섭 팀 구성원의 74%가 정신건강 전문가들이 팀을 위해 꼭 필요한 요원이라고 응답하였다. 팀원들에 의 하면 정신건강 전문가는 교섭자에게 교섭 중 자문을 제공해 주고, 사건 종결 이후에 분석을 실시하며, 피해자들에게 상담을 해 주는 것과 같이 팀원들의 주변에서 정신건강 전문가만이 할 수 있는 역할을 수행한다는 점이 가장 유용했다고 진술하였다. 그렇지만 정신건강 전문가가 교섭자 역할을 하는 것 에 대해서는 달갑게 받아들이지 않았다. 종합적으로 정리하자면 팀원들은 정신건강 전문가의 심리학 적 지식이 임무 수행에 중요하다는 점에 수긍했으며 기꺼이 심리학 분야에 대한 추가 훈련을 받으려 고 하였다.

인질범의 특징

1980년대와 1990년대 중반에 이르러서 교섭자들이 인질범의 정신질환 진단과 심리학적 프로파일 에 관해 설명하는 것이 일반화되었다. 이는 정신건강 전문가가 투입되어 영향을 미치는 결과가 위기 교섭의 발전에 반영된 것이다. 인질범에 대해 진단명을 부여하는 것은 유용하기는 했지만 인질범의 복잡한 정신 구조, 특히 폭력 발생 가능성을 평가하는 데 있어서는 진단명 부여가 오히려 방해 요소로 작용하는 것으로 밝혀졌다.

지난 10년 동안 심리학자들은 정신질환과 위험성에 관한 입장을 수정하기 시작했다. 심리학자들은 정신질환을 갖고 있다고 해서 곧바로 폭력을 행사하지는 않으며 폭력적인 사람은 정신질환이 있다고 단정지을 수 없다는 입장을 표명하였다(Monahan, 1992). 정신질환은 위험성에 대한 부적절한 명칭이 되었으며 진단명 부여는 행동을 설명하고 위기 상황을 중재하는 데 더 이상 유용하지 않게 되었다.

자살, 피해망상, 살인 행동과 같은 특정 행동은 높은 폭력 잠재성을 지니고 있다. 이러한 행동은 망 상이나 환각과 연관이 있을 수는 있지만 특정 정신질환에 일치하는 모습을 보이지는 않는다. 하지만 위기 상황에서 해결책을 찾기 위해서는 결정적인 요소로 작용하게 된다. 자살 행동이나 피해망상적인 행동은 법 집행관에게는 분명한 문제 상황으로 작용하겠지만, 반사회적이거나 부적절한 성격을 가진 사람이 이런 행동을 보이면 교섭자에게는 상당히 복잡한 문제점으로 다가온다.

명명법을 계속해서 수정하고 재정의하여 행동 양식과 성격 유형을 반영할 경우 작전 수행에 유용할 것이며 임상적 진단에 대해서는 큰 관심을 두지 않게 될 것이다. 예를 들어, 위기 상황에서 자살 행동 과 피해망상적인 행동을 표출하는 것은 굉장히 위험하다고 여겨진다. 또한 이러한 행동은 여러 개의 진단 범주에 포함되는데, 이러한 행동들에 대해서는 진단명을 내리는 것보다는 제대로 된 평가를 시행하고 위기 상황에서 그러한 행동의 내용과 과정에 세심한 주의를 기울이는 것이 중요하다. 정신이 상이나 정신분열장애의 구성 요소로써 환각과 망상은 중요하지 않은 문제다. 그렇지만 인질범이 말하는 내용을 검토하는 것과 피해 망상적인 두려움이 어떻게 폭력 위험성을 증감시키는지를 분석하는 것은 결정적으로 중요하다.

이와 비슷한 맥락에서 인격장애의 유형을 구별하는 것보다는 인질범의 특성을 이해하는 것이 더 중요하다고 하겠다. 그러나 유감스럽게도 미국 정신의학회의 정신질환의 진단 및 통계편람(DSM-IV)에 의하면 특정한 기준에 부합하는 경우 인격장애 진단을 내리는데, 문제는 그러한 진단 기준들은 지나치게 범주화되어 위기 상황에 놓여 있는 사람을 평가하기 위해서는 활용하기 어렵다는 것이다. 진단명 부여는 시위자의 행동 유형에 맞춰 협상을 진행하는 교섭자들에게는 유용할 수 있지만 위기 상황으로 인해 발생하는 스트레스의 정도에 따라 특정 장애의 행동 유형이 왜곡될 수 있다는 점을 주지해야 한다. 특정 행동을 표출하는지의 여부는 접근 방법을 수립하고 의사소통 방법과 협상 내용을 조정할 때 유용하며, 인질범이 표출하는 행동의 강도는 교섭의 진전, 인질범의 기망 정도, 인질범의 폭력 잠재성을 평가하는 데 상당한 수준의 통찰력을 제공하여 준다.

마지막으로 진단명 부여에서 나아가 어떤 개인이 품고 있는 의도를 실행할 것인지를 간과해야 한다. 사람들이 행위로 나아갈 것을 진지하게 고려할 때에는 일종의 표시를 내비친다. 의사소통을 할 때 책임감, 자기 중심성, 조직화, 특정 인물에 대한 집중을 드러내는 사람은 구체적인 행동 계획과 시간적인 촉박을 받는 경우, 높은 폭력 위험성을 나타낸다(Turner & Gelles, 2003). 이와 비슷하게 엄폐된 시설물 속에서 제3자와 만나려 하지 않으려는 인질범은 인질을 죽이고 본인도 자살할 의도를 가지고 있을 수도 있다(Fuselier, Lanceley, & Van Zandt, 1991).

끊임없이 다양한 문제 상황에 직면하게 되는 교섭자들이 폭력의 가능성을 가늠하고 관리하는 것은 매우 중요한 일이다. 인질범의 메시지와 행동은 사건 발생의 전후 사정에 맞게 평가되어야 한다. 정신질환의 존재 유무는 범인과의 교섭 또는 접근 방법을 설명할 수도 있고 아닐 수도 있지만, 범인의 메시지에 주목하고 그들이 표출하는 행동을 분석하는 것은 폭력 사태 발생 가능성을 완화시킬 수 있는 핵심 요인이다(Gelles, 2001).

테러범

테러범들은 인질범과는 극명하게 다른 모습을 보이고 일반적으로 정신질환이 없으며 단순히 포로들을 죽일 수도 있다는 의도를 표현하기 위해서 인질을 활용한다. 테러범들의 행동은 매우 조직적이고 치밀하게 계획되어 있으며 이성적이다(Wilson, 2000). 테러범들은 보통 그들의 의도와 역경을 최대한 표출하고 대중의 주목을 끌기 위해 인질을 잡는다. 테러범에게 붙잡힌 인질들은 죽임을 당할 가능성이 높은데, 이는 많은 테러범이 이른바 '순교자'가 될 각오를 마친 상태이기 때문이다. 교섭자들은 테러범들에게 그들의 의사는 이미 성공적으로 전달되었으며, 오히려 인질들을 죽임으로써 그들은 시민들로부터 불신의 눈초리를 받게 될 것이고, 전달하고자 하는 메시지도 의혹을 받게 될 것이라는 점을 납득시키려고 하였다. 그런데 테러와의 전쟁에서 나타난 바와 같이 이러한 방법은 전혀 성공을 거두지 못했다. 테러범들은 인질들을 죽였을 뿐만 아니라 심지어 그들을 공개적으로 처형하기도 하였다. 테러범들에 의해 억류된 사람들은 진정한 의미의 인질이라고 말할 수 없고, 애당초 사람들을 위협하고 겁을 주는 시각적 도구에 불과한 것이다. 이러한 상황에서의 교섭은 전술 기동 팀에게 포로들의 위치를 찾아내고 포로의 구출이나 테러범에 대한 공격 계획을 구상할 수 있게 시간을 벌어다 주는 것이 교섭이 할 수 있는 최선의 역할이다.

정신병 환자

인질범이 망상증을 보이거나 환청을 듣는 경우, 교섭자는 이러한 증상들과 맞서지 않는 것이 가장 좋다. 정신병을 심하게 앓고 있는 사람과는 현저하게 대조되는 부분인데, 과대망상 환자의 경우에는 망상적인 주제 이외에 충분히 이성적인 대화도 쉽게 나눌 수 있다. 이러한 사람들과 교섭할 때 가장 좋은 방법은 망상적인 내용에 빠지기 전, 친밀한 관계를 형성할 수 있는 다른 주제에 대해서 논하거나 다른 해결방안을 검토해 보는 것이다(Fuselier, 1981a). 그리고 자신이 예수 또는 신이라는 과대망상을 피해망상이나 박해망상과 구분하는 것 또한 매우 중요하다. 피해망상 증상을 보일 때 인질범의 언행은 자기 보호를 위한 행동에 집중한다. 의사소통의 주제가 비난과 같은 '자기 방어'에서 파멸 위협과 같은 '자기 보존'으로 바뀔 경우 폭력 행사의 가능성이 높아진다.

명령 환각의 경우에는 인질범에게 그 소리가 무엇을 암시하는지 설명하게 하는 것이 유용하다. 예를 들면, 인질범이 듣고 있는 환청이 그에게 인질을 죽이고 그들 머리 위에 가방을 두게 하거나 그들을 무생물처럼 대하라고 명령하고 있는 경우에 폭력의 잠재성은 매우 높아진다. 만약 인질범에게 그 환청이 성가시고 무섭게 느껴지거나 인질범이 어느 누구도 다치는 것을 원치 않는다면 폭력 발생 가능성은 낮아질 것이다. 이러한 사실들은 교섭자에게 몇 가지 적절한 해결책을 제시할 수 있는 기회를 제공해 준다.

정신병 환자와 교섭을 할 때 교섭자는 절대로 환청이나 망상에 대응해서는 안 된다. 대신 적극적으로 경청하고 인질범의 정신세계에 관심을 표명해야 하며, 환청이 무엇을 말하고 있는지 물어보되, 그의 현실관을 비판하거나 문제를 제기해서는 안 된다. 교섭자는 인질범으로 하여금 그 환청은 본인이

하고 싶지 않은 일을 명령하고 있다는 관념을 강화시키고 환각의 영향을 중재할 수 있는 해결책을 제시해 줄 수 있지만, 절대로 정신건강 제공자의 도움을 받을 것을 제안해서는 안 된다.

우울증의 종합적 증상

우울 증상이 있는 사람은 자살 발생이 상당히 우려되기 때문에 교섭자들은 자살 사고에 촉각을 곤두세워야 한다. 접촉이 시작되면 교섭자는 작업 동맹 관계를 구축하기 위해 대화를 시작하고 라포를 형성해 나가야 한다. 라포, 신뢰성, 믿음이 증가하는 경우 정서장애를 가진 인질범을 평화로운 항복으로 이끄는 것이 보다 수월해진다. 교섭자는 반영적이고 비판단적인 어조를 유지하면서 단기적인 관점에서 구체적인 해결 방법과 조언을 제시해야 한다. 교섭이 진행되는 내내 자살성 사고가 증폭되거나 줄어들 수 있기 때문에 인질범의 자살에 대한 계획을 끊임없이 관찰하는 것이 중요하다.

자살 충동자가 관련된 사건을 자문할 때, 심리학자는 인질범이 갑작스러운 기분 변동을 보이거나 자살에 대한 양가적인 태도를 해결했음을 반영하는 무덤덤한 반응을 보이는 경우에 특히 세심한 관찰을 요한다. 우울장애가 다른 정신질환과 동반하는 경우에는 인질범과 인질 및 희생자—전형적으로 가족—들의 상해 위험성을 극단적으로 증가시킨다(Fuselier, 1981a). 게다가 스스로 자살을 하지 않고 경찰을 통해 자살을 이행하는 경우도 있기 때문에 자문가는 인질범이 행동을 평가할 때 이러한 행동 방식을 반드시 고려해야 한다(Mohandie, Meloy, & Collins, 2009).

부적응적 성격 특성

인질이 임상 기준에 근거한 반사회적 인격장애나 악성 자기애성 성격장애를 보일 때, 심리학자가 임상적 용어를 보다 실무에 적합하게 풀어서 설명하는 것은 상당히 유용하다. 교섭자가 범죄자와 협상하는 과정에서 심리학자들은 범죄자의 성격을 단순한 행동 방식으로 정의해 버리는 것이 보다 낫다는 의미다. 이런 경우에 인질범의 성격을 착취성 행동 유형으로 설명할 수 있는데, 이는 보통 다음과 같은 특성을 보인다. 호칭 부여(entitlement), 과장, 즉각적 만족, 비판에 대해서 방어적이고 반응적임, 현재에 주안점을 둠, 미래지향적이 아님, 한정된 애착 형성 능력, 헌신, 충성심 표출이 그것이다. 이러한 유형의 사람들은 다른 사람을 조종하는 데 능하고 충동적이며, 비난하기를 좋아하고, 약탈적이며, 양심의 가책을 느끼지 않는 경향이 있다.

이러한 유형의 사람들이 자기 자신을 인질범이라고 소개할 때는 우선 그들이 이러한 행위로 나아간 동기를 분석하여 그 동기가 보상을 조건으로 하고 있는지(인식 가능한 목표를 가지고 있는지), 표현을 위한 것인지(힘을 과시하기 위함인지), 자극을 원하는 것인지를 파악해야 한다. 또한 현재 상황을 볼 때 정신적인 폭력 또는 약탈적인 폭력을 행사할 가능성이 있는지, 어떠한 요소가 폭력 가능성을 증감시키는지, 교섭자는 어떠한 주제나 생각을 피해야 하는지에 대해서도 살펴보아야 한다. 협상을 진행할 때 교섭자는 인질범의 자아가 손상되지 않게 단어를 신중하게 선택해야 한다. 교섭자는 자극의 수준을 조절해야 하고 우유부단하거나 양가적인 모습을 보여서는 안 된다. 거의 모든 경우에 교섭자는 인질범이 체면을 세울 수 있게 도와주어야 한다. 교섭자는 인질범을 대할 때 보호자 역할을 한다거나 지시하는 모습을 보여서는 안 되고, 징역형이나 도움을 주는 것에 관해 논하는 것을 피해야 하며, 인질에만 초점을 맞추는 모습을 보여서도 안 되고(Zakrzewski, 2003), 다른 사람들을 비난하고 즉각적인 만족을 구하려고 하는 인질범의 욕구를 인정해야 한다. 협상이 이루어지는 동안에 교섭자와 인질범은 서로 많은 것을 주고받게 되는데 교섭자는 담배, 사탕, 탄산음료와 같은 사소한 것을 제공할 수 있도록 준비해야 하지만 알코올이나 다른 위험약물은 절대로 제공해서는 안 된다.

회피적이거나 의존적인 성격 유형으로 분류된 사람들을 실무 환경에 적합한 용어로 다시 지칭하면 '부적절한 행동 방식을 보이는 사람들'이라고 말할 수 있다. 이러한 유형의 사람들은 상당히 명석하지만 그러한 좋은 두뇌를 활용할 수 있는 기회를 가지지 못한 경우가 많다. 그들은 다른 사람의 도움을 통해서만 성공한 경험이 있을 수 있고, 인내심이 부족하며, 자기패배적인 사람이다. 전반적으로 그들은 끊임없이 자기 자신의 능력을 입증하기 위해 노력한다. 교섭 과정 중에 그들은 터무니없는 요구를 하고, 충동적으로 요구사항을 변경하며, 경찰에 협조하기를 거부하고, 인질이 자신을 대신하여 말하게 하는 경향이 있다. 이러한 유형의 사람들과 교섭할 때에는 일반적으로 지지를 해 주는 방식으로 접근해야 하며 교섭자들은 과거의 실패 경험을 상기시키는 요소(Zakrzewski, 2003), 단순한 해결책의 제시, 현재 궁지에 몰린 상황을 언급하는 것은 반드시 피해야 한다. 또한 교섭자들은 다른 실패로 인해 발생할 수 있는 자살에 대해 항상 촉각을 곤두세우고 있어야 한다.

접 촉

인질 사건에서 첫 15분에서 45분은 가장 위험한 순간인 동시에 최종 결과에 막대한 영향을 미칠 수 있는 시기다(Dolan & Fuselier, 1989). 이 시간대에는 인질, 인질범 그리고 최초 대처자의 감정이 극에 달해 있기 때문이다. 사건 현장에 도착하자마자 위기 교섭자는 정보를 수집하기 위해서 가능한 한 빨리 인질범과 접촉을 시도하게 된다. 교섭자들의 최초 요구는 보통 항복을 제안하는데 가끔씩 이 제안에 응하는 인질범도 있다. 이러한 가능성을 고려해 볼 때, 항복을 받아내기 위한 계획은 인질범의 불안감을 가라앉히고 평화로운 결과를 보장할 수 있는 방향으로 수립되어야 한다. 신속하게 문제가 해결되지 않는 경우, 교섭자는 즉시 인질범의 행동과 동기, 인질을 데리고 있는지의 여부, 요구사항에 대해 파악하기 시작해야 한다(Zakrzewski, 2003). 교섭자는 인질범에게 이러한 사건을 일으키게 된 이유를 말할 수 있도록 유도하고, 친구 또는 가족과의 관계, 직업, 건강 걱정, 정신건강 문제, 약물 사용 등과 같이 살아가면서 겪은 문제 상황을 토로할 수 있는 기회를 주어야 한다. 심리 자문가는 간접적으로 인질범을 평가하는 중요한 역할을 하며 인질범의 동기를 분석한다. 또한 정신병, 망상, 우울, 자살 충동, 살인 충동 성향을 가지고 있는지 여부를 알게 되면 인질범의 동기를 더욱 잘 이해할 수 있다. 인질범이 특정한 성격 유형에 해당되는지, 누가 인질로 붙잡혔는지, 인질범이 인질과 본래 아는 사이인지 아니면 우연히 부적절한 시간과 장소에 같이 있었을 뿐이었는지, 인질범이 요구하는 것이 무엇인지도 파악해야 한다. 교섭에서는 보통 돈이나 특정인의 석방과 같이 물질적인 것을 요구하게 된다. 그러나 그러한 물질적 요구의 기저에는 보통 인질범의 정서적 요구와 절망감이 있다는 점을 알아야 한다.

인질범의 요구사항은 보상이나 표출을 목적으로 한다(Miron & Goldstein, 1979). 보상을 목적으로 하는 요구사항은 구체적이고 명확하며 인질범에게 이득이 되는 것들이다. 여기에는 돈, 식량, 자동차, 경찰의 후퇴와 같은 것이 있다(McMains & Mullins, 2001). 표출을 목적으로 하는 요구사항은 추상적이며 인질범이 살아오면서 느낀 좌절감을 중심으로 형성된 정서적 목적과 관련되어 있다. 표출을 목적으로 하는 요구사항은 보상을 목적으로 하는 요구사항의 원인이 된다(McMains & Mullins, 2001). 이러한 두 종류의 요구사항을 다루는 데 있어서는 교섭자의 기술이 결정적인 역할을 한다. 여기서 교섭자에게 필요한 기술이란, 인질범에 대해 흥정 기술을 활용하여 보상을 목적으로 하는 요구사항을 관리하고, 위기 협상 기술을 활용하여 표출을 목적으로 하는 요구사항을 관리하여 이른바 균형을 잡는 것을 말한다. 인질극 사건에 대한 언론 보도에서도 분명히 드러나듯이 표출을 목적으로 하는 요구사항은 상당히 다양하며 인질범, 자살 충동자, 엄폐물 안에서 시위하는 자에게 있어서는 가장 중요한 것이고 가끔씩 특정 인물, 기업, 정부기관이 실제로 잘못한 내용이나 상상 속의 잘못에 대해 사과할 것을 요구하기도 한다.

최초 교섭자가 인질범과 대화를 진행할 때의 가장 중요한 목적은 시간을 연장하는 것에 있다. 시간이 지남에 따라 인질범은 격한 감정과 불안이 줄어들고 이성적으로 생각하게 되면서 인질범과 교섭자 사이의 관계가 더욱 발전되어 교섭자의 제안을 더욱 진지하게 받아들일 수 있게 된다. 또한 인질이 탈출할 수 있는 가능성이 높아지며 인질범은 차선책을 강구하게 된다. 시간이 흐르면서 점차 인질범은 기대감이 낮아지고 수면, 음식, 물, 폐기물 제거와 같은 인간의 기본적인 욕구가 작용하기 시작한다. 실무 현장에서는 대부분 인질범이 한 끼를 거르게 한 뒤에 본격적인 교섭을 진행시킨다고 한다(Zakrzewski, 2003). 충분한 시간이 주어질 경우, 위기 대응 팀은 충분한 정보를 획득할 수 있고 보다 나은 의사결정을 할 수 있게 된다. 결론적으로 충분한 시간을 벌면 전술 계획을 수립하고 필요할 경우 전술 예행 연습도 할 수 있다.

Zakrzewski(2003)는 인질 사건에서 시간을 끌면 끌수록 대부분 긍정적인 효과가 있지만 부정적인 효과 역시 어느 정도 있다는 점을 주의해야 한다고 하였다. 교섭이 계속 이어지면서 사람들은 지치고 실수를 범할 가능성이 높아진다. 사건이 길어질수록 사람들은 지루해 하고 짜증을 내며 객관성을 잃는다. 이는 전술적 대응으로 나아갈 수밖에 없는 상황을 만들기도 한다. 사건이 오래 지속될 때는 언론의 압박 또한 부정적인 요소로 작용할 수 있다. 또한 사건을 지속적으로 관리하기 위해서는 금전적인 비용도 많이 들고 인력의 소모도 크다.

교섭 중에 인질범은 종종 요구사항을 이행하는 기한을 정하기도 한다. FBI 아카데미의 특수 작전 및 연구부서에 의하면, 기한을 지키지 못한 이유로 인질이 사망한 경우는 미국 내에서 한 건밖에 없었다(Fuselier, 1981b). 하지만 테러와의 전쟁이 수행되는 동안에는 그렇지 않았다. 테러범들은 협박의 목적을 달성하기 위하여 많은 인질을 죽였다. 이와 같이 테러범들의 인질 사건과 그 이외의 인질 사건은 그 성격이 상당히 다르다.

전형적인 인질 사건을 다룰 때에는 대개 인질범이 요구하는 기한을 맞추는 것은 어렵지 않으며 심지어 본인이 설정한 기한을 까먹는 인질범도 있다(Fuselier, 1981b). 위기 대응 팀이 정해 놓은 기한을 지키는 것이 보다 어려운 경우가 많다. 전술적 대응을 위해 현장 지휘관이 정해 놓은 기한은 교섭자에게 가장 어려운 점으로 작용한다. 이는 교섭자가 모든 협상 과정에서 직면하는 것이며 교섭자에게 압박을 주는 요소다. 과거에 비해 요즘에는 전술 기동 팀과 교섭 팀이 보다 잘 협력하는 모습을 보이는데, 이는 협력 팀에게는 충분한 시간이 필요하고 교섭을 위한 모든 시도가 실패했을 때 전술 기동 팀이 현장에 출동해야 한다는 사실을 알고 있기 때문인 것으로 보인다.

전술 기동 팀과 교섭 팀이 상호 이해가 부족하여 발생한 극단적인 사례로 1993년 텍사스 주 웨이코에서 발생한 사건을 들 수 있다. 이 사건은 군사 교섭 팀에게 상당히 많은 교훈을 가져다주었다. 1993년 2월, 미 주류 · 담배 · 화기 단속국(The Bureau of Alcohol, Tobacco, and Firearms: ATF)은 다윗파의 거주지인 카멜 산을 습격하였다. ATF 요원들은 불법 무기 소지 혐의로 다윗파 본부를 압수수색하려 했는데 다윗파는 이미 ATF 요원들을 공격할 준비가 되어 있었고 총격전이 개시되었다. 그 결과, ATF 요원 4명이 사망하고 16명이 부상을 입었다. 이런 일이 있은 후 이 작전은 FBI로 이첩된다. 대치 상황이 장기간 이어지는 동안 교섭자들은 23명의 어린이를 안전하게 구해낼 수 있었다(McMains & Mullins, 2001). 하지만 1993년 4월 19일, FBI 요원들이 다윗파를 밖으로 나오게 하기 위해 최루 가스를 투입할 때 다윗파의 본거지에서 불길이 치솟았다. 이는 최루 가스가 투입되고 있을 때 다윗파 측에서 방화를 한 것으로 추정된다. 이 사건에서 얻을 수 있는 중요한 교훈은 전술 기동 팀과 교섭 팀 간에 의사소통이 매우 중요하다는 것이다. 최소 세 가지 경우를 통해서 교섭자들은 다윗파의 리더인 David Koresh로부터 전술 기동 팀이 차를 부수고 크게 음악을 틀며 위병소를 넘나들고 있다는 것을 알게 되었다. 교섭자들이 다윗파 인질이나 최소한 아이들만이라도 구출하기 위해 Koresh의 신뢰를 얻으려고 노력하는 동안 전술 기동 팀은 교섭 팀이 공들여 쌓아놓은 신뢰를 한순간에 무너트리기 일쑤였다. 포위 작전의 종반부에 대단히 흥미로운 전환점이 발생했는데, 그것은 바로 다윗파가 7명의 인질을 더 놓아준 것이다. 그러나 교섭 팀이 인질이 풀려난 것에 대해 축하하고 있을 때 전술 기동 팀은 즉시 탱크를 출동시켜 다윗파의 자동차를 폭파하기 시작했다(McMains & Mullins, 2001). 엄청난 손실을 가져온 이 사건은 교섭 과정의 실패로 볼 것이 아니라 전술 기동 팀과 교섭 팀이 화합에 실패한 것으로 보아야 할 것이다.

비전문 교섭자의 활용

협상의 여지가 있는 사건을 다룰 때 비전문 교섭자를 활용할지에 대한 의문이 필연적으로 제기될 것이다. 가족 구성원, 친구, 동료, 정신건강 전문가, 성직자, 현장 지휘관은 교섭을 원할 수 있다. 망상형 정신분열병을 앓고 있는 한 남자가 그의 집을 엄폐물로 활용하여 시위를 하는 경우를 예로 들어보자. 그의 가족과 이웃들은 그가 정신질환을 앓고 있다는 것에 대해서 잘 알고 있었다. 그런데 그는 최근에 정부가 시민의 생활을 통제하고 있다고 인지하여 상당히 불안해했고 앞마당에 많은 표지판을 세워 지역 주민들에게 정부의 음모에 대해 경고하였다. 이에 주민들이 항의하여 경찰에서 조치를 취했다. 그 남자는 아버지와 대화하기를 원했고 경찰은 그 요구를 들어주었다. 그런데 아버지가 현장에 도착하자마자 그 남자는 자살했다. 위기 교섭자들의 경험에 의하면 비전문 교섭자로 하여금 인질범과 대화하게 하면 인질범에게 동요와 불안의 감정을 불러일으킬 가능성이 상당히 높다고 한다. 이것은 또한 인질범이 자살을 계획하고 있는 경우에도 마찬가지이며, 특정 가족 구성원, 친구, 동료 또는 현장 지휘관은 본인이 자살하는 것을 보여 주거나 자살했다는 소식을 들려주고 싶은 상대방인 경우가 많다. 군사 위기조치 대응반은 이러한 관객이 생기지 않도록 가능한 모든 조치를 취해야 한다.

위기 교섭 과정에서의 윤리적 문제

심리학자들은 위기 교섭 자문과 관련하여 수많은 윤리적 문제 상황에 직면하게 된다. 이러한 상황이 있음에도 위기 교섭에서의 심리학적 윤리를 주제로 하는 학술 문헌은 아직 없으며 임무 수행에 있어 심리학자들의 역할을 옹호하는 문헌 정도만 찾아볼 수 있는 실정이다(Call, 2008). 그렇지만 작전 심리 자문에 대한 최근의 논란에 대해 Kennedy와 Williams(2011)는(제14장 참조) 여러 전문가와 함께 위기 교섭 등 특정 작전 임무 영역에 있어서의 윤리적 문제점에 대해 살펴보았다(Gelles & Palarea, 2011).

Gelles와 Palarea(2011)는 위기 교섭에서 심리학자들의 다양한 역할을 검토하였고 그로부터 발생하는 전형적인 윤리적 문제점을 발견하였다. 그들의 연구에 따르면 윤리적 충돌은 대개 법 집행기관(의뢰인)의 요구, 인질로 잡힌 사람(사회)의 요구 그리고 시위자의 요구 사이에서 발생한다. 이러한 역할 충돌과 다중적 지위와 관련된 문제들을 예측하고 사전에 조치하기 위해 자문 심리학자는 자문 과정에서 서로의 역할을 확인하고 서로의 역할에 경계를 정하고 그 경계를 서로 침범하지 않도록 해야 한다(Kennedy, 2012). 예를 들면, 심리학자는 교섭 과정의 자문가로서 객관성을 유지해야 하며, 교섭자 역할을 하거나 현장에서 전략적 의사결정자가 되어서는 안 된다는 것이다. 심리학자는 또한 작전상의 역할과 임상적 역할의 구분을 염두에 두어야 하며 같은 교섭 팀 내에서 작전상의 역할을 하고 있을 때에는 임상 정신건강 서비스를 제공해서는 안 된다는 것이다. 대신 임상심리 업무만 담당하는 심리학자를 소집하여 정신건강 지원을 제공하고 작전 심리학자를 포함한 교섭 팀 구성원들에 대해 보고하는 임무를 수행하게 하는 것이 좋다.

게다가, Gelles와 Palarea(2011)는 미국 심리학회의 윤리 강령(APA Code of Ethics, 2002)을 특정 위기 교섭에의 적용, 간접 평가 문제, 훈련과 업무 역량 문제, 법 집행 자문에 관한 고려사항의 관점에서 분석하였다. 심리학자들이 교섭 팀에 참여하는 것에 대한 일반적인 반대 의견은 심리학자가 교섭 팀에 참여하게 될 경우 '피해를 주지 말 것(Do No Harm)'이라는 규정을 위반하게 된다는 것이다(Principle A, APA, 2002, p. 3; Ethics Code 3.04, APA, 2002, p. 6). 왜냐하면 결국 전술 기동대가 투입되어 시위자가 경찰 당국에 사살될 수 있는 교섭 과정에 심리학자가 참여하기 때문이다(Call, 2008). Gelles와 Palarea(2011)는 심리 자문의 목적은 생명을 보전하여 피해를 막는 것에 있다는 점을 지적했다. 또한 심리학자의 역할은 교섭 팀을 보조하여 시위자의 정신 건강, 동기, 폭력 위험성을 간파하여 위기 상황에서의 인질범, 인질, 경찰, 주변인들의 안전을 보장하고 동시에 평화로운 결과를 이끌어 내는 것에 있다고 주장하였다. 뿐만 아니라 이들은 교섭 단계와 전술 단계를 구분하여 전술 기동 팀을 활용하려는 현장 지휘관의 결정에 심리학자가 관여해서는 안 된다고 하였으며, 현장 지휘관이 교섭을 통한 해결에서 전술 기동을 활용한 해결로 작전을 변경할 경우 심리학자의 사건 중 자문 역할은 종료된다고 하였다. 이들이 분석한 미국 심리학회 윤리 강령의 기타 주요 요소는 다중 관계 형성 회피(Ethics Code 3.05, APA, 2002, p. 6), 직무 역량의 형성 및 유지(Ethics Code 2.01, 2.03, APA, 2002, pp. 5-6), 시위자에 대한 간접 평가 시행(Ethics Code 9.01, APA, 2002, p. 13)에 관련된 것들이었다.

마지막으로 Gelles와 Palarea(2011)는 위기 교섭에서의 심리 자문의 역할과 범위를 좀 더 명확하게 하기 위해 다음과 같은 지침을 제시하였다.

- 의뢰인, 심리학자의 역할, 다른 팀 구성원들의 역할을 확인할 것. 의뢰인은 법 집행기관이지 인질 범이나 인질 또는 다른 관련 인물이 아니다. 심리학자의 역할은 교섭을 진행 중인 법 집행 팀에 대해 자문하는 것이다.
- 전문 심리 자문가의 역할을 유지할 것. 심리학자는 특정 분야의 전문 자문가로서 객관성을 유지해야 하며 교섭자로서 활동해서는 안 된다.
- 자문 과정에서 자주적이어야 하며 외부의 영향이나 압박에서 벗어날 것. 심리학자는 매우 변동이 심한 환경, 현장 지휘자의 의견, 고위 관료의 정치적 의견이 자문에 영향을 끼치지 않도록 유념해야 한다.
- 심리학자로서 역할의 경계를 확인할 것. 심리학자는 자문가로서만 활동하며 현장에서의 전략적 의사결정자로서 활동해서는 절대 안 된다. 심리학자는 협상 과정에서 교섭자와 현장 지휘관에게 자문을 제공하지만 교섭을 통한 해결에서 전술적 해결로의 변경과 같은 작전에 관련된 결정을 내려서는 안 된다.
- 각 교섭 상황의 특수성을 인정할 것. 심리학자는 모든 교섭 상황과 시위자에 대해 신중하게 생각하고, 고심해야 하며, 심리학적 모델과 템플릿에는 한계가 있다는 점을 이해해야 하고, 본인이 편견이나 선입견을 가지고 있지는 않은지 지속적으로 확인해야 한다.
- 작전 자문가와 의료 제공자로서의 경계를 분명히 할 것. 심리학자는 반드시 임상 의료인으로서의 역할과 작전 자문가로서의 역할을 구분해야 한다. 또한 심리학자는 작전 자문 역할을 수행하기 전 반드시 적절한 훈련과 관리·감독을 받아야 한다.
- 전문가로서의 역량을 형성하고 유지할 것. 위기 교섭 임무에서 자문을 시행하는 심리학자들은 위기 교섭 훈련과 관리를 받아야 하고, 지역 위기 교섭 단체에 가입해서 다른 위기 교섭 전문가들과 연락을 취해야 하며, 윤리적 문제점에 관해 논하고 해결 방안을 찾기 위해서 다른 심리학자들과 네트워크를 구축해야 한다.

결 론

군 심리학자는 위기 교섭 팀에게 아주 소중한 자문관이 될 수 있다. 미국 전역에 분포해 있는 법 집행기관의 보고에 의하면 위기 교섭에서 정신건강 상담자를 활용하는 경우가 꾸준히 증가하고 있으며 이에 따라 협상을 통한 평화적 항복 사례가 늘어났고 사망과 부상 건수가 줄어들었다(McMains & Mullins, 2001). 2001년 9월 11일 이후 전 세계에서 일어난 많은 변화와 이라크와 아프가니스탄의 전쟁을 통해서 인질 사건은 언론에 자주 등장하게 되었다. 숙련된 군 자문가는 국내외에서 벌어지는 사건에 상당한 도움을 주고 있다. 심리학자들은 이 분야에서 기초적인 역할을 담당하고 최선의 해결을 이끄는 데 직접 기여할 수 있다. 전반적으로 교섭은 평화로운 해결을 이끌어 낼 수 있는 수단으로 활용할 수 있으며, 심리 자문가는 관련 인물과 주어진 상황에 구조적인 접근을 하는 데 필수적인 역할을 수행하고 있다.

참고문헌

American Psychiatric Association. (1994). *Diagnostic and statistical manual of mental disorders* (4th ed.). Washington DC: Author.

American Psychological Association. (2002). Ethical principles of psychologists and code of conduct. *American Psychologist, 57,* 1060-1073.

Bahn, C., & Louden, R. J. (1999). Hostage negotiation as a team enterprise. *Group, 23,* 77-85.

Bohl, N. K. (1992). Hostage negotiator stress. *FBI Law Enforcement Bulletin, 61,* 24-26.

Bolton, R. (1984). *People skills.* Upper Saddle River, NJ: Prentice Hall.

Butler, W. M., Leitenberg, H., & Fuselier, G. D. (1993). The use of mental health professional consultants to hostage negotiations teams. *Behavioral Science and the Law, 1,* 213-221.

Call, J. A. (2008). Psychological consultation in hostage/barricade crisis negotiations. In H. Hall (Ed.), *Forensic psychology and neuropsychology for criminal and civil cases* (pp. 263-288). Boca Raton, FL: CRC Press.

Cialdini, R. B. (1993). *Influence: Science and practice* (3rd ed.). Glenview, IL: Scott, Foresman.

de Fabrique, N., Van Hasselt, V. B., Vecchi, G. M., & Romano, S. J. (2007). Common variables associated with the development of Stockholm Syndrome: Some case examples. *Victims and Offenders. 2,* 91-98.

Dolan, J. T., & Fuselier, G. D. (1989). A guide for first responders to hostage situations. *FBI Law Enforcement Bulletin, 58,* 9-13.

Fein, R. A., & Vossekuil, B. (1998). *Protective intelligence and threat assessment investigations* (NCJ Publication No. 170612). Washington, DC: U.S. Department of Justice.

Fein, R. A., & Vossekuil, B. (1999). Assassination in the United States: An operational study of recent assassins, attackers, and near-lethal approachers. *Journal of Forensic Sciences, 44,* 321-333.

Fuselier, G. D. (1981a). A practical overview of hostage negotiations, part 1. *FBI Law Enforcement Bulletin, 50,* 2-6.

Fuselier, G. D. (1981b). A practical overview of hostage negotiations, part 2. *FBI Law Enforcement Bulletin, 50,* 10-15.

Fuselier, G. D. (1988). Hostage negotiation consultant: Emerging role for the clinical psychologist. *Professional Psychology: Research and Practice, 10,* 175-179.

Fuselier, C. D., Lanceley, F. J., & Van Zandt, C. R. (1991). Hostage/barricaded incidents: High risk factors and the action criteria. *FBI Law Enforcement Bulletin, 60,* 6-12.

Galyean, K. D., Wherry, J.N., & Young, A. T. (2009). Valuation of services offered by mental health professionals in SWAT team members: A study of the lubbock, Texas SWAT team. *Journal of Police and Criminal Psychology, 24,* 51-58.

Gelles, M. (2001). Negotiating with emotionally disturbed individuals: Recognition and guidelines. In M. J. McMains & W. C. Mullins (Eds.), *Crisis negotiations: Managing critical incidents and hostage situations in law enforcement and corrections* (2nd ed., pp. 229-288). Cincinnati, OH: Anderson.

Gelles, M. G., & Palarea, R. (2011). Ethics in crisis negotiation: A law enforcement and public safety perspective. In C. H. Kennedy & T. J. Williams (Eds.), *Ethical practice in operational psychology: Military arid national intelligence applications* (pp. 107-123). Washington, DC: American Psychological Association.

Giebels, E., Noelanders, S., & Vervaeke, G. (2005). The hostage experience: Implications for negotiation strategies. *Clinical Psychology and Psychotherapy, 12,* 241-253.

Hatcher, C., Mohandie, K., Turner, J., & Gelles, M. (1998). The role of the psychologist in crisis/hostage negotiations. *Behavioral Sciences and the Law, 16,* 455-472.

Hickman, D. (2010). An assessment of hostage negotiators' attitudes toward mental health professionals' involvement in hostage negotiation. *Dissertation Abstracts International: Section A. Humanities and Social Sciences,* p. 3392.

Hughes, J. (2009). A pilot study of naturally occurring high-probability request sequences in hostage negotiation. *Journal of Applied Behavior Analysis, 42,* 491-496.

Kennedy, C. H. (2012). Institutional ethical conflicts with illustrations from police and military psychology. In S. Knapp & L. Vandecreek (Eds.). *APA handbook of ethics in psychology: Vol. 1. Moral foundations and common themes* (pp. 123-144). Washington, DC: American Psychological Association.

Kennedy, C. H., & Williams, T. J. (Eds.). (2011). *Ethical practice in operational psychology: Military and national intelligence applications.* Washington, DC: American Psychological Association.

McMains, M. J. (1988, October). *Current uses of hostage negotiators in major police departments.* Paper presented to the Society of Police and Criminal Psychology, San Antonio, TX.

McMains, M. J., & Mullins, W. C. (1996). *Crisis negotiations: Managing critical incidents and hostage situations in law enforcement and corrections.* Cincinnati, OH: Anderson.

McMains, M. J., & Mullins, W. (2001). *Crisis negotiations: Managing critical incidents and hostage situations in law enforcement and corrections* (2nd ed.). Cincinnati, OH: Anderson.

Meloy, J. R. (1992). *Violent attachments.* NorthvaIe, NJ: Jason Aronson

Metz, A. (2005, March 16). *She relied on instincts, faith.* Retrieved May 26, 2012, from *www.newsday.com/ news/she-*

relied-on-instincts-faith-l_665117.

Miron, M. S., & Goldstein, A. P. (1979). *Hostage.* New York: Pergamon Press.

Mohandie, K., Meloy, J. R., & Collins, P. I. (2009). Suicide by cop among officer-Involved shooting cases. *Journal of Forensic Sciences, 54,* 456-462.

Monahan, J. (1992). Mental disorder and violent behavior: Perceptions and evidence. *American Psychologist, 47,* 511-521.

Ochberg, F. M. (1980). What is happening to the hostages in Tehran? *Psychiatric Annals, 10,* 186-189.

Schlossberg, H. (1979). Police response to hostage situations. In J. T. O'Brien & M. Marcus (Eds.), *Crime and justice in America* (pp. 209-220). New York: Pergamon Press.

Strentz, T. (1979). Law enforcement policy and ego defenses of the hostages. *FBI Law Enforcement Bulletin, 4,* 2-12.

Taylor, P. J. (2002). A cylindrical model of communication behavior in crisis negotiations. *Human Communication Research, 28,* 7-48.

Taylor, P. J., & Donald, I. (2004). The Structure of communication behavior in simulated and actual crisis negotiations. *Human Communication Research, 30,* 443-478.

Taylor, P. J., & Thomas, S. (2008). *Linguistic style matching and negotiation outcome. Negotiation and Conflict Management Research, 1,* 263-281.

Turner, J. T., & Gelles, M. G. (2003). *Threat assessment: A risk management approach.* Binghamton, NY: Haworth.

Van Hasselt, V. B., Baker, M. T., Romano, S. J., Sellers, A. H., Noesner, G. W., & Smith, S. (2005). Development and validation of a role-play test for assessing crisis (hostage) negotiation skills. *Criminal Justice and Behavior, 32,* 345-361.

Van Hasselt, V. B., Flood, J. J., Romano, S. J., Vecchi, G. M., de Fabrique, N., & Dalfonzo, V. A. (2005). Hostage-taking in the context of domestic violence: Some case examples. *Journal of Family Violence, 20,* 21-27.

Vecchi, G. M., Van Hasselt, V. B., & Romano, S. J. (2005). Crisis (hostage) negotiation: Current strategies and issues in high-risk conflict resolution. *Aggression and Violent Behavior, 10,* 533-551.

Webster, M. (2003). Active listening and beyond: Compliance strategies in crisis negotiation. *Crisis negotiations: A compendium.* Quantico, VA: U.S. Department of Justice; Federal Bureau of Investigation, FBI Academy.

Wilson, M. A. (2000). Toward a model of terrorist behavior in hostage-taking incidents. *Journal of Conflict Resolution, 44,* 403-424.

Zakrzewski, D. R. (2003). *Crisis negotiation.* Jacksonville, AL: ZAK.

제12장 | MILITARY PSYCHOLOGY

생존, 회피, 저항 그리고 **탈출 훈련**
– 전쟁 포로(억류) 대비 훈련

Anthony P. Doran

Gary B. Hoyt

Melissa D. Hiller Lauby

Charles A. Morgan III

이 장은 소중한 친구, 충실한 가장, 유능한 SERE 교관, 지휘관, 전사였던 미 해병대 Ronald Baum에게 헌정한다. 미 해병대 Baum는 18년 6개월 동안 미국 해병대에 봉사하였고, 2004년 5월 이라크에서 전사했다.

역자 Tip

> SERE 훈련에 대해 간략하게 설명하면 다음과 같다. SERE 훈련은 네 가지 영역에 초점을 두고 있다. 우선 교육생에게 고립된 상황, 극한의 기후 등 살아남기 어려운 지역에서 생존(Survival)하는 훈련을 시행하고, 그러한 환경에서 적에게 붙잡히지 않도록 하는 위기 모면 내지 회피(Evasion)훈련, 적군에 잡혔을 때 중요 정보를 발설하지 않고 심문과 고문에 저항(Resistance)하는 훈련, 마지막으로 그러한 억류 상황에서 적극적으로 탈출(Escape)하는 훈련으로 구성되어 있다. 한국의 '생환 훈련'과 비슷한 훈련 내용이라고 생각하면 되겠다.

전쟁 포로가 된다는 것(POW)은 역사적으로 보았을 때 포로가 된 장병이 잔혹 행위, 고문, 강압, 외로움, 고립 등 박탈감과 착취를 경험하는 것을 의미한다. 이러한 행위들은 전쟁 포로에게 인간에 대한 의존성을 증대시키기 위해 고안된 것이며, 박탈의 경험을 통해 최대한의 착취가 이루어진다. 전쟁 포로로 억류되거나 수감되었던 장병은 그러한 일을 겪지 않은 장병보다 월등히 높은 비율로 정서적 · 신체적 외상을 경험하며(Babic & Sinanovic, 2004; Solomon, Neria, Ohry, Waysman, & Ginzburg, 1994) 모든 집단 중 가장 높은 외상 후 스트레스 장애(Post Traumatic Stress Disorder: PTSD) 및 기타 정신건강 질환 발현율을 보이기 때문에(Sutker & Allain, 1996) 전쟁 포로들이 즉시 받는 영향과 일생 동안 받는 영향은 과장할 수 없는 수준이다.

제2차 세계대전 당시 독일군과 일본군의 전쟁 포로 중 절반 정도에서 PTSD가 발현된 것으로 나타났으며(Goldstein, van Kammen, Shelly, Miller, & van Kammen, 1987; Zeiss & Dickman, 1989) 그 증상은 평생 그들을 괴롭힌 것으로 나타났다(Port, Engdahl, & Frazier, 2001; Tennant, Fairley, Dent, Sulway, & Broe, 1997). Sutker와 Allain(1996)은 한국전쟁 당시 전쟁 포로 중 88%에서 96%는 감금으로 인한 정신건강 질환을 경험하였다고 제시하였다. 또한 제2차 세계대전 당시의 전쟁 포로들은 극도로 높은 사망률을 보였으며(Cohen & Cooper, 1954), 시 · 공간 및 기억장애, 계획 수립 능력 저하, 충동조절장애와 같은 인지장애를 경험하였다고 한다(Sutker, Allain, & Johnson, 1993). 이후의 삶에서도 치매가 발생한 생존 전쟁 포로들은 높은 비율로 편집증이 발병되었다고 한다(Verma et al., 2001). 이러한 증상 중 일부는 전쟁 포로로서 극심한 영양실조에 시달린 것과 관련이 있다고 추측되며, 전쟁 포로로 억류되어 있는 동안 35% 혹은 그 이상 체중이 감소되어 상당한 수준의 언어 및 시각 학습장애와 기억장애를 경험하였다고 한다(Sutker, Allain, Johnson, & Butters, 1992; Sutker, Vasterling, Brailey, & Allain, 1995). 전쟁 포로로 수감되지 않은 퇴역 군인과 비교하면, 전쟁 포로는 보다 높은 비율로 적응장애(Hall & Malone, 1976; Ursano, Boydstun, & Wheatley, 1981), 알코올 남용(Rundell, Ursano, Holloway, & Siberman, 1989), 우울장애(Page, Engdahl, & Eberly, 1991), 불안장애(Hunter, 1975; Query, Megran, & McDonald, 1986), 폭식증(Polivy, Zeitlin, Herman, & Beal, 1994), 대인관계 장애(Cook, Riggs, Thompson, Coyne, & Sheikh, 2004), 위장 및 근골격 장애(Creasey et al., 1999) 그리고 조로증(예, Russell, 1984)을 겪은 것으로 나타났다(다양한 전쟁에서 전쟁 포로 사례와 그 결과에 대한 종합적인 검토를 위해서는 Moore, 2010 참조).

생존 훈련 학교의 역사

　군 당국은 이전부터 군인에게 혹독한 환경에서 살아남는 방법을 교육하고 적으로부터 탈출하며 억류 상황에 대처하는 데 도움이 될 훈련 과정이 필요하다고 인식하였다. 최초의 생존 훈련 교육은 구명 보트 사용 방법에 초점을 맞추었으며 일본인의 전형적인 특징에 대해 교육하였다. 또한 억류되었을 경우 'Big 4 (이름, 계급, 군번, 생년월일)'만 밝힐 것을 교육시켰다. 제2차 세계대전 이후 미 공군이 창설된 1947년에는 기본 생존 훈련 학교들이 알래스카의 놈, 그린란드의 툴레, 래브라도의 구스 베이에 설립되었다. 그 당시 미 공군의 주요 임무는 알래스카를 방어하고 북극을 넘어오는 적군을 차단하는 것이었기에 생존 훈련 학교에서는 추운 환경을 극복하는 방법과 구조를 위한 간이 활주로를 급조하는 기술과 같은 것을 가르쳤다(J. Rankin & M. Wilson, personal communication, February 2002).

　그러나 한국전쟁이 발발하자 생존 훈련 학교들의 주된 관심사는 완전히 바뀌게 된다. 한국전쟁은 제2차 세계대전과 베트남전쟁 사이에 발발하여 이른바 '잊혀진 전쟁'으로 회자되고 있는데, 이러한 표현은 한국전쟁 당시 많은 전쟁 포로가 당한 신체적 · 정신적인 피해를 과소평가하는 것이다. 한국전쟁 당시 7천 명 이상의 전쟁 포로 중 40% 상당은 억류된 채 죽음을 맞이했다. 이는 제2차 세계대전 중 일본군에 사로잡힌 미군 전쟁 포로의 사망률보다 유일하게 높은 전쟁 포로의 사망률이다. 한국전쟁이 끝나고 21명의 군인이 허위 자백을 하며 한국에 남기로 동의하였다. 많은 심문 전문가와 자문가는 이러한 자백이 신체적 · 정신적 고문의 결과라고 주장하고 있다. 이러한 사건들이 있은 후, 전쟁 포로로 억류된 경험이 있는 사람들과 고위 군 지휘관들은 여군을 포함한 모든 장병의 생존 훈련 방식을 더욱 발전시키는 방안에 대해 깊은 관심을 표명하기 시작했다(Carlson, 2002).

　지금의 SERE(Survival, Evasion, Resistance, and Escape) 훈련 학교는 한국 전쟁 당시 전쟁 포로로 억류되었던 사람들이 제시한 아이디어를 참고하여 Eisenhower 전 미국 대통령의 지시로 구성된 특별조사위원회가 개발하였으며, 1961년 미 공군에서 최초로 시행되었다. 미 공군 생존 훈련 학교는 현재 워싱턴 주의 스포칸에 소재하고 있다. 미 해군 SERE 학교는 1962년에 캘리포니아 주 코르나도에서 시행한 사막 생존 훈련과 메인 주 브런즈윅에서 시행한 혹한기 생존 훈련을 통해 시작되었으며, 뒤이어 미 육군에서는 1963년 북 캘리포니아 주 포트 브래그에서 최초의 생존 훈련을 시작하였다. 미 해병대의 경우 북 캘리포니아 주 체리 포인트에서 최초의 SERE 학교를 설립하였으나 지금은 해병대 소속이 아닌 교관으로 구성되어 있는 미 해군 생존 훈련 학교에서 생존 훈련을 시행하고 있다. 2006년 미 해병대는 특수 작전부대를 위해 특성화된 SERE 프로그램을 만들었으며 2008년에 정식으로 승인되었다.

미 공군에서 처음으로 '생존 훈련'이라는 용어를 사용했으며, 이는 회피 준비 및 억류 준비에서부터 구조에 이르기까지 모든 것을 총망라하는 뜻으로 사용되었다. 미 해군은 1970년대에 들어서 생존, 회피, 저항, 탈출 분야에 개별적인 전문 교관이 있었기 때문에 'SERE'라는 용어를 만들었다. 미 육군은 해군, 공군의 생존 훈련 학교가 창설된 이후 타군과 함께 표준화된 '생존 훈련' 훈련을 제공하기 위해 1980년대에 이르러 SERE 훈련 과정을 도입하였다(J. Rankin & M. Wilson, personal communication, February 2002).

한국전쟁이 발발하기 전, 전쟁 포로가 되는 것을 대비하는 훈련은 단순히 제2차 세계대전에 가르쳤던 Big 4만을 발설할 것을 당부하는 수준에 그쳤었다. 이름, 계급, 군번, 생년월일 외에 다른 것을 발설하지 않은 채 수년 동안 심문을 견디는 일은 너무나 힘들기 때문에, 전쟁 포로들이 조국을 배반하지 않으며 심문자들에게 적대감을 불러일으키는 일 없이 심문을 견디는 데 도움이 될 수 있는 전략이 창안되었다(Ruhl, 1978). 1972년에 귀환한 베트남전쟁 포로들은 SERE학교에서 그들이 받은 고문, 장시간의 심문, 처형 위협, 질병, 육체적 외상, 동료 전쟁 포로들과의 의사소통에 대한 경험을 바탕으로 삶에 대한 희망을 놓지 않는 것이 무엇보다 중요하다는 점을 가르쳤다. 베트남 참전 용사들의 가장 의미 있는 권고사항은 전 군에서 표준화된 훈련을 실시하라는 것이다.

수년 간 몇몇의 합동 기구가 이러한 문제점에 부응하기 위해 설립되었으며 최종적으로 1999년 미 합동군사령부 예하 조직으로 '합동인명구조기관(Joint Personnel Recovery Agency: JPRA)'이 설립되었다. JPRA의 전략적인 목적은 작전 지원과 구조에 필요한 물품의 제공, 개별적인 사건에 대해 준비하고 대응하기 위한 교육 훈련의 제공, 훈련의 표준화에 관한 지도 감독, 인명 구조 능력 및 절차 분석, 현 지휘부와 통제기관이 모두 활용할 수 있는 인명 구조 기술을 구비하는 것에 있다(JPRA, 2011).

미 합동군사령부가 폐지된 후, 2011년에 미 합참 본부가 JPRA의 집행 부서로 지정되었다. 오늘날 JPRA는 모든 SERE 훈련과 군대의 행동 강령 교육에 대해 지속적으로 관리하고 있다. JPRA는 모든 SERE 학교에 대해 정기적으로 관리 감독을 함과 동시에 모든 SERE 학교와 인명 구조요원에게 표준화된 지침을 조정하고 제공하기 위해 매년 훈련 프로그램의 관리자들, SERE 심리학자들, 인명 구조 전문가들, 계획자들을 소집하여 훈련 포럼을 개최하고 있다. 전 미군에서 통합된 훈련으로 여겨지는 SERE 학교들은 현재의 요구사항을 충족하기 위하여 지속적으로 발전 및 진화하고 있으며 교육생들에게 오늘날 발생할 수 있는 위협을 적절히 대처할 수 있도록 훈련시킨다. JPRA는 최근 고위험 훈련 환경에 노출되어 있는 교육생과 교관의 안전을 확보하고 최선의 교육을 제공하기 위해 행동 강령에 의거하여 SERE 훈련 공동 기준 및 SERE 역할 실습 훈련 공동 기준을 공표했다(JPRA, 2010a, 2010b). 미 공군은 Level B SERE 과정, 회피 및 억류 후 행동 훈련 과정을 개발하였는데, 이 과정은 생존, 회피, 회복에 대한 이론 교육과 집중적인 역할 수행 실습 교육으로 구성되어 있다. 미 해병대와 해군에서는 특수 작전 부대들이 직면할 수 있는 사건·상황에 좀 더 철저히 대비할 수 있도록 특성화된 SERE 과정을 공동 개발하였다.

현재의 SERE 훈련 개요

SERE 교관들은 항공요원, 저격수, 특수부대원, 첩보요원과 같이 고립, 억류, 납치, 구금의 위험성이 높은 장병을 대상으로 '생존 훈련'을 실시한다. SERE 훈련은 스트레스 면역 훈련 중심으로 구성되어 있다(Meichenbaum, 1985). 스트레스 면역의 개념(Meichenbaum, 1985)은 백신 접종을 통해 질병을 예방하는 개념과 매우 유사하다. 백신의 작용 원리와 같이 스트레스 면역은 훈련 중 부과되는 스트레스가 신체의 심리적·생물학적 대응기제를 활성화하지만 대응기제를 무력화하지는 않는 수준일 때 일어난다. 스트레스 면역이 생기면 다시 스트레스를 받을 때 개개인의 행동 능력이 보다 향상될 수 있다. 이러한 훈련 모델에 의하면, 수업 장소에서 교육생에게 교훈적인 정보를 학습하게 하고 수업 장소 중심의 역할 실습을 통해 기술 습득을 할 수 있게 해야 한다. 이 훈련의 종반부는 가능한 실제와 같은 환경에서 교육생의 기술을 보다 발전시키고 활용하는 실제 실습 훈련으로 구성되어 있다.

훈련에는 '장소(Field)'와 '저항(resistance)'이라는 두 가지 핵심 요소가 있다. 훈련의 장소 요소는 교육생에게 악천후 속에서 살아남는 기술, 친숙치 않은 지형에서 길을 찾는 법, 붙잡히지 않는 방법을 교육하는 것과 관련되어 있다. 저항 요소에는 상황 인식 능력을 사용하는 법, 착취와 심문에 저항하고 경감시키는 법, 실현 가능한 탈출 계획을 수립하는 법, 행동 강령을 준수하여 명예롭게 귀환하는 방법 등 억류되었을 시 살아남는 기술이 모두 포함되어 있다. 오늘날의 남녀 장병들을 최고 수준으로 준비시키기 위해 모든 SERE 학교에서는 교육생이 평상 시 억류, 전쟁 포로 감금, 다양한 유괴 및 인질 상황 각본 등 다양한 돌발 억류 상황에 대비할 수 있게 한다. 이것은 매우 민감한 사안이기 때문에 기밀이 아닌 사항만 간략하게 살펴보도록 하겠다.

교육생들은 개인 생존 기술, 길 찾기와 위기 모면 방법에 대한 이론 교육을 받고 성공적으로 심문과 착취에 저항하는 기술을 교육받는다. 이러한 교육 이후 교육생들은 좀 더 자세하고 실질적인 훈련을 받는다. 이러한 훈련은 익숙지 않은 지형에서 길을 찾는 기술, 마실 수 있는 물을 확보하는 방법, 작은 동물을 사냥하고 덫을 놓는 방법, 소형 은신처를 세우는 방법, 독초를 구별하는 방법 등을 내용으로 한다. 이 기간 동안 교육생들은 배고픔, 불확실성, 피로, 좌절 상황에 강제로 놓이게 된다. 교육생들은 훈련의 장소 요소인 실제와 같은 위기 모면 훈련을 공식적으로 진행한다. 교육생들에게 최초로 부여하는 주요 임무는 적대적인 환경을 성공적으로 돌파하고 수마일 떨어진 다양한 목표물에 도달하여 아군에게 연락을 취하는 임무다. 억류훈련 단계에서는 가상의 적대 세력에게 붙잡혀 다양한 억류 상황에 처하게 되며 살아남기 위해 상황 인식 능력, 새롭게 습득한 저항 기술, 행동 강령을 활용해야 한다. 이 것은 가장 기억에 남는 훈련 과정이 될 것이며 훈련 측면에서 보았을 때 신체적·심리적으로 부담이 가장 큰 과정일 것이다([그림 12-1], [그림 12-2] 참조).

[그림 12-1] 억류로 인한 스트레스에 노출되어 있는 교육생들

[그림 12-2] 억류 훈련 단계를 마친 SERE 교육생들의 모습

SERE 심리학자

SERE 심리학자들의 다양한 역할에 대해 다루고 있는 문헌은 찾아보기 어렵다. 과거의 SERE 심리학자들은 몇 개의 미 국방부 명령(DoDD)과 미 국방부 지시(DoDI)에 의해 역할 및 훈련 요구사항에 대한 임무를 부여받았다. 이러한 명령 및 지시에는 DoDD 1300.7 (DoD, 2000a), DoDD 2310.2(DoD, 2000b), DoDI 2310.4(DoD, 2000c), DoDI 1300.21(DoD, 2001)이 있다. 그런데 보다 자세한 규정이 필요해지자 JPRA에서 『자격 기준 지침 및 행동 강령 준수를 위한 미 국방부 소속의 SERE 심리학자 활용[Guidance on Qualification Criteria and Use of Department of Defense(DoD) Survival, Evasion, Resistance, and Escape(SERE) Psychologists in Support of the Code of Conduct(2010c)]』이라는 지침서를 발행하였다. 이 지침은 SERE 요원으로 활동하기 위한 자격 기준과 훈련장 및 인명 구조 현장에서 심리학자들의 역할과 책임에 관해 자세하고 명확한 규정을 제시하고 있다.

2010년판 지침서에는 3단계로 구성된 SERE 심리학자 자격에 관해 기술하고 있다. 'SERE 지향의 심리학자(SERE-oriented psychologist)'들은 미 국방부에 소속되어 있으며 JPRA에서 인가한 SERE 지향의 심리학자 과정을 수료한 사람들이다. SERE 지향의 심리학자는 귀환한 군인과 수혜자를 재통합하는 과정에서 JPRA와 '공인 SERE 심리학자(SERE-certified psychologist)'를 도울 수 있다. 공인 SERE 심리학자들은 JPRA에서 발급한 정식 자격증을 소지한 국방부 소속의 심리학자로서 JPRA와 작전 지휘소를 지원하고 재통합 과정에 참여하며 재통합 부서에서 근무할 수도 있다. 공인 SERE 심리학자가 되기 위해서는 오리엔테이션 과정을 수료하고 억류 · 고립 · 착취의 역동성, 귀국한 군인들의 심리적 회복 탄력성 향상 방법, 재통합 과정 지원 방법에 대한 심도 있는 지식을 구비해야 한다. 또한 공인 SERE 심리학자는 반드시 정기적으로 재통합 훈련에 참가하여야 하고, 현장에서 지속적인 교육을 받아야 하며, 가장 중요한 사항으로써 'Level C SERE 과정'을 수료해야 한다. 이 교육을 통해 특히 죄수로 수감되었을 때의 심리적 · 신체적 중압감과 심문 · 착취를 직접 경험함으로써 억류 상황에서의 생존 필요 요소에 대해 이해하고 깊이 공감할 수 있게 되어 그 결과 SERE 심리학자에게 필요한 다양한 역할을 수행할 수 있는 능력을 향상시킬 수 있게 된다. 마지막으로 SERE 심리학자 자격의 세 번째 단계는 'SERE 교관 심리학자(RT qualified-SERE psychologist)'다. SERE 교관 심리학자는 미 국방부에 소속되어 있으며 미 국방부 SERE 학교나 고위험 부대에서 근무하는 공인 SERE 심리학자다. 또한 그들은 필요한 훈련과 경험을 쌓아 고위험 훈련 과정이 행동강령을 준수하고 있는지의 여부를 감독하게 된다.

SERE 심리학자의 주요 역할

SERE 심리학자의 역할과 기능은 일반적으로 5개의 분야(평가관, 안전 감독관, 교관, 자문 · 연구관, 귀환 담당관)로 나뉘지만 보통은 그들에게 부여된 임무에 의해 크게 좌우된다. JPRA가 2010년에 발행한 가이드라인에 따르면, SERE 교관 심리학자가 지휘관의 주요 대표자가 되어 위험 감시 및 평가, 훈련 효과성 평가, 측정 및 선발, 지속적인 교관에 대한 평가 등을 포함하는 훈련의 지도 감독을 진행한다. 또한 SERE 교관 심리학자들은 교관들을 훈련시켜 교육생들의 위험 요소를 낮추고 훈련의 효과성을 높이며, 필요할 경우 교육생과 교관에게 개입하고, 훈련 완료 시 결과를 교육생에게 알려 준다. 또한 고립된 장병을 귀환시키는 임무를 담당하는 부서에서도 근무할 수도 있다(JPRA, 2010c).

평가관

SERE 심리학자의 주요한 역할은 SERE 교관으로 지원한 사람들의 적합성 여부를 평가하는 것이다. 모든 SERE 교관은 예외 없이 집중적인 심리 평가를 거친다. SERE 교관들은 역할 실습 훈련에서 가장 중요하고 잠재적으로 위험성이 있는 체포자, 감시자, 심문자의 역할을 수행한다는 것을 고려할 때, 그들의 적합성 여부를 평가하는 것은 다른 무엇보다도 중요하다. SERE 학교에서 교관들을 선발하고 훈련시키는 과정은 대부분 스탠퍼드 대학에서 시행한 죄수 실험의 결과를 바탕으로 구성되었다(Haney, Banks, & Zimbardo, 1973). 스탠퍼드 대학에서 시행한 연구에서는 정서적으로 안정된 24명의 피험자를 신중하게 평가하여 선발한 뒤 그들의 행동을 분석하였다. 24명의 피험자는 무작위로 간수와 죄수 그룹으로 나뉘었다. 이 실험은 당초 2주 동안 진행될 계획이었으나 6일 만에 끝났다. 그 이유는 피험자들의 반사회적 행동이 점차 증가하고 이를 걷잡을 수 없었기 때문이다. 간수 역할을 맡은 피험자들은 죄수들이 그들과 같은 피험자라는 사실을 점차 잊게 되었고, 그들에게 필요 이상으로 부정적이고 적대적이었으며, 무례하고 비인간적으로 대했다(Haney, Banks, & Zimbardo, 1973, p. 80). 죄수 역할을 맡은 피험자들은 점차 순응하며 유순하게 변했으며 죄수 역할을 맡은 피험자 중 5명은 실험이 시작되고 6일이 되기도 전에 풀어 주어야 했다. 그들이 극도의 정신적 우울감, 슬픔, 분노, 극심한 긴장 증상을 보였기 때문이다(Haney, Banks, & Zimbardo, 1973, p. 81).

수십 년 전에 시행한 이 실험은 오늘날에서도 여전히 교훈을 준다. Haney와 Zimbardo(1998)는 죄수 환경은 반드시 주의 깊게 평가되어야 하며 규제되어야 한다고 주장하였다. 그들은 또한 상당한 힘의 불균형이 존재하고 통제가 이루어지지 않는 사회적 상황에서는 비인간적인 행위가 얼마든지 발생할 수 있다고 경고하였다. 죄수들을 심리학적으로 평가할 때에는 교도소 환경에서 발생할 수 있는 특별한 상황을 포함하는 상황적으로 민감한 모델을 반영해야 한다고도 주장하였다. 본질적인 문제를 지닌 사회적 상황은 일반인의 행동에 상당한 영향을 줄 수 있으며, 의식적이든 무의식적이든 서서히 행동의 변화를 유발할 수 있다. 아부그라이브 교도소에서 있었던 근래의 사건들을 보면 전투 스트레스 요인, 부적절한 훈련, 역할 몰두와 같은 요소가 작용하기 시작하면 교도소에서 간수의 직책을 맡고 있는 보통 사람도 예측치 못한 잔혹한 행동을 일으킬 수 있다는 사실을 입증해 준다(Bartone, 2010; Fiske, Harris, & Cuddy, 2004).

정서적 안정성이 있다고 평가받은 사람도 여전히 병적인 행동을 보여 줄 수 있다는 점이(Haney et al., 1973) 명백하기 때문에 SERE 교관을 선발하기 위해서는 반드시 매우 엄격하고 집중적인 평가 과정을 거쳐야 하며, 선발된 후에도 후속 훈련을 수개월간 진행해야 하고, 행동 변화와 자기조절 인식 및 예방을 위한 훈련을 매년 시행해야 한다. SERE 교관들의 인적 사항을 살펴보면 평균적으로 연령은 30세 이상이며(이는 실험에 참여한 대학생들보다 대략 10살 많음), 군 복무 기간은 15년 이상이고, 기혼자이며, 수많은 수상 실적이 있고, 이전 복무지에서 최고의 성과를 보인 장병이었으며, 법적으로 문제가 없고, 약물 남용이나 징계 등의 전력이 없다. 지원자를 선별하기 위해서는 심층 임상 인터뷰, 의료 기록 검토, 이전 상관의 평가, MMPI-2와 같은 심리검사 등을 통해 종합적인 심리 평가를 시행한다. 심리적인 측면에서 SERE 교관들은 높은 성취 목표, 좌절을 극복해낼 수 있는 능력, 사교성(Doran, 2002)을 가지고 있다. 그리고 평가 과정뿐만 아니라 그보다 더 중요한 SERE 학교를 견학하는 동안 지속적으로 이루어지는 관찰·감독 등 극도로 철저하게 이루어지는 심사 과정을 견뎌낼 수 있어야 한다.

안전 감독관

앞서 살펴본 SERE 훈련과 관련된 죄수 실험에서 도출할 수 있는 가장 큰 교훈은 실험 참가자들의 신체적·정신적 건강을 유지하기 위해서는 지속적으로 관찰하고 체계적으로 평가하는 것이 중요하다는 것이다. 이러한 교훈을 SERE 훈련에 적용하고 훈련의 완전성과 효과를 높이기 위해 일정 수준의 정서적·신체적인 고통을 체험하는 단계를 수행해야 한다. 예를 들어, 제2차 세계대전 당시의 독일군과 일본군, 한국전쟁과 베트남전쟁 당시의 북한군과 베트남군은 전쟁 포로들에게 고립(Isolation), 박탈(Deprivation), 학대(Abuse), 심문(Interrogation)이라는 네 가지 방법을 사용하였다. '고립' 전략은 다른 죄수들과 물리적으로 떨어져 있게 하는 것은 물론 가족 및 조국과 가장 중요한 자신의 정체성과의 연결고리를 끊어 버리는 것을 목표로 하였다. '박탈'은 기본적인 의식주를 제공하지 않으면서 동시에 잠을 못 자게 하고, 건설적인 육체적·인지적 활동을 못하게 하였으며, 의료 지원을 하지 않고, 위생 관리에 필요한 것도 제공하지 않았다. 그리고 '학대'는 역사적으로 잘 알려진 바와 같이 죄수들에게 살해 협박과 같은 정신적 학대를 가했고 강압적인 신체적 학대 또한 가하는 것을 내용으로 한다. 마지막으로 '심문'은 군사적 기밀을 알아내기 위한 것으로써, 앞서 살펴본 세 가지 방법을 모두 동원하여 지속적으로 이루어졌다.

이러한 감금 전략들은 매우 잔혹하고 학습을 목적으로 이와 유사한 훈련을 하는 것은 극도로 어려우며 복잡한 임무이기 때문에 엄격한 규정과 지침이 있어야만 효과적으로 훈련을 할 수 있다. 방금 언급한 내용은 교관으로서의 위치를 지키고 각종 안전 규정을 준수하기 위해서는 교관들에 대한 심도 있는 훈련을 진행하는 것이 필요하다는 것을 분명하게 보여 준다. 이때 안전 감독관은 '죄수와 간수'들이 서로 일정한 선을 넘지 못하게 하며, '죄수'들이 처해 있는 상황으로부터 지나친 정신적 외상을 입지 않도록 해 준다. 안전 감독관은 SERE 심리학자의 중요한 역할 중 하나다.

SERE 훈련이 진행되는 동안 안전 감독관 역할만을 수행하는 요원이 적어도 3명에서 5명 정도 배정되어 있으며, 그들은 훈련 참가자들이 무사히 훈련을 받을 수 있도록 한다. 모든 SERE 요원은 가끔씩 안전 감독관 역할도 하지만, 심리학자들이 안전 감독관으로서 수행하는 특수한 임무는 교관들을 감시하여 너무 심각하거나 극단적인 '죄수'와 '간수' 역할을 하지 못하게 하는 것이다. 심리학자들은 교관들의 행동 변화가 두드러지게 나타나는 경우 외에도 사소한 어려움을 겪는 것과 같이 평소 모습과는 다른 약간의 변화도 포착할 수 있어야 한다. 몇몇 교관은 평소에는 조용하다가도 매우 시끄럽게 행동할 수도 있고, 심문 과정 중에 너무 신사적으로 행동할 수도 있으며, 특정한 교육생에게 매우 예민하게 굴거나 무심할 수도 있다. 행동 변화를 보인다고 판단할 수 있는 일반적인 지표들에는 책임을 분산시키는 모습, 비인간적인 성향, 책임 경감을 위한 익명성에의 의존과 같은 것이 있다. 교관 훈련에서 중요한 것은 역할이 '되어 보는 것'보다 역할을 '수행하는 것'에 있다. 교관들은 그들이 심문자나 간수가 아니라 교관이라는 점과 훈련의 목적은 교육생들로 하여금 특정 상황에서 저항 기술을 발휘하게 하는 것에 있음을 반드시 명심해야 한다.

교관들은 훈련 과정에서 감시를 받으며 훈련 과정 이외에도 감시를 받는다. SERE 교관이라는 직무를 택하는 순간 부부 관계까지에도 부담을 주게 되며 직무 내용이 대부분 기밀 사항이기 때문에 집에서도 업무와 관련된 일을 편하게 말할 수 없다. 교관으로서 직무 중에 보이는 강압적인 태도를 집까지 끌고 와서 배우자나 아이들에게 영향을 줄 수도 있으며, 일과 중에 있었던 일과 스트레스 요인에 대해 소상히 말할 수 없기 때문에 군 가족에게 상당한 어려움을 준다. 따라서 SERE 요원들은 화를 더 잘 내거나 음주량이 늘고 군인다운 모습을 보이지 않는 등 지속적인 복무 수행에 영향을 줄 수도 있는 행동 변화를 서로 관찰하고 감시하는 방법을 배운다. SERE 심리학자는 체련, 긴장 완화, 유머 등 공식적·비공식적 스트레스 관리 기법을 활용하여 훈련 환경에서 받는 압박감을 해소시켜 교관의 사기를 증진시킨다. SERE 심리학자는 SERE 교관들의 보직 순환에도 도움을 준다. 이는 주 분야 외에 다른 분야의 업무도 숙지할 수 있도록 해 주며 교관들로 하여금 일정 기간 동안 강압적인 역할에서 벗어날 수 있도록 도와준다.

안전 검사관의 주된 역할은 교관들의 감시에 있지만 궁극적으로는 교육생들을 위하여 훈련의 완전성과 실전성을 유지하는 것에 있다. 기대와는 달리, 어떤 교육생들은 훈련 과정의 어떤 부분에 대해 강하고, 부적응적인 반응을 보인다. 특수 부대원, 항공기 승무원, 조종사, 첩보원과 같이 고도로 훈련받은 SERE 교육생들의 특성상 심리치료나 지시사항에 항상 복종하는 모습을 보이지는 않는다. 교육생들이 심각한 불안, 과민 반응, 심지어 환각 증세를 보이는 것은 지극히 정상적인 것이지만, 교육생에게서 그러한 증상이 나타나면 즉각 치료할 수 있도록 조치하고 있다. 일반적으로 이러한 심리 상태에 대한 조기 치료 및 평가는 위생병, 의사, 심리 전문가가 진행하거나 낙인 효과를 감소하기 위해 심리학적 지식이 있는 선임 교관이 진행하는 것이 가장 좋다. 물론 어떠한 경우에든 이러한 치료행위는 심리학자의 관리·감독하에 이루어져야 한다. 그런데 이들이 먼저 개입하지 않고 심리학자가 즉각 치료를 개시하면 SERE 교육생에게 훈련을 완수할 수 없다거나 본인이 보이는 반응이 비정상적이라는 인식을 심어줄 수 있다(True & Benaway, 1992).

교 관

SERE 심리학자들은 훈련 관계자와 교육생에게 다양한 교육을 실시한다. 모든 SERE 요원은 타인에 대해 강압적인 역할을 수행하는 위험한 훈련을 받는다. 심리학자들은 죄수 실험에서 나타난 역할 몰입과 윤리적 문제에 대한 심도 있는 정보를 검토한다(Zimbardo, 1973). 이 연구에서 제기되는 관점을 포괄적으로 이해하는 요원만이 SERE에서 근무할 수 있다. 게다가 작전 심리학자들은 안전 감독관에게 교관들과 교육생들로부터 발견해야 할 신호에 대해서 가르친다. 이는 문제 상황을 포착하여 적절한 개입을 하는 것에 도움이 된다.

SERE 심리학자는 규칙적인 훈련을 받음과 동시에 교육생들을 가르친다. 교관으로서의 심리학자는 공포, 분노, 부정적 자기진술, 슬픔, 환영과 환각, 의식분열 증상, 신체적 증상 호소, 기억력 감퇴와 같은 심각하고 제어가 불가능한 스트레스에 대한 정상적인 반응과 이러한 현상이 얼마나 지속되는지에 대해 설명한다(Dobson & Marshall. 1997; Engle & Spencer, 1993; Mitchell, 1983; Sokol, 1989; Yerkes, 1993). 이러한 교육은 억류된 군인들에게 꼭 필요하다는 점이 입증되었으며, 군인들로 하여금 스트레스를 받는 환경에서 심리적 회복 탄력성을 제고할 수 있도록 도와준다(Morgan, Wang, Mason, et al., 2000). 한국전쟁과 베트남전쟁 포로에서부터 최근의 중국에 구금되었던 EP-3 스파이 항공기 승무원에 이르기까지,

군인들은 군사 훈련을 통해 특정 사고에서 살아남을 수 있었고, SERE 훈련 경험을 통해 억류 상황에서 살아남을 수 있었다고 보고하였다(Doran, 2001).

SERE 훈련 과정을 성공적으로 수료하고 억류 상황에서 생존한 군인들의 특징은 조국, 동료, 신에 대한 강한 신념을 가지고 있었다는 점이다. 본인이 살고 싶은 집을 구상하거나 치밀한 계획을 세우는 등 미래를 구상하며 자신을 제어하고 감방에서 개인적인 운동 프로그램을 수행한 군인들이 좀 더 생존 가능성이 높았다(Ursano & Rundell, 1996). 살아남는 데 성공한 전쟁 포로들은 대단한 유머감각이 있었고(Henman, 2001), 나이가 많거나, 구금 시 높은 교육 수준을 가졌거나(Gold et al., 2000), 아주 심각한 상황에서도 자신의 상황을 재정비할 수 있는 능력을 갖추고 있었다. 베트남전쟁 포로들을 대상으로 시행한 연구 결과를 살펴봐도 앞서 살펴본 특성을 지닌 군인들이 상당한 회복 탄력성을 보였으며(Coffee, 1990), 그들이 받은 SERE 훈련 경험은 그들의 정신적 지주가 되었고 억류 상황에 효과적으로 대처하는 데 도움을 주었다고 한다. 상황을 재정비하는 능력을 책상 위에 파편 한 조각을 올려놓은 지휘관을 예로 설명하려고 한다. "이것은 내가 베트남전쟁 당시 위생병으로 복무할 때 내 머리를 향해 날아오던 파편 조각이라네. 일진이 아무리 안 좋아도 나는 그때보다는 낫다고 생각한다네."(CAPT A. Shimkus, personal communication, 11, 2003)

자문가와 연구자

스트레스에 대한 연구 결과를 숙지한(Meichenbaum, 1985) 미군 당국은 신체적 · 심리적으로 힘들고 실전과 같은 스트레스 강도를 받는 훈련 방법을 고안하였다. 이렇게 힘들고 실전적인 훈련은 전시 상황에서 군인의 능력을 향상시킨다. 군인을 실제와 같은 스트레스에 노출시키는 이유는 스트레스를 통해 발생할 수 있는 부정적인 영향에 면역을 키우기 위함이다. 자문가 및 연구자 역할을 하는 SERE 심리학자들은 극심한 스트레스가 인간에게 미치는 영향에 관해 다양한 관점에서 연구한다. SERE 심리학자는 훈련의 한계사항을 검증하고, 우수한 임무 수행 능력에 관한 예측 변수를 수립하며, 테러와의 전쟁에 대응하는 새로운 도구와 기술의 개발이라는 특수한 영역을 연구한다. 이러한 사항들은 군대와 특히 관련성이 있으며 이러한 연구 결과에 대해 간략히 살펴보면 다음과 같다.

훈련 한계사항의 검증

지난 10년간 민군합동 연구팀은 미군을 포함한 여러 생존 훈련 학교의 교육생들을 대상으로 급성 스트레스가 미치는 심리적 · 신체적 영향과 신경 호르몬에 대한 영향을 연구하였다(Eid & Morgan, 2006; Demoulis et al, 2007; Morgan, Wang, Mason, et al., 2000; Taylor et al., 2000; Morgan et al., 2001, 2002, 2006, 2009;

Morgan, Hazlett, et al., 2004; Taylor, Sausen, Mugica-Paro, et al., 2007; Taylor, Sausen, Potterat, et al., 2007; Morgan, Southwick, et al., 2004; Morgan, Wang, Southwick, et al., 2008, 2009, 2011, 2012). 이러한 연구의 중대한 목표는 실제와 같은 스트레스가 건강한 사람에게 미치는 영향을 평가하고 스트레스에 대한 인간 개개인의 반응이 어떻게 다르고 왜 다른지 밝히는 것에 있었다. 또한 스트레스 회복 탄력성에 기여하는 요소들을 찾아냄으로써 정신적 외상과 관련된 정신건강 질환을 보이는 장병에 대해 보다 나은 치료 전략을 수립하고자 하였다. 이러한 중대한 목적을 고려했을 때, SERE 훈련 연구의 최초 목표는 급성 스트레스가 인간에 미치는 영향을 알아보는 데 있어 SERE가 과연 타당한 연구 장소가 될 수 있는지 여부를 판정하는 것이었다. 구체적으로 말하자면 교육생들이 받은 스트레스와 현실에서 받을 수 있는 스트레스의 유사성 여부가 중요하다는 것이다(Morgan, Wang, Mason, et al., 2000; Morgan, Wang, Southwick, et al., 2000; Morgan et al., 2001, 2002). 연구진들은 이론, 회피, 억류와 같은 SERE 훈련 단계와 몇몇 특정 요소들이 미치는 전반적인 영향에 관해 조사하였다. 연구의 결과는 다음과 같다.

- SERE 훈련 과정에서 받는 스트레스는 현실 세계에서 받는 스트레스와 스트레스 면역이 가능한 범주 내에 있다(Morgan, Wang, Mason, et al., 2000; Morgan, Wang, Southick, et al., 2000; Morgan et al., 2001, 2002).
- SERE 훈련을 받는 교육생들은 일반적으로 회복할 수 있으며, 이러한 훈련을 거치면서 발생할 수 있는 스트레스 민감화와 같은 부정적인 영향은 보이지 않았다(Morgan et al., 2001, 2002, 2006; Morgan, Hazlett, et al., 2004; Morgan, Southwick, et al., 2004).
- 교육생들의 생리적ㆍ신체적 측정 결과는 SERE 훈련에서 수행하는 다양한 신체적 심문 과정으로부터 정상적인 회복을 하고 있음을 나타냈다(Morgan et al., 2001, 2002).

우수한 임무 수행 능력에 관한 예측 변수 수립

SERE 훈련에 대한 연구는 또한 특정 교육생들이 나른 이들보나 더 많은 스트레스를 받는 와중에도 역할을 잘 수행하는 이유와 방법을 설명할 수 있는 단서를 제공하였다. 구체적으로 말하자면 연구진은 몇몇 교육생이 스트레스를 유발하는 환경에서 스트레스를 적게 받고 정신적으로 온전한 상태를 유지하는 이유와 방법을 조사하였다는 것이다. 연구진은 저항 기술, 스트레스를 받는 상황에서 간단하고 복잡한 문제를 해결할 수 있는 능력, 시각적ㆍ언어적 기억능력과 같은 특정한 능력을 측정하였다(Morgan, Hazlett, et al., 2004; Morgan, Southick, et al., 2004; Morgan et al., 2006; Morgan, Aikins, et al., 2007; Morgan, Hazlett, et al., 2007). 이러한 연구의 결과는 다음과 같다.

- 스트레스를 받는 상황에서 객관적인 임무 수행 능력 예측 요소는 기준선에서 심리적·생물학적 차이에서 발견된다(심각한 스트레스의 신경생물학적 요소와 신경해부학적 요소에 대해서는 McNeil & Morgan, 2010을 참조할 것). 예를 들어, 심장박동의 변화가 높게 나타나고, 신경펩티드-Y(노르에피네프린 분비와 노르아드레날린계의 기능 통제와 관련된 36아미노산 팹티드) 수치가 낮거나(Morgan, Wang, Southwick, et al., 2000; Morgan et al., 2002), 기준선에서 분열 증상을 보이는 교육생의 건강은 스트레스를 받는 환경에서 매우 악화될 수 있다(Eid & Morgan, 2006; Morgan et al., 2001, 2002).

- 스트레스 환경에서는 호르몬 순환과 관련된 특정한 생물학적 차이가 발생하는데, 이는 특정 교육생들이 스트레스를 받는 중에도 높은 집중력과 냉철한 모습을 보이고 스트레스 환경이 종료된 후에도 보다 우수한 인지 및 기억 검사 결과를 보이는 이유를 설명해 준다. 예를 들어, 훈련을 받는 동안 노출되는 스트레스 속에서도 역할을 잘 수행하는 교육생들은 대조군과 비교해 봤을 때 높은 수준의 디하이드로에피안드로스테론(에스트로겐과 테스토스테론으로 전환 가능한 호르몬)과 신경펩티드-Y가 분비되었다. 또한 그들은 스트레스 환경 속에서 경험한 것에 대해서도 매우 정확하게 설명할 수 있었다. 이러한 연구는 임무 능력을 향상시킬 수 있는 특수한 개입 방법을 개발하는 데 많은 도움을 줄 것이다(Morgan, Southwick, et al., 2004; Morgan, Aikins, et al., 2007; Morgan, Hazlett, et al., 2007; Taylor et al., 2007, 2008, 2009, 2011, 2012).

테러와의 전쟁을 수행하는 직군을 위한 새로운 도구와 기술

미국 본토에 직접적인 테러 공격을 가한 2001년 9·11 사건에 대응하여 미국 국가정보국에서는 현대의 심문에 관한 보고서인 「정보 추출: 심문: 과학과 예술, 미래를 위한 토대」를 발표했다(원문은 「Educing Information: Interrogation: Science and Art, Foundations for the Future」이다. Fein, Lehner, & Vossekuil, 2006을 참조할 것). 이 보고서에서 지적하고 있는 바와 같이 심문을 담당하는 정부요원이나 법 집행관이 사용하는 방법과 기술은 대다수 실증적인 근거가 없다. 특정한 심문 기술이나 거짓말 탐지기와 같은 기술 중 어느 것이 효과적인가에 대한 판단을 위한 연구를 진행할 때 부딪히는 문제점은 피험자들을 현실과 같은 취조를 받는 스트레스 환경에 노출시키는 것은 윤리에 반한다는 것이다. 그러나 앞서 살펴본 스트레스 연구를 살펴보면, SERE 훈련은 현재 미국의 요원들이 활용하고 있는 거짓말 탐지기와 같은 방법들의 효과성을 윤리적으로 확인할 수 있는 장소다. 스트레스 연구를 통해 거짓말 탐지기와 같은 전통적인 방법이 스트레스 환경에서 실제로 효과가 있는지 여부를 확인할 수 있다면 매우 큰 도움을 줄 수 있을 것이다. 또한 스트레스 환경에서 심문을 할 때 사용되는 기술의 효과성을 확인하게 되면 법 집행 기구와 정부 관료들에게 이러한 기술 사용에 국가 예산을 지출하는 것의 적절성과 이러한 기술을 사용하여 얻어낸 정보의 신뢰성에 대한 실증적인 근거를 제시할 수 있게 될 것이다.

최근 SERE 교육생을 대상으로 숨겨진 정보를 확인하는 전통적인 거짓말 탐지기의 정확성(민감성과 구체성)에 관한 연구가 실시되었다. 연구 자료를 분석한 결과, 거짓말 탐지기의 경우 아무런 효용성을 보이지 않는 것으로 나타났다. 이러한 연구 결과는 요원들이 심각한 스트레스를 겪는 당사자들을 대상으로 심문할 때 거짓말 탐지기와 같은 도구에 의존해서는 안 된다는 주장에 대한 명백한 증거를 제시하였다는 점에서 매우 중요하다. 극심한 스트레스를 받는 당사자들을 대상으로 심문을 할 때는 잔여 스트레스 평가와 같은 새로운 접근법을 사용하는 것이 거짓말을 판별하는 데 정확성을 높일 수 있다고 한다. 이 연구 결과는 매우 유용하다고 여겨지지만, 모든 사람에게 일반화될 수 있는지 여부를 평가하기 위해서는 특수 부대원 출신이 아닌 SERE 교육생들을 대상으로도 다시 시행할 필요가 있다.

SERE 스트레스 연구에서 앞으로 추진해야 할 분야는 남성과 여성 간의 차이점을 연구하는 것이다. Dimoulas 등(2007)은 이전에 수집한 특수부대, 보병대 소속의 남군 표본과 여성 SERE 교육생들의 정신분열 및 육체적 질환을 비교 조사하였다. 이 연구에서 세 가지 사항을 주목할 필요가 있다. 첫째, 죽을지도 모른다고 생각할 정도의 심각한 외상 사건을 겪은 남성과 여성은 모두 높은 수준의 분열 증상을 경험하는 경향이 있었다. 둘째, 분열 증상의 기준 측정에 따르면, 여성 피험자의 분열 증상 측정치는 특수부대요원과 비슷했으며 일반 보병대보다는 낮은 것으로 나타났다. 이러한 결과는 아마도 SERE 훈련 과정에 자발적으로 참여한 여성은 과거에 항공 학교나 장교 후보생 시절 육체적·정신적으로 힘든 훈련 과정을 수료한 경험이 있는 스트레스에 강인한 집단이기 때문인 것으로 추측된다. 셋째, 분열 증상이 높게 나타나는 여성은($r=0.76, p<.0001$) 남성에 비하여($r=0.54, p<.02$) 더 높은 비율로 육체적 질환이 발생하는 경향이 있었다. 불행히도 이 연구에서는 이러한 현상이 발생한 원인이 병리생리학적 차이 때문인지 아니면 이 특정한 표본에서 나타나는 동질성 때문인지는 밝히지 못하였다. 차후에 이 분야에 대한 연구가 진행되어 여성의 스트레스 반응 기제가 남성과 유사한지 아니면 다른 뇌와 신경호르몬 기제에 의해 남성과 차이점을 보이는지 밝혀낼 수 있을 것이다(Dimoulas et al., 2007). 최근 미 해군 시부 SERE(Navy SERE West)에서 남성과 여성 간의 차이점에 관한 연구를 진행하고 있다. 궁극적으로 이러한 모든 연구는 스트레스에 대한 이해력을 높이고 전시 상황에서 육·해·공군 및 해병대의 작전 수행 능력을 증진시키는 데 목적을 두고 있다.

본국 송환 담당관

SERE 심리학자는 귀환 과정에서 중요한 역할을 담당한다. 전쟁 포로 발생에 대한 연구에는 장애 및 혼동 요소가 상당히 많다는 점을 고려했을 때 실제 상황에 대비한 SERE 훈련의 적용 가능성과 효과성을 확인하는 것은 매우 어려운 과제다. 하지만 미 국방부에서는 귀환 과정을 개인의 업무 수행 능력을 평가하는 수단으로 활용하고 있으며, 귀환 과정은 SERE 훈련 내용의 대부분을 차지하고 있다. 군인의 구조에 관한 미 국방부 지시사항 2310.4에는[DoDI 2310.4(2000c)] 위태로운 상황에 놓인 군인의 생명과 안위를 보전하는 것이 최우선 목표가 되어야 한다고 규정하고 있다. 또한 "군인들을 보호하고, 적으로부터 미군이 약탈당하는 것을 예방하며, 미군이 억류되는 상황을 막아야 하는 국방부의 도덕적 의무를 이행하기 위해서는 군인의 구조가 가장 중요한 요소다."라고 새기고 있다[DoDI 2310.4 (2000c), p. 2].

일반적으로 군인의 구조에는 네 가지 기본 유형이 있다. 다른 무엇보다, 고립된 군인은 체포자일 가능성이 있는 자로부터 피해야 하고, 만약 잡히더라도 군대 행동강령과 제네바협약에 따라 탈출해야 할 의무가 있다(이는 본질적으로 '스스로 구조를 할 수 있게 하라'는 의미다). '고립된(isolated)'이라는 용어는 임무 수행 중인 장병이 일시적으로 부대원들과 떨어지게 되어 생존하고 억류 상황을 모면하거나 저항하며, 억류된 경우 탈출해야 하는 위험한 환경에 빠진 경우를 말한다. 군인 구조의 두 번째 유형은 훈련된 요원들이 육지나 바다에서 고립된 군인을 구하는 전형적인 '전투 탐색 및 구조(Combat Search And Rescue: CSAR)'다. 억류 위험에 처해 있는 격추된 조종사를 구하는 과정을 예로 들 수 있다. 군인 구조의 세 번째 유형은 일반적으로 더욱 유동적이고 위험한 '특수 상황 구조'이다. 이러한 경우 고도로 훈련된 특수부대가 투입되어 교전을 거쳐 억류된 미군 장병을 확인하고 구출한다. 본질적으로 전투 탐색 및 구조 임무에서는 억류된 군인을 구출하기 위해서 적과 전투를 벌일 수도 있다. 확실히 이러한 과정은 억류자와 구출 대원 모두에게 위험이 가득하고 귀환 과정에서 중대한 인명 손실이 발생할 수도 있다. 군인 구조의 네 번째 유형은 '정부 차원의 외교적 협상을 통한 석방'이다. 물론 지금까지 설명한 네 가지 유형이 일반적이지만, 상황에 따라 다양한 변수가 발생할 수 있다.

고립되거나 억류된 군인이 구출되어 미국 진영으로 복귀할 때부터 본국 송환 과정이 시작된다. 이러한 본국 송환 과정은 억류에서 풀려나 미국 시민이나 미군으로 복귀하기 위한 재적응을 위한 것으로써 완전히 다른 두 가지 상황을 연결해 주는 과정이라고 할 수 있다. 구조된 군인의 본국 송환은 개인의 행복과 미국 정부의 이익을 위해 엄청나게 중요한 과정이다. 주요목표 중 하나는 바로 '고립 경험이 있는 군인의 심리적인 압박을 해소하는 과정을 통해 정상적으로 건강을 회복시키는 것'에 있다. 또한 중요하게 다루어야 할 점은 '구조 상황을 발생시킨 사건과 구조 방법, 적에게 넘어 갔을지도 모르는 전략적인 정보, SERE 훈련의 적용 가능성과 효과성'이다. 미 국방부 지시사항 2310.4는[DoDI 2310.4(2000c)] "귀국 군인의 행복과 법적 권리는 귀환 작전을 계획하고 실행할 때 매우 중요한 요소로 작용할 것이다. 극히 중요한 군사 목적상의 이유가 없다면 모든 정치적, 군사적, 기타 고려사항보다 우선하여 그들에 대한 조치를 하여야 한다."고 명백히 밝히고 있다[DoDI 2310.4(2000c), p. 3]. 다음으로 귀환절차의 각 단계는 귀국 군인이 겪었던 고초와 생리적 · 심리적 · 정신적 요구사항을 충분히 고려하여 그에 맞게 이행해야 할 것이다. 또 다른 목표는 억류로 인해 손상되었을 수 있는 개인의 자존감과 긍지를 되찾고 국가와 개인에 대한 확신을 회복하는 것에 있다.

본국 송환은 3단계로 이루어진다. 1단계는 구조된 군인이 무사히 미국 진영으로 돌아온 때부터 시작된다. 가능하다면 그들은 작전 심리학자, 군의관, 엄선된 주요 부대원, 군종 장교, 정훈 장교, 군 법무관을 만날 수 있도록 해야 한다. 이동상의 문제 때문에 1단계에서 모든 본국 송환 담당자가 참여하는 것은 거의 불가능하지만 2단계에서는 가능하다. 1단계에서 가장 중요한 점은 신속히 귀환 군인의 의학적·심리적 안정성을 회복하는 것에 있다. 환자에 대한 최초의 의학적·심리적인 부상 분류와 뒤이어 시행하는 건강 검사는 모든 단계에서 그들을 조치하고 관리하는 데 매우 중요한 영향을 미친다. 물론 이러한 평가를 할 때에는 환자가 실제로 억류당했는지 여부를 구분해야 하고, 억류 기간과 억류 기간 중 받은 처우를 고려해야 하며, 환자에 대해 일반적인 치료 방법을 활용할 것인지 특수한 치료 방법을 활용할 것인지 결정해야 한다.

본국 송환 1단계에서 고려해야 할 또 다른 중요사항은 안전한 인근 지역으로의 수송 문제다. 안전 지역은 같은 전투 지역에 위치하고 있으며, 안전하고 효율적인 본국 송환절차를 수행하기 위해 설정한 장소다. 상대적으로 고립 기간이 짧고 의학적·심리적인 문제가 없거나 특정 약물 및 치료의 활용 제한사항이 없을 경우 자대 복귀가 원활하게 이루어질 수 있다. 고립되었으나 구금되지는 않은 군인을 평가할 때는 상당 부분 융통성을 발휘할 수 있다. 안전 지역에서 임무 복귀를 결정하는 것은 전투 스트레스 관리 분야의 'BICEPS 원칙'에 맞게 이루어져야 한다. 'BICEPS 원칙'이란 치료의 간결성(Brevity), 대응의 신속성(Immediacy), 치료 영역의 집중성(Centrality), 회복의 확실성(Expectancy), 치료 장소의 근접성(Proximity), 치료행위의 성실성(Simplicity)을 말한다. 귀환 군인이 심리치료가 필요한 정도가 아니고, 다른 질환 역시 보이지 않는다면 그들을 다시 근무지로 복귀시키는 것에 주안점을 두어야 한다. 그들은 즉각적인 전파를 위해 주요 작전 및 취득 정보에 대한 보고를 완수한 이후에야 원래 임무로 돌아갈 수 있다.

만약 귀환 군인이 오랫동안 고립 상황에 있었거나 적대적인 세력에게 억류를 당한 경우라면, 1단계 안전 지역은 보통 작전 지역 인근의 주요 의료시설에 위치한 2단계 지역으로 귀환 장병을 이동시키는 임시 지점으로써만 기능하게 될 것이다. 본국 송환 2단계에서 작전 심리학자의 일반적인 임무로는 첫째, 최초의 심리 평가를 진행하고 지속적인 평가를 이어나가 귀환 군인에게 필요한 사항과 심리 상태를 파악하여 차후에 시행될 치료 방법을 결정하고 환자 상태 보고에 활용해야 하며, 둘째는 귀환 장병과 그의 지휘계통에 향후 발생할 수 있는 증상에 대해 교육하고, 셋째는 귀환 장병의 행동을 조절하고 여러 사람 및 가족과 만날 수 있게 하여 압박감을 해소하고 변화를 일으킬 수 있도록 해야 한다. 이러한 요소들은 SERE 심리학자들이 귀환 장병과 함께 2단계 장소로 이동할 때부터 필요할 때마다 계속해서 논의하고 조정해 나가야 한다.

일반적으로, 대부분의 귀환 군인은 본국 송환 2단계를 계속 진행하여 집중적인 의학적 · 심리학적 평가를 받는다. 대부분의 공식 보고도 이 단계에서 이루어진다. 다양한 보고가 2단계에서 이루어지며, 대부분 3단계까지 이어지는 경우가 많다. 이러한 보고에는 작전 및 취득 정보 보고, SERE 훈련 보고, 심리적 압박 해소 보고 등이 있다. 이러한 보고는 세부사항 또는 사실이 혼재되는 것을 피하기 위해 개별적으로 수행되며, 일반적으로 귀환 장병의 심리질환에 따라 작전 심리학자가 개입하여 조정한다. 작전 심리학자는 귀환 장병의 재적응 과정을 방해하는 상황을 감시하며, 귀환 장병으로부터 최대한 정확한 회상 정보를 입수하기 위해 노력한다. 이러한 보고는 귀환 장병으로 하여금 최대한 성공적으로 군대에 복귀하거나 민간인 신분으로 복귀할 수 있게 하는 넓은 의미의 압박 해소 과정인 것이다. 이러한 과정을 완료하기 위해서는 최소 3일이 소요된다.

작전 및 취득 정보 보고에서는 귀환 장병의 임무에 초점을 둔다. 일반적으로 장병은 임무 수행 후 그 내용을 상관에게 보고해야 하며, 그 내용은 성공 및 실패, 얻게 된 교훈, 적으로부터 입수한 정보와 탈취된 정보, 작전 규정과 다른 행동을 한 사례(이것은 상황이 여의치 않은 경우에만 가능함)에 주안점을 둔다. 이러한 군사 보고는 전문가처럼 수행해야 하며, 행동과 사실에 초점을 둬야 하고, 보고 내용은 전술 및 전략적인 사항들이다. 본국 송환 과정에서 작전 및 취득 정보 보고자들은 정기적이고 일반적인 형태로 보고해야 한다. 귀환 군인들은 그들의 임무 수행과 관련하여 풀리지 않는 걱정과 의혹에 해답을 줄 수 있는 당국으로부터 관련 피드백을 받을 수 있기 때문에 압박감을 해소하는 중요한 수단으로 활용할 수 있다. 이러한 방법을 통해 귀환 군인은 개념상 임무 완수가 가능하다. 전술적 목적을 위해 이러한 보고와 관련된 정보들은 관련 지휘관에게 즉각 알려야 한다.

심리 상태 보고는 주로 그들의 겪은 내용을 적절한 절차를 통해 말하게 하여 귀환 군인으로 하여금 압박감을 해소할 수 있게 한다. 이러한 과정은 한 명보다 다수를 대상으로 할 때 특히 효과적인데, 그 이유는 다수가 서로 이야기를 나눔으로써 경험을 공유할 수 있고 그들이 겪었던 상황과 경험을 보다 충분히 이해할 수 있기 때문이다. 모든 귀환 장병이 그들의 경험으로부터 반드시 심리적 손상을 입는 것은 아니기 때문에 그들이 경험한 상황에 대한 심리적 반응은 정상적인 것이며 회복될 수 있다는 것을 교육해야 한다. 귀환 군인은 그들이 과거부터 지금까지 보였던 반응은 '비정상적인 상황에 대한 인간의 정상적인 반응'이라는 점을 이해하고, 이러한 반응은 시간이 지남에 따라 회복될 수 있다는 것을 이해할 경우 상당한 심리적 안정감을 찾을 수 있다. 억류 상황에서 풀려난 후 겪는 전형적인 심리적 반응에는 수면장애(불면증, 악몽, 과다수면), 집중력 변화(기억장애 및 정신적 혼란), 기분 동요(과민성, 적대감, 우울, 죄책감, 분노, 희열), 삶의 목표와 신념에 대한 재평가 등이 있다. 이러한 증상의 정도는 크게 기존의 개인적 특성, 수면 및 감각 상실 정도, 고립 경험의 정도, 협박과 강압의 유형, 억류 기간에 따라

달라진다. 본국 송환 2단계에서 작전 심리학자는 환자의 심리적 압박감을 해소하기 위해 ① 귀환 군인에 대해 본인이 겪었던 사건에 대한 반응은 정상적인 것이라는 점을 교육시키고, ② 그러한 반응을 보이게 된 배경을 명확하게 하여 그들의 행동에 의미를 부여하고 소속 의식을 제고해야 한다.

SERE 보고의 가치는 SERE 훈련기관에 피드백을 제공하고 지속적인 발전을 도모할 수 있게 해 준다는 점에 있다. 다시 말해, 군인 구조 단계에서 겪었던 어려움을 명확히 하고, 적군의 심문 방법과 목적 및 수감자 처우에 대한 정보를 입수하여 현행 훈련 방법과 교육과정 개선에 직접적으로 도움을 줄 수 있다는 것이다. 이러한 교육 목적을 달성하기 위해서는 귀환 군인들로 하여금 자신의 임무 수행에 관해 궁금한 점을 직접적으로 물어보고, 직접적인 피드백을 받을 수 있게 하는 것이 중요하다. 군인들은 군사행동강령을 준수해야 하는 입장에 있기 때문에 귀환 장병들로 하여금 그들은 충분히 처신을 잘했고, '영광스럽게 귀환'하였다는 사실을 알려 줌으로써 심리적 압박감을 해소시켜 줄 수 있다.

본국 송환 2단계에서는 귀환 군인의 가족과 재결합하는 과정 또한 시작된다. 일반적으로, 가족과의 최초 접촉은 전화통화로 이루어지는데, 그 이유는 지금까지의 경험상 2단계에서 가족과 직접 만날 경우 문제 상황이 발생할 수 있기 때문이다. 이러한 원칙은 직관에 어긋나는 것이라고 볼 수도 있겠지만, 경험 원칙상 귀환 군인이 가족과 즉시 결합하는 경우 오랜 기간 이루어지는 심리적 압박감 해소 과정과 본국 송환 단계에서 이루어지는 일반적인 절차와 충돌하는 문제가 발생할 수 있다. 예를 들어, 억류 기간 동안 가정사에 커다란 변화가 있었을 수도 있고, 가족 문제가 형성되어 있었을 수도 있다. 그러므로 귀환 장병이 심리적 압박감을 해소하는 단계에서 가족을 만나게 되면 어려움을 겪을 수도 있다는 것이다. 그래서 귀환 군인에 대해 담당 정훈 장교와 군 법무관이 지정되어 필요한 정보를 제공하거나 상담을 하며, 억류로 인해 발생한 관련 법적 문제에 대해 지원한다. 다시 말해서, 귀환 군인의 입장을 최우선시 해야 하므로 작전 심리학자는 정훈 장교와 면밀히 협조하여 적절한 언론 노출 수준을 결정한다. 또한 주요 부대원은 억류 전의 삶에 익숙하게 해 주고, 귀환 장병과 부대를 연결해 주는 역할을 하며, 기타 행정 및 이동 관련 문제를 지원하여 준다는 점에서 심리적 압박감 해소 과정에 상당한 도움을 준다.

본국 송환의 마지막 3단계는 미 본토에서 이루어지며, 귀환 군인에게 가족, 부대원, 친구와 재결합할 수 있는 기회를 제공해 준다. 귀환 장병은 곧바로 가족, 연인, 친구들 곁으로 돌아가고 싶겠지만 본국으로 돌아온 이후에도 소속 부대원과 구금 당시 동료와 지속적인 연락을 취하는 것은 그에 못지않게 중요하며, 특히 단체로 억류되고 같이 귀환한 경우에는 더욱 그러하다. 일반적으로, 특별한 경험이나 심리적 반응에 대해서는 그러한 일을 같이 겪었던 동료나 억류자의 심리를 잘 아는 지도자와 함께 대처해 나가는 것이 가장 효과적이다. 외상 사건 및 고난을 함께 겪었던 사람들과 함께 지속적인 유대 관계를 형성해 나가는 것은 매우 도움이 된다는 점이 이미 밝혀졌다. 귀환 군인의 부재로 가족 구조의 상당한 변화가 발생한 경우에는 변화와 적응을 위한 기간이 필요하다. 더욱이 가족들이 귀환 장병의 부재에 대해 그와 연락하고 싶다거나 우려를 표명하고 있다면 군부대나 JPRA 또는 SERE 심리학자를 통해 연락을 취할 수 있다.

귀환 군인에 대한 후속조치는 필요한 의료 지원을 지속적으로 제공해야 하며 소속 SERE 심리학자는 지속적인 심리 지원을 해야 한다. 규정에 의하면 SERE 심리학자는 다음 해 말까지 필요한 후속 치료를 지속적으로 제공해야 한다. 또한 모든 억류자와 본국으로 송환된 전쟁 포로들은 플로리다 주의 펜사콜라에 소재한 로버트 미첼 귀환 포로 연구센터(Robert Mitchell Center for Repatriated POW Studies Center)에서 매년 검사를 받을 수 있고, 지속적으로 의학 및 심리 진료를 받을 수 있다(Moore, 2010).

요 약

SERE 훈련은 생각지 못한 억류 상황에 대처할 수 있도록 도와준다. SERE 훈련은 며칠 동안 가상의 적에게 억류되는 과정을 통해 교육생들에게 일시적인 심리 변화와 부담을 주는 것에 불과하지만, 실제로 억류될 경우 받게 되는 심리적 · 신체적 영향은 영구적인 손상을 초래할 수 있다. SERE 훈련, 경험 학습 및 준비 과정의 주요 기능은 군인들에게 억류 상황에서 받을 수 있는 영향을 완화시키기 위한 방법과 자신감을 부여하는 것에 있다.

작전 심리학자는 훈련 환경에서 평가관, 안전 감독관, 교관, 연구 · 자문가로서 아주 중요한 역할을 담당한다. 또한 SERE 심리학자는 군인이 구조되었을 때 본국 송환이 진행되는 과정 동안 자문가 및 임상가의 역할을 수행한다. SERE 훈련 환경은 현실의 스트레스를 미리 체험하는 현장이며, 이에 추가 연구를 진행하여 극심한 스트레스 환경에서 임무 수행 능력을 향상시키는 보다 나은 방법을 찾아낼 수 있을 것이다.

참고문헌

Babic, D., & Sinanovic, S. (2004). Psychic disorders in former prisoners of war. *Medical Archives, 58,* 179-182.

Bartone, P. T. (2010). Preventing prisoner abuse: Leadership lessons of Abu Ghraib. *Ethics and Behavior, 20,* 161-173.

Carlson, L. (2002). *Remembered prisoners of a forgotten war: An oral history of the Korean War POWs.* New York: St. Martin's.

Coffee, G. (1990). *Beyond survival: Building on the hard times.* New York: Putnam.

Cohen, B., & Cooper, M. (1954). A followup study of WWII POWs. *Veterans Administration Medical Monograph.*

Washington, DC: U.S. Government Printing Office.

Cook, J. M., Riggs, D. S., Thompson, R., Coyne, J. C., & Sheikh, J. I. (2004). Posttraumatic stress disorder and current relationship functioning among World War II ex-prisoners of war. *Journal of Family Psychology, 18*, 36-45.

Creasey, H., Sulway, M. R., Dent, O., Broe, G. A., Jorm, A., & Tennant, C. (1999). Is experience as a prisoner of war a risk factor for accelerated age-related illness and disability? *Journal of the American Geriatric Society, 47*, 60-64.

Dimoulas, E., Steffian, L., Steffian, G., Doran, A. P., Rasmusson, A. M., & Morgan, C. A. (2007). Dissociation during intense military stress is related to subsequent somatic symptoms in women. *Psychiatry, 4*, 66-73.

Dobson. M., & Marshall, R. (1997). Surviving the war zone: Preventing psychiatric casualties. *Military Medicine, 162*, 283-287.

Doran, A. (2001). *Summary of repatriation of EP-3 crew.* Unpublished mission summary.

Doran, A. (2002). *Descriptive factors of SERE instructors at Brunswick, Maine, from 2000-2002.* Unpublished raw data.

Eid, J., & Morgan, C. A. (2006). Dissociation, hardiness and performance in military cadets participating in survival training. *Military Medicine, 171*(5), 436-442.

Engle. C., & Spencer, S. (1993). Revitalizing division mental health in garrison: A post Desert Storm perspective. *Military Medicine, 158*, 533-537.

Fein, R. A., Lehner, P., & Vossekuil, B. (2006). *Educing Information. Interrogation: Science and art. Foundations for the future.* National Defense Intelligence College. Retrieved October 16, 2011, from *www.fas. orglirpldnileducmg.pdf.*

Fiske, S. T., Harris, L. T., & Cuddy, A. J. (2004). Why ordinary people torture enemy prisoners. *Science, 306*, 1482-1483.

Gold, P. B., Engdahl, B. E., Eberly: R. E., Blake, R. J., Page, W. F., & Frueh, B. C. (2000). Trauma exposure, resilience, social support, and PTSD construct validity among former prisoners of war. *Social Psychiatry and Psychiatric Epidemiology, 35*, 36-42.

Goldstein, G., van Kammen, W., Shelly, C., Miller, D., & van Kammen, D. P. (1987). Survivors of imprisonment in the Pacific theater during World War II. *American Journal of Psychiatry. 144*, 1210-1213.

Hall, R., & Malone, P. (1976). Psychiatric effects of prolonged Asian captivity: A 2 year follow-up. *American Journal of Psychiatry, 133*, 786-790.

Haney, C., Banks, c., & Zimbardo, P. (1973). Interpersonal dynamics in a simulated prison. *International Journal of Criminology and Penology, 1*, 69-97.

Haney, C., & Zimbardo, P. (1998). The past and future of U.S. prison policy: Twenty-five years after the Stanford prison experiment. *American Psychologist, 53*, 709-727.

Henman, L. (2001). Humor as a coping mechanism: Lessons from POWs. *Humor, 8*, 141-149.

Hunter, E. (1975). *Isolation as a feature of the row experience: A comparison of men with prolonged and limited solitary confinement.* San Diego, CA: Center for Prisoner of War Studies, Naval Health Research Center.

Joint Personnel Recovery Agency (JPRA). (2010a). *Guidance on Joint Standards for survival evasion, resistance, escape (SERE) training role play activities in support of the Code of Conduct,* Spokane, Washington.

Joint Personnel Recovery Agency (JPRA). (2010b). *Guidance of Joint Standards for survival, evasion, resistance escape (SERE) training in support of the Code of Conduct*, Spokane, Washington .

Joint Personnel Recovery Agency (JPRA). (20l0c). *Guidance on qualification criteria and use of Department of Defense (DOD) survival, evasion. resistance, and escape (SERE) psychologists in support of the Code of Conduct*, Spokane, Washington .

Joint Personnel Recovery Agency (JPRA). (2011). *About the Joint Personnel Recovery Agency.* Retrieved from *www.jpra.mil/Military/about/goals.htm.*

McNeil, A., & Morgan, C. A. (2010). Cognition and decision making in extreme environments. In C. H. Kennedy & J. L. Moore (Eds.), *Military neuropsychology* (pp. 361-382). New York: Springer.

Meichenbaum, D. (1985). *Stress inoculation training.* New York: Pergamon Press.

Mitchell, J. (1983). When disaster strikes: The critical incident stress debriefing process. *Journal of Emergency Medical Services, 8,* 36-39.

Moore, J. L. (2010). The neuropsychological functioning of prisoners of war following repatriation. In C. H. Kennedy & J. L. Moore (Eds.), *Military neuropsychology* (pp. 267-295). New York: Springer.

Morgan, C. A., Aikins, D., Steffian, G., Coric, V., & Southwick, S. M. (2007). Relation between cardiac vagal tone and performance in male military personnel exposed to high stress: Three prospective studies. *Psychophysiology, 44,* 120-127.

Morgan, C. A., Doran, A., Steffian, G., Hazlett, C., & Southwick, S. M. (2006). Stress induced deficits in working memory and visuo-constructive abilities in special operations soldiers. *Biological Psychiatry, 60,* 722-729.

Morgan, C. A., Hazlett, G., Baranoski, M., Doran, A., Southwick, S. M., & Loftus, E. (2007). Accuracy of eyewitness identification is significantly associated with performance on a standardized test of recognition. *International Journal of Law and Psychiatry, 30,* 213-223.

Morgan, C. A., Hazlett, G., Doran, A., Garrett, S., Hoyt, G., Thomas, P., et al. (2004). Accuracy of eyewitness memory for persons encountered during exposure to highly intense stress. *International Journal of the Law and Psychiatry, 27*(3), 265-279.

Morgan, C. A., Hazlett, G . A., Southwick, S. M., Rasmusson, A., & Lieberman, H. (2009). Effect of carbohydrate administration on recovery from stress induced deficits in cognitive function: A double blind, placebo controlled study of soldiers exposed to survival school stress. *Military Medicine, 174,* 132-138.

Morgan, C. A., Rasmusson, A., Wang, S., Hoyt, G., H auger, R., & Hazlett, G. (2002). Neuropeptide-Y, cortisol, and subjective distress in humans exposed to acute stress: Replication and extension of previous report. *Biological Psychiatry, 52,* 136-142.

Morgan, C. A., Southwick, S., Hazlett, G., Rasmusson, A., Hoyt , C., Zimolo, Z., et al. (2004). Relationships among plasma dehydroepiandrosterone in humans exposed to acute stress. *Archives of General Psychiatry, 61,* 819-825.

Morgan, C. A., Wang, S., Mason, J., Southwick, S., Fox, P., Hazlett, G., et al. (2000). Hormone profiles of humans experiencing military survival training. *Biological Psychiatry, 47,* 891-901.

Morgan, C. A., Wang, S., Rasmusson, A., Hazlett, G., Anderson, G., & Charney, D. (2001). Relationship among plasma cortisol, catecholamines, neuropeptide-Y, and human performance during exposure to uncontrollable stress. *Psychosomatic Medicine, 63,* 412-422.

Morgan, C. A., Wang, S., Southwick, S. M., Rasmusson, A., Hazlett, G., Hauger, R. L., et al. (2000). Plasma neuropeptide-Y concentrations in humans exposed to military survival training. *Biological Psychiatry, 47,* 902-909.

Page, W., Engdahl, B., & Eberly, R. (1991). Prevalence and correlates of depressive symptoms among former prisoners of war. *Journal of Nervous and Mental Disorders, 179,* 670-677.

Polivy, J., Zeitlin, S. B., Herman, C. P., & Beal, A. L. (1994). Food restriction and binge eating: A study of former prisoners of war. *Journal of Abnormal Psychology, 103,* 409-411.

Port, C. L., Engdahl, B., & Frazier, P. (2001). A longitudinal and retrospective study of PTSD among older prisoners of war. *American Journal of Psychiatry, 158,* 1474-1479.

Query, W., Megran, J., & McDonald, G. (1986). Applying post-traumatic stress disorder MMPI sub-scale to WWII POW veterans. *Journal of Clinical Psychology, 42,* 315-317.

Ruhl, R. (1978, May). The Code of Conduct. *Airman, 63-66.* Available at *www.au.af.mil/au/awc/awcgate/au-24/ruhl.pdf*

Rundell, J., Ursano, R., Holloway, H., & Siberman, E. (1989). Psychiatric responses to trauma. *Hospital and Community Psychiatry, 40,* 68-74.

Russell. J. F. (1984). The captivity experience and its psychological consequences. *Psychiatric Annals, 14,* 250-254.

Sherwood, E. (1986). The power relationship between captor and captive. *Psychiatric Annals, 16,* 653-655.

Sokol, R. (1989). Early mental health intervention in combat situations: The USS Stark. *Military Medicine, 154,* 407-409.

Solomon, Z., Neria, Y., Ohry, A., Waysman, M., & Ginzburg, K. (1994). PTSD among Israeli former prisoners of war and soldiers with combat stress reaction: A longitudinal study. *American Journal of Psychiatry, 151,* 554-559.

Sutker, P., & Allain, A. (1996). Assessment of PTSD and other mental disorders in WWII and Korean POWs and combat veterans. *Psychological Assessment, 8,* 18-25.

Sutker, P., Allain, A., & Johnson, J. (1993). Clinical assessment of long-term cognitive and emotional sequelae to World War II prisoners-of-war confinement: Comparison of pilot twins. *Psychological Assessment, 5,* 3-10.

Sutker, P., Allain, A. N., Johnson, J. L., & Butters, N. M. (1992). Memory and learning performances in POW survivors with history of malnutrition and combat veteran controls. *Archives of Clinical Neuropsychology, 7,* 431-444.

Sutker, P. B., Vasterling, J. J., Brailey, K., & Allain, A. N. (1995). Memory, attention, and executive deficits in POW survivors: Contributing biological and psychological factors. *Neuropsychology, 9,* 118-125.

Taylor, M. K., Markham, A. E., Reis, J. P., Padilla, G. A., Potterat, E. G., Drummond, S. P., et al. (2008). Physical fitness influences stress reactions to extreme military training. *Military Medicine, 173,* 738-742.

Taylor, M. K., Mujica-Parodi, L. R., Padilla, G. A., Markham, A. E., Potterat, E. C., Momen, N., et al. (2009). Behavioral predictors of acute stress symptoms during intense military stress. *Journal of Traumatic Stress, 22*(3), 212-217.

Taylor, M. K., Padilla, G. A., Stanfill, K. E., Markham, A. E., Khosravi, J. Y., DialWard, M. D., et al. (2012). Effects of dehydroepiandrosterone supplementation during stressful military training: A randomized, controlled, double-blind field study. *Stress, 15(1),* 85-96.

Taylor, M. K., Sausen, K. P., Mujica-Parodi, L. R., Potterat, E. G., Yanagi, & Kim, H. (2007). Neurophysiologic methods to measure stress during survival, evasion, resistance, and escape training. *Aviation Space Environmental Medicine. 78,* 224-230.

Taylor. M. K., Sausen, K. P., Potterat. E. G., Mujica-Parodi, L. R., Reis, A. E., Markham, A. E., et al. (2007). Stressful military training: Endocrine reactivity, performance, and psychological impact. *Aviation Space Environmental Medicine, 78,* 1143-1149.

Taylor, M. K., Stanfill, K. E., Padilla, C. A., Markham, A. E., Ward, M. D., Koehler, M. M., et al. (2011). Effect of psychological skills training during military survival school: A randomized, controlled field study. *Military Medicine, 176*(12), 1362-1368.

Tennant, C., Fairley, M. J., Dent. O. F., Suway, M., & Broe, G. A. (1997). Declining prevalence of psychiatric disorder in older former prisoners of war. *Journal of Nervous and Mental Disease, 185,* 686-689.

True, B., & Benaway, M. (1992). Treatment of stress reaction prior to combat using the "BICEPS" model. *Military Medicine, 157,* 380-381.

U.S. Department of Defense. (2000a, December 8). *Training and education to support the code of conduct* (CoC) (DoD Directive 1300.7). Washington, DC: Author.

U.S. Department of Defense. (2000b, December 22). *Personal recovery* (DoD Directive 2310.2). Washington, DC: Author.

U.S. Department of Defense. (2000c, November 21). *Repatriation of prisoners of war (POW), hostages, peacetime government detainees and other missing or isolated personnel.* (DoD Directive 2310.4). Washington, DC: Author.

U.S. Department of Defense. (2001, January 8). *Code of conduct training and education* (DoD Directive 1300.21). Washington, DC: Author.

Ursano, R., Boydstun, J., & Wheatley, R. (1981). Psychiatric illness in US Air Force Vietnam POWs: A five year follow-up. *American Journal of Psychiatry, 138,* 310-314.

Ursano, R. J., & Rundell, J. R. (1996). The prisoner of war. in R. J. Ursano & A. Norwood (Eds.), *Emotional aftermath of the Persian Gulf War: Veterans, families, communities, and nations* (pp. 443-476). Washington, DC: American Psychiatric Press.

Verma, S., Orengo, C. A., Maxwell, R., Kunik, M. E., Molinari, V. A., Vasterling, J. J., et al. (2001). Contribution of PTSD/POW history to behavioral disturbances in dementia. *International Journal of Geriatric Psychiatry, 16,* 356-360.

Yerkes, S. (1993). The "un-comfort-able'" making sense of adaptation in a war zone. *Military Medicine, 58,* 421- 423.

Zeiss, R. A., & Dickman, H. R. (1989). PTSD 40 years later: incidence and person situation correlates in former POWs. *Journal of Clinical Psychology, 45,* 80-87.

Zimbardo, P. G. (1973). On the ethics of intervention in human psychological research: With special reference to the Stanford prison experiment. *Cognition, 2,* 243-256.

테러범의 심리

—나치, 바더—마인호프단, 보스니아 전쟁 범죄, 자살폭탄 테러범, 탈레반, 알카에다

Eric A. Zillmer

> 악인을 비난하는 것보다 더 쉬운 일은 없지만, 악인을 이해하는 것보다 더 어려운 일도 없다.
>
> —Fyodor Dostoyevsky

뮌헨 하계 올림픽을 중계하던 1972년, ABC TV 아나운서 Jim McKay는 "그들은 모두 사망했습니다."라고 발표했다. 팔레스타인 테러범들이 11명의 이스라엘 운동선수들을 죽인 이 비극적인 사건은 서독 정부와 언론이 범인들의 심리적 성향에 대해 얼마나 무지했는지를 보여 준 사례였다. 9월 5일 이른 아침, 테러 조직 '검은 9월단(Black September)'의 조직원들은 올림픽 선수촌의 담을 넘어 이스라엘 선수단 구역으로 침입해 2명의 선수를 저격하고, 9명을 인질로 잡았다. 그 이후 16시간 동안 이 사건은 수많은 시청자에게 공개되었고 근처 군용 공항에서의 구조 작전도 실패하여, 경찰과 군 당국이 국제적 위기를 대처하기 위한 준비가 현저히 부족했다는 점이 드러났다. 결국 11명의 이스라엘 선수들과 1명의 독일 경찰, 10명의 테러범이 사망했으며, 나머지 3명의 테러범은 구속되었다. 뮌헨 올림픽 테러 사건은 팔레스타인 수감자들의 해방을 요구하던 소수의 테러범이 어떻게 전 세계 대중의 마음을 흔들어 놓을 수 있는지를 보여 주었으며, 대대적인 매스컴의 보도는 이 사건의 사회적 · 정치적 영향을 확대하는 데 일조하였다. 그 후로 테러 방지를 위해 전문화된 군 및 경찰 병력을 확보하고 테러범들의 심리와 문화를 이해하기 위해 많은 변혁이 일어났다(더 많은 인질극 사건에 대해 보다 자세히 알고 싶다면 제11장을 참조).

알카에다의 9·11 테러 사건으로 인해 미국에서 상당한 규모의 테러 문제가 제기되었고 테러 위협에 대한 국가와 대중의 인식을 다루는 집단 심리학에도 변화를 일으켰다(그림 13-1] 참조). 이러한 위험으로 인해 군 당국 및 법 집행기관은 심리학자에게 다음과 같은 질문을 제기하였다.

- 어떻게, 그리고 어떤 환경에서 테러범들이 모집되는가?
- 테러범의 의사결정 과정은 어떠한가?
- 어떤 사회적 환경에서 테러가 일어나기 쉬운가?
- 테러범의 잔혹행위에 내재되어 있는 특성은 무엇인가?

심리학계에서는 이 분야에 대한 연구와 자문 지원을 위해 많은 노력을 해 왔으며, 그 결과 과학적·임상적으로 많은 공헌을 하게 되었다. 테러의 위협에 맞서면서 심리학자들은 점차 군대, 보안 회사, 연방 정부, 정보기관, 경찰에서 자문위원으로 활동하게 되었다(Kennedy & Williams, 2011). 폭발물 입수, 현대적 통신 기기, 국제 금융 거래, 이동의 용이성이 확보되면서 점차 대규모 테러가 발생하게 되었고,

[그림 13-1] "우리나라 역사상 지금보다 더 위험한 상황은 없었다. (중략) 200개 이상의 국가에서 대략 1,500개의 테러 조직이 있다고 추산된다." (2006년 9월 10일 전 육군참모총장 Peter J. Schoomaker의 개인 서신) 이 사진은 Eric A. Zillmer가 제공하였다.

이로 인해 테러범들의 심리 상태를 이해하는 것이 보다 중요해졌다. 따라서 오늘날 테러와의 전쟁에 대처하기 위한 주요 전략 중 하나는 테러 활동의 심리적 전제 조건을 이해하는 것에 있다.

그 결과 '어떻게' 그리고 '왜' 테러가 발생하는지에 대한 의문이 심리학계에서 중요한 연구 및 실무 분야로 부각되었다(Zillmer, 2004). 제13장에서는 심리 정보, 신상 정보, 역사 기록을 통해 어떻게, 그리고 어떤 환경에서 인간이 테러에 가담하는지에 관한 몇 가지 가설을 살펴보도록 하겠다. 이 장에서 다루고 있는 사항들은 실제로 일어난 다양한 테러 사건과 대량 학살 사건에 근거하고 있으며, 테러행위의 판단 기준은 일반인의 생각보다 훨씬 포괄적이라는 점을 알아 두기 바란다. 테러행위는 보통 테러범들이 생각하기에는 정당하고 논리적인 신념에 대한 이성적인 위험−보상체계에 근거를 두고 발생한다.

테러의 역사

테러의 역사는 길지만 테러범에 대한 심리학적 연구 기간은 상대적으로 짧다. 지난 2천년 동안 전 세계에서는 정치적 폭력이 급증했다(Reich, 1998). 많은 연구자는 자연스럽게 테러를 설명하는 데 초점을 맞추었고, 개인적 요인뿐만 아니라 사회적 요인에 대해서도 많은 연구가 진행되었지만 연구 결과들은 서로 상충되는 모습을 보였다. 예를 들어, 몇몇 학자는 테러는 단순한 도덕적 문제 현상이라고 믿었으며(Moghaddam, 2005), 테러를 일으킨 사람들은 경제적으로 빈곤하거나 발달 과정상 미성숙하거나 결손 가정에서 자랐을 것이라고 추측하였다. 테러범들의 광적인 행동에 비추어 볼 때 그들은 제대로 된 교육을 받지 못했을 것이고, 세뇌를 당한 것이 분명하며, 기술이 없고 무지하며, 실업 상태에 있을 가능성이 높다고 생각할 수 있다. 테러범들은 의지가 약하고 광신도이거나 범죄 전과가 있는 경우가 많다고도 생각할 수 있을 것이다. 일반인들은 테러범들이 정신질환을 앓고 있을 것이라고 추측하는데 그렇지 않고서는 무고한 어린이까지 공격하는 끔찍한 테러행위를 설명할 수 없다고 말한다. 심지어 어떤 학자들은 그 해답을 구하기 위해서는 인간의 사악한 심리를 연구해야 한다고 주장한 적도 있다(Bartlett, 2005). 우리가 앞으로 다룰 테러범의 심리에 관한 오늘날의 관점은 이러한 종래의 태도와는 극명하게 상반된다. 특히 조직적 테러집단의 테러범들은 테러 결과에 대해 현실적인 지식을 가지고 있으며, 신중하게 행동을 결정하는 모습을 보이고 있다. 오늘날의 심리학계에서는 테러범을 무시무시한 강적으로 생각하고 있다.

테러의 정의

'테러범'은 부정적인 용어로, 테러범들조차 그 단어를 사용하는 것을 꺼린다. 사실상 대부분의 테러범은 자신을 테러범으로 간주하지 않고 군인, 해방자, 순교자, 정당한 자유의 전사, 사회적 대의를 위한 혁명가라고 생각한다. 그 결과 '테러범'이라는 용어와 테러 활동을 정의하는 것은 논란이 되고 있는 주제이며, 여러 조직은 서로 상대 조직에 지목하여 테러행위를 자행하고 있다고 비난하기도 한다.

테러에 대해서는 백 가지 이상의 서로 다른 정의가 존재하는데 Laqueur(1987, p. 144)이 제시한 정의가 가장 널리 통용되고 있다. 그는 테러에 대해 "테러는 개인, 재산, 나아가 정치적·사회적 대상에 대해 폭력을 행사하거나 폭력 위협을 가하는 행위다. 테러행위를 범하는 의도는 정부, 조직, 개인으로 하여금 그들의 행동이나 정책을 바꾸도록 위협하거나 강압하려는 것에 있다."고 정의했다. 테러행위는 처벌, 위협, 폭력, 유괴, 갈취, 고문, 증오 범죄, 강간, 아동학대, 스토킹, 가정폭력, 심지어는 괴롭힘의 형태로도 나타난다. 이것은 테러행위가 일상생활을 하는 개인과도 폭넓게 연관되어 있다는 것을 말해 준다. 따라서 지금까지의 연구 자료를 종합해 보았을 때, Laqueur이 정의한 테러는 대부분의 사람이 생각하는 것보다 훨씬 더 포괄적인 개념이다.

테러집단의 행위에는 최소 네 가지 유형이 있는데(Bartlett, 2005) 그것은 바로 조직 범죄와 같은 집단 간의 행위, 알카에다와 미국 같은 집단과 국가 간의 행위, 나치 대량 학살과 같은 국가와 집단 간의 행위, 전쟁과 같은 국가 간의 행위다. 따라서 독재자나 정부에 의해 자행된 테러와 같은 상위 테러행위와 반역·혁명·시위와 같은 하위 테러행위를 구분할 필요가 있다(Hacker, 1980).

관련 심리학 연구 자료: Asch, Milgram, Zimbardo

테러행위에 대한 심리학적인 이해의 토대를 조성한 획기적 연구 자료를 여기에 제시하였다. 테러 가담범에 대한 첫 번째 의문점은 그가 표준에서 벗어난 특수한 사람인지의 여부에 있다. 만약 이것이 사실이라면, 평범한 사람들이 테러행위에 가담하는 일은 거의 없을 것이며 테러집단은 테러범들을 모집하기가 더욱 어려워질 것이다. 세 가지 중대한 심리학 연구에 의하면 명백히 상반되는 증거가 존재하지만 다른 사람에게 큰 피해를 입힐 가능성이 있음에도 관습에 순응하는 사람들이 일반적인 예측 수준보다 훨씬 많이 참여한다고 한다. 지금부터 소개할 주요 비교 실험 연구는 다음과 같다.

- 사회적 순응에 대한 Asch의 실험 (1952)
- 권위에의 복종에 대한 Milgram의 연구 (1974)
- 감옥살이에 대한 Zimbardo의 조사 (1972)

사회심리학자 Solomon Asch(1952)는 다른 사람에게 순응하려는 경향이 얼마나 강력한지를 보여 주었다. 서로 길이가 다른 선 3개와 특정 선의 길이를 비교하여 찾아내는 것과 같이 단순하고 분명한 과제에 직면할 경우, 대다수의 사람은 자신의 직관을 무시하고 실험자의 공모자들과 같은 낯선 집단의 부정확한 선택을 따르는 경향이 있다. 'Asch 효과'는 강압이나 무력이 사용되지 않아도 대부분의 사람이 얼마나 쉽게 잘못된 결정에 동의할 수 있는가를 보여 준다. 예를 들면, 수백만 명의 중동 사람은 9·11 테러에 대해서 양면적인 감정을 가지고 있었는데, 제2차 아랍인 반란에서 자살 폭탄 테러를 옹호했던 팔레스타인 사람들을 대상으로 여론 조사를 한 결과, 상당수는 여전히 그 작전의 원칙에는 동의하지 않는다고 대답했다(Nichole Argo, personal communication, 2005). 그러나 다수의 테러범은 그들이 몸담고 있는 조직에 순응해야 한다는 이유로 테러에 가담하는 것이 아니라 오히려 그들이 옳은 행동을 하고 있는 것이라고 믿기 때문에 테러에 가담한다.

물론 선의 길이를 맞추는 것과 테러 활동에 가담하는 것은 서로 비교할 만한 대상은 아니다. 하지만 Stanley Milgram(1974)에 따르면, 많은 사람은 권위에 복종함으로써 도덕적 책임이 경감되기 때문에 보다 쉽게 잔인한 행동을 자행한다고 한다. Milgram은 원래 독일 나치 친위대 대령이었던 Adolf Eichmann에 대한 재판을 위해 실험을 설계했는데, 이 실험은 독일 국민들이 제2차 세계대전 중 수백만 명의 무고한 희생자를 학살하는 데 가담하게 된 이유에 대해 알아보기 위해서였다(Zillmer, Harrower, Ritzler, & Archer, 1995). 하지만 Milgram이 예일 대학에서 얻은 결과만으로도 굳이 미국을 떠나 독일로 가서 연구를 진행할 필요가 없어졌다. Milgram은 지역 신문에 '기억에 대한 연구(Study in Memory)'라는 제목의 광고를 게재하여 연구 대상을 모집하였다. Milgram이 진행한 실험에서는 피험자의 거의 3분의 1만이 학습자에게 전기 충격을 가하지 않았다고 밝혔다. Milgram의 연구는 어떤 특정 상황에서 다른 무고한 사람에게 해를 끼치더라도 사람들은 권위에 복종하려는 경향이 굉장히 강하다는 것을 분명히 입증하였다. 이 실험은 자폭을 통해 자기 자신을 희생하는 테러범들이 왜 권위적인 인물의 명령에 영향을 받기 쉬운지를 설명해 준다.

다른 실험에서, 심리학자 Philip Zimbardo(1972)는 평범한 대학생들로 하여금 모의 교도소에서 시간을 보내게 하였다. 몇 명을 무작위로 뽑아 제복, 몽둥이, 호루라기를 주면서 교도관으로 임명해 규칙을 적용하도록 하였고, 나머지는 죄수가 되어 척박한 수용소에 감금되어 굴욕적인 옷을 입게 하였다. 얼마 후에, 그 모의 상황은 점점 현실적으로 바뀌면서 교도관 역할을 맡은 학생들은 하나같이 잔인하고 모멸적인 행동을 했고, 죄수들은 하나하나 절망하는 모습을 보였으며, 반역을 일으키거나 소극적으로 복종하였다. 실험이 시작되고 나서 겨우 6일이 지난 시점에서 Zimbardo는 실험을 끝낼 수밖에 없었다. Zimbardo는 대부분의 사람은 이 실험에서 보였던 모습처럼 상황에 따라 점차 변해 간다고 하였다.

요약하자면, 이러한 심리 실험 결과들은 현대의 테러범의 동기에 적용될 수 있고, 다음과 같은 점을 시사한다.

- 다수의 견해를 따르는 사람은 원칙적으로 폭력 같은 테러의 수단에는 반대할 수 있지만, 정치적 변화와 같은 테러의 효과에 대해서는 지지할 수 있다.
- 테러 작전의 지휘자는 추종자들에게 막강한 사회적 권력과 정신적인 영향력을 행사하고, 대부분 테러행위를 시작하기 위해 필요한 모든 것을 요구하기도 한다.
- 누군가가 테러집단에 동화되기 시작한다면 테러범의 역할을 맡게 되는 것은 놀라울 정도로 쉬울 수 있다.

Asch, Milgram, Zimbardo의 견해가 타당하다고 가정했을 때, 관습적인 미덕을 중요시하고 준법정신이 투철한 사람이라도 사회적 정서가 형성되어 있고, 명령이 하달된 상황에서는 충분히 테러행위를 저지를 수 있다. 이 세 가지 실험은 잠재적으로 위험한 행동이 발생할 수 있는 사회와 집단의 특성을 이해하는 기본 토대를 제공해 준다. 하지만 개인의 테러행위에 대한 심리학적 전제 조건은 무엇인가? 이 질문에 답하기 위해서는 우선 정부 주도로 테러와 학살을 범한 200명 이상의 제3제국(Third Reich, 1933~1945년 사이 히틀러 치하의 독일을 일컫는 말) 전범에 대한 심리학적 데이터베이스를 조사하는 것이 가장 유용할 것으로 보인다(Zillmer et al., 1995).

나치 추종자와 공범자

제3제국 시절, 서유럽 지역의 많은 사람은 타인뿐만 아니라 자국의 국민들을 대상으로 정부가 주도한 테러행위에 가담했다는 충격적인 사실을 폭로했다. 여러 충격적인 사실 중 하나는 테러의 규모에 관한 것인데, 150,000명에서 200,000명 정도가 전쟁 범죄 책임이 있었다는 것이다. 그중 대략 35,000명은 체포되어 재판을 통해 유죄를 선고받았다. 나치의 인류에 대한 범죄, 홀로코스트, 강제수용소와 집단 처형장 건설에 관해 많은 이론이 전개되었다. 이에 대해 많은 학자가 나치 추종자들에 대한 심리적 프로파일을 작성하려고 시도하였다. 그 결과, 제2차 세계대전 종반부에 가학적 성격과(Miale & Selzer,

1975) 독일인의 독재적인 성격(Adorno, Frankel-Brunswick, Levinson, & Sanford, 1950)에 대한 이론이 제시되었다. 이러한 연구는 나치 추종자들의 병적인 행동은 어떠한 특정 질환과 분명히 연관성이 있을 것이라는 생각을 기본 전제로 하고 있었다(Dicks, 1972).

하지만 나치 추종자들이 특정 유형의 성격을 가지고 있을 것이라는 개념은 두 가지 문제점을 갖고 있다. 첫째로, 잔혹행위나 제3제국 시절의 정부 주도 테러와 관련하여 보다 이질적인 성격을 가진 집단에 대해서는 생각하지 못했다는 점이다(Browning, 1993). 제3제국 당시의 잔혹 행위에는 비독일인 협력자를 포함하여 사회 각층의 사람들이 개입되었는데, 그러한 여러 집단의 특성과 이질적이고 복잡한 행동 양식의 심리적 특성을 파악하기란 거의 불가능하기 때문이다. 둘째로, '나치 추종자들은 특정 유형의 성격을 갖고 있다'고 주장하는 이론가들에 의해 제시된 테러범의 성격 특성들은 나치의 잔혹행위에 아무런 역할도 하지 않았던 사람들에게서도 발견되었다. 범죄를 저질렀거나 교도소에 수감된 많은 범죄자는 사실상 나치주의 이념과는 아무런 관련이 없었다.

나치 추종자들은 획일화된 병적 성격을 가지고 있다는 발상은 차후 Hannah Arendt(1958, 1963)에 의해 정정되었는데, 그녀의 이론에 의하면 나치 추종자들은 타락한 만족감을 느끼기 위해 타인에게 해를 끼치려는 공격적인 사람이 아니라, 단순히 명령에 복종하는 데에만 관심이 있었고, 적당한 야심과 양심이 있는 보통 사람이었다는 것이다. Arendt는 1961년 예루살렘에서 진행된 Adolf Eichmann의 재판에 근거하여 이론을 전개해 나갔다. 그녀를 포함한 많은 참관인은 Eichmann의 성격, 즉 성격상의 자질이나 부족한 부분을 보고는 상당히 놀라워했다. Arendt에 의하면, Eichmann의 성격은 지극히 평범하였고 성격 결함으로 강제수용소로 끊임없이 죄수를 이송하는 직책에 대해 죄책감을 못 느끼거나 재고하지 못했던 것이 아니었다는 것이다(그림 13-2 참조). 논란이 되고 있는 Arendt의 학위 논문에 의하면 나치 추종자들은 대부분 성격이 평범했고, 도덕적으로 무관심했으며, 그들의 희생자들에 대해 혐오나 어떠한 이념적인 악의도 갖고 있지 않았다고 한다. 따라서 그녀는 나치 추종자들이 사실상 지극히 평범한 사람들이었다고 결론지었다.

Arendt가 주장한 '악의 평범성(banality of evil)'은 올바른 환경에서 자란 보통 사람들도 악행을 저지를 수 있다는 점을 제시한 것에 의의가 있다. 하지만 이것은 사악하고 잔인하며, 전혀 평범하지 않다고 여겨지는 비교적 비슷한 유형의 성격이 존재할 수도 있다는 점 역시 암시하고 있다. '나치의 사악한 성격 유형'과 '악의 평범성'이라는 학설 대립은 나치의 행동에 대한 엇갈린 편견에서 시작되었다. 두 가설 모두 비교적 동종의 성격 유형을 제시하는데, 한 유형은 사악하고 가학적이며 반사회적인데 반해, 다른 유형은 복종적이고 무관심하며 매우 평범한 성격이다. 두 가지 가설 모두 자연스럽게 많은 토론과 논쟁을 불러 일으켰다. 그러나 Arendt의 이론은 보통 사람들도 나치와 같은 잔혹행위를 할 잠재성이 높다는 점을 제시하여 '미친 나치' 가설을 지지하는 이론과는 차이를 보인다고 할 수 있다.

[그림 13-2] 1940년 나치가 건립한 아우슈비츠 수용소는 테러, 집단 학살, 홀로코스트의 상징이 되었다. 나치 추종자들과 나치 지도자들의 심리적 상태를 파악하기 위한 심리학적 분석은 매우 유용한 것으로 입증되었다. 그리고 나치 일반 사병들은 권력에 의해 쉽게 영향을 받는 단순한 생각을 하는 보통 사람이었던 것으로 밝혀졌다. 이 사진은 강제수용소로 이어지는 기찻길의 끝이며, 2,000명에서 3,000명의 유대인들과 다른 수감자들이 가축 운반차나 화물 열차를 통해 이곳으로 끌려갔다. 나치 추종자가 수감자를 지목하는 순간 대부분은 즉시 가스실로 끌려갔다. 이 사진은 Eric A. Zillmer가 제공하였다.

코펜하겐 전쟁 범죄 재판과 뉘른베르크 국제 재판소의 심판을 받은 200명 이상의 나치 추종자와 공범에 대한 심리학적 자료에는 나치의 특정한 성격 유형이 나타나지 않았지만(Zillmer et al., 1995) 정부 주도 테러, 학살, 전쟁 범죄로 기소된 사람들을 분석한 결과, 오늘날 벌어지고 있는 테러와 관련성이 있는 사실을 찾아낼 수 있었다. 그들의 심리학적 자료를 분석해 보면 나치 고위 관료와 일반 사병을 구분하는 것이 중요하다는 점을 알 수 있다. 나치 고위 관료는 강제수용소의 설립에 가담하였고, 침략전을 일으켰으며, 많은 권한을 가지고 있었다. 이와 대조적으로 일반 사병들은 정부 주도 테러를 이행하는 책임을 지녔으며, 나치 일반 간부, 친위대, 장병, 기타 공무원으로 구성되었다. 또한 현대의 테러범들에게도 임무를 부여하고 명령을 내리는 테러 '지휘자'와 그것을 이행하는 '추종자'와 같이 두 가지 범주로 나누어 고찰하는 방법이 적절할 것으로 보인다.

나치의 일반 사병들에 대한 심리학적 자료를 보면 그들은 지나치게 단순한 정보처리 방식을 보인다는 점을 알 수 있다. 달리 말하면, 그들은 창조적인 사고를 하지 않고, 권위에 복종하기 쉬우며, 충동적인 행동을 하는 경향이 있고, 군대식의 엄격한 나치 계급 구조에 관심을 보였다는 것이다. 그들은 더 이상 다양한 개개인의 특성을 보이지 않고 외적 체제, 지시, 안도감만을 추구하게 되었다. 나치 일반 사병들은 자신이 단순히 명령을 따르고 있는 것이며, 강제수용소에서 벌어지는 끔찍한 일과는 아무런 관련이 없다고 믿었다(그림 13-3 참조). 사실 이러한 믿음은 체포되어 재판을 받게 된 나치 일반 사병들에게 흔히 나타났던 방어기제였다. 나치 사병들은 본인 또한 제3제국 통치 상황의 희생자이며, 자신의 행동은 자기 조절이 완전히 불가능한 상태에서 일어난 행동이라고 믿었다. 물론 이러한 항변이 그들이 저지른 행동을 변호할 수는 없겠지만 왜 많은 사람이 신중하지 못한 행동을 하게 되었는지를 설명해 준다. 그들은 집단을 형성하여 자기 부정에만 일관하였고 내면의 윤리적 기준을 준수하지 않았다. 그들은 자신감을 잃어갔고 사회적인 좌절감을 느끼게 되었다.

사회적으로나 대인관계에서나 일반 나치 사병들은 언론이나 영화에서 그려지는 것처럼 천박하고 냉담하지 않았다. 그들은 오히려 사회적 관계를 추구했으며, 소속감을 느낄 수 있는 사교 모임에 들기를 원했다. 그런데 집단으로서의 일반 사병들은 지나치게 단순화된 문제해결 방식과 같은 인지의 단순성을 보여 주었다. 사악한 테러범들은 대중의 마음을 파고드는 능력이 있기 때문에 현재 마주하고 있는 상황에 환멸감을 느끼는 수많은 일반인은 테러행위에 가담하게 될 위험성이 크다.

반면 나치 지도자의 심리 상태는 달랐다. 나치 지도자 계층은 지나치게 자신만만하고 권위적이었으며, 거만했고, 타인을 조종하는 데 능했으며, 자기중심적이었다. 그들은 고등교육을 받았으며, 두뇌가

[그림 13-3] "Arbeit macht frei: 노동이 너희를 자유롭게 하리라." 나치 관료들은 제3제국의 다하우와 아우슈비츠의 강제수용소 입구에 이 악명 높은 슬로건을 달아 놓았다. 위 사진은 체코 공화국에 건축된 테레진 수용소로 들어가는 입구다.

명석했고, 상당히 높은 평균 지능을 보인 것으로 나타났다(Zillmer et al., 1995). 그러나 타인에 대한 공감 능력의 결핍은 사이코패스의 특성과 비슷했다. 테러 '지휘자'들의 지능과 정신적 영향력을 과소평가 하는 것은 커다란 과오를 범하는 일이다. Osama bin Laden, Muammar Gaddafi, Saddam Hussein의 경 우를 보면 이러한 가설은 어느 정도 타당한 것으로 생각된다.

나치 관련 자료들은 나치 추종자들이 정신이상을 변명으로 삼을 수도 없다는 점을 보여 준다. 그들 에게서는 폭력, 공격성, 가학증에 대해서 확정적이고 구체적인 어떠한 성향도 찾아볼 수 없었다. 평범 하고, 고등 교육을 받았으며, 가족을 이룬 중산층의 사람들이 잔혹행위에 가담했지만 그들은 특정한 폭력 성향을 보이지 않았다. 사실 범죄 기록이 있거나 정신질환 병력이 있는 사람들은 신뢰성이 떨어 진다는 점에서 오히려 나치 정권 수립 당시 제외되었다. Hitler의 부하들은 성격 면에서 공통점보다는 차이점이 더 많았다.

정치 테러: 바더-마인호프단

9 · 11 테러 발생 후 미국은 나날이 불안정한 시국에 놓여 있었다. 이는 거의 10년 동안 예측할 수 없 는 테러 공격을 겪어 온 서독 사람들에게는 익숙한 일일 것인데 바더-마인호프(the Baader-Meinhof Gruppe) 테러 조직은 서독에 처음으로 사회 · 정치적 위기를 안겨 주었다. 사실 1968년부터 1977년까 지는 독일 연방 공화국의 짧은 역사에서 가장 격동적인 시기였던 것으로 기록되어 있다. 바더-마인호 프 집단은[Gruppe는 독일어로 '집단(Group)'을 나타내는데, '집단'은 또한 Bande 또는 갱(gang)으로 불리기도 한다] 1968년 서 베를린에서 일어난 서독 학생운동으로부터 발전하여 형성되었는데, 그들의 임무는 자 본주의, 미국의 점령, 정부 주도의 통치에 저항하는 것이었다. 바더-마인호프단의 이름은 총 지휘자 인 Andreas Baader와 창립 단원 중 한 명인 Ulrike Meinhof의 이름을 따 명명되었다. 폭력적인 좌익단 체의 지휘자였던 Baader는 여자 친구인 Gudrun Ensslin과 함께 1968년 프랑크푸르트 백화점 방화와 폭탄 투척 혐의로 유죄 판결을 받았다. 1970년 5월 그는 Meinhof 기자의 도움으로 경찰서 유치장을 탈 출하였고, 그 둘은 의기투합하여 바더-마인호프단을 설립하였다. 냉전, 독일의 통일, 베트남전쟁, 핵 무기의 확산, 미군의 주둔, 서독의 북대서양 조약기구 병력 등과 관련된 국가적인 사안으로 대규모 학 생 시위가 발생했는데 다른 산업 국가에서와는 달리 독일에서는 테러에 뒤이어 연속적인 폭탄 테러와 유괴, 은행 강도, 살인 등이 뒤따라 일어났다(Rasch, 1979).

바더-마인호프단이 효과적으로 테러를 할 수 있었던 이유는 서독 사람들 사이에서 놀라울 정도 로 큰 인기를 끌었기 때문이다. 독일 여론조사에 의하면, 독일 인구의 거의 10~20%가 그들의 사상을 지지했던 것으로 나타났다. 이 조사 결과는 수백만 명의 평범한 독일 시민이 바더-마인호프의 테러 계획에 동조하였음을 보여 준다. 뿐만 아니라 Gunter Grass, Heinrich Boll, Jean-Paul Sartre, Rainer Werner Fassbinder, Rudi Dutschke와 같은 저명한 지식인들도 바더-마인호프단의 사상에 동조하였고 그들 사상의 신뢰성은 점점 더 높아졌다. '동조자(sympathizer)'라는 단어는 말 그대로 연민과 동정심을 보이고, 자신의 생각을 타인과 공유하는 사람을 의미한다. 동조자들은 바더-마인호프의 과격한 테러 방법과 폭력성에는 동의하지 않으려 했지만, 그들이 표명했던 반미 사상은 독일 대중과 공감대를 형성했다. 그 결과 테러집단에서 '동조자'라는 용어가 만들어졌고, 현재 이는 테러 연구의 중심에 있다.

사실상 동조자는 오늘날 대규모 테러 움직임의 필수적인 전제 조건으로 여겨진다. 동조자가 없다면 테러 활동에 경제적·지적·사상적 근간이 없는 것과 같다. 이 사실은 역사적으로 보았을 때 반유대주의와 홀로코스트(Goldhagen, 1996)뿐만 아니라 이스라엘 저항 운동(Hamas), 아일랜드공화국군(IRA), 스페인 북부의 바스크인, 헤즈볼라(Hezbollah), 탈레반, 알카에다와 같은 테러집단과도 관련이 있다. 바더-마인호프단이 불법 범죄행위에 가담했음에도 불구하고 유명하고 대중적인 작가와 변호사들을 포함한 많은 독일 시민이 공개적으로 그들 행위의 일부가 사상적으로는 타당하다고 공표했다. 그 세대의 많은 사람이 "바더-마인호프단은 파시즘에 반대하고 있으며, 현재 그들은 파시즘이 다시 부활하고 있다고 생각하고 있다."라고 말하였다(Aust, 2008, p. 419). 그런데 바더-마인호프단이 은행을 털고 살인을 저지르는 등 폭력에만 의존하기 시작하자 그들의 지지 세력은 사라지게 되었다. '독일의 가을(German Autumn)'은 독일 연방 공화국이 지하 테러 조직으로 몸살을 앓은 몇 년간의 기간을 의미하며, 이 기간 동안 47명이 사망하였다.

1972년 바더-마인호프단의 지휘자들 대부분은 체포되었고, 그 추종자들은 지도자들을 석방시키기 위해서 5년 동안 대략 12명의 사람들을 유괴하고 살인하였지만, 서독 정부는 그들을 석방할 의도를 전혀 보이지 않았다. 1977년 10월 17일, 지휘자들은 수용소에서 자살했는데, 팔레스타인의 비행기를 납치하여 탈출을 시도하다가 실패한 것과 관계가 있는 것으로 추정된다. 이렇게 바더-마인호프단의 시대는 공식적으로 끝이 났다.

바더-마인호프단과 관계된 또 다른 중요한 사항은 정부의 대응이었다. 서독 정부는 경찰 기동대와 함께 특수 훈련이 되어 있으면서 중앙 집권적 구조를 가진 테러 저지 기관을 조직하였다. 이 기관은 전세계 최초의 연방 대테러 특수 기동 타격대였다. 테러범이 잡히면 독일 내무부에서는 어떻게 테러 활동이 발발했고 지속되었는지 여부를 파악하기 위해 즉각 수사에 착수한다. 1980년대에 독일어로 출판된 5권의 책은 바더-마인호프단에 속한 220명 이상의 조직원에 대한 분석 내용을 담고 있다. 그중 한권은 그 조직에 대한 심리학적 고찰만을 다루고 있다(Jager, Schmidtchen, & Sullwold, 1981). 바더-마인호프단의 심리사회적인 요인을 다룬 이 연구는 모든 테러범이 공통적인 정치적 이념을 공유하고 있음을 나타내는데(Weltanschauung), 그 이념이 그들로 하여금 폭력을 행사할 자격이 있는 것처럼 느끼게 한다고 설명하였다. 가령, 바더는 공식 석상에서 폭력에 대해 '정치적인' 책임이 있다는 것은 인정하겠지만, '개인적인' 책임은 인정하지 않을 것이다. 그러므로 테러범들은 그들의 사상을 추구하기 위해 폭력적인 행동일지라도 정당하고 합리적인 것으로 생각할 것이다. 바더는 재판에서 독일의 법체계를 두고 국가가 주도하는 테러행위라고 비난하였고, 바더-마인호프단 조직원들은 교도소에서 단식 투쟁을 하다 결국 자살한 동료들을 두고 이것은 국가의 살인행위와 마찬가지인 것이라고 주장하였다.

수감된 사람들에 대해 심리 조사를 시행한 결과, 대다수의 테러범들은 정신장애가 있거나 비정상적이라는 추정에 대한 결정적인 증거를 찾지 못하였다. 실제로 대다수는 중산층 가정에서 고등 교육을 받았고, BMW를 타고 다니며, 대학교에서 지적 엘리트층에 속하는 사람들이었지만, 바더-마인호프단의 구성원들은 좌절된 이상에서 오는 실망감이나 환멸(Urmisstrauen)의 감정을 공유하였다. '좌절감'은 테러 활동에서 중요한 구성요소로 나타나는데, 바로 이 좌절감에서 행동이 유발되기 때문이다. 테러범들에 대한 성격 조사에 의하면, 나치 일반 사병들과 비슷하게 테러집단의 구성원들도 현저하게 낮은 자존감(Minderwertigkeitsgefühle, 열등감)을 보이는 것으로 나타났다. 서로 유대감(Solidarität)을 느끼거나 같은 사교계에서 자주 만나는 사람들은 서로를 친구로 느끼는데, 이것이 바로 테러에 가담하게 되는 주요 과정이 된다. 사회적 네트워크(soziale Rollenfindung)에 대한 열망은 나치집단의 연대감(Gemeinschaftsgefühl)과 유사한데, 이는 테러 활동에서 중요한 역할을 한다. 이러한 테러 조직 현상은 차후 '집단 내 애착(within-group love)'으로 표현되었으며, '외부집단 혐오(outside-group hate)'와는 비교되는 개념이다(Sageman, 2004).

바더-마인호프단의 구성원에 대한 심리사회적인 연구는 테러범들의 공통적인 성격은 밝히지 못했지만, 테러 활동에 대한 많은 전제 조건을 파악할 수 있었다. 이러한 특성들은 많은 조직원이 좌절감과 환멸감을 느끼고 있었으며, 그들 다수가 서로 친구가 되어 결국엔 수용소에서 동반자살을 했다는 사실에서 나타난다.

바더-마인호프단과 같은 집단 테러범들의 정치적 · 심리적 측면에 대한 연구에서는 동조자와 지지자들을 가장 중요하게 생각했으며, 그들 없이는 테러가 발생할 수 없다는 점을 인식하였다. 오늘날 미국에서의 백인 우월주의는 본질적으로 효과가 없을 뿐더러 일반 대중의 지지를 받지 못하고 있다. 이와 대조적으로, 레바논의 테러 조직 헤즈볼라는 주민들로부터 광범위한 지지를 받고 있으며, 수십만 명의 시위대를 조직하는 것이 가능하고 많은 조직원은 각각의 지방단체에서 고위 행정 관리직을 맡고 있다. 미국이 테러단체로 간주하는 정당 하마스는 2006년 1월 팔레스타인 의회 선거에서 많은 의석을 확보하였다. 개인적인 수준에서 파악해 보면 평화와 이해심을 노래하는 찻집(coffehouse) 스타일의 발라드로 유명했던 전직 가수 Cat Stevens가 공격적인 테러집단인 하마스를 경제적으로 후원한 사실이 알려지면서 그는 미국과 이스라엘로의 입국 거부 조치를 당했다.

따라서 바더-마인호프 현상에서 알 수 있는 사실은 정치 테러는 심리적 진공 상태에서는 발생하지 않으며, 온건한 사고를 가졌지만 테러집단의 메시지에 담긴 의미를 포용할 수 있는 사람은 테러범들을 지지할 수 있다는 점이다. 동조집단이 형성된 테러단체는 위협적인 집단으로 거듭난다. 그러므로 교육과 선전을 통해서 테러집단을 옹호할 가능성이 있는 동조자들을 관리하는 것은 현재 테러에 맞서 싸우는 데 있어 중요한 조치행위로 여겨지고 있다.

보스니아 전쟁 범죄

40년이 넘는 기간 동안 유고슬라비아는 공산주의자 Marshal Tito의 통치하에 있는 다민족 공화국이었다. Marshal Tito가 사망하자 유고슬라비아는 민족별로 분열되었다. 1992년 초기 민족 간의 격렬한 긴장 상태는 세대가 바뀔수록 점점 심화되면서 결국 슬로베니아, 크로아티아, 마케도니아, 보스니아 그리고 헤르체고비나는 각각 독립국으로 승인되었다. 그러나 1992년 4월, 아직 분열되지 않은 공화국인 세르비아와 몬테네그로는 새로운 유고슬라비아 연방 공화국(Federal Republic of Yugoslavia)을 선언했다. 대통령 Slobodan Milosevic의 집권하에, 세르비아 국수주의자 불법 무장단체는 이웃 공화국에 위치한 세르비아 민족들을 '대 세르비아(Greater Serbia)'로 연합하기 위해서 많은 개입을 하였다.

그 결과 보스니아에서 내전이 발발해 서로 다른 세 민족 집단이 다투게 되었다(그림 13-4) 참조). 집단 처형과 공동묘지에 대한 기사가 보도되었고, '인종 청소(ethnic cleansing)' 과정을 통해 불법 무장 단체는 심한 차별을 조장하였고, 체계적으로 성폭행하고 고문했으며, 시민들을 살해하고, 시민들의 재산을 불법으로 사용하고 강탈하였다(Waller, 2002, p. 259). 전쟁 기간 동안 잔혹행위가 가장 심한 현장은 크로아티아의 국경에 위치한 브르치코였는데, 이곳 인구의 대다수를 차지하는 20,000명 이상의 이슬람교도들은 강제로 추방당했고, 최소 7,000명의 크로아티아인과 이슬람교도들이 살해 당해 공동묘지에 매장되었다. 게다가 1,000명 이상의 이슬람교도들이 가족과 분리되어 스베브레니카 근처의 공장에서 처형당했다고 보고된 바 있다.

보스니아 내전은 1995년에 종결되었으며, 2백만 명의 사람이 추방당하고 백만 개 이상의 지뢰가 발견되지 않은 채로 남겨졌다. 그 나라의 물적 사회기반시설은 파괴되었고 은행, 경찰서, 쓰레기장, 사법체계, 공공시설과 같이 당연히 존재해야 하는 도시 시설은 거의 존재하지 않게 되거나 손상되었다. 전쟁 이후에 보스니아 경제는 경제라고 말할 수도 없는 실정이었고, 교환 불가 모조 통화인 보스니아 마

[그림 13-4] "완전한 대혼란이었다. 그들에게 남아 있는 것이라곤 서로를 죽이는 일밖에 없었다. 기독교도, 이슬람교도, 모두가 서로를 증오한다. 이것은 세대에서 세대로 이어지고 있다."고 미군이 말했다. 사진은 보스니아의 많은 '분쟁 지역' 중 한 곳인 투즐라의 조감도다. 이 사진은 Eric A. Zillmer가 제공하였다.

르카의 도입이 시급했지만, 12개국이 참여한 UN 평화 유지군의 도움으로 평화와 안정성이 상당히 회복되었다. '하베스트 작전(Operation Harvest)'과 같은 특별 프로그램을 통해서 평화 유지군은 보스니아 시민들을 무장 해제하는 데 일조하였고, 보스니아의 치안을 강화하였다. 다국적 평화 유지군이 성공할 수 있었던 요인은 담당 영역을 각각 할당 받은 12개국의 상호 협력뿐만 아니라, 보스니아인이 대체로 국제 대표단을 반갑게 맞이했다는 사실에 있다. 그 결과, 감독하에 선거가 이루어졌으며, 최근 철도 체계가 복구되었고, 조세 제도가 기능하기 시작하였다.

  보스니아 내전은 어떻게 나라 전체가 스스로 자멸의 길을 택하고, 얼마나 손쉽게 조직적인 교전이 발발할 수 있는지 보여 주면서 현대사회 구조의 취약성을 나타내는 대표적인 사례라고 할 수 있다. 이 테러 사건이 일어난 국가는 유럽에 속하며, 수년간 수백만 명의 관광객을 유치하고, 많은 유럽 문화의 중심지로부터 겨우 몇 백마일 떨어진 곳에 위치해 있으며, 1984년 사라예보 동계 올림픽을 개최한 적이 있다. 테러행위에 대응하여 UN은 전쟁 범죄와 인류에 대한 범죄를 다루기 위해 네덜란드 헤이그에 국제형사재판소를 설치하였다. 2001년 추종자들의 많은 지지를 받고 있던 Slobodan Milosevic가 체포되자, 그는 인류에 대한 범죄 혐의로 재판장으로 이송되었다. '헤이그 재판소'는 뉘른베르크 국제 재판소를 본떠 제2차 세계대전 이후 설립되었으며, 현재 통용되는 대부분의 국제법을 제정하였다. 알바니아, 코소보, 보스니아는 지리적으로 정치적 분쟁 지역에 위치하고 있으며, 가장 최근에 발생한 테러 사건인 보스니아 내전은 말 그대로 이웃끼리 서로 등을 돌리고 세계가 방관하는 상태에서 서로에 대한 대량학살 전쟁이 얼마나 빨리 한 국가를 집어삼킬 수 있는지 보여 주면서 우리에게 큰 교훈을 남겼다(Neuffer, 2001).

Bartlett(2005)에 따르면, 테러범들은 대량 학살을 저지르는 사람들과 비슷한 정서적 특징을 가진다고 한다. 단일 민족 국가는 내심이 훤히 들여다보이는 테러 및 대량 학살 활동을 벌였으며, 공동 영토에서 함께 거주하던 민족 공동체를 학살하고 국외로 추방하였다. 최근 르완다, 우간다에서 벌어지고 있는 인권 유린은 여기서 언급할 만한 가치가 있으며, 몇 십년 동안 평화를 위해 같이 거주해 왔던 사람들이 너무나도 쉽게 잔학행위를 저지를 수도 있다는 사실에 대한 부가적인 사례로 들 수 있다. 몇 십년 동안 평화롭게 같이 살며 폭력에 대한 어떠한 성향도 보이지 않았던 평범한 사람들이 특정한 정치적 · 경제적 · 사회적 촉매에 의해 인류에 대한 범죄를 저지르게 된 것이다.

자살 폭탄 테러범

폭파범이 디스코텍(이스라엘), 결혼식(요르단), 지하철역(영국)과 같은 공공 집회에 침투하여 폭발물을 설치했다는 보도만큼 충격적인 일은 없을 것이다. 최근 이라크의 검문소나 지역 집회에서 거의 매주 발생하는 자살 폭탄 테러는 다국적 평화 유지군의 활동에 큰 지장을 주고 있다. 정치 폭력에 가담하기 위해 이러한 극한 상황에 뛰어드는 일은 대부분의 사람들로서는 생각조차 할 수 없는 것처럼 보인다. 이에 자살 폭탄 테러가 다른 행동보다 더 유해한지 여부에 대한 의문이 제기된다. 분명한 것은, 자신의 목숨을 내어놓으면서까지 이런 테러행위를 저지르는 사람들은 더 이상 잃을 게 없는 타락한 사람이 분명할 것이라는 사실이다. 자살 폭파범의 심리적 특성을 탐구하는 것은 잠재적인 위험의 조기 발견을 가능하게 해 준다는 점에 의의가 있다.

자살 폭탄 테러의 발생은 증가하고 있는 추세다. 자살 테러범들은 1983년에 미군과 프랑스군이 레바논을 버리고 떠나기를, 1985년에는 이스라엘군이 레바논을 떠나기를, 1994년과 1995년에는 이스라엘군이 가자 지구와 웨스트 뱅크를 포기하기를, 스리랑카 정부는 1990년부터 타밀 주를 독립시키기를, 1990년대 후반에는 터키 정부가 쿠르드인에게 자치권을 부여하기를 강요하였다(Pape, 2003, p. 343). 몇몇 연구원은 자살 테러의 발생 원인에 대해 조사하였는데, 그중 Kobrin(2010)은 이슬람교 자살 폭탄 테러에 대해 파악하기 위해 정신분석학적 구조를 이용하였다. Kobrin에 의하면 자살자의 성격은 새롭게 형성되는 것이 아니라, 생에 첫 인간관계, 즉 어머니와의 관계를 통해 매우 이른 시기에 형성된다고 한다. 또한 이슬람교 유아들은 지극히 불리한 입장에 있으며 장애적 사고를 가진 자살 폭탄 테러범으로 자랄 수 있는 위험에 처해 있다는 것이다. 똑같은 환경에 놓여 있는 사람들 중 몇몇은 자살 폭탄 테러범이 되고 나머지는 그러하지 않은 이유를 설명하는 데는 환경 요인만으로는 설명이 부족하다. 하지만 대부분의 사람은 자살 폭탄 테러범이 단 한가지의 심리적 특성만이 있는 것은 아니며(Merari, 2004), 그들은 남녀로 구성된 이질적인 집단이라는 사실에 동의한다. Merari(2010)는 자살 테러의 경우, 정치적 폐해, 전략적 목적, 문화 특성, 자살 폭탄 테러범의 개인적인 심리와 같은 다양한 요인의 영향을 받는 매우 복잡한 현상이라고 했다. 또한 Merari는 수백만에 육박하는 이슬람교도 중 많은 사람이 자살 폭탄 테러에 동조하더라도 대의를 위해 기꺼이 자기 목숨을 바치려고 하는 사람은 소수에 불과하다는(2,000명 정도로 추정) 사실을 지적했다. 일반 테러범들에 비하면 사실, 자살 테러범의 수는 매우 적다. 따라서 자살 폭탄 테러범에 대해 심리학계에서는 정치적 명분을 위해 자살하는 건강한 사람들에게 심리적으로 비정상적인 무언가가 존재하거나 또는 어떤 심리학적 특성이 내재되어 있을 것이라고 추정하고 있다.

자살 폭탄 테러에 대한 최초의 연구는 제2차 세계대전 당시 일본군의 가미카제 자살 특공대를 대상으로 했다. 예를 들면, 1945년 4월, 오키나와 전쟁에서 몇 천기의 일본 항공기는 수백 대의 미국 해군 함정에 충돌하여 5,000명이 넘는 선원의 목숨을 빼앗았는데, 그 자살 특공 임무에 배치된 사람들을 분석한 결과, 그들은 대부분 일본의 야욕을 위해 동원된 예비역 군인들로서 비교적 평범한 시민이었다는 점이 밝혀졌다(Morris, 1975; Taylor, 1988). 현대의 자살 폭탄 테러는 좀 더 은밀하게 진행되지만, 그들이 초래하는 결과는 가미카제 조종사와 같이 치명적이다. 팔레스타인 자살 테러범에 대해 상세한 연구를 수행한 결과, 그들은 정서장애, 우울증, 슬픔과 상실의 경험과 같이 자살을 택하는 사람들의 일반적인 심리적 특성을 보이지는 않는다는 점을 파악하였다. 따라서 그러한 테러범에 대한 적절한 명칭은 자살 폭탄 테러범이 아니라, '인간 폭탄'이 되어야 한다는 주장이 제기되고 있다(Argo, 2006). 한편 자살을 하지 않고도 얼마든지 폭력적인 행동을 할 수 있기 때문에 연구자들은 자살이라는 부가 행동은 자살자의 심리 구조의 측면에서 상당한 의미가 있다고 주장한다. 가령 Lester, Yang과 Lindsay(2004)에 의하면, 자살 폭탄 테러범들은 자살 가능성을 높이는 위험 요인에 의해 특징지어진다고 한다. 또한 권위주의적인 성격은 테러범과 자살 폭탄 테러범의 성격과 정신 역학에 부합한다고 가정하였다. 권위주의적인 성향은 나치에 대한 논의에서와 같이 이전부터 테러범의 심리 구조와 연관성이 있다는 주장이 제기되었으나 이를 지지하는 학자는 거의 없었다.

이스라엘 수용소의 팔레스타인 자살 폭탄 테러범 조사 연구원들은 자살 폭탄 테러범은 불균질 집단에 속한다고 밝혔는데, 이는 나치, 바더-마인호프단, 보스니아 전쟁 범죄자의 이념에 대한 연구 결과와 유사함을 보였다. Nichole Argo(2003)는 이스라엘 수용소에 수감된 15명의 팔레스타인 폭파 미수범과 3명의 폭파 음모범과 면담했는데, 그들은 모두 16세에서 37세 사이의 남성이었으며, 18명 중 5명은 피난민 집단에서 태어났고, 14명은 미혼, 2명은 기혼, 2명은 약혼 상태였다. 그중에는 세뇌교육을 받은 어린아이들뿐만 아니라 취직한 기혼의 중년층도 포함되어 있었다.

　면담 내용을 심리학적으로 분석한 결과, 일반적으로 그들에게서는 정신병의 흔적이 발견되지 않았고, 폭파 미수범들은 미치광이나 극단주의자 또는 억압된 사람들이 아니었다. 오히려 희생자들에 대해 동정심과 연민을 보였는데, 그러면서도 그들의 행위에 대해서는 완벽하게 정당하다고 생각했으며, 어떠한 후회도 드러내지 않았다. 과거의 절망이나 빈곤에 대한 흔적도 보이지 않았다. 면담 내용을 판단해 보면, 폭탄 테러행위 착수 이전에 그들의 삶의 질은 비교적 나쁘지 않았고 미수범들은 그들의 사상을 위해서 모든 것을 희생하였음을 알 수 있다. 실제로 대부분의 면담 대상들은 친밀한 동료집단에 대한 충성심을 보였는데, 이는 자살 폭탄 테러범들이 주로 혼자 있기를 좋아할 것이라는 추측과는 상반되는 모습이다. 다른 테러집단에서 발견할 수 있는 친밀한 관계처럼 그들도 서로를 위해 죽을 준비가 되어 있었다. 또한 이 장에서 소개하고 있는 다른 연구 결과와 유사하게, 자살 폭파 미수범들은 종교와 국수주의적 이념을 공유하는 모습을 보였다. 각각 종교성의 정도는 상이했지만, 이러한 요소들은 팔레스타인 폭파범들의 동기적 측면을 능가하는 것처럼 보였다. 대부분이 이슬람교도였음에도 몇몇은 훨씬 더 관습을 준수하였으며 심지어 어떤 이는 자신을 세속적이라고 표현하기도 하였다.

　Papa(2005)는 전 세계에서 1980년부터 2003년에 발생한 총 315건의 자살 폭탄 테러에 대한 데이터베이스를 조사하였는데, 그에 따르면 자살 테러범들은 범죄 전과가 없었으며, 문맹이거나 빈곤한 상태도 아니었다고 했다. 오히려 그들 대부분은 종교에 크게 관여하지 않았고 학식도 갖춘 중산층 가정 출신이었다. 가령, 2005년 런던의 지하철 폭파 사건을 일으킨 테러범들은 서로 친구였고, 어떤 이는 나이도 많았으며, 결혼도 했고, 직장까지 있었다. 결과적으로, 자살 폭탄 테러범들은 행동의 결과로써 잃을 것이 너무나도 많기 때문에 '희생'이라는 개념은 자살 테러범들의 심리를 파악하는 데 아주 중요하다. 자살 테러범들은 그들의 행동이 상징적인 의미가 있으며 더 큰 명분을 위한 것이라고 믿고 있다. 2002년 여름 Atran(2003)이 제시한 자료에 의하면, 70~80%의 팔레스타인 주민이 이른바 순교자적 작전에 옹호했다고 한다. 테러범들에게 희생이 없는 테러행위는 아무런 의미가 없는 것이어서 희생은 테러행위의 중요한 전제 조건이 되었다. 그러므로 자살 폭파범은 정신질환이 없다는 입장이 많아졌고 (Merari, 2010), 대중의 인식과는 반대로 현재 심리학자들은 자살 테러범들의 경우, 심리적으로 아주 평범한 사람에 속한다고 주장하고 있다. 하지만 이것은 정신질환을 앓는 개인이 정신질환에 의해 촉발된 독자적인 테러행동을 하지 않는다는 의미는 아니다. 예를 들어, 신발 폭탄 테러범 Richard Reid, 올림픽 폭탄 테러범 Eric Rudolph, 연쇄 소포 폭탄 테러범 Theodore Kaczynski와 같이 정신적으로 불안정한 자가 테러행위를 저지를 때는 대개 혼자 행동하며, 정치적·사회적 구조에 속해 있지 않는 모습을 보인다. 개인이 단독으로 테러행위를 저지른 최근의 사건은 Nidal Malik Hasan 사건인데, 그는 2009년 11월 5일 텍사스 주 포트 후드에서 총기를 난사하여 13명의 미국 국방부 직원들을 죽이고 32명에게 상해를 입혔다. 이 사건은 2001년 9월 11일 이래로 미국에서 발생한 최악의 테러 사건으로 간주된다. 미 육군 장교이자 정신과 의사인 Hasan 소령은 곧바로 체포되었고, 현재 군사 재판소에서 살인 및 기타 혐의로 재판을 받고 있다. 다른 전례들처럼 Hasan도 단독으로 행동했지만 그가 미군 장교로서 수행해야 할 역할과는 상반되게 이슬람 급진주의 지도자와 서신을 주고받았고, 아주 독실한 종교적 믿음을 지니고 있었다는 점에서 매우 눈여겨보아야 할 사건이다. 그의 상관들은 이런 사실을 통해 위험 신호를 파악했어야 했고, 그가 테러행위를 할 수 있다는 점에 대해 논의했어야 했다. '소령 계급'과 '정신과 의사'라는 직위 때문에 주변 사람들은 그를 심각하게 여기지 않았으며, 이슬람 과격주의자가 될 것이라고는 상상도 하지 못하였다. FBI는 최종 분석을 통해 Hasan은 마치 시한폭탄과 같았으며, 이와 같이 자생적으로 발생하는 테러행위에 대해 대응할 수 있는 능력을 향상시켜야 한다고 당부했다 (Lieberman & Collins, 2011). 최근에 한 미군이 17명의 무고한 아프가니스탄 시민들을 냉혹하게 살해한 사건은 4명의 해병이 탈레반 송장을 훼손한 사건 바로 뒤에 일어났다. 이 사건은 아프가니스탄 전쟁에 미군 부대가 개입하여 벌어진 참상이며, 군인들이 아프가니스탄과 같은 해외 작전 지대에 배치될 경우 직면하게 되는 문화적 문제에 대해 충분히 숙지해야 할 필요성을 제시하고 있다(Zillmer, 2012).

단독 테러범과 비교했을 때 조직적 테러집단에서 수행되는 대다수의 자살 폭탄 테러 및 기타 임무는 미리 정교하게 계획되어 있으며, 정확한 시간 기준에 따라 수행되고, 정신질환이 없는 것처럼 보이는 일반인에 의해 시행된다(Atran, 2003).

탈레반

아프가니스탄은 텍사스 주보다 약간 작고, 인구는 대략 2천 8백만 명 정도인데, 그 국가의 대부분을 지배하고 있는 '탈레반'은 이슬람교도로 구성된 정치적 무장단체다. '탈레반'은 무자헤딘(Mujahedeen, 아프가니스탄 전사라는 의미)에서 유래되었는데, 무자헤딘은 오랜 기간 동안 민간 폭동에 가담해 왔으며, 능숙하고 노련한 적군으로 인식되고 있다. 탈레반은 소련군이 철수한 결과로 발생한 무정부 상태와 군벌주의 체제가 형성된 1990년도 중반에 정치 세력으로 성장하였다. 그들의 움직임은 포착하기 어렵고, 충성스러운 추종자들과 함께 전략적으로 행동하므로 미국의 강력한 적수임에는 틀림이 없다. 그들은 아편 거래와 친탈레반 정부로부터 자금을 조달한다. 이를 통해 새롭게 탄생한 탈레반은 감적수(Target Detail; 보통 저격병들은 2인 1조로 움직이며, 저격 같은 장거리 사격의 경우엔 기압, 습도, 지구의 자전, 중력, 풍향 등의 변수에 의해 총알의 궤도가 바뀔 수 있기 때문에 관측병이 옆에서 망원경으로 표적을 지정해 주거나 여러 변수를 알려 준다)를 활용한 저격, 수많은 급조 폭발물, 로켓이나 박격포 공격과 같은 간접 조준 사격 등 현재 테러집단의 주요 전략이 된 비대칭 전술에 특화된 집단이다(그림 13-5] 참조). 탈레반은 전술 측면에서 향상되었을 뿐만 아니라 주민에 대한 홍보 방법을 교육받으며 아프가니스탄에 거점을 두고 명령체계가 확립되어 있는 조직이다.

탈레반은 이슬람 교리를 엄격하게 해석하고 여성을 가혹하게 취급하여 서구의 많은 비판을 받아 왔다. 테러집단으로서의 탈레반은 주로 아프가니스탄과 파키스탄 북서부에서 활동하는데, 그들의 정치적·사상적 목적을 달성하기 위해 민간인을 공격하며 통제한다. 소련의 아프가니스탄 점령과 테러와의 전쟁이 수행되기 이전부터 아프가니스탄은 바더-마인호프단, 알카에다와 같은 테러집단을 보호하고 훈련장을 제공해 준 전력이 있다.

심리학적 관점에서 탈레반을 이해하는 것은 상당히 중요하다. 왜냐하면 그들의 테러행위는 이념 전쟁의 승리와 지정학적 전투 수행 승리 모두에 똑같은 주안점을 두고 있기 때문이다. 따라서 서구 문화권에서는 탈레반을 이해하기가 매우 어렵다. 그들은 위협, 전쟁, 부정부패를 통해 아프가니스탄의 대부분을 지배하고 있다. 그들은 이러한 수단이 아니면 달성하기 힘든 치안 및 정치 구조를 형성하고 있다. 탈레반과 그 추종자들은 아프가니스탄에 침입한 외국인에 대한 뿌리 깊은 불신감으로 단결되어 있는데, 수세기에 걸친 전쟁은 그들의 결의를 더욱 확고하게 만들었다. 현재 서방 국가에서 느끼는 주

[그림 13-5] 아프가니스탄의 험난한 지형으로 인해 탈레반은 저격 공격과 급조 폭발물을 이용한 비대칭 전술의 활용이 가능하였다. 이 사진은 Brendan McInerney 해병대 2등 중사가 제공하였다.

된 공포는 아프가니스탄이 국제사회와 개방적 관계를 형성하지 않을 경우 이곳이 다시 한번 알카에다나 다른 테러집단의 피난처가 될 수도 있다는 사실이다.

첩보기관과 심리학계에서 관심을 가지는 점은 어떻게 탈레반이 사회학적으로 조직되어 있는지에 관한 것이다. 헤즈볼라나 하마스와 비슷하게 탈레반의 지도자는 지역 단체의 지도자에서부터 군 지도자에 이르기까지 다양한 역할을 수행한다. 탈레반은 정치적 · 경제적 지배권을 획득하기 위해 부정부패, 위협, 착취, 아편 거래와 같이 많은 전술을 활용한다. 이런 의미에서 탈레반은 국제 테러단보다는 군벌 조직을, 정치 테러단보다는 범죄 단체의 특성을 보여 준다. 서구 국가에서는 아직도 이 은둔 조직의 특성을 파악하고 있지 못하기 때문에 탈레반에 대한 심리 분석은 거의 진행되지 못한 상황이다. 탈레반과 직접 교신한 TV 및 인쇄 매체 기자로부터 많은 정보가 입수되고 있다(Taliban: The Unknown Enemy by Fergusson, 2010). 탈레반에 대해 학술적으로 접근한 자료를 보면(Giustozzi, 2009), 조직 기반 시설이나 지도자의 심리학적 분석 내용보다는 지역 간의 차이와 탈레반의 충돌에 주목하고 있다. 이 때문에 공식적으로 발표된 탈레반에 대한 개별적 · 종합적인 정보는 거의 찾아볼 수 없는 것이다.

탈레반에 대한 일반적인 인식은 그들이 외국인에게 깊은 분노를 느끼고 있고, 개방된 사회에서는 활동하지 않으며, UN이나 미국의 국제적 지시에 협조하지 않는다는 것이다. 아프가니스탄 국민 중 글을 아는 사람의 비율은 남성의 경우 43%, 여성의 경우 12%인 것으로 추정되고 있다. 그렇지만 기초 교육의 확대 측면에서는 현재 발전하고 있는 면모를 보이고 있다. 10,000개 이상의 학교가 설립되어 7백만 명이 넘는 아이들을 교육하고 있으며, 그 결과 2001년에 비해 전체 학교 등록 수는 6배나 증가했다. 그렇지만 탈레반 정권하에서 여성은 학교에 다닐 수 없으며(U.S. Department of State, 2011), 전체 실업률은 대략 35%인 것으로 나타났다. 미군은 지역사회와 최대한 많은 상호작용을 하기 위해 아프가니스탄에 배치되었지만, 그들 대부분은 인구 밀집 지역과는 멀리 떨어진 곳에 위치한 임시 기지에만 머물고 있고, 거의 임무에 기초한 계획만 실행하는 외부인이라는 사실에는 여전히 변함이 없다. 또한 언어 장벽, 문화 차이 그리고 미국에 대한 깊은 분노 때문에 미군이 탈레반과 직접 교섭하는 것은 아직 어려운 일이다. 따라서 대체로 교육을 못 받고 글자를 모르는 많은 사람은 위협, 부정부패, 착취, 협박을 행사하는 탈레반의 테러 위험에 처해 있다고 보아도 무방하다.

아프가니스탄에서 복무했거나 탈레반의 문화와 집권에 대해 연구해 온 학자들로부터 몇 가지 주요 정보를 획득하였다. 첫째로, 탈레반은 씨족이나 부족의 조직 구조와 같이 느슨하게 조직된 집단이라는 점이다. 다른 테러집단과 비슷하게 구성원이 될 수 있는 자격이 모호하며, 자불 지방의 탈레반이나 북부 지역의 탈레반과 같이 대개 지역에 따라 규율되기도 한다. 탈레반은 부관에게 각 지역을 정기적으로 순시하게 하여 조직을 관리한다. 이는 현장 방문을 통해 대표자를 관리 · 감독하고 중앙 집권적 구조를 보이는 다른 사회 통치체제와 차이를 보인다(Giustozzi, 2009). 따라서 탈레반 지휘자는 정보의 신뢰성 측면에서 불리한 입장에 놓여 있다. 이는 보다 잘 정비되어 있고, 자금 조달이 용이한 미군 입장에서는 상당한 약점으로 작용할 것이라고 인식하고 있다. 하지만 약점으로만 볼 수는 없는 것이 다른 테러집단의 경우와 유사하게 탈레반의 분권적 특성은 탈레반 전체의 전력을 손상시키지 않은 채 최대한의 피해를 흡수할 수 있도록 해 주기 때문이다.

탈레반의 사회적 구조는 각 지역사회의 구성원으로 모집된 이질적 집단들이 모여 있다는 점에서 역시 다른 테러집단과 일치하는 모습을 보인다. 이러한 관점에서 크게 두 부류로 나눠지며 각각의 경우 서로 다른 심리적 특성을 보이는 현대의 테러집단과 탈레반은 많이 닮아 있다. 탈레반의 지도자는 막대한 권력을 가지고 있으며, 임무를 개시하고, 명령을 내린다. 탈레반 지도자들과 접촉한 몇몇 기자는 그들이 똑똑하고 창의적이며 사람을 조종하는 데 능하다고 묘사하였다. 그들은 공포심과 범죄를 통해 타인을 지배하는데, 그런 면에서 그들은 소말리아나 예멘의 마피아 혹은 군벌 세력과 흡사하다. 범죄 테러범으로서의 탈레반 지도자들은 이성적인 위험-보상체계에 근거하여 테러행위를 저지르며, 그들은 위협, 부정부패, 착취, 아편 거래와 같은 행위도 정당하고 논리적인 근거가 있는 것으로 생각한다. 또한 탈레반은 상당히 신중하게 행동하며, 추종자들에 대해 막대한 사회적 권위와 정서적 영향력을 가지고 있다.

탈레반은 적군에 대해 비대칭 전술을 펼침으로써 어마어마한 위협을 가한다. 그들은 마치 분쟁을 통해서만 이념적·정신적 배경이 형성되는 모습을 보이고 있다. 탈레반은 막상 권력을 잡자 정치적으로 유능한 모습을 보이지 못했다. 아편 무역과 다른 친탈레반 국가 정부로부터 자금을 조달하는 탈레반 조직은 강력하고 골치 아픈 테러집단의 표상이 되었다.

알카에다

알카에다는 국제 테러집단으로서 이슬람교를 지키기 위한 '지하드(Jihad, 성전의 의미)' 이념으로 무장되어 있는데, 알카에다의 추종자들은 지하드를 비신도와의 종교 전쟁으로 이해하고 있다. '알카에다'라는 용어는 테러 공격의 목표가 알카에다의 이념과 일치하는 경우나 알카에다의 추종자들이 스스로 알카에다 조직원이라고 밝힌 경우 그러한 계획이나 테러 공격과 관련된 사항을 지칭할 때 사용한다. 알카에다 테러 공격 사건으로는 대표적으로 '1999년 LA 국제공항 폭격 사건, 2000년 미 해군 구축함 콜 호 폭파 사건, 9·11 테러, 2003년 이스탄불 폭격 사건, 2004년 마드리드 열차 폭파 사건' 등이 있다. 알카에다 지도자가 공격 명령을 내렸다는 분명한 증거가 존재하는 경우도 있고(9·11; National Commission on Terrorist Attacks upon the United States, 2004), 간접적인 관련성만 입증되는 경우도 있다. 알카에다의 테러행위는 '알카에다 지도자와의 교신에 대한 어떠한 흔적이나 증거가 없는 단독 활동' 내지 '자생 테러와 국경을 넘나들면서 복잡한 금융 거래나 정교한 계획과 속임수를 펼치는 고도로 조직된 테러 활동'과 같은 두 가지 테러 형태를 모두 보여 준다. 알카에다는 느슨한 조직 구조를 보이며, 반서구 이념으로 긴밀하게 단결되어 있는 분권화된 테러집단이다. 파악하기 힘든 조직구조와 수직적 계급체계를 갖추고 있지 않기 때문에, 그들을 추적하고 공격하는 것은 매우 어렵다. 알카에다가 구사하는 테러 전술은 무방비 상태의 민간인과 같이 쉬운 목표물을 타격하려고 한다는 점에서 종래의 테러 전술과는 다르다고 할 수 있다. 이와 대조적으로 바더-마인호프단은 정치적 대상, 국유 은행, 미 군사시설, 보수파 정치인에게 주력하는 모습을 보였다.

알카에다의 심리를 이해하는 데 주안점을 둬야 할 부분은 어떤 부류의 사람이 어떤 환경에서 지하드에 가담하게 되는지를 조사하는 것에 있다. 수백만 명이 지하드를 이념적으로 지지하고 있지만, 알카에다에 가입한 소수의 인원만이 그들의 이념을 위해서 싸운다. 알카에다에 대해 밝혀진 것은 거의 없지만, 알려져 있는 조직원들의 일대기를 연구한 결과 알카에다 추종자들은 대부분 유년 시절이나 문화적·종교적 사교 모임을 통해 형성된 교우관계에 기반을 둔 사회적 테러 조직에 가입하게 된다고 추측된다. 알카에다 조직원 모집에 있어 익명 모집, 보통 교육의 영향, 친족, 결혼은 작은 부분만을 차지한다. 가령, 4명의 런던 폭파범은 지역 문화 센터에서 처음 만났고, 이후 2005년에 런던 지하철과 2층 버스에서 52명을 살해하였다. '딕스 요새 6인조(Fort Dix Six)'는 친구들 사이의 모임이었는데, FBI 요원들에 의해 체포되기 전인 2007년에 알카에다와 Bin Laden의 영향을 받아 뉴저지의 딕스 요새에 주둔하고 있던 미군을 공격하려는 음모를 세웠다. 한편 알카에다의 활동에서 여성은 중요한 역할을 한다. 눈에 보이지 않는 사회 기반시설을 결속시키고, 친척들과 친구들이 지하드에 합류하도록 격려하며, 다른 일원의 남자 형제와 결혼을 함으로써 그들의 신념과 헌신을 더욱 확고하게 만든다. 이를 통해 알카에다 세력에 대한 충성심과 유대감은 더욱 깊어진다(Sageman, 2004).

또한 알카에다 조직원은 거의 외국에서 모집되었다. 가령, 9·11 테러의 납치범 전원(18명)은 모두 자신의 출생지가 아닌 외국에서 모집되었다. 그러므로 알카에다에 가담할 마음이 있는 사람은 소속 사회로부터 멀어졌거나 출신지의 문화·가족·친구들로부터 동떨어져 있다고 느끼는 경우 실제로 알카에다에 가담하는 행위까지 나아가는 것 같다(Sageman, 2004). 따라서 환멸감, 사회 유대에 대한 열망, 외적 구조의 추구를 예비 테러범들을 모집하는 방법과 예비 테러범들이 생겨나는 이유를 설명하는 핵심 요소로 간주해야 한다. 그들은 두려움이나 이념 때문이 아니라 소속감을 느끼고 싶기 때문에 알카에다에 가담하는 것이다. 많은 알카에다 추종자는 창의적인 생각을 하지 않으며, 권위에 의해 쉽게 영향을 받고, 준 군사 계급과 테러집단의 구조에 관심을 가진다. 그들은 똑똑하고, 자기도취적이며, 카리스마가 있는 테러 지휘자에 의해 조종당하기 쉽다. 알카에다 추종자들은 그들의 지역사회, 가족, 지도자, 대의를 위해서 희생할 것을 요구받는다. 희생 없는 테러 활동은 테러범들에게 더 이상 아무런 의미가 없으며, 따라서 '희생'은 테러 활동을 완벽하게 만드는 중요한 전제 조건이 되어 버렸다. 정반대로, 명령에 대한 불복종은 '수치심'과 연관이 있다. 따라서 '충성심, 애착, 희생, 세뇌, 환멸'의 심리적 개념은 테러범의 모집에 중요한 역할을 하고 있으며, 일상적으로 활용되고 있다.

알카에다를 이해하기 위해서는 그들을 각각의 개인으로서 조사하는 것이 중요하다. Sageman(2004)은 400명이 넘는 알카에다 사람들의 일대기를 조사했으며, 그 결과 겨우 1%도 안 되는 사람들만 범죄전과나 정신병이 있다는 사실을 알아냈다. 대다수는 결혼을 했고, 자녀도 있었으며, 직장도 있는 상태였다. 알카에다와 사실상 대부분의 테러집단의 심리적 요소로부터 알 수 있는 사실은 개인적으로는 해를 끼칠 가능성이 적은 사람도 집단을 형성하는 경우 테러 활동을 벌일 수 있다는 점이다. 따라서 알카에다의 심리 현상은 개인에 대한 병리학보다는 집단의 역학적 요소에 근거하고 있다. 또한 알카에다에 가담한 사람은 질환을 앓은 흔적을 보이지 않았다.

알카에다와 연관이 있는 것으로 알려지면 국제정보기관은 그들뿐만 아니라 그들과 협력한 것으로 추정되는 다른 테러범들까지 추적하기 시작한다. 알카에다는 최대 20개에서 최소 1개의 작전 조직을 거느린 국제 테러 조직으로 간주된다. 대부분의 상호작용은 조직 내에서만 이루어지며, 조직 외부와는 의사소통을 거의 하지 않는다. 그러므로 알카에다 테러범으로 지목된 용의자에게 정보를 캐내는 것은 알카에다 조직 구조를 파악하는 데 필수적이다.

알카에다와의 전쟁에 도움을 주기 위해 심리학자들은 테러범들과 상호작용하고 군 지휘관과 장병에 대해 테러범들의 심리 상태를 교육한다(Sageman, 2004). 테러범의 심리 형태를 이해하는 것은 매우 중요하다. 알카에다에 가입할 수 있는 조건은 생각보다 그렇게 까다롭지 않다. 그리고 일단 알카에다의 조직원이 되면 집단의 역학적 요소와 사회 유대에 기초한 동기가 형성되어 알카에다 임무를 수행하게 될 수 있다. 사실 테러범은 가까운 친구나 가족을 배신하지 않고서는 사회 유대를 포기하기 어렵다. 예를 들어, 대부분 친구들로 구성되었던 바더-마인호프단의 사례를 보면, 그들은 투옥되자마자 충성심을 표현하기 위해 다 같이 자살하였다. 미국에 타격을 주려는 알카에다의 의욕도 이와 같은 깊은 충성심에 기초하고 있으며, 테러 계획의 성공 여부를 정밀하게 계산하는 절차 또한 수행하고 있다.

지금까지 테러와의 전쟁에서는 알카에다의 경제적 기능과 임무 수행 기능을 방해함으로써 성공을 거두고 있다. 2011년 알카에다의 지도자 Osama Bin Laden의 제거는 틀림없이 중요한 승리를 상징한다. 그럼에도 알카에다는 규모와 국제적인 영향력, 수백만의 아랍인과 수많은 친알카에다 정부를 포함한 방대한 규모의 동조자 때문에 여전히 쉽지 않은 정치적 위협으로 남아 있다. 알카에다의 동조자들 사이에서는 알카에다의 테러행위와 반서구적 정서를 관대하게 인정하고 있으며, 보다 많은 사람은 알카에다의 테러행위를 용인하고 있다. 알카에다의 테러를 방지하기 위한 대책으로써 심리 과학을 최대한

[그림 13-6] 테러와의 전쟁에서 지식은 아주 중요한 군사 도구로 작용한다. 그런데 테러범들에 대한 심문은 알카에다와의 전쟁에 있어서 논란이 되고 있다(제14장 참조). 이 사진은 해군 정훈 공보 상병인 Remus Borisov가 제공하였다. 위 사진은 기밀이 아니며 Robert T. Durand 해군 사령관에 의해 공표가 승인되었다(JTF-GTMO PAO).

적용할 수 있도록 행동과학자와 심리학자들을 활용하는 것이 필요할 것으로 보인다(그림 13-6 참조). 이 분야에서 직·간접적으로 심리 과학을 진보시키는 것은 국가 안보의 향상과 심리학 분야의 발전에 큰 도움이 될 것이다.

요 약

지난 10년간 군사 교전의 형태는 많이 변모되어 왔는데, 이것은 냉전, 걸프전, 이라크전, 아프가니스탄 전쟁 이후에 나타난 지정학적 변화와 연관되어 있다. 게다가 최근의 테러 공격과 관련하여 테러 집단을 어떻게 개념화할 것인지에 대해 심리학적으로 복잡한 문제를 야기하고 있다. 그에 따라 군대의 현대화와 기동성 향상이 요구되고 있으며, 테러범들의 동기를 이해하고자 하는, 즉 '적의 생각'을 파악하려는 데 관심이 집중되고 있다. 이 장에서는 테러범들의 심리를 이해하기 위한 역사적인 테러 현장과 현재의 실태를 확인하였다. 주요 연구 결과는 다음과 같다.

• 테러 활동에 참여하기 위한 조건은 생각보다 높지 않다.

- 테러범은 두드러진 정신병이나 테러에 대한 성향을 보이지 않는다.
- 테러범의 가장 일반적인 특징은 공항 보안을 통과하거나 외국에서의 생활이 가능함 등 지극히 정상적인 사람이라는 점이다.
- 대부분의 테러범은 광신도가 아니며 범죄 전과도 없다.
- 테러행위는 이성적인 추종자들에 의해 발생하며 그들은 비용과 효용을 산정하여 합리적인 전략을 구사한다.

제2차 세계대전의 나치 당원(Zillmer et al., 1995), 독일 테러범(Rasch, 1979), 일본군 가미카제 조종사(Taylor, 1988), IRA 테러범(Bartlett, 2005), 팔레스타인 테러범(Laqueur, 1987), 이탈리아 붉은 여단 테러범을 연구한 결과(Reich, 1998), 그들에게서 일관성 있는 정신질환 유형을 발견하지 못했다. 실제로 대부분의 테러범은 자기 자신을 군인이라고 생각하는데, 아마 심리적으로도 그렇게 간주하는 것이 그들의 입장에서는 최선일 것이다. 테러범들은 결함이 있거나 비정상적인 사람이라고 생각하기 쉽지만, 그들은 조직화된 집단의 일원으로서 집단 학살에서 자살 특공 임무에 이르기까지 다양한 범위의 잔학행위를 저지른다. 놀라운 것은 그들이 어떠한 정신병이나 일관된 비정상적 요소, 정신질환 병력, 범죄 전과를 보이지 않는다는 점이다. 따라서 이와 같은 심리학적 자료는 이전에 어떠한 폭력적인 성향을 보이지 않았던 평범한 사람도 잔학행위에 가담할 수 있다는 것을 암시한다.

테러범들에 대해 심리학적 프로파일을 작성하는 것은 어려운 일이며, 그들은 서로 이질적인 성격을 가진 집단으로 보인다. 따라서 테러범에 특수한 성격 프로파일은 거의 찾아볼 수가 없다. 사실 테러범들의 가장 일반적인 특징은 서로 다른 성격을 보이고 지극히 평범한 인물이라는 점인데, 이로 인해 그들은 공항의 보안 검색대를 문제없이 통과하거나 수사를 피하기 위해 사회에 자연스럽게 뒤섞일 수 있다. 또한 이것은 나치 강제수용소의 군인들과 알카에다를 포함한 현대의 테러범들이 어떻게 오랜 기간 동안 들키지 않고 미국이나 다른 나라에 머무를 수 있었는지를 설명해 준다.

대부분의 테러범은 광신도가 아니며 범죄 기록도 없다. 오히려 정신장애가 있는 사람은 효과적인 테러범이 되는 데 필요한 규율과 테러 지도자들이 요구하는 용기를 갖추기 어렵다. 또한 광신도들은 잠재적인 정서 불안으로 인해 일반적으로 테러범으로 선정되지 않는다. 실제로 테러집단은 종종 정서 불안을 보이는 사람을 강제 추방하기도 하는데, 이는 테러집단에서도 정서 불안자를 위험 인물로 생각하여 신뢰하지 않기 때문이다.

추종자들에게 영향력을 행사하는 테러 지도자들은 대부분 학식이 있고, 총명하며, 다른 사람을 조종하는 데 능하고, 카리스마가 있다. 최근의 근거 자료에 의하면, 테러범의 근원적인 심리는 종교적 극단주의보다는 애국적 저항이나 그들의 공동체를 보전하기 위한 수단으로써 실용적인 전략을 활용하는 것에 있는 것으로 보인다. 한 가지 중요한 발견사항은 이 장에서 제시한 거의 모든 테러집단의 경우, 이념적 신념이나 급진주의적 성향 때문이 아니라, 친구와 가족을 통한 사회화 과정에서 테러 단체에 가담하거나 친밀함과 애착심을 느끼기 위해 조직원이 된다는 것이다(Argo, 2006; Sageman, 2004; Zillmer et al., 1995). Argo(2006)는 이에 대해 "정서적·사회적 유대감은 이념에 앞선다."라고 요약하였다(Argo, 2006, p. B15). 테러범들은 공통적인 세계관을 가지고 있기 때문에 조직 내에서 인지적·정서적 응집력을 형성할 수 있다.

정치 테러범들은 정치, 종교, 기타 분야로 구성된 세상에 대한 가치관을 공유하고 있으며, 그러한 가치관은 반대 주장이나 상반되는 사실이 제기되어도 확고히 변동이 없다. 테러범들은 어느 정도 학식이 있는 사람들이고, 테러범 개개인의 입장에서는 자기희생적 행동이 의미가 있으며, 합리적인 것이다. 테러범은 이념을 위해 자기희생적 행동을 하며 목숨을 바친다. 또한 테러범들은 그들이 생각하기에 논리적이라고 생각하는 것을 위해 테러 활동에 가담한다. 그들은 잔혹행위를 하도록 강요받지는 않으며, 명령을 내리는 사람에 대해 깊은 충성심과 애착심을 보인다. 다음과 같은 상황에서 테러범들은 이념을 공유하고, 애착심과 희생을 요구한다.

- 정서적·사회적 유대감은 이념에 선행된다.
- 테러 활동에 가담하기 시작하면 가까운 친구나 가족을 배신하지 않고서는 그 활동을 그만두기 어렵다.
- 테러범들은 세상에 대한 가치관을 공유하는데, 그들이 공유하고 있는 이념은(정치적이든 종교적이든) 반대 주장에 영향을 받지 않는다.
- 테러범들을 개별적으로 고려해 본다면, 그들은 자기희생적 행동을 의미 있고, 합리적인 것으로 생각한다.
- 테러범은 자신이 잘못하고 있다고 생각하지 않으며 오히려 이로운 일을 하고 있다고 생각한다. 그들은 자신이 이상주의자라고 생각한다.

테러범은 합리성과 이성을 가진 적군이라는 점에서 우리가 생각했던 것보다 훨씬 무시무시한 존재다. 테러와의 전쟁을 위한 제1방어선에서는 테러범의 모집을 막는 데 주력해야 한다(Atran, 2003). 빈곤을 해결하고 교육을 제공하면서 테러행위에 대응하는 전략은 너무나 순진한 생각이다. 테러 활동에서는 동조자들이 필수 요소로 작용하기 때문에 그러한 동조자들을 줄여나가는 것이 중요하다. 대부분의 사람은 중립적인 입장이기 때문에 이념 전파와 홍보 전략을 구사하는 테러범들에 맞대응하는 심리전을 펼쳐 테러범을 사회의 주류에서 몰아내야 한다. 마지막으로, 최근에는 테러집단이 휴대폰 및 전자

통신기기를 주로 이용하고 현대 금융기관을 통해 자금을 조달하기 때문에 테러 조직에 맞서 기술전을 구사하는 것이 주요한 대응 전략으로 떠오르고 있다.

참고문헌

Adorno, T. W., Frankel-Brunswick, E., Levinson, D. J., & Sanford, R. N. (1950). *The authoritarian personality*. New York: Harper & Brothers.

Arendt, H. (1958). *The origins of totalitarianism*. New York: Meridian Books.

Arendt, H. (1963). *Eichmann in Jerusalem: A report on the banality of evil*. New York: Viking Press.

Argo, N. (2003). *The banality of evil, understanding today's human bombs* (Policy paper, Preventive Defense Project). Stanford, CA: Stanford University.

Argo, N. (2006, February 3). The role of social context in terrorist acts. *Chronicle of Higher Education*, pp. B15-B16.

Asch, S. E. (1952). *Social psychology*. New York: Prentice Hall.

Atran, S. (2003). Genesis of suicide terrorism. *Science, 7*, 1534-1539.

Aust, S. (2008). *Baader-Meinhof The inside story of the R.A.F.* New York: Oxford University Press.

Bartlett, S. J. (2005). *The pathology of man: A study of human evil*. Springfield, IL: Charles C Thomas.

Browning, C. R. (1993). *Ordinary men: Reserve Police Battalion 101 and the final solution in Poland*. New York: Harper.

Dicks, H. V. (1972). Licensed mass murder: *A socio-psychological study of some SS killers*. New York: Basic Books.

Fergusson, J. (2010). *Taliban: The unknown enemy*. Philadelphia: Da Capo.

Giustozzi, A. (2009). *Decoding the new Taliban: Insights from the Afghan field*. New York: Columbia.

Goldhagen, D. J. (1996). *Hitler's willing executioners: Ordinary Germans and the Holocaust*. New York: Knopf.

Hacker, F. (1980). Terror and terrorism: Modern growth industry and mass entertainment. *Terrorism, 4*, 143-159.

Jager, H., Schmidtchen, G., & Sullwold, L. (1981). *Analysen zum terrorismus 2: Lebenlaufanalysen* [Analysis of terrorism: Life-course analysis]. Darmstadt: Seutscher Verlag.

Kennedy, C. H., & Williams, T. J. (2011). *Ethical practice in operational psychology: Military and national intelligence operations*. Washington, DC: American Psychological Association.

Kobrin, N. H. (2010). *The banality of suicide terrorism: The naked truth about the psychology of Islamic suicide bombing*. Washington, DC: Potomac.

Laqueur, W. (1987). *The age of terrorism*. Boston: Little, Brown.

Lester, D., Yang, B., & Lindsay, M. (2004). *Suicide bombers: Are psychological* profiles possible? *Studies in Conflict and Terrorism, 27*, 283-295.

Lieberman, J. I., & Collins, S. M. (2011, February). *A ticking time bomb: Counterterrorism lessons from the U.S. government's failure to prevent the Fort Hood attack*. A special report by Joseph I. Lieberman, Chairman and

Susan M. Collins, Ranking Member, U.S. Senate Committee on Homeland Security and Governmental Affairs, Washington, DC. Retrieved from *www.scribd.com/doc/48113252*.

Merari, A. (2004). Suicide terrorism. In R. Yufit & D. Lester (Eds.), *Assessment, treatment and prevention of suicide*. New York: Wiley.

Merari, A. (2010). *Driven to death: Psychological and social aspects of suicide terrorism*. New York: Wiley.

Miale, F. R., & Selzer, M. (1975). *The Nuremberg mind: The psychology of the Nazi leaders*. New York : New York Times Book.

Milgram, S. (1974). *Obedience to authority*. New York: Harper & Row.

Moghaddam, F. M. (2005). The staircase to terrorism: A psychological exploration. *American Psychologist, 60*(2). 161-169.

Morris, I. (1975). *The nobility of failure: Tragic heroes in the history of Japan*. London: Seeker & Warburg.

National Commission on Terrorist Attacks upon the United States. (2004). *The 9/11 Commission Report*. New York: Norton.

Neuffer, E. (2001). *The key to my neighbor's house: Seeking justice in Bosnia and Rwanda*. New York: Picador.

Pape, R. (2003). The strategic logic of suicide terrorism. *American Political Science Review, 97*, 343-361.

Pape, R. (2005). *Dying to win: The strategic logic of suicide terrorism*. New York: Random House.

Rasch, W. (1979). Psychological dimensions of political terrorism in the Federal Republic of Germany. *International Journal of Law and Psychiatry, 2*, 79-85.

Reich, W. (1998). *Origins of terrorism: Psychologies, theologies, and states of mind*. Washington, DC: Woodrow Wilson Center Press.

Sageman, M. (2004). *Understanding terror networks*. Philadelphia: University of Pennsylvania Press.

Taylor, M. (1988). *The terrorist*. London: Brassey's.

U.S. Department of State. (2011). *Background note: Afghanistan*. Retrieved from *www.state.gov/r/pa/ei/bgn/5380.htm*.

Waller, J. (2002). *Becoming evil: How ordinary people commit genocide ami mass killing*. New York: Oxford University Press.

Zillmer, E. (2012). *The psychological toll of war: CNN Opinion*. Retrieved from *www.cmf.com/2012/03/13/opinion/zillmer-afghanistan-killing*.

Zillmer E. A. (2004). National Academy of Neuropsychology: President's address-The future of neuropsychology. *Archives of Clinical Neuropsychology, 19*, 713-724.

Zillmer, E. A., Harrower, M., Ritzier, B., &: Archer, R. P. (1995). The quest for the Nazi personality: *A psychological investigation of Nazi war criminals*. Hillsdale, NJ: Erlbaum.

Zimbardo, P. G. (1972). Pathology of imprisonment. *Society, 6*, 4, 6, 8.

제14장 | MILITARY PSYCHOLOGY

임상, 작전, 파견, 전투 환경에서의
윤리적 문제

Carrie H. Kennedy

현재 벌어지고 있는 전쟁에서는 전례 없이 많은 심리학자가 투입되고 있는 상황이기 때문에 군 심리 윤리학은 최근 들어 상당히 조명을 받는 분야가 되었다. 심리학자들은 심리 측정에 관한 전문 지식을 활용하여 전투 지역에서의 폭발로 인한 뇌진탕을 평가하고, 정보 수집 활동을 하며, 처방전 작성, 원격의료, 심리학적 적용, 방첩 활동, 대테러 활동, 전투 스트레스 장애의 평가 및 치료와 같이 타 분야에 심리학적 요소를 적용하고 확장하는 역할을 수행하고 있다. 자문 활동과 임상 판단을 하는 기관은 상당히 좋지 않은 상황에 직면할 수 있으며, 군 심리학자들은 수많은 윤리적 난점에 대해 다루게 된다. 모든 심리학 실무 현장에서는 충실성에 반하거나 지시 및 규정에 위배되는 상황이 발생할 가능성이 있기 때문에 군 심리학은 유동적이며, 미국 심리학회에서 규정하고 있는 심리학자들의 윤리 원칙과 행동 강령[Ethical Principles of Psychologists and Code of Conduct, 2010; 이하 '윤리 강령(Ethics Code)'으로 칭함], 기타 미국 심리학회 규정, 지시사항, 군인 사법, 즉 군사법전(Uniformed Code of Military Justice; Johnson, Grasso, & Maslowski, 2010)에 대한 위배행위와 같은 고도의 윤리적 문제에 직면하게 된다. 이러한 상호작용 중 일부는 상당히 복잡한 형태로 나타나고, 윤리 강령의 일반 조항에서 다원적 해석이 가능하거나 발생 가능한 상황을 모두 포섭할 수 없는 경우가 발생할 수 있다는 점을 고려할 때, 단순히 윤리 강령을 준수하는 것만으로는 윤리적 의사결정을 하는 데 불충분하며(Kitchener &

Kitchener, 2012), 군 심리학자의 경우 특히 그러하다고 볼 수 있다.

　이 장에서는 군 심리학자들의 네 가지 실무 환경(전형적인 군 의료시설, 작전 수행 환경, 비전투 파병 환경, 전투 지역)에 주안점을 두고 살펴보며, 각각의 현장에서 가장 두드러지게 나타나는 윤리적 문제점에 대해 초점을 맞추려고 한다. 마지막으로 그러한 갈등 상황의 예방과 경감을 위한 권고사항을 제시하고자 한다.

전형적인 군 의료시설

　전형적인 군 의료시설(Military Treatment Facilities: MTFs)에는 군사병원과 퇴역군인 병원 및 진료소 등이 있으며, 이러한 의료시설에서는 통원환자 평가 및 심리치료에서부터 입원 치료에 이르기까지 모든 정신건강 치료(mental health care)를 담당하고 있다. 여기서 말하는 범주에는 군 심리학자가 수감자에 대한 임상 진료 서비스를 제공하는 것까지 포함되어 있다. 전형적인 군 의료시설의 의료진은 일상적으로 지원 자원을 활용할 수 있고, 이는 대부분의 임상 심리학자들도 마찬가지다. 그러한 지원 자원을 예로 들자면, 전자 의무 기록, 방음이 잘 된 사무실, 보조원, 작동이 잘 되는 사무실 비품, 규칙적인 근무 일정과 진료 담당 건수와 같은 것들이 있다. 윤리적 갈등은 대개 전형적인 정신건강 치료에 군대 환경의 유동성이 더해지는 것과 관련해서 발생한다.

　군 의료시설에서 임상 심리학이 활용된 시초는 제2차 세계대전 당시로 거슬러 올라간다. 그 당시 심리학자 역할이 변경되어 주로 연구와 심리 측정 평가를 담당하던 것에서 정신건강 치료를 제공하는 것으로 변모하였다. 이러한 현상은 대규모로 일어났는데, 그 원인은 제2차 세계대전 참전 용사에 대한 정신건강 치료 수요가 폭주하였던 것에 비해, 정신 의학자의 수가 압도적으로 부족했던 것에 있었다(이에 대해서는 제1장과 Kennedy, Boake, & Moore, 2010을 참조). 그 결과, 종래의 군 의료시설 현장에서 발생하고 있었던 윤리적 문제들에 대한 탄탄한 분석이 이루어질 수 있었는데, 이는 군 심리학자들이 70년간 이러한 문제점에 대해 확인하고 검증할 수 있었다는 점을 고려했을 때 당연한 것일지도 모르겠다. 이러한 주요 윤리적 문제점들로는 다중·이중 역할 이후에 발생하는 다양한 관계(Johnson, 2008; McCauley, Hughes, & Liebling-Kalifani, 2008), 업무 능력(Johnson, 2008), 고지에 입각한 동의와 문화적·다문화적 역량(Kennedy, Jones, & Arita, 2007; Reger, Etherage, Reger, & Gahm, 2008), 기밀 유지(Johnson, 2008; McCauley et al., 2008), 특히 현역복무적합심사 사유가 되는 다중적·이중적 지위(Stone, 2008; Kennedy & Johnson, 2009)와 같은 것들이 있다. 또한 현재 발생하고 있는 전쟁에서 나타나는 새로운 치료상의 문제 및 윤리적 문제는 전시의 군대 구금 시설 수감자에 대한 정신건강 치료와 관련되어 있다(Kennedy, Malone, & Franks, 2009; Kennedy, 2011).

다중 · 이중 관계 및 역할

　　현직 군 심리학자는 일상 업무에서 이중 역할을 수행하거나 이중 관계를 형성하는 것이 불가피하다. 군 심리학자는 장교로 임관하여 계급에 상응하는 규정을 준수하고, 그들에게 부여된 업무를 수행해야 한다. 게다가 군 심리학자는 지휘부와 군 사회의 일원으로서 이에 부수된 직무를 수행하고, 군 조직 사회에 참여하며, 친교 관계를 형성하게 된다. 대형 군 의료시설에서는 시설 내의 다른 전공의나 민간 영역의 의료진에게 진료를 위탁할 수 있기 때문에 이른바 '관계 형성'으로 인해 발생하는 부담을 경감하는 것이 상당히 쉬운 편이다. 그러나 다중 관계는 특히 독립되고 외딴 근무지에서 흔히 발견되며, 이러한 경우 관리하기가 더 어려울 수 있다. 군 심리학자가 부하, 상관, 룸메이트, 심지어 친구에 대해 임상 진료를 하는 것은 흔히 발생하는 일이다(Johnson, 2011; Staal & King, 2000). 윤리 원칙과 행동 강령의 '기준 3.05: 다중 관계(Standard 3.05, Multiple Relationships)'에는 다음과 같이 규정되어 있다.

　　　다중 관계는 심리학자가 전문가로서의 역할을 수행함에 있어 동일한 인물에 대해 다른 역할을 동시에 수행할 때, 심리학자와 밀접한 연관성이 있거나 직업적 관련성이 있는 사람과 동시에 다른 관계를 형성할 때, 향후 특정인 및 해당 특정인과 밀접한 연관성이나 관련성이 있는 사람과 다른 관계를 형성할 것을 약속한 경우에 발생한다.
　　　심리학자는 심리학자로서의 객관성 유지 및 임무 수행 능력과 효과성을 저해하거나 기타 직무상 관계로 인해 부당하거나 해로운 영향을 미칠 위험성이 있는 경우 다중 관계를 형성하지 말아야 한다.
　　　다중 관계 형성으로 인해 업무 장애, 부당하거나 해로운 결과가 발생하지 않을 것이라고 예측되는 경우에는 반윤리적이라고 볼 수 없다.
　　　심리학자가 예측하지 못한 요인으로 인해 해로운 영향을 미칠 수 있는 다중 관계가 형성되었다는 사실을 인식하면 영향을 받는 사람에 대한 최선의 이익을 고려하고 윤리 강령을 최대한 준수하여 합리적인 단계를 거쳐 문제 상황을 해결해야 한다.

　　모든 다중 관계 형성이 금지되는 것은 아니다. 군 심리학자는 다중 관계 형성 전에 이중 역할 및 다중 관계가 해로운 영향을 끼칠 수 있는지의 여부를 객관적으로 판단할 수 있어야 한다(Sommers-Flanagan, 2012). 예를 들면, 자신의 부서에 속해 있지 않은 타 지휘부에 근무하는 환자를 치료하고 동일한 환자와 함께 밀리터리 볼 위원회에 참여하는 것은 해로운 영향을 끼칠 수 있다고 판단하기는 어려울 것 같다.

그러나 이중 관계 형성은 빈번하고, 예상치 못하게 형성되며, 항상 좋은 결과만을 보이는 것이 아니기 때문에 모든 환자로부터 철저하게 고지된 동의를 얻는 것이 매우 중요하다. 예를 들어, 지휘계통에 있는 상관에 대한 응급 평가를 시행하는 심리학자가 있다고 생각해 보자. 그 심리학자는 상관의 아내와 인터뷰를 진행한 결과, 상관의 아내는 남편이 최근 불법행위를 저지른 후 살인 및 자살을 계획하고 있었다는 사실을 알게 되었다. 이러한 종류의 다중 관계 형성은 언제나 반드시 피해야 하며, 고지된 동의나 다른 창의적인 전략을 통해 부정적인 영향을 줄일 수 있는 가능성이 없다고 판단되는 경우에도 마찬가지다.

업무 능력

업무 능력은 군대에서 특히 복잡하게 나타나는 문제인데, 왜냐하면 군 심리학자들은 1차 진료 환경, 입원 환자 치료, 항공 사령부, 작전 지역 임시 숙소, 항공모함 등의 현장에 투입되어 다양한 직무를 수행할 수 있기 때문이다. 업무 능력은 명백히 초급 심리학자들에 대해서만 심사해야 하는 분야라고 생각할 수 있겠지만, 실제로는 그렇지 않다. 현역 심리학자들은 본질적으로 전혀 다른 직무를 수행하는 경우가 자주 발생하며, 그들은 각 직무 현장에서 근무하기 위해 새로운 교육과 훈련을 받아야 한다. 예를 들어, 해군에서 현역 복무를 하는 어떤 심리학자는 에이즈 진료소, 알코올 및 약물 중독 치료, 항공 사령부, 수감자 정신건강 진료소, 작전 지대 병원, 방첩 활동을 수행하였다고 한다. 이렇게 매우 다양한 직무를 수행하는 경우는 군 심리학자들에게 이례적인 일이 아니다. 그러나 심리학 분야의 직무 능력 범위는 상당히 방대하기 때문에 특정 영역의 전문 지식을 갖춰도 그것을 다른 영역의 전문 분야에 손쉽게 적용할 수는 없다(Nagy, 2012, p. 170). 군 심리학 분야의 업무 능력은 지속적으로 변동하는 대상이라고 보면 된다. 윤리 원칙과 행동 강령의 '기준 2.01: 업무 능력의 범위(Standard 2.01, Boundaries of Competence)'는 다음과 같이 규정하고 있다.

> 심리학자들은 진료와 교육을 제공하고 장병집단을 대상으로 연구를 수행하며 심리학자 개인의 교육 수준, 훈련 내용, 관리 경험, 자문 및 연구 내역, 직무 경험을 고려하여 해당 심리학자의 업무 능력 범위 내에 있는 분야에서만 근무할 수 있다.
>
> 새로운 집단, 영역, 기술에 대한 진료와 교육 제공 및 연구 수행을 계획하고 있는 심리학자들은 관련된 교육, 훈련, 관리 경험, 자문, 연구를 수행해야 한다.
>
> 심리학자들이 적절한 정신건강 치료가 가능하지 않은 장병들을 대상으로 진료함에 있어 해당 심리학자들이 필요한 업무 능력을 갖추지 못하였지만 밀접하게 관련성이 있는 분야에 사전 교육이나

경험이 있고, 관련된 연구, 훈련, 자문, 학습을 하여 직무 능력을 갖추기 위해 상당한 노력을 기울이는
경우에는 그러한 진료행위를 할 수도 있다.

현역 임상 심리학자들이 일상적으로 경험하는 임무 재할당 문제에 더해 테러와의 전쟁에서 비롯된
새로운 요구사항이 증가하여 업무 능력과 관련된 많은 문제점이 생겨났다(이에 대해서는 이 장 후반부
의 '작전 지역' 부분을 참조하기 바란다). 이러한 새로운 요구사항들로는 군 의료시설 내에서 원격의료
활용이 증가한 것과 외상 후 스트레스 장애(Post Traumatic Stress Disorder: PTSD) 치료를 위한 새롭고 실
험적인 방법인 가상현실 노출요법의 도입과 같은 것이 있다. 이는 단순히 전형적인 군 의료시설에서
진행되고 있는 발전사항 중 두 가지 사례에 불과하다. 장병에 대해 필요한 서비스를 지원하는 심리학
자들과 임상심리학 분야에서는 대개 환자 치료에 대한 발전사항들과 변경사항들을 일상적으로 직면
한다.

압도적인 예산 삭감이 이루어지면서 군대의 인력 수준이 떨어지고 있지만, 군대 정신건강 치료의
수요는 늘어나고 있다. 이 같은 상황에서 기술적 발전이 뒷받침되어 원격의료는 현역 장병과 퇴역 군
인의 의료 수단으로 상당히 많이 고려되고 있다. 게다가 전투 지역에서 다양한 방면에 걸쳐 진료 서비
스를 제공하는 의료진이 폭발로 인한 뇌진탕과 같은 특정한 문제 상황에 부딪힐 경우(이에 대해서는 이
장 후반부의 '전투 지역' 절을 참조) 그들을 원조하기 위한 방법으로 원격의료를 활용하여 환자 인터뷰와
인지 검사를 해석해야 한다는 주장이 제기되고 있다. 민간 영역에서는 원격의료를 주된 치료 수단으
로 활용할 경우의 효과성에 대한 연구가 점차 증가하고 있는 상황이다. 군인을 대상으로 한 원격의료
에 대한 연구는 많이 찾아볼 수 없지만, 그들에 대한 연구도 민간 영역과 마찬가지로 증가하고 있다
(Gros, Yoder, Tuerk, Lozano, & Acierno, 2011; Tuerk, Yoder, Ruggiero, Gros, & Arcieno, 2010). 원격의료가 현
역 장병에 대해 가능성 있는 치료 수단임이 입증된다고 하여도, 결국 이 치료 수단을 확대시키는 데 있
어서의 문제와 윤리적 문제들이 발생할 것이다. 다양한 형태로 이루어지는 원격의료와 관련된 구체적
인 우려 사항들에는 기밀 보안 위험, 의료진의 기술 활용에 필요한 능력, 환자의 원격의료 활용 타당성
여부 평가, 응급 기관 활용 가능성 및 접근 가능성과 같은 것들이 있다(Ragusea, 2012).

현재 활용이 증가되고 있는 두 번째 영역은, 특히 PTSD를 위한 치료 방법으로 떠오르고 있는 '가상
현실 치료'다(Rizzo et al., 2011). 가상현실 치료는 효과성이 입증된 노출 요법에 근거를 두고 있지만, 이
방법을 활용하기 위해서는 동료 장병, 전투 지역 지형, 폭발, 로켓 공격과 같이(Reger & Holloway, 2011)
현실적인 변수들이 포함된 가상 전투 지대를 만들 수 있는 기술력이 필요하다. 가상현실 노출요법은
상당히 효과적으로 보이기는 하지만, 전투 외상 장애에 활용할 수 있다는 실증적인 근거들은 이제 막
제시되고 있는 상황이다. 이 치료 방법이 군대에서 널리 활용된다면 군 심리학자들은 해당 직무 능력

을 갖추기 위해 정식 훈련 및 관리 · 감독을 받아야 할 것이다.

다양한 집단을 대상으로 여러 직무를 수행함에 있어 업무 능력을 유지하는 것은 매우 어려운 일이지만(이에 대해서는 이 장의 '문화적 · 다문화적 역량' 부분을 참조), 군 당국은 이를 위해 다양한 능력 개발 기회를 제공하고 있다. 이를 위해 군 당국은 공식 인턴 과정, 펠로우 과정, 기타 훈련 프로그램, 멘토 프로그램, 지속적인 교육, 관리 · 감독, 자격증 취득자에 대한 금전적 보상 제공과 같은 개인의 직업 능력 개발 장려책 등을 제공하고 있다.

육 · 해 · 공군에서 제공하고 있는 펠로우 과정에서는 약물 처방 권한 부예[이에 대해서는 Laskow & Grill, 2003을 참조. 이 문헌에는 '미 국방부 정신 약리학 시범 사업(U.S. Department of Defense Psychopharmacology Demonstration Project)'에 관해 개관하고 있다], 신경 심리학, 아동 심리학, 범죄 심리학, 작전 심리학, 건강 심리학을 위한 공식 훈련 프로그램들을 제공하고 있다. 이러한 펠로우 과정 훈련은 육 · 해 · 공군에서 각기 다른 방법으로 접근하고 있으며, 펠로우 과정은 군사 시설(예: 육군 정신 심리학 박사과정 수료 후 펠로우 과정) 및 민간시설(예: 해군 아동 심리학 박사과정 수료 후 펠로우 과정)에서 제공되고 있다. 보다 기간이 짧게 진행되는 공식 훈련 프로그램에 대해 몇 가지만 소개하면, 항공우주 심리학, 전쟁 포로 및 기타 수감자의 본국 송환, 행동과학 자문과 같은 것들이 있으며, 군 심리학자들을 위한 멘토 프로그램 역시 제공되고 있다.

고지된 동의

'고지된 동의(Informed Consent)'란 모든 정신건강 평가와 치료에서 필수적인 부분이며, 이는 또한 군 심리학자들의 평가 및 치료 대상인 장병과 기타 개인들에게도 필수적이라고 할 것이다. 고지된 동의를 얻기 위해 포함해야 할 전형적인 정보에 더불어 군 의료 제공자는 반드시 현역 수감자와 적군과 같은 군 복무 상태와 신분과 관련된 군대에 특수한 사생활 및 보안 관련 문제, 현역 복무 적합성 문제 및 비행 자격 박탈과 같은 군 정신 건강 제공자와의 접촉에서 발생할 수 있는 잠재적 결과들에 관해 검토해야 한다(이에 관해서는 나중에 검토할 '기밀 유지'절을 참조). 윤리 원칙과 행동 강령의 '기준 3.10: 고지된 동의(Standard 3.10, Informed Consent)'에는 다음과 같이 규정되어 있다.

> 심리학자들이 연구를 수행하거나 평가, 치료, 상담, 직접 상담 및 전자 송신 장비 기타 의사소통 장비를 활용하여 상담을 할 때에는 상대방의 고지된 동의를 얻어야 하며, 동의의 수단이 되는 언어는 동의의 의사 표시를 상대방이 알아들을 수 있어야 한다. 다만, 법률 또는 정부 규정이나 본 윤리 원칙과 행동 강령에 의해 그러한 고지된 동의가 필요하지 않다고 명백히 규정되어 있는 경우에는 동의를

구하지 않아도 된다.

심리학자들은 행위 능력이 없어 유효한 고지된 동의의 의사를 표시할 수 없는 자에 대해서는 적절한 설명을 제공하고, 상대방의 승인을 구하며, 상대방의 선호도와 최선의 이익을 고려하고, 권한이 있는 법정 대리인의 동의가 허용되는 경우나 법률에서 법정 대리인의 동의를 요구하는 경우에는 그러한 법정 대리인의 동의를 얻어야 한다. 법정 대리인의 동의가 허용되지 않거나 법정 대리인의 동의를 구할 수 있다는 내용의 법률이 없는 경우 심리학자들은 적절한 절차를 수행하여 상대방의 권리와 행복을 보장해야 한다.

법원의 명령이나 기타 명령에 의해 심리 서비스가 개시되는 경우 심리학자들은 서비스 개시 전에 상대방에게 법원이나 기타 명령에 의해 치료가 개시되는지의 여부와 기밀 보장이 제한될 수 있다는 점과 같은 예견할 수 있는 치료의 본질적 부분에 관해 고지해야 한다.

심리학자들은 상대방의 서면이나 구두에 의한 동의, 허가, 승낙에 대해 적절한 방법으로 문서화해야 한다.

장병이 본인에 관한 사항에 대해 한 가지라도 말하기 전에 고지된 동의에 관해 철저히 설명하여야 한다. 지휘관의 적법한 명령에 의해 평가가 이루어지는 경우에만, 장병은 비자발적으로 정신건강 평가를 받을 수 있다(이에 대해서는 제2장의 지휘부 명령에 의한 평가와 응급 평가 부분을 참조). 그러므로 해당 장병은 관련 사항을 말함으로써 본인의 군 복무에 영향을 끼칠 수 있다는 사실을 알아야 하며, 묵비권을 행사할 수 있다는 사실도 알아야 한다. 고지된 동의는 특히 기밀 보안과 밀접하게 관련되어 있기 때문에 문제 장병의 지휘관에게 그 사실을 알리고 평가가 이루어질 때마다 현역 복무 적합성 여부가 계속 검토될 수 있다는 사실 또한 알려 주어야 한다.

문화적 역량과 다문화적 역량

군 심리학자는 직무 능력이 그 무엇보다도 중요하지만, '문화적 역량과 다문화적 역량(Cultural/ Multicultural Competency)' 역시 그와 동일한 수준으로 고려되어야 한다. 군대에서 '문화적 역량'이라고 함은 일반적으로 환자의 계급, 군사 특기 및 직무, 장교 및 병사 신분 여부, 4개 군 중 어디에서 복무하고 있는지의 여부, 군사 언어, 임무, 군사 교육, 군법 등의 맥락에서 바라본 개인적 측면과 조직적 측면, 양자 모두의 관점을 고려하여 평가 및 개입할 수 있는 능력과 정보에 근거한 의사 판단을 할 수 있는 능력을 일컫는 말이다. 한편 '다문화적 역량'이란 서로 다른 배경을 갖고 있는 다양한 개인에 대해 평가하고 치료하며, 세련된 의사결정을 할 수 있는 능력을 말한다. 나이, 성별, 인종·민족, 종교, 장애 여부, 사회경제적인 지위, 성적 기호 모두는 장병의 심리 평가와 개입에 중요한 역할을 담당한다. 다양한 배경을 가진 집단과 군대 내에서 협력할 수 있는 역량을 키우는 것만이 중요한 것이 아니라, 해당 집단에 속해 있는 개인의 성향과 편견에 관한 문제에 대해 다루는 것 역시 중요하다(Nagy, 2012).

다문화적 요소 중 장애 여부와 같은 요소는 군대의 특성상 허용되는 경우가 거의 없으며, 몇몇 다문화적 요소는 문화적 역량 요소와 상당히 밀접한 상호 관련성을 가진다. 예를 들어, 2008년 전 미군의 병사집단에서 여군이 차지하는 비율은 14%였고, 장교집단에서 여군이 차지하는 비율은 16%였다(Office of the Under Secretary of Defense, Personnel and Readiness, n.d.). 그러나 여군에 적용되는 각종 규칙은 계속해서 남성 군인의 경우와 달라지고 있다. 최근 여군의 군 복무 규정이 다소 수정되긴 했지만 여군의 경우 특정 직무 수행에서는 배제되며(DoD, 2012), 그 결과 여군의 군 복무에는 계속해서 일정한 조건이 따라붙는다(군대에서의 여군의 융합 문제에 관한 심도 있는 분석을 요하는 독자들은 Kennedy & Malone, 2009를 참조하기 바란다).

군 심리학에서 말하는 문화적 역량의 개념을 탐구하기 위해서는 민간 영역의 심리학자들과 현역 심리학자 모두를 군대에 편입시키거나 군사 시설에서 근무할 수 있도록 다양한 방법을 검토하는 것이 중요하다. 민간 군 심리학자들은 수년간의 군 복무 경험이 있을 수도 있지만(즉, 퇴역 군인인 경우), 대부분의 경우에는 군 복무 경험이 전혀 없다. 최근 퇴역 군인을 대상으로 한 정신건강 치료의 수요가 증가하여 전례 없는 숫자의 민간 심리학자들이 군 의료시설에 고용되었으며, 직접 임관의 형태로 군대에 편입되었다. 현역 복무나 예비군 또는 주 방위군 복무와 같은 형태의 군 복무 경험이 전혀 없는 심리학자들은 일반적으로 군대 문화에 대한 익숙함과 이해도가 결여되어 있기 때문에 의사결정 단계에서 실수를 저지를 수 있는 위험성이 있다(Johnson & Kennedy, 2010). 이러한 실수 중 몇몇은 계급에 맞는 대우를 하지 않는 것과 같이 라포 형성에 영향을 줄 수 있고, 상대 장병의 군사 특기에 대해 이해하지 못한다거나 현역 복무가 금지되는 사안인데도 다시 현역 복무 현장으로 보내는 것과 같이 매우 심각한 영향을 끼칠 수 있는 실수를 범할 수도 있다.

다문화적 역량에 관한 통계 자료를 살펴보면, 2008년 당시 미 해군의 인종 구성 비율은 백인이 62.8%, 흑인이 21.3%, 아메리칸 인디언이 5.2%, 황인이 6.3%, 태평양 섬 주민이 1%였으며 3.4%는 혼혈인이었다. 전체 집단을 놓고 보았을 때 16%는 히스패닉 계열이었다(Office of the Under Secretary of Defense, Personnel and Readiness, n.d.). 게다가 대략 8%의 장병은 외국에서 태어났으며, 그들 중 12.6%는 미국 시민권을 취득하지 못한 상태였다(Stock, 2009).

윤리 원칙과 행동 강령의 '기준 2.01: 업무 능력의 범위(Standard 2.01, Boundaries of Competence)'에서는 다음과 같이 규정하고 있다.

심리학 분야에 대한 과학적·전문적 지식을 통해 나이, 성별, 성 정체성, 인종, 민족, 문화, 출신 국가, 종교, 성적 기호, 장애 여부, 언어, 사회경제적 지위와 관련된 요소에 대한 이해력을 형성하는 것은 효과적인 진료 서비스나 연구를 효과적으로 실행하는 데 필수적이며, 심리학자들은 기준 2.02 응급 상황에서의 서비스 제공(Standard 2.02, Providing Services in Emergencies)에서 규정하고 있는 경우를 제외하고 진료 서비스 역량을 확보하거나 적절한 위탁을 하기 위해 관련 교육을 받고, 경험을 쌓으며, 자문을 받고, 필요한 경우 관리·감독을 받아야 한다.

다문화적 역량은 군 심리학자들이 구비해야 할 원칙적인 중요 역량이다. 미국 내의 다양한 민족, 인종, 종교집단에 대해 다문화적 역량을 갖추는 것만이 중요한 것이 아니라 외국에서 미군 현역 복무를 하는 장병, 즉 미국 국민이 아니기 때문에 미군에서 군 복무를 할 필요가 없는 장병들에 대한 다문화적 역량을 갖추는 것 역시 중요하며, 이는 외국인과 전쟁 수감자에 대해서도 마찬가지다. 다문화적 역량의 필요성을 보여 주는 보다 핵심 사례는 아마도 전쟁 구류 시설 수감자에 대한 정신건강 치료 제공일 것이다. 이라크 해방 작전이 개시된 이래 군 정신건강 제공자들은 전쟁 지역 안팎에서 전쟁 수감자들을 대상으로 정신건강 평가 및 치료를 제공하였다([그림 14-1] 참조; Toye & Smith, 2011; Kennedy, Malone & Franks, 2009). 이러한 전쟁 수감자들은 국적이 다양했으며, 대부분은 무슬림이었고, 교육 수준이 천차만별이었으며, 서로 각기 다른 언어를 구사했다. 정신건강 전문가들이 추려 낸 주요 윤리적 문제들

[그림 14-1] 관타나모 만에서 시행된 치료에서 수감자가 농담을 던지고 있는 장면이다. 이 사진은 정훈 공보 상병인 Remus Borisov가 제공하였다. 이 사진은 기밀이 아니며, Robert T. Durand 해군 사령관에 의해 공표가 승인되었다(JTF-GTMO PAO).

은 고지된 동의, 다문화적 역량, 다중적 지위였다(Kennedy et al., 2009; Kennedy & Johnson, 2009; Kennedy, 2011).

기밀 유지

기밀 유지(Confidentiality)는 군 심리학자들이 계속해서 직면하고 있는 문제점이다. 전술한 이중 역할 문제 및 다음에 설명할 다중적 지위와 관련된 문제점들을 고려해 보았을 때 장병에 대한 최선의 이익을 유지하면서 필요한 사항을 보고해야 하는 시기 및 보고 대상을 정확히 식별한다는 것은 매우 복잡한 문제를 야기한다. 윤리 원칙과 행동 강령의 '기준 4.01: 기밀 유지(Standard 2.01, Maintaining Confidentiality)'에서는 다음과 같이 규정하고 있다.

> 심리학자들은 취득한 기밀 정보나 각종 매체에 기록되어 있는 기밀 정보를 보호해야 하는 기본적인 의무를 지고 있으며, 또한 그에 대한 상당한 예방조치를 취해야 하고, 기밀 유지의 범위와 제한사항은 법률이나 각종 규정과 직업 및 체계적 관계에 의해 규율할 수 있다는 사실을 인지해야 한다.

장병들은 군 의료 제공자에게 진료를 받을 때 본인의 정보 중 일부분은 비공개 사항이 아니라는 점을 알고 있어야 한다. 가령, 연간 실시하는 신체검사의 참석 여부, 예방주사를 접종했는지의 여부, 구강 건강 상태와 같은 정보는 계속적인 임무 준비 상태를 유지하는 목적상 지휘부의 명령에 의해 모두 기록하도록 되어 있다. 그러나 정신건강 평가와 개입은 전술한 일상적인 의무정비 사항과는 차이점이 있다. 2011년 8월 낙인 효과 감소와 현역 장병의 도움 추구 활동을 장려하기 위하여 군 당국은 기밀 유지와 정신건강 치료에 대해 전례 없는 규정을 발효하였다. 미 국방부 규정(DoDI) 6490.08에서는 "미 국방부는 정신건강 치료의 제공을 지원하는 문화를 조성하고 낙인 효과를 없애기 위해 자발적으로 신청한 장병에 대해 약물중독 교육을 제공할 것이다."라고 규정하고 있다(DoD, 2011, p. 2). 이 규정은 더 나아가 "의료진은 정신건강 치료나 약물중독 교육을 제공한 경우, 해당 장병의 지휘관에게 그 사실을 고지하지 않아야 한다."라고 규정하고 있다(p. 2). 그러나 이러한 불고지 의무는 자신이나 타인에게 상해를 가할 위험이 있는 경우, 임무 달성에 위험을 가할 수 있는 경우, 특수요원인 경우, 입원 치료를 해야할 경우, 본인의 직무에 악영향을 주는 급성 질병 상태, 약물 오남용 치료를 개시하는 경우, 지휘관의 명령에 의해 평가를 진행하는 경우에는 무효화되어 당해 장병의 지휘관에게 보고해야 한다. 그러나 이러한 경우에도 미 국방부 규정은 정신건강 제공자에 대해 "문제 장병의 지휘관에게 정보 공개의 목적을 달성하는 데 필요한 최소한의 정보만을 교부해야 한다(p. 2)."라고 규정하고 있다. 이것이 의미하는 바는, 현역 복무 적합성 문제를 우려하는 대부분의 장병은 정신건강 제공자에게 파병 후 재적응 문제, 관계의 문제, 현역 복무를 제한할 수 있는 정신건강 문제들과 같이 그들이 가지고 있는 다양한 문제에 대해 전적으로 기밀 유지를 보장해 달라고 도움을 구할 수 있다는 것이다.

마지막으로 환자들의 정보를 공개했을 때 환자들은 농촌 지역사회의 경우와 비슷한 상황에 직면할 수 있다. 군 심리학자들은 그러한 문제에 대해 중요하게 생각해야 한다. 군 심리학자들 사이의 상식은 같은 복무지에서 대략 1년간 복무하게 되면 그들이 식당, 술집, 주유소 같은 곳을 갈 때마다 불가피하게 현역 환자 및 그들이 돌보는 환자와 거의 매번 마주치게 된다. 그들은 자신의 비밀을 드러내지 않기 위하여 담당 치료자를 모른척할 수도 있고, 아는척하고 싫어할 수도 있다. 이에 추천되는 방법은 심리학자들이 첫 번째 치료를 시행할 때, 서로 공공장소에서 마주치는 경우 환자가 신호를 보낼 때까지는 모른 척할 것이라는 사실을 언급해 주는 것이 있다.

다중적 지위

다중적 지위(Mixed Agency)는 군 심리학자와 환자 사이의 모든 직무 상호관계에서 발생한다. 다수의 현역 장병과 예비역들은 파병 경험이 여러 번 있기 때문에 현역 장병과 퇴역 군인에 대한 모든 의료 환경에서 다중적 지위와 관련된 문제가 발생하게 된다(Stone, 2008). 모든 임상적 판단을 함에 있어 심리학자는 환자, 군대 조직, 사회 전체에 대해 동시에 책임을 지게 된다. 전쟁이 수행되는 동안 임상 심리 실무 현장의 다중적 지위에 대한 윤리적 문제들은 대부분 장병의 복귀 여부와 관련되어 있다. 가령 군 조종사의 항공 의학적 요구 수준에 관한 판단을 할 때에는 조종사의 환자적인 측면, 조종사가 현재 임무 수행을 위한 요구사항에 충족하는지의 여부와 같은 군 조직의 측면, 조종사가 조종 중에 위험 상황이 발생하여 다른 이에게 위협을 가할 수 있는지의 여부와 같은 사회적 측면을 모두 반드시 고려해야 한다는 것이다. 다중적 지위에 대해서는 다양한 윤리적 기준이 제시되고 있는데, 그중 특히 관련성이 높은 세 가지 기준을 다음에 제시한다.

- 기준 1.02, 법률, 규정, 기타 법률상 권한과 윤리 강령 간의 충돌(Conflicts Between Ethics and Law, Regulation, or Other Governing Legal Authority)에서는 다음과 같이 규정하고 있다.

  심리학자의 윤리적 책임이 법률, 규정, 기타 법률상 권한과 충돌하는 경우 심리학자들은 당해 충돌 사안의 본질을 규명하고, 윤리 강령(Ethics Code)을 준수할 것을 천명하며, 일반 원칙과 윤리 강령상 윤리적 기준에 부합하는 적절한 절차를 수행하여 충돌 문제를 해결해야 한다. 인권 침해를 정당화하거나 방어하는 수단으로는 어떠한 경우에도 결코 당해 기준을 활용할 수 없다.

- 기준 1.03, 윤리 강령과 조직적 요구와의 충돌(Conflicts Between Ethics and Organizational Demands)에서는 다음과 같이 규정하고 있다.

조직의 요구와 소속된 심리학자, 그리고 그들이 치료하는 환자 간에 윤리 강령상 충돌이 발생하는 경우에 심리학자들은 당해 출동의 본질을 규명하고 이 윤리 강령을 준수할 것을 천명하며, 일반 원칙과 윤리 강령상 윤리적 기준들에 부합하는 적절한 절차를 수행하여 충돌 문제를 해결해야 한다. 인권 침해를 정당화하거나 방어하는 수단으로는 어떠한 경우에도 결코 당해 기준을 활용할 수 없다.

- 기준 3.11, 조직에 대한 심리 서비스 또는 조직을 통한 심리 서비스(Psychological Services Delivered to or through Organizations)에서는 다음과 같이 규정한다.

조직에 대한 심리 서비스나 조직을 통한 심리 서비스를 제공하는 심리학자들은 직접적인 영향을 받는 환자에 대해 사전에 다음과 같은 정보를 적절한 시기에 서비스를 통해 고지해야 한다. 첫째로 서비스의 본질과 목적, 둘째는 서비스 대상자의 범위, 셋째는 서비스 대상자의 특징, 넷째는 심리학자가 개인 및 조직과 형성할 관계, 다섯째는 제공될 서비스와 획득 정보의 활용 방법, 여섯째는 정보 접근 권한자의 명시, 일곱째는 기밀 준수의 제한사항. 서비스 실행이 가능한 순간 심리학자들은 결과와 적절한 서비스 제공 대상자에 관한 정보를 제공해야 한다.
만약 심리학자들이 법률이나 조직의 역할상 그러한 정보를 특정 개인이나 집단에 제공하는 것이 금지된 경우, 해당 심리학자들은 개인과 집단에 대해 그러한 정보를 서비스가 시작되기 전에 고지해야 한다.

Johnson과 Wilson(1993) 및 Johnson(1995)의 연구에서는 과거 군 심리학자들이 다중적 지위에 관한 문제점들을 처리하기 위해 활용한 세 가지 전략에 대해 검토하였다. 그것은 바로 '군사 교범을 통한 접근' '비밀리에 접근' '최선의 이익 관점에서의 접근' 방법이다. 이에 대해 검토해 보면, 우선 군사 교범을 통한 접근법에서는 군사 규정을 그대로 적용하여 윤리적 충돌을 관리하고자 하였다. 윤리적 충돌의 식별 자체를 배제하려고 하는 경향이 있기 때문에 이 방법은 해로운 영향을 초래할 수 있다. 비밀리에 접근하는 방법은 군사 교범을 통한 접근법과 다른 극단적인 방법으로써 군대와 다른 장병에게 영향을 줄 수 있는 사안을 은폐하여 문제가 있는 장병에 대해서만 관련 문제를 처리하고자 하였다. 이 방법을 활용한 심리학자들은 문제 장병에 대해 최선의 이익을 제공하여 윤리적으로 임무를 처리하였다고 믿었을 수도 있지만, 이 방법 역시 문제 장병으로 하여금 직무 수행을 어렵게 하고, 직무 수행 중 생명을 위협할 수 있는 실수를 저지를 수 있는 등 심각한 문제 상황을 불러일으킬 수 있는 가능성이 상존하였다. 반면 최선의 이익 관점에서 접근하는 방법은 장병 개인과 군대 조직의 요구를 모두 고려하고, 윤리 강령과 군대 규정 양자 모두를 적용하는 방법론이다. 이 접근 방법은 가장 창의적인 문제해결 방법론과 적절한 윤리 기준, 군대 규정, 관련 법률에 관한 지식을 수반하는 방법이며, 최고의 결과를 보여 주었다(Kennedy & Johnson, 2009). 이 방법은 전술한 세 가지 방법론 중 유일하게 윤리적인 방법으로 다중적 지위와 관련된 충돌 문제를 관리할 수 있는 것으로 생각되기 때문에 이 장 전반에 걸쳐 이 방법론을 지지할 것이다.

군 임상 심리학자들이 가장 많이 마주치게 되는 다중적 지위와 관련된 윤리적 문제는 현역 복무 적합성과 관련된 문제이며, 두 번째로 많이 발생하는 문제는 지금 수행되고 있는 전쟁의 특수한 문제로써 수감자에 대한 정신건강 치료와 관련된 문제다. 지금 수행하고 있는 전쟁은 적군 수감자에 대하여 감금 중 정신건강 치료를 최초로 제공하고 있다. 독립된 기관의 정신건강 전문가의 치료 시행과는 대조적으로 군 정신건강 전문가들이 이러한 치료를 하는 것에 대해서 비판하는 학자들이 있다(Aggarwal, 2009). 2008년 미국 심리학회 구성원들은 군사 심리학자들이 현역 장병의 치료를 제외하고 전쟁 수감시설에서 근무하는 것이 미국 심리학회 규정에 위반되는지의 여부를 표결에 부쳤다(APA, 2008). 그 결과, 전시 수감시설에서 수감자들을 대상으로 정신건강 치료를 하거나 법의학 분석을 하는 모든 군 심리학자들과 행동과학 자문팀(Behavioral Science Consultation Team: BSCT) 구성원들은(이에 대해서는 '작전 수행 환경' 부분을 참조하기 바란다) 모두 미국 심리학회 규정에 위반된다고 하였다. 그러나 미국 심리학회 규정은 미국 심리학회 윤리 강령에는 영향을 미치지 않기 때문에 그러한 시설에서 근무하는 심리학자들은 미국 심리학회 규정을 위반할 수 있어도 윤리 강령은 위반하지 않는다(Kennedy, 2012). 이러한 혼란스러운 판단 문제는 개별 심리학자들에게 남겨져 각 심리학자들은 전시 구금시설에 임상의, 법의학 전문가, 행동과학 자문팀의 일원으로 파견 근무를 할 것인지의 여부를 스스로 결정하게 된다.

이렇게 복잡한 상황에 처해 있음에도 군 심리학자들은 지속적으로 전시 수감자에게 치료를 제공하게 되었다. 이러한 상황에서는 수감 환자, 군대 및 기타 정부 조직, 사회 전반으로 구성된 다중적 지위 문제가 발생하게 된다(가령, 테러리스트의 공격으로 무고한 시민이 부상을 입거나 사망한 경우). 군 심리학자들은 고지된 동의, 이전에 수감자를 진료했던 동료와의 자문, 윤리적 문제가 발생했을 때 선임 심리학자에게 연락하여 멘토로서의 자문을 구하는 것 등을 통해 이러한 충돌 상황을 관리할 수 있다.

작전 수행 환경

　작전 심리학이란, 심리학의 과학적 요소와 전문 영역을 법 집행기관, 국가정보기관의 작전 활동과 국방 활동에 적용하는 학문을 말한다(Kennedy & Williams, 2011b, p. 4). 작전 심리학 분야의 경우, 임상적 책임은 수반하지 않으며, 보통 특수 작전 부대, 대사관 보안요원, 항공요원과 같이 고위험 직책을 수행하는 요원의 평가와 선발, 비밀 정보 사용 허가의 평가(Young, Harvcy, & Staal, 2011), 미군 포로의 본국 송환 지원(이에 대해서는 제12장을 참조), 방첩 활동과 대테러 활동(Kennedy, Borum, & Fein, 2011), 심문에 대한 자문(Dunivin, Banks, Staal, & Stephenson, 2011), 위기 상황에서의 협상(Gelles & Palarea, 2011; Greene & Banks, 2009; Kennedy & Williams, 2011a; Kennedy & Zillmer, 2006; Shumate & Borum, 2006; 또한 제11장을 참조)과 같은 활동을 하게 된다(Picano, Williams, Roland, & Long, 2011, 또한 이 책 제3장을 참조).

　작전 심리학적 활동은 군 심리학의 임상적 활동과는 달리 아직 잘 정립되어 있지 않으며, 진행된 연구도 많지 않다. 이렇게 전통적인 심리학적 적용이 보다 적게 이루어진 분야에 대해서는 상당히 철저한 검토가 필요하며, 그중 특히 심문에 대한 자문 역할과 관련된 부분에서는 더욱 그러하다([그림 14-2]와 [그림 14-3] 참조). 심문과 관련된 사안은 격렬한 감정과 함께 엄청난 논쟁을 불러 일으켰다(Abeles,

[그림 14-2] 2008년 미국 심리학회 연차대회에서의 시위자들

[그림 14-3] 쿠바 관타나 모만에 소재한 X-ray 캠프의 버려진 심문실. 이 사진은 Carrie H. Kennedy가 제공하였다.

2010; Galvin, 2008). 어떤 심리학자들은 고문 기술을 개발하는 것에 심리학자들이 참여했다는 사실과 그러한 활동에 미국 심리학회가 연루되었다는 사실을 지적하면서 심리학자라는 직업의 구성원으로서 이러한 역할을 절대로 수행해서는 안 된다고 말한다(Soldz, 2008). 다른 심리학자들은 군 심리학자가 규정, 연구, 실무 환경에 영향을 줄 수 있는 직책에 있다고 하면서(Fein, Lehner, & Vossekuil, 2006) 기억 왜곡, 효과적인 질문 전략, 기망의 감지(Loftus, 2011)에 초점을 맞춰 현재 벌어지고 있는 전쟁에 긍정적인 영향을 줄 수 있고, 윤리적 기준에 부합하면서도 효과적으로 정보를 수집할 수 있는 방법은 얼마든지 있으며, 아부 그라이브(Aby Ghraib) 교도소에서 발생했던 것과 같은 잔혹행위는 방지할 수 있는 것이라고 한다(Greene & Banks, 2009; Staal & Stephenson, 2006).

심리학 분야와 미국 심리학회에서 의견 불일치를 일으키는 이 단일한 사안을 통해 작전 심리학의 윤리적 문제에 관해 상당한 검토가 이루어졌다. Kennedy와 Williams(2011b)는 이러한 상황에서 부각되는 네 가지의 주요 윤리적 문제에 대해 정리하였다. 그것은 바로 '다중적 지위, 업무 능력, 다중적 관계, 고지된 동의'다. 이러한 네 가지 영역의 윤리적 문제는 서로 상당히 중첩된 부분이 많다는 점을 주목하기 바란다. 이 글을 읽는 독자들은 관련 윤리 기준이 나올 때마다 필요한 경우 '전형적인 군 의료 시설' 부분으로 돌아가서 관련 규정을 다시 참조하기 바란다.

다중적 지위

'이중적 지위(Dual Agency), 분리된 충성심(Divided Loyalty), 이중적 충성심(Dual Loyalty)'으로도 불리는 다중적 지위는(관련된 윤리 강령 기준에 대해서는 이 장의 이전 부분을 참조하기 바란다) 심리학자가 2개이상의 존재에 대해 동시에 책임을 지게 되는 경우에 발생한다. 전형적인 임상 의료 장소 내에서 윤리적 문제는 대개 장병, 군대, 사회 전체와 관련되어 있으며, 작전 심리학적 환경에서의 윤리적 문제는보통 개인, 정부 또는 군대기관, 사회 전체에 대한 책임과 연관되어 있다(Kennedy, 2012). 위기 상황에서의 협상을 예로 들어보면(이에 대해서는 또한 제11장을 참조하기 바란다), 심리학자는 법 집행기관ㆍ군대ㆍ정부기관, 즉 주요 의뢰인 집단, 인질이나 구경꾼과 같은 전체 사회, 인질과 인질범과 같은 문제가되는 개인에 대한 책임을 동시에 지게 된다. 주목할 만한 사실은 위기 상황에서 협상을 담당하는 심리학자는 인질범과 대면하여 상호작용을 하지 않는다는 사실과 인질범에게는 심리학자의 자문이 작용하고 있고, 자문 심리학자의 목적은 평화적인 항복을 최대한 이끌어 내고, 인명 손실을 최소화 혹은 방지하는 것에 있다는 점을 모른다는 것에 있다. Gelles와 Palarea(2011)의 연구에서는 위기 상황 협상 상담과 관련된 다중적 지위와 기타 윤리적 문제들을 관리하기 위해 심리학자들은 반드시 의뢰인을 확인하고, 전문 상담자로서의 역할을 유지하며(Mullins & McMains, 2011), 상담의 자율성 유지와 외부의 영향을 받지 않게 하고, 작전 상담자와 정신건강 제공자라는 역할 간의 범위를 확인 및 기술하며, 각 위기상황의 특수성을 인식하고, 전문 역량을 구축ㆍ유지할 것을 당부하였다.

업무 능력

작전 심리학은 심리학을 구성하는 하위 학문 영역으로 발전하였다. 그러나 작전 심리학은 아직 태동기에 있다고 볼 수 있다. 작전 심리학은 훈련 커리큘럼의 구성과 업무 능력에 대한 직업 기준에 관여하고 있다. 윤리 원칙과 행동 강령의 '기준 2.01: 업무 능력의 범위(Standard 2.01, Boundaries of Competence)'에서는 다음과 같이 규정하고 있다(이 기준의 다른 부분에 대해서는 전술한 전형적인 군 의료시설 부분을 참조하기 바란다).

> 준비 교육에 대한 기준으로 널리 인식되고 있는 신규 분야가 아직 확립되어 있지 않다고 하더라도 심리학자들은 적절한 절차를 수행하여 심리학자로서의 업무 능력을 담보하고 의뢰인 및 환자, 학생, 감독을 받는 자, 연구 참가자, 의뢰기관 및 기타 해로운 영향을 받을 수 있는 대상을 보호하여야 한다.

다양한 충돌 상황에서 군 심리학자들이 이미 일궈 낸 진보사항들처럼 작전 심리학 역시 실무 수행 현장에서 대규모로 발전하고 있다. 법 집행기관에서 근무하는 심리학자들의 노력으로 조성된 작전 심리학 분야는 테러와의 전쟁에 이미 강력한 영향력을 행사하고 있다. 상대적으로 최근에 등장한 임상 심리학 분야로 인해(이에 대해서는 제1장을 참조) 제2차 세계대전 이후 임상 인턴 과정이 발달하였고, 심리학자들은 작전 역할을 수행하게 되었으며, 이를 위해 정식 교육 및 훈련에 필요한 요소들과 동일한 사항들이 고려되어야 한다. Staal과 Stephenson(2006)은 모든 군 기관의 협력, 전문화된 작전 심리학 분야의 펠로우 프로그램 제공, 이러한 직무에 가장 적합한 심리학자를 찾아내기 위한 정식 평가 및 선발 프로그램 구성을 내용으로 하는 공식화된 절차를 수립할 것을 권고하였다. 최초로 펠로우 과정이 시행된 이후 다양한 훈련 프로그램이 등장하였고, '심리학의 특수적용학회(Special Applications in Psychology)'나 'SERE 심리학회의(생존, 회피, 저항, 도주에 관한 것을 내용으로 함)' 등 작전 심리학에 관한 다양한 학회가 개최되었으며, 멘토 프로그램 및 직장에서의 훈련과 감독 프로그램이 등장하였다. 군 심리학자들은 또한 미국 전문심리위원회(American Board of Professional Psychology)에서 심리학자들의 기능과 역할 중 다수가 전형적인 법 집행기관에 반영된 치안 분야(Police and Public Safety)를 최근 전문 분야로 인정하여 자격증을 발부함에 따라 혜택을 받을 수 있게 되었다. 이 자격증은 전공을 불문하고 최고로 정형화된 직무 능력 기준을 가지고 있는 심리학자에게 발급된다.

다중 관계

작전 심리학 분야에서 다중 관계는 전형적인 군 의료시설에 작전 심리학자들이 개입할 때 발생하며, 구체적인 상황은 각각 상당히 다른 모습으로 나타난다. 작전 심리학자들과 군 의료시설에서 환자를 치료하는 역할을 수행하는 군 심리학자들 간의 차이점을 살펴보면, 작전 심리학자들은 일반 심리학자들과는 달리 임상 실무를 주로 수행하지 않는다. 그러나 모든 군 심리학자는 소속 지휘부가 규모가 작든, 부수적으로 포함된 기관이든, 외딴 곳에 있든 간에 동료의 긴급한 정신건강 관련 문제에 대처하거나 동료에게 근접해 있는 위기 상황을 타개해야 한다. 작전 임무 직위로는 수비요원, 경찰관, 특수부대요원과 같은 것들이 있을 것이다. 이는 작전 심리학 환경에서 전형적이고 가장 빈번히 나타나는 다중 관계에 대한 윤리적 문제라고 할 수 있다. 다중 관계에 대한 윤리적 문제는 가능한 경우라면 언제든지 위탁 절차를 통해 경감시켜야 한다. 그러나 응급 상황이라든가 위탁 기관의 부재로 인해 위탁이 불가능한 경우에는 철저히 고지된 동의를 얻는 것(이에 대해서는 전술한 전형적인 군 의료시설 부분과 바로 밑에서 설명할 고지에 입각한 동의 부분을 참조하기 바란다)보다 적절한 위탁기관이 나타날 때까지 윤리적 문제의 충돌 상황을 경감할 수 있는 최선의 방법이 될 것이다.

고지된 동의

작전 심리학자들이 수행하는 업무 내용의 대부분은 전형적인 군 임상 심리학자들의 업무 내용과 확연한 차이점을 보인다. 현역 장병 환자를 진료할 때 고지된 동의는 일반적으로 진행하는 절차다(이에 관해서는 앞에서 기술한 관련 기준을 참조하기 바란다). 특정한 몇몇 사안에 대해서 고지된 동의는 작전 심리학자들이 지켜야 할 규범으로써 작용하며, 기밀 정보의 취급 허가에 대한 심사나 선발 및 평가 과정에도 일종의 규범으로 작용한다. 이러한 경우에는 문제 장병에 대해 즉시 신원 확인이 가능해야 하며, 문제 장병은 기밀 정보와 취급 허가에 대한 적절성을 검토 받거나 특수임무 직책의 수여 · 유지를 위해 필요한 평가를 받는다. 그러나 심리학자는 인질 협상 상담, 심문 상담, 대테러 상담과 같은 작전 심리학 관련 임무를 수행함에 있어 문제 장병과 직접 연락을 할 수 없는 경우가 대부분이라 고지된 동의는 다양한 이유로 얻지 못할 수도 있다. 행동과학 자문 팀(BSCT)에서 심문 자문을 하는 심리학자의 경우를 한 번 살펴보자. 미 국방성에 의하면 행동과학 자문 팀은 임상 실무는 담당하지 않지만, 구금과 관련된 첩보 활동, 심문, 수감자와 관련된 임무 수행 보고와 같은 법 집행 및 첩보 활동을 보조하기 위한 자문 서비스를 제공해야 한다고 규정하고 있다(U.S. Department of the Army, 2010, p. 4). 또한 행동과학 자문 팀의 심리학자는 다른 모든 현역 장병과 마찬가지로, 학대 및 비인도적 행위와 같은 관련 법률, 규정, 방침을 위반 또는 위반이 의심되거나 위반 가능성이 있는 모든 경우에는 보고 의무를 가진다(U.S. Department of the Army, 2010, p. 6). 게다가 수감자의 정신건강을 염려하는 행동과학 자문 팀의 심리학자는 어떠한 후속 평가 및 조치가 행해지지 않는다고 할지라도 수감자가 임상의의 위탁 진료를 받을 수 있도록 제3기관에 우려사항들을 보고해야 한다(Kennedy et al., 2009). 이를 통해, 고지된 동의를 얻지 못하고, 문제 장병이 자문 심리학자가 있다는 사실을 모르는 경우에도 해당 심리학자는 문제 장병을 식별하는 임무를 유지할 수 있게 되는 것이다(Koocher, 2009).

비전투 지역 파견 근무 환경

심리학자는 군부대의 일원으로 포함되어 파견 근무 환경에서 근무하게 되며, 부대원에 대해 전반적인 정신건강 치료, 즉 예방조치, 조기 치료, 외래진료를 실시하고, 가끔씩 입원 장병을 치료하며, 지휘관에 대한 자문 업무를 담당하게 된다. 이는 미 해병대 육상 전투 부대원에 대한 작전 스트레스 관리 및 준비태세(Operational Stress Control & Readiness: OSCAR) 담당자들과(Hoyt, 2006), 항공모함 선원 및 함선 전투 대원에 대한 임상적 평가 · 치료 · 자문을 제공하는 미 해군 선상 심리학자를 예로 들 수 있다

(Wood, Koffman, & Arita, 2003). 파견 근무 환경에서 의료진이 부대원에 포함된 경우에는 전투 지역에 특수한 임무를 수행할 수도 있고, 수행하지 않을 수도 있다. 이 절에서는 비전투적 역할과 비전투적 근무 장소에만 초점을 두고 설명하도록 하겠다.

의료진이 부대원에 포함되거나 통합된 경우에는 특정 부대의 지휘관 및 부대원들과 친밀한 관계를 형성할 수 있게 된다. 의료진은 일상적으로 부대원들과 상호작용할 수 있고, 소속감이 형성되기 때문에 심리적 안정감을 가질 수 있고, 부대원에게 쉽게 접근할 수 있으며, 신뢰성이 높은 지지자로서 기능할 수 있게 된다. 이러한 신뢰감과 소속감 형성을 통해 낙인 효과를 감소시킬 수 있으며, 개별 장병과 지휘관이 치료 조치와 권고 사항을 보다 잘 수용하게 할 수 있다(Hoyt, 2006). 게다가 부대원에 포함된 의료진은 연속적인 치료를 시행하게 된다. 이는 전형적인 군 의료시설에서 지속적인 정신 치료가 필요한 장병에게는 매우 심각한 문제 상황이 될 수 있다. 현역 장병 환자도 파견 근무가 잦지만 전형적인 군 의료시설에서 근무하는 의료진도 역시 파견 근무를 빈번하게 수행한다. 그 결과, 전형적인 정신건강 치료 모델은 파견 근무 환경에서 일관된 형태로 수행되지 않으며, 치료가 중단되기도 한다(Ralph & Sammons, 2006). 그런데 정신건강 전문가가 부대원에 포함된 경우에는 어디서나 부대원들과 함께 있을 수 있기 때문에 연속적인 치료를 제공할 수 있게 되는 것이다. 이러한 치료 환경이 구축될 경우 문제 상황을 예방하고, 정확한 정보에 근거한 조기 치료를 시행하며, 심각한 질병으로 발전한 경우에 보다 더 좋은 치료행위를 촉진할 수 있고, 군대 자원을 보전할 수 있을 것으로 여겨진다. 이에 대한 예로, 항공모함마다 심리학자를 부대원으로 포함시킨 결과 해군 장병의 의무 후송 사례를 줄일 수 있었다는 연구 자료를 들 수 있다(Wood et al., 2003). 이처럼 상당한 이점도 있는 반면, 이와 관련된 윤리적 문제점들이 증가하기도 한다. Johnson, Ralph와 Johnson(2005)은 심리학자가 부대원으로 포함된 경우 발생할 수 있는 가장 심각한 윤리적 문제점으로 이중적 지위와 다중 역할을 꼽았다.

이중적 지위와 다중 역할

이중적·다중적 지위, 다중 역할은 모든 군사 실무 영역에서 심각한 윤리적 문제점으로 지목되고 있다(이에 대해서는 앞서 기술한 전형적인 군 의료시설, 작전 환경에서 존재하는 윤리 기준과 추가 정보 부분을 참조하기 바란다). 이중적 지위와 관련된 문제에 대해서는 이미 심도 있게 살펴보았고, 파견 근무 현장에서의 이중적 지위 문제는 전형적인 군 의료시설에서의 이중적 지위 문제와 상당히 유사한 모습을 보이기는 하지만, 파견 환경에서의 다중 역할은 모든 군 심리학 실무 영역에서 가장 확대된 형태로 나타나고 있다는 점에 주목하기 바란다. 같은 지휘계통의 구성원으로 소속되어 있는 심리학자는 부대원에 대해 헌신적으로 치료를 시행하며, 어떠한 위탁기관도 찾을 수 없는 부대 환경에서도 마찬가지로 헌신적인 모습을 보인다.

특히 파병 환경에서 심리학자들은 독자적인 정신건강 치료 제공자 역할을 함과 동시에 일상적으로 다양한 역할을 수행하게 된다. 이러한 역할들은 대개 쉽게 관리할 수 있는 것이지만, 때로는 심각한 문제 상황을 야기하기도 한다. 이에 대한 예로, Johnson 등(2005)으로 구성된 연구진의 연구 자료를 들 수 있는데, 그들은 항공모함에서 근무하는 심리학자가 본인이 잘 아는 환자에 대해 기밀 정보 취급 허가를 심사하여 환자에게 기밀 정보 취급을 허가하지 않고 보다 좋은 직무를 받게 해 준 사례를 제시하였다. 해당 심리학자가 담당한 부수적 역할로 인해 위험성이 높은 환자와 치료 동맹 관계가 형성되어 문제 장병과 타협하는 현상이 발생한 것이었다.

Johnson 등(2005)으로 구성된 연구진은 파견 근무 환경에서 발생하는 다중 역할에 대해 심도 있는 분석 자료를 제시하였다. 그들은 파견 심리학자 고유의 업무 양식에 대해 몇 가지를 언급하였다.

- 모든 심리학자는 장교 신분이라는 점을 고려해 볼 때 모든 환자에 대해 다중 역할을 수행한다고 할 수 있다.
- 심리학자는 임상적 관계 형성 여부에 관해서는 선택권이 없다. 이처럼 심리학자는 다른 선택 가능성이 없기 때문에 치료적 관계의 개시, 이송 치료, 심지어 치료를 종료하는 것에 대해서도 결정할 수 없다.
- 심리학자는 동일한 상대방에 대해서 현역 복무 적합성 판단, 법의학적 평가, 기밀 정보 취급 허가 적합성 심사와 같은 여러 역할을 수행할 수 있음을 알고 있어야 한다.
- 의사결정자로서의 심리학자는 특정 사안에 대해서는 절대적인 결정 권한을 갖고 있다. Johnson 등(2005)으로 구성된 연구진이 발표한 문헌의 75쪽에서는 "종합 의료 환경에서 근무하는 군 심리학자들은 환자의 일생에 지대한 영향을 미치는 경우가 많으며, 심리학자들이 계속 또는 중지 여부를 결정하는 의사 판단은 흔히 환자의 진급이나 현역 복무 적합성 여부에 상당한 영향을 미치게 된다."라고 명시하고 있다.
- 심리학자는 환자와 지속적으로 개인적인 접촉이 있을 수 있다. 같은 부대원으로 편입되어 파견 근무를 하는 경우, 가령 그들의 직무 공간, 체육관, 지휘부 등과 같은 곳에서 환자를 마주치는 것은 매우 정상적인 일이다.
- 심리학자는 친구, 동료, 심지어 상관에 대해 의료 서비스를 제공하는 것이 불가피한 상황에 처할 수 있다.

심리학자가 부대원에 편입되어 파견 지역에서 근무하는 경우 부정적인 결과 발생과 의무 후송 사례를 상당히 줄일 수 있으며, 현역 장병의 치료 추구 의지 및 가능성을 증대할 수 있다고 여겨지고 있지만 심리학자들은 심각한 문제점이 발생할 수 있다는 점을 인지하여 반드시 신중한 처리를 해야 한다.

전투 지역

전투 지역에서 수행하는 임무는 부대원에 편입되어 심리 실무를 담당하는 경우와 전형적인 군 의료 시설에서 전투 스트레스 관련 임무를 수행하는 경우에 발생할 수 있는 모든 윤리적 문제점에 더해 전투 지역에서는 특히 육체적으로 보다 위험하고 정서적으로 혹독하며, 지원 가능한 자원 역시 매우 제한적일 수 있다. 전투 지역의 심리학자들은 전자 의무 기록에 대한 일상적인 접근 허용, 방음이 잘 된 사무실(경우에 따라 사무실 자체), 사무용품, 일정 및 환자 담당 건수의 예측 가능성 등이 결여되어 있을 수 있고, 이러한 지원을 받기 위해 추가 승인을 얻어야 할 때도 있다. 이렇게 기본적인 지원을 받을 수 없는 상황에서는 다른 문제점들이 보다 확대된 형태로 발생할 수 있다.

군 심리학자들은 아직 적절한 훈련을 받지 못한 영역에 대해 직무를 수행하는 경우가 많고, 임상 치료에 영향을 미치는 관련 규정 및 비의료적 의사결정으로 인해 이중적 지위와 다중 역할 등 추가적인 윤리적 문제점에 직면하게 된다. 법률에 위반되는 명령, 직무 능력, 다문화적 역량에 관한 윤리적 문제점이 발생할 수 있으며 전투 지역에서는 개인적인 문제 역시 중대한 문제점으로 떠오르고 있다.

이중적 지위 및 다중 역할

전투 지역에서의 이중적 지위 및 다중 역할에 대한 문제점은 새로운 양상으로 나타난다. 왜냐하면 전투 지역에서 심리학자들이 이중 역할을 수행하지 않으면 촌각을 다투는 장병을 치료하고 윤리적 문제들을 관리하기 힘들기 때문이다. 다시 말해서, 심리학자들은 반드시 숙련된 임상심리학자로서 일 뿐만 아니라 능숙한 장교로서 직무를 수행해야 한다는 것이다. 군대 계급 구조, 현재 분쟁 지역에서 활용하고 있는 무기 및 차량과 기타 장비, 군사 전략, 군사 목표에 대한 이해를 위해 심리학자들이 필요로 하는 사항들은 획일적이지 않다. 그러나 담당 환자들이 어떠한 역할을 수행해야 하는지, 어디로 귀환해야 하는지, 어떠한 작전이 수행 중인지, 효과적으로 지휘부와 소통할 수 있는 능력을 갖추고 있는지의 여부에 대해서 정확히 이해하는 것은 전투 지역에서의 임상적 의사결정과 효과적인 정신건강 치료를 위해 가장 중요한 역할을 한다. 능숙한 장교는 자대 복귀 여부에 관해 다양한 정보를 활용하여 판단하며, 지휘부와 효과적으로 협상 계획을 세울 것이고, 이를 통해 장병과 부대 전체에 최선의 이익을 가져다 줄 것이다. 즉, 전투 지역에서는 단순히 탁월한 임상의가 되는 것만으로는 장병 치료에 있어 불충분하다는 것이다(이에 대해서는 앞서 기술한 군 의료시설 부분과 문화적 역량 부분을 참조하기 바란다).

법률에 위반되는 명령

전투 지역의 심리학자는 법률에 위반되거나 본질적으로 반윤리적인 명령을 가끔씩 받을 수 있다. 이러한 상황은 대부분 명령을 하달하는 선임 장교(의료 분야에서는 장교가 아닌 경우가 많다)가 본인의 지시사항에 대해 정확히 이해하지 못했을 경우에 발생한다. 이에 대해서는 심리학 및 의학 윤리에 관해 간략한 교육을 실시하고, 문제 상황에 대한 효과적인 브레인스토밍 기법을 활용하면 법률에 위반되는 명령과 관련된 거의 모든 문제 상황을 해결할 수 있다. 드물게 발생하기는 하지만 이것이 실제로 문제가 되는 경우도 있다. Kennedy(2009)는 처방전을 내릴 권한이 없는 하급 심리학자가 상부로부터 정신의학자가 없는 전투 지역에서 처방전을 내리도록 명령을 받은 경우를 소개하였다. 하급 심리학자가 상관의 명령이 법률에 저촉되는 것을 인지하였음에도 불구하고 그 명령을 그대로 따르는 경우에는 위험한 상황이 발생할 수 있다. 교육 및 대체 문제해결 방법이 효과가 없는 경우, 법률에 위반되는 명령에 의한 악영향을 경감하기 위해 군 심리학 단체의 상관들과 지역 군법무관과 면담을 신청하는 방법이 권고된다.

업무 능력

주둔 지역에서 훌륭한 임상의로 평가된다고 해도 그들이 주둔 지역에서 보여 주던 업무 능력을 전투 파견 지역에서도 똑같이 발휘할 수 있다고 생각할 수는 없다. 전투 지역에서 전투 외상을 치료하는 능력은 전형적인 정신건강 진료소에서는 매우 드물게 요구하고 있기 때문이다. 전투 지역에서는 진단 결과(급성 전투 스트레스 혹은 급성 스트레스 장애, 교전 경험으로 발생한 PTSD의 급성 악화 등), 위험 경감, 치료 방법이 언제든지 바뀔 수 있다. 군 심리학자들은 각각의 전쟁마다 특수한 형태로 나타나는 업무 능력에 관련한 문제에 직면한다. 이에 대한 예로, 현대전에서의 폭발에 의한 뇌진탕에 관련된 윤리적 문제를 들 수 있다. 심리학자들은 작전 지역에서 신경 인지적 평가를 측정하는 임무를 수행해야 하지만 아직 소수의 심리학자만이 신경 심리학, 신경 인지 검사, 뇌진탕과 신경 부상에 대한 정식 훈련을 수료한 상황이다. 또한 이 문제를 보다 복잡하게 만드는 요인은 급성 폭발 뇌진탕에 관한 연구 문헌이 별로 없다는 것과 이러한 치료 방법들을 전투 지역에서 활용하는 것에 대해 실증적으로 입증된 근거가 거의 없다는 사실인데(Bush & Cuesta, 2010), 이로 인해 심지어 훈련을 받은 신경심리학자들도 특정 상황에서는 무엇을 해야 할지 갈피를 못 잡는 경우가 발생할 수 있다. 윤리 원칙과 행동 강령의 '기준 9.07: 부적임자에 의한 평가(Standard 9.07, Assessment by Unqualified Persons)'에서는 다음과 같이 규정하고 있다.

심리학자들은 부적임자에 의한 심리 평가기법 활용을 촉진해서는 안 된다. 다만, 적절한 관리 감독하에서 훈련을 목적으로 하는 경우에는 그러하지 아니하다.

(업무 능력에 관한 추가적인 윤리 기준에 대해서는 전술한 '전형적인 군 의료시설' 부분을 참조하기 바란다.) ANAM(Automated Neuropsychological Assessment Metrics)과 전투 지역에서의 다발적 뇌진탕 환자에 대한 신경심리학적 평가를 위한 요구사항들은(DoD, 2010) 적절한 훈련을 받지 못한 채 신경심리학적 실무에 투입되는 의료진에게 상당한 부담으로 작용하고 있다.

다문화적 역량

전투 지역에서 발생하는 또 다른 문제는 지역 주민에 대해 정신건강 서비스를 제공하는 것과 관련되어 있다(Tobin, 2005). 현재 분쟁이 발생하고 있는 지역에서 자살 기도나 자살 행동 후 응급 병동으로 실려 오는 환자는 보통 아프가니스탄 국군(Afghan National Army: ANA)이거나 아프가니스탄 경찰인 경우가 많다. 나쁜 소식을 들은 후 감시탑에서 투신하여 전투 병원에 실려 온 아프가니스탄 국군 장병을 예로 들어보자. 그는 육체적 외상은 없었지만 투신하기 전에 자살 의도를 표출했었다. 당시 지원 가능한 정신건강 전문가는 군 심리학자밖에 없었다. 이 문제를 보다 복잡하게 만든 요인은 급성 질환인 경우에만 전투 병원을 활용할 수 있었다는 점, 해당 지역에는 아프가니스탄 국군 소속의 정신건강 지원기관이 없었다는 점, 해당 지역에는 민간 정신건강기관도 없었다는 점에 있었다. 군 심리학자는 문제 장병을 심사하기에는 최소한의 문화적 역량만을 구비하고 있었고, 어떠한 위탁기관도 없는 상황에서 매우 복잡한 문제 상황을 겪게 되었다.

개인적인 문제

군 심리학자들은 윤리적 문제들 및 전형적인 진료소나 병원에서 외래 환자를 관리할 때 발생하는 수송 문제와 더불어 파병 근무로 인해 스트레스를 받고 있으며, 심리적 외상 사건에 버금가는 심각한 개인적 문제들이 발생할 수 있는 위험성에 항상 노출되어 있다(Johnson et al., 2011). 군 정신건강 제공자의 심리 건강에 관해 다루고 있는 실증적인 연구 자료는 찾아볼 수 없지만, 실제로 전투 지역의 스트레스 요인에 영향을 받지 않는 정신건강 제공자는 없다는 점과 파병 근무 중 예측할 수 없는 상황으로 인해 커다란 충격을 받을 수도 있다는 점을 주목해야 한다(Johnson, 2008). 전투 지역의 의료진이 일상적으로 받는 스트레스 요인으로는 첫째로 중상, 죽어가는 환자, 시신에 상당히 지속적으로 노출되는 것, 둘째는 수면 박탈, 극한의 기온, 무겁고 거추장스러운 개인 보호 장구 착용과 같은 환경적 스트레스 요소, 셋째는 로켓이나 박격포와 같은 간접 화기 공격 노출, 넷째는 직사화기 공격 노출 다섯째, 외상 환자의 이야기를 들음으로써 지속적으로 외상 사건에 간접 노출된다는 점(Johnson & Kennedy, 2010, p. 299) 등이 있다. 군 심리학자들은 전투 지역에서 이러한 문제점에 직면하며, 전투 지역에서 국내로 돌아온 이후에도 예상치 못한 문제를 맞이하고 관리해야 한다. 따라서 정신건강을 올바로 유지하는 것은 상당히 중요한 문제다. 윤리 원칙과 행동 강령의 '기준 2.06: 개인적인 문제들과 충돌(Standard 2.06, Personal Problems and Conflicts)'에서는 다음과 같이 규정하고 있다.

> 심리학자들은 그들의 개인적인 문제들로 직무와 관련된 활동을 능숙하게 수행하는 데 방해가 될 수 있는 상당한 가능성이 있다는 점을 인식하거나 예상할 수 있을 때에는 직무 활동을 개시하는 것을 피해야 한다.
> 심리학자들은 직무와 관련된 임무를 적절히 수행하는 것에 방해가 되는 개인적인 문제를 인식한 경우 전문 자문이나 지원 등 적절한 수단을 활용하여 그들의 직무를 제한할지, 유예할지, 아니면 완전히 종료할지의 여부에 관해 판단해야 한다.

2차 외상, 동정심의 감퇴, 극도의 피로와 관련된 스트레스 요인들에 대한 개념화 작업이 상당히 이루어지기는 했지만(Maltzman, 2011; Seeley, 2008), 심리적 외상 가능성이 있는 경험, 파병 후 정기 신체검사를 한 뒤 후속조치가 없는 경우, 군 심리학자가 전역을 결심하게 되는 요인과 같은 전투 지역 정신건강 제공자의 경험 내용에 대한 실증적 연구 자료는 찾아볼 수 없다. 전문가로서의 역량에 손상을 줄 수 있는 요소를 인식하고 조치하는 것에 관한 지도 자료 역시 거의 찾아볼 수 없는 실정이다. Johnson 등 (2011)으로 구성된 학자들은 그들의 저서 97쪽에 "파견된 군 심리학자의 건강과 업무 능력을 지원하고 관찰할 수 있는 종합적인 프로그램을 개발하여 작전 지역과 귀향한 이후에 실시하여야 한다고 제안하였다. 많은 심리학자는 전시 부상자 분류와 같은 임무를 수행하다가 일상적인 외래 진료소 업무로 돌아가면 상당한 어려움을 겪기 때문에 이를 위한 재통합 프로그램이 반드시 수립되어야 한다."라고 피력하였다.

예방, 증상 완화, 위험 최소화 전략

어떤 근무 환경에서든 아주 많은 윤리적 문제점이 발생할 수 있지만 현역 복무를 하고 있거나 민간 기관에서 근무하는 개별 군 심리학자들이 활용할 수 있는 전략 역시 제시되고 있기 때문에 상당한 도움 또한 받을 수 있다.

- 윤리 강령, 관련 주법·연방법·군법, 관련 지시사항들을 정확히 숙지할 것. 심리학 실무 영역은 (심리학자가 되기 위한 요건과 관련된 것까지도) 법률에 의해 지배되며, 심리학자들은 윤리 강령을 준수해야 하고, 대부분의 경우 공인 면허 소지를 필요로 한다. 심리학자들에게 있어 최소한의 전제 조건은 일반적인 심리 실무 영역에 관해 규정하고 있는 관련 법률 요건을 이해하는 것이다(Behnke & Jones, 2012). 군 심리학자들은 세련된 방법으로 군사 심리학 업무를 수행하기 위하여 심리학과 관련된 기본 규정을 이해하는 것을 넘어서 반드시 관련 군법과 지시사항을 적용하고(Johnson et al., 2010), 이러한 규정이 어떻게 윤리 강령 및 미국 심리학회 규정과 상호작용하는지에 대해 이해하여야 한다(Kennedy, 2012).
- 멘토, 동료, 기타 관련 전문가 집단과의 네트워크를 형성할 것. 군 심리학자들은 다양한 직무를 수행하게 되며, 매일 특수한 임무 수행 및 자문을 의뢰받는다. 이러한 요구 사항들을 이행하기 위하여 군 심리학자들은 현존하는 전문가 집단 네트워크를 활용하여 상담을 받아야 한다(Johnson et al., 2005; Schank, Helbok, Haldeman, & Gallardo, 2010). 모든 군 심리학자에게는 최소 한 명에서 두 명의 선임 멘토를 지정하고, 몇 명의 동료들과 자문 네트워크를 형성하며, 이전에 같이 근무했던 전문가와 지속적으로 연락을 취하고, 군법무관, 즉 법무감과 원만한 업무 관계를 형성하는 것을 추천한다.
- 훈련 기회를 모두 활용할 것. 미군 당국은 어마어마한 훈련 기회를 제공하고 있으며, 군 심리학자는 본인의 현재 임무와 크게 관련이 없어 보여도 기회가 있을 때마다 훈련 프로그램을 수강해 둘 필요가 있다. 소총 및 권총 자격증, SERE 훈련 프로그램, 야전 군의관 학교, 항공 의무 군의관 훈련 과정과 같은 공식 훈련 프로그램은 문화적 역량을 제고하며, 향후 활용할 수 있는 필수 기술을 습득하는 기회를 제공하고 있다.
- 자신만의 윤리적 의사결정 모델을 채택할 것. 윤리적 의사결정 모델은 매우 다양하며(Barnett & Johnson, 2008), 몇몇은 군대 상황에 맞춰 특수하게 개발된 것이다(Staal & King, 2000). 심리학자들은 문제 상황 발생 시 체계적이고 객관적으로 윤리적 문제들을 평가할 수 있도록 각 의사결정 모델

을 평가하여 가장 합리적으로 생각되는 윤리적 의사결정 모델을 채택해야 한다(Johnson et al., 2010; McCutcheon, 2011).

• 항상 최선의 이익을 가져오는 해결책 제시를 지향하여 노력할 것. 개인과 군대 조직의 요구사항에 대해 고려하는 것은 매우 어려운 문제이지만, 보통은 개인과 조직에게 모두 도움을 줄 수 있는 행동 방침이 제시되어 있다(Johnson & Wilson, 1993; Johnson, 1995; Johnson et al., 2010). 문화적 역량은 이러한 문제를 해결하는 데 가장 중요한 요소라고 할 수 있다.

• 적절한 방법으로 고지에 입각한 동의를 구할 것. 군 심리학자들은 고지된 동의를 구할 수 있는 상황에서는 반드시 군대의 지시사항과 기밀 보안에 대한 법 현실, 기록물의 보관 장소와 보관 방법, 현역 환자에게 합리적으로 제공할 수 있는 것, 기타 치료 방법들, 현재와 향후 군 경력에 영향을 미칠 수도 있는 다양한 치료 및 간섭조치에 대해 환자와 의논해야 한다(Johnson, 1995; Johnson et al., 2005; Schank et al., 2010).

• 문화적 지식을 배양할 것. 이제 막 군대에서 업무를 시작한 심리학자는 각 군 기관마다 차이를 보이는 문화적 요소, 군대 계급 구조, 군대 용어와 축약어, 군사 관련 법률을 이해하기 위해 종합적인 노력을 기울여야 한다. 군 심리학자들은 지휘계통에 있는 다양한 지휘관에게 찾아가서 그들의 목표에 대해 배워야 하며, 환자들의 작전 수행 환경을 이해해야 한다.

• 다문화적 지식을 배양할 것. 군 심리학자는 다문화적 요소에 대해 지속적인 교육을 추구하고, 다양한 사교 모임에 참석하며, 다른 지역에 출장을 가서 다른 문화를 경험해 보고, 개인의 신념과 편견에 대해 열린 자세로 탐구하여야 한다(Kennedy et al., 2007).

• 외딴 곳에 있는 파견 지역에서는 모두가 환자가 될 수도 있다고 반드시 생각해야 한다. 경험이 많은 군 심리학자들은 사령부 소속의 거의 모든 장병과 심리치료 관계가 형성될 수 있다고 말한다. 심리학자들은 논란의 소지가 있을 경우 최대한 중립적인 자세를 견지하고, 개인 정보를 심각한 수준으로 드러내는 것을 방지하며, 사령부 소속 기관 외부에서 강력한 지원 체계를 구성하여 이러한 문제점에 대해 대처할 수 있다.

• 외딴 곳에 있거나 독신인 환경에서 특정인을 평가하는 것이 좋지 못한 상황을 발생시킬 수 있을 때에는 반드시 예비 계획을 수립해야 한다. 만약 이러한 상황이 발생하면 평가 대상자는 거의 대부분 당신의 지휘계통에 있는 장병일 것이다. 이를 위한 예비 계획에는 문제 장병을 평가하기 위해 타군 기지나 외국과 같이 다른 장소로 이동시키는 것에 대한 동의를 구하거나, 상황이 허락된다면 다른 심리학자를 사령부로 오게 해서 평가를 수행하게 하는 것 등이 있을 것이다.

• 작전 파견 지역에서는 군대 지휘계통을 교육할 것. 모든 군 지휘부와 지휘관은 파견 지역에서 작전 심리학자들이 제공할 수 있는 서비스와 제한사항에 대해 모를 수 있기 때문에 이와 관련된 새

로운 역할이 심리학자들에게 요구된다. 지휘계통과 관련 지휘부 구성원에 대한 교육을 통해 심리학자들은 적절한 선을 지키면서 지속적으로 근무할 수 있게 도와줄 수 있고 관련된 윤리적 문제들을 피할 수 있다.

- 안된다고 말할 준비를 할 것. 매우 드문 경우이지만, 심리학자는 법률에 저촉되거나 능숙하지 않은 직무를 수행하도록 의뢰받을 수 있기 때문에 그러한 부탁을 거절하고 다른 적절한 대안을 제시할 수 있게 준비해야 한다. 이러한 준비에는 윤리 강령의 이해, 전문가로서의 책임감 구비, 그러한 요청으로 인해 발생할 수 있는 문제점을 분명히 소명하는 것뿐만 아니라 주요 문제에 대한 자문을 구하는 것과 지휘계통에 소속된 신뢰할 수 있는 전문가 및 군사 심리학 단체에 대해 잘 알아두는 것 역시 포함된다.

- 전문 직업 종사자들과 활발하게 활동할 것. 군 심리학자들에게는 인적 네트워크를 형성하고 최신의 실무 내용과 발전사항에 대한 지식을 습득하기 위해 관련 기관에 가입하여 활동하는 것이 권장된다.

- 자기 자신을 돌볼 것. 심리학자의 정신건강은 타인에 대한 치료 제공 능력과 훌륭한 직무 판단에 분명히 영향을 미친다. 군 심리학자들은 스트레스 요인, 기분, 의학 문제, 약물 부작용, 전투 외상 노출, 2차 외상 상해와 같은 다양한 생활 환경 및 직무 환경이 자신에게 어떠한 영향을 미칠 수 있는지에 대해 이해해야 하며, 건강한 생활 습관을 갖기 위한 조치를 취해야 하고(Nagy, 2012), 다른 군 심리학자 및 멘토와 지원 네트워크 체계를 구축해야 한다(Johnson et al., 2011).

결 론

현재 벌어지고 있는 전쟁은 군 정신건강 제공자들에게 전례 없는 스트레스 요인으로 작용하고 있다. 2009년 어떤 미 육군 장병은 이라크에 있는 전투 스트레스 진료소에서 총기를 발포하여 육군 정신과 의사 1명, 해군 사회복지사 1명, 현역 환자 3명을 살해하였다(Kaplan, 2009). 그해 말에는 포트 후드에서 미 육군 정신과 의사가 총기를 발포하여 13명이 사망하였고, 사망자 중 다수는 정신과 간호사, 정신과 의사, 심리학자들로 구성된 전투 스트레스 팀원으로서 파견 근무를 준비하고 있었다. 군 심리학자들은 전례 없는 비율로 파병을 나가게 되었고, 전투 지역에서 심리적 외상에 직접 노출되는 상황에 처해 있다. 그렇지만 그들은 장병의 심리적 외상 관리를 위한 활발한 지원 활동을 하고 있다.

예전에 수행되었던 전쟁들과 함께 '테러와의 전쟁'은 새로운 문제 상황을 발생시켰고, 군 심리학자들이 개입할 수 있는 기회를 마련하였다. 원격의료와 전투 지역에서의 자동화된 인지검사(예: 폭발로 인한 뇌진탕)를 수행하기 위한 새로운 업무 능력이 별도로 요구되었고, 새로운 윤리적 문제점 또한 발생하였다(평가와 검사에 대한 윤리적 문제점들에 대한 검토는 Bersoff, DeMatteo, & Foster, 2012를 참조). 작전 심리학은 계속해서 그 영역을 넓혀가고 있으며, 이로 인해 심리학자들은 지금까지와는 전혀 다른 새로운 직무를 수행하고 있다. 부대원과 함께 파견된 심리학자들은 전선 뒤에서 정신건강을 보조하기보다는 현장에서 직접 보병 부대원을 진료하고 있다. 다시 한 번 강조하지만 군 심리학 분야는 심리학 실무 현장에 중대한 파장을 일으키게 될 것이다.

참고문헌

Abeles, N. (2010). Ethics and the interrogation of prisoners: An update. *Ethics and Behavior, 20*, 243-249.

Aggarwal, N. K. (2009). Allowing independent forensic evaluations for Guantanamo detainees. *Journal of the American Academy of Psychiatry and the Law, 37*, 533-537.

American Psychological Association. (2008). *Report of the APA Presidential Advisory Group on the implementation of the petition resolution.* Retrieved March 6, 2011, from *www.apa.org/ethics/advisory-group-final.pdf.*

American Psychological Association. (2010). *Ethical principles of psychologists and code of conduct. 2010 amendments.* Retrieved February 5, 2011, from *www.apa.org/ethics/code/index.aspx#.*

Barnett, J. E., & Johnson, W. B. (2008). *Ethics desk reference for psychologists.* Washington, DC: American Psychological Association.

Behnke, S. H., & Jones, S. E. (2012). Ethics and ethics codes for psychologists. In S. J. Knapp, M. C. Gottlieb, M. M. Handelsman, & L. D. VandeCreek (Eds.), *APA handbook of ethics in psychology: Vol. 2. Practice, teaching, and research* (pp. 43-74). Washington, DC: American Psychological Association.

Bersoff, D. N., DeMatteo, D., & Foster, E. E. (2012). Assessment and testing. In S. J. Knapp, M. C. Gottlieb, M. M. Handelsman, & L. D. VandeCreek (Eds.), *APA handbook of ethics in psychology: Vol. 2. Practice, teaching. and research* (pp. 45-74). Washington, DC: American Psychological Association.

Bush, S. S., & Cuesta, C. M. (2010). Ethical issues in military neuropsychology. In C. H. Kennedy & J. L. Moore (Eds.), *Military neuropsychology* (pp. 29-55). New York: Springer.

Dunivin, D., Banks, L. M., Staal, M . A., & Stephenson, J. A. (2011). Behavioral science consultation to interrogation and debriefing operations: Ethical considerations. In C. H. Kennedy & T. J. Williams (Eds.), *Ethical practice in operational psychology: Military and national intelligence applications* (pp. 51-68). Washington, DC: American Psychological Association.

Fein, R. A., Lehner, P., & Vossekuil, B. (2006). *Educing information, interrogation: Science and art, foundations for the future.* Washington, DC: National Defense Intelligence College.

Calvin, M. (Producer/Director). (2008). *Interrogate this: Psychologists take on terror* [Motion picture]. (Available from

MG Productions, 1112 Boylston St., #163, Boston, MA 02215)

Gelles, M. C., & Palarea, R. (2011). Ethics in crisis negotiation: A law enforcement and public safety perspective. In C. H. Kennedy & T. J. Williams (Eds.), *Ethical practice in operational psychology: Military and national intelligence applications* (pp. 107-123). Washington, DC: American Psychological Association.

Greene, C. H., & Banks, L. M. (2009). Ethical guideline evolution in psychological support to interrogation operations. *Consulting Psychology Journal: Practice and Research, 61,* 25-32.

Gros, O. F., Yoder, M., Tuerk, P. W., Lozano, B. E., & Acierno, R. (2011). Exposure therapy for PTSD delivered to veterans via telehealth: Predictors of treatment completion and outcome and comparison to treatment delivered in person. *Behavior Therapy, 42,* 276-283.

Hoyt, G. B. (2006). Integrated mental health within operational units; Opportunities and challenges. *Military Psychology, 18,* 309-320.

Johnson, W. B. (1995). Perennial ethical quandaries in military psychology: Toward American Psychological Association-Department of Defense collaboration. *Professional Psychology: Research and Practice, 26,* 281-287.

Johnson, W. B. (2008). Top ethical challenges for military clinical psychologists. *Military Psychology, 20,* 49-62.

Johnson, W. B. (2011). "I've got this friend": Multiple roles, informed consent, and friendship in the military. In W. B. Johnson & G. P. Koocher (Eds.), *Ethical conundrums, quandaries, and predicaments in mental health care practice* (pp. 175-182), New York: Oxford University Press.

Johnson, W. B., Grasso, I., & Maslowski, K. (2010). Conflicts between ethics and law for military mental health providers. *Military Medicine, 175,* 548-553.

Johnson, W. B., Johnson, S. J., Sullivan, G. R., Bongar, B., Miller, L., & Sammons, M. T. (2011). Psychology in *extremis*: Preventing problems of professional competence in dangerous practice settings. *Professional Psychology: Research and Practice, 42,* 94-104.

Johnson, W. B., & Kennedy, C. H. (2010). Preparing psychologists for high-risk jobs: Key ethical considerations for military clinical supervisors. *Professional Psychology: Research and Practice, 41,* 298-304.

Johnson, W. B., Ralph, J., & Johnson, S. J. (2005). Managing multiple roles in embedded environments: The case of aircraft carrier psychology. *Professional Psychology: Research and Practice, 36,* 73-81.

Johnson, W. B., & Wilson, K. (1993). The military internship: A retrospective analysis. *Professional Psychology: Research and Practice, 24,* 312-318.

Kaplan, A. (2009, July 6). Death of psychiatrist and other soldiers triggers inquiry into military's mental health care. *Psychiatric Times,* p. 26. Retrieved February 5, 2011, from *www.psychiatrictimes.com/display/article/10168/1426100.*

Kennedy, C. H. (2009). You want me to do what?: The case of the unlawful order. *Navy Psychologist, 2,* 9-10.

Kennedy, C. H. (2011). Establishing rapport with an "enemy combatant": Cultural competence in Guantanamo Bay. In W. B. Johnson & C. P. Koocher (Eds.), *Ethical conundrums, quandaries, and predicaments in mental health practice: A casebook from the files of experts* (pp. 183-188). New York: Oxford University Press.

Kennedy, C. H. (2012). Institutional ethical conflicts with illustrations from police and military psychology. In S. Knapp & L. VandeCreek (Eds.), *APA handbook of ethics in psychology; Vol. 1. Moral foundations and common themes* (pp. 123-144). Washington, DC: American Psychological Association.

Kennedy, C. H., Boake, C., & Moore, J. L. (2010). A history and introduction to military neuropsychology. In C. H. Kennedy & J. L. Moore (Eds.), *Military neuropsychology* (pp. 1-28). New York: Springer.

Kennedy, C. H., & Johnson, W. B. (2009). Mixed agency in military psychology: Applying the American Psychological Association's ethics code. *Psychological Services, 6,* 22-31.

Kennedy, C. H., Jones, D. E., & Arita, A. A. (2007). Multicultural experiences of U.S. military psychologists: Current trends and training target areas. *Psychological Services, 4,* 158-167.

Kennedy, C. H., & Malone, R. C. (2009). Integration of women into the modern military. In S. M. Freeman, B. A. Moore, & A. Freeman (Eds.), *Living and surviving in harm's way: A psychological treatment handbook for pre- and post-deployment of military personnel* (pp. 67-8 1). New York: Routledge.

Kennedy, C. H., Malone, R. C., & Franks, M. J. (2009). Provision of mental health services at the detention hospital in Guantanamo Bay. *Psychological Services, 6,* 1-ss10.

Kennedy, C. H., & Williams, T. J. (2011a). *Ethical practice in operational psychology: Military and national intelligence applications.* Washington, DC: American Psychological Association.

Kennedy, C. H., & Williams, T. J. (2011b). Operational psychology ethics: Addressing evolving dilemmas. In C. H. Kennedy & T. J. Williams (Eds.), *Ethical practice in operational psychology: Military and national intelligence, applications* (pp. 3-27). Washington, DC: American Psychological Association.

Kennedy, C. H., & Zillmer, E. A. (2006). *Military psychology: Clinical and operational applications.* New York: Guilford Press.

Kennedy, K., Borum, R., & Fein, R. (2011). Ethical considerations in psychological consultation to counterintelligence and counterterrorism activities. In C. H. Kennedy & T. J. Williams (Eds.), *Ethical practice in operational psychology: Military and national intelligence applications* (pp. 69-83). Washington, DC: American Psychological Association.

Kitchener, R. F., & Kitchener, K. S. (2012). Ethical foundations of psychology. In S. J. Knapp, M. C. Gottlieb, M. M. Handelsman, & L. O. VandeCreek (Eds.), *APA handbook of ethics in psychology: Vol. 1. Moral foundations and common themes* (pp. 3-42). Washington, DC: American Psychological Association.

Koocher, G. P. (2009). Ethics and the invisible psychologist. *Psychological Services, 6,* 97-107.

Laskow, G. B., & Grill, D. J. (2003). The Department of Defense experiment: The psychopharmacology demonstration project. In M. T. Sam mons, R. F. Levant, & R. U. Page (Eds.), *Prescriptive authority for psychologists: A history and guide* (pp. 77-101). Washington, DC: American Psychological Association.

Loftus, E. F. (2011). Intelligence gathering post-9/11. *American Psychologist, 66,* 532-541.

Maltzman, S. (20 11). An organizational self-care model: Practical suggestions for development and implementation. *The Counseling Psychologist, 39,* 303-319.

McCauley, M., Hughes, J. H .t & Liebling-Kalifani, H. (2008). Ethical considerations for military clinical psychologists: A review of selected literature. *Military Psychology, 20,* 7-20.

McCutcheon, J. L. (2011). Ethical issues in policy psycho logy: Challenges and decision-making models to resolve ethical dilemmas. In J. Kitaeff (Ed.), *Handbook of police psychology* (pp. 89-108). New York: Routledge.

Mullins, W. C., & McMains, M. J. (2011). The role of psychologist as a member of a crisis negotiation team. In J. Kitaeff (Ed.), *Handbook of police psychology* (pp. 345-361). New York: Routledge.

Nagy, T. F. (2012). Competence. In S. J. Knapp, M. C. Gottlieb M. M. Handelsman, & L. D. VandeCreek (Eds.) *APA Handbook of ethics in psychology: Vol. 1. Moral foundations and common themes* (pp. 147-174). Washington, DC: American Psychological Association.

Office of the Under Secretary of Defense, Personnel and Readiness. (n.d.). *Population representation in the military services: Fiscal year 2008 report.* Retrieved November 13, 2011, from *ngycp.cna.org/PopRep/2008/summary/ poprepsummary2008.pdf*

Picano, J., Williams, T. J., Roland, R., & Long, C. (2011). Operational psychologists in support of assessment and selection: Ethical considerations. In C. H. Kennedy & T. J. Williams (Eds.), *Ethical practice in operational psychology* (pp. 29-49). Washington, DC: American Psychological Association.

Ragusea, A. S. (2012). The more things change, the more they stay the same: Ethical issues in the provision of telehealth. In S. J. Knapp, M. C. Gottlieb, M. M. Handelsmann, & L. D. VandeCreek (Eds.), *APA handbook of ethics in psychology; Vol. 2. Practice, teaching, and research* (pp. 183-198). Washington, DC: American Psychological Association.

Ralph, J. A., & Sammons, M. T. (2006). Future directions of military psychology. In C. H. Kennedy & E. A. Zillmer (Eds.), *Military psychology: Clinical and operational applications* (pp. 371-386). New York: Guilford Press.

Reger, G. M., & Holloway, K. M. (2011). Virtual reality exposure therapy. In B. A. Moore & W. E. Penk (Eds.), *Treating PTSD in military personnel: A clinical handbook* (pp. 90-106). New York: Guilford Press.

Reger, M. A., Etherage, J. R., Reger, G. M., & Gahm, G. A. (2008). Civilian psychologists in an Army culture: The ethical challenge of cultural competence. *Military Psychology, 20,* 21-35.

Rizzo, A., Parsons, T. D., Lange, S., Kenny, P., Buckwalter, J. G., Rothbaum, B., et al. (2011). Virtual reality goes to war: A brief review of the future of military behavioral healthcare. *Journal of Clinical Psychology in Medical Settings, 18,* 176-187.

Schank, J. A., Helbok, C. M., Haldeman, D. C., & Gallardo, M. E. (2010). Challenges and benefits of ethical small-community practice. *Professional Psychology: Research arid Practice, 41,* 502-510.

Seeley, K. M. (2008). *Therapy after terror: 9/11, psychotherapists, and mental health.* New York: Cambridge University Press.

Shumate, S., & Borum, R. (2006). Psychological support to defense counterintelligence operations. *Military Psychology, 18,* 283-296.

Soldz, S. (2008). Healers or interrogators: Psychology and the United States torture regime. *Psychoanalytic Dialogues, 18,* 592-613.

Sommers-Flanagan, R. (20 12). Boundaries, multiple roles, and the professional relationship. In S. J. Knapp, M. C. Gottlieb, M. M. Handelsmann, & L. D. Vande Creek (Eds.), *APA handbook of ethics in psychology: Vol. 1, Moral foundation and common themes* (pp. 241-277). Washington, DC: American Psychological Association.

Staal, M. A., & King, R. E. (2000). Managing a multiple relation ship environment: The ethics of military psychology. *Professional Psychology, Research and Practice, 31,* 698-705.

Staal, M. A., & Stephenson, J. A. (2006). Operational psychology: An emerging subdiscipline. *Military Psychology, 18,* 269-282.

Stock, M. D. (2009). *Essential to the fight: Immigrants in the military eight years after 9/11.* Immigration Policy Center. Retrieved November 13, 2011, from *immigrationpolicy.org/sites/default/files/docs/Immigrants_ in_the_Military_- _Stock_l10909_0.pdf.*

Stone, A. M. (2008). Dual agency for VA clinicians: Defining an evolving ethical question. *Military Psychology, 20,* 37-48.

Tobin, J. (2005). The challenges and ethical dilemmas of a military medical officer serving with a peacekeeping operation in regard to the medical care of the local population. *Journal of Medical Ethics. 31,* 571-574.

Toye, R., & Smith, M. (20 11). Behavioral health issues and detained individuals. In M. K. Lenhart (Ed.), *Combat and operational behavioral health* (pp. 645-656). Fort Detrick, MD: Borden Institute.

Tuerk, P. W., Yoder, M., Ruggiero, K. J., Gros, D. R. & Acierno, R. (2010). A pilot study of prolonged exposure therapy for posttraumatic stress disorder delivered via telehealth technology. *Journal of Traumatic Stress, 23,* 116-123.

U.S. Department of the Army. (2010, January). *OTSG/MEDCOM policy memo 09-053, behavioral science consultation policy.* Washington, DC: Author.

U.S. Department of Defense. (2010, June). *Directive type memorandum 09-033 policy guidance for management of concussion/mild traumatic brain injury in the deployed setting.* Washington, DC: Author.

U.S. Department of Defense. (2011, August). *Command notification requirements to dispel stigma in providing mental health care to service members* (Department of Defense Instruction 6490.08). Washington, DC: Author.

U.S. Department of Defense. (2012, February). *Report to Congress on the review of land policies and regulations restricting the service of female members of the U.S. armed forces.* Washington, DC: Author.

Wood, D. W., Koffman, R. L., & Arita, A. A. (2003). Psychiatric medevacs during a 6-month aircraft carrier battle group deployment to the Persian Gulf: A Navy force health protection preliminary report. *Military Medicine, 168,* 43-47.

Young, J., Harvey, S., & Staal, M. A. (2011). Ethical considerations in the conduct of security clearance evaluations. In C. H. Kennedy & T. J. Williams (Eds.), *Ethical practice in operational psychology: Military and national intelligence applications* (pp. 51-68). Washington, DC: American Psychological Association.

찹아보기

내용

편저자 소개

⊙ Carrie H. Kennedy

미국 심리전문가 위원회(ABPP) 인증 상담심리사

현 미 해군 의료지원부대 지휘관

해병대 소속 대사관 경비부대 장병들의 집단심리상담사

미국심리학회(APA)의 제19분과(군 심리학회) 및 미국치료심리학회(AACP) 회원

『Military Neuropsychology』 『Wheels Down-Adjusting to Life after Deployment-』 『Ethical Practice in Operational Psychology-Military and National Intelligence Application-』의 공동 편집자

『Military Psychology』 『Psychological Services』의 편집위원

⊙ Eric A. Zillmer

심리학박사

현 Drexel 대학교 신경심리학과 Carl R. Pacifico 교수, 체육학 과장

필라델피아 의과대학, 미국심리학회(APA), 성격분석학회 회원

국립신경심리학회 회장

『Principles of Neuropsychology』 『The Quest for the Nazi Personality-A Psychological Investigation of Nazi War Criminals-』 『Two Psychological Assessment Procedures-The d2 Test of Attention and The Tower of London Test-』를 포함하여 다수 저서 저술

저자 소개

Victoria Anderson-Barnes Pensilvania 주립대학교 심리학과 소속

Teresa M. Au Boston 대학교 심리학과 및 VA Boston Healthcare System 소속

Bruce E. Drow 텍사스 주 남부지역 의료사령부, 장병회복프로그램 소속

Benjamon D. Dickstein Boston 대학교 심리학과 및 VA Boston 의료보험공단(Healthcare System) 소속

Anthony P. Doran 미 해군 심리상담지원부 소속

Louis M. French Walter Reed 국립 군의료병원 현역 및 참전군인 뇌장애센터 소속

Michael G. Gelles Deloitte 컨설팅 소속

Revonda Grayson Lackland 공군기지 Wilford Hall 외래수술센터 소속

Patriccia J. Hammond 미 육군 John F. Kennedy 특수전 센터 및 학교 소속

Sally Harvey 미 육군 정보보안사령부 소속

Laurel L. Haurani 국제 Triangle 연구기관 소속

Gary B. Hoyt 미 해군 특수전 개발부대 소속

Ann S. Hryshko-Mullen Lackland 공군기지 Wilford Hall 외래수술센터 소속

Jamie G. H. Hacker Hughes Anglia Ruskin 대학교 군사심리치료학과 교환 교수, 미 국방부 합동의무
　사령부 소속

David E. Jones 미 해군 동부의약국 소속

James M. Keener 미 해군 소속

Carrie H. Kenndy 미 해군 소속

Melissa D. Hiller Lauby 미 Coronado 해군기지 경비군 및 서부 생환훈련센터 소속

Brett T. Litz 매사추세츠 재향군인 전염병 연구 및 정보센터와 Boston 의료보험공단(Healthcare
　System) 소속

Teresa L. Marino-Carper Central Florida 약학대학 및 Orlando 재향군인의료센터 소속

Shawn T. Mason Johns Hopkins 의료대학교 정신의학 및 행동과학과 소속, Johnson & Johnson 회사
　복지 및 예방학 소속

William A. McDonald 미 해군 항공우주의료기구 해군 의료작전훈련센터 정신의학부 소속

Donald D. McGeary Texas 대학교 의료과학센터 정신의학과 소속

Jeffery A. McNeil 미 육군 특수전 사령부 소속

Mark C. Monahan 미 해군의료센터 전투 및 복합부상치료과 소속

Bret A. Moore 텍사스 주 남부지역 의료사령부 장병회복프로그램 행동준비분과 소속

Charles A. Mogan III 국립 PTSD센터 및 Yale 대학교 의학대학원 정신의학과 소속

Russel E. Palarea 심리상담서비스 회사 소속

Ingrid B. Pauli 해군의료센터 심리학분과 및 미국 공공보건센터 소속

Alan L. Peterson Texas 대학교 건강과학센터(Health Science Center) 정신의학과 소속

James J. Picano 노스캐롤라이나 의료보험공단(Healthcare System) 재향군인담당과 소속

Mathew B. Rariden 미 해군 Theodore Roosevelt(CVN-71)함 소속

Greg M. Reger Lewis-McChord 합동기지 국립 원격의료 및 기술센터 소속

Robert R. Roland 미 육군 소속

Kirk L. Rowe Wright-Patterson 공군기지 소속

Lauri M. Ryan 국립 노화연구소 신경과학 및 신경심리학과 소속

Nancy A. SKopp Lewis-McChord 합동기지 국립 원격의료 및 기술센터 소속

Aron D. Werbel 미 해군 Dwight Eisenhower(CVN-71)함 소속

Thomas J. Williams Leader Feedback Program 및 미 육군대학 War College 소속

Thomas M. Zazeckis Lackland 공군기지 행동분석서비스센터 소속

Eric A. Zillmer Drexel 대학교 심리학과 및 체육학과 소속

역자 소개

⊙ 김형래(Kim HyoungRae)

공군사관학교 졸업

연세대학교 대학원 경영학과 석사(경영학석사, 인사조직 전공)

경상대학교 대학원 심리학과 박사(문학박사, 상담심리 전공)

현 국방대학교 직무교육원장

khr69133@hanmail.net

⊙ 양난미(Yang NanMee)

이화여자대학교 사범대학 교육심리학과 졸업

동 대학원 교육심리학과 석사(문학석사, 상담심리 전공)

동 대학원 심리학과 박사(문학박사, 상담심리 전공)

현 경상대학교 사회과학대학 심리학과 부교수

한국상담심리학회 이사

상담심리사 1급

behelper@gnu.ac.kr

군 심리학 –임상적 치료와 작전에의 적용–
Military Psychology –Clinical and Operational Applications–(2nd ed.)

2016년　5월 20일 1판 1쇄 인쇄
2016년　5월 25일 1판 1쇄 발행

편저자 • Carrie H. Kennedy · Eric A. Zillmer
옮긴이 • 김형래 · 양난미
펴낸이 • 김진환
펴낸곳 • (주) **학지사**
　　　　 04031 서울특별시 마포구 양화로 15길 20 마인드월드빌딩
대표전화 • 02-330-5114　팩스 • 02-324-2345
등록번호 • 제313-2006-000265호

홈페이지 • http://www.hakjisa.co.kr
페이스북 • https://www.facebook.com/hakjisabook

ISBN 978-89-997-0952-4　93180
정가 20,000원

이 도서의 국립중앙도서관 출판시도서목록(CIP)은 서지정보유통지원
시스템 홈페이지(http://seoji.nl.go.kr)와 국가자료공동목록시스템
(http://www.nl.go.kr/kolisnet)에서 이용하실 수 있습니다.
(CIP 제어번호: CIP2016009915)

•·····················•　교육문화출판미디어그룹 **학지사**　•·····················•

심리검사연구소 **인싸이트** www.inpsyt.co.kr
원격교육연수원 **카운피아** www.counpia.com
학술논문서비스 **뉴논문** www.newnonmun.com